泰州文獻

第四輯

鳳凰出版社

ISBN 978-7-5506-2261-6
9 787550 622616 >

圖書在版編目（C I P）數據

伯山詩話后集、伯山詩話續集、伯山詩話再續集等 / （清）康發祥撰. -- 南京 : 鳳凰出版社, 2015. 10
（泰州文獻）
ISBN 978-7-5506-2261-6

Ⅰ. ①伯… Ⅱ. ①康… Ⅲ. ①古典文學－作品綜合集－中國－清代 Ⅳ. ①I214. 91

中國版本圖書館CIP數據核字(2015)第279503號

責任編輯　王　劍
裝幀設計　姜　嵩
出版發行　鳳凰出版傳媒股份有限公司
　　　　　鳳凰出版社(原江蘇古籍出版社)
　　　　　發行部電話025－83223462
出版社地址　南京市中央路165號　郵編:210009
出版社網址　http://www.fhcbs.com
印　　刷　揚州文津閣古籍印務有限公司
　　　　　揚州市開發區鴻揚路22-2號(6幢)　郵編:225009
開　　本　889毫米×1194毫米　1/16
印　　張　36.25
版　　次　2015年10月第1版　2015年10月第1次印刷
標準書號　ISBN 978-7-5506-2261-6
定　　價　530.00圓
(本書凡印裝錯誤可向承印廠調換,電話:0514－87969255)

《泰州文獻》工作委員會

主　任

藍紹敏　陸志鵬

常務副主任

盧佩民

副 主 任

戴勝利　王學鋒　張培成　佘江涛

委　員（按姓氏筆畫为序）

丁少華　方標軍　成愛君　季春芳　周興安
查學斌　姜小青　奚愛國　陳士宏　黄林華
曹茂良　曹學賦　許大才　張國祥　萬永良
程榮穩　鄒祥龍　費振鐘　劉　玲　劉仁前
劉宏鳴　潘時常　薛金林　顧維中

《泰州文獻》編纂委員會

主　編

盧佩民

副主編

黄林華　姜小青

執行主編

成愛君　費振鐘

編　委（按姓氏筆畫为序）

王　飛　王　劍　王正奎　卞惠興　朱長順　全　勤

李文華　李明官　吴　迪　吴小晴　吴雙林　汪　政

沈　俊　林世田　莫其康　倪培翔　徐一清　徐同華

高　峰　陳　立　黄　靖　曹學林　常　康　張　定

張永龍　劉仁前　劉春龍　潘浩泉　薛　飛　謝冬榮

竇立成　顧寄南

《泰州文獻》學術指導委員會

（按姓氏筆畫为序）

江慶柏　金良年　茅家琦　華學誠　徐　雁　畢飛宇

程章燦　楊九俊　魯國堯　劉玉才　顧　農

總序

泰州古稱海陵，漢初（公元前一一七年）置縣，晋末（公元四一一年）設郡，南唐（公元九三七年）建州，始稱泰州。

泰州濱江近海，物阜民豐。漢唐以來，糧鹽並舉，商貿繁榮，爲溝通南北的重要港口城市。

泰州素爲文教昌明之邦。唐初立州學，北宋建貢院，明清開學政試院，産出大批科舉優秀人才。

泰州自古人文薈萃。走進泰州的，從范仲淹、富弼、陸佃，到孔尚任、吴讓之、蔣春霖，都留下深遠影響。走出泰州的，從張懷瓘、胡瑗、施耐庵、王艮，到李清、吴嘉紀、柳敬亭、黄龍士、李鱓、鄭燮、劉熙載、李詳、梅蘭芳、高二適，都在各自領域爲中國文化作出巨大貢獻。

泰州遺存的文獻也很豐富。僅據《江蘇藝文志》所載，便有二千七百餘種，涵蓋經、史、子、集的方方面面。其中，尤以明清時期爲夥，占到百分之九十九以上。這當中不排除由於種種原因，致使元以前的一些著述湮没無聞，但明清兩代，確是泰州文化的繁盛期。在這些文獻中，如《書斷》（張懷瓘）、《水滸傳》（施耐庵）、《王心齋先生遺集》（王艮）、《宗子相集》（宗臣）、《陋軒詩集》（吴嘉紀）、《板橋全集》（鄭燮）、《藝概》（劉熙載）、《李審言文集》（李詳）、《黄龍士先生棋譜》等，在中國文化史上都有重要地位和深遠影響。

與此同時，對鄉邦文獻進行整理的也代不乏人。自宋至清，周氏（周麟之等）、宫氏（宫偉鏐等）、陳氏（陳應芳等）、徐氏（徐鳴柯等）等都曾致力其事，爲泰州留下了許多寶貴的文化財富。清嘉道間，鄉人夏荃編輯《海陵文徵》二十卷、附録十二卷，《海陵詩徵》十卷。民國初年，曾任江蘇省省長的鄉人韓國鈞歷經十餘年編成《海陵叢刻》計二十三種六十六册。

二〇一一年九月召開的中共泰州市第四次代表大會，提出了建設文化名城的任務。爲此，中共泰州市委、泰州市人民政府決定編纂《泰州文獻》。這是泰州有史以來對本土文獻最大規模的整理和彙編。它對於保存、利用、研究和開發泰州的歷史文化，尋繹泰州獨特的地方文化價值，爲泰州文化建設提供歷史人文資源，意義重大。

爲了保證編纂工作的順利進行，市委、市政府專門成立了工作委員會、編纂委員會和學術指導委員會。工作委員會由市委、市政府領導和相關部門負責同志組成，負責對編纂工作的領導和協調。編纂委員會由相關專家、學者組成，具體負責《泰州文獻》的編纂出版工作。學術指導委員會由江慶柏、魯國堯、程章燦、茅家琦、華學誠、徐雁、金良年等國内知名文史專家組成，負責對編纂工作的指導和把關。

編纂工作按如下幾個步驟進行：（一）進行文獻調查，建立文獻檔案；（二）精選有代表性、有學術價值的作品影印出版，選目由編纂委員會和學術指導委員會共同審議確定；（三）編輯出版《泰州文獻總目》。

《泰州文獻》分爲四輯：

第一輯『官修舊志』，收録泰州地區現存所有官修地方志。

第二輯『地方史料文獻』，收録泰州地區歷代重要的筆記和史料。按内容又可分爲史地類：收録有關泰州歷史地理方面的著作，包括小志、專志、雜志等；政情類：收録有關泰州政治、經濟等方面的著作；文教類：收録有關文化、教育、圖書館等方面的著作。

第三輯『家族文獻』，收録泰州地區重要的家譜、家傳、家集與名人年譜。按内容又可分爲家乘傳記類：擇要收録泰州家族譜牒中的譜序、家規、家訓、箴言、族約、族記、祠田記、塋田記、雜記、著述等資料；家族總集類：以家族姓氏筆畫爲序。

第四輯『泰州文存』，收録泰州地區作者的詩文著作及其他代表性著作。按内容又可分爲學術論著類：收録泰州作者的經史雜著；文集類：收録泰州作者的詩文集；地方總集類：收録泰州作者的詩文合集。

考慮到《水滸傳》、《封神演義》（《辭海》云『一説陸西星作』）、《檮杌閑評》（學界多謂李清所作）等小説流傳甚廣，版本豐富，故不再收録。其他如堪輿、術數類著作，泰州人撰泰州地區以外的地方志、地理志類著作，一般性的彙編、摘鈔類著作，亦不予收録。

《泰州文獻》原則上收録現轄區内的作家作品。但從尊重歷史出發，泰州學派創派人物、明代思想家、哲學家王艮，平民詩人吴嘉紀等人，歷史上均屬於泰州地區，對泰州地區具有深遠的文化影響，他們的作品亦予收録。

前人給我們留下了豐厚的文化遺産，我們既要加以珍視和傳承，更要在前人的基礎上，創造出無愧於今天這個偉大時代的新篇章。這是我們更重要的使命，讓我們爲之努力。

《泰州文獻》編纂委員會

二〇一三年十月十八日

凡例

一、《泰州文獻》（以下簡稱《文獻》）分爲《官修舊志》、《地方史料文獻》、《家族文獻》和《泰州文存》四輯。

二、《文獻》收録範圍原則上爲現行政轄區内作者的著述和與泰州有關的重要著述，但考慮到歷史上曾屬於泰州地區的人物，如泰州學派的代表人物王艮、平民詩人吴嘉紀等對泰州文化深具影響，對他們的作品亦予收録。

三、所收著作成書年代限於一九四九年以前。

四、《文獻》所收著作，以學術價值、使用價值較高爲原則，適當兼顧版本價值。

五、《文獻》以影印方式出版。如有蠹損、殘缺、漫漶不清處，原則上以相同版本予以補配，以保證完整、清晰。

六、《文獻》對所收每種著作均撰寫提要，置於該著作前面，以方便讀者瞭解作者生平、主要内容、學術價值等。

七、《文獻》除保留所收著作原有頁碼外，均新編頁碼，每册頁碼自爲起訖。

八、《文獻》最後一册編有書名索引和作者索引，以方便讀者使用。

目録

伯山詩話後集

（清）康發祥　撰

《伯山詩話後集》四卷，清康發祥撰，據南京圖書館藏清道光同治間《伯山全集十二種》本影印。

康发祥（一七八八—一八六五），字瑞伯，一字伯山。清江蘇泰州人。岁貢生。工詩古文辞，詩派出蘇軾而加以精煉，論詩不拘一格。

本書輯録於道光二十七年，刻於道光二十九年（一八四九），取清初至嘉慶初年詩人。發祥自道光二十七年輯録詩話，歷經戰火，而至老不輟，或以人存詩，或以詩見人，或以事存詩兼及其人事，都能秉承温柔敦厚的詩教傳統，加以闡發，議論精密公允，見其中年之後論詩心得。

（宗　偉）

伯山詩話　後集卷上下一

伯山詩話後集

吴廷颺書首

道光己酉年
仲春開雕

余話古人之詩業已成集因思
國朝詩學如萬壑朝宗胥歸滇渤無論搢紳先生和聲鳴
盛韻叶宮商即委巷窮檐被褐躡屩之夫亦能肆其謳唫各攄
懷抱上有禹皐下有巢許康衢擊壤之謠與元首股肱之歌未
始不遥相賡和也余自貢入太學後年及耆指使頭童目眊不
能有爲犍戶家居無以排日爰發敝簏得素所繙閱者與友人
所投贈者鈔彙成集一以見服膺之悰一以抒感舊之思且於
鄉曲之間多所稱引非阿好也竊稟小雅必恭敬止之訓庶免
宣聖無所用心之責莞束身心必於是乎在矣其集中所采掇
者皆余素所聞見之詩其未聞未見之詩無從備載容采訪後
再行補入目睫之論惟望知我愛我者諒之恕之則幸甚伯山
氏康發祥自序

伯山詩話後集話今

凡例八條

一　國朝自定鼎以來代有才士鴻章鉅製更僕難終然同
文同倫是謂　今之天下是編之錄故曰話今

一　國初諸君各有專集編中所錄究屬一人之見余之所
取未必非人之所弃第因蒐尉偶及不惜觚棱是掭質之
時賢尙望匡其不逮

一　余家園株守囿於方隅落月橫參所思不見江雲渭樹天
各一方既恐廣鶩聲華何至浪費筆墨在齊論齊知有管
晏是不顧識者之嗤

一自　國初以來自嘉慶初年余年髫齔先型之作時代畧
爲詮次厥後贈答俱繫同袍隨到隨登並無甲乙不分周
北張南何有盧前王後

一　温柔敦厚是爲詩教表揚節孝尤仁人君子之所樂聞集
中譚論間有關於風化閱者不以迂濶見譏或有芻蕘一
得

一　集中或以人存詩或以詩見人或以事存詩而兼及其人
事爲闡幽而發辭亦達意而止去取惟憑公論而繁簡實
無成心碎錦零珠何讓於長槍大戟見多見寡恐非知味
之言

一　集中載已之詩似涉自衒余雖不敏何敢蹈此譽尤然偶
爾歌咏實與事跡間有關合者附諸各條之下即此就正

同人用當羔雁效劉𨙸車前之質有同販貝豈蔡邕帳内之秘藉作譚資也知我者自能曲諒

一余同澤同袍尚多契好默數某某詩尚未登祇緣珠玉未投故余難爲捉影之譚靑空之字但現登之詩實未卒業諸君子肯以鴻章賜敎亟祈郵寄敝廬行將續入惠而好我余日望之

伯山詩話後集卷一 話今

泰州康發祥瑞伯氏編輯
門人王鴻業雪颿校勘

國初諸老詩如繡谷萬花爭妍竝采朱竹坨彝尊之渰雅宋荔裳琬之古厚查初白愼行之流麗王阮亭士正之名雋固各有所長不必兼美譬如鼠姑婪尾文杏夭桃濃淡淺深本非一致善哉李正已之詩曰春雨有五色灑向花旋成方之諸公之詩庶幾近之矣他如宋商邱犖之矜重但少生氣趙飴山執信之倜儻卻無餘味施愚山閏章之純樸似多腐語田山薑雯之修整間露呆相以䀆諸公未免不逮

趙秋谷執信宫詹作談龍録以譏阮亭夫阮亭之詩如元圃積玉無非夜光又如美女簪花綽約可愛方之於龍神通廣大固有所不能秋谷之譏誠不謬矣予因觀飴山詩集規模宏遠處有勝阮亭而求其變化神通如龍之一鱗一爪一角一鬣出沒於雲濤雪浪之間亦未敢深信然則秋谷非好龍乃好乎似龍而非龍者與

查初白愼行敬業堂集五十卷分爲五十三集集各有序序皆雋妙趙甌北十一家詩話於高靑邱吳梅村後不録王漁洋朱竹坨詩而録初白頗有見地詩話於古體標其題於近體摘其句使閲者一覽瞭如且推重初白爲白描手而書卷較少稍覺寒儉其精華皆爲之一一指出則已先得我心吾何贅焉

朱竹坨彝尊曝書亭詩集二十二卷亭瞻才華一時無兩余最

愛其短古如楓橋夜泊云初月開平林繁星羅遠戍驚禽沙上鳴漁子夜深語遙聞歌吹聲暗入楓橋去五律之佳者如送十一叔游中州云木葉下亭皋西風一雁高驅車千里道結客五陵豪河水浮官渡關門鎮虎牢驪駒方在路尊酒意徒勞贈張五家珍云可嘆張公子流離自妙年身孤百戰後門掩萬山前易下窮途淚難耕負郭田平陵松柏在餘恨滿南天此等詩郎在太白少陵集中亦稱傑作七律之佳者如贈諸葛丈云旅館張燈夜未央相逢跋扈少年場同來大道朱樓上並坐佳人錦瑟旁白首悲歌非往日青年把酒是他鄉襄陽耆舊今寥落乘醒還須問葛彊留別董之豳云離堂剪燭重燒燭深夜他鄉說故鄉作客蕭條官舍下逢君歌哭酒爐旁明朝分手仍南北後會相期更渺茫長路烽烟驚海甸亂山風雨暗河梁土木堡云平蕪一簣狼山下九月驅車白霧昏到眼關河成故迹傷心土木但空屯元戎苦戰翻回蹕諸將論功首奪門早遣金繒和社稷祠官誰奉裕陵園宣府鎮云高城西北控燕都吹角清秋落日孤尚憶武皇巡玉塞親從鎮國剖金符宮槐御柳今蕭瑟虎圈鷹坊舊有無邊事百年虛想像誰誇天險塞飛狐送曹侍郎備兵大同云司農議論朝端重副相聲名輦下聞豈憶尚須西顧策翻教暫領朔方軍河邊遠道人千里天外鄉書雁幾羣到日關城春色早李陵臺畔柳紛紛又云關榆蕭瑟一庭空堠火平安九塞通往日連師驚朔漠只今市馬互西東黃河天上三城戍畫角霜前萬里風知有馮唐論將帥不令魏尚久雲中至

日云去歲山川縉雲嶺今年雨雪白登臺可憐日至長爲客何意天涯數舉杯城晚角聲通雁塞關寒馬邑上龍堆故園望斷江村裏愁說梅花細細開寄懷李因篤云雁門北上忽西還未得相逢一解顏傳道全家依渭曲幾時匹馬出潼關樽前舊事悲誰說篋裏新詩待爾刪三載齊東留滯日愁看李白讀書山似此諸作調高詞逈絕無委靡不振之音其他古詩如萬歲通天帖歌贈王舍人作霖朱碧山銀槎歌和程邃龍尾硯歌夢硯歌爲汪舍人懋麟賦贈鄭簠送少詹王先生貽上代祀南海題汪檢討乘風破浪圖光孝寺觀貫休畫羅漢同陳恭尹賦萬年藤杖歌贈尤檢討侗御園茶歌甘泉漢瓦歌爲侯官林侗賦水帶子歌玉帶生歌灝氣流走墨采飛騰其奇橫處幾令人不可逼視五言排律如謁大禹陵岳忠武王墓于忠肅公祠謁文成公祠謁泰伯廟聯句如劉學正兼隱齋觀石鼓拓本重九後一日集長椿寺竹爐寶晉齋硯山社日登黑窰廠九月八日天甯寺觀塔燈水碓觀造竹紙坐竹簰入九曲九日集刺梅園松下送譚七舍人之官延安孫少宰蟄室觀吳季子劍工力悉敵查初白同咏詩尤如兩驂之靳不減韓孟石鼎諸作讀之令人眉飛色舞擊節不置只風懷二百韻未免有玷風化竹垞未能割愛載在集中是爲白玉之瑕不食兩廡特豚之語得無欠酌也乎

王阮亭士正精華錄十二卷自爲摘錄誠帶經堂集中之精華其詆諆漁洋者或謂其貪用故實鏤金錯采無復初日芙蓉或

謂爲一代正宗而才力較薄不相師法之篇章俱在未可妄加雌黄其詆諆漁洋者皆未能及漁洋鍛鍊之精醖釀之厚者也試觀漁洋五七古詩如鰲勺亭觀海周文矩莊子說劍圖慈仁寺雙松歌登文游臺焦山古鼎詩同西樵賦南將軍廟行昭陽顧符稹畫棧道圖歌雙劍行孫退谷侍郎席上作井陘關歌定軍山諸葛公墓下作元祐黨籍碑僞劉龔家歌米海岳硯山歌爲朱竹垞翰林賦甘泉宫長生瓦歌爲林吉人作宋石太白樓觀蕭尺木畫壁歌諸作皆如金碧樓臺彈指即現而又驅策風霆雕鎸冰雪非胸羅積軸手握靈珠者能如是乎近體讀費密詩云成都跛道士萬里下峨岷虎口身曾拔蠶叢句有神大江流漢水孤艇接殘春十字須千古何爲失此人寄董樵云問卜崑崙宅棲遲歲幾更人烟分蜃影海嶠出秋晴鳥屋閒垂釣山田晚罷耕多君離亂日白社獨逃名按密與樵皆勝國遺民密寓居淮南樵徙居文登海上漁洋思之故言之親切也登金山云三山縹緲望如何有客褰裳倪逝波絕頂高秋盤鸛鶴大江白日踏黿鼉泠泠鐘梵雲間出歷歷帆檣檻外過京口由來開府地不堪東望尚干戈按漁洋於順治十六年謁選得揚州府推官十七年之任而前一年海寇鄭成功入犯京口故此詩末句云爾潤州懷古結句云見說孫盧西犯日青燐白浪使人愁亦謂此也淮安新城有感云澤國陰多暑氣微一城烟靄晝霏霏春風遠岸江蘺長暮雨空隄燕子飛四鎮蟲沙成底事五王龍種竟無歸行人淚墮官橋柳披拂長條已十圍又云開府

當年據上游建牙賜爵冠通侯即看別院連雲起更引長淮作帶流荒徑人稀鼪鼬嘯野塘風急荻蘆秋永嘉南渡須臾事忍向新亭問楚囚前一首言福邸先設鎮淮上後一首言劉澤清開府淮陰窮奢極慾而終於無成以永嘉南渡爲比有慨乎言之者欲不謂之詩史不得也潼關云關津直上勢嵯峨天險初從百二過兩界中分蟠太華孤城北折走黄河復隍幾見熊羆守棄甲空傳犀兕多漢闕唐陵盡禾黍雁門司馬恨如何此又傷孫司馬白谷之敗也蜀道驛城記詳言之和徐健庵宫贊喜吳漢槎入關之作云丁零絕塞鬢毛斑雪窖招魂再入關萬古窮荒生馬角幾人樂府唱刀環天邊魑魅愁還客江上蒓鱸話故山太息梅村今宿草不留老眼待君還自注云吳梅村有送漢槎出塞長句見集中詩亦何慷慨而悽宛也絕句如國士橋云國士橋邊水千年恨未窮如何柱厲叔死報莒敖公石城橋示倪雁園太史云昔作秦淮客朱樓賦洞簫白頭故人盡重上石城橋高郵雨泊云寒雨秦淮夜泊船南湖新漲水連天風流不見秦淮海寂寞人間五百年再過露筋祠云翠羽明璫尚儼然湖雲祠樹碧於烟行人繫纜月初墮門外野風開白蓮灞橋寄内云太華終南萬里遥西來無處不魂消閨中若問金錢卜秋雨秋風過灞橋蟂磯靈澤夫人祠云霸氣江東久寂寥永安宫殿莽蕭蕭都將家國無窮恨分付潯陽上下潮詩皆有丰致亦有餘韻去其堆垛塗飾處亦復聲調高華魄力雄厚但執一格以論未嘗不可毛舉其失也善讀漁洋詩者其其領畧之

漁洋咏古蹟詩每於實處能虛空際見巧起結映伏俱見匠心井陘關歌起句云迴星城邊落日黃西來氣欲無太行言形勢雄險幾於一夫當關萬夫莫開矣結句云聖代即今罷烽燧空餘畫角吹嚴疆乃知地利未足恃此關幾閱諸侯王則天險不足恃早已喚醒一切矣定軍諸葛公墓下作起句云高密起南陽文終從高祖暴擊本見疑數劚亦非武則以蕭鄧作陪客結云樵侯甯足誅激昂淚如雨則又以陽城亭侯相形此借賓定主也其最妙者峩峩定軍山四句純用壘字虛處著想而武鄉侯之身分自見南將軍廟行自睢陽獨過江淮勢句下以至嗚呼南八眞男子此畧敘實事而其下忽接曰淮山峩峩淮水深廟門遙對青楓林則又虛處傳神也此等不傳之妙皆從杜工

部禹廟明妃村諸作化出愼勿視爲蹄涔之水無本之言則思過半矣

國初詩人王朱並稱或曰王才美於朱而學足以濟之朱學博於王而才足以舉之或曰朱貪多王愛好要之兩家針鋒相對瑜亮雙生譬之火齊木難珊瑚碧樹各有本原俱堪寶貴王以風調勝而未嘗不淹雅朱以淹雅稱而未嘗無風調才人能事無奇不有執一隅以論兩家未足以服兩家之心也且兩家集中所同賦者甘泉漢瓦寶晉齋研石各詩歌則又各擅所長兩不相讓一篇甫出如顏高之弓六鈞傳觀者衆因知前人敢名皆有不可方駕之處徼倖成名吾未敢信

施愚山閏章詩氣味淵雅而才力不甚雄富古體如浮萍兔絲篇悲野雀青藤引荒雞行射烏樓行觀宋牧仲比部家藏賜書歌豐臺看芍藥歌之外餘多平冗惟詩光福寺短古云新月已在天餘霞猶隱樹柔櫓漾清波直隨塔影去不聞水際鐘但聞烟中語借問隔船人僧廬向何處此學韋孟庶幾近之

王漁洋爲愚山作摘句圖但錄五律余按愚山七律較勝五律蓋五律多板滯而七律稍警拔也潯陽月夜云倚醉無憂行路難江村燈火逐人看從教津吏來譏客最喜漁翁不識官月上匡廬天際白霜清城郭鏡中寒琵琶絕調今流水司馬青衫淚未乾贈林茂之云丈人八十骨崚嶒旅食長干似老僧不惜青鞵都棄擲重禁白鳥太憑陵鈔書細作千行字扶病惟依七尺

藤莫話交游全盛事平生意氣苦飛騰自註時坐客言先生貧無蚊帳故有白鳥句也其他佳句如齊州云瑯琊臺遠陰霞散馬耳峰孤落日明樹帶寒花分野色人穿層阪亂谿聲晴川樓至大別山絕頂云水吞山郭蛟還鬭風起江城花自飛集浦帆如千樹密傍巖僧共片雲歸望衡嶽云水閣風雷虛岫出炎方氷雪半巖封康州道中云鷓鴣飛處月斜挂蟋蟀鳴時人獨眠登岱云九州積氣峰前合萬里浮雲杖底來懷曹秋岳侍郎備兵陽和云貂錦春聞青塞曲旌旗晝擁白登臺冉集斗山云風細暮雲深繞樹藁空新月故依人新安城南云舟回亂石漁梁淺城抱青山雉堞斜唐朕虎以歲薦入都云河邊月照離人影薊北鶯啼故國聲傳經臺云野花無種年年發林鳥多情處處鳴桃花嶺云雨後有時留虎跡春來何處覓花枝寄鄧偶樵荊

南云夢裏星辰搖劒佩軍前詞賦半鐃歌晚尋趵突泉云地涌舜山爭道急源從王屋倒流長見宋荔裳遺詩云西川終古流殘淚東海從今少大風壽白仲調評事移居北鄰云銜杯談讌今鄰叟同學追陪舊黨人

宋荔裳琬昔往來於蜀安雅堂詩版爲兵燹所燬不可復得古體如從軍行送王玉門之大梁棧道平歌爲賈膠侯尚書作贈蜀中李鵬海進士等作皆悲壯激昂不作鏗鏘細響近體詩送傳介侯督餉甯夏云賀蘭西望鬱嵯峨使者乘春攬轡過三輔征輪何日盡二陵風雨至今多邊城楊柳樓中笛羌女葡萄塞下歌君到坐傳青海箭不妨草檄倚琱戈登華山雲臺峯云少華西來朝白帝太行東望走黃河華嶽云龍沙弱水眞杯杓太白終南盡附庸又云扶桑萬里天雞曙箭筈三更石馬鳴風調魄力俱臻絕頂舟中見獵犬有感絕句云秋水蘆花一片明難同鷹隼共功名檣邊飽飯垂頭睡也似英雄髀肉生刀魚云銀花爛熳委筠筐錦帶吳鉤總擅長千載專諸留俠骨至今七箸尙飛霜

王西樵士祿爲阮亭之哲兄著有西樵集詩講魄力才調入賞其詔龍高麗貢鷹長平坑等歌余獨愛其焦山古鼎歌與阮亭作成兩峯之峙歌云雲海堂中暮相索古鼎照人光駮犖龍文獨許吾邱知篆銘略辨周京作宛同石鼓出陳倉那數銅狄出西洛韓公摩挲指向余曾入秦家格天閣雲烟過眼已成墟劒去珠還事堪愕安得飛龍亦英主元修晚慕軒轅樂一德何人

曰相嵩金鉉只用青詞博朝廷仍收養士報楊沈蹇蹇如鵰鶚鼎鐺有耳豈不聞恥向迴風作秋籜蓼山先生所養耳紛紛冠蓋多酧酢當時不鄙趙師羿於今誰憐賈秋壑從來鑄鼎戒饕餮此物胡爲亦遭攫山頭尙有椒山詩三尺古碑墨光錯隻字重於神禹金猶向山林辟不若老奴眞欲愧歐陽廿載鈐山空寂寞培塿已拉冰山摧有鐵誰能鑄此錯裴回三嘆軒几傍極目江天莽寥廓宋商邱已將此歌藏之筠廊偶筆先得我心阮亭五言古一章字奇語重中有蛟龍雜蚪蚪五指不敢捫二句爲尤妙

吳野人嘉紀本泰州安豐場人自分縣後安豐籍隸東臺野人著陋軒詩鈔十二卷其歌行之妙直逼老杜餘詩亦如九秋唳鶴三峽啼猿布衣之中罕有其匹薄游郡城之日與諸君詩篇倡和未改耿介之行而王貽上獨譏之曰一箇冰冷的吳野人亦弄得火熱不知野人何開罪於貽上而詆諆若是也且吾鄉柳敬亭豪俠士也以趙壹之亡命效張祿之改名隱身說書滑稽善辨通侯大帥皆優禮之而貽上亦譏之曰聽柳某之說書與市井無異蓋敬亭說書之時言語湊巧旁若無人曾有言侵射貽上而貽上以此報也貽上爲人本隘清瘦李子鱗之目信其不誣余讀桃花扇傳奇書柳敬亭事云老作諸侯座上賓少年亡命走風塵曾連東海收奇策阜羽西臺哭故人歲月久歸羊馬劫談諧不怕虎狼瞋如何讕語王貽上酒肆茶坊例此身未句爲敬亭一洗前言而野人之詩集自在人品亦自在固無

誒鄙人爲之昭雪而言之喋喋也

吳野人布衣沈歸愚尚書別裁集小傳以爲詩筆刻苦語語眞樸不得以名位少之平心易氣讀其詩試問近人有此孤懷高寄否歸愚尚書昔持此論余亦深韙其言集中名作不能備舉余最愛其玉鉤斜云莫嘆他鄉死君王竟不歸年年野棠樹花在路旁飛白塔河云朝發黃金壩暮宿白塔河河流上河泥土沃夏收麥菽秋登禾人家隱隱葬春遠楊柳脩脩燈火多咫尺下河沒洪水哭聲水聲一千里上河農饜下河哭船來繫樹遭驅逐同是耕田鑿井人何惜樹陰不借宿董嫗詩云客行斑竹村有嫗田間哭野曠人跡稀嫗手牽黃犢犢口齕齕食草色莽莽綠哭聲亦何悲牛羊爲鄰蠲客行聊駐足近前問緣由心念

主人恩欲言淚還流主人韓秀才默家住蕪城裏城破兵過門夫妻先自死妻蕭氏縊死梁上夫溺死井底所生兩男兒一死從嚴親名彥超幼者在母懷名魏擎舉託老身憶母將縊時復抱幼兒乳乳兒幾曾飽倉皇分散去門外積尸高昏暮何西東累兒兒不啼共入死人中死人蒸生人尸血模糊紅五日兵事了駱駝鳴蜀岡匍匐夜出郭朧晴麥穗黃麥仁采餵兒烟火投村莊兒吾今無恙田夫嘆且驚今年麥穗黃明年麥穗黃兒憐稱郎君軀體如父長眉宇尤骯髒落筆善文詞往來多益友稍欲大門楣郎君今安在書劍燕山陲燕山三千里懷思斷肝腸語罷辭客去倚犢向北望北路駝馬來飛動遙相呼郎君不捨我今日歸來乎謬誤不自知但悟無人應烏雀返虛落烟寒樹色瞑客亦掩耳歸嫗聲難再聽落葉云枝上曾幾日夜來秋已終又隨天地意亂下戶庭中不靜月斜處偏驚頭白翁何須怨搖落多事是春風新僕云語少身初賤魂傷家驟離飢寒今已免力役竟忘疲長者親難浹新名答尚疑猶然是人子過小莫輕笞仁人長者之言橫見側出一時隱逸未之或先

程孟陽嘉燧吳非熊兆邢孟貞昉三君詩自有可傳然較之吳野人竊恐不逮而漁洋於程吳邢則譽之於吳則譏之於此知門戶之見詩人不免余以爲布衣之詩吳爲第一匪獨重桑梓之誼抑以見公道之不泯如予言不信則新安二布衣詩石臼集陋軒詩鈔俱在取而觀之可也

瓜步江空微有樹秣陵天遠不宜秋烟中小市開晴翠樹杪重

泉帶雨聲此孟陽句也維舟登岸先尋寺入境逢人卽問山遊過山川常在夢別來朋舊久無書此非熊句也桃花一夜飄還剩燕子今年到故遲城邊月出還聞角水上雲來始見秋此孟貞句也三君之詩非不淵雅雋永然老氣橫九州究不如陋軒之苦心孤詣也

孟貞石臼集一十六卷前九卷成於勝國後七卷作於　國朝七古磥硌嶔崟間學太白孟貞曾出試於御史臺牘遭紅勒帛日太狂於是作太狂篇盤礴有趣又集中贈楊龍友詩甚多按龍友瑣瑣婣婭依草附木其人本不足言特晚蓋可觀孟貞與之友善故歌詠之歟

吳天章雯蓮洋詩集宗法漁洋而才力較薄漁洋每譽之不絕

口其佳句如次青縣題壁云當門萬里崑崙水千點桃花尺半魚題雲林秋山圖云經營慘淡意如何渺渺秋山遠遠波豈但穠華謝桃李空林黃葉亦無多其他佳篇寥寥蔣心餘太史論詩云漁洋於蓮洋宏奬何其寬心餘之論吾亦云然

江左三家詩虞山合肥得罪名教姑置勿論梅村集奉　旨板行風行宇內珠光劍氣靡得而窮但甌北詩話按切時事言之綦詳吾弗贅焉

嶺南三家詩陳元孝聲調高華擅長七律梁藥亭藻麗辭豪歌行獨妙與僧今種詩鼎足而立夫何間然

陳元孝懷古諸作人每誦其十年士女河邊骨一笑君王鏡裏頭之句以為奇警然此二句雖佳終不免獷豪之病其最佳者

則如鄴中懷古云山河百戰鼎中分歎息漳南日暮雲亂世奸雄空復爾一家詞賦最憐君銅臺未散吹笙妓石馬先傳出水文七十二墳秋草徧更無人表漢將軍燕臺懷古云河渡堅冰通下博關門沙路走居胥沛中懷古云嵩室有聲君萬歲土圭無影日中天蜀中懷古云諸葛威靈存八陣漢朝終始在三巴聲調高朗未易學步梁藥亭六瑩堂集中亦有懷古諸詠然較此則倜乎後矣祇咸陽詩云中條西盡九邊分一面雄關百萬軍寶劍無人磨黑水角弓終日射黃雲山空鳥鼠飛無次川亂魚龍出每蟄信是帝王州壯麗秦皇墳對漢皇墳此詩雄渾有過於陳作陳詩云龍虎片雲終王漢詩書餘火竟燒秦未免落邊際矣

國初著撰之富無過於毛西河經學湛深議論亦極馳驟集中有打虎兒行一篇序云禹州民朱兒救父打虎予識之禹署詩云打虎兒乃在汴梁之禹州禹州城外朱家樓小兒十一隨父耕深林有虎斑毛成颿颼黑風吹草根乘風攫人誰敢攫小兒不識虎疑是狐與狸陡然見虎銜父去咆哮草際風來吹兒啼向風不得父把杖打虎截虎路三尺童子五尺杖憑空擊去著虎臆虎驚顧兒舍父逸深林風草皆無色禹州太守呼小兒予之以帛飽以麋予時在署識兒面披髮跳躑眞兒嬉問兒打虎虎何似舉手張牙作虎勢假虎隱幔恐小兒小兒驚避力不支當時見虎得無怖此事我亦昧其故禹州太守省得知是時小兒知有父男兒七尺縱復橫爭名攫利萬里行高堂存沒總不

問那肯捨命念所生我所思打虎兒詩最奇特備登之以勸孝義

周櫟園 亮工 賴古堂詩規仿少陵才雄氣厚每一展讀百感紛來人以有本目之非譽言也東平詩云烽火經年逼傷心大小東城孤欷雉堞路仄隱蒿蓬人影殘骸裏狐聲敗壁中芒鞋無定向未敢泣途窮別客云別正秋冬際羇心入夜眞深更沙際棹危酒遠游人烟逼山容暮燈搖水氣新後時應有夢風雨呈江濱黃田守夜云坰寇眞難撲羇心盡夜忡樓高欹古驛岸斷壓孤蓬鬼氣低翻火梟聲亂舞櫻朦朧沙磧裏處處響刀弓白蓮驛云古驛藏山曲兵戈不盡焚一燈隨雨亂半榻向僧分瘠鳥啼孤樹寒狐舞敗墳柴門看早閉虎跡亂紛紛七言如馮宗

伯至自秣陵云三年瘴癘兼兵燹親串誰能過嶺看洽署逢人添氣色寒家賴爾報平安亂中來路倉皇問別後新詩急遽攤滿邵荔香紅欲墮傲他嶺外不曾餐絕句哭楊凌飈茂才云啞地新詞破錦囊高樓君自拜滄浪文人命薄將軍死誰賦城南舊戰場靖公弟至云荒城兀首對燈殘歸計先愁八百灘爾又南來余未去高堂清淚幾時乾除夕渡蘆溝云軟車羸馬淚交流僮僕相看歲已收莫訝此回頭盡白十年八度渡蘆溝其他佳句如程慎先游白下云帆回山盡見鷗起水仍波送高非援返敬亭云海岸同爲客杯中各有家發邵武云灘急提心過峰危仰面看別客云客心支夜永江影就燈全立春後一日云餅梅無落意小竹有高聲江行云江邊見塔知城近郡裏看山覺

寺深須江延醫云採藥暫停沙際棹看方頻就佛前燈過仙霞關云荒亭坐佛空泉裏薄板肩人細雨中余讀其詩每哀其意也

趙秋谷執信飴山堂詩人謂其馳騁有餘醞釀較少然集中詩未始無沈著含蓄之作訓馮大木都下見懷云滿眼不可耐有懷何足云夜來京國夢祇爲大馮君海月云海月自東出照人如有心猶戀九秋影頓失昨宵陰疊嶂依雲遠空烟向水深無因乞靈藥桂樹漫森森出都云事往渾如夢憂來豈有端罷官因酒失去國覺天寒北闕烟中遠西山馬首寬十年一揮手今日別長安酬王阮亭先生見寄云何事終朝舊他年願卜鄰乘時朱虎讓失意綺黃親斜日依臺柏驚風落塞塵請公樹奇績名我樂芳春送吳天章之太原云秋雨勢不已秋風動萬山送君薊門道計日井陘關水暗黃榆色峽迴青玉顏猶餘馬行處憑夢一追攀對月寄丹壑云春風寒近酒孤前街鼓聲中夜可憐愁向窗東見明月故人居在月東邊萊陽雨夜贈張伯績云高樓吹角引嚴霜良夜開樽共燭光傍海魚龍多出沒方秋雷雨更蒼涼年華花萼看離菊身事蕭條寄醉鄉家在蓬山雲臥穩故人且莫歎滄桑

潘次耕耒遂初堂集贈閻古古一百五十韻烈士行贈趙羲庵碧雲寺詩贈杜于皇贈鄧孝威送李天中還閩中司馬相如玉章歌寶刀行爲夏子宛來賦等篇彪炳陸離令人不可逼視近體才華富有而微覺板重山行句云雲寒時著面石險每當車

塞上云枯柳乍沿河岸發黃雲多傍戰場生龍門云雪消春捲桃花至雨霽秋兼瀑布來寫懷云定僧豈合持齋鉢處士何當辦嫁衣又云懸知遲笑終南捷畢竟人愁矍相空壽李映碧先生云斑彪久矣能成史范叔終知不下車送焦也叔觀察西寧云帝謂馬援猶少壯人言裴楷舊清通江行云過雲山似褰帷出裂水帆如破陣來又云佳醖乍來中户喜名灘欲過長年愁溪行云燎薪野岸客防虎打鼓津吏巫降神地僻不曾諫漢法山深或恐有秦人重游杭川云地主依然蘭臭合故人漸覺鬢絲多經姜給諫墓作云青峰一曲抱愁雲中有先朝給諫墳往日兒童識鄉浩到今野老哭劉賁山頭樹屋稱殘卒地下戎衣見故君埋骨使爲乾淨土豐碑華屋漫紛紛

黃陶菴淳耀馬當山詩云一日清風千里閣世間惟有鬼憐才潘次耕詩云好風肯與王郎別世上惟君不妬才兩押才字俱妙

吾邑州治後有蘆洲時有雁宿宋陳琰築 國朝孔東塘尚任來游有水闊蘆花肥之句其妙與謝康樂池塘生春草梅宛陵春洲生荻芽句相似

田山薑雯詩選沈歸愚尙書稱其才力高而取材富欲兼唐宋而有之然其中不無少雜余展讀之信不誣也詩之最佳者如送友還蜀云酒壚連客巷匹馬向天涯驛路秦川雨春風蜀道花行藏憐郭隗書劍老侯芭但看黃梅熟知君已到家李于鱗先生墓云下馬拜滄溟荒山亂石橫炎天無白雪遠樹有泉聲

邊許才相映嵋華峰正晴弇州今已矣誰重濟南生三角店絕句云巒方闢道已休兵何事軍書夜未停土屋柴門三角店計程七十五長亭讀溫飛卿詩云一代才人乾膜子八叉吟手亦徒然不教詞賦陪雕輦空讀南華第二篇采石磯太白樓題壁云燃犀波動石皆動尺木畫存松亦存再上青蓮樓上望漫天風雪大江昏儀徵縣云松簾絲網架江頭叢綠新篁傍水樓一片風帆三十里買魚煮筍到眞州其他佳句如七夕云異鄉逢七夕客路又三年送周屺公云疲驢愁日短孤雁伴人行偶出西郊云朔風來雁塞瘦馬自山村自感云病深思入道交久漸知人送李明府之任晉安云大江坼地通盤水芳草連天入夜郎答中隨叔云薄俸都緣書癖盡世情偏讓酒盃寬又云正平

未解投書刺司業頻來送酒錢七古如洗象行趵突泉歌登采石太白樓觀蕭尺木畫壁歌皆崟嶔聱闕但惜集隘不及備登矣

鄉前輩鄧孝威漢儀選天下詩觀共四集雖不免氾濫重複之弊然不謂之宏富不得也過大庾嶺詩人祇誦其人馬盤空細二句而不知全首皆佳詩云莫愁前路杳月出正東峰人馬盤空細烟嵐返照濃過崖星陡見近郭火偏逢更喜灘聲外層層響亂松過梅嶺云在昔張文獻曾傳劈此門風烟通百粵珠玉走中原涼熱峰為界要荒勢極尊蒼碑搜索遍牢落失開元夜泊中宿峽口絕句云昏黑尋崖駐旅船峽牽星斗挂遙天征人此際殊寥落一夜荒燈對虎眠過英德縣南山云更闌酒罷亂

山低天外歸帆傍武溪蠻語漸稀燈火暗青鴉時作小兒啼詩皆奇險峭蒨詠息夫人云千古艱難惟一死傷心豈獨息夫人舊傳此詩在龔合肥座中作合肥為之色沮罷會

孫豹人枝蔚溉堂詩多作秦聲杜茶村濬變雅堂詩純是楚音兩君薄游淮海土音是操不忘本也豹人久雨云邗水非黃河亦從天上來滾滾魚與鼈走上凌風臺何處有仙鶴騎去不放回此例詩嶔嵜磥硌酷似老曹之作昭君怨云馬上莫逡巡含情歌自陳朝廷不重色故事再和親欺雪桃花貌愁顏柳葉顰都言邊塞上今日忽生春歲暮遣懷云匆匆詩故舊冉冉入殘年仰面常多愧回頭只自憐有詩吟戰地無酒敵寒天咫尺閨中婦含情爆竹邊渡江云風起中流浪打船秦人失色海雲邊

自知賦命原窮薄尙欲西歸太華眠茶村樓夕詩云爲客曾無故登樓亦偶然古城延落景秋草上青天野火風吹盡平沙月照圓馬嘶今夜苦歸夢戰場邊寄家信云不爨邗江日家書報絕糧途窮翻可笑事急豈能忙老父思端綺飢兒寫數行出門須作計四顧野雲黃二君詩可謂薑桂之性愈老愈辣矣

顧赤方景星享年極高詩卷亦富白茆堂詩廿七卷其閒好爲獺祭多作奇字但珠礫雜陳未經淘汰貪多之病故也詩之佳者如下馬云下馬橋山道蕭條萬木空玉關人入室金粟鳥呼風秋雨無紅葉長江冷落楓勞勞亭上客斷送幾歸鴻送人春別云楊柳枝頭雨風吹上客衣春光去無限賤妾欲何依行旅他鄉慣音書遠微稀候鴻多未北尙作往來飛邯鄲旅夜云蕭索盧生夢千秋詎未休我來但高枕百尺且登樓市柝時驚馬南茶不計颸風威起中夜城上誤更籌宋石云健石排雲出江流勢建瓴紫崖留燒黑白浪蹴天青刀劍開平廟壺觴供俸亭年來少登眺君蘚但深扃此例詩非不淸空深穩他如多鼠詩數十韻春筍一百二十韻自注動有數千言之多衒博誇多似可不必讀嚴光傳詩云南陽傳鄧馬夫子獨淸風矯志誠孤往逃名苟未工披裘何皦皦加足太匆匆千古能埋照牛牢高敬公自注高敬公名獲與光武有素大節似嚴光牛牢亦光武布衣交召之稱疾不至皆新野人見寰宇記丹鉛錄如此簡核亦何嫌自注也

汪鈍翁琬堯峰詩文鈔共五十卷其文有根柢實與魏叔子侯朝宗鼎足而三詩筆頹放似非其所長沈選別裁集謂以劒南石湖爲宗亦非確論余獨愛其歲暮雜詠云俠少場中氣最雄而今飄泊等秋蓬一雙種菜持螯手懶拓藍田數石弓贈相士云居許遺言果否眞賠君新訣始通神相逢莫話寫肩好鼠目麞頭是貴人人言鈍翁恃才傲岸於此可見王阮亭獨愛其乳燕飛飛蛙閣閣楚萍謝絮滿池塘則各有嗜好也

費此度密四川成都人僑居江都之野田莊著有燕峰集人極骯髒詩亦傲岸朝天峽詩云大江流漢水孤艇接殘春王阮亭謂爲十字須千古是也沔縣村居云烏巢原上樹花落雨中村高郵過故人云朱門齊牧馬白骨亂開花西鄉縣云貧賤已甘人盡老顚狂未解客何爲此度於僑居後幅巾索帶賣藥著書其所著撰今皆散佚蔣心餘題費處士遺像詩其梗概可見余過野田莊亦有詩云霏霏小雨溼衣裳轆轆車聲轉轂忙不見成都費此度東風吹過野田莊

江都于潁士湃原名大儀住居塘頭密邇野田莊與費此度酬唱送此度之秦郵詩云客況渾疑夢愁心懶問家半年多旅宿一棹及桃花水國魚蝦賤郵亭竹樹賒好尋淮海蹟長嘯是生涯送陸奚州北上云六月棲棲遠遠征潞河垂柳盼雙旌黃金交態風雲重紅粉扁舟驛路行臨發竟虛樽酒話壯游莫信鼓鼙聲倘逢知己春明道爲報狂奴已力耕鄧孝威謂此詩擬大復空同之勝亮哉斯言登金山觀龍舟又有笙歌連島嶼兒女狎蛟龍之句最爲奇警亦得規諷之意

吳梅村楚兩生行於吾鄉柳敬亭與蘇崑生合傳言之詳矣而雉臯冒巢民襄贈柳亭詩云憶昔孤軍鄂渚秋武昌城外戰雲愁如今衰白誰相問獨對西風哭故侯詩亦是吳意而節短音長

吾鄉黃仙裳雲賦性高伉貧氣謾罵老而愈窮而詩筆益工觀桐引樓悠然堂集詩多和厚殊不類其爲人江春元日句云性廉求世少親健得天多旅館雪夜云雪疑深夜重衾念老親寒過花月山堂云寒螿暄雨夕新燕舞花朝偕內子入廣陵舟中感舊云夢到故園愁易醒語追離亂不堪終重泊朱家嘴云犬迎生客依然吠月出邗江分外新其言藹如足徵醞釀矣婁東修復前觀察馮蓿仙先生祠字云舉朝半醉烏程酒名士拚沈白馬淵論勝朝溫烏程枋國時事更爲婉切

吾州城西有春雨草堂舊址爲宮紫元偉鏐太史讌名流之地左揖岳阜右抱城垣湖水漣漪鳧鷺出沒流風餘韻令人翹企無窮太史贈龔合肥句云千秋抗疏嚴檮杌一夜吹簫泣杜鵑宛而多風耐人尋味

余嘗與友人爲郊外之游見日薄虞淵青紅萬狀因憶鄉先達繆灃南沅司寇有西門落日歌程風沂盛修大京兆續和之撫今思昔無限蒼涼詩云秋鄉下直譚鋒起爲凟江鄉林壑美西郊一帶足徜徉日落未落光銜水此間知已三兩人鋪茵藉草笑言眞浩歌一曲寫胸臆白日已匿天無痕一自驅馳事京國天門日射觚棱赤舊游回首總茫然不見當時苦吟客酒酣迫欲把公詩南陔華黍亡其辭我亦緇塵三十載日車難駐流光馳歸來逍遥西郊路彷彿仙翁吟眺處姚黃一蹴逐飄風獨立蒼茫烟景暮京兆詩敘謂餘園集中不見此詩佳搆遺佚古今同慨

繆灃南平生所作甚富錢唐金志章謂其平羅江西還返六閱月得詩七百首號曰稜米集今無存者余讀餘園詩錄其渡錢唐江云大江岷峨來峰巒恣環繞迢遥下會稽風烟隔蓬島吳山一點青滅沒來歸鳥延佇立沙頭天闊布帆小東平曉行云汶水湯湯抱郭流魯陰桑柘散平疇雨鈴風鐸殘春夢又跨疲驢踏晚秋

高郵李百藥必恆詩載宋商邱江左十五子集中諸君以名位顯而百藥獨以諸生終要其詩之足傳不以顯晦異也樗巢詩選與商邱所刻者間有同異大愷鐃歌鼓吹曲上宋中丞一百六十韻天王寺吳道子觀音畫像等歌久矣膾炙人口近體之佳者如悼亡詩云口生石闕悲難語燭近風簷淚不乾入地轉應無病苦來生莫又累飢寒題樊樓近詩云好是陳言同賊去故應佳句有神來讀劍南集絕句云北伐何由見誓師眼明只望中興時可憐輸與東屯叟少御收京一首詩題初學有學二集云黨牛恩李盡堪疑殘劫空爭敗局棋齒冷南朝沈家令一生辛苦望台司又云饒舌難除綺語魔柔腸不奈柳絲何祇應學取韓熙載拍板門生與唱歌以上二詩可謂善謔以視查初白拂水山莊云生不並時嫌我晚死無他恨惜公遲之句誠異

曲同工然門生唱歌尙不可例視忠節如瞿公起田何莫非受之之門下士也
吾鄉陳雁羣志紀通籍後上疏被逮卒於戍所著有塞外吟春日雜典句云雕盤迴野色雁轉望家書又云猖狂逃斧鉞歡喜得耕耘詩有悔過感恩愛國懷鄉之意語亦和平可喜少時築五藉樓於城西讀書其上余猶及見其榱桷今再過而墟矣
江都之詩人羣推二汪舟次枏之深穩尤勝於季用懋麟之豪岩舟次送周伯衡給諫之荆州云老兵輕白面大帥重黃門程氏小樓云池平全藉雨桐老不宜秋賈太傅祠云蕭曹有命稱賢相絳灌何知只老兵季用疾革時口占云惡夢虛名久未開孤雲倦鳥乍還山半生心事無多字只在儒臣法吏間其胸襟大可想矣

二汪之外又有顧書宣圖河史蕉飲申義兩家雄雉齋集中有酒後呈蕉飲庶常七古一章史依韻答之工力悉敵因篇長不及備錄余愛書宣有詩與復不浅梅花何太遲由來孤賞意不在滿開時之句最清迴有味荒村句云凍雀蹲簷啄風鴉鼓陣圓寫景超妙而圓字韻尤佳蕉飲使滇集中新野道中云北來宛葉人家少南下荆襄戰壘多名士綸巾開歲月將軍大樹滿關河荆州懷古云江上射麋公子蠻宮中滅燭美人杯音調俱高朗他若宗定九元鼎以才調爲主王阮亭極賞其來逢鶯語詩從作去被人留酒重醺等句則亦各有妙境也
宗定九著有芙蓉集絕句近中晚唐人題紅橋酒家云廣陵最好題詩句紅板長橋賣酒家不要纏頭要小令因他聽熟後庭花吳音曲云璧月庭花夜夜重隋兵已斷曲阿衝麗華膝上能多記偏忘牀前告急封百尺樓云素襪翩翩月一鉤凌雲風致想高樓江南歌舞尋常事便逍彤下蔣州風調絕佳然如定九言則臥榻之前可容鼾睡而南唐主之酣歌恒舞亦可與圖治乎
江都吳蔚次綺由拔萃科官湖州府擒治豪猾民皆稱便暇日招集名流飲酒賦詩幾無虛日旋去官歸里求詩文者爲種一梅久之成林名曰種字林著有林蕙堂集收入四庫稱爲神姿精艷不愧才人虎邱酒樓云七里水環花市綠一樓山向酒人青臥佛寺云猿乘夜月升高屋鼠嘯春陰走廢廊贈趙蕁客云睎髮未忘文信國論心常憶鄭當時輓高申伯云蟋蟀河山

歸宰相蛘蝣風節在諸生友人納姬戲爲催妝云蛺蝶輕羅押蒜金燈前小立傍瑤琴桃花潭水兒家住只問郎情深不深自注姬姓汪南人也
泰興季天中開生黃門獲罪出關著有出關草尙陽堡即事云極塞有山皆北向重邊無水不西歸集郝雪海齋中云秋空邊塞猿封冷月射沙場雁陣開語多悲壯在滄溟懷麓之間
吳江計甫草東詩有奇氣嘗過鄴中出橐金修謝茂秦山人墓並作詩弔之云鄴中懷古正秋風詞賦深慚謝氏工生欲移家辭白雪沒隨疑冢對青楓諸王禮數何曾絕七子交期竟不終自是貴遊無遠識布衣未必歎飄蓬沈歸愚論詩絕句云眇目

山人足性靈詩盟寒後苦飄零後來誰弔荒墳者只有吳江計改亭張船山弔謝茂秦云荒墳頹墮無人弔並爲憐才哭計東俱指此事

吾邑宮恕堂鴻烈太史爨與查初白唐江東姜西溟顧俠君諸君都門酬唱最爲契合集中有張王廟詩持論最爲得體詩云齊雲一炬卷秋蓬力盡依然蓋世雄自是金陵多王氣非關黃葉怕秋風龍衣御酒渾閒事麋鹿荒臺只故宮富貴應知生處樂如今故絳是新豐此爲淮張而發詩可與高靑邱吳城感舊詩並傳吳桓王墓云走鹿應分一臠嘗風流千古說孫郎大喬不作孤嫠泣未必黃星照許昌此爲御兒生色而黃鬚兒可以愧死題蘇武南歸圖云細弱仍留北海濱獨令南客件君行丹

青解畫杉中監寂寞無人說馬宏自注前漢書何奴傳漢使不降者蘇武馬宏等過朱買臣墓云將軍西上未知名懷綬南來衆吏驚衣錦畫行良易事一時同郡有莊生自注莊助亦會稽人爲會稽太守此等皆屬非儉腹者所能

恕堂有村店女兒行一首寫盡村店風景與客官情事詩云村店女兒年十六黑鴉鬟中一白鵠野花隨時插半鬢葛袖苧裙新結束倚門望見官人至轉過牆頭不迴避官人肩輿入草廬問有午飯餉客無答言阿爺往輸賦漉米旋炊誤行路壺中有茶喫茶去

余於鄉前輩已得陋軒愼墨桐引餘園恕堂諸詩人集中矣後復聞尤霖三先生名而未見其遺稾今蹤跡得之見其詩淸新

和雅於唐人學皮襲美陸魯望於宋學嚴滄浪劉後村其人其詩誠爲冥冥之鴻不求聞達於世者也跡其平生游浙最久故浙中之詩亦多司馬溫公書家人卦摩崖石刻古詩云秋風放槳西湖游湖中烟水明淸秋畫船但識簫鼓樂誰能領略眞銀鉤煌煌溫國正書留萬年家國誠良謀徽欽不返家孰正而今巉嶺含其羞誰與刻者摹眞跡正氣凜凜藏精遒當日洛蜀苦分黨門戶堅峙言紛糾叶老臣深陳嘻嘻戒此意豈復知比周後人不察有深意但以人重工鐫鏤高廟南渡勢不振康侯意激傳春秋安知事在神宗世履霜堅冰餘深憂摩挲三歎不獲已聊書感慨留山陬秋雲云輕薄雲情幻秋空不肯閒乍晴仍乍雨飛去復飛還蔽日風能掃爲山石不頑何時三素見一洗

萬方艱枕上云枕上聽寒滴秋宵不肯明那堪催斷雁況是帶殘更一夜千鬚白孤城百感生天涯多旅客各有故鄉情與友坐話云久客鄉音變非君竟不知忽看花上露已似鬢邊絲鼎鼎華年過堂堂白日馳天涯芳草徧前路更何之嚴子陵釣臺云一路春山叫畫眉先生今尚祀崇祠功名不作雲臺想心事惟應水鳥知七里灘聲環竹樹百尋山色峭階墀劇憐蓑笠寒江叟但向臺前弄釣絲剡中云晚年浪跡似飛鴻直看名山入剡中客緒已如雲意散鄉音難得故人同千家小屋層巒住幾日新霜雜樹紅遙想當時風雪夜便從此水櫂孤篷其他佳句如登岳墩次韻云臺崩穴土壁犁貉城鏁村烟唱午雞上巳後一日桂籍軒小集云容易鶯花三月老補遺詩句一春忙虞美

入草云垓下已無芳冢地江東又過菜花時秋懷云新涼得令搜林葉殘暑無功謝葛衫迎秋云世味嘗來甜較少蟬聲靜後暑猶多秋聲云摧殘萬木蕭蕭下喚起明蟾皎皎孤無題云茶葉初嘗方信苦蕉心不展爲誰愁如此等句美不勝摟家居時與繆湘芷俞太羹杜海樹沈紺之諸公相友善有清響園訪湘芷留飲五古最佳浙游日又有旱查初白五古歷敘查從都門曾寓書招致浙游日値查家居故感而有贈又有贈閻百詩七古惜篇長不及備載先生名澍霖三其字也

吾邑沈大復復曾爲少司馬良才之曾孫詩倜儻有奇氣將西入秦同詞臣孝威賦云短市商歌疾驅風此微裘地形趨碣石山勢坼河流雲策隨征鳥春詞憶射牛東南銷王氣立馬向齊

州詞臣張君幼學亦同邑進士善書工詩宣鎮雜詠云傳聞寶憲勒燕然山在桑乾泉水前馬谷畫開神駿過羊房春盡乳羝眠將軍漫拂兜鍪坐野老仍耕首蓿田指點廣靈門外柳手栽今已十三年同時又有丁漢公日乾者亦工詩書北固山舊讀書處云山中短榻禪燈在橋外垂楊酒市遷句意悠遠

余讀黃山谷書摩崖碑後詩竊以爲持論刻覈不如張文潛詩稱頌得體山谷詩有云撫軍監國太子事何乃趣取大物爲則以元宗不當冊立太子肅宗不當即位靈武而大物可虛懸乎及讀曹賞菴貞吉浯溪碑詩云山谷老人好持論乃以攘取大物嘗撫軍監國有何意虛文辭讓識者嗤又云所惜功成少調護月明南內終淒其靑史或能議聖德當時誰道中興非不然但守東宮職龍樓問寢西南陲此關山谷實不爲過

江都朱老鉋有掃故人潘雪帆墓云孤墳痛哭無家客爾化莊生我杜鵑言之最爲凄楚舊聞雪帆墓在平山堂側丁酉之春季余偕友人游平山堂詩云池館重開草不芟蜀岡烟柳綠彭彭好春依舊鶯啼盡不見詩人潘雪帆好春鶯吽盡明月笛催圓本雪帆句也余詩故及之雪帆錢唐人著有拜鵑堂集集中又有明月到樓才是夜桃花無水不成春鄉心迫似初來雁木葉衰於漸老人等句俱堪傳誦

伯山詩話後集卷一

伯山詩話後集卷二話今

泰州康發祥瑞伯氏編輯

門人王鴻業雪颿校勘

吾鄉李枚及（拔卿）由拔萃科官通判宣鎮詩云途經鷄嶺山如
鑿地近羊房草易秋晚出南口城云南下地形趨督亢西來山
勢扼雲中同時朱艾人（淑熹）順治辛卯舉人揀選知縣陳鴈羣
志紀其門楣也時鴈羣獲罪謫戍柳敬亭自京師爲寄札子艾
人詩有眼看出塞人長別誰使孤城馬更來白髮賓朋雙涕泪
黃蒿池館一樽罍之句最爲淒切繆丈善夫（承鈞）每誦之
吾鄉俞太羹（梅）太史陳芳（楷）學博昆季著撰精深詩亦警拔太
羹弔黃儀逋墓有是仙非鬼余終信欲殺能憐世莫論之句儀
逋名逵山陰人流寓泰州狂放不羈詩筆淸勁陳芳上孫司空
云宮人口熟元才子　主上心傾戴侍中又云春秋未習嚴彭
祖紀傳嘗輕褚少孫河間竹枝詞云莫道佳人燕趙多生憐塵
土涴靑蛾不爭金屋藏嬌小窄袖輕靴跨駱駝太羹之孫堉字
容萬亦以能詩名
江都申笏山（甫）杭大宗極稱其詩余愛其醉後云窮由命賦營
何益狂是天生改亦難沂州道中云疎疎楊柳拂人頭野色山
光爛漫收郤笑詩人顧十一馬蹄駝夢過沂州
吾鄉周天橋（虹）布衣著有天橋遺稾今散佚不可得過駱賓王
墓云古碣橫衰草唐賢姓未殘墓門冬始見海氣晝常寒落跡
江湖易憐才宰相難空餘憑弔淚千載爲君彈與鄧孝威話舊

云詩人易惹千秋謗才子誰封萬戶侯憶嶺南風景云山寺路
隨雲斷續士人語共燕呢喃登開化寺樓云瀕海天光全在水
過江山色半歸僧
長洲沈碻士（德潛）尚書論詩醇粹其所作亦極平正通達然規
撫特甚初不以才氣見長其題桃花源圖云廬舍圍花竹牛羊
散術阡誰言秦網密此地有閒田鶴柴云仙禽何處來髣髴縱
山嶺林陰午夢餘松風吹不醒衰草云離離衰草滿天涯一夜
西風萬里家莫向郊原問消息王孫零落已無家如此數詩自
淵含不盡所選唐明　國朝三別裁詩謹嚴有法然詩之境地
不同亦未可墨守成說也
吾鄉顧湘靈（瀛）明經博聞强識曾與修山東省志多所証訂同
纂修者皆服其博洽無題詩云怕見芙蓉悴生愁芍藥開彩牋
連日疊只待雁鴻來又云烏龍穩睡淸無夢赤鳳狂飛力有神
錦瑟銀河深淺浪香沙金粟去來塵詩學西崑惜未多見
吾鄉張九草（虞）著有如拙堂稾詩擅長古體柳枝行云河隄自
古鐵與石近日河隄柳枝塞前歲河工未告成今歲柳埽又頒
行官糧一石柳一束三倍稱來猶不足胥吏如狼橫索錢催頭
那顧人家哭楊柳靑靑滿舊隄連年斬盡不生稊滿船載向河
邊去積久堆堆化作泥君不見邵伯鎭南幾千戶晨炊半是哭
陵樹此詩有楊園畝邱之義宜采風者所不棄也
儀徵江秋史（德量）侍御經學與汪容甫（中）齊名詩不多作作亦
不存稾阮芸臺太傅曾搜其遺稾入淮海英靈集賠焉然山云

萬箇凌雲惟竹節十年學道愧蓬心渡河詩云十五女兒宛轉歌玉船香進金叵羅門前柳色濃於酒何事郎心欲渡河容甫經術湛深於儕輩絕少許可詩亦不多作曾賓谷都轉輓之云生有狂名過阮籍死無弔客似虞翻只此二句可以知其梗概矣

團鶴舨 昇 副車本籍儀徵家居泰州著有畫山樓詩天門舟夜云已決歸期近愁心翻不眠水昏初月夜山響欲風天客路依漁火人家認柳烟新涼醒殘醉坐整葛衣偏從子蕉墩 維墉 亦中副車著有小畫山樓詩

仁和杭堇浦 世駿 道古堂詩與厲太鴻 鶚 樊榭山房詩俱延朱秀水之派杭古詩屈詰古奥如以高麗圖經易王滹南集萬編

伯山詩話後集卷二 三

修將往明州修志長句送行漢銅雁足鐙歌等詩斑駁陸離令人神移目眩近體如雪後登金山云鼇擎地柱浮波立鴿旋罡風到塔迴新秋南屏山房坐雨云過雨始知泉脉大得風頻訝樹聲奇送施安之歙州云雁聲南下兼殘雨嶺勢東迴抱歙州漁菴云萍香乍合通身綠雲腳西移一面陰秋日采蓴湖上云侵曉招呼共采蓴只愁翠帶罥船脣鄉心不向春來發始信張翰是解人海城雜句云金塘春暖漲晴沙翠岫參差隔岸遮一百里中紅不斷桃花水上看桃花其風韻亦不可及

錢唐厲樊榭詩視杭堇浦爲一時瑜亮古詩如焦山古鼎趙忠毅公鐵如意漢銅龍虎鹿盧鐙等歌皆光氣熊熊不可偪視近體之佳者秋日游鐵佛寺云碧壓平岡碧殿孤我來何處弔楊吳佛從刼火銷時見秋到遙天盡際無草亂難尋朱瑾墓鴉歸猶學黑雲都淮流不洗當年恨誰與英雄酹一壺東昌阻風云伏日舟中聽曉雞無端風雨共淒淒浮雲西去遙連魏綠樹南來漸入齊災後名區絲竹少病餘僮僕語言低愁城如許攻難下一矢書成亦枉題冢陰絕句云衝風苦愛帽簷斜歷尾無多感歲華卻向東蒙看霽雪青天亂插玉蓮花其佳句如晚泊張秋鎮云斷帆邀飲海返照倒明沙寒柳云葉落紛如汴隄雨鴉棲瘦似灞橋人詩清空高朗盡以堆垛目之則失其本來面目矣

天台齊次風 召南 宗伯與杭厲之名爲鼎足董子祠云炎漢四百年廣川一儒者烜烜天人對絕響振大雅王佐儕伊呂前輩

伯山詩話後集卷二 四

笑晁賈春秋扶扃鑰陰陽在陶冶若登洙泗堂班應亞游夏彼哉平津侯械棘憎梧檟擠之相江都無乃同柳下正色匡易王道誼不可舍昌言三仁謬羞稱五霸假至今淮海上尚立欒公社老樹吟空庭古苔繡碧瓦帷中像設嚴楣間 聖藻寫何必瞻墳塋始下過客馬我來拜清風竹林露方灑寄題江上草堂云草堂自古亦無數勝槩獨擅今輸君一曲清江杜工部千章夏木何將軍夕陽遠近度帆影秋水高低來雁羣扁舟我欲徑相訪坐看北固生烟雲

陽湖洪稚存 亮吉 更生齋詩頗有雄直之氣山中夜起云山空葉動息木葉已先凋衆響從何至天風與濤摇砌涼蟲語寂閣暗鼠聲囂夜半催人發新霜幕外飄讀晉書云剩得荆揚半壁

天偏安王氣尚綿延生憎謝客爲山賊死笑孫恩作水仙南渡化龍纔幾日北來飲馬是何年茫茫萬里中原土只惜無人肯著鞭檢故提督花連布遺札云尺書肯爲故人題已值倉皇盡命期生戴頭來知秀質死餘膽在說姜維鑿龍屢共中宵譙絶徼會拳大將旗八百里騅休吏御逆公天上去騎箕吳梅村祠題壁云寂寞城南土一邱芝梅零落水雲愁生無木石塡滄海死有祠堂傍弇州同谷七歌才愈老秣陵一曲淚俱流興亡忍話前朝事江總歸來已白頭

稚存論詩每執一偏之見趙耘菘詩話　國朝以查初白高置一座先得我心而稚存不欲故投趙詩有殺青自可挨成例初白差難踵後塵之句其論詩截句於吳祭酒云早年壇坫各相

期江左三家識力齊山上蘼蕪時感泣息夫人勝夏王姬此論人非論詩也於朱竹垞云晚宗北宋幼初唐不及詞名獨擅場謂詩不及詞也於查初白云只辨人間時世粧名姝未稱古衣裳其論詩之當否識者辨之稚存同時又有孫伯淵觀察深於訓詁而詩非所長其與稚存齊名者黃仲則一人而已

黃仲則景仁兩當軒詩才情恣肆意態雄深與洪稚存同里齊名江左號爲洪黃然以學問言洪優於黃以詩才言恐洪非黃敵也惜黃年不永未大成就而詩之佳者無過焦節婦余忠宣祠等篇早年以觀潮行著名以余觀之非其至也康王廟夜宿云殿角吽鴟梟門前沸海潮淒淒五更轉隱隱百靈朝野曠秋衾薄風寒宿酒消百年羈旅夜生事太無聊橫江春詞云門外晴洲香草浣紗生小愛春陽柳絲幾尺花千片蕩得春江爾許長佳句如發蕪湖云偶尋芳草思名馬每見青山想異書都門秋思云夕陽勸客登樓去山色將秋繞郭來

畢秋帆沅中丞梓吳會英才集一十六人之詩以方子雲布衣弁其首即以唐之賈浪仙羅昭諫比之閻子雲詩邊幅不大肯力亦不甚逾方之賈羅未免過當然近體頗多琢句夜泊云雲過月西向潮來江倒流登焦山云海近夏猶冷山空雲有香蓮花峯云烟蘿掛壁疑無路日月行空似有聲海漏亭云香篆飛來雲際斷水紋圓到岸邊無雜感云日中或謂空千古海外原來有九州臨江臺云松根瘦石如人立江外濃雲似馬來過天福寺云空山雲與人爭路破寺風隨虎打門

金匱楊蓉裳芳燦農部有董小宛貼梅扇子歌詩極綺麗小宛爲雉皐冒巢民姬人固精此技而精此技者雉皐又有冒宮冒宮者海陵宮氏女嫁於冒氏夫亡守節者也仿趙松雪夫人管趙之例而立名故曰冒宮其貼梅之法則施膠調粉而貼落英於紙上花之向背疎密淺深以及已開未開之態罔不畢肖枝幹則以筆鉤勒之曲直欹正之致亦各極其妙友人王左亭曾有冊囑題余詩云謾道丹青女子能幾人節操凛寒冰趙家媳婦元人派前事休題管道昇蓋謂此也蓉裳詩云活色生香點綴工折枝梅影重重孤山萬樹花如雪飛入卿家便面中

蓉裳之弟荔裳掄舍人新月詩云新月如佳客招邀只暫來清輝留不住一片過牆隈凉露珠光泛纖雲縠影開待逢三五夜

期爾共深盃
秀水王穀原又曾 比部著有丁辛老屋集梭船小女歌云梭船小女十歲餘日日弄船如弄梭船梢把舵辨風色那許學得討篙拏灘危溜急挽不上敢與風力爭贏虛眼明手捷觜吻利對客儼以成人居自訴前年阿母死阿爺憐將置船裏江行風水多苦辛生女應須當生子嗚呼年歲盛壯身蹉跎有父不養子則那奈汝梭船小女何
寶應王少林嵩高 太守著有小樓詩集戲馬臺云河聲殷地轉秋色抱山來蕭縣云荒城殘照外孤客亂山中涉園送春云三徑草深隨意綠一年花好及時看游祇陀林梅子山諸勝云重尋觴詠知何地再到園林是故鄉秋夕感懷云昏燈別館聞蟲

語落木空城有雁過哲嗣子休嘉生 刻其遺稾時以見貽
吾鄉陳理堂燮 學博憶園詩鈔六卷醞釀功深語多蘊藉吳會英才集中已登其十分之四五靈澤夫人祠云山河百戰陣雲平兒女偏傳廟祀榮一片靈旗環珮影五更殘月杜鵑聲江流終古爭荊楚蜀道如天隔死生家國興亡何限恨草風沙雨獨含情其佳句如寒夜云霜月一天人獨醒凍雲千里雁雙高感懷云選樹老鴉知地利上牆幽草得天憐黃葉云高峯瘦日不知處古戍驚沙相間飛即事云金銀氣盡人無色苜蓿齋荒草又生
烏程嚴遂成海珊詩鈔十二卷又補遺一卷長於咏古人以詩史目之閱明史諸篇極有論議未及備登少年行云覆首紅袜

韐垂腰鐵裲襠馬上鼓琵邯鄲娼迴身流星射金彈左右射人中人面闘道前山夜轉戰坐馳萬里日始旦手提模糊月氏首入奏鐃歌未央殿男兒富貴須早致淩烟廾青容易事卻笑南陽鄧仲華封侯年已二十四桐廬道中云百里桐江路鶯邱書裏逢水深仍見底山好不妨重小雨滋蠨響清槐護岸容隔溪蘭若杳游暮一聲鐘三垂岡云英雄立馬起沙陀奈此朱梁跋扈何隻手難持唐社稷連城且擁晉山河風雲帳下奇兒在鼓角燈前老淚多蕭瑟三垂岡畔路至今人唱百年歌樊城感左甯南事云百里長淮一夜成左家從此不能兵山河運盡英雄老侯伯封高盜賊輕旗腳星移無定所馬蹄雷動只虛聲樊城舊是屯營地滿目頹雲暮氣生其他佳句晤宜城沈榜崖云書

煑糜笑火髮鑷鄭虔絲與允山禪丈夜坐云竹非因月瘦山不礙雲凝梅花詩云老氣直教無我敵清名頗亦畏人知自入山來皆雪意絕無人處有烟痕若入詩評爲島瘦郎論詩格亦倪迂項王廟題壁云范增一去無謀主韓信原來是逐臣送范容安之粵云月上潮聲喧瑇瑁雨晴野色潤桄榔夜宿靈谷寺云鼠盜餘糧藏佛髻月撝寒綠浸僧衣道逢李座主穆堂先生使車云文饒重下孤臣淚元禮從呼部黨魁又云轉眼漸功顏駟老到頭終讓趙衰文從趙北口夜渡西澱云荷香頗與風留戀蒟勢全憑月展開梨春園云司馬園唯名獨樂岳陽記亦在先憂東阿弔陳思王墓云詩得父風爲老將賦因甄感彼何人姚礪國徵士云才華見許盧思道規矩難繩禰正平宿江城晨起

云涼笛生於無月夜曉鶯啼及未花天爲念慈遣懷云名士光陰多逆旅破書滋味在貧時贈沈楞崖云黨論舊傳元祐籍門風私記義熙年詠明史中山王徐達云廉恪小心曹武惠深沈大局鄧元侯榮國公姚廣孝結句云特地開科長取士不知漏落幾多人史督輔可法云一死平生文信國千秋奏議陸忠宣國殤有毋呼遊鶴家祭無兒拜杜鵑九靈山人戴良云稼軒山左收豪傑臯羽江邊匿姓名水南門絕句云蹴地垂楊颺麴塵嫩晃毛羽濯波新青山如黛花如綺吹徧春風不見人謝布衣榛云擎甌結盒泣玫瑰未有佳人不愛才丁掾縱教雙目眇也馳油壁上叢臺涿州張桓侯廟結句云吞吳未遂無多恨恨逐騾車受晉封自註桓侯次子紹爲侍中後主入晉紹封列侯總覩諸詩稱爲詩史洵不愧也

海珊閱明史詠張士誠云操舟運鹽張九四白駒亭場樹賊幟萬戶告身拒不受棟射三矢承天寺吳趨踞坐拓土寬遂與元絕稱天完諸將偃蹇載樂器樗蒲蹴踘軍中歡一礮飛空碎城堞耳聵風謠黃蔡葉錦衣銀鐙十條龍萬里橋邊喪舟檝嗚呼以身死國眞英雄江東不降宋錢俶西河不歸漢竇融妻劉亦挾丈夫氣齊雲樓火通天紅其於士誠固不以成敗論也泰州東門外東山寺舊有士誠塑像余亦有士誠詩云平江城裏齊雲樓姬妾同焚樓上頭泰州城外東山寺遺像來瞻張九四九四九四出身有如朱全忠偷安更比王士充吳中富庶欲自保井蛙獨守隗囂宮一朝天日不相助歎爾生前徒割據袍上蜘蛛結網來龕中鼯鼠銜鬚去此地西風蔡葉黃英雄休說白駒場怪渠淮泗眞人起何不遠作扶餘王余之持論則未爲不平允也

上海趙璞函光祿隨將軍征金川死木果木之難旋邀卹典兵興日冒雨行道中聽啼猿滿山作詩云一峰十萬樹一樹四五猿一猿千百聲雜以風雨喧一日十二時一程三十里一軍六千人盡在猿聲裏爾猿有何悲予啼續毋嗁爾本斷腸物不關生別離三朝復三暮一鳴更一躍好似征夫苦翻唱從軍樂此情景非親歷者不能道光祿此詩洵眞樸可喜外有斑斕山紀事瘦馬行諸作不及備載

乾隆朝詩人之尤著者必推袁簡齋枚蔣心餘士銓趙耘菘翼三家耘菘之詩自謂第三人而簡齋老人因自居第一矣以余所見未敢和同簡齋才情恣肆一瀉千里其弄筆時如天馬行空絕無羈靮措詞遣事恒於琳琅古籍之間並及斷爛朝報雲譎波詭供其馳驅此老若善於用長盡如入秦諸作精神團結又何間然但中年以後世事嬰心捃摭隨手玉粒在側間雜秕稗貂璫盈前續以緇布學之不善貽誤後人矣耘菘胷羅卷軸筆具鑪錘其運事則陳腐皆新其選詞則懦響亦勁且疆場策馬身列行間以磨盾書鼻之才壯風月江山之色天才渙發洵乎不可及也所惜餖飣味雜斧鑿痕深欲其如元酒之盈尊天衣之無縫其可得乎且插科打諢之詞游戲神通之句益老手不經意亦英雄慣欺人也平心論之其巧妙處足開後生無限

法門而狡獪處亦長詩人許多習氣以予所願姑舍是焉心餘先生以清醇之質抒盤鬱之思其結搆華贍處雖不逮簡齋其組織精緻處雖不及耘菘而識高味厚品潔才豪忠孝之言皆從肺腑中流出出語一二抵人千百則又非袁趙二君所能到也甌北詩話爲陸放翁及　國朝查初白摘句余欲爲心餘摘句惜集隘不及備登略言之可耳登太行頂云高天鸛鶴窮秋出大澤龍蛇白日藏又云土石千重分向背元黃一氣轉洪濛薦福寺云不關天地非奇困能動風雷亦異才泰淮書酒家壁云斜陽在水愁孤燕敗柳當門怨六朝舊院瓦堆僧賣酒丁家樓毀鬼吹簫琵琶亭別唐蝸寄使君云僧無俗韻邀同座秋在漁舟喚到門游章巖殿云破廟田荒僧乞米摩崖碑古客書名

哭余亦霖云早歲功名刀筆吏晚年游俠魯朱家讀南史云皇天好殺非無故亂世多才定不祥六代文章藏虎豹百年花月醉鴛鴦南朝幾片風流地酒色乾坤戰馬場烏江項王廟云等閒輿地分強敵慷慨頭顱贈故人祝野谷招飲云杯傾北海孔文舉詩唱江南庾子山自南山歸鉛山云卅年一水去來熟數剝亂峰高下圍弋陽道中云水氣暗浮三老笑角聲斜送亂雅聲忽浸云守埃兵多官紡去拔篙聲後亂灘來河口返棹云風濤直送一帆下雷雨暗隨三縣過山村云一條古磵積黃葉三面小樓收夕陽寄汪蘀雲云苦吟猶學李長吉薦士不逢韓退之五更云讀書一室古人滿看月五更淸味多絕句如安肅令謝蘭庭留宿古還書院云卓午停車叩縣門談經席上笑言溫

人間滋味多嘗徧來就先生咬菜根射鹿圖云讀書射獵過生平覽鏡披圖亦可驚乞我黃麞三斗血爲君重唱少年行響屧廊云不重雄封重艷情遺蹤猶自慕傾城憐伊幾兩平生屐踏碎山河是此聲芝龕記題詞云降旗獵獵走蟲沙不見宗爺與岳爺畫取美人名馬像寶刀如雪滚桃花張素村由鉅鹿移守保定云鉅鹿曾尋豫讓橋蠡吾幾度覓荆高而今俠氣都消卻磨鏡門邊賣寶刀覆落卷作云六千猛士競橫戈十八霜毫雨點過不敢輕爲紅勒帛明朝遼海哭聲多又云再燃犀炬照波心恐有潛蛟碧海沉記得當時銜木石十年辛苦作冤禽如此等詩不可枚舉古詩如表揚節孝諸作京師豫章固原諸樂府則又空前絕後絕無僅有他若臺灣賞番圖題費處士密像天

台萬年藤杖王文成驛丞署尾研等歌皆璀燦陸離縱橫奧博李杜韓白蘇黃之作早融冶一爐氣成金碧近之作者莫之與京余備言之如是論者不以余言爲嗜痂之癖則幸甚也

袁簡齋除夕告存詩有未到雞鳴我尚愁之句僉以爲性靈語耳不知語本三國史朱建平傳建平善相術謂夏侯威四十九位爲兖州牧而當有厄後爲兖州刺史十二月上旬得疾念建平之言自分必死至下旬轉差垂以平復三十日昃請紀綱大令設酒曰明日雞鳴年便五十建平之戒眞必過矣威罷客之後合瞑疾動夜半遂卒簡齋善於使事於以知鋪張實事者不如運實於虛此類是也

趙耘菘赤壁懷古云烏鵲南飛無魏地大江東去有周郎王夢

樓（文治）云年少登壇人似玉天涯懷古鬢如霜同一懷古王詩更勝趙詩之雋妙吳濟川（文溥）讀史偶感云留侯僅有存韓意廣武難成佐趙功高青邱吳中感舊云趙佗空有稱尊志劉表初無弭亂心同一論古吳詩何如高詩之深穩

陳元孝蜀中詩云諸葛威名存八陣漢家終始在三巴袁簡齋赤壁懷古云漢家火德終燒賊池上蛟龍竟得雲蔡芷衫（元春）讀蕭相國世家云秦代圖書歸掌上漢家根本在關中如此議論可謂同一鼻孔出氣

長白鐵梅庵（保）宮保與蒙古法時帆（式善）學士禮賢下士如饑渴之得飲食鴻才碩學得其提挈者實多二公詩雄渾清醇各極其妙梅庵宮保瀋陽九日登高云萬戶烟開屯紫塞五方人聚作周京易州寓中云故老相逢無近話舊遊重到似前生登樓云天上有星堪縱酒人間無客可談詩古北口道中云對面馬隨飛鳥沒上山人帶斷雲來時帆學士宿古北口云炊烟合雪重獵火挾風高歲暮云馬老漸忘瘦鶴飢時得閒閉門云地偏車馬少春近雪霜溫曉出東郊云晨光上鴉背露氣在人衣寒夜云僧臥有高枕鳥棲無定枝

嘉定錢竹汀（大昕）少詹研精經史實事求是著有潛揅堂集詩與王司寇（昶）王光祿（鳴盛）曹侍講（仁虎）齊名蘆溝橋云臥虹終古走桑乾泱漭渾河走急湍馬邑風烟通一綫太行紫翠壓千盤喚人喔喔荒雞早照影蒼蒼曉月寒沙際閒鷗應笑我久聽鈴鐸送征鞍清而不萎質而不枯多得風人之旨

長洲王鐵甫（芑孫）博士著有淵雅堂集馬蘭口云壯心懸落日邊氣結孤雲鮎魚關云古隘魚龍守秋空虎氣來

懷寧潘蘭如（瑛）山人晉希堂詩四卷其歌行之妙蒼堅渾灝具有昌黎昌谷之長而近體亦日鍛月鍊得未曾有金陵懷古云龍蟠不去懷雙闕牛首空同望六朝題茄香閣納涼圖云水鳥飛從明鏡外荷花香到碧雲端梅花云帶雪樓臺初得句入春天地本無心月夜游盛唐山云江春雲樹秋無際月走風天夜有聲秋夜云一院竹陰生露氣半樓河影奪窗明泰淮曉起云月沉淮水風蕭瑟雲起鍾山影動搖懷王斌士云尋花巷口春泥滑立月灘頭釣石溫登城南奎星樓云四顧何由開積障一身如夢落中州絕句漫興云垂老偏驚別恨多愁看春草與春波飛花欲隔中原望落日悲風滿大河贈歌者云淒音臯臯淚盈波憔悴玲瓏奈爾何白日黃雞休遣唱樽前華髮故人多譙西城樓云軟塵如夢隔天低沙草茸茸碧未齊怪道青山無著處黃河止隔一層隄

丹陽於亦川（震）流寓泰州詩特雄秀有昌化大溜歌極佳因篇長不及備載別朱如川句云雲霄吾輩事門戶百年心謁陳少陽祠云不信九閽司虎豹直留三疏動風霜亦川後入州籍其孫應童子試予曾索其遺稾而未得也

康山草堂為吾宗德涵（海）飲酒彈琵琶處詠其事者多矣江都朱二亭（質）詩云苦心誰復知陳實清論終當恕子雲余謂以陳仲弓弔張讓母喪比德涵入劉閹之門最為雅切但對句以子

雲比之倘未平允二亭又有揚子雲詩云若從革命先投閣人物應推第一流則於子雲無怨詞可知於前詩相矛盾矣黃仙裳康山草堂詞云誰甘逸跡全知己恨不同時見古人不着議論自然雅雋

遂寧張船山問陶檢討船山詩草卷中近體多於古體古體猶豪似不經意近體調高詞峻是其所長但覽之易盡亦其所短即如寶雞縣題壁十八章非不淋漓痛快但詞屢換而意不換其責當事玩兵養寇語陳陳相因以視杜工部諸將五首各有命意遠不能及且集中字句之瑕多未及檢如朱提提字本音時而誤作提押齊韻療病療字本去聲而誤作平聲之類此又才人之不檢也然自乾隆朝至嘉慶年間詩人如船山者誠不

多覯擇其詩之尤者著於篇彰德云振策游河朔長楊覆古濠迴風漳水急積雪太行高鄴下才人健西園逸興豪獨憐公讌日王粲亦青袍寶雞云買酒樓何處荒臺尙祀雞人煙汧水北鄉夢益門西山入回中亂天臨劍外低子規如識我猶爲盡情啼入大散關云峯雜疑無路穿雲得散關民風輕虎豹石骨露羌蠻雉老聲如柝龍歸氣滿山盤空人馬靜終日翠微間鄴中弔謝茂秦云詞客支離豈諱窮枉將簦笠托羣雄大名應恥居王後奇骨終宜葬鄴中白雪詩壇元不古朱門交道況難終荒墳頹墮無人弔幷爲憐才哭計東盧溝云盧溝南望盡塵埃木脫山寒大漠開天海詩情驢背得關山秋色雨中來茫茫閱世無成局碌碌因人是廢才往日英雄呼不起放歌空弔古金臺

鳳縣得婦書絕句云十樣蠻牋百斛愁拈毫流淚寫蠅頭消魂猶怨春明柳那識歸人已鳳州自題山水云樓臺帖地太紛紛出世人高靜不聞山頂晴霞山腳雨仙凡只隔一重雲其他佳句如初冬夜云雲如花一片月現佛全身靈寶云斜陽隱函谷春樹見宏農登焦山云志存舟楫知誰子歷盡風濤是此山臘八日云旅食一甌憐佛粥鄉心萬里入梅花符秦王武侯墓云人如諸葛眞名士天厭夷吾佐霸圖淇縣云小草出山堪一笑太行迎我又三年歌風臺云父老不知天子貴風雲祇道將才難寶雞題壁云殺人敢怨民非盜報國眞愁將不儒韓介堂新選陝西利平縣詩云入關詩要英雄氣經世人須父母心送趙君莅盱之官閩中云有筆好吟新樂府此官原敵古諸侯自題

寓園云難分眞幻知誰屋偶許眠餐即我家小園即事云試爪雞兒傷嫩草安巢鳥鵲選枯枝途中見鸚鵡云我如作賦才空費爾亦無言事可知

高郵龍寅谷式熙韓侯釣臺云韓侯釣淮陰子陵釣富春韓侯且就烹子陵老此身漢高無功臣光武有故人荒臺水之濱千古常酸辛六合朱飯石實發子陵垂釣圖云漢家兩釣竿各自傳千古一在淮水濱一在富春渚淮陰釣竿把不牢遂使性命輕鴻毛富春釣竿掣不動矯若雲中一孤鳳吁嗟乎垂釣同是七尺長一死一生爭毫芒羊裘老子乃大笑我生幸不求假王兩詩借賓定主思議畧同

錢塘吳穀人錫麒祭酒有正味齋詩亦衍朱秀水杭大宗厲樊

榭之派而風骨稍異時有積薪之嘆而姿致特佳游天寗寺云
僧遇老僧皆白髮只宜詩句問靑天江夜云但覺無船無月載
不知是水是風行渡江云瓜步十年衡雪路楊花三月渡江人
行支港中云雙竹鷂泥和蜆上一繩界水種菱多秋水菴聽琴
云詩句要如名士讀古琴兼作水聲聽先生主揚州安定書院
講席時來游者又有全椒吳山尊鼒學士東鄉吳蘭雪嵩梁孝
廉風流文采炤耀淮南今邈乎不可得矣
鉛山蔣師退知讓心餘太史之少子也著有妙吉祥室詩鈔詩
衍家學而力厚思深處不逮其尊人漳河詩云木無眞度如高
亂只要佳兒學武王寄泰州陶鑪云遠將茶焙子附寄上江船
釉碧春蛾澹泥澄粉蠣堅離心仍活火歸思沸新泉何日紅窗

伯山詩話後集卷二　十七

底吟餘手共煎按陶鑪陶叟所製之鑪也陶叟年七十餘性戇
直所製之鑪細膩堅滑施之風日中不坼不皴庋之几案可供
賞翫靑蚨六七百方購一具好事者每餽遺遠人而陶鑪之名
幾與朱碧山銀槎武風子火筯時大彬沙壺皆不脛而走矣余
少時猶及見陶叟今化異物已久而陶鑪亦罕覯矣
南城曾賓谷燠爲都轉時嘗至泰州登岳墩詩云宋不中原復
公如泰岳頹兩河乘障待一簣廢功回又云此地存孤壘當時
用背嵬諸山難共撼半壁恥徒開又云萬里長城壞千秋峴首
哀餘威驚草木腥血漬莓苔道濟沙中積淮陰水上臺幾經寒
月照常有怒潮來按墩爲宋紹興十年開市河壘土而成明萬
曆十年祀岳侯於其上以侯曾爲通泰鎮撫使故祀之侯以泰

州無險可守退保柴墟實未屯兵於此詩未核實而意態自蒼
涼盤礴
吾鄉俞澄夫國鑑孝廉曾賓谷作兩淮都轉時招集題襟館與
吳穀人山尊兩先生暨郭頻伽金手山蔣師退諸君觴咏其中
惜澄夫作古太早詩稾未付梓人題鄺湛若抱琴遺像云紙上
鬚眉尚激昂抱琴心事本非狂離騷哀怨沈湘浦銅柱勳名紀
瘴鄉薄命人皆惜張儉絕交許或類嵇康莫從洗研池邊過浩
浩天風海水涼贈余詩云好風吹送狀元來康武功眞絕代才
詩卷不隨署鼓殉蕪城重見草堂開千秋悵望餘吾輩一樣淸
狂付酒盃鼎鼎年華已三十知君搔首更徘徊
北平李來軒恩綬著有朗山詩草詩皆超妙夜坐云閒閒雨後

伯山詩話後集卷二　十八

雲霏迸無片數獨有月華明斷處時一露喜人直隸境云漸與
故園近歸思日轉深行行逢歲暮處處是鄉音藏饒惟新槀隨
身祇敝衾頻將明鏡照恐有二毛侵淮陰侯故里云平原逐鹿
倚良弓大將眞王頃刻中蒯徹獨明成鼎勢陳豨誰見結兵戎
徒悲瀝血生朱草定解燒丹托赤松欲向淮陰尋舊跡荒涼莫
辨墓西東自注云信墓在東漂母墓在西故云七夕云莫訝終
年一渡河於今誰記數如何人間三萬六千日猶遜天孫半世
多郊居云林泉環繞一山村栽得新槐傍蓽門莫怪今朝枝葉
少昔將庭蔭到兒孫周子祠云霽月光風徧海天儒林到處仰
先賢如何不取池前地鑿箇方塘種白蓮重過潤州云去歲匆
匆曾過此今年過此更匆匆勞人縱有扁舟興何暇煙雲訪戴

公其他佳句如夜泊谷口云灘深喧日夜山險束星辰江山道中云灘隨曲石江聲轉寺隔疏林塔影高道山謁范忠公祠云屏藩百粤籌邊策縲紲三年盡壁詩仙霞關云山前竹滿風成韻廡下人稀水代舂又如榕城雜咏於物產土風諸多引証則又於浩博中見奇麗姑從割愛未及備登

興化黃葯領(驊)太守與吾鄉陳理堂(燮)學博有雙江唱和集之刻今獲觀葯領詩鈔詞逸旨遠呈葦友山楊蓉裳云將離尙未敝華筵且傍蘭泉話夙緣竹葉頻傾當夜半菊花含露在霜前愁添白髮三千丈夢到城南尺五天獨有關西楊伯起欲歸陽羨買山田佳句如畱別阿雨窗比部云習射短長須自反觀棋勝負總欣然又云服官五十慚虛度食客三千擬再來又云張衡賦擬歸田樂杜老詩成出塞多蘭州畱別云歌聽關隴餘三疊酒愛蘭泉復一中抵扶風喜晤何蘭亭云正好培風疏地脈可能洗甲挽天河俱朗朗可誦

鄉先達沈午橋(成渭)君撝(謙)兩先生昆仲先後成進士午橋先生秉鐸新安君撝先生出宰浰中詩皆可傳誦午橋先生梅花嶺謁史閣部祠其警句云前生文信國季世霍嫖姚憶昔專城守延賓東帛招餞寒憂二卒勞苦減丰標又云爭權皆募氣選舞及良宵黨案臣邪媚潢池將叫囂末云南國除新蔭東門咽退潮何心憐卞壺捨命誤班超新安道中云白雲古寺僧鋤筍紅雨香塵女摘茶君撝先生詩載昆海聯吟集中咏大理石屏云十九峯高鞭欲走八千里外袖難歸五華山館夜雨云孤館

連宵雨羈人萬里愁昆明湖水滿不得下江州

儀徵九水村(蔭)山人寫生妙手詩亦清新舟次任城詠白蓮云綠柳漾疎雨新涼生白蓮淡然小艇外宛似水村邊過客憐孤梗幽人在晚川好風吹欲斷香色已娟娟

儀徵汪劍潭(端光)觀察七夕立秋會同人詩云感我英雄惟一葉誤他兒女是雙星望春云無多小雨能添夢有限東風已醉人蟋蟀云牆陰竊聽癡兒女瓦缶爭鳴賤丈夫子竹素(全德)白溝河懷古云宋金遺跡舊淒涼煙樹無情接大荒南渡河山春澗絕北來車駕水蒼黃琴師尙抱興亡感宮女都憐黯澹妝莫道君王不蕉萃東風愁爲杏花長錢唐晚泊云東西雲樹秋空濶湖海精靈晝往還

甯化伊墨卿(秉綬)太守鼎官揚州文采風流炤燿海內人得其一詩一字奉爲墨寶著有畱春草堂詩鈔同趙味辛舍人游臥佛寺云西嶺碧雲暮疎鐘翠壑隈佛從何代臥人自九天來古色生寒澗秋聲落講臺重陽已昨日登眺漫徘徊見新月云曾是兼旬別悠然見畫簾好風吹帶影喜色上眉尖人已垂垂老光宜夜夜添徘徊露階下慎勿報更嚴同白坦庵過湖上草堂云草堂湖上望茶社更詩壇天遠楓林淡江深水茜寒斷虹殘雨外歸鳥暮雲端賴有香山句先教善眼看末詩會書小幀余友朱雲溪得於揚州市上舉以贈余

善化陶雲汀(澍)宮保登雲龍山有域中山勢兩條來之句最爲雄秀餘句余不能記憶爲可憾也

俞陶泉(德淵)都轉署中

讌湖上草堂句云古樹陰如張翠幙圓荷香欲上青雲襟期灑落可見一斑都轉覲兩淮鹺務日余曾以擬庾子山三月三日華林園馬射江淮勝概樓二賦蒙公擊賞接見時必譚詩文移晷今昔之感得無悵然

余髫年初習韻語即就正於朱冠林先生先生名景泗鄉前輩也篤實滐通坎壈不遇著作多散軼余記其無題詩云饑軀向艮友問我來何爲坐久寂無語秋風吹鬢絲二十字可作數十層解誠一語抵人千百者也

興化符雨岩旌學博名場老宿與余爲忘年之契秉鐸廬江嘗通魚雁後客死于廬旅櫬歸里可哀也癸酉歲與余同集莫愁湖詩云折柬招邀喜欲顛新知舊雨倍陶然多君鶴立成高會

老我龍鍾入少年一樹迎秋搖綠柳半窗倚醉抱紅蓮繪圖漫道留鴻爪跌宕琴樽異日傳

吾鄉吳曉嵐會世伯甲子科孝廉著有竹所詩鈔中有楊將軍說金川縛賊事詩云將軍醉臥古戰場夜夜鐵笛吹青羌鐃歌親製十二章使筆如使梨花槍麾下健兒身手彊血洗刀劍衣裹創横磨十萬百鍊鋼不斫死賊驅生降不驅酋虜驅賢王驅之不異犬與羊且驅且縛縛且扛有時縛賊裂帶裳有時縛賊割馬纓縶兩手足弓反張白木梃子貫中央一貫五賊背郎當五腹貼地五首昂五肩五背相衝撞四卒對舁形踉蹡騰越澗谿超山岡凱歌雜亂呻吟腔將軍斷後神飛揚軍門大纛開兩行兩翼散卒來扶將歸來十賊九欲僵解縛擲地關銀鐺人各

一賊監車箱將軍笑脫軍前裝帳下犒士羅酒漿酒中血瀝生黃麞歌嗚嗚不辨伊與涼男兒到此眞昂藏不爾野雀飢空倉祇今說賊聲琅琅意氣磊落排天閶觀者聽者如堵牆論功策勛不可量掀髯一笑歸故鄉家有八百成都桑其他佳句如客邸作云雨中尋客館燈下寫家書題毘陵驛云一年三作客十夢九還家蓬山云早知別夢隨流水悔不將身替落花皆蘊藉有味哲嗣香陔林蘭副車香墅樹蘭明經與余爲莫逆交詩皆世其家學

荆谿周保緒濟學博止菴詩奇偉幽深絕無叫囂甜俗之氣題出塞圖云秋風不入關關內無黃沙春風不出關關外無桃花蒼慈既均覆中外成一家可以知其一斑湯雨生惠蠏云彭越

功名臣已老馬卿詞賦客無能答蔡竹坪詩云聚散尋常事人言哀樂多鬢從風絮點詩付雪驢馱秋菊三年別春池一尺波祇應圖畫裏暫得聽漁歌

吾鄉繆善夫成鈞先生制藝精工咸推爲老斲輪手著有寒翠軒詩集昔贈余與儲淵舫步雲俞召夫肇鉷白門秋賦云珠斗闌干夜氣淸諸公袞袞足才名摘鬢頷下占玆象祓服江東在此行埜色半天遝戰壘秋痕滿地入詩情不龜手訣臨歧贈洴澼功還待爾成

吾鄉湯悔葊治昭明經家與余家只隔兩街昕夕過從幾無虛日歸道山後詩藁散失幾難追尋辛卯一編偶於同人處見之亟錄其佳句焉贈寫眞馬生藺谷云未成魚鼈聊行樂得晝麒

麟自有人蕊辛卯歲河決馬蹄灘兼開車邏等壩故有未成魚龍之句閑關云蕭醉顛毛霜後草清秋展齒畫中山歲暮歸里云蘇秦已敝還鄉屩呂覽空懸正字金浩歌云世情且可點頭看詩何何消注脚多詩家往往自下注脚並非僻典難字而喋喋不休豈以閱者皆枵腹而必爲此耶宜悔蓀言之如是

余在韓塘客館之日聞梅蘊生（植之）計音兼聞其生子三日而孤婦發子弱爲之泫然久之因憶蘊生題余獨立圖即以錄別詩云去年識君春已暮楊花如雪鸎啼樹今年逢君秋已殘雁飛不落霜風寒烏兔東西倜然耳況復心事如波瀾宛轉讀君詩珊瑚碧樹枝雲龍願追逐風雨長相思相思不見心如結明月空梁何可說省識圖中七尺身昂藏風骨眞超絕君才卓犖

我所親我辭弁鄙君無嗔薄俗紛紛等芻狗我輩豈是尋常人披君之圖與君語我又明朝挂帆去夜攬離思天茫茫海嶠逢君夢何處蘊生江都人孝廉著有嵇庵詩鈔

吾鄉高紫嵐（筠）中翰著有紅絲研館詩鈔中有喜曹艮甫鄉捷詩二首云聽說登科喜欲狂果然奪命是文章鑠金幾訝金無色攟雪纔知雪有香心迹久邀天意鑒頭銜重勒史書芳風塵多少相如淚不到青雲氣不揚錦繡天街一路平春風努力上春明更憑杏苑探花手痛洗槐聽納衆名吾輩豈緣金榜重君才端合玉堂淸他年聳筆歸來日高踞騷壇再主盟昔王菊泉刺史聘艮甫主講胡公書院繼又與修邑乘時艮甫以太學生坐擁皐皮手操史筆同學譁然宜矣余於艮甫一見傾心雖欲爲曲解勢亦有所不能惟嘿爾而息不爲左右之袒如是幾年而艮甫之捷音至矣中翰之言即余之所欲言也亦余之欲言而不得如是之親切也

中翰之姪曼亭（銘）大令由拔萃科朝考二等宰河南淇縣歸田日與湯惕菴常繼香暨余詩酒盤桓晰夕與共今歸道山十餘載矣令嗣小曼持詩稿見質覽之不禁有人琴之感其游歷亭有懷漁洋先生云風前釃酒弔殘暉詞客攀條泪滿衣古歷亭荒遺構在初唐人逝雅音微長留屬和詩千首不見婆娑柳十圍落日湖天抑舷去四絃高唱記依稀此不着一字而自然渾成者也露筋祠詩云五朝歷相羞老馮曾讀詩書知孝忠平生所學竟何事靦顏拜表甘泥中此以馮瀛王相形按歐陽五代

史馮道傳從王凝妻李氏事發端誠以道之無耻不如婦人之自愛曼亭以露筋女子相形亦是此意

吾鄉諸君前作詩會於芝山精舍數十年來風雅不墜存於會中者詩如東荀美不勝搒田鶴舫（琳）茂材友人酉飲云雨後虹如才子氣月中花似美人魂答諸子書云詩境漸如淮橘化風懷猶作海棠顚宮霜橋（國苞）上舍旅懷云人到飢寒纔作客樹無風雨不成秋葉古軒（兆蘭）上舍贈李東來云貧猶作客家難問老不封侯命可知旅懷云窮途骨肉蕭郎僕冷眼功名季子妻中秋後一夕月云天因太滿無餘力人到重看有倦心長樂老云晚年宦籍癡頑貴亂世人看氣節輕邢上晤李沁春孝廉云南北飄零見面稀海雲江樹每依依相逢一笑鬢眉改君未

封侯我布衣馬嵬坡云漁陽鼙鼓動邊塵夜半宮車萬里巡老將生降妃子死當時同是受恩人羅夏園克倓茂材百子山樵云雞鳴埭下路迢遥遺跡頻煩問野樵五夜苞苴尊假父一家詞曲殿南朝紅牙獨按懷空咏鐵案全翻氣益驕但惜清流爲已甚激成鉤黨禍難消許筠園秉銓布衣無題云裏湖湖裏荷花香外湖湖外郎船忙留住郎船看花去明日西風荷葉黄鄒耳山熊别駕秋日遣懷云酒於深夜防沈湎詩到中年減性情贈朱野雲云遍交入洛諸名士平揖當時上大夫夏補生蘭茂材論古小樂府云王猛秦丞相張賓趙右侯江東門第盛只是重清流讀史云不知決策守關津誰是當時帷幄臣迢遞陰平七百里長天白日竟無人王左亭輔上舍種菜云貧家風味原

清淡老去英雄善退藏白下厲齋譚遺事云春風又綠三山草夜雨空明十廟燈魯楓槁嘉祥上舍書懷云漸覺嘗完惟世味最難看破是名心

江都朱老匏病臥詩云卜葬憑詩友書空作子孫如皋江片石干明經劉南廬墓下作云寒食年年誰上塚一編詩草當兒孫吾鄉葉古軒哭吳椒堂云三五故人知已淚勝他兒女哭成行其酸痛語是一副筆墨

江都葉文光觀廷世伯諸葛菜四章成於風檐寸晷之中一時傳鈔幾於紙貴詩云比得成都八百桑由來嘉卉憶南陽尙留身後彌芳種無補軍中已盡糧竟與大名垂宇宙居然小草莞興亡遺民千載猶祠廟采當蘋蘩祀武鄉澹泊從來志久存未

妨慕府似柴門雨川士女無玆色一代君臣藹此根碧蔓三春遺恨紫花滿地故宮痕想當漢沔師旋日斷盡陳倉義旅魂劍作犁耙犢賣刀屯田渭上陣雲高不辭北伐鋤非種可惜南中地不毛韜晦猶思先帝事培根敢卹老臣勞偏安莫保難求益白帝城中盡野蒿抱甕興歌梁父吟卅未須本字說蕪菁蔓延已遍巴人國根柢難忘漢相營天下奇才猶學圃大夫知味夙躬耕多情若解悲離黍五丈原頭定不生

余憶丁酉之歲館於王素亭世履通副家嘗出其先公堯年明府詩以見示余記而錄之秋日齋中云秋陰閣林杪曉露飫籬根病起云經春燕似倦游客得雨花如病起人俱堪傳誦素亭宦潮中運副借補台州司馬其齋中楹帖云問志何堪膺社稷

居官只爲好湖山其懷抱可見時於告假歸里之暇與余論詩多有心得憶家園牡丹云名花分自洛陽來拓地三弓次第栽爲愛湖山歸未得十年不見此花開看雨絶句云西雲挾雨向東傾又被東虹劃半晴疎點斷過簾外溼斜陽仍在樹梢明

吾鄉徐小隱升堂孝廉曾有諸葛菜七古索余和之後赴玉樓未及索其遺稾今哲嗣震來茂材以晚香亭詩見示並述其易簀時口占詩云仙洞雲開古篆皴重來誰識我前身猩猩黄犬真無賴隔着桃花吠主人其遺稾佳句除夕云松火爐烹雪梅花酒祭詩寄朱琴仙云夢醒人猶遠愁深酒不濃生辰贈内子云市中貰賦懷司馬廡下依人愧伯鸞春燕云細雨東風人未醒呢喃訴與落花聽小隱初不以詩名而詩之工如此

君鄉王在初 世升 文學與觀來 世晉 昆弟競爽讀書一室在初夜坐詩云虛齋寂無人落葉時一響月色與花影窗紙騰騰上其淸虛之思可想觀來著有卷葹遺草行世

興化陸香雪 世川 文學才氣伉爽時有風漢之目而佯狂嫉俗實未嘗風也游白下病卒同輩哀之江暮詩云江暮雨瀟瀟扁舟響怒濤水寒楓不落鴉定柳還搖經術珍和璧勳名薄漢貂君看捕魚客蓑笠正逍遙石城晚泊句去斷虹扶日上歸鳥帶星來

甘泉薛子韻 傳經 文學野花句云山行風味偏相狎官様文章久厭評游熙春山云樓長正合峯欑簇亭小如從樹頂支綽有風韻游草一卷劉孟勝 文淇 明經捐貲刻之

吾鄉高賴思 明 文學詩律謹嚴作古後惜遺編散佚祇見其咏柳絮云東風太多事吹絮下高枝亂泊亭長短都驚人別離共愁飛雪早翻悔化萍遲又作征途感飄零我所思落花絕句云半庭空翠溼簾櫳一帶雕闌盡落紅何苦吹開復吹謝一時恩怨問春風佳句如野望云霜寒鴉背重風靜雁行高有感云一春最好惟三月萬事齊來是五更意皆深遠

吾鄉宮友山 𤇆 孝廉鄉塾火災詩云世人莫笑青氊冷此會眞同赤壁游袁冶山 振華 文學湖水下注自鄉塾回里云倘許同舟狎鷗鷺不妨徙宅避魚龍余業師沈莱田 文鉅 夫子荒歲感懷詩云身肥或爲餐穅粃腹儉何妨食肉糜其胷襟同一洒脫

儀徵卞雨帆 維城 太學才豐運嗇客游豫楚越粤諸省卒無所遇而卒汪醇卿 廷儒 太史刻其遺集柳侯祠云羅池猶在柳江邊池樹叢殘草蔓延一自功名爭早歲遂令文教啟南天州思易播拚終棄溪亦名愚太可憐欲訪呂黎題墓石松花如雨令荒阡登柳州城和柳柳州韻云直樹棠茸雉堞荒春風獨立竟蒼茫溪流礙石喧沙市山氣將雲度女牆涉世誰工葵衛足依人敢比鼠拖腸輪蹄萬里來何事望斷天南不見鄉

詩以翻案見者非好辯難第各抒所見自覺辨才無礙朱飯石書荆卿傳云天未亡秦空死士卿如入漢定封侯紫陽書盜成寃獄易水悲號咽不流卞雨帆亦云疑生孱主心難剖魄强秦死亦豪結云獨憐綱目寃書盜成敗英雄定貶褒可謂不謀而合吳季子挂劍人皆稱其久要不忘余詩有云龍泉挂樹起蓍烟信義多稱季子賢只恐故人終恇汝不將寶劍贈生前閱余詩得無以爲刻覈乎

吾邑費素之 履堅 文學爨歸自上海余初識荆招飲聯吟攬揚七絶婁江舟次云水抱江城十里遙臨江水閣夜吹簫邇波門外停船客半侯來潮半落潮自上海歸舟云夜半潮來便放舟一帆安穩出江頭歸心三載程千里多謝南風送北流紛紛如雁集河濱說是淮揚避水民兒覓耶孃男喚婦舟中愁煞未歸人冬夜舟中云月滿船窗臘氣增長官翦燭話窮朋重簾低下鑪添火只管催人夜打氷河阜卽事云蕭蕭襆被此停車茆舍相逢四五家一夜海風吹凍雨曉來滿地結鹽花風調絕佳

余友李雨村觀晧本籍江右因隨其尊人作賈泰州遂入郡庠而食餼焉作詩刻苦每分韻鬮題必提鼻酸吟而後落紙所惜者地下修文之後伯道兒經短折中郎女亦遜氏詩稾散佚無可蒐羅矣余記其題畫句云桃花如錦柳如絲正是河魚欲上時幾日不來春又老東風吹水綠差差小游仙詩云年少緣何道力堅時於醉後放狂顛麻姑倘許搔奇癢甘受方平背上鞭蘊藉中時露風趣讀之可想其爲人矣

余屋之西偏拓地數弓小爲修葺名曰睫園取宋周孚田園一蚊睫詩意常高𢇃增選拔過睫園看梅花云餘寒未盡雨聲中西郭空思爛漫紅頼有睫園一株雪年年端不負春風

伯山詩話卷二終

伯山詩話後集卷三 話今

泰州康發祥瑞伯氏編輯

門人王鴻業肆飄校勘

儀徵阮太傅伯元元研精經史因文見道詩亦爲一代之宗仰之者奉爲泰山北斗登蓬萊閣云下見滄溟上絳霄城頭一閣獨超超天能包括鯨波靜日有光華蜃氣消島外帆移千里目坐中人壯午時潮曾游山海東經內酈注江河總寂寥詠鐵拄杖云等閒莫向葛陂投六尺錚錚敵佩鉤誰弄瘦蛟開石徑合依衰將住并州氣寒斷不因人熱骨重何能繞指柔若是樂全生日鑄已隨銅狄較春秋此等吐屬非負九霄骨披一品衣者何能有此

蕭山湯敦甫金釗尚書文章學業彪炳寰區公三典江南鄉試一任江蘇學政仰之者若泰山北斗敬之者如崑玉秋霜公初不以詩名也然滁州清流關某庵題壁句云此處莫尋皋將所再來唯見老僧閒何醞釀而温文也程韜庵字光解元爲余言之如此因憶公案臨揚州日以溝通江淮賦試士余賦蒙公擊賞以天馬行空之筆許之而勉其績學言猶在耳耿耿於心

長洲宋于庭翔鳳學博以名孝廉來泰秉鐸適史少詹評曹侍御楙堅掌教胡公書院蔣茂材志凝亦爲寓公相與爲文酒之會掎裳連襼幾無虛日學博學有淵源在學署刊刻叢書十餘種憶山堂詩亦清超絕俗清風店歌云清風店裏風意清明月店前月色明關山游子有昔恨琵琶女兒多怨聲滹沱河上一

聲雁兩夕相思渾不斷三千里外江上亭垂楊葉老秋風汀天下大師墓云去國烽烟裏安身雲幾重傳疑眞此事弔古有遺蹤寒食聞啼鳥空山唯暮鐘野人膜拜處枯寂識眞容題夏慈仲詩兼誌別云題徧隋隄柳居然弱冠年風懷成醉後花事溢春前送我烟中樹思君江上船琳琅攜一卷盡日詠愁邊留別屠琴鳴云朝來一色凍痕消客思無端入畫橈欲問春潮添幾尺難忘樽酒已連宵鷺花記得江千樹風雨歸來市上簫他日吳趨仙舫住可能乘興訪皐橋題虛舟叔本事詩後云女兒十五工彈箏弦高柱急多怨聲船頭船尾鎭相見桃葉桃根詞未明青春燈下數番曲碧玉樽前無限情酒酣說劒何足數但願守約過一生酉別雲九云古人壯游稱萬里我視萬里猶過之

握手別君已脈脈出門驅馬方遲遲皐蘭城郭愁獨往燕臺歌曲增相思緣碭可使綰成結只有離懷不自持過滹沱河云淸濟淸漳接濁河秋風今又過滹沱圖經故道誰能按溝洫新猷事若何記得曾攀岸傍柳可憐無定水中波欲尋麥飯蕪蔞路只恐塵沙撲面多贈陸介堂納妾云經旬味氣挹芝蘭紅袖香添興詎闌別有情懷千種在最知憐惜十分難繁欽先向詩中定公幹須容座上看大婦流黃中婦瑟好圍金屋種澶欒錄比數首可知先生詩筆之淸迥其他可摘之句如冦萊公故里云此日有人尋巷陌當年無地起樓臺坐二把手車云共羡如龍挽流水御同陽虎寢葱靈呈洪桐生先生云法例公羊顏氏學詞章司馬漢朝文其吐屬典雅流麗又可知先生後得保舉陞

縣令官游山右音問久疏矣

吳縣曹艮甫楙堅侍御昔僑寓奉州遣長子恩錫從余問字最爲契合髩雲閣詩余曾摘錄一冊後爲人攜去無可蹤跡題余獨立圖云北風倒卷黃葉堆織鳥西走羲鞭催老鴞叫林山鬼嘯鳳皇騏驥皆凡材翁潛弱水浮蓬萊欲往從之月炫金銀臺男兒三十不得志鬱伊懷抱何時開貴不能肘懸斗印手握符富不能以金爲席璜爲廚席帽當頭雪片飄隆冬打門來索逋毛錐三尺禿無用短檠相對鏤心嘔血何爲乎康君康君眞健者白雪歌成和者寡淮海今成主客圖相逢爲把牢愁寫君家對山第一流好風吹散貂璫饑崆峒拔後悲淪落琵琶彈冷蕪城秋嚱噓戲文章氣概終何有萬事浮雲變蒼狗賈生太少馬

周遲痛飲唯宜指我日爲君歌歌聲酸吳鉤起舞霜花寒今年靑鬢明年改去日蕭條來日難君今讀騷還讀史吾亦空江宋芳茳作圖愼勿示餘子道旁揶揄弗能止落葉句云休拈樹倒藤枯句大有寒山拾得心覽鏡云未妨山鬼工含睇儘有傾城歎浣紅皆蘊藉有味

寶應劉楚楨寶楠大令爲諸生日就試海陵必過寒舍譚詩不倦游俠詩云幽并游俠兒委心報知己白日持短刀殺人邯鄲市不顧主人知長揖歸田里多事魯仲連姓名挂靑史梅花歎云空庭閑梅樹幽草生其下班坐朝摘花日夕不盈把東方月上日西馳願分淸影到花枝一年幾度春風時春日所好軒檣上作云閉門橫短彴徙倚傍危磯水綬隨花住雲遲待燕歸游

魚羹荇帶浮鴨襲苔衣無計酬春色清尊送暮暉豪情逸致兼而有之

楚楨論近人詠古蹟每鋪陳本傳與或翻駁新奇亦少含蘊不知古人詠古詩多得句外之神杜工部禹廟明妃村等作可悟余韙其言

楚楨成清芬集十卷敬述祖德具有體例其遠祖德齋憲有海陵懷古詩最爲典核詩云周室王綱缺晉定霸業衰勾吳通江淮拓地東南陲夫椒棲越甲艾陵敗齊師徵會令中原諸侯皆南馳茲地古發揚衞輒此羈縻端木束錦來太宰喜文辭舍藩釋衞君霸業成黃池皇天厭周德姬氏太陵遲霸吳與滅吳倡禍實鄭姬巫臣報私憤子胥空傷悲茫茫三千年時代多遷移吳沼既已平越宮亦已隳日暮步荒原弔古懷憂思自注春秋哀十二年秋公會衞侯宋皇瑗于鄖杜注發陽也廣陵海陵縣東南有發繇亭按高江村春秋地名攷今如皋縣亦海陵地縣南十里有會盟原相傳爲吳楚會盟處今立發橋疑即其地修州志者於建置未載此條敘此以竢後之采擇者

湘鄉左青峙輝春以名孝廉官江蘇屢應房考之聘所得知名士甚多壬寅莅官高郵暇與宋實甫王寬夫周雨窗夏塽生諸君高會文游臺飲酒賦詩爲蘇文忠作生日故有太白以還無此樂黃州游處幾生辰風塵莫笑元規俗肯爲東坡作主人之句後移官吳門留别詩八章擇其尤者記之詩曰匆匆又見及瓜時駐馬長隄有所思雲出無心終是散月圓滿而定將虧好山好水須留戀秋雨秋風易別離今日孟城一盃酒陽關怕聽尾聲詩身如征雁向南飛不到衡陽不算歸竹馬自然隨處好蒓鱸定說異鄉肥買田陽羨今無分久客杭州古亦稀寄語傳公隄畔柳栢温要見樹成圍時於傳公隄多種楊柳故末句云爾也又云障州誰闢富民渠古堰平津語亦虛無術那能蘇澤雁受殃徒見禍池魚難輸禹貢中中賦甘受陽城下下書三十六湖湖水闊蒼生何日奠安居此言滸水關城河也其他佳句如勝地幾人能作主浮生到處便成家劉郎也有重來日莫斫桃花種菜花又云莫傷月落文臺冷但願珠從甓社還占得太湖三萬頃不應無地老香山

高郵宋實甫茂初舍人詩未窺全豹適於李達仁齋壁見書小幀有雲川閣四詠南浦漁歌云何處清歌斷復連西風殘照綠楊邊收罾稚子能吹笛換酒仙翁解扣舷似說生涯今歲好縱經波浪一家全紛紛南浦傷離別爭及吳儂鴨觜船

毛大可西河集中有打虎兒行一首事奇詩奇可稱絕唱予閱宋史列女傳有彭氏女斫虎救父事因作斫虎女行夫女兒斫虎事更奇於男子而予詩亦不多讓於大可也詩云斫虎女何雄豪奮身直與於菟鏖於菟來欲啖女父女兒即試屠牛刀斫虎女虎撲地虎不畏女兒乃畏女孝義女兒十指如春葱虎身大與犀象同女兒使刀如使風虎不如狗其技窮斫虎女飬父還遠人詑異都來觀女兒依舊垂雙鬟若非女兒有膽氣女父幾入虎腹間斫虎女事千古何以男兒心知虎不知父此女知

父不知虎視虎非虎虎如鼠虎兮虎兮柰何許
德州旅店壁上有詩云都轉聲華一髮休尚書名位歷通侯而今我亦忘恩怨一騎斜陽過德州詩意含蓄不言恩怨而恩怨深張鑄臺（鍒）孝廉爲予言予愛之不忘
陶九成輟耕錄載劉節婦泰州坂埼人元至正年隨父渡江居吳門適張士誠部將曹某方數月夫陣亡劉不避凶險求得其屍歸葬欲以身殉父不許既而權貴人聞其美且賢强委禽焉劉誓死不貳遂削髮爲比邱尼按新舊州志俱不載此事余作詩補之曰劉節婦泰州人居坂埼客吳門許字曹家子老父時主婚婚甫越月夫戰死婦求夫屍淚不止屍積如山呼不起隻身走入衆屍裏衆屍之血糢糊紅十指撥屍摧春葱魏魏索索

來鬼雄曾見如獲異寶同歸得屍負夫走瘞屍坏土南山後婦淚如泉祭時有淚落祭筵作盃酒彼何心强委禽發門不受纖塵侵懷清築臺妾意深使君浪擲秋胡金稽首大士前皈依大士側節婦之節邑乘遺幸有大士能保得
高郵周雨窗（敘） 明經著有雨窗詩稾壬申舟中紀事云仰面望天日過午舟子購米二升許舟前舟後蹲飢民道是一家父子毋半晌飯熟供我前菜菽中雜米珠圓我餐一盌我已足分我所餐飽飢腹可憐飢兒飯到手轉身送與爺孃口爺孃不食與飢兒曰我腹飽兒腹飢飢兒再三辭不得回頭又與阿弟食嗚乎安得江河爲釜沙爲糧赤子飽食皆翱翔此等詩可想見宅心之厚矣渡湖感舊云說罷艱難淚欲揮十家門巷九家非欲尋旅館兒時路瓦礫堆邊有燕飛
雨窗與同邑夏瘦生（崑林） 明經王寬甫（敬之）農部有同岑倡和集雨窗待雪原唱云樹鴉寂無聲寒雲壓天低賣魚蓑笠翁提壺過曲岸寬甫同作云延佇梅邊兼竹所幾分寒瘦入神思拂箋儘報瓊瑤字詩體寬逢未禁時瘦生云尖叉拈韻佇新題望遠荒村酒旆低驢背詩情剡溪櫂嬋人消息畫橋西泰淮海集版片有取以代薪者寬夫作詩歎之云破樓斜日訪詩來國士聲名劫後灰水部風流俱消盡信他爨下有琴材自注水部李公之藻序文亦在煨燼中雨窗和云摹贈殘箋墨未乾此中疑淚怕人彈他年縱有重刊日需作韓文舊本看瘦生云生遭疑忌竄藤雷死妬文章又劫灰六百餘年易銷歇夜珠何怪不重

來可想見三君子風流跌宕掎裳連袂時也
高郵夏慈仲（寶晉） 刺史作宦山右著有仕國弦歌錄獲鹿山中云亂山殊不惡轉恐入烟霞怪石能驚馬清流爲洗車水禽飄素羽霜果落丹砂行近崎嶇路勞生未有涯入井陘云險要從來最有名我今叱馭感孤征觀天忽小眞從井行路猶難況用兵懸磴欲迴千里驚亂流已齧半邊城却看水磨蕭閒甚田叟相逢話晚晴佳句如賞菊云對花便合除宣氣中酒誰能抱甕心古屋云年號頗存題壁字姓名莫辨上梁文老樹云處士當年因作屋老夫他日指爲家絳縣受代云前生不善方爲吏一息能期肯廢書狄梁公祠云委蛇自異傾邪士骨鯁終非木强人聞朱泳齋尚書行視江南決河云哀鴻忍見斯民散下馬欣

聞故里存慈仲復善填詞歸安葉鈞潭紹本贈詩云淮右詩人秦正字江南詞客賀方回其推許最當也

江都王子駿開業明經與予締交三十餘載友誼之篤有如一日予嘗目爲今之古人爲余題擁爐聽雪圖詩云六花飛滿天仗劍出門去滹沱一尺冰驅馬凌晨渡歸來嬾閉門低頭就燈炷奮圖瑟縮鴉棲戀款段駑騰騰榾柮爐作計毋乃誤火迫笑鄧侯翻同竈下嫗薰籠倚到明歎息蛾眉妬凍頰回春紅濁醪汙壁素來參嬌殘禪饒舌竟何故且置十年期飽喫灰中芋詩淵懿奧衍子駿不以詩名而詩工若此

興化趙沅芷國中孝廉與余交誼最久氣誼亦洽予兩人梗槩往往相同幼同事筆研同游頻水長同踏棘闈今老矣又同時

喪偶同被家累而余之不逮沅芷惟其才耳沅芷著種蘭草堂詩存余最愛其秦良玉割袖一歌惜篇長不備登姑節錄之起句云千古美人愛顏色西蜀美人愛殺賊便突兀可喜又云兵氣摩天陣雲慘殺賊追賊破賊膽楊應龍張獻忠不畏成都重慶督師之元戎乃畏黔中石砫宣撫之英雄英雄一女子能令天下鬚眉多愧死武陵既無謀捷春兵亦弛獻策不用將奈何痛哭歸休空切齒又云莽蠻棉州陸遜之談兵曳袖忌猜疑將軍節義不肯亂拔劍當筵剗然斷但聞繒裂不聞笑圭角峻嶒氣廉悍座客皇然無一辭膽寒股栗舌欲短結云至今馬氏居松門知是將軍幾葉孫錦袍破裂空箱疊是否當年寶劍痕詩沈雄頓挫生氣凜凜非此詩不足壯此題也律詩如庚子元旦去宿酒晨醒倦不支蒸牀貪睡起遲遲一年此是偷閒日百歲今爲得半時雲漏日光消雪水風吹春氣上梅枝可憐兒女團欒處獨少糟糠老婦隨其他佳句如圍爐云雪痕衣上化人氣座中圍呵筆云寫來新穎脫化盡鈍根難行燕云掠水有文拖雪練閉門無語怨梨花和薛風坪我我圖原韻云貧嬾每慙陶士行憐才那得鄭當時春寒云風番遲過看花節雨氣濃如中酒人

州治南有松林庵以古松得名來游者咸作詩稱賞余以趙沅芷王勾生翼鳳二君詩爲最佳沅芷云邈乎悠哉杳不知種自誰手生何年但覺根盤幹結當在漢柏唐槐前欲向土人問松壽莫能紀火棗之華實九百大椿八千一幹蹲伏不敢放精神

團結骨遒壯枝葉互盤結奇氣自磨盪縱橫一丈高尺餘左聳右攫各殊狀一榦高出西北檐巨靈伸臂掀龍髯復分兩枝拱如翼頂圓葉密平無尖盛暑晴空障紅日獨惜不露涼秋蟾風雨天難辨首尾颯颯空庭走神鬼輪囷磅礴非凡材寂寞荒林遁英華有客工丹青問視摹全神大呼山僧索筆研欲操張璪雙管傳其眞山僧俗骨不可耐筆枯研破墨色壞座中佳客盡攢眉箠木落紙輿先敗噫嘘嚱天生神物良不易胡乃位置非其地君不見泰山松秦皇封鬱洲松名盤龍軒車冠蓋日相接高柯上蔭雲葱蘢茲松偃蹇乃如此人生安可無遭逢勾生云海陵人家多樹木樹木十年看已足爭來陽春月二三處處李花杏花簇誰知別有鸞鳳枝盤鬱城南一僧屋風沙暍噎連[illegible]

霜殿陰長含古時綠笑出如臂橫撐支迴拏又疑龍倒馳皮皴心裂理正直卻有稜隅少顏色我思造物惟蒼蒼瑰奇挺特原無方退庵老去康侯强合與此樹同悲涼沅芷詩爲松惋惜勾生詩爲松惜兼及鄙人何言之感喟而多味也

唐徐凝瀑布詩有一條界破青山色之句東坡目爲惡詩余老友李少白珙亦有天柱峯頭下奔瀑玉龍飛下碧山腰之句人賞其奇特余惜其惝豪惟登焦山絕頂云水立江吞郭山盤入上天句奇而確吾無間然矣

揚州禪智寺舊有東坡送李孝博之嶺南石刻王漁洋於荒榛斷梗間得之次韻一首嵌之壁上余於戊寅之秋與友過訪則又在荒榛斷梗間矣因作詩曰上方禪寺喜重經苔石傾攲古

篆青讀過荒碑尋古蹟斜陽剛到竹西亭謂寺多古蹟三絕碑竹西亭俱在寺中

城西草堂爲同邑九衢雲柳村昆仲別墅同人小集分韻余詩有倒戴接䍦歸路晚此間便是習家池之句越一年衢雲竟得襄陽衞官習家池在其治內詩讖之奇如此

州城西有西園在宮氏春雨草堂之南李公方洲之右九君柳村金城縣佐爲兄衢雲金鑑都尉營菟裘計於課耕之地拓而新之濬池築屋種竹蒔花讌飲賓朋足以排日顏其室曰城西草堂主人譔楹帖云十畝地無多只合春酒留賓秋燈課子半生天已定時向西園學圃東郭催耕其胸懷之澹定何如也橋梓竹林嘗有四時雜興詩衢雲分得秋日云最愛西園好秋成樂不知農爭祭社洒巫唱祝神詞炊飯新杭米堆盤嫩薦絲牧童扶醉叟歸去日遲遲柳村分得冬日云最愛西園好天寒樂不知晴窗葉子戲晚話鼓兒詞茆舍忙舂米篝燈靜絡絲東坡生日會鬮韻疊吟遲衢雲哲嗣南卿璋分得夏日云最愛西園好招涼有客知一灣沈李水幾闋采蓮詞清露生蘭具斜陽上釣絲石欄頻倚處桐葉下何遲柳村哲嗣筠卿琅分得春日云最愛西園好裙裾集舊知早商消夏約同作送春詞莫負囊中錦須妨鬢上絲華年徒自擲愧我立名遲疊韻分牋洵一家韻事余和柳村詩有清風朗月無錢買酒稅茶租一例蠲之句亦紀其實也

柳村才謂出羣詩亦多興會登清涼山翠微亭云危亭高矗氣

蒼茫似向諸天瞰下方四面晴嵐抒客眼一條白練走江光僧從林隙歸前寺人在松巔踐夕陽不信六朝金粉地鐘聲幾杵特清涼天長道中云好山飽看蜀岡西一帶霜林入品題亂石有防前路馬荒庵已唱午時雞大田處處留餘水寒菜家家劚舊畦遙望盱眙在天末數峯雲暗劇淒迷咏殘菊有倚竹難撐前日勢翦根須護隔年苗之句味亦淵永

長洲王二波嘉福鐵甫先生之子以叔父死白蓮教之難無子嗣爲子由雲騎尉得官爲守府馬稍弓刀不廢翰墨著有二波軒詩前豪邁清新不媿家學題畫云秋水連天白秋雲接地黃漁翁收網早倚櫂看斜陽揚州雨泊云迷樓絲管刼餘灰零落瓊花不再開剩有冷螢能照客夜深飛近水窗來佳句如落日

云孤燈遠市火小艇暮歸人五臺山小步云石根有瀑苔常溼籬落無風花自開重次宿遷云初日微翻鴉背影亂冰寒碎馬蹄聲寒店云動野荒雞號落月對槽瘦馬齕殘星寄范廉泉云雲將歸岫無奇態鳥到投林有倦聲

吾鄉陳叔度金詔孝廉嘗論詩曰詩人嘗明七子爲優孟衣冠一時矯枉過正者遂至骫骳不振猶如三家村老嫗道說家常甚無謂也故叔度之詩最講丰度音韻無意不達無語不爽則杜工部所謂雷霆精銳冰雪聰明者是也送程秋樵之滁陽二律云離筵未了唱驪歌握手悤悤悵柰何千里故人開幕府十年同學半關河相看白眼知音少自撿靑衫別泪多我亦園林最蕭瑟寒驢風雪擬相過風雨連牀氣誼親河橋分手倍傷神

尚思白屋重相聚縱得黃金不療貧交到別時宜愛惜文從悟後見清眞客懷莫說蹉跎甚此鬢能靑更幾春舟次作家書云策馬無端趁急裝浮生難定是行藏鄉音漸改知家遠歸夢無多恨別長北去靑山容我懶西飛白日較人忙家書緘就頻開看中有迷離泪幾行初秋感懷寄友人云咫尺同爲不繫舟異鄉風景數從頭中年作客悲張儉火色何人惜馬周行李半肩裘早典要津一刺肯輕投民情多口魚鹽賤不敢從君決去留題吟香女史小照卽和原韻云自署吟香厭綺紈捲簾曙色逼人寒慧能生定原難恝愛卽成癡不忍看秋雨三生詩酒恨春風一曲畫圖難妝臺省識渾閒事一炷爐香爇紫檀疊韻云無言小立拂輕紈雙袖擡風怯嫩寒對酒直同明月賞焚香擬作好花看相逢爾汝稱呼慣如此丰神領畧難我欲買絲君自繡擕歸小閣供旃檀再疊云小坐熏香着素紈何緣消受五更寒嬌如新月眞宜拜瘦到秋花更耐看索句翻留文字障臨風纔覺別離難幾時灑遍楊枝水也及河干一樹檀黃天蕩阻風絕句云揚子江頭雨打篷如山濁浪正排空驚濤百丈休君訝逆境回頭是順風過淮陰釣臺云千載荒臺迹尚存韓侯往事不須論也曾浪擲王孫飯世上何人解報恩如此見到之言足徵識力

平湖方子春坰孝廉昔游泰邑訪余於小海山房出小蓬山館吟草見示詩有情韻頗近溫李丹陽懷古云南來山色鬱嵯峨落日揚帆指曲阿宋帝樓臺雲作幄蕭家池館水如羅漁人晚唱新洲荻鄉夢愁生越客歌永夜扁舟宿沙渚空江潮落雁聲多河間詩云繫馬靑山夕照邊還封猶說獻王賢深宮列簡搜秦炬上客鈔書紀漢年樂奏三終花拂席春深五壘草含煙傷心獨有淮南曲玉几金牀夜不眠他若花影云輕煙承繡屐初日動釵梁過松樓村舍云籬牆緣岸折風竹壓檐低句皆細膩風光

吾鄉沈芍園殿春明經學問淵雅吐屬雋永聆其讀藝覺浮氣與鄙衷頓消余目爲今之黃叔度非阿好也已亥年東坡生日余招芍園與田少泉小集思凌堂芍園首成長古爲坡公壽篇中過譽余處媿不敢當而芍園之詩自當見許於髯翁矣詩云公生之年厄箕斗昌黎所值公其後箕張呿噏舌簸揚湯火

餘生塵海走杭州後閒蒔田湖揚州久乞蠲民租仁人苦心挽時弊不柰朝有桑大夫詩帳亦何苦禿鬢愁如許而公蕭灑㓨塵年對食何煩怨章舉小圃自鋤生地黃東堂啖盡荔支香老來汨沒鯨波度猶詫奇觀得未嘗公之胷次亦何有坦懷四澥皆吾友潮人築室慰羈窮符老傾樽殊古厚我輩思公八百有餘年精靈一叩梅花邊主人貯薦出佳釀法如貞一相依沿墻伯讀公詩援筆輒傚之猶如青松仰㵎壑安知不及涪翁時少泉博採証公集希補從前注未及兩君對公無愧顏獨我升堂汗流汁轉惜當時鶴飛來只有李委知公才坐令毀骨罹憂災金光歷久若鏡開又惱禪語滋疑猜下拜思令名山嶽同壽考雌黃何物粤東老千秋名不關詩好

芍園哲嗣旭初炘文學詩世其家學董江都古井歌曾見賞於宗匠其警句云斗牛射井光不滅瑩澈清寒肝膽冽中有奇氣亘天人一掬熹微白于雪又云銀濤東趨帝子家石牀幾使飛桃花不及鄒枚作梁客猶勝水底喧鳴蛙又云嗟哉名流相傾若謨蓋移事膠西幸免害入坎出坎全其身林下著書成老大回首江都舊宅存酉得清泉下秋竊詩字奇語重足徵汲古功深

鹽城沈小庾照大令余乙酉年因金子石得結識于白門後五載復會于廣陵某氏別業小庾爲余書扇錄舊作中有陸宣公從祀二詩最佳詩云位望休疑過賈生奉天應不比西京披肝極補艱難局雪涕紛來反側兵直使猜嫌消吉甫轉將申救累陽城涯原定後延齡相爭向忠州避此行襄忠配食肅鋼箋一䟽錮陳萬口傳直道從來尊御史昌言何止重鄉賢寺詩豐樂棲神處朝紀貞元撥亂年我欲薦公無長物新茶一串汲寒泉小庾尤工倚聲與子石多酬唱之作

紀昌昔學射於飛衛飛衛教以不瞬而後可言射昌以偃臥于牖南望之旬月之間寖大也三年之後如車輪覩餘物皆山耶也乃以燕角之弧朔蓬之幹射之貫蝨心而懸不絕又段師令昆崙十年不近樂器忘其本領然後可教觀此二事彼學射與琵琶者倘爾通此義以爲詩則知率爾操觚者之未可也

武進莊棣卞縉度進士大通江岸詩云衰柳沿隄臥支撐獨木橋村荒茆蓋屋廟古樹成妖人影黑於豆沙痕白似潮迷濛煙

霧宿此境絕漁樵此詩余從金雪舫扇頭見之

吾鄉顧載之允厚上舍與兄維馨於余爲角丱之交甲申歲余贈載之詩云少時綠鬢記爭妍兩岸人看李郭仙回首春風湖上樹桃花紅過十三年載之和云吟髭漸可較嬙妍一笑春來學醉仙顛倒雙丸容易逝悤悤三十五新年今距作詩之日又廿餘年矣余兩人之交情可知兩人之衰老亦可知也載之性和易工詩善畫梅愛子秋江不幸短折嘗作哀詞六十首余用上下平韻情真語摯不忍卒讀詩之可誦者如冬日感懷云鵑朝鴉夕霜痕重望事遲遲二九過帳目草枯根自在稱心事好夢偏多六旬兄弟驚吾老百首詩詞付女哦庭外蠟梅開幾樹檀心磬口不曾訛偶成云驚心節序换清和飛遍楊花柰爾何

萬事近知恒不足半生以後只嫌多枝頭聲緩啼黃鳥檻外陰濃長綠莎如此風光殊有味連朝何事泪如梭冬閒即事云糢糊鴛瓦見霜初曉日曈曨射綺疏只恐峭寒侵玉指雲鬟慵在午時梳牧馬圖云封侯夫壻氣豪雄笑解金鞍縱玉驄關內落花關外草一鞭拋付夕陽中題濟卿小照云稿易三番始繪成風流真不減平生簾鉤微動花微顫牆角庭陰見濟卿讀梁冀傳感孫壽事云愁眉齲齒稱嘸妝妖冶容儀配老梁莫笑河東威太甚天教獅子制豺狼其他雋句如花朝集望海樓云松篙樓高爭百尺梅因春冷礫三分惠山道中云山影壓船疑薄暮人聲喧渡是初晴老僕云風雪窮途同骨肉煙花良夜薄崑崙夜坐云絡緯聲隨風斷續蟾蜍光借水分明咏鏡云眉嫵不勞

京兆畫別離難免樂昌哀蹇驢云齕草不休人乍醒尋梅無定信猶踪如此類美不勝搜而哲嗣秋江之詩別載于後

吳縣潘功甫會沂孝廉賦性高曠詩筆清醇夕次丹陽云秋林起寒色秋草帶枯椿歸鳥暮投塢過橋陰上窗擁衾眠不穩來艇槳成雙明發衝煙去平移渺渺江丹陽道中云懷古蒼茫落照中接天雲樹起秋風留名一死袁開府捨宅千年李衛公月小山高人去遠雞鳴犬吠水流空揭來此地頻搔首極目荒涼弔草蟲讀斜川集云我與蘇家季同生壬子年揭來古臨頓彷彿小斜川但得娛親計何妨隱志篇輸公無齋築歌舞草堂前功甫集自序述葉正則語曰林下名作將以垂遠不可使千載後集中有上生日詩是有見地

丹徒楊羨門棨選拔著有蜨庵賦鈔梨仿唐賢格律嚴整詩亦多精粹之作夏日登北固山云攀躋凌峯巔足底江聲走風屹去何駛飛鳥翻在後晚泊珥瀆云兩日來一程繫纜風轉疾濕雲連峭崖老樹作人立漁人知已歸一燈叢間出佳句如自瓜步渡江云沙鷗隨舫遠江柳得春先過戴公園云樹老已空腹草長都及肩秋夜偶成云風至樹先覺雲飛月若流山行云石氣空濛疑有雨草香幽靜勝于花秋草云石馬無聲臥前龍鶊鷹快意掠平臺樓桑村云此地洵堪比豐沛使君纔不愧英雄項王墓云拔山誰似將軍勇成事從來豎子多自注豎子謂漢高本太白東武古戰場歌

荆卿刺秦政紫陽綱目以盜書從來詩人亦誚其劍術之疎惟

六合朱飯石實發讀荆軻傳云一軸圖窮七首抽白虹慘淡動高秋先張孺子沙中膽險墮生王殿上頭天不亡秦空死士卿如入漢定封侯紫陽書盜成冤案易水悲號咽不流持論稍覺獨抒所見

飯石著有尺雲軒稾詩筆精能擅長七律江邊古寺云古洞日微風雨大空堂僧少鬼神多登紗帽峯云漸於天近星辰大時有風來草木香小院云明月貼波如酒色山禽學語作人聲偶感云何謝之間成佛少中韓以後殺人多泪跡云舟中卧病行千里江上吟詩過一秋淮城晚眺云地連豐沛兒童健宿落河梁草木秋厲程氏園云水浮鷗鷺尋秋去窗翦芭蕉讓月來春晚云細雨落花紅過屋春烟上樹白如潮池上云長肥芳草斜

陽戀開庋桃花燕子知夜坐云水氣到窗天忽白蟲聲在樹莎
俱秋鴉鬟兒女春都嫁猿臂將軍老不侯詩倜儻權奇大都如
是
甘泉許春卿之翰明經說文堂詩集栞成後郎郵以見示余愛
其渡河云來自天邊去海邊窮源誰與問前賢崑崙以上觴纔
濫徐豫中間道屢遷大吏防川心岌岌下游懸釜怖年年斷難
理濁膠盈手我手無膠更惘然桃葉渡絕句云春溪一水皺銷
魂盡日溶溶蕩槳痕畢竟王郎愛嬌小渡江不肯倩桃根秋閨
報罷云連宵偏是雨風多醉不模糊奈酒何對影自憐還自惜
百年禁得幾蹉跎其他佳句如鯽魚云頗知自愛惟鱗好難滿
人情是刺多滕縣云壤地莫嫌當日小井田猶帶古風來老吏
云枳棘卑卑棲獨早瓜期杳杳竟無人感懷云酒拚百罰逃何
有碁任全輸讓不甘和夏紅蔀春柳云詩心細過風梳髮人意
溫於絮著衣風流蘊藉我郎以春柳兩句反贈春卿之詩
白香山有句云石頑鐫費匠女醜嫁勞媒蓋猶是鐫石也而頑
石則費匠氏之力猶是嫁女也而醜女則勞媒妁之心昨見江
甯溫肇江比部有老女詩云感深媒妁慇懃語孤負爺孃愛護
心何蘊藉乃爾
浙江陳晉山裕泰孝廉書白桃花詩於店壁一時和者百有餘
人吳幼蓮希齡和詩有美人亦有冰霜面之句予極愛之謂同
好曰幼蓮此句佳甚而非無因馬長卿之心欲琴挑謝幼輿之
齒遭梭折受其大創或以美人爲不可犯乎聞余言者皆爲之

絕倒
甲辰年初夏喜晤夏瘦生崑林於邗上贈余詩云指鬢都雖駐
少年客中相遇倍相憐詩情冷坐婁春雨離思濃餅買夏筵矮
屋無心隨傀儡名山有夢憶焦仙遂知此後相逢處多在寒城
落葉邊瘦生時以樗花村詩稾見示氣清韻遠誠如王寬夫之
言月夜丹徒道中云片帆無恙好風催蜿曲江程一日回鐙影
入橋叢樹轉水光浮月夜潮來佛貍霸業空遺址北固山容半
草萊博得寺門留玉帶水晶宮闕妙高臺宏光年間稅帖云故
紙留傳二百年南朝陳跡認依然烏絲腳本歸何處細楷空摹
燕子箋其他好句如漫筆云雨餘漁父烟波宅書是先生安樂
窩吳陵客館云無眠情味殘更覺半禿文章短鬢知寒夜寄玉
延云青燈似豆一窗寂白月橫天萬影寒
沈芍園言於敝篋中搜出詩稾有賦忙閒二字者忙字一聯云
歌舞筵前烏帽影長安夢裏馬蹄聲惜全詩漫漶不能讀其姓
氏亦逸
余識丁應耆兆壽最晚而訂交之後時相過從應耆說經鏗鏗
腹笥富有平生不以詩名而詩筆自佳即席贈友人云壯心欲
舞樽前劍冷眼常觀散後碁讀劍南集云權奸最喜羅名士家
國何堪有恨人和湯篠村感懷原韻云共憐形影添華髮太息
糟糠尚練裳又云傑作能傳還示我貧窮難送且由伦閒中自
述云半生勞擾奔林鹿寸念縈紆縛繭蠶又云種樹宅邊留庇
蔭課耕隴畔戒侵凌安貧樂道於此可知余贈應耆詩云丁寬

能說易貌質內閎通跡托烟波外名逃版築中有時來訪我無學可如公寄語談居士行藏定與同談居士謂談君竹齋余之獲交應耆由竹齋介紹也

合肥吳菊坡克俊布衣與余相遇於金陵吳寓於報恩寺僧舍余贈詩云人海叢中識面遲江山如此好題詩厲公喜近長干塢弔古來尋正學祠庾信二毛成我老鄭虔三絕得君癡況當畫手稱無匹可許梅花贈一枝菊坡得詩即畫梅見贈因而訂交後越游還以游草郵示曉步湖上云纔返山陰棹重尋明聖湖嚴城初啟鑰衰柳尚棲烏閒踏秋痕淡幽尋夢影孤似曾舊相識漁艇隔烟呼石梁云石梁不容趾陰積古時苔橫亘黿鼉架中空混沌開奔雷從地起飛瀑自天來高仰棲眞處青蓮九

品臺佳句如湖上七夕云清宵細細閒機杼碧漢迢迢古別離韓蘄王湖上策蹇圖云只緣上將騎驢去遂使虜王泛海行晤海安蔣雪齋云詩中驚見孟東野海上初逢黎子雲

吾鄉萬鄰林燊孝廉道中即事云忽見流亡滿道左此身未敢說飄零楊篠樓筠文學嫠婦吟云道左有人垂泪說去年此日正新昏洵仁人長者之言

東臺姜種蘭德新文學癸酉歲與余初遇於莫愁湖上時秦雪舫耀曾孝廉作主人邀客聯吟孫伯淵淵如觀察執詩壇牛耳種蘭遂與投贈縞紵越一年余過訪河埠文酒之會至足樂也今種蘭之墓已宿草回首曩日得無泫然種蘭題余獨立圖云飲酒五斗日不醉讀書萬卷夜不寐眼界豈止無今人意中直欲空前輩遙遙上下三千年巋然獨立蒼茫內譬如猛將勇臨敵獨自一人當一隊我愧旁人說霸才奮臂疾呼羣雄退他時旂鼓監文壇一卒不隨兩卒會君先監堅我執銳不知誰將三舍避君獨立兮我爲備

唐人賦楊柳多傷離別如羌笛何須怨楊柳春風不渡玉門關王之渙詩也灞陵原上多離別少有長條拂地垂韓琮詩也爲報行人休折盡半留相送半迎歸李義山詩也思量卻是無情樹不解迎人只送人裴說詩也不知別後誰攀折猶是風流鬪舞腰趙嘏詩也究不如李太白勞勞亭云東風知別苦不遣柳條青爲言簡意遠得樂府遺意　國朝朱彝尊折楊柳詞云手折楊柳條倒樹孟津河十年來繫馬楊柳今婆娑祁班孫和云

上馬不執鞭但折楊柳枝出門不垂泪但歌楊柳詞亦古雅可愛余亦有楊柳曲云少小折楊柳多在邗江道送盡往來人楊柳依然好又云楊柳好著花花飛滿天雪道上無楊柳世上罕離別

高郵李達仁聰文學與余同客韓塘晰夕過從譚諧滑雅予愛其齋中雜咏詩落牡丹云不圖富貴也成空此日渾如我輩窮境地無常俱是數黃鸝不必罵春風瓶中殘芍藥云幾枝紅藥遲鮮新次第摧殘約一句同是殿春君更後後亡如此又何人云勉力支撐實可憐朝來落盡倍悽然龍泉瓶古成孤立已閱榮枯二百年達仁昔抱卜氏喪明之慟復生漆園鼓缶之悲不覺其言之哀也

逵人以其族人李葭雪 延銳 文學擁褐吟見示詩無意求工而以樸實見灌花詩云愛花如愛色相對忘昏曉養花如養兒隨時驗飢飽米囊花云心花散後筆花摧寂寂門庭護綠苔一向飢腸空自攪眼前愁見米囊開佳句如登泰州城樓云雲癡黃入海山遠碧于烟咏白菊云蓮羽那堪搖晚節梨花空自逐殘春疊韻云幾經蝶翅迷清曉如著羊裘卧富春余初閱蓮羽句以蓮羽字爲無來歷旣思之知從杜工部江蓮搖白羽得來詩固不可以浮躁讀也

僧雪笠興化人詩清迥豪邁東坡贈道通詩云語帶烟霞從古少氣含蔬筍到公無雪上人之謂也漁歌云昨日吳江上釣來紅鯉魚攜來不敢賣中有故人書又云朔風號四野雪落萬山

失船頭向太陽船後水生骨佳句如山行云松風答泉響雲氣與山爭登玉皇閣云市聲喧日出海氣抱春來月波樓晚眺云山勢遙連秦樹迴江流斜抱漢陽迴登君山云雲從山脚浮天去水抱城根入海流京口曉發云綠楊泊水藏瓜步紅日浮烟上海門

丹徒象山僧了璞號韞庵工詩尤善塡詞時寄到清夢軒詩餘早秋病起調寄南柯子云雨過寒猶怯風吹步欲斜自憐一病縮如蝸不覺庭前開落白蓮花遠水沉斜日文波漾淺沙縱教宋玉也應嗟早聽秋聲一夜到蒹葭春日喜張猗谷見過調寄唐多令云紫燕舞偏輕黃鸝歌有情舊林泉花柳鮮新天意亦如人意好風正暖雨初晴好友漸凋零侵晨三兩星但相逢酒錢休停屈指春來閒日少況十日九天陰

詞者詩之餘也余恨不善爲此而實未嘗不好適於友人案頭見有周夢翁 世臣 王德仲 之驥 二君所輯芙蓉集稾本唐宋諸家詞多至五百餘首采擇旣勤弁言亦妙中附德仲之作亦甚佳二君自署泰州人集成於明崇禎改元之歲而餘弗可攷按邑乘諸家詩文集皆未言及詢之同人亦無知者從知前人手澤湮沒不少而徵文攷獻其事難也余謹記此以俟博雅之士而德仲之詞畧附焉閨情調寄長相思云春思縈春睡驚夢裏須憑見玉卿愁多夢不成天未明雞未鳴底事今宵不做情雨聲和漏聲閨恨調寄醜奴兒令云思君最恨雞聲曉長夜厭厭長夜厭厭不向窗前報曙天思君最恨雞聲早好夢纔圓好夢

纔圓一霎驚回懶又眠又云恨君不似江頭水冬夏春秋冬夏春秋潮信時時近畫樓恨君卻似江頭水只向東流只向東流縱是東風不暫留閨情調寄子夜歌云桂花帶露金珠滿碧闌干外香風軟玉手折來嬌姮娥離碧霄花枝愁似困撚卻頻頻問問罷轉低頭見郎應自羞

宋時馬塍人藝花謂花之蚤放者爲唐花或作堂花今揚州花市於嚴冬時牡丹玉蘭桃杏諸花俱用火力烘開以供賞翫亦謂之唐花初不知唐字義作何解或曰唐大也愚意蚤開之花精神多不足不得訓之爲大唐虛也謂過眼之虛花也余偶成云松簞庭院春常駐鵓鴿簾櫳晝不譁膹馥殘英纔一瞬可憐多事是唐花王漁洋過朱竹垞齋中詩云今歲長安霜雪少試

燈風裏見唐花亦已形諸歌咏矣

伯山詩話卷三終

伯山詩話後集卷四 話 今

泰州康發祥瑞伯氏編輯

門人王鴻業雪飄校勘

高郵王寬甫敬之農部同岑倡和詩余已選入詩話矣嗣又獲觀愛日堂小書巢等集其中五律最清迥三梁云至今遺父老能說岳家軍故壘迷前代中原紀舊勳去帆張片片寒葉下紛紛何處尋猿鶴晴烟似陣雲攝山道中云歸計任僮僕客懷殊未閒鐘疎花外寺日落馬前山沙鳥遠疑沒水雲飛更還攝生能且住何事損朱顏七絶亦有風韻流民船云涕淚全家寄短篷應愁鄭俠畫難工阜鋤無地君休笑身是當年足穀翁趙北口云瓦橋戰壘暮烟蒼彈指公孫霸業荒悵望蓼花漁艇外水田一鷺立斜陽臂痛云曲肱眠失一宵安刺骨秋風廿載寒從此聽人誇射虎六鈞弓已再彎難

泗州陳雨峯階平軍門襄鎮狼山會貲畫冊索題後余晉謁白門猥蒙寓齋屢顧余上公詩有勢分既不隔禮數亦應删鍾阜一輪月照見公古顏之句公答云新詩淮海此淸才日暮營門鼓角催雞黍邀君君未赴但看華月上堂來時折簡招飲余託故未赴故詩及之公著有戎政芻言一書洵守禦良法詩才將畧一時無兩

甘泉王月卅桂侍御昔題余獨立圖云鞭心能入芥顧影定爲松此二語余不敢當月卅就試泰州日儀容俊爽路人皆異之一時有衛叔寶之目

滇南范廉泉任義刺史逋眞觀看梅云十里江風隨路轉一林香雪傍簷開仙人吹笛翩翩去我輩看花得得來揚子江玩月云一江月向澄波湧萬里人同良夜游燈火遠明楊柳渡海潮光送荻花洲詩秀逸清疎胸次可見前歷官東淘眞州雉皐皆有治績近聞詩集梓成適九華山僧衆披雉即以其集千部分贈諸僧昔白香山自寫其集一置東都聖善寺一置廬山東林寺一置蘇州南禪院自云欲以今生世俗文字之因轉爲來世讚佛乘轉法輪之緣王漁洋先生亦仿而爲之公此舉亦鼎足而三矣

丹徒鮑雲鶴文逵孝廉登河曉發云雁背霜華翻曉日馬頭山色亂春雲余受業潘松岩鶴齡夫子京口曉發云豚拜晚風衝浪去鴉攜殘照過江來同鄉張舜琴南薰州佐定水庵曉發云焚香老衲先人起馳夢疲驢逐月行此皆逼眞情景非經歷者不能道

舜琴渡江即事云渡江風氣清斜日澹京口小艇晚鳴榔傍船來賣酒此與余同舟口占尤眞樸可喜丙午之秋舜琴作古余輓詩有開徑尙聞延蔣詡著書時見挾王通之句余鳩集拙作舜琴每慫恿付梓故云爾也

螺磯靈澤夫人廟楹聯云思親淚落吳江冷望帝魂歸蜀道難可謂工偶矣究不如王漁洋詩云都將家國無窮恨分付潯陽上下潮覺渾舉之而更妙吾鄉陳理堂燮學博句云江流終古分荊楚蜀道如天隔死生雄渾高朗又哭過前人他如赤狄未

聞歸季漢晉文終覺納懷嬴之句一時雖膾炙人口然按三國志注孫權大遣舟船迎妹後未聞還蜀赤狄句似也而晉文句以懷嬴爲比似泥於穆后傳疑與劉琦同族一語終覺不倫

余咏蘆花云夜冷或爲高士被親慈不作去聲小兒衣及閒金手山學蓮詩云一夜吹來何處起千秋想到此中人同一運事余之詩平實固不如金之空濶也

通州王芸室汝霖進士孟廟句云童孺桓文業妾婦儀秦說字奇語重自得泰山巖巖氣象游狼山云雲分嶺樹開山脊風掃巖花露石牀亦清高深穩

甘泉范雨村凌霄太學於余爲角丱之交時與譚詩最爲契合凡詩人祧唐祖宋尊唐黜宋之說一切不存每語余曰人之爲詩各有境地發爲心聲唯其是而已矣以我就人强人就我皆偏也不足以爲詩也余韙其言故雨村之詩絕無格格不吐之狀昔以游草見示由瓜步渡江入新河口云日落江波明飄影向空沒蒼翠浮玉山不見黃金闕圓渦似奔馬倏忽迹難擬篙師競楚語兩船互相撥蘆花聲浩浩驟雨響徐歇紅隱瓜洲燈白上游門月晚鐘沉暮烟餘韻激淸越如何舟中人心似盤秋鶻鍾山云日暮我來過鍾阜四圍密葉遮斜陽道旁翁仲向人立豐碑大書中山王蔣侯廟前兩行栢泥馬毛動神飛揚高建法會撞鐘鼓散空花雨彌芬芳碧甍旗纛望縹緲南都饗祀餘堂皇飢禽亂啄雖鼯竄白雲烏帽爭低昂千年巨鰲臥當道牧童敲火聲璆琅頹牆腐草飼羸馬湖田風過拋米香淒涼玉樹

竟何處孝陵一埨秋茫茫新河曉發云燭影搖柔蒻星光出遠灘飛蟲羣赴火平水靜生寒夢逐秋雲渺心拚木葉乾關情唯蟋蟀相伴語更闌兀坐云兀坐苦無睡秋宵何驟長蕉桐引虛籟燈火逆清光拔劍思滄海歌詩欲遶梁朝來覽明鏡多恐鬢成霜靜海縣曉發云殘星明數箇衣上薄寒生海色蒼連岸河聲勁撼城客長期雁伴詩苦學蛩鳴且喜帝鄉近無勞更計程太平門云亂峯迴抱夕陽樓虎氣遥蟠最上頭一帶女牆人牧馬太平門外草先秋如此例詩皆以雄直之氣發爲聲歌宜古宜今亦唐亦宋雨村向日之語洵不我欺

雨村與余或就試白門或讌游邗上必劇譚痛飲相得甚懽酒後歌詩作金石聲往往驚其座人而不顧清狂故態想見當年

戊戌春季同飲於紅橋酒肆余贈詩云缸面初開酒味醇范君論事必驚人交情篤似脣依齒詩筆雄因膽滿身烟柳重尋前代樹風花又過一年春何時更買湖干棹與子分持兩釣綸覽此詩則余兩人之交情可見今雨村斷酒竟涓滴不入脣矣昔之豪邁忽變爲醇謹其胸襟可知其境遇亦可知已丙午秋仲余游白門於古長干里晤雨村余作歌云君芒屩我布衣相逢一笑鬢眉非我皁帽君竹笠四十年來如一日金陵城外長干里蜿蜒岡巒伏又起中間著我又著你不見牢愁見懽喜大江淼淼西南來布帆如箭東西開欲得江山豁眼界且登嶔崟襯葉雨花之高臺白浪轟兮繞城腳青山巑兮飛塵埃雲光與梁武今日安在哉聖賢皆寂寞豪杰成蒿萊自古成仙作佛人昇天未必非凡材狂言驚俗世所忌唯我與爾歌莫哀猴渴吻燥欲得飲真珠榨入玻瓈杯君言年來已斷酒臧否從今不挂口我服君言學問深我誦君詩情意厚兩萍蹤跡暫徘徊道上行歌喝月走來朝江上挂颿歸道余四處尋王九王九謂王子駿也是秋未見來游託雨村歸而寄聲焉

儀徵王翼鳳（勾生）廪生著有舍是集八卷淵懿雋永大似何水部江醴陵諸公舟中望棲霞與梅蘊生云江急風亦急帆行若從容秋陽落烏背照上棲霞峯心歷壞兆盡目爭雲霧重羨君手中杖時叩六朝松題畫云山形帶平林嵬砢自高下似有可行徑而無采樵者著色明蒨葱天光入晴野隔溪雲溶溶飛來鳥亦寡安得空亭中終日坐容我海陵寓中即事云卅年蹤跡

等流波海雨沙風拂面過世事相看多逆旅心情無那只悲歌青燈照影人如舊白髮關愁夢已多又是五更呼橐筆文章隨例氣消磨江上送吳中林云故人久住楚雲間分手邗城客正還明日相思送君處西風吹雨石帆山落帆牛渚云浪跡孤帆撥不開青山明月暗珠胎臨流一弔溫忠武安得靈犀照水來其他佳句南城春望云村陰侵靄合野烏入風分晚泊皖江云大水流星沒高城倚月明登大觀亭云城邑浮雲外山川過客邊曉入劉氏園云烟梢初放竹露氣遠沉花姑蘇道中云水曲舟疑退天低野易昏古意云鏡鸞不隔通宵影衣麝猶聞去日香春日漫興云閒處風花聊作態興來烟鳥自成吟詩皆蘊藉可喜

壬寅夏日勾生詩集鋟板甫成適京口難作勾生時正失怙倉皇舉匱攜家遠徙以詩集寄程韜庵及余來札言最慘切余作詩哀之云鯨鯢鼓浪薄村墟遠近驚聞蜃氣嘘樂府聲淒歌獨鹿廣陵書到有雙魚詩人杜甫離家日孤子徐陵哭父餘手把一編還見寄風前揮淚渺愁余

鰣魚之味多在鱗甲之間本草綱目言之甚詳今之烹鰣魚者悉去鱗甲失之遠矣杭堇浦咏鰣魚云莫愴瘦骨搜鯁盡便帶銀鱗嚼不妨可謂知味者矣

梅蘊生詩余已錄其題余獨立圖一篇茲閱稻庵集中有賣被翁一詩讀之愴惻詩云清晨過北郭有翁負物來佝僂執杖病且死一吁一步三遲回磈磊敗絮散不屬滿身垢膩兼塵埃行

人見翁多嘆息問翁今年年八十明知死在須臾間其柰三旬饑乏食此被價値能幾錢今日易米明復然勸翁留被贈翁値翁且負被歸家眠左手持錢右執杖再三泣拜前途望已經身與鬼爲鄰只願明朝和被葬我聞翁之言掩耳出郭門中心惻愴不復論翁今生逢厲　聖代垂老尙不飽且溫嗚呼爲翁聲已吞此與東坡劉醜廝詩異曲同工其絕句亦有風調湖上作云漢王廢苑松楸老煬帝離宮蔓草青日暮平山堂下過流螢千點亂疏星題蓋柳云青門樹樹碧雲流月緒風條蹴地柔勞汝一年迎送我海陵風雨秣陵秋

與化金子石德輝明經詩集將付剞劂見質于余余展讀再過知其宗法唐賢而一秉于性情之正集中如顏魯公銅印楊忠愍公石印舟過鹽城弔陸忠烈公故里丙寅六月荷花塘決諸水災詩堂中燕巢感賦和詠淮集樂府四章三詔洞博浪陳橋艮嶽讀遼金二國志題纖嶺圖等詩言之有物實爲奇作而冬夜七章憶滄浪同社十三首情深舊雨從老杜八哀詩得來看鬭鵪鶉車九食蟹等詩又從昌黎鬭雞得來集唫不及備登姑從割愛近體之佳者清流關云環滁四面盡青山山外雙峰峻莫攀十五萬師風葉埽兩三家店酒旂閒承平歲久懷豐樂跋涉人經畏阻艱怪底癡兒眞醉夢一夫信可獨當關車中云一數郵籤一愴生二千客里計歸程烏號木末多愁雪路入淮南漸有情耳畔河聲隨日下馬前山色過江迎幾時新婦離車蓋拂拭黃塵體上輕揚州曉發云兩年旅食寄維揚賺得梅花伴

東裝歸夢蚤隨寒舸發五更殘月一篷霜客揚州華提庵云一龕佛火照靑氈展轉繩牀夜未眠聽罷鐘魚聽粥鼓不嘗此味十三年題歌者白蓮便面云寵年不見何戡老好夢三生對爾銷何日夜涼橫一舸碧天如水聽吹簫楓橋云吳歈連夜趁春潮曉起寒山梵唄遙轉棹忽驚江水黯一篷涼雨下楓橋其他佳句如新絲云市中未定今年價機上先將舊樣更談虎云騎背有人傷往跡蒙頭笑我喫虛驚調馬云展足功須期上廄不羈名早悞才人飼鶴云喜有監奴同穎僕信無食客比毛君種魚云三月桃花盂酒祝五湖烟水大用吟皆醞釀深厚與泛常詠物不同余慫恿亟付梓人以誌不朽

子石有顧松巢苻植鄭板橋燮李復堂鱓三前輩詩奇氣噴薄

三詩皆佳而論板橋尤倜儻詩云擁綠園中拓酒瓢亂頭麤服老風騷二百年來人事改不改昭陽舊板橋半生摩搦守窮孏鐘鼎碑銘爛入肘龍跳虎臥不受羈古趣橫生骨力厚興來放筆作直幹鐵畫銀鉤枝葉攢晴梢拂雲妬春雨勁節凌霜抱秋漢竹有筠蘭有芳垂露倒薤管下雙垂露露不晞倒薤風離披秀可奪山綠芳乃畧所爲護蘭支竹石嶙峋直鉤橫抹無多皴不使苔斑污石身獅子搏兔全精神後人但學板橋怪不識板橋有宗派是眞板橋不能壞不信徵之九州外烏乎板橋進士五十成七品官兒不療貧今日雞林重聲價古今得此無多人我懷不見雲中君洋洋灑灑擺俗氛囊空酒貴文章賤風雪揚州唱道情

興化南門外有百花洲爲宗子相臣讀書處明七子共聚於斯子相有地下七星聚天門二曜孤之句膾炙人口余至興化日與金子石解策之履鼇 黃子仲晉卿 李學山福祚 劉伯緘熙載 諸君游拱極臺詩云拱極臺邊路相逢眼特青世間留我輩天上是何星高會仙應許奇篇鬼亦聽草堂人未出獨著太元經時趙沅芷養痾著易故末句及之丹徒郭沂叔見詩笑曰君問何星不過文星酒星客星流星耳同人軒渠一笑

興化解雲舟起鼇 孝廉策之先生之哲弟也賦性穎蓬吐詞名雋爲諸生日學使以賦海遺鹽命賦雲舟操筆研於風簷之下日不移晷即成千言而筆不停輟實能於木元虛張思光兩賦擷其膏腴別開生面惜鄉薦後旋地下修文詩不多見惟見其安定書院課詩紈扇云敢憑謝傅增三倍還問王郎紲幾回秋人云有恨也須題御柳無言獨自對江風橘婢一詩尤雋妙詩云曾共檀奴鬭曉妝而今霜月獨淒涼一生命薄衣原緣若箇恩濃裏也黃輸入大官忙執詩侍於棋叟笑稱觴康成僞入山中住別有詩情送夕陽宜俞都轉每於課士日歎賞也

門人顧秋江鴻 上舍幼慧而好學不幸病殀著有詩賦文稿已序而梓之矣今其尊人輒之兒於書笥中復檢出遺稿若干首斷錦零縑多有可采余摘其尤者登之而已刻前編未及錄也詠兵云關河是處吹蘆管魂夢何人到柳條詠妓云門前車馬名初噪江上琵琶恨可知詠鍼云世事屢教避蜂蠆文章悟徹繡鴛央詠蝨云漫共乞兒依襖衲也隨名士見王公詠枕云留

芳桃葉春千樹入夢蓬山路幾重除夕云隨人月旦門題鳥催我光陰隙過駒煮魚云名酒自非隨戶 好花難得盡情看贈某云視友寬能同骨肉立身常恐不鬚眉烹茶云酒闌書閣烟無影夢醒蕭齋月有聲水心鏡云怪驚牛渚犀同照旱蘸桑林魃可禁子陵釣臺云漫說星辰能感應那知馮鄧有功名蘆花云無地臨江築幽館有時吹笛上輕舟畫馬云桃花汗血新圖格榭葉關河古戰場即事絕句云涼痕初透碧荷叢雷雨千峰響未終驀地風來盡吹散斜陽猶在畫檐東感事云橐筆西游著過秦好看鷹隼出風塵那堪閉置如新婦萬里封侯讓與人又云蛾眉縱使入深宮也費明珠買畫工歸臥南山理漁具不能懷刺向名公諸作朗朗可誦昔郗愔愛子云亡覽遺文而輟

泣今載之嬌兒短折繙斷槀而生悲固境地不同余輯錄之餘老淚亦涔涔下矣

吾鄉儲琴臺（雙）題桃源圖云相逢一笑留雞黍卻怪仙家也世情爲詭俗者諷也夏補生（蘭）踏青詞云天台儘有遊人誤莫向桃花深處行爲狎邪者戒也言皆淸曲有味

江甯凌芝泉（霄）上舍有感云一斗男兒淚千金國士恩重過大梁道不見信陵門古木飢烏集歧途落照昏茫茫塵海外誰識舊王孫芝泉少游俠著有快園詩鈔客死邗上陳雲伯大令爲葬于紅橋之北阡其墓碣曰白下詩人凌芝泉墓余一再過之松栢蒼然矣

芝泉集中有蕭孝子（日曠）詩五十韻建隆寺懷古詩最佳惜篇

長不載登天闕山云山腰雲嬾和僧宿木末風腥認虎來送眘齊宜門出鬭云怪石劈開皆試劍大風吹起欲飛人烏江項王廟云山似美人愁黯黯水如名馬去駸駸

詩不可無性靈亦不可專講性靈譬如張讌一室之中青紅紺碧間以白描觀者眼目一新又如陳食几筵之上菹醢牲牢雜以蔬筍食者咀含不盡若大屏小幀盡是白描西席東筵無非蔬筍觀之何以生色咀之安得有味乎少陵熟精文選理昌黎言經訓乃笥奩東坡精於史漢兼通釋典乃能擷其精華著爲奇作專事性靈豈爲篤論

興化陳茂亭（廣德）農部訪眘吳陵以詩見示詩皆奇麗予擇其格律謹嚴者登之百花洲懷宗子相云才子讀書地隤垣枕碧

流讌賓無舊閑爨火有漁舟遠水濯紅日當門浮白鷗自君騎鶴後彩筆贈誰收

詩表揚忠義與吟咏風月者迥不相同然非大手筆不能舉也予覽程韜庵（宇光）解元題蔡忠恪公家約爲其裔孫承齋作云雁門忽報尙書死手障長淮二千里力竭登陴勢不支遺恨平陽一條水艮知絕學專且精遭際不是王文成朝臣僉謂公知兵公之治兵始井陘此書卽於此時作高與日星同光晶談忠說孝秀才事幾輩中途失初志孤負朝廷豢養恩可憶當年齋粥味二百年來拭墨痕端人正士想平原乾坤留得如椽筆仗爾孤寒八世孫韜庵姪小松（祥棟）明經詩尤超妙和余述懷韻云跨鳳祇疑仙有術晉蛟莫謂我無能又云釣竿忽欲尋巢父

舞袖何堪對郭郎又云江表思君愁落寞天涯消我氣矜持如此例詩不可勝記

門人王雪帆（鴻業）司馬襲從受書天資淸淑說詩能啟發余意時策名仕版正可有爲而雪帆孺慕天親不忘廬墓家居息影不欲需次都門故咏燕云辛苦將雛漸學飛回頭顧盼獨依依人間不少烏衣侶一入青雲不易歸讀其詩可知其志也近又小葺園林琴書之暇兼通六法詩多靈穎之作桃花庵云紅牆十丈護雲霞一水盈盈路幾叉行盡長隄春不斷夕陽人影在桃花七夕云天上佳期誠不易一年一次渡銀河是誰詐得癡兒女漫說秋風乞巧多閏七夕云卅未多時一笑迎謝他靈鵲也多情願今再貸蝦蟆閏天上歸來有六更按天上句本之楊

誠齋再置蝦蟆句於近人詞曲不聞長吏句翻用之亦徵敏妙雪意云拈毫詩思費沈吟幾日同雲醞釀深不待漫空飛柳絮三分寒已到人心蛛網云宿雨初晴網便撐簷牙高結費經營可怜多少蜂兼蝶一入重闈誤此生歲暮登城晚眺云寒林一帶已飛鴉古堞荒寒近水涯日落人家將晚飯廚煙斷處是誰家以上二詩前作老成之語後爲仁厚之言寄託遥深洵不多得也

漁洋詩話謂斛律金風吹草低見牛羊則樂府絶唱竟以敕勒歌屬金撰誤矣按本傳謂金不識文字本名敦苦其難署改名爲金從其便易猶以爲難司馬子如教爲金字作屋況之其字乃就則安有不識字人而爲此絶唱乎此本鮮卑語北齊神武

使金唱之以安士衆者也

泰興吳荔裳存義太史詩筆奇麗讀常高庵詩書贈云一鶯啼花花滿牖延花共醉補山酒萬花臥月月滿墀邀月同讀高庵詩新酒一醉一回懶新詩一讀一回緩月魂花骨兩雕鎸字字春風向人暖天葩旖旎才人才金粟界滿千樓臺百二十首麼錦繡胸以靑珠紅玫瑰況閶闔捷笑擊缽長風萬里驅龍媒秦韆豈止三舍避旂鼓直欲千人摧明光作賦頁　玉陛胡爲軟紅一踏鞭車回天使扶輪此大雅東南壇坫開樽罍酴醾煙濕櫻桃雨射雉城邊識君處笑我年來彈水仙對君東琴不敢語雨香庵裏笋成竹詩桐苦吟舂新綠訪君知有詩滿幅更坐水明樓上讀荔裳昔給假歸里相見於高庵宅越年以太夫人壽言見屬今視學滇中音塵久闕矣

興化黃子仲爵卿明經性醇謹淵懿余締交四十年每得其箴規誠有三日不見而鄙吝復萌之想詩不多作而純是雅音病起感懷云病起惟枯坐孤燈照影單繙書求藥易訪友出門難未食先愁飽無風亦畏寒月圓經兩度未敢一憑欄又云跼蹐過三伏呻吟到晚秋腹廉幾類蚓心淡已如鷗筆墨從人懶薑鹽累我求滔滔湖水注搔首又添愁咏潼口寺古松云得地依僧潔參天並佛尊不凋忘歲月獨立老乾坤山遠無雲宿秋深有鶴蹲千年潼口寺盤固藉靈根其他佳句如憶江洲舊館云三年作客空攜研一笑何時不看山又云涼陰繞屋千章木江味登盤一尾魚和趙亞樓村中晚眺云久諫鄉味思菱角閒倚

斜陽看蓼花意態閒澹可想見其爲人

庚子冬日客邗上晤子仲於旅邸時萬秀石爲子仲寫照並圖水石余題其上云數年不見黃公望今日相逢水石間續學未曾登畫省釀錢直欲買靑山欣看老尙强腰腳難得閒中有笑顏擬挈煙蓑拖雪屩與君同出又同還又云向平婚嫁未曾休笑我年來不自由近市恨無臨水屋移家欲住對山樓交情最愛汪汪度身事渾如泛泛舟寄語萬回能弄筆也應爲僕寫滄洲

江都朱雲溪仲履布衣勤學課徒不與有司之試所得館穀歸奉兄嫂四十不娶譔自壽聯云兄弟情深卅載常同布被夫妻分淺半生冷抱梅花又集蘇詩云遥知魯國眞男子不作巫陽

雲雨仙語皆風趣朱竹垞文集中有朱開仲者雲溪之爲人頗近之

江都舒侶樵洪鈞上舍餞梅詩云夢回古驛風吹笛春老空山月勸行又云前路怕經沽酒店再來便是養花天侶樵詩多不存稿余從雲溪處得此二聯以見鼎味之一臠

高郵金雪舫長福廪生詞賦擅場試輒冠軍乙巳春季招余與同人集小墨莊詩云麈尾風光上藥欄感深知己放杯寬詩文有集人先老湖海無情聚亦難話舊但憑春酒暖論交休忘故鐙寒頭銜只合明經著苜蓿登盤免素餐又云才品均推第一流暮春時節在揚州讀書應付儒林傳卜宅惟鄰帝子樓垂老向平催嫁娶惆𢜽朱穆重交游離懷又値連宵雨十日平原乞

少留

余於友人壁間見題爛柯圖詩有樵夫不老柯偏爛何怪神仙術未工之句劇賞之知爲鄒雋生鍾靈作雋生爲故人卜莽子深知六法近得鄉前輩百六十八人墨跡彙爲一冊余詩有難得雋生重鄉里地下陳人呼盡起試將杯酒酹重泉百六十八列筵几之句蓋謂此也

吾鄉宮晴湖玉華孝廉題雋生所集墨蹟云遺珠象罔求古鏡凝之得搠璞卞和知啞鐘文獾識自古不世奇每向沈淪出又云況乃吾高會氤氳親手澤鍾王生氣存歐褚新機闢滿幅灑雲煙游歷蛟龍窟又云如登泚斯庭如入鄉嬛室如泛米家船如覩酒樓壁行道山陰深食蔗佳境入兩朝翰墨林一卷書畫

冊又云對吾祖若宗竦然毛髮立對此前文人愧恧神思減雋生眞可人妙緒幽蹤擘又云愛玩不忍辭聱牙寫佶屈頌我希世珍踵我先人跡揚我故鄉芬潑我松煙汁詩佶屈古奧論議復波瀾老成

儀徵張石樵安保明經曉過烏程云客枕眠難穩扁舟趁夜行西風吹白浪殘月過烏程髡柳寒無色征鴻夜有聲西興前路近煙火隔林生獨行北固山後云幽懷渺無際山徑與之長一路多芳草回頭見夕陽茫茫江水遠颯颯松風涼頗欲渡江去難尋一葦航由石馬橋至瓜洲云涼月一丸小開帆近四更我行揚子驛東指潤州城客夢清如水春潮夜有聲惱人朝霧重山影不分明宿焦山松寥閣曉起云酒醒披衣起牀頭見大江

驚濤寒到枕埜鳥暗窺窗客夢如雲亂僧鐘破曉撞潮看朝日出紫氣激奔瀧五言長城吾於石樵許之而尤賞其酒醒披衣起二語爲之吟誦不置

石樵以其兄少蓮官保詠史絕句見示細署宮云夜夜深宮急管絃望恩人度日如年玉顏餓損腰肢細事比羊車更可憐銅雀臺云繁華易盡霸圖消銅雀高臺久寂寥賣履分香人在否秋風斜日草蕭蕭

寶應劉幼度寶樹廣文楚楨大令同懷兄也汝上縣云風俗分齊魯人煙雜兖青秋興云馬蹄酉勁草鷹翮斷愁雲海州云烏火班聯郯子國魚鹽城郭蜑人船東阿早發云琵琶撥盡不堪聞淚濕青衫路欲分行到山前山不見半山紅樹半山雲詩多

畫意

吾邑佳釀有以雪醅著名者見周煇清波雜志蓋用州治客次井蠏黃水釀之紹興間有呼匠至都用西湖水釀成頗不逮有詰之者云蠏黃水重而西湖水輕當較以權衡得之按醅字集韻音剖宋于庭大令望江南詞云揚州憶此意少人知水重水輕余未覺愁深愁淺定多時雪醅觴相思

儀徵朱震伯鋐文學工於倚聲著月底修簫譜安吳包愼伯序而梓之咏燭淚調寄燭影搖紅云燭影搖紅淚痕狠縮因誰惱風前那抵枕邊多生怕人知道玉指彈來聲悄望迢迢天明尚早芳心一寸不到成灰怎生得了送葉酒生之新安調寄長亭怨慢云記前夕開尊三五底事東風頓教愁予上聲草碧波迴片帆開向渺何許颺空絲細難絆著離情住咫尺尚天涯又怎奈迢迢鄉路小住看雲流似海指點亂峯無數登高眺遠應添得一囊佳句念客邸好夢無端對明月空隨來去算只有長江江水知人辛苦震伯詩亦清俊過東隱精舍瞻端雲上人云尋幽興不淺小憩石帆亭雲散月流白雨餘林瀉青古籐春挂衲老鶴夜聽經會得遠公意鐘清塵慮醒

儀徵阮棵叔亨副車詩不爭奇句灑脫如其爲人昔在京師作蕉花吟會有阮蕉花之目今老去漸於詩律細而詩境益進矣登文選樓云吟詩各爲千秋計鬭酒同消萬古愁元旦試筆云元辰吉語聽如何春到淮南景象和得意願從今日始遂心事比去年多餳簫聲裏人催老柏酒香中客屢過最喜履端開筆

早硯池紅旭照晴波

甘泉葉酒生貴會文學才豐運嗇侘傺無聊近與杜康爲伴終日不出昔贈余詩云綺語今生懺名心一刻多少年徒玉雪旅食亦關河安得長風櫂同浮萬里波琵琶本哀怨愁聽對山歌紅橋禊飲絕句有泥人同飲橋頭肆嫂煮魚羹娣采藍之句風情不淺惜餘句都軼矣

六合朱稻生穀昌寒鴉詩云呼風陣黑盤孤驛繞樹聲乾叫夕暉全椒朱筠孫黎照亦云漸無人妬頭將白縱有枝依力已單甘泉黃也園錫麒云江上墓田牛背晚馬頭風雪客愁生詩皆警拔全椒金秋士望欣云啞子孤軍驚北至阿瞞杯酒怨南飛又云城上畢逋瞻大屋竿頭獨立下空船其著想尤奇特余與友人前作消寒小集程韶庵咏寒鴉云可憐愛屋人何在才覔安巢計已遲則又別有懷抱矣

儀徵潘小江宗菽文學詩夷猶駘宕咏春草一律佳絕詩云南浦冰消好放船王孫歸路夕陽邊映人綠鬢如相識比我青袍更少年天上有恩惟雨露山中無藥不神仙此生獨少池塘夢每到春來倍黯然春夜即興句云春爲大地傷心色夜是羣生駐足時

儀徵潘石甫志華見雁詩云向我似誇兄弟好憐君亦有稻粱謀新安縣道中云長橋不斷澌爲渡古廟僧逃佛坐禪好句似陸劍南

吾鄉袁政祥布衣年四十始學詩不數年裒然成集故述懷詩

有高公五十始吟詩吾蚤十年學未遲之句咏白荷云古盡清光是野塘果然世界覺清涼玉容出水仙人掌素面朝天虢國妝庄事衣裳借蘿薜恰將顏色妬鴛央分明一笑淩波淨月下誰知認六郎其佳句如鴻門讌云司馬小嫌都已釋沐猴大事可曾安漁燈云富春家遠風嫌利西塞山寒月作經寒爐云風雪力難消酒量溫和氣可炙衣裳翦云連理勢張新燕尾並頭鋒敵古魚腸咏尺云唐代尙方須分節楚宮高髻詫通城烏江弔古云千鈞易擲中原鼎一戰翻輸跨下兒亡室十一週期云唱隨未滿三千日辛苦遺悲十一年結句云最憐送過糟糠婦縱有飢寒不似前馬嵬驛云不死恩衰死兵諫娥眉時已替君王可謂無窮出清新者矣

興化劉翰香蘭臺文學與余同客韓塘昕夕過從別董潤亭云情深骨肉非皮相語下行藏有淚痕訪菊兼問友病云秋橫古壁燈留影霜落高空雁叫羣

全椒金桐孫望華漢口鎭云撲地人烟浮水上過江樓檻出雲端甘泉吳葢山慶恩齊安晚泊云皓月空明過赤壁亂山高下是黃州儀徵汪夢梧彥樹崔鎭感舊云買笑鏡中花易老畫眉窗外月初涼風調俱佳

吾鄉鄒研卿登簡上舍余姻家也夜感云寒蟲入我牀飢鼠穿我室爲念飢與寒主人眠不得二十字節短音長秋草句云古苑宙棲雲散後玉門荒塚雁來初老漁云飄零兄弟秋來葉指點兒孫洞口花落葉聲云疎林爲報經霜信空谷如聞過客聲

風韻皆佳

儀徵汪汝信湖生副車著冬巢詩咏芙蓉絶句最佳詩云西風昨夜涉江干畫槳輕移客思闌一樣紅衣照秋水藕花開後不勝寒

甘泉黃曼甫承錫小園錫慶也園錫麒三君昆弟競爽詩麗以則曼甫怨歌行云姿貌如春花窈窕當郎前明知郎不愛猶自鬬芳妍小園和蟬云風前雙鬢涼逾薄雨後殘聲濕更遲秋蚓云半弓橋壇餐無盡一笛涼風唱未休也園題憶湖圖云欲喚琴仙騎赤鯉已將鄉夢付沙鷗兜率寺觀鄒若泉畫壁云濃浮醉墨晴廊動幻入諸天古佛愁

丙午冬長至日同人怡雲丈室爲消寒之計鬮題分韻潘碧江厚坤分得打云萬鑿千槌出冰心不易攻誰將燒佛手劃破水晶宮鑑以妍媸剖山成結撰空春回曲江暖屈指解東風沈芍園殿春分得縫云不忍羊裘裂拈鍼織室中求疵免八事無縫讓天工江海波濤坼乾坤氣象融驌驦猶未典差足禦西風田少泉寶成分得醃菜云蘭成一畦菜舊傍小園栽纖子鹽新辦牀頭瓮自開山家謀供養雪地忽摧頹春酒羔羊會端應得幾枚程韜庵宇光分得炙研云朝朝守寒硯頭腦笑冬烘心已如冰冷時還用火攻暖隨春意轉氣與石交通未肯輕焚郤余詩不要工陳叔度金詔分得擁鑪云雪意寒侵戶詩人正擁鑪敝裘同耐冷舊物足高眠事往情難割吟深榻共穿垂簾堪避俗枯坐抵參禪趙光奇瑜分得榨酒云村店忽嘔軋熒熒

燈火光葛巾會未漉卯麴自飛香此外皆糟粕其中有汁漿醍
醐何事灌醒醉兩茫茫釋雪昌泰分得圍爐云榾柮一爐火
同圍到夜闌晝灰謀勝策點作奇觀一席重裀暖長途襆被
單好將煨芋熟黽勉勸加餐諸君詩因題制勝實能各極其妙
余分得觀獵云天風將野燒百里去如飛　王政開三面將軍
獵一圍弓櫜元兔殪槍急皂雕歸我老猶心喜思裁短後衣
消寒第二集程文伯紹昌分得寒月其佳句云今夕相逢思洗
鍊前身出世本高寒潘碧江分得寒研云春風翰墨緣猶淺冷
眼功名望已穿皆有奇托田少泉和東坡次楊公濟梅花絶句
云翠竹蒼梧是一家氣英不惜影欹斜如何酒緑燈紅地看與
唐花一例花更有言外之意矣

六合厲紫鈞式瑄卽事云狂如北海樽常倒瘦似東陽骨亦奇
吾鄉談竹齋卽事亦云處士出山爲小草少年得第是唐花
余宅傍有鐘樓一區樓圮鐘立青紅斑駁惜無欵識可攷州乘
云洪武四年知州史遇建其東有鼓樓亦云洪武初知州張遇
林建又云南唐主移讓皇於泰州爲永甯宮築子城以樓牆爲
宮門闕按此數事當以後說爲近理葢州署無建鐘鼓樓之例
一也鐘鼓二樓當同時並舉建鼓樓于前復建鐘樓于後二樓
經二八之手相距數年亦覺難通二也將以爲鎮壓怪異而設
泰州地本平衍並無高山大川雜林惡木以及猛獸毒蟲害人
之物亦何鎮壓之有三也且洪武年間距今畧近南唐距今差
遠其鐘色古質駁似非勝朝之物四也揆之形勢州治爲永甯

宮鐘鼓二樓東西並峙方位不紊五也余髫年隨家君卜宅於
鐘傍便知摩挲愛玩於常高庵移家古士鄉余詩有吾家門巷
原相似一物差多是古鐘葢謂此也余又有五言詩三十韻狀
錄之詩云托跡爭高阜鐘居屋右偏結鄰君已久賦物我何妨
攷據圖經失叢殘志乘荒言將出東野鑄本自南唐開國稱昇
保昇元保大移宮處讓皇陸書昇元三年改潤州州治爲丹陽宮無居泰州事馬書六年遷讓皇子孫于海陵
鄉永甯宮山河雖播越檳榔自熚爆時有千人監旋遭百口殃州治東南
又有小兒塚相傳南唐主用宋齊邱謀無男女少長皆殺之飛樓摧瓦礫遺說感滄桑淚擬
銅僊滴盟疑鐵券忘世徒搜寶鼎沙已蝕沈槍瓴甋埋旋斡風
霜隤堵牆藤花垂纂纂桑蔭覆蒼蒼鐘旁舊有紫藤一桑一空洞如盂覆
剛中得坎方雷同原有處日月本難詳陋巷精英閟虛哀響欵

藏頻年同雉伏百斛想龍驤不作鼉鳴岸居然鳳在岡土花繡
欒銑日影射青黃坌記千夫儹昇應萬手僵嘉慶四年里中好事者欲舁之神廟
衆力莫舉中輟戴碑羞贔屭攘臂笑螳螂爾衆誠何濟神丁下取將
根深通地脉力出鬬雷碌嘉慶六年夏夜雷大振古桑忽斷而鐘無恙僻可容狐兔
奇非役鬼倀有形看隱現餘響發宮商鄰人言有物憑焉夜有鼓吹發于其中余弗睹
弗聞也鏜鎝誰能聽飛騰似未遑五音嗽笥簴九耳貢巖廊幾輩
鳴東序何人達上庠巨筵空搏拊邇日尚菰蔣甘受兒童辱兒童
每跨鐘紐上時爲里閈光我來常下拜百感竟茫茫
白門張子瀾欒文學贈余詩云千秋獅繡崇堂構一代龍文卧
草萊龍文句卽謂余宅傍古鐘獅繡句謂余宅本明淩都憲舊
居也都憲名儒字眞卿號海樓

江都符南樵（葆森）文學曩以寄鷗館詩見示余摘句庋之行篋旋失所在今於近日行卷錄其尤者補余守藏疏忽之過歸舟云雲外樓臺幻影非春恨風飽破殘暉楚天有夢襄王誤秦地無金季子歸苦竹沿江愁對眼餘霞垂雨亂沾衣還家應悔辭家易辛苦何爲逐燕飛書白下水榭云空江烟雨晩生潮流過金陵第幾橋自恨不如沙上鷺得從春水飽魚苗又云霽簫瓊管罷何年虛閣殘雲早化烟金粉南朝少顏色美人淒絶石城邊

郡城建隆寺旁新建周昭討使李公（亞進）祠僧小支繪圖徵詩元和張同甫（肇辰）孝廉詩云茆庵半割祠堂開颯颯英靈壯劫灰長樂若爲菩薩相空教彌勒笑人來又云長淮千古流水清自有神絃管送迎一酸寒泉薦秋菊可憐天水碧無情詩得味外味

金陵雜詠向推王葑亭陳雲伯之作今觀儀徵汪醇卿（廷儒）太史長干櫂歌百首敘六朝事尤雋永詩云牛頭天闕兩巍巍豈有清談復帝畿寄語新亭王相國不應仍說楚囚非又云擲罷樗蒱禪國來阿孫偷狗亦奇才石城一片青青石似向江頭愧彥回又云燈火華林射雉回景陽樓月曉鐘催漫憐哀草寒螿地都是金蓮貼過來又云同泰歸來茹菜羹金蓮送過送臺城世人莫拜梁王佛忍聽燈前索蜜聲又云黃奴畢竟作奴才料得江南佛也哀一曲後庭三面閣望仙不至望兵來

江都錢子奇（國珍）明經時以春明游草見示滹沱河曉望云朔氣逼滹沱行人曉渡河寒鷹盤野下征馬踏霜過麥飯懷遺跡冰橋壓巨波井陘西去望萬疊晉山多桑乾云燕南趙北逐輪蹄日暮桑乾喚渡喧古木鬪雲鴉翅黑寒沙濺雪馬蹄飜盤山北峙連龍塞㶟水西來度雁門無定河邊無定骨客從何處問眞源定州云雞鳴臺下弔燕丹易水蕭蕭白晝寒欲乞山中千日酒曹騰一醉過邯鄲詩峭蒨整齊最有才力時與子奇齊名者又有蔣小寅（繼伯）廩膳題雪帆圖云雪夜舳艫開飛仙落上台蛟龍僵不起知有水星來

余前憾曹艮甫侍御詩散佚難得忽友人自都中回艮甫付書并曇雲閣集寄余余通閱前後之作大快於懷集中樂府可稱絶調短歌云有酒不飲史不讀二十男兒長刺促雌劍化去雄

劍愁箜篌一聲神嫗哭黃者地青者天火雲燒月桃花然鴉嘑碧樹作人語梧宮秋怨三千年鏇風吹缸殺蛾蘭吳刀絞腸雪絲軿雕陵不少禿尾鵲洛下空題黃耳犬去年有家歸不得打門索逋作土色今年欲歸歸無家翠燭冷照棠梨花兒莫啼云兒莫啼兒母在時襁褓弗離饑則乳哺寒則衣裏夜半兒啼抱兒坐誰令兒無母母死兒命苦兒父出門兒誰撫兒莫啼他人嗔兒兒弗知兒母泉下提攜兒不得日日望兒吞聲泣兒莫啼啼否他家有母兒哀兒行云兒耶無母年十三時兒不如耶兩歲母離朝索乳暮索乳兒啼何呱呱兒啼弗苦外婆持粥來哺女昨夜風雨急布衾牀牀溼龍鍾老嫗睡久熟阿婆夜起親收拾兒耶聞之吞聲泣恍惚夢兒母向我再三語兒年未兩周務

須慎寒暑强欲答一言哽咽何淒楚嗟爾爲毋日無多爲兒婆
與耶者奈何上二詩腸九迴而愁百結令人不忍卒讀客泰州
日有懸災行六詩語皆眞摯不及備載近體之佳者如無錫舟
夜云獨背篷窗坐征程又向西斷烟漁火出殘月艣聲低世事
消杯酒家居念㑹齋芙蓉湖一片流不到桐溪曲江曉行示陶
大景濂云馬上數星斗不知山路高悲風起深樹落月暗征袍
奇險我能說壯游君亦豪前途見村舍取醉覓松醪靈石道中
云馬頭遙望是䢘山山色空濛杳靄間欲向汾南尋古渡曉鴉
飛過冷泉關

儀徵厲茶心同勳太守遂初日和陶詩百首有遺貌取神之妙
飲酒詩有云是身如過鳥一去難再還醒者爲今日醉者爲昨

伯山詩話後集卷四　二十四

年又云有物非我後無物非我先憂不隨之往樂斯任所還又
云歲月等緡錢去去如流泉錢去倘重來歲去難爲言又云宇
宙我與酒交契到死止無酒焉有我何礙渾沌裏其澄懷可想
而他詩惜未見

吾邑程鶴衫紹袠自符離卮里以烟波漁唱詞見示詞筆在草
窗玉田之間題紅拂小像調寄綠意云明璫翠羽看雲窗未曉
階下延佇肩細工愁腰瘦含羞奉帚長年朱戶珊瑚七尺開華
延早料足冰山難處背銀缸漏永香銷淚溼枕痕如雨爭奈楊
花正亂玉樓醉夢裏催作歌舞聽徧啼鵑歸誰飛鴻碧玉怕教
無主何來慘綠少年客乍相見此心許轉秋波能識英雄塵海
共傳兒女

山陰馬晉魚啟榛舍人昔主講胡公書院至泰卽命駕過訪並
道在白門日閒朱于庭大令說項贈余詩云名士過江推鶚市
詩人高格軼雞群贈余門人吳玉川云季札聲華游上國叔庠
史學著齊書

江都文用和汝梅文學以其先人衎夫元星種瑶草堂詩鈔見
示夜歸云寺鐘催打月野渡客呼霜冬至後三日集牖東草堂
云短日縱長能幾線老梅雖放沒多花羅公塘曉步云波蕩綠
萍風約住露團青草日蒸乾詩皆細緻用和虹橋春泛云雨多
人意懶烟逗鳥聲遲亦可謂不失其家學

吾邑强蔚廷建勳布衣隱身闤闠工於吟咏昔秀水周青士篔
與朱竹垞姜西溟湯西崖諸君相唱和今之蔚廷頗肖其人時

伯山詩話後集卷四　二十五

以香雪詩稾見示并屬序於余余序而歸之而錄其詩之佳者
紅橋柳枝辭云垂柳垂楊不斷青春風吹過竹西亭誰家新製
江南曲合遣者卿唱與聽又云尋芳心事愛風華亞字闌干幾
曲遮欲折一枝聊贈別有人分手玉鉤斜幽懷云鎮日蕭閒一
事無荒園幸少吏催租好栽修竹南窗下留與衰年作杖扶詩
俱有雋思其他好句秋夜病感云兩鬢霜添燈影裏一年秋到
雨聲中餞春云黃鳥多情猶戀樹白楊無主自飛花無題云無
靈藥悟相思苦有恨詩從別後生秋思云破檣客聽通宵雨深
院人挑落葉燈旅懷云芳草漸隨名士老落花原在暮春多性
靈語層見疊出答曉峰弟云心地清涼皆樂境硏田荒落要歸
耕其言尤藹然可親

盧江門人吳玉川 珩 上舍昔隨其尊人宦游泰邑恂恂問字相聚六年古近體裒然成帙歸里後間來尺素必有篇章夜坐云月來花有韻風靜竹無聊江行云開帆逐鷗鷺佐酒買魚蝦臺城弔梁武帝云菩薩身施同泰寺帝王年紀大通門歸里後寄余詩云回首春風思再到當頭明月悵孤圓

泰興門人卞 烈揚 庠生工於試帖兼能古近體中秋月云一樣天邊月中秋客思深世人皆另眼此月本無心兒女拜何肅簾櫳望不禁姮娥應竊笑偷照桂花陰門人周 之偉 庠生登周孝侯臺懷古句云絕無蛟虎當爲患豈有英雄不讀書其論議亦佳

僧雪幢湖北人行腳於江南住吾邑光孝寺又住興化之般若庵題八哥鳥畫云花間小鳥亦稱哥知爾安巢羽翼多我有弟昆離別久白雲紅樹渺關河

僧雪齋興化人詩思刻苦間出好句余記其一聯云倚竹一身綠看山雙眼青昔爲人書屏箋往往錄此余戲之云上人此二句佳則佳矣但倚竹看山之子遍身皆綠而雙目熒熒是何怪物耶座客皆軒渠一笑

僧小支江都人時主持建隆寺方丈丁未春季余過訪小支贈余句云舊題詩句籠紗在半老鬚眉帶雪來蓋余結識小支後已十年不見矣詩有今昔之感焉

施宿注蘇詩舊謂刻于淮東倉曹郎宋漫堂於江南藏書家購得之本也按宋嘉泰年間淮東提舉署在泰州故宿官于此則蘇注之刻當刻于泰州明矣如此盛事可不攷定歟

注詩家莫善于施武子之注蘇李鴈湖之注王任子淵之注后山山谷其間有漏略舛譌處固不能免而後人妄爲訾議其於施注尤甚踵其事者益從而毛舉其失但平心而論匪獨施注不可訾議即王龜齡注亦多可採擬處前人之成書不知用幾許心力而後有此後人踵事增華高下邱壑而輒有操戈入室之說此非特得魚忘筌抑亦食果忘樹也識者鑒諸

甘泉女史陳辛農符南樵 保森 文學之大母也夫石夫客死于漢陽守節撫孤著有茹蘗閑房詩稾得石夫九江消息云近傳鄉信知衾薄遙念家園入夢無臘日書懷云明日已無廚下米微烟未斷佛前香

甘泉女史高霞蓉王子駿明經之室人相夫課讀清苦持家郎事詩云炊烟動鄰舍知是日中時

江都女史梁玉娟字嬋素楊杏農 承照 大令之室人年甫三十以疾終著有貯月樓詩存寄表姊云刺繡餘閒更課詩綠窗同話夜遲遲可憐瘦盡黃花影只有湘簾明月知早秋云野樹一蟬催暑去江城幾雁帶霜來

余偶閱注朱竹垞詩者於九日同人集錢汝霖宅百年齊下淚九日罷登高句注晉孟嘉九日宴龍山事又引杜九日曲江百年秋已半九月意兼悲二語而於罷登高三字究未徵引按馬令南唐書開寶四年遣弟韓王從善入朝留京師不返四時宴會皆罷登高賦文以見意又陸游書從善傳後主疏求從善歸

國太祖不許後主愈悲思由是歲時游燕多罷不講常製郤登高文云云於此知注家免謬外襂漏難矣

伯生詩續編卷四 今

伯山詩話續集

（清）康發祥 撰

《伯山詩話續集》二卷，清康發祥撰，據南京圖書館藏清道光同治間《伯山全集十二種》本影印。

本書刻於道光二十九年，取道光二十七年以來所輯録詩話，編訂成集，自清初孔尚任始。發祥自道光二十七年輯録詩話，歷經戰火，而至老不輟，或以人存詩，或以詩見人，或以事存詩兼及其人事，都能秉承温柔敦厚的詩教傳統，加以闡發，議論精密公允，見其中年之後論詩心得。

（宗　偉）

伯山詩話續集卷上下

伯山詩話續集

吴廷颺書首

道光己酉年

仲春開雕

余於丁未歲輯錄詩話之後，同人不我棄，有以佳篇見示。余有所得，亦書矮紙，悉藏笄之閲時，序而已盈篋笥，爰爲編輯，復成一集。噫！鼎鼎年華，徒付之戔戔楮墨。余之旨娱者在此，自傷者亦在此也。時寄梅溪汪蓉湖書云：凡我同袍，但以篇相遺，復無若唐楊綰之爲文不肎輕以示人則厚望也。

道光己酉歲秋八月中旬伯山氏自述

伯山詩話續集卷一 話今

泰州康發祥瑞伯氏編輯

門人王鴻業雪颿校勘

時事乘除，興替變動，不居拘於目前，見未遍。倪塞翁無失馬之傷，翟公有羅雀之語。趙孟可貴可賤，蕭何能敗能成。莫敖狃於蒲騷，未免致敗；應侯讓於蔡澤，是以克終。宇宙之大，何事不爾。余江頭即事云：「釃酒燒豬祀水神，掀天風浪失昏晨。看佗十日灘頭住，曾作揚颿打鼓人。」又云：「誰説天公意不同，陽侯馭轉海雲開。長年失笑官人喜，依舊乘風駕浪來。」孔東塘（尚任）湖海集中有舟載車一詩，最佳。詩云：「水上舟，土上車，載人載物功各居。一旦橫流大道斷，御者乃乞舟載車。舟載車，笑破脣，俱道汝舵勝我輪。世間行路亦難事，誰能保得無須人。汝若失水吾得土，顛之倒之我載汝。」宗定九云：熟閲世情，語警人不少。

湖海集，孔君東塘奉使淮揚駐泰州所刻，參閲者鄧孝威、黄仙裳也。集中言州事極多，有海陵元旦朝賀童子繆湘芷以扇索書留別鄧孝威、黄仙裳海陵署中喜周石舟來訪等詩，又有舞燈行長篇紀俞錦泉家歌筵之盛，惜不能備載。又有贈張醫士詩：「醫士名質生，工醫能詩。」集中佳詩，百舌云：「百舌五更頭，園林呌不休。學成多少語，似有萬千愁。春枕人猶困，花梢露欲收。客中聽爾慣，莫傍曉粧樓。」贈陳健夫云：「君亦悲歌士，遥從燕市來。逢山題野竹，隨路折江梅。白馬嘶難住，黄河凍不開。曾無三醆酒，同上釣魚臺。」蔣玉淵同住天甯寺云：「賦別昭陽去，未曾淹留古寺卧寒氷同嘗臘酒疑天意漠視飢腸讓爾能問字詩壇詩弟子聽鐘蘭院丐賓朋客愁宦苦銷融盡啼笑無端對佛燈文游臺題壁云彷彿羣賢此地登殘碑古木總無憑只餘擕酒行吟路雨洗苔皮去幾層北固山看江云孤城鐵甕四山圍絶頂高秋坐落暉眼見長江趨大海遥天郤似向西飛去　好句如朦朧淤口云繁文厭攻桑經注故道難尋禹紀碑海畔僧舍守歲云破寺又加三尺雪荒城不見一枝梅又云官冷偏留湖凍處家貧還累母殘年又云古佛也甘無夜火癡僮莫怨少新衣

東塘譔桃花扇傳奇人艷稱之而詩爲詞曲所揜且人賞其風流跌宕而不知其意密體遠也沈歸愚別裁集鄧孝威詩觀所選未愜鄙意余漫抒管見不知是否

東塘賣馬詩不忍卒讀詩云送我淮南遠金臺尚未歸慣聽鞭底詠不打雪山圍鈌豆經冬瘦添駒下乳微吾窮深負汝牽出泪沾衣又云小駒吾更愛長大待誰騎學步長征路脫毛最冷時不知慈母苦恰似小兒嬉今歲方貪乳加鞭恕稍遲

東塘先生奉　命疏濬海口渡黃河云躑躅何計救桑麻立馬隄頭喚渡槎八月荒蒲飛白鳥孤城落日走黃沙南開清口分淮少東阻雲梯去海賒此處源流誰探取秋風初動使臣嗟淮上有感云皇華亭下使臣舟冠蓋逢迎羡壯游簫鼓欲沈淮市月帆檣直蔽海門秋　九重圖畫籌難定七邑耕桑戶未收爲問瓊筵諸水部金樽側盡可消愁觀此二詩憂深思遠情見乎詞

余讀唐呂溫守衡州送毛令詩云布帛精麤任土宜疲人識信每先期今朝臨別無他祝雖是蒲鞭也莫施吳陋軒新僕詩云猶然是人子過小莫輕笞孔東塘賣馬云今歲方貪乳加鞭恕稍遲江片石疲驢云本來筋力盡斟酌下鞭時同爲仁民愛物之言當奉爲座右箴

吾鄉鄧孝威漢儀舍人詩余集前已選入但愼墨堂集版片無存今借得鈔本復錄其渾成和雅之篇以見前輩敏名洵非偶爾胡安定廢祠云老樹勢盤鬱人傳舊講堂兵戈一橫厲祠宇盡荒涼蟋蟀鳴頹瓦鼪鼯竄短牆怪來仙佛地金碧甚輝煌送向遠佗游延令云復載長千葉來經邗上霜江雲依容子滏月到漁郎舊話才分燭新愁又似裝文通多別賦贈子去游梁與丁漢公話別北上云汝向平原去高車逐鳥烟黃沙秋雨後白雪故人邊三輔新防禦諸侯舊播遷胸中諳故事應與畫山川寄王迮翁云秦淮旅舍一樽同別後音書斷馬融冀北喜傳三策異江南開遍萬花紅暫辭金埒沙塵外爛醉銀箏夜月中待訪春城索新句垂垂楊柳正東風秦郵留別云長湖細雨逐歸船垂柳垂楊滿路青酒旆遥隨香稻散漁燈猶照夜珠醒蘇黃舊事甯搖落秦漢遺蹤漸杳冥何日花絲重攬勝飽餐鰕菜慰飄零黃仙裳自瀏中歸時納新姬詩云鴛鴦湖曲畫燈還別夢遥連橘柚山忽報狼烽連海色送令魚子斷江關扁舟風喜吹張翰垂柳鶯知喚小蠻莫怪近來書札少晝眉雙筆未曾閒春日同張詞臣丁漢公陸元升翁岱嵒妓郁生小集賦送漢公元

升之雲間云野館晴開芍藥風共憐春色鷓鴣通三年有夢杯
如昨永夕聽歌月不同擬泛季鷹江上宅還遲蘇小夜深逢何
須黃耳頻傳信我自扁舟問阿蒙濛瀼歸舟云青春茅瘴逐山
流細雨孤帆漾客愁聽徹猿聲江更濶祇疑天上是韶州韶陽
寓感云整冠亭畔草萋萋一曲南薰落照迷腸斷九疑山似黛
鷓鴣飛入竹間啼別趙五絃云梁園深夜促開筵酒醒來朝問
玉鞭莫恠青衫易憔悴蔡州今在亂雲邊黃天濤姬人陸羽嬉
工詩蚤歿賦慰云年來惆悵極東風暫倚高樓瀉碧筒休啟疏
簾還遠望朝雲墳在落花中此例詩甚多爲梓里掺羅散佚不
惜多載不得謂一斑識全豹一滴知大海也
孝威有聽白三琵琶詩自敘云白生名珏字璧雙通州人琵琶

第一手吳梅村琵琶行蓋爲生作也詩云白狼山下白三郎
後偏能說戰場颯颯悲風飄瓦礫座間人似到昆陽一作何處不
陽又云天寶傳頭竟屬誰四條絃子斷腸時蠻韡窄袖當罏女
今日公然識段師此與梅村歌行異曲同工
余近得宗定九元鼎新柳堂鈔本覺前選之詩精華已盡再爲
掺剔僅有數章甘露寺北軒和杜牧之韻云獨步迴廊遶檻行
鳥啼花謝正關情感深落月前朝笛愁絕垂楊故國帆影東
南連水氣梵音朝暮雜潮生重來十載題詩處依舊人間淚有
名瓦官寺獅子國玉佛云金鑿蓮花貼未休還將玉佛供雕掺
如何四百八十寺不及宮中一蔣侯無題云昨夜沈酣今未解
晚來春睡尙難支那知失卻釵頭鳳倒挂紅梨樹亞枝詩有沁

人心脾語而風調獨別
定九家江都之東原而泰州黃泰來其門楣也故客泰州亦久
王貽上寄定九詩云灣頭東去水如煙最好清明祓禊天可憶
南唐徐騎省暮春橋下過年年自注云徐鉉海陵詩暮春橋下
手封書按騎省集有海陵城裏春三月海畔朝陽照殘雪城中
有客獨登樓遥望天邊白銀闕之句又有海陵郡中陶太守相
逢本是隨行舊乍申拜起已開眉卻向殷勤還執手之句此寄
[illegible]元舍人陳子喬校書長篇也又絕句云暮春橋下手封書
[illegible]南問越姑不道諸郎少歡笑經年相別憶儂無此附書
與 寄京妓越賓詩也亞元名匡舜高郵人子喬名喬廬
陵玉笥人鍾郎中當是鍾謨謨字仲益會稽人俱見南唐書但

未審陶太守爲誰此數詩蓋徐騎省留滯泰州作暮春橋即今
之豐利橋州人又呼爲裏高橋也
定九弟鶴問觀 副車咸園詩較有氣格滄州云風送舸船疾滄
州酒未沽天青河濟影沙白水分途耿耿傳寒柝蕭蕭起夜烏
猶然畿輔地宿衛擁兵符武康口號云黃葛蒙籠被水隈武康
門向滌波開茶山竹市無城郭雙槳輕搖過縣來東陵聖母祠
云野田漠漠遠橫塘畫壁雲旗帶夕陽七尺鬚眉無退步學仙
何處遇劉綱其他佳句如登報恩寺塔云江山濛一氣龍虎鬱
千盤聊城云雄風齊俗變沃土舜耕遺山行云馬蹄隤碎石鷹
翅響前峯望江云東南一水劃吳楚萬山浮康山云霞氣截山
腹秋蟲亂樹燈愛山臺云山沒雲煙生洞壑天晴蒼翠滴芙蓉

越城云蘆荻秋寒詞客夢苧蘿春弔美人魂韜光庵遠眺云參差吳越難分岫隱見江湖併在庵秋感云黃雲苗黍空滙甸紅葉梯航緩冀州宿圓證寺云鶴歸夜響千山月虎過山留萬壑風覽鶴問詩定九誠難爲兒也定九又有弟字子發元璞送人句云黃河看曉渡明月照孤舟時有三宗之目

成都費此度密山人詩余集前已載入今閱燕峯集鈔本中有易禪行一篇爲臨邛學正張象潢作象潢爲密友庚寅歲密歸新繁展墓途遇亂卒索金禍莫測相知皆懼不敢前張入成都以金與卒乃得解密將之加州禪破甚張送行至蜀王府東牆下日不能爲君縫衣吾禪新作可着吾着君破者遂易禪行密揮涕爲歌以贈惜篇長不備載中數語最佳節錄之云艮朋嘆息不敢救張子慷慨來相就爾亦貧窮手無錢免吾患難出懷袖自傷偃蹇破君貧請償通負待後時張子勃然變色怒故人知君君不知我亦自貧藏深志覩君面怒背垂淚知已相逢死亦甘翻覺多言未解事此數語張之俠腸義氣曲曲傳出事與詩俱不可沒也過泰州訪鄧漢儀云秋日蓬蒿路誰人是素心海霞明四壁晨露點孤琴名久梁園著居因栁樹深先民存萬尙篇咏接高岑送王雅北游云舊業文章重遨遊輦轂尊去程當易水曉日望龍門埜氣逢秋爽殘星覆樹昏歸來觀著作遺史與君論贈客云屏跡居沽內常懷一飯恩餞椎報公子竇玦贈高人抗手自兹別悲歌西入秦可詢王景略捫虱向誰論山中云千樹萬樹花十里五里石采藥人不來蒼苔厚一尺詩品在陶杜之間洵非過譽

三原孫豹人枝蔚舍人海陵寓遇鄧孝威云白髮休相詫飄蓬未敢嗔舊交生死半與子往來頻古寺愁燈火殘烽報海濱此時對詩伯情誼倍相親此刊落浮詞之候所謂老幹無枝葉者也

遂寧呂半隱潛進士明兵部尙書大器之子蜀亂後與弟澈僑居泰州江望詩云橫江閣下數帆檣立盡西風鬢漸霜只有鄉心不東去早隨煙月上瞿塘半隱善書此詩每爲人書條幅余亟見之

鄉前輩宮紫元夢仁太史庭聞州世說云泰山墩多鐵錢較之開通大數規童豎時拕得之太史未言錢文若何故不知時代按馬陸南唐書後主於乾德二年用鐵錢時幽楊行密子孫於泰州或以錢殉賜而遺留於此亦未可知及覩費滋衡登泰墩云斷碣傳來鎮撫讀古墩掘出大觀錢自注云自戊年掘出錢數十皆宋年號則又明爲宋錢矣然余終未目睹不敢臆斷

成都費滋衡錫琮山人此度先生之次子也掣鯨堂集中多樂府雙燕豢鼠唧唧二章最有風趣雙燕來云雙燕來梁上宿去年生子五今來生子六梁是主人梁木是主人木男兒三十尙無擬鼠唧唧云鼠唧唧夜數錢男兒三十尙無田向外數向家數牧鉶杖自氣如虎一生貧富乃由鼠賣兒行一章尤詞苦氣辣不忍卒讀詩云人生貧愼勿賣兒賣兒不若殺之請告丈人大寒無衣饑中苦飢有兒能不賣之人生貧但當夫婦兒女同

作他家奴愼勿賣兒賣兒不若殺之兒有過主人當笞兒無過主人亦笞兒早出門爲主人擔水浙米煮糜又爲主人網鹿豕與糜主人命兒牧羊牛日過午時兒腹飢主人不知兒離牛羊十步五步主人知之主人笞兒兒揜淚重復笞之主人笞兒兒不敢啼謂兒佯死重復笞之兒頭無毛臂無皮臂如黄瓜面如青梨兒是爺孃心頭肉髮是爺孃心中絲親爺見兒淚下如綆縻多謝丈人人生貧愼勿賣兒賣兒不若殺之古董逃行上西田等曲不是過也

滋衡近體之佳者吹臺云叢樹一坏土相傳古吹臺涼風動地起秋色渡河來佳節來朝是黄花昨夜開文壇非我輩誰繼五賢才劉德問姊夫歸海陵云問汝還家事囊餘十九錢得歸雖足喜奇困實堪憐飛躍知何日馳驅失壯年東關城下語重話欲潸然

滋衡七律在唐雅近高岑在明亦近何李但律法稍疏罕有全璧余姑摘其句軍中云文螺浮白千人醉畫角吹青萬里來荷花云鱣鱧東西南北戲鴛鴦三十六雙眠久雨云綠篠娟娟難自直斑鳩苦苦爲誰啼送友湖南云揚雄元可參周易屈子騷能補國風感舊云水村沽酒橋邊月野店聞雞夢裏燈汴城云河蟠雍豫干支合地拓中原萬里平過口岸云村因種果多芳樹溝爲通潮帶淫沙白塔河古廟云乾坤疏鑿時興廢江海精靈夜往還小孤山云亭臺化出金銀市紫翠浮來菡萏花兒厚蕃錫璜亦有詩集恨未見也

錢唐潘雪帆問奇山人詩余前已略言之但集中多可采者嚴灘云漫整荷衣拜逸民灘聲猶自動星辰富春近日誰漁父天子當年有故人名到先生纔是隱賢如光武不稱臣羊裘去後煙波濶留得桐江一釣緡結句一作只因曾作梅家壻外氏家風愛隱淪湖上即事今云明月到樓纔是夜桃花無水不成春以上詩隨園老人指爲松江某提憲作誤矣過海陵云吳陵多巨浸十載困波臣荷鍤秋田沒移家水國貧鴨頭貪小艓魚腹剩殘民獨有金張第歌鐘日夜頻按此詩深感泰州水災後作殊覺眞摯其他佳句如九日登毘盧閣云天從吳會開關塞人在虛空問斗牛流離河云積餘野火來秋色橋枕河聲走夕陽花朝前三日分韻云銀燭未消三寸淚錦裘初減一分寒贈棋岑云炭愁價踊常防雪衣怕風侵不捲簾飲祖家園云僧汲落花泉滿食鳥啼殘雨葉平樓題耕月軒壁云欲試新茶求水遠怕驚幽鳥着碁輕又云愛涼不去當門竹憶友常看滿壁詩贈牧堂上人云僧坐石牀無世法虎搖巖樹有風聲登萬松山云銀漢似能排闥過青山不肯渡江來皆雄渾綿邈同時田棋岑著有埋照集秋日游范蘿山云山翠晴侵縣江雲冷壓船宿生公房云病起宛同黄菊瘦別來僧苦白頭逢亦多佳搆棋岑名登江都人

棋岑春日登摘星樓云細路盤旋上高樓杳靄間春來隋苑柳綠到潤州山懷古墓殘碣烹泉破醉顔唫詩貪此地端坐不知還棋岑與雪帆同聲一跡氣誼相深其詩一以沉雄勝一以古

秀勝異曲同工二子之謂也

詩人詠露筋祠者甚多王漁洋云行人繫纜月初墮門外野風開白蓮宮參兩云古壁光消風瑟瑟殘鐘聲斷草芊芊此不着一字儘得風流者也王西莊詩云霧鬢風鬟別樣妝靈旗肅肅捲斜陽故鄉燈火雞豚社也賽叢祠楊九娘自注云吾邑有楊九娘廟九娘孝女父命守桔槔爲蚊齧不易其處遂以羸卒此比例風華亦有韻致其練祁雜咏云襻柳陰濃帶夕曛林塘詰曲水沄沄移船楊九娘祠宿葵扇輕揮豹脚蚊亦指此事

吾邑宮參兩翼宸寺丞枕上云臥聞魯柝聲聲過愁見孤衾隔幌紅不許藜牀春夢穩梅梢夜雨柳梢風黃河句云斜盤條華來天上橫界江淮入地中船房云臣之陸處非無屋君或呼來亦上船著有紅椒山房集

吾州德香閣在州治西橋之西王阮亭冬日登閣詩云檻外紅梅初吐萼千枝萬朵壓簷低余幼年過此已不見有梅樹矣而猶見檣櫨臥波垂楊貼水其風景可想見也今則麥田幾棱寒菜一畦而已噫

泰州監掣廳昔無官署治事者只在舟中自雍正甲寅年膠州高西園鳳翰甫鳩工建造作詩記事初至壩上云浪跡人同泛水鷗今年又到海西頭封提萬竈新亭長隘控雙河古界溝方苦無舟無問竹不妨有蟹有監州生平雅負元龍氣舵尾猶碓百尺樓河上勾當公事畢還寓云摒當河干日幾回千帆坐看壓雲來籌邊大計眞難綏托命窮黎劇可哀冷案無從恣飽𩞄

小臣亦許佐鹽梅書生老矣頭全白怕見如山爛雪堆建署落成作云鹺部分曹地亭連萬竈場利民供楚粤扼要控淮揚棟宇自今始關河與世長一椽皆　帝力風雨塡無忘三詩勒石於署之聽事中

司馬子虛上林二賦設爲齊楚人之笑語詩人往往如是新安汪扶晨士鉉咏披裘公云五月披裘更荷薪遺金一語聽來嗔姓名不使延陵識太息吳中有此人味張季鷹云杯酒過於身後名歸因鱸膾與蓴羹江東歲歲秋風起任達誰如張季鷹大有言外之神扶晨著栗亭集黃南雷序云慨自伐木既廢五交之外復有泛交暴集之客出門遂忘姓氏講席之人在途即分東笠黃序因扶晨敦友誼而感喟時事語最新奇切實故摘錄之

扶晨五律最深穩白門遇林山長送之勾曲云江上寒梅發逢君話蔣山疲驢石城道謝雪秣陵關歲晏已多感萍蹤難暫閒何時重握手嘯咏一開顏瓜步懷古云懷古此瓜步南朝古戰場秋風五馬渡落日九龍岡繡艦迷隋苑荒陂望射陽玉鉤斜畔路紅粉易黃壤吳野人程雲家孫豹人見過云高興留佳客新寒典一裘談詩過夜半聯榻話深秋老至珍朋舊心閒愛獻酬來朝無斗酒歸向室人謀

會稽商寶意盤太守贈內子四十初度云五斗偶需腰已折百年將半鬢同蒼方塘云如鑑方塘皎不昏琉璃經雨淨無痕楊花吹落魚苗長一夜春風綠到門

詩以忠厚為貴，卽詞語纖穠，要無涉於輕薄。厲樊榭鶚題周兼南唐小周后寫眞云：命婦南朝掩淚光，虛聞龍衮紀興亡。畫師月春風筆，不寫傷心入汴梁。蓋某畫師曾有宋主偪幸小周后圖言此詩含蓄不盡，深得風人之旨。又題明鄭貴妃書泥金普門品經云：開函稽首無他願，一筆泥金壽一年。此與汪茗文玨賦宮人入道詞旨略同。茗文詩云：此生無復昭陽夢，猶為君王夜祝釐。

投贈之作最忌通套。錢少詹大昕贈翁朗夫徵君云：緯蕭抱犢自家風，薦牘仍看達紫宮。東國人倫推郭泰，西京儒術數申公。江湖載酒風流在，耆舊論交意氣同。擬向君山來問字，相從踏遍碧玲瓏。王光祿鳴盛贈朗夫句云：盧鴻十志耽肥遯，陶峴三舟愜野情。昔朗夫以鴻博經學薦，俱不就，而人品亦可重，故當時推許如此。朗夫詩亦恬適。將之河北留別內子云：耦耕當日言猶在，佐讀終年計轉非。結云：料應不學蘇家婦，金盡歸來也下機。與友尋山云：友如作畫須求淡，山似論文不喜平。他若關塞梅花愁裏曲，池塘芳草夢中詩；一抹夕陽連漢月，二分春色在蕪城句，皆可誦，可以藉知其為人。朗夫名照，江陰詩人。

錢辛楣弔姚廣孝詩云：空登北郭詩人社，難上西山老佛墳。沈方舟用濟天下大師墓云：緇衣那有中官識，御馬誰迎老佛還。此事或有或無，俱無庸聚訟，二詩各有見地，自成絕調。

辛楣少詹荊軻里云：匕首懷中出，諸郎殿下看。燕丹心未死，秦政膽先寒。成敗論人易，從容舍命難。千秋猶灑淚，易水甚汍瀾。少詹史學精深，故言多允當。

丹徒鮑步江皐布衣海門集近體詩多有可採。金山句云：樓臺自照金銀色，江海同流日月聲。又云：月生天海會無蔕，山出雲濤自有根。舟宿蕪湖云：夫人廟外魂為雨，寡婦磯邊淚是潮。晤記云：一面江當花十八，雨頭纖比月初三。贈詩僧朗月云：後身名士前身佛，青眼看山白眼雲。書司馬相如傳云：英主同時逢武帝，佳人絕代得文君。等句皆是。

儀徵施鐵如朝幹宗丞著有正聲集，別裁偽體，格律蒼堅。其論詩云：今之詩人，山經地志，鋪陳恢奇，說文玉篇，穿鑿隱僻，方其伸紙揮毫，自謂綜千年，包六合，而作者之精神面目邈絕不屬，是有文而無情，天下安用此無情之文哉。過峨嵋院詩云：流水不可住，孤雲行未還。峨嵋院中月，已照江南山。理自獨游悟，心隨清夜閒。他時結茆屋，相對一開顏。畫閣云：畫閣天中敞，名成夜半歌。月華依水溼，春色卷簾多。珍簟當風憩，金鞍列炬過。佳人出燕趙，對客斂雙蛾。宿遷弔項王云：孤舟夜繫鍾吾驛，策杖朝尋下相城。異代浮雲屯老樹，大河飛雨見危旌。淮陰一去終無策，亞父歸來竟有名。回首楚歌軍已遠，小才從古誤蒼生。伊小尹之官白下云：廿年風雅共尋源，才筆休從近代論。人去登樓三月望，學優佐郡一官尊。江南秋到雲浮艇，白下山多翠在門。記取蒼生謝安石，不教海島伏孫恩。是眞少陵的派。

山陰黃儀甫遴山人僑寓泰州最久，著有玉壺集，余恨未見。見其平山堂詩云：煙嵐飛去復飛還，望盡江南是此間。樹底荒唐巴蜀水檻前齊整潤州山地無題品非名勝人有文章不等閒歌吹竹西游冶散夕陽來照醉翁顏江都葛徵啓自申登平山亦云三千殿脚今何處六一文章自有權亦如儀甫之言

江都葛楚秀宗芝孤雲詩云孤雲亦無聊斜日無歸處下窺寒潭淨欲與影相聚著水溼難飛將逐流光去松風吹不高空濛溪上路春陰句云鳥窺燕入簾風吹花上屋葛嘯臺振約同人郊游句云知已不因貧日少壯懷還向酒邊長葛松坪佺楓葉詩云泠泠玉露漫凋傷一派嫣紅傲衆芳山鬼綠蘿空作帶女兒黃竹但為箱題詩祇合隨流水載酒偏宜坐夕陽從此歲寒增景色不妨盟好結松篁小雨云入春强半愁天漏小雨廉纖接日晡花徑雪消千樹玉青鞵人試一街酥居貧薪米家難足臥病門庭客絕無有酒不辭衣盡典鼓琴歌哭豈吾徒詠髮句云飲澤直從梳脫落衰容卻恨鏡分明寄馬酉山滇中云絕壁雲霞朱鳥宿古祠風雨碧雞嘷雨後過棲霞寺云雲邊殘日銜高樹門外春潮上落花三君之詩已載淮海英靈集中今為之摘錄如此

嘉定王琴德鳴盛光祿西莊始存稿詩皆秀潤牛渚晚泊云詠史當清夜誰逢謝鎭西爽哀風露下江月向人低梨嶺云梨嶺連楓嶺行人生遠愁可憐嶺頭水不肯向南流其七律每多佳句如樅陽懷古云珠簾甲帳神君至苜蓿蒲桃別館栽旅興云千絲柳色迷江介八字山形繞鄂州又云蘆中問渡眞窮士漢上題襟少故人錢塘舟發卽事云白塔朱欄迷遠近綠榕烏桕亂東西又云上水船迎三矗浪中流人看兩邊山如此例皆是也

吳縣沈文起欽韓孝廉幼學堂集新詩獺祭古字魚貫大都沈湎於說文玉篇故爾也然修辭之辭白不失其清迴之氣謁宋丞相陸公祠云不敎謝道清不作瀛國公孤兒與寡婦乃似田橫雄始知陸丞相悅死家鉉翁有宋三百年以此全始終身抱龍髯墮魂歸鳳闕空雪涕弔厓山瓣香呼蒼穹精神永不滅耿耿此心同寄董上舍上錫云經旬襆被共霜寒玉骨金心向酒闌科第於今風漢少江湖有此俊人難不愁妻子眠龍具聊壯書生跨馬鞍强欲悲歌誰屬和南山木石自同壇碣石館絕句云無終華表澹浮雲駐馬荒臺拾舊聞猶有廉頗思用趙可堪回首望諸君微雪句云清吟白社蘆花被薄醉黃罏竹葉尊殘月云人語昏黃斜漢柂客魂惆悵亂山過落葉云行人露髻平原外宿鳥懸窠夕照邊

吾邑吳步尹伊訓明經豆腐詩云燈明野店人初起香到寒家日已酉可謂餘蘊曲包先生工于時文一日可成十數藝而詩不多見也

吾邑仲松嵐鶴慶大令由四川大邑縣罷官歸里賦詩四章余記其中一首云兩看戎衣並佩刀蠻烟瘴雨下哀牢將軍幸得歌三箭書記歸來有二毛薄命人皆憐放廢留閒天或愛英豪古來幾箇封侯相不用燈前看戰袍詩亦高朗亦和平餘惜不記憶

錢唐張仲雅雲璈大令歷任湖北之福安湘潭廉能有聲著有簡松堂詩文知還草等集遂初後僑居邗上與蔣心餘袁簡齋王西莊諸老友善七□□過揚集中如岳墳鐵像岳祠銅爵大風過黄天蕩讀甌北集□□作東方先生等歌皆奇氣噴薄而亦有斷制兒虎行一篇尤奇突惜篇長難載其論袁簡齋詩七□云世人不識用筆精毛舉細故供譏評今我讀此心爲平瑕瑜不掩留菁英汰其四者留其六此集自占□秋名此論卽起簡齋於地下亦當帖伏近體之佳者曉發云旅客愁侵早郵當聽馱鈴敗牆銜落月渴馬飲殘星沙路光初白霜林氣自青同看䒤屋下殘夢鎖重扃殘燈云卧看幢幢影裏身燈枝如粟色如燐雨昏壞壁虛疑畫風颭空堂似有人遥柝不傳蟲斷久夜寒無

伯山詩話續集卷二　今　十六

際雁來頻枕函留照千家夢自笑重幬夢未眞邵伯湖微雨云瑟瑟湖波雨氣侵船窗屈戌夜寒深春風猶是揚州路只隔珠簾一片心眞州道中云眞州西去好孱顔綠遍鑾江水一灣三尺春潮留不住春風吹過石帆山如皋道中云小紅版覆野橋低傍水灣環粉郭齊邁御二分明月路揚州只在綠楊西又云水繪名園跡已陳當年修褉句猶新可憐小宛蘼香後冷煞湘中閣上人其佳句如途中卽目云鳥銜天末樹馬喫路旁花唐明皇云位傳廥肅曾同轍政判開天似兩朝櫻桃云入口定應脣色亂堆筵先怕爪痕妨埽雪云拂殘花片從誰惜贐到鞵痕亦自猜巴陵雪云來往征衣皆鵠氅浮沈鄉信說梅花宿龍門寺云未參正而莊嚴佛愛看銜肩宛轉峯覽鏡瘦甚云腰長大類齋厨鶴骨出空憐藥店龍此例詩不可枚舉僑寓揚州日有生在湖邊天也妬硬差此老任揚州之句又有故山莫怪長爲客拚死歸來踏六橋之句此金牛湖□□唱所以作也東甫先生爲吾州州侯系公之从孫渠其全集得遍覽焉

袁簡齋詩云一聲長柄葫蘆問了卻江東陸士龍仲雅大令詩云原知不是江東陸並未壺盧問一聲此更進一層說讀之令人乾笑

咏古詩貴有新義劉大猷岳墓云地下若逢于少保南朝天子盡生還袁簡齋馬嵬驛云若使姚崇還作相君王妃子共長生江黄竹咏潘貴妃云省中若使存蕭懿穩看蓮花到白頭同一着想余嘗謂蕭懿死于齊南齊書當立傳而未立南史當入齊

伯山詩話續集卷二　今　十七

臣列傳不當入梁宗室傳黄竹詩甚合余意又查初白曹操疑塚云分香賣履獨傷神歌吹聲中繐帳陳到底不知埋骨地邨從臺上望何人漂母祠云慙愧恩叨一飯深當時果否識淮陰後來不𢌿千金贈難說初無望報心無名氏嚴陵釣臺云一着羊裘便有心虛名傳誦到如今當時若著簑衣去烟水茫茫何處尋同一得間而初白汴梁雜詩與弔余忠宣墓詩尤議論透闢汴梁詩云梁宋遺墟指汴京紛紛代禪事何輕也知光義難爲弟不及朱三尚有兄將帥權傾皆易姓英雄時至適成名千秋疑案陳橋驛一着黄袍便罷兵趙甌北訓朱温僭位猶在洛末帝方卽汴爲京初白殊未深攷也按查詩渾舉梁家不必過爲吹毛之論余忠宣墓云王氣江東五彩雲上游假手緩游氛

若教京觀同時築誰表孤忠異代墳僭號無成終是賊殺身得地孰如君到頭此事關天幸不死吳軍死漢軍又云殘局何須論上都一軍援絕勢眞孤江山故壘殘骸在社稷中原尺土無計定全家爭赴難時危幾個肯捐軀他時謫守舍山頭愧殺身降一老儒歐北集中亦有謁忠宣公墓詩則不逮遠甚歐海珊書張忠獻公傳後云北使來朝輒問安隱然敵國膽先寒十年作相逞秦檜萬里長城壞曲端采石一舟風浪大富平五路戰場寬傳中功過如何敘爲有南軒下筆難於此知史家之曲筆亦有不得不爾者徐南岡評海珊詩謂筆頭鉤得數十斤起余亦謂然逈觀查嚴二君詩空前絕後方駕埶執者誰歟

論詩者宜平允不可預存一厚古薄今之見果其各有見地安知不可埶軏前賢乎余讀元遺山蜀昭烈廟詩最爲擊節詩云合散扶傷老益堅荒祠重過爲淒然君臣纔落知無恨庸蜀崎嶇亦可憐一縣山陽堯故事三年章武魏長編錦宮羽葆今何處半夜樓桑叫杜鵑今閱楊蓉裳謁昭烈惠陵云玉壘山川拱帝都樓桑片土啓雄圖普天齊奉黃初律大統歸赤伏符八陣風雲長護蜀千秋魂魄悔征吳相臣逝後降車出難問流離七尺孤如此二詩可見

如皋江片石干 明經詩最刻苦聽鄰兒夜讀云翹首林塘隔野塘青氈無分坐中央郵雞一唱荒荒日樹上殘星瓦上霜書事云爭忍無情若弗聞一聲河滿散春雲佳人不惜紅顏死誰與陽弔古墳疲驢起句云落葉踏不破四蹄輕可知結句云本

來筋力盡斟酌下鞭時句皆深穩六合朱飯石七律擅場前已博采七絕晚望云天邊一種斜陽色竹裏青蒼竹外紅題畫云吹落桃花吹起絮春風各自有高低讀書句云姬公周禮荊王讀且道文章誤後人俱有深意

吾邑俞樸人 至 副車客感云市語滑於秦吉了客懷冷似石虛中自嘲云何必溫柔始是鄉前瞻後顧嘆茫茫出門各有平生事人趁朝陽我夕陽又云少日歡場一刹那情根雖種割除多捫心幾許憐孤獨身已輕輕渡愛河老輩風情猶堪想見

江都汪蔚伯 炳 明經昔以越游草見示孤山懷林處士云非狂非狷亦非禪思之爛熟成可憐妻梅子鶴寓言耳雲在深山月在天須來粟帛承恩命長吏歲時勞問訊道宗孔孟文韓李巢由恰喜逢堯舜道山歸後高風閟洛蜀紛紛朋黨累爭如甘載掩柴關倚遍梅花聽鶴唳讀表忠觀碑云儋耳城邊遷客淚錢唐江上大王風

密縣李鶴坪 元滬 大令昔與吾鄉沈君撝洪桐范鶴年諸君委辦滇銅聯爲嘉會時有昆海聯吟之刻碧嶢書院弔楊升庵云天遣蠻𨈇識鳳麟文章風義兩嶙峋南甯徼外投荒客左順門前仗節臣白首丹鉛滇海日紅樓樂府錦城春明倫詔後青詞貴多少綸扉倖澤人

古詩長篇無過於廬江小吏爲焦仲卿妻作後擬之者有蔣滋衡北征哀歎曲胡稚威烈女李三行等篇余讀鶴坪詩有鋏立行古澤灝氣較之前人洵無媿色也詩云崔嵬西山巔鋏立松也

風瀟灑誰能為此曲惟奇握溫氏天潢有淑質梁王之貴主小字曰阿禚窈窕故無侶金枝與玉葉生小住瓊宇七齡習女教珩璜叶琚瑀九齡嫻文史吐詞奪白紵既長居深宮言笑每不苟王愛比掌珠昏禮尚待舉桓桓段平章累世佩虎符功最戰屢克威聲振楪榆元季紅巾亂攻入金馬山梁王棄城走中慶昏黃塵平章麾鐵騎破賊回鐙鬬間諜易手書紿賊急旋兵奇師宵躡後創之於七星王歸主上壽歌以金指環將星扶寶闕靈輝徹中天金印大如斗映月玉為文擎天賴豪傑壽同碧雞綿今日燕平章包鳳壁麟髓明日燕平章越羅駢吳綺為築平章第飛甍連雲起桂棟藥為房四角垂珠琲高樓號引鳳文石填鵲橋翠屏對開闥霓旌颯飄颻香車玉作輪明月金步搖女

侍三百指執樂奏雲璈乃以貴主降雙吹紫鸞簫博山裊煙縷一氣凌絳霄平章燕新昏歡樂苦未央有如晉公子低徊戀齊姜適來西飛鳥銜得青玉案上有促歸詞再讀情繾綣春雨寂屏幃水雲綠一片冷落珊瑚枕拋殘蜀錦段樂極恐生悲苦語炳先見其新固孔嘉其舊未可忘去時野火赤歸去逼青陽穠桃正芭絮草綠桃花芳入門快團圞齊眉對舉觴羌娜初解咏阿寶已扶牀又報生幼子懸弧錫嘉名龍泉難久埋稍復思新婚既違題壁諫還與故敘分王聞平章來此來未可知勢將吞金馬得毋噬臍鷄中復積讒搆猊隆心猜疑卻復語阿禚便可密酖之豈無他平章富貴去妝為阿禚聞此語歸房暗齎咨父雖有成命大義安可虧雍姬人盡夫永為千古嗤徐徐洩其謀

勸令善自備願偕歸大理虞羅焉所施施宗與施秀身以煙花敗覆轍曷可尋幸勿忽前戒平章狃恩寵聞言初不省竟羅拉脅酷黃鳥聲悲哽百身痛三良鳥盡良弓屛是日天色慘大風揚塵沙阿禚得聞之淚下如連麻不信對燭語禍至難周遮卹恤命侍女包以蕃錦被斂復用王禮歸魄故松檜卹我金鳳釵飛蓬首挽髲碎我綠綺琴離鸞空自嗟泣作都護歌吐嚕惜哀也楚些心同月懸空影如雲墮海搔首問青天不語今三載黃蒿滿目荒蒼洱波漼漼傷心押不蘆草同生誤我踏裹彩錦被肉屏駝背峯望西山鋏立風瀟灑誰能為此曲惟奇握溫氏一慟天可摧再哭城為圮點點竹為斑潾潾雲為止與作改節生寧為不食死權衡合春秋恩義兩無悔志立森霜松清風激蠻鄙至今傳

遺事何人紀彤史我欲製蟠螭樹立以豐碑磨以點蒼石刻以黃絹詞綴以鋏立篇永作士女規按此事原委正史未載祗見元史類編今詳載於下以資睹記阿禚主雲南梁王女大理段功妻也功初爵為蒙化知府及寇司官皆走功獨進兵四敗明玉珍自蜀分兵攻雲南梁王及寇司官皆走功獨進兵四敗之梁王深德以阿禚主妻之奏授雲南平章功自是戀戀不肯歸國其大理夫人高氏寄樂府促之歸未幾復來或譖之曰段平章此來有吞金馬噬碧鷄之心盍早圖之梁王密召阿禚主謂曰功志不滅我不已今付汝孔雀膽一具乘便可毒之主潛然出洩私語功曰我父忌阿奴願與阿奴西歸因出毒具示之功不聽明日邀功東寺演梵陰令蕃將格殺之阿禚主聞變大哭欲自盡王防衛甚密主愁憤作詩曰吾家住在鴈門深一片閒雲到滇海心懸明月照青天青天不語今三載欲隨明月到蒼山誤我一生路裏彩吐嚕吐嚕段阿奴施宗施秀同奴歹雲片波潾潾不見人押不蘆花顏色改肉屏獨坐細思量西山鋏立風瀟灑竟死功女僧奴將適建昌阿黎氏出手刺繡文旗屬功子寶曰吾自東髮聞母稱父冤恨非男子不能報此旗所以識也作詩二章曰珊瑚勾我出香閨滿目潸然淚溼衣冰鑑銀臺前長大金枝玉葉下芳菲烏飛兔走頻來往桂馥梅馨不暫移惆悵同胞未忍別應知含恨點蒼低何彼穠穠花自紅歸來獨

別泗江東鴻臺燕苑難經目風刺霜刀易塞胷雲舊山高連水遠月新春疊與秋重淚珠恰似通宵雨千里關河幾處逢

錢塘黃虛谷（延禔）少府昔官泰州日種梅百本於望海樓側每花開日芟憩其下去官之後樹亦摧折虛谷詩筆甚雅健京口云滾滾濤頭迫海門茶彎北顧勢如奔江分吳蜀天橫塹山湧金焦浪作根水陸材官嚴鼓角蛟龍神物共朝昏古來爭戰飛強弩石上嵯峨有鏃痕其他佳句如過露筋祠云過客悲行露歸程非故鄉雨花臺云塔鈴千佛語松色六朝雲過沈家渡云波衝艫舳輸嵎筴志築河渠重水衡泊燕子磯云星斗天文垂碧落菰蒲漁火動黃昏焦山云果容此水惟應海再想凌風必到天

州治東南望海樓側有大樹二於道光初年樹腹忽自生火焚燒兩晝夜熄後枝葉復亭亭若車蓋　國初州人鄧孝威有重建望海樓詩云海郡東偏鬱大觀畫檐朱栱碧雲端正宜番舶漁檣入不盡蠻風蜑雨寒誰使河潢紛戰鬬遂教樓觀倏摧殘行人驅馬城頭過愁向雙柯數箭瘢結句謂雙樹經元兵燹之後情形如繪今距孝威咏詩時又二百年矣樹猶如此人何以堪歲在甲辰余登望海樓詩亦云只合憑欄望窗櫺幸未罹劫餘樓更峻燒後樹偏靈叵地煙浮白隔江山送青孫盧今不見天外可揚舲

嘉定金繩武（慰祖）選拔吳梅村墓云兩代詩名元好問畢生心事沈初明趙甌北吳梅村集云國亡時蚤養親還同是全生跡較閒幸未名登降表內已甘身老著書間訪才林下程文海佇賦江南庾子山剩有沈吟偷活句令人想見淚痕斑金詩只二句已曲盡趙詩首尾轉覺淺露矣

詩有體格夫人知之栢梁體（漢孝武與羣臣共賦七言詩）選體（梁昭太子選）固已他如建安（漢孝獻年號曹氏父子及鄴中七子詩）黃初（魏曹丕年號）正始（魏曹芳年號嵇康阮籍諸子詩）太康（晉武年號左思潘岳二張二陸詩）元嘉（宋文年號顏延之鮑照謝靈運詩）永明（齊武年號江淹謝朓諸子詩）垂拱（唐武后年號宋之問沈佺期詩）大歷（唐代宗年號盧綸吉中孚韓翃錢起司空曙苗發崔峒耿湋夏侯審李端號十才子）元和（唐憲宗年號元白諸君詩）元祐（宋哲宗年號蘇軾黃庭堅諸君詩）諸體是舉其年號也又若蘇李（武陵）曹劉（植楨）鮑謝（照靈運）徐庾（徐摛及子陵庾信）吳均上官（儀）王楊盧駱（王勃楊炯盧照鄰駱賓王）高岑（高適岑參）韋柳（韋應物柳宗元）韓孟（韓愈孟郊）張王（張籍王建）元白（元稹白居易）皮陸（皮日休陸龜蒙）蘇黃（蘇軾黃庭堅）何李（何景明李夢陽）等體是舉其姓氏也其間又有白馬體（魏曹植贈白馬王彪詩）建除體（鮑昭詩）百一體（應璩詩）

玉臺體（漢魏六朝詩陳徐陵序次）宮體（始於梁簡文帝晉安王徐摛亦善此）西崑體（唐李商隱溫庭筠段成式宋楊億錢惟演劉筠晏殊等）長慶體（元白）才調體（唐韋縠選）香奩體（唐韓偓詩或曰晉和凝偽託）澀體（唐徐洪詩）三十六體（溫李段行皆十二也）寒山體（唐釋寒山子詩）鐵體（元楊維楨詩）中郎體（明袁宏詩）竟陵體（明鍾惺譚元春詩）等名悉數之殊難更僕而初唐時又有吳富體謂吳少微富嘉謨也嘉謨武功人舉進士累轉晉陽尉少微新安人亦尉晉陽尤相友善天下文章尙徐庾浮俚不競獨嘉謨少微本經術雅厚雄邁人爭慕之號吳富體見新舊唐書人罕知者豈以吳富之詩少見歟（金有吳蔡體吳激蔡松年也）

詩有以隱語見者古樂府云藁砧今何在山上復有山何當大刀頭破鏡飛上天有以翻譯見者佛圖澄相輪音云秀支替戾岡撲谷劬禿當是也有以拆字見者如蔡邕題曹娥碑云黃絹

幼婦外孫齏臼漢末童謠云千里草何青青十日卜不得生太康後童謠云局縮肉數橫目是也其拆字之工者孔融離合作郡姓名字詩云漁父屈節水潛匿方（魚）與時進止出行施張（日）呂公釣磯盍口渭旁（口）九域有聖無土不王（或）好是正直女回于匡（子）海內有截隼遊鷹揚（乙）六翮將奮羽儀未彰（鬲）蛇龍之蟄俾也可忘（虫）玟璇隱曜美玉韜光（文）無名無譽放言深藏（與）按轡安行誰謂路長（于）眉山蘇氏硯蓋字云硯石猶在峴山已頹姜女既去孟子不來亦仿此此才人偶作狡獪而終近于戲焉

盧玉川詩云相思一夜梅花發直到窗前疑是君黃山谷詩云江南波浪大於天中有白鷗閒似我二詩余極愛之姜白石報陳君玉詩云水邊白鳥閒於我窗外梅花疑是君二公雋句美以兩語括盡近人竊古人之句或則生吞活剝而無此雋思

昔賢詩有寫景絕佳而風骨少損者宋張子野云浮萍缺處看山影小艇歸來聞草聲王荆公云已無船舫猶聞笛遠有樓臺但見燈一寫近景一取遠神一經說出都令人稱賞而楊公濟登金山云天末樓臺橫北固夜深燈火見瓜洲則情景如繪而風骨較峻矣　國朝曹來殷云水連瓜步無邊白山到金陵不斷青句可謂工確而程孟陽云瓜步江空疑有樹秣陵天遠不宜秋則音調高朗而氣體清空矣明高青邱云白下有山皆繞郭清明無客不思家對法活脫久矣膾炙人口而　國朝朱子穎（孝純）洪椿坪云飛鳥與人爭道路啼猿知我憶家鄉則猶是青邱之句法亦復後來居上矣

宋王明清有清林詩話又有玉照新志投轄錄揮麈三錄玉照新志明清斷句云凄清寶鈿初分處愁絕寒光欲破時此咏普安寺窗間所得半股釵也余以殘月當之最佳揮麈錄卷首題朝請大夫主管台州崇道觀王明清姓名又有慶元元年實錄院移泰州牒二道並云訪聞泰州通判王明清有揮麈前後錄明清自述前錄實從乾道丙戌奉親會稽作後錄紹熙癸丑官都下作第三錄慶元改元吳陵官舍作　國朝厲太鴻宋詩紀事小傳亦云官泰州倅今州志秩官表慶元年未載明清判州事藝文亦未載揮麈第三錄紀此以待後之采綴者

又按清波雜志宋周煇撰今州志藝文亦未載論者因以為言不知煇雖流寓泰州而書成於杭之清波門外故曰清波雜志論者知清波雜志而不知揮麈錄適形其陋蓋明清為曾布彌甥煇之曾祖於王安石為中表明清與煇二書每回護布與安石是亦同科者耳（清波雜志今本作周煇著舊本有紹熙四年張貴謨序卷中俱作周煇）

泰州倅貳每多文士漁洋稱趙乾符（三麒）隨園稱黃補三（焻）此近時之矯矯者　宋時丞有劉貢父（攽）王仲言（明清）諸公在焉又淳熙年間孫季和（應時）由黃巖尉遷海陵丞燭湖集中有泰州石莊明僖禪院記海陵縣齋不欺堂說其赴海陵過會稽諸生餞詩云禮倦知茵薄寒侵覺歲高功名兩蝸角人物九牛毛行意看飛鳥離歌指大刀依依紅葉樹回首入秋毫海陵歲暮云地氣長江北雲容古戍邊層冰明薄日積雪了殘年鄉遠

勞鶠夢官閒足晏眠客來相勞苦不責坐無氈拔李和爲朱文公門人文公最賞其讀通鑑詩云簿書流汗走君房那得狂奴故意降努力諸公了臺閣不煩魚雁到桐江又云淸濁無心陳仲弓闇機聊救漢諸公末流不料兒孫誤千古黃初佐命功二詩王渼儀亦稱之

吳江郭祥伯麐文學積雨詩云三旬未有幾朝晴稱體綿衣尙覺輕湖上桃花三百樹一齊彈淚過淸明此雖在纖穠之例而淸脆之音可聽也

吾鄉高麓莽垂慶刺史歷任滁壽廣德諸州循聲大著惜中道作古未盡其才家居時素工作畫彈琴賦詩無不精妙松林庵臥松詩云畦暗林深閟佛光臥龍鱗鬣更靑蒼低歆石徑風難

撼斜拂簷楹月亦涼獨有幽蹤甘偃蹇豈無勁骨足昂藏詩人一見俱三歎湮沒空門日已長種荷絶句云奩鏡新開水一方波縈鳥鎵柳拖黃山人不放園丁嬾每到春分插藕秧嗣以宦游草見示淸流關云昔聞梟將敢當關力盡身殲矢石間今日太平無一事但看四處是靑山醉翁亭云醉翁亭上憑欄望始信環滁盡是山八百年前歐永叔可曾識我此亭閒詩皆有新意官滁州日嘗繪醉翁亭圖於六角扇上壽竹齋李君其畫筆在李營邱郭河陽之間流風餘韻猶堪想見也

麓庵宅有三峯園明太僕陳公應芳築後歸高氏麓莽葺而新之曹艮甫侍御宋于庭大令黃虛谷少府周琴生上舍曁余昔觴咏其中彝鼎圖書無不精妙而園中樹石之奇亦爲吾州之冠冕

儀徵卞竹長士雲方伯登黃鶴樓詩云風笛起江城直認梅花落到來秋已深寶墜風前鐘山雲蘊娟娟林烟散漢漢鷗從樹杪流帆指檐端泊日夕燦楓枝淸露泣桂萼所笑客鳴騶難窺仙駐鶴嘉令展重陽晴川臨傑閣渡漢口大水云平地忽成湖舟行儆不虞秋冬仍不涸天水直相於戶歛魚爲飯田荒蟹作租寄言司牧者何術救沮洳方伯昔與黃竹雲盛修孝廉同刻試帖一册余亦刻有仿唐人詠史試帖百首一時就質同人後方伯通籍竹雲化去余以詩人老雲泥之感得無棖觸於懷

吾邑李小白慶華副車詩有骨幹感懷句云餬口計嗤蛛網巧棲身屋借燕泥添和余詩云醉後狂言皆妙諦古來壽世在多

能又云靑燈共理千秋業朱戶休矜一飯恩其相期許警惕之言至今不諼余輓小白詩有無雙才氣豐城劍得半科名博浪椎之句人亦稱之

寶應劉得天鏊選拔渾樸淵雅劉楚楨寶應詩事載其游戲詩三首詼諧善謔初不肖其爲人錄其一可以博一笑噱也爬耳詩云臨盯響明除移坐當戶就小心戒薙氏好技爾能奏諸器出筒中乍近且揸袖豈有妙語傳直欲提耳授初入尙淺試再進漸窮究深知探洞穴奧若搜巖竇震盪雷霆轟颯沓風雨驟下視眼波斜小蹙眉山皺奇癢快連搔微痛怯輕逗出或紛似屑落或小於豆或如麥顆長或如葭膚厚終將鵝絨帚表裏忽通透三出復三入既左旋及右得似審微聽居然大禹漏小語

試聽取傾耳應不謬俗題能雅雖偶作狡猾無傷也餘刺鼻搥臂二作可以類推茲不贅錄

會稽王律芳 衍梅 大令腹笥閎富天才橫厲綠雲堂詩稿以渊泒數江西泒故集中多瑰麗深秀之章讀三國志云魏承漢祚壽承晉義無帝蜀蜀乃黜漢吳之辭載盟府改漢爲蜀亦壽筆益州先生誰所稱論蜀流傳鍾會檄朝廷主公年十八孔明此語疑竄入史家曲語信有之爲諱爲私難究詰白頭江總已仕隋思廉濫向陳書列大手試刊西漢誤遺文未備北齊闕内遼外遼傷體例别史亦存契丹國辨亡之論由陸機强冠王師早錯出首曰蜀主繼曰崩杜陵詩史豈足責非惟作者要三長論世知人須特識晉書三復忽解頤宣帝紀中乃有賊左軍行云

將軍殺賊復縱賊犯闕之名大可惜漢陽兵火連板磯八十萬人窺赤壁當年賊勢滔天下盧公孫公眞健者蒿水雲黄已没雕潼關月黑猶盤馬是時將軍在何許鼓角連營動歌舞擁兵實類李懷光勤王漫說桓宣武鼎湖乘龍龍上天沙蟲莽莽無人烟藉清君側豈得已生兒豚犬爲鷹鸇樓船直下疑王濬諜報山頭反蘇峻亮晦稱兵事有無爰書可比朱僊鎮風吹九江戰血腥岳王冢樹何青青白頭彷彿譚天寶零落人間柳敬亭七律亦多警句讀秦始皇本紀云馬角生來荆七首魚膏照出楚重瞳禰衡云年少疏狂招禍易老成輕率薦才難譙周云好官恨不如馮道高壽偏能類褚淵

余讀漢書昔後六絶句共一云百金作露臺帝王尚愛惜尋常

百姓家轉瞬炫金碧余爲奢侈者聊獻芻蕘潘雪帆災年過海陵云鴨頭貧小艇魚腹剩殘民獨有金張地歌鐘日夜頻儲湘舫 步雲 明經過某氏廢園云金張門第灰同冷程卓樓臺錦不如皆意在言外但詩人過慮或以干卿何事見詰何辭對乎

吾邑常謇齋 廷諤 世伯黄金臺云是處黄金盡空餘百尺臺燕昭不復見惆悵我空來蕉扇句云秋從夜雨窗前剪月在佳人掌上圓江都楊朗峯 建堂 徵君看芍藥戶占云繞階芍藥鬪芳菲春在園中尚未歸對此將離須愛惜及時行樂莫相違君何有幸園金帶人不逢辰老布衣已識榮枯皆有定伴花還自掩雙扉憶梅句云佳句未嘗經意得好花豈是有心栽詩皆脱灑出塵常之哲嗣繼香 增 選拔楊之哲嗣杏農 承照 大令又皆以

詩世其家學者也

吾邑夏補生 蘭 文學桃花絶句云傾國傾城待品題特因喧寂别東西西園晚發東園蚤一樣桃花命不齊老漁句云魚蝦水市頻年賤蓑笠荒江兩鬢皤鴉陣云可似盧仝傾墨汁宛然亞子試軍裝寒燈云留人說劍心徒熱賺我窮經鬢已華此從補甌堂稿摘錄惜無多也

興化顧子清 繼華 廩膳九苞進士之孫芝田 麟瑞 先生之次子也狷介力學實志蚤歿著有篔簹館詩鈔歸里詩云木榻塵凊守一瓻近來生計實蕭然少游謾說居鄉樂元亮將賡乞食篇未見饑糧鄰里到轉因洞轍弟兄聯燒燈深夜披衣坐共話機雲僦屋年杏花句云夢牽江國多愁思看到長安是好春農不

耕田儒未第吾曹贏得苦吟身詩最雋拔
旌德汪筠門璪上舍遺稾洪稚存太史序而梓之嘗以唐李習
之序李觀之文爲比蓋觀之年止二十九筠門之年亦二十九
也余讀其詩實有不可没者出門云出門殊惘惘况當秋已深
隨身無長物唯有書與琴家貧賴婦賢菽水奉老親稚子能解
語臨别牽我襟此際非無泪恐傷父母心泊禾石云昔聞牛渚
夜嘗憶謝家才今看江上月不見謫仙來高詠自千古徉狂時
一杯泊舟楓正落過客有餘哀江夜云推窗看明月一葉正揚
舲絶壁晴飛雨空江夜墮星客懷無礙醉歸夢只愁醒投宿依
漁火嚴關報已扃泊舟云小住扁舟思有餘蘆花江上晚風徐
投竿坐久無人問一箇鷺鷥窺釣魚舟次偶成云病卧篷窗百

感生還鄉有夢苦難成不知何處秋砧起錯認山妻搗藥聲其
他佳句如即事云我正攜樽醉花底廚孃來聒甑無米春閨云
陌上小桃紅不了可能開到壻歸時其吐屬名雋宜其爲稚存
太史所契重也
江都于天池振鵬文學蓴樓大令之哲嗣也力學早殀士林惋
惜寒梅云脱盡鉛華埽盡烟霜中破蕚雪中妍異時自有閉桃
李不問春三二月天過野田莊弔費比度先生句云豪侠無殊
袁彦伯流亡有似趙臺卿寒梅詩實超邁而短折之讖亦見
于氏世居江都之唐頭與泰州接壤自元歷明以至　國朝數
百年來實稱望族金壇相國家亦一支也費此度流寓野田莊
與唐頭相望于南羽大儀先生與處士相唱和燕峯集中數數

見之
旌德汪石亭瀛洲文學乃蓉湖明經筠門上舍之从弟梅岑孝
廉之叔也昔僑寓泰州人皆稱爲汪氏多才石亭詞清思雋惜
不永年與筠門先後應玉樓之召遺稿一册哲兒序東琳上舍
舉以示余治城柳枝詞和京口戴桐生云玉笛聲淒訴六朝小
秦王曲亦魂銷臨春結綺都零落賸得長條復短條又云鵞黄
裊裊畫難成三起三眠大有情行過秦淮剛十里不分樓閣只
聞鶯又云幕府山前幾度春倡條冶葉待何人筆花十丈花千
樹名士須推戴叔倫蚓笛云燕語鶯簧迥不同名傳歌女在江
東新腔恐是愁宵雨樂律居然肖土風苔徑有聲都朗朗柯亭
無竹本空空怪渠蹤蹟稱廉士曲子由來唱得工蛙鼓句云孔

令官私分兩部禰衡高下作三撾咏物題匪獨新穎絶倫亦復
小中見大石亭具此才華宜其科歲試屢居優等恒爲宗工所
嘆賞也
儀徵有孝女張巧姑者値火災負父逃力不勝墜火中與父同
燼近淘河得其石幢因知其事余作詩云曹娥負父屍身赴江
之水張女抱父屍共燬東隣火孝女知父不知火猥云火豈奈
何我乾隆甲子年正月十八日女父張木工時得瘇癱疾母亡
兒又離女兒獨繞膝火作女往救見入不見出祝融太虐天無
靈火中一朶青蓮青頭焦額爛手不劈抱父猶作奔逃形奔逃
不得死不避父死女死畢女志女兒生年纔十四路人誰不奇
其事河上啞啞飛孝烏石幢掘得淘河夫郎今新柏街前過惹

得人人說巧姑

吾鄉謝香亭承恩太學髫年能詩弱冠殀折采蓮詞云花稀葉減怨秋風爲撥蘭橈損落紅碧藕縱分絲不斷只因心孔忒玲瓏按此詩宜其爲殀折之讖䓁塘春興云垂柳垂楊蹴畫隄鳳皇山下草凄迷尋春不怕歸來晚一路香風送馬蹄

東臺董醒尊惟醇文學力學廣交詩願問途於下走嘗弔徐竹江爲之先容不圖甫有此言旋客死於戎幕書某羅浮游記後云鐵橋丹鼎叩仙家襟上羅浮五色霞我願與君吹玉笛倒騎胡蝶入梅花清明郊外云槲葉荒谿雨梨花破驛春春日偶成云檐燕作忙語林鳩多遠聲秋苔云偶經涼雨衣嫌薄未染濃霜髮亦華詩俱幽秀

同鄉韓杏村發榮布衣字工八分會作野馬行以自況惜詩稿散失咏蝴蝶云儁比何郎瘦沈郎粉痕猶膩舊衣裳綠莎庭院無人處欲醒不醒春夢長

吾邑紀鐵甫鏐余友程文伯韜庵小蘇三君之高足也髫齡聰慧惜不永年三君之徒鐵甫猶之吾徒有顧秋江也曇花已萎而賀錦猶存余錄其詩情弗能已病中口占云爐烟故自斜書卷恨拋却不敢太呻吟恐被雙親覺白燕句云巧入晶簾欺玉蒜輕沾香雨上梨花又云春色有心留縞素月明無影宿雕梁又云冰心獨對情無兩雪嶺經過路幾千無意疑紅增豔麗有人照影妬清妍結句云勸君莫近烏衣巷王謝樓臺半化烟紙鳶云垂翅但愁三月雨凌雲徒仗一竿風如此數句吐屬自工

而未免幽冷豈非詩讖乎

古人哀輓詩皆如分而止余閱杜集工部聞高常侍亡哭嚴僕射歸櫬別房太尉墓皆是五律一首哭李尚書之芳不過十韻哭台州鄭司戶蘇少監不過二十一韻言簡意該無用鋪述今人作哀輓詩有多至數百言並千餘言者鋪陳逝者一身事跡如作行狀墓誌已乖體例而比擬失序僭越逾分則又不待言矣

僧渾然字謙谷湖南人寓興化南津里鴻寄園與任石蘿徐與之顧芝衫徐秩南諸君結社卒年七十對雪詩云搔首乾坤老病餘一憑高檻正踟躕十年對爾成雙鬢萬里懷人阻尺書江上草堂何處是風中柳絮此身如未須更作冰壺傳且伴梅花

過歲除清空雅健可謂絕調

從來女史之詩較難於男子女子不能出就外傅見聞獨隘凡有吟咏具見性靈如或繩以內言不出於梱之義其說謬矣彼螽斯之咏莫非媵妾感德之言芣苢之章亦屬思婦懷人之句惟發乎情止乎禮風謠所采無不錄焉

吾邑女史高素香佩華葉雨樓之室茝衫吟草二卷雨樓屬余暨葉酒生敘而梓之詩無脂粉氣題伏生授經圖云白髮傳經日深閨女正嬌祖龍火雖烈難向腹中燒課婢云慳悋性格勝童蒙識字全憑强記功提耳一言須記取休教輩伴笑泥中采蓮圖云臨風池館水波香盪得輕舟趁晚涼蓮子蓮花都折去好留蓮葉護鴛鴦白雞冠花有昨夜籬邊霜有跡頭銜新換一

條水之句思致尤佳

伯山詩話續集卷一終

伯山詩話續集卷二

泰州康發祥瑞伯氏編輯

門人王鴻業雪颿校勘

或問古詩有引行歌謠曲之別爲何余應之曰君不見姜夔白石之說詩乎守法度曰詩載始末曰引體如行書曰行放情曰歌兼之曰歌行悲如蛩螿曰吟通乎俚俗曰謠委曲盡情曰曲

詩話之作盼于唐盛于宋而濫觴于兩漢匡鼎傳諸儒爲之語曰無說詩匡鼎來匡說詩解人頤儒林傳王式以三百五篇諫王韓嬰推詩人之意而作內外傳數萬言其語頗與齊魯間殊伏恭明齊詩改定章句作解說鄭元作毛詩箋其疏通而證明之者皆詩話也若匡之解頤則又詩之和諧而暢者矣

壯觀灘頭一艇橫夕陽西去符湖生與君不負登臨約同上金鼇背上行此吾州徐神翁獻宋徽宗詩也陶南村輟耕錄云初高宗在潛邸日泰州徐神翁能知前來事嘗聞言二·徽宗召至以賓禮接之獻詩云云及南宮北狩匹馬南渡建炎庚戌正月二日帝航海次章安鎮灘淺閣舟落帆于鎮之福濟寺前以候潮顧問左右曰此何山曰金鼇山又問此何所曰壯觀灘因默思神翁之詩乃徒步登岸見此詩在寺壁間題墨若新方信其先爲異人也按諸說雜志鐵圍山叢談陸游家事舊聞並載神翁事惜宋史隱逸方伎二傳皆脫漏余詩云方伎神仙傳本殊史成炎宋或朔諫妖言只載林靈素海上仙風夢有無今神翁畫像在斗姥宮內州治東南萬壽宮即宋之天慶觀神翁得道處

也

吾州岳墩上有忠武王手書石刻已丑歲邑侯試童子曾以此命題或詩擬作於余余詩云錢唐岳墓足千古高宗手勅何修嫭軍令廳偕韓世忠法書蚤開趙孟頫（高宗書法署似松雪）將臣獨有忠武王功勛更邁吳與張河南生長河北戰軍聲古汴黃雲黃王之威名在天下王之戰功多在野安撫曾來鎮泰州尺書留此尤淵雅一坏土起城西角荒碑摻剔苔花斜名將猶思許虎侯（書中語）金人不鑄秦長腳山椒日落陰廊窄古石嵌空徑三尺沛然其光黝然黑縱有風霜蝕不得我讀王書歎觀止迺武迺文竟若此武功得力宗留守文事相傳者誰子君不見石中波磔眞神奇草隸二體蟠蛟螭王之聖明本天縱揮戈執筆皆能宜斜陽影裏摩挲久弔古蒼茫百感有小朝廷已沒多時此碑永付山靈守吁嗟乎禦侮提師賴重臣尺書想見墨痕新續貂一帖顏應汗倘有工書王孟津蓋石刻後有王（鐸）跋語故及之同邑陳叔度孝廉登岳墩亦有東廊石碣森森立慚愧碑文刻孟津之句可謂不謀而合

宋于庭大令詩余前已備錄再閱憶山堂集有題泰州舊志詩於吾邑頗有攷証今補錄之云十國宮詞空與吟清淮東下海潮深可憐一代楊行密絕少零瓤斷瓦詩自注云今試院爲楊行密居處又云海陵監裏波熬後范氏隄邊柳放初却是幾朝長法在如何分出舊唐書自注云十鹽場及范公隄今分入東臺又云天女飛來事有無董公祠墓不模糊此邦遠隔平原郡

雞按當年孝子圖自注云董永事見御覽引劉向孝子圖云是千乘人茲泰州及平原並有祠墓曹植樂府亦及之又云蕭寺淸鐘夕掩門千年老樹托孤根一庵留得古蒼翠不負詩人新屐痕自注云松林庵有古柏一株相傳宋代所植志所未載又云浮動黃昏和靖詩榜題未必用同時只今每到官梅發竹外居然想一枝自注云州治內浮香亭相傳爲秦蘇咏梅遺跡按東坡有和秦太虛梅花詩不言在海陵而淮海集云和黃法曹憶建溪梅花起句云海陵參軍不枯槁是黃法曹在海陵憶建溪梅花而作也惜詩與人皆無攷大令復有城東靖海樓梅花盛開紀事詩云去年憶梅在燕市春衫氈領增泥滓今年訪梅州城東欲吐不吐嬌春風一抹樓臺寒乍破萬重香雪光融融不斷衣香與人影願與梅花作管領攜酒剛逢月上時坐來不覺衣裳冷法曹咏梅樹底卧海內詩人重疊和千秋佳話只空留一春寂寂臙支涴我爲愁多瘦十分與花相遇淡無痕却疑身在春江上花月低迷斷客魂詩往復流連風流跌蕩猶記其官于此土樸學齋中金樽倒側時也

于庭大令眞定龍興寺大悲閣云回首天人有漏因龍興寺記舊來塵須知十丈光明佛也要低眉看世人大令骨氣伉爽而情意極平易於此詩可見其爲人

興化李學山（福祚）選抜筆墨精貴題某氏園林云小邑偏能饒水竹傳人都不藉兒孫名傳可味此二語從翁庵扇頭見之

余閱陳亦韓先生文集最喜其別號舍文爲有風趣江都王木

庵汝梅明經題號舍詩云上下兩江士同來此盍簪牆高非丞巷屋矮似僧龕茶飯低頭啜詩文促膝談姮娥時瞰客倏忽上東南

木庵弟匏庵汝梅明經與余交稱莫逆時有公瑾飲醇之目嘗以漢高祖擊筑歌風賦見賞於周石芳司農泊石城橋云遠水望迢迢空江晚上潮舟人如有約同泊石城橋詩有餘韻

興化劉伯成熙載太史過桐城驛云北望桐城驛風塵一騎過廟荒鐘覆地橋圮石沈河雁影遙天入鴉聲古木多躊躇將日暮客思更何如交河遇風作云行行已半日征旆正飛揚岸土浮城堞河舟隱石梁草枯千塚出樹禿一村荒旅思何由遣高歌入醉鄉又云萬里衝飆起征途望不分沙封氷作磧烟匝地為雲古驛迴雕翮寒關斷雁羣懷人向天末書札幾時聞雪後游西山絕句云皛皛望無極獨游風景奇雪中人不見惟有鶴來窺伯成學行醇粹而詩筆獨遒勁如此其題余詩話云我嘆金昌緒詩稿紛飄零趙嘏不可作長笛遺悲聲二子忽下世誰與留芳馨况我若才弱文質無所成未有表揚力何以慰斯人長才具特識篇籍歸評論能使負奇士遇屈才自伸書成幸我寄拱璧不足珍幾時聆塵欬一洗胷中塵詩悲金子石趙沅芷二君下世而以闡揚見推洵媿不敢當也

陳茂亭廣德農部在京師天中日與伯咸過汪醇卿寓知余詩話槀成感賦長歌云錦繡叢中出一幹目迷五色天花粲蒨濱有客譚康侯撫琴我對成連嘆浪浪天風浩浩濤嶽峙雲飛迷

影亂示我譚詩數萬言珠璣迸落秋河漢竭來我倘滯風塵百讀茲篇見古人况復汪倫遠鄉國短衣匹馬來三旬聞君著撰言能異嘯傲芳圃詞紛綸獎援後進持大雅中郎王粲神原親汪君詞畢我喟然問奇曾記秋風天歲月如馳名未立謳吟雖樂情徒專長安塵坌高十丈車馬日日行雲烟不似峯壑望黃葉秋蕃聲裊風前圓斜陽影射疏圃緑佳哉此景曾周旋所喜文字幸有緣拙詩敢附君流傳無奈迷離似花谷手此數冊忘言詮笑語劉伶飲我酒我有旨酒盈一斗今日榴花照眼新故鄉同感暌違久不如同作客中詩取我瑤琨答瓊玖復有四律詩見贈兼及詩僧雪笠有云僧味能狂今日少好山如友故鄉多又云薊門微雨花生樹楚水征鴻月滿樓別有高懷忘不得思凌堂外露華秋

茂亭續寄詩篇多新警之作秋夜云秋氣當夕清涼風動我閨披襟酌我酒心緒欲誰説庭簷積雨搖芭蕉響秋月過平原云我過平原城秋草亂城路趙國宮館頽幾種野人樹况如公子豪薄俗徒傾慕瑣事沾沾不足論便教得失微于寸如何食客養三千千秋留得馮亭恨我識博徒與賣漿能致長平四十萬黃金臺云莫漫行吟感郭隗燕郊一望首重迴誰言天下眞無馬能賤黃金是此臺今日風塵猶感遇幾人憑弔此間來徘徊不盡清秋思一片寒光遍草萊祟窖廠散步句云新鴈帶霜過樹杪秋聲如雨入蘆花茂亭律詩亦雅鍊如此

漢陽葉潤臣名澧舍人著有泝灘集時因兄崑臣中丞秉臬於

滇潤臣往視而作按灘水當即無水酈善長水經注無水出故且蘭南流至無陽故縣又東南入沅謂之無口漢地里志武陵郡有無陽縣注云無水首受故且蘭南入沅八百九十里又按水逆流而上曰泝洄順流而下曰泝游蓋此水濆觴於黔入於楚潤臣時逆流而上故名其集曰泝灘歟集中五言古詩規橅顏謝近體有似少陵今錄其近體之佳者臨江河口云解纜乘清曉千山引去舟天寒微有雨江静不驚鷗夾岸風鳴葉孤蓬暑變秋授衣節未届空視舊貂裘灘行雜感云五日萍鄉道羈愁未可刪沿灘忘路險蓄水念民艱獨酌秋光晚登艫物態閒勞勞頻道路慙負舊柴關湘東驛云日夕湘東櫂孤帆殊未休江風吹地轉嶽雨極天浮萬籟迎涼序孤踪誤壯游荒村少醽

伯山詩話續集卷二 六

醁古調憶三洲得崑臣伯兄黔中信云中年易離别無乃夢魂勞人去黔山遠風吹僰月高怪禽依客榜毒雨下林皋欲寄高堂信開函首屢搔雨夜寄内云征客輕波淚蕭蓼百慮空長江連日雨孤櫂萬山中夜氣沈寒瀑詩心感落楓遠游君莫笑筋力耐秋風大風上九磯灘云風勢晚來厲吹人上九磯孤帆不可度舟子慘相依亂壑蛟龍鬪荒天雨雪飛敢云仗忠信履險豈知幾鎮遠衛云九曲懸危磴孤城面巨濤獲猺安洞穴羽衛肅弓刀放牧青燕遠吹笳落日高滇黔此門戶諸將莫辭勞吉祥寺弔甘忠果公自注云公諱文焜遼東人殉吳三桂之難常殺妾饗士見貴州通志詩云古寺瞻遺像孤忠弔國殤張巡能饗士莊蹻敢稱王血灑南雲暗魂依北斗長英風常不散鐘磬

莽淒涼舍人又有雁門集尚未見示

福州梁茝林章鉅中丞歸田後詩似白陸游海陵舟中雜詩云席帽山頭秋氣清扁舟飛出綠楊城蜀來已厭箏琵耳要作聽風聽水行又云不妨終夜聽滂沱欹枕喧傳屋漏多我正歸舟要新水東淘漲接海陵波又云此間刺史舊同官助我清談續古歡愛讀渭南碑記好碧雲香雨一庭寬自注云州牧招游光孝寺寺舊有陸放翁碑記方丈額碧雲二字爲宋甯宗書又云闔闢形勢實嶙峋往事迷離付浩䫫眼底留中今了了何人眞惜泰山安自注云登泰山墩望圖山關是由海入江之路山因州爲名又云歸海歸江路不明桑麻井里總關情須知得守眞須守兩害相衡但取輕自注云近聞運河各壩齊開所過下河

伯山詩話續集卷二 七

低田未免淹浸爲之慨然詩於閒散中猶多感喟焉

錢唐吳箌庵清鵬京兆過湖上詩云名園圮後都無主老輩同來尚有情只此二句意味儁永之至京兆詩有家法余恨未多覯也

余前蒐羅李學山顯祚詩惜不多見今以詩稿郵示讀三國志偶詠云元瑜見偪遁山中山焚身出節不終鳴琴一曲諛奸雄嗟哉元瑜徒自苦上愧介之推下愧孔文舉不事曹洪事魏武卑汚竟與伶人伍手援五絃琴奇氣莫能吐君不見正平怒罵方撾鼓又云吞爾不搖喉咀爾不搖牙曹肥朱鑠瘦優戲何喧譁他日作侍中對帝稱典午從此當塗高河山歸晉武不吞司馬吞子丹醜矦無識人悲嘆此當與王阮亭先生讀史小樂府接武舟中云舟中新嫁娘生小習烟水客到下蘆簾同舟隔千里亦饒古意

余搖角時於市中購得李長祥文集中有關壯繆廟碑記語多狂噬余閱未終篇抵甚傍有榾柮爐火亟投一炬因憶鍾繇帖韋招樂章彼爲當塗高與東吳之臣其狂噬之言實爲跖犬無足責也吳君中美有拜壯繆祠詩云高閣凌天漢攝衣莫漫登君臣成至契爾我愧良朋天地留孤劒春秋共一燈獨行看廟貌轉覺氣塡膺語自正大余從友人之請作壯繆廟楹聯云軼倫超羣武鄉侯實爲知己參天兩地文宣王同是聖人特未知其言有當否

詩人學杜韓者必以學元白爲輕俗學元白者又以學杜韓爲皮毛文人相輕久成結習究之性之所近懷抱各攄反唇相稽皆可不必蹈此弊者楚固失矣而齊亦未爲得也其直釣耳

阮梅叔亨副車詩余前已錄入今以珠湖草堂集見示佳句尤

多曉夾天津云殘月照來江水動片雲飛處一星無渡錢唐江云鄉心似月三秋滿詩思乘潮一線來九日登吳山云萬樹紅連殘照外一峯青挿白雲中游龍井云天開雲影露衣濕峰斷湖光作帶流皆精心結撰而楊花嘆一詩極駘宕詩云平隄十里湖船紅楊花如雪驕春風幾度問春春不語沾衣還向晴空舞白棉漠漠香雪輕睡鴨池塘驚化萍欲飛不飛塵壒重一朝着雨成春夢陌上啼鶯知未知美人老大攀空枝昔梅叔以蕉花吟名噪都下而不知楊花一嘆尤勝少作也

友人和余詩及見贈之作其在譽之過當者適增余愧赧或知己者爲余規誡嘆惜則未之忘也陳小鶴恩溥廩膳和詩云可惜吹笙人易老休言彈鋏客何能又云能將狂客當筵罵每念窮交折簡招狂客句謂昔日邑中有義事時有阻撓之者余直斥之然此終少年血氣未除小鶴箴余豈不可感又余有角巾之交陳酒村錫齡太學和余詩云羣花要踐三秋約獨雁難成一字書又云行李未修三尺劒世間已換一班人詩沈着有味余樂道之

盱眙周瀹泉濬州佐由副車服官來泰詩多儒者之言下鄉勘災賑詩云水縮河堧跡未乾村墟踏遍爲心酸草廬牆塌風適大黔突烟無日又殘　聖主恩波沾溉易小民情僞得來難里胥雞黍休輕飼忍對災黎一進餐

戊申六月間洪湖下注秋稼蕩然州伯屬同袍以勸捐事宜余因憶阮太傅元昔有行賑湖州示官士詩云天下有好官絕少

好吏政入胥吏手必作害民計士與民同心多有愛民意分
以賑民事庶不謀其利吳典水災後饘粥良不易日聚數萬人
資糜以爲食士之任事者致力不忍避與官共手足民乃受所
賜澹臺不由徑公事本當至閉戸獨善者亦勿强相致大臣碩
畫循吏慈心於太傅一詩見之凡有心民瘼者宜書一通於座
右

江都唐楚城沂孝廉曩與余試安梅書院同受知於俞陶泉都
轉楚城試輙冠軍每出一蓺傳鈔者衆詩尤奇麗淹博廣陵懷
古詩二十首區分時代抽秘騁姸余爲之摘句云水紅池面聞
魚泣月黑波心拜鼠妖漢雞犬避兵三百里香花佞佛一千家
三國故宮衰草銅駝路斷壘荒烟石鼈城晉南去看山停匹馬

北來負水走明駝宋佛貍幸息江邊火天狗驚流夜半光齊草
檄雖能動天下義旗惜未動山東唐腰帶圍金賢宰相頭顱點
雪老門生宋民間菜色炊無粒天上星光落有聲元養子差同
一隻虎親軍還選十條龍淮張狎客新聲歌燕子孤臣高塚落
梅花福邸於史事而儷淸辭以圖經而成韻語選色鍊聲可謂
極才人之能事矣

儀徵吳熙載廷颺文學書法之妙直欲凌轢儕輩方駕古人詩
才幾爲書名揜矣而詩實雋妙可誦蕭山道中云蕭然山下路
山色信悠哉漠漠春雲合溟溟暮雨來懷仙餘野館弔越有空
臺此去柯亭近何人識爨材甯波校士館咏栢云古栢何年種
眞成不世材葉留香鳳宿枝轉蟄龍迴冉冉含元氣冥冥覆碧

苔孤高誰得見還待上公來上虞舟中懷毛仰蘇揚州云路已
姚江近茲鄉君故鄉知君今夜夢不隔此江長元月陪諸公劇
飲句云歌繞梁塵動卮傾弁影斜華鐙聯曉月遲雪落春花其
名雋處洵不易及

鎮洋邵子顯廷烈廣文秉鐸來邗著書終日同趙心農兆熙耳
山兆熊平山看桂云取次看花曲水隈幾經秋信桂芳纔陌辛
自別鹹酸味餘子交推伯仲才金粟一叢蕉雨過玉簫雙管蕙
風來木犀果許聞香未讓我低攀躑躅回其他佳句如東金咏
仙白門秋試云名途駒九困秋意雁雙聲題師禹門太守雲閒
話舊圖云吳淞迎一剪梁月訂三生卽事感賦云看花有約尋
花主破浪無心說浪婆葉端齋卿心寒話圖答和云梁炊久醒

三生夢梅嚼虛涵數點心次旅店題壁韻云對酒未除名士氣
敲詩頻替旅人愁漫成云畢竟和戎卑魏絳休言佐漢少陳平
蓼花云滿地落花悲逝水隔江明月隱孤舟又云怕添桃靨工
塗粉願與葵心競向陽詩境曠遠氣饒逸韻竹西吟草中有哀
黎嘆一章尤仁人長者之言而音調之工猶其餘事

太倉趙心農兆熙進士與邵子顯廣文同爨官燭共結詩龕平
山堂紀事有句云山郭雲邊樹江天雨後舟如此十字足令人
神往

吾邑巴紀雲卿恒慶主政金河旅館云耿耿星河曙色遲終宵客
枕未曾支深閨今夜燈前語定說征人未醒時東山店和漢陽
景公月樵韻云異地萍踪故里心新詩如錦向風臨雲停野店

自離合月照征人無古今宦海波濤鷗共集晴川烟樹鶴同尋長安花事知多少撿入奚囊子細吟雲卿天資爽朗偶事咕嗶而吐屬自儁陳茂亭主政程韜庵解元亦亟稱之

陳茂亭主政近日郵寄詩篇多得幽燕之氣桑乾河云燕雲山上釀寒雨白氣成霜濕戍鼓征人走馬風雪時倒浸桑乾明月吐曙鴉策策盤空舞晝㑥烏烏訴淒楚北來槖駞動百羣健兒跨背氣搏虎射落雲中驚弦禽翻身倒卧飲牛乳面裂寒風呼伴語氷墮鬢髯笑行旅曉行云曉起獨長征戍樓斜月明霜濃千騎跡天白萬鴉聲寥落客中久迢遥故里情高軒吾不願禿蹇過橋乎

厲茶心太守還珠堂詩鈔鋟成舉以見示詩多古秀之章送春曲云妾折陌上花傷心送郎處不是怨春歸怕郎逐春去牆頭花云託身本自高自與羣芳異可憐行路人一顧即相棄吹臺云秋老臺空濶山川眼底奔斷雲低少室殘月下三門蕭颯神祠路淒迷忌澤痕古今同眺覽零落幾人存渡河云萬里渾渾水眞從天上過長驅當赤日五渡此黃河東望空鴻雁南來又槖駞古今奇險處愁說別離多送朝鮮使臣趙幸人歸國云苟羨纔三十功名已賜貂乘槎行萬里促膝話終朝酒染鵑紅[illegible]詩流鴨綠潮秋深遵海去驛樹聽蕭蕭過趙承旨故宅云我來風雪擁孤燈故宅流連感不勝水榭幾間如畫裏居人猶說趙吳興其他佳句如泛舟湖上云晴絲飛檻忽無影碧樹上衣如有香過隨園有感云生有文章傳海內死無絲竹在堂前

吾邑葉雨樓汝彬學博曾與余同試風簷詞賦風華筆不停披近著有雨樓吟草以余爲識途老馬殷殷垂問故見贈詩有未逢巨眼分工拙擬畫雙眉問淺深之句答友人詩云有客山中任遺我山中書贈我蘭與桂芬芳滿敝廬寒家多蓬蒿春已生庭除厭故而喜新主人不忍鋤鋤恐傷其根厭性難復舒寄語山中人斯言當何如余讀此詩服其宅心之厚客中曉發云客久作歸計行裝擔一肩雞聲喚野店鄉信逼殘年啓戶霜堆地呼童月在天羈人心太苦永夜不成眠接家書云千里關河隔家書得最難雙親皆老健有弟問平安未暇緘封啓先將日月看此中無別語勸我上歸鞍過古寺云佛殿無香火何年此梵宮野狐穿敗壁老樹立秋風過客從頭問山僧兩耳聾碑文探不及慘淡夕陽紅述懷云每到春來淚不乾幾回徙倚幾長嘆青天待補談何易明月常圓事本難有酒但謀長夜飲好花宜趁少年看撫琴也覺新絃好古調如何不復彈孟冬客邸云一參僧房寂三更客漏長祇留天上月與我是同鄉游棲霞山云拂袖穿危磴深山忽晚鐘歸雲能伴我同上最高峯古意云妾愛湘簾垂郎愛湘簾捲垂有妙香留捲見家山遠七夕云舊聞織女會黃姑稔稔銀潢事有無不敢當階閒佇立雙星未免笑人孤其他佳句病後云枯腸思酒潤瘦骨倩花扶有感云棋讓贏猶愧詩成改最難述懷云有緣舉世皆知己不幸吾生後古人又云西風蕭瑟羅衣薄夜雨淋漓燭淚多刊內子遺稿云棗梨兩字談非易巾幗千秋事更難雨樓情深伉儷曩有莊佺之

慽方言哀而已艱也且于友誼篤弟友松（文彬）州佐亦工詩采蓮曲云蓮花不采采蓮房秋老房空易斷腸不識蓮心無限苦只知蓮子十分香好句如閨中與友人話舊云交游關性命風氣在文章偶成云佳句每從愁裏得好心常向困時生皆佳

吾鄉徐竹江（震）來文學余故人小隱（升堂）孝廉之哲嗣也詩能世其家學七古尤貽宕題仇十洲一錢圖歌云一錢太守今有無畫工更作一錢圖圖僅尺幅包萬有特開生面意態殊就中三教分程途爲僧爲道爲老儒沙門對錢盤雙趺口宣梵唄敲鐘魚羽士搢笏邀錢隅靑詞伏奏上淸書冬烘頭腦酸且迂視專神寂容顏枯誰歟環顧立通衢牛醫馬相兼狗徒蹴踘陸博吹笙竽吞刀吐火來跦跦如玉三三五傾城妹手䌫長袖歌吳歈

大刀者誰頁之趨孔方雖小堪容軀肘下幻出三頭顱更復張口嚼且咀如蠹蝕木羊齧蔬羣顧此笑向之獻衆目睒睒不移珠此圖成自成化初十洲小印形葫蘆傳神阿堵信不虛如鼎鑄物列夔魖如犀照水見支吳我憎其貪憐其愚浩歌難作風霆驅世事如此吁嗟乎佳句如秋夜雜感云如年淸夜渾難曉似草新愁不易鋤答友慰失火詩云未作唐官偏賜火不同秦炬幸留書類皆新穎

卽席詩最難工整𥿄搦筆立就無暇修飾故也戊申年六月十一日九柳村縣佐招同周淪泉（濬）別駕方建侯（豫功）守府王雪帆（鴻業）司馬暨余城西草堂觀荷雪颿賦詩云自春徂夏失寒暖晴日晝長陰苦短欲雨而雨雨爲霪欲晴不晴晴復旱昨交暑月已一旬不熱直如秋與春何怪披裘有高士傾盆幾日無昏晨忽爾天公放晴霽雨師風伯無停滯暢好光景一番新看山那復重門閉城西居士人中豪折簡招呼皆仙曹賤子欣然叨座末草堂謖謖鳴松濤菡萏幾枝纔暑放游魚唼喁添新漲萬樹膏沐搖靑蒼百花頭上任遙望周君別駕何風流方城威名無與儔吾師稚譚詼今古繞座似有烟雲浮未聞高柳一蟬噪鸜鵒鴝鵒飛鳴幽主人胷中具邱壑城市山林久寄托難兄同是英偉才（振玉守府）雅懷不挿城中脚吾州淸響（繆司寇園名）成荒塘西湖春雨（宮太史草堂名）多蒼涼君今闢地得十畝高情愛客如鄭莊酣歌我欲振林木花徑許我頻來熟歸去斜陽掛樹梢溪橋一路歌樵牧卽席詩難得此井井有條而詞亦雋雅絕倫故亟登之

凡擬古樂府者不必蹈襲其窠臼古事今情各抒所見可也陳理堂（燮）學博曩作射虎行云裴君射虎妙無匹一日得虎三十一欻然怒馬叢薄中衆虎屏息一虎出虎小而猛據地吼將軍墮弓辟易走回頭卻顧封使君風號日冷低愁雲北平父老笑相語君乃射彪不射虎余亦有此題詩云郵亭一聲鼓將軍百戰身林昏月黑不知處將軍射虎無其倫山南一箭鵂鶹叫父老吝嗟少年笑爾戴爾頭不畏虎凡有虎處皆徵調吁嗟乎錦衣玉貌稱元戎琵琶促膝氍毹紅三更已入醉鄉去不來射虎眞英雄

乩仙詩其陳陳相因者本不足信余昔館於龔秋舫（鎭海）軍門

署中有仙名黃玖者臨壇顛研墨斗許濡大筆求書楹帖仙援筆書十四字云一卷可傳千載業百年難遇再來人簪惕愚頑令人肅敬書法酷似懷素此豈僞爲者所可及乎

詩有聲無詞者有之有詞無聲者則未有雅之南陔白華等篇有聲無詞也凡樂舞而不歌謂之啞樂詩句不能上口亦謂之啞詩啞樂容或有所取啞詩無取也啞樂見宋史王繼先傳隨園詩話以爲王黼傳此偶不檢處當爲改正

晉傳咸集七經詩乃集句之始王荆公暮年喜爲集句黃魯直獨不喜此謂正堪一咲抑嗜好之不同歟石曼卿有下第集句元遺山詩往往集古人之句而以己詩錯雜出之此又是一格也

興化顧晉齋階升文學爲瀣陸于觀先生之孫老年抱喪明之慟余曾有顧歡彈老泪對我說亡兒之句晉齋詩未多見只見其湖上云湖上數帆亂搖搖多趁風瞥然飄入港曲折菰蒲中高齋句云臨水閒忘我看雲閒在天其詩境之老可知

戊申秋季程小松棗筆游蜀余欲作一詩以送行因思石曼卿意中流水遠愁外故山青杜茶村古意淮南樹他鄉叙外州陳子文斜日一川汧水北秋山萬點益門西諸句皆成絕唱則覺無從置喙矣因而輟筆

吾鄉高墨園維翰太學麓莽刺史之哲嗣也詩醇雅適如其人寄嶽生兄村居云兄愛村居樂誰嘲田舍翁茆茨新戶牖荆樹舊家風地僻讀書好身閒得句工故園松菊在別墅可相同觀

此詩則友于之情可見其他佳句如上朱淦泉邑侯云無價文章漸驥尾有時知遇感牛心咏月餅云裂處何須成十字圓時恰好是中秋吐屬亦工雋典切

余爲墨園題洛神小像云霧鬟風鬢認未眞曾將平視罪才人陳思已悟魚山唄何敢低回賦感甄不因風淚減容光佩玉明珠事渺茫只愛莊書王大令至今留得十三行及讀武進錢竹初維喬渡洛水詩云翠羽明璫夢未眞寒皐空有水粼粼馬頭一片將殘月曾照黃初作賦人其氣體獨高渾空靈別有境地矣

儀徵卞頌臣寶第主政秋夜云修竹引微風向夕報秋爽空庭寂無人明月自來往淸迥之思絕無塵埃

吾鄉謝左泉源太學著有小青山館詩草過淮陰釣臺云躡足封王事已非私書誰見達陳豨西風嬾作登臺客曾謁嚴陵舊釣磯詩起二句欲爲淮陰白冤後二句更得味外之味論古有識亦自平允春柳句云笛聲如夢剛三月絮果成萍又一年亦佳

吾鄉徐晴川厚蘊太學閉戶苦吟足跡不踏城市道中云村稀烟火遂日暮愁行客野田不見人風動薺花白山行云不是山中人焉識山中路只聞流水香梅開在何處登鳳山句云日分禾黍千村富地接魚鹽小市安破寺云地被鄰侵僧竈滅室無人到佛龕孤詩亦雅淡亦刻苦余尤愛其登平山堂詩中四句云層巒壓綠野涼雲渡江水風來松樹頂吹滿衣袖裏眞所謂

眼中有景道不得也

劉彥和文心雕龍云回文所興則道原爲始舊注道原爲賀道慶然道慶四言回文在蘇蕙璇璣圖後不得謂之始也傅咸回文反覆詩温嶠回文詩皆在蘇之前則注言非也又按璇璣圖詩讀法則明康萬民作也宋元間僧起宗以意推求已得詩三千七百五十二首之多分爲十圖萬民增一圖更得詩四千三百六首與起宗共爲一圖兩家所演竟至七千九百五十八首其心精之用亦足奇矣然步中衞石者恐不暇

詩有篇什二字異義一篇爲篇十篇爲什詩集傳雅頌無諸國別故以十篇爲一卷而謂之什猶之軍法五人爲伍十人爲什鹿鳴之什白華之什是也時有誤以一篇爲一什者故不惜贅言之

吾鄉徐小圃信工畫性疎放有伯倫荷鍤之風行吟得句每借市人之筆研以記否則醉卧輒忘著有青藤館詩草泊溱潼云雨雨風風魂暗銷石頭橋下曉停橈幾千百箇打魚艇七十二家燒瓦窑寒水接天秋易盡濕烟拖地午難消飄零到處頻爲客獨倚蓬窗感寂寥野菊句云寺秋未見題詩客問渡徒逢賣藥人可惜靈根埋草莽已拚傲骨溷風塵詩筆頗似徐文長

余詩話之成閱者幸不我遐棄己酉春修禊日薄遊邗上許春卿明經題詩見贈云舊社芸齋憶渺然古今詩獨賴君編李桃投我重三日梨棗留人二百年作序卜商言最富解頤匡鼎說無偏和聲同是承平頌臺閣山林共管絃篇中所言余愧不敢當而春卿之詩洵雅音也

春卿與嵇葯園司城各和呂祖雁字詩六十首其佳句多有可采春卿句云萬變都從蝌蚪出五花唯讓鳳皇佳又云闌吏慣迎投筆客烏官應設校書郎又云仰止定然多下士飛升大抵是通儒又云看殘靈客奔馳老猒盡書家位置高葯園句云斜日半行書日觀遙天一筆貫天文又云山海有經誰仿得水雲無際我爲題皆能涉筆成趣

同邑趙漁亭瑜廪膳才氣縱横余素目爲畏友臺城行云賀六瞽前星入斗江南天子下階走壽陽城頭戰血腥吳家老公講佛經蠟鵞成窮范徐死侍臣唯有朱异矣獻圖入版妖夢踐納叛招降妙筆起鮮卑小兒不在心慕容將軍不成禽開門作導謝正德同泰有佛無精靈此時捨身無可贖此時贖身錢不足口苦索蜜聲淒酸爭及溧陽飽人肉飽人肉女兒哭男兒效尤恐不速君不見如來位讓老子登龍光殿上耿一目高漸離筑云澗跡彈箏叩缶塲聲聲易水助悲涼祖龍識曲庸非幸屠狗論交亦可傷只解五絃爭死活要憑十指管興亡圖窮又見無人色悔不將君換舞陽

旌德汪蓉湖璸明經洪穉存太史之詩弟子也舟中感懷句云秋在空江星數點客愁歧路雁雙高贈余句云大江誰敵詩才健小海人傳史筆新余不見蓉湖已十餘載矣其可記憶者祗此數句

余方惜蓉湖詩不多記憶今續集剞劂將成而蓉湖詩適寄到

月夜舟次云水天渺無際挂席畫圖間新月袁宏渚餘霞謝朓山跳波魚潑刺歸樹鳥綿蠻鶩堠遲停泊江城已閉關舒令溪云修竹連天碧清陰覆野蒿客來三月暮仙去一峯高茶竹句饒香味烟雲絕市囂年年薦春綱吾欲泛輕舠秋海棠云小[illegible]依新粧媚晚涼幾回燒燭照銀牆從來薄命多奇色御過穠春亦斷腸繞砌尚餘千種淚閒門不做十分香要知潘岳無聊甚[illegible]雨裏哀恨轉長秋柳云幾株搖落有誰憐回首關河獨黯然蕉萃那堪如此樹風流全不似當年官橋瘦馬駝殘月古驛寒蟬噪暮烟顧我鬢絲搔更短青青誰復唱離筵家濬齋自京師歸招飲語舊云昔年賦別太悤悤難得清尊又爾同鬢影尚如前度綠鐙花深惜此宵紅官能經世何辭小事到于人總未工五畝秫

田三畝宅笑余秪合作冬烘重過秦淮云蕭蕭風色又驚寒楊柳垂絲日又殘舟過秦淮人不見可憐閒煞畫闌干書戴桐生雜著後云新詩卷裏驚初見古潤城邊憶舊游兩點金焦一枝筆相看同峙海西頭題江心如虎阜紀游圖云七里鐙光似畫屏吳姬唱煞玉瓏玲繁華地有清涼境塔影橋邊一客星蓉湖詩獨往獨來此境實未易到述懷哭聯兒古詩方言哀而已歎尤令人不忍卒讀也惜集盜不及備登

旌德汪梅岑時杰孝廉詩近温李然綺麗之辭不失敦厚之旨是以可貴見亡婦衣篋感賦云爛然都是嫁時裳觸撥情悰劇可傷顛倒不教親手疊短長猶記稱身量關心畫桁依依影多事春風脈脈香此後但期兒婦長好留遺澤問姑嫜過露筋祠云湖雲深處指幽棲門掩東風綠草齊落日停舟數歸鳥惱人姑惡此中啼洋山消夏詞云學書日日愛臨池仿帖懸肱下筆遲閒卻簷花人不管蜻蜓飛上紫薇枝又云豆棚花綻雨初晴小院風涼萬籟清絕好夜闌殘醉後綠藤陰底展桃笙其他佳句如早起云夢酣春有味花歇客無聊答龍舒寄里中諸子云一日無詩真闕事三春有夢只還家茌平道中云淺草綠連恩縣樹野花紅上德州亭舟過湖口云一羣白鷺衝波出萬點寒鴉帶雨來遊平山堂云扇影滿湖團蛺蝶簫聲一片起樓臺如此例詩皆可誦也

詩用疊字最有神理如蕭蕭馬鳴悠悠旆旌楊柳依依雨雪霏霏之類是也七絕用於煞腳處尤有餘韻王阮亭青笠紅衫風

雪裏一林烏桕馬蕭蕭之句亦是也張少蓮銅雀臺云繁華易盡霸圖銷漳水臺高久寂寥賣履分香人在否秋風斜日草蕭蕭徐竹江震來舟中寄章左軍云蒼葭缺處望秋雲斷雁聲中酒又醺惆悵故人不相見滿船楓葉下紛紛僧雪笠題東方曼倩畫像云學書學劍事真奇諫草中間厲滑稽一自蟠桃臣朔飽茂陵風雨夜淒淒此皆得其中三昧者矣

疊字之妙宋張戒歲寒堂詩話已詳言之然雖昉于葩經而古詩十九首莫妙于青青河畔草迢迢牽牛星二首詩皆十句而疊字皆六句凡疊字易傷氣而此則愈疊愈通暢愈覺其姿態横生矣

吾邑醫士之工詩者前有章質生與孔東塘相贈答後有張鐵

橋星過舊院有燕子還來認簾幕玉人何處抱琵琶之句膾炙
人口今則桂石甫小山其嗣音也蕉扇句云宜向熱場驅溽暑
莫從冷處撲微蟲自撿詩稿云名花未必無芟處逸馬何能識
正途
余愛張山來潮偶題句云好茶須自煎好香須自爇好墨須自
研好書須自篆夫豈好服勞自欲相周旋倘或假人手韻事空
徒然其言深得我心特誌之
詩有從前人脫胎而各見其妙者不妨兩存余鄉前輩宮恕堂
鴻烈村店女兒行本於前明郭元登登西屯女郭詩云西屯女
兒年十八六幅紅裙鄉不韈面上脂鉛隨手抹白合山丹滿頭
插見客含羞嬌不語走入柴門掩關處隔牆却問官何來阿爺

便歸官且住解鞍繫馬堂前樹我向厨中泡茶去宮詩余前卷
已載茲不贅録
時有以諸葛銅斗求售者其眞贋實難辨余率爾成長歌云諸
葛大名垂已久千秋更有先生斗君才十倍於曹丕區區微物
復何有公家兄弟有三人蜀龍吳虎魏則狗草廬三顧出身正
祁山六出酬恩厚中原拜表敵果捷鷹揚豈讓釣璜叟側聞意
契可作匠軍儲輸運馬牛走兵書奇正山匣貯銅鼓青紅神物
守一名一物有深意先生小試經綸手不知此斗有底用醇醪
或見三軍受可笑書詞孔融作曹瞞俗斷軍中酒古製直可掩
康瓠樸質亦能儕兕卣子丹敗北席卷甲仲達聞風膽在口獨
惜驕兵有馬謖街亭挫辱非吾偶征吳前恨法正死降書後値

譙周壽食少事多心力盡熱血盈腔此中歐覩此油然黝然器
吾儕藉爾資譚藪章武建興少欵識蛟螭饕餮無蟠鈕支更時
向警枕覺鏗訇聲在鼓角右賈人持此特求售聲價直欲高瓊
玖豈無粗官握金印煌煌如此大懸斗生榮沒已不旋踵勒鼎
銘鐘疇不朽傳言此物出沙中卧龍猶見蠼龍首因憶江都頤
書宣圖河太史有諸葛銅鼓歌云武侯未築祁山壘先出偏師
渡瀘水人言孟獲不足擒股掌玩之徒戲耳豈知撻伐用南夷
正欲中原埽雠耻僰人笮馬供鞭驅羅鬼烏蠻皆效死至今銅
鼓散山谷尚戶流傳侈精銅其質革其音想見援枹兵四
起鳥蛇龍虎倏離合戎機萬變人難擬曾傳入陣有遺蹟更說
旗臺餘故址此鼓千年尚宛存戰血銷磨土花紫君不聞定軍
山下陰雨中山鳴雷動聲隆隆埋鼓鎮蠻功未畢空存遺恨無

終窮
傳奇小說例不入詩然間一言之當觀其說法何如耳趙甌北
揚州觀劇云故事何須出史編無稽小說易喧闐武松打虎崑
崙犬直與關張一樣傳王子一猷定聽柳敬亭說書云英雄頭
肯向人低常把山河當滑稽一曲景陽岡上事門前流水夕陽
西以二詩觀之王詩之超脫似愈於趙詩之坦易也余亦有村
中即事云巫覡歌呼報賽終夕陽鼕鼓又鼕鼕只因幾闋琵琶
記惹得人人駡蔡邕杜工部云別裁僞體親風雅不知余此詩
當刪除否
從來吾道本虛公雒蜀何因有異同端禮門前書姓氏原來都

在黨人中为外某讀宋史偶筆也可謂無酸餡氣者

吾鄉女史徐蘭仙巽中吾友小隱孝廉之長女東臺廪生陳蘭史智中室也詩得父教外子下第云盼到歸期尚未歸寒風瑟瑟雨霏霏自思不是蘇家婦褒敝歸來當錦衣春歸同竹江古春雨弟作云村居幽絶少人行陌上楊花似雪平儂自惜花花自落消魂相對總無聲詩餘尤工小調咏新月減字木蘭花云姮娥何故不肯把修眉全露想在天涯因此也瘦損菱花廣寒弄碧一痕留着纖纖跡直待團圞纔留正面與人看春陰點絳脣云懊惱春陰連朝釀得春如許柳酥花膩總是傷春意燕子多愁應比儂憔悴歸來未綠窗正閉各自㦬㦬睡其長女字小蘭次女字又蘭亦解吟咏小蘭荷池納涼句云野芰並紅角池蓮生綠房又蘭茶花云臨水含烟色倍匀荒園蜂蝶亦知春黄金滿佈休輕擲留贈牽蘿補屋人

雅倫一書共二十六卷成都費經虞輯錄江都于三根校栞其於學詩之要至詳且晰才人俊士可奉爲矩矱烏容忽睬經虞字鮮民燕峯密之父也

今之鴉片烟流毒海內令人痛恨而未克盡絶夏醴谷太史之蓉昔有鴉片烟詞云飲鴆啖葛禍未酷珍氣更有鴉片烟芳津入口詫甘美一嗅乃值千貫錢膏粱子弟購之急欲使美人生愛憐但知服後好顔色豈料緣㞐生蜣蜋三年委頓作枯鬼若敖之祀嗟徒然官家厲禁等流水安得聚族而殲旃嗚乎青牛道士不可見世間何處無鴉片余亟錄之以當大聲之呼第聚

錄而鼓尚有鶯聞者否也

伯山詩話再續集

（清）康發祥 撰

《伯山詩話再續集》二卷，清康發祥撰，據南京圖書館藏清道光同治間《伯山全集十二種》本影印。

本書刻于咸豐元年（一八五一），取道光二十九年冬至咸豐元年春輯録之詩話。發祥自道光二十七年輯録詩話，歷經戰火，而至老不輟，或以人存詩，或以詩見人，或以事存詩兼及其人事，都能秉承溫柔敦厚的詩教傳統，加以闡發，議論精密公允，見其中年之後論詩心得。

（宗 偉）

伯山詩話 再續集卷上下

伯山詩話再續集

吴廷颺書首

咸豐元年
仲春開雕

僕話今之集已至再矣何事屢矜牙慧喋喋不休哉然間緬前哲洪景盧容齋之筆五王明清揮麈之錄周草窗癸辛之識楊升菴丹鉛之錄皆四劉後村詩話前後續集新集亦有四隨時紀事用作譚資故不嫌于贅也僕于前賢無能爲役用以竊比亦未爲不可謹于己酉冬日以迄辛亥之春或投贈之作或流覽所及手輒錄之又得百數十條釐爲二卷名曰再續聊書數語以弁集首不求人序者恐如左太沖集署皇甫謐序後人謂謐西州高士太沖因人取重也特未之敢耳

咸豐元年歲次辛亥春三月二日伯山氏自序

題辭

伯山之才吾所奇伯山之詩詩人師閉門吮筆輯詩話何以再續三續爲我知伯山篤友誼聊藉詩筒証心期千里百里富英彥羅浮風雨時合離或爲禺彝天廟鼎或爲藐姑冰雪姿或耀金戈馳鐵馬或擷斗酒聽黃鸝清和諴詭無不有唯君抉摘搜無遺鄙人有時弄筆墨俚曲自寫巴人詞君乃編詩多采入嗜痂無乃多所私議論幸不與君左分唐界宋等兒嬉杜韓溫李無不可萬病惟有俗難醫君聞此語忽大笑謂我舊學仍狂癡舉杯仰面邀明月與君同傾三百卮叔度陳金詔拜題

伯山詩話再續集卷一　詩今

泰州康發祥瑞伯氏編輯

門人王鴻業雪颿校勘

國朝朱竹垞先生書孫氏同爨圖後云吾鄉孫簡肅公治家嚴子弟侍立暑不去衣然其教初學飯後必散步歌詩以吟咏性情故其子六人皆善詩家居爲同爨會三日一集集必有詩列圖於前聚詩其後裝池爲卷軸孝友之語克溢丈幅之中可謂天倫樂事矣因誡諸子曰家人暌離必起于婦人但得弟兄時時相聚讒何由生今裘屐子弟往往晝居于內兄弟無幾相見此讒柄所由階也若盡如孫氏六公飲酒之飫而不愆其儀誅集之頻而勿傷于侈賢子孫循而行之雖百世可已竹垞先生此文則可知詩之爲教明人倫厚風俗其有裨于世人豈淺鮮哉又與高念祖論詩云今世之爲詩者漫無所感于中唯用之酬酢之際有賦而無比有頌而無風雅聲愈高而曲愈下詞未終而意已盡四始六義闕焉而猶謂之詩此僕之所不解也先生之論深中時病能免此弊則于此道思過半矣

顧亭林論作詩之旨則以虞書詩言志爲詩之本王制命太師陳詩以觀民風爲詩之用其於詩之情則又引荀子論小雅疾今之政以思往者其言有文焉其聲有哀焉以爲說是已若夫宣聖詔小子則曰興觀羣怨事父事君體用已明而論詩又曰詩三百一言以蔽之曰思無邪學詩者可無三復斯言歟、昔韓昌黎上京兆尹李實書與後修順宗實錄其言實之善惡先後殊絕杜工部上哥舒翰開府詩與後昔何勇銳今何愚愼勿學哥舒等句亦相矛盾於此知投贈之作不可不愼之于始也

太原傅靑主山山人驅車賣藥逆旅讀書興到間作詩篇而不多覯陰崖詩云自覺非道器于塵多所緣如何無人處亦復有流連逝水淨平氣高雲行不言懸窟訪道士坐此每忘前顧亭林師法論曰蕭然物外自得天機吾不如傅靑主夫靑主志趣之高曠祇此詩可見

鄉先輩張詞臣幼學大令雙虹堂集予得覽其斷本祇五七古五律而已七律七絕皆軼惜未睹也登君山云昔聞君山名今上君山行江樹明復滅山烟縱復橫松根累累藏怪石龍行土中見其脊苔蘚斑駮鱗甲成新者蒼黃古者赤澄江如練從西來層波萬里藏陰雷高山大川古今在登臨之子悲從來此詩字奇語重有似昌黎昌谷兩家間屬可貴其五律多渾成精當之作尤爲有目者所共賞如再經宣鎭云上谷西門路風中拨帽行水强能仆馬沙漲欲平城初到尙多歎重來便有情一鞭珍重別他日夢魂縈晚宿云苦欲貪程遠何辭倦不支村荒門閉早日落馬行遲脫兎驚陳草樓烏問舊枝主人如解事燈火笑迎時山月云空山無所見明月過荒苔樹影可千尺猿聲時一來漏聽松子落香是桂花開欲覓幽人跡攜詩認草萊宿馬店云缺掌竟何益舟車乃半年醉眠明月地愁望白波天時物驚如許鶯花且赫然晚村新草屋夫婦笑燈前雨中發上谷云

又渡桑乾去迷離客路長雲濃山忽瀉風軟草初剛古驛添垂柳新花發野棠家園無近報猶自夢漁陽渡洋河云驛騎憑河水滔滔共不閒夢中燕館舍鞭外晉雲山未念幾時到但愁何日還急流無正影難與照衰顏易水弔荆卿云盡道荆卿俠荆卿俠盡虛有慚燕太子不敵夏無且易水歌聲苦秦庭劍術疎斷無生刼理何事用御蹗按荆卿詩余話詩前已載龍式熙朱實發兩君作今復錄此得無自亂其例然持論雖不盡同而精神面目自各有可取處如取彼棄此則執一之論吾不願爲此道中之子莫也故又錄之又按詞臣大令與陸吳州舜提學先後通籍同居一宅之中兩君詩文俱號雙虹堂集取李太白詩雙橋落彩虹之句也昔張思光與陸慧曉同居人皆艷羨今又一張陸也異苔同岑洵稱佳話

詞臣大令之宗人海房符驥庶常古文名家著有依歸草又評點天傭子文集梓之而詩多散軼

鄉先輩玉受軒孫騄大令官于宜黃以循良稱鄉試房考多得知名之士春季臨宜道中詩云不覺春陰久因看霽色開馬隨紅雨去人近碧天來濟物無長策周身愧短才歸懷徒擾擾翻憶客中杯又佳句如地過淮北風沙壯酒憶江南氣味濃又云宅内鳳毛成輻輳天涯馬首任從容又云天因遊子先留閏江上逢君醉晚春皆名雋可誦大令著有蕊亭隨筆八集余見其第八集其中載儲柴墟沈少司馬宮定山中丞李爾孚先生數則俱有關于梓里聞見又唐荆川與深山老叟共飲後爲叟營

救米荔裳爲庶母生嫡母悍荔裳未能善處嫡庶事論二十四孝廬山老僧入蟄數則尤新奇可喜余已錄入隨筆中矣

受軒大令之弟白舫孫驤文學著有入畫厂詩稿家近孝女蔡蕙宅自稱孝女巷詩人余祇見其五七律而餘未槩見感懷次黃仙裳韻云潦倒年來鬢已絲新詩賦就畏人知蘭芳空谷憐相似燕寄浮生恨不支憑鋏歌當魚少日楚騷哭到酒窮時雲英仙去音塵在欲借鶯簧瀝一巵夏夜陳蕃臣招同葉上育沈子受子皇紀允公集飲云好夜乘風待月輪解衣磅礴坐花茵論詩字字憐狂態對酒盃盃問古人天上星辰原有氣山中將相豈無眞憑君話盡封侯事我已蹉跎老釣綸其他佳句如東郊散步云青溪飛白鳥碧草放黃牛雨夜周開三顏德剛載酒枉過云池潤屯蛙部花深妥蝶魂過彌陀菴云頹垣新柳出破寺舊僧亡移居答黃仙裳云穉子未歸沽濁酒老妻相對檢殘書登梅花嶺云史相衣冠荒草塚隋家宮闕曉鐘樓與內子卜居城內云毛詩笑讀關雎句蓬鬢難支蛻蝶花蕭相宅云碑鐫奇策天人畧史載驕王輔翼圖別虎談云牀頭拜酒皆奇士膝下稱龍盡大賢揚州清明感懷云高樓柳色春無恙荒塚桃花客有情寄王楚白云素憐知己肝腸斷每畏風塵恥辱多魚京招賞盆荷云招我銜盃看菡萏有人傍水搆樓臺詩多清逈出塵

吾邑王氏昆季數世競爽前著名者有相益相説相呂後又有孫驊孫駅孫騄孫驍孫驃孫驤諸君相益字懋虞恩拔貢生仕

至福州府海防同知從封琉球歸里終養相說字懋緱天啓壬戌進士任袁州推官崇楨朝擢御史未半年疏四十五上俱被温旨出按山右以單騎定叛卒升湖廣參政又爲江西督糧參政轉餉無匱左㫖玉恣肆委曲開諭左兵稍戢後家居十餘年終祀鄉賢相呂字望子　國朝順治三年舉于鄉任睢甯教諭叛弁攻城公然大礮擊賊賊斫之握印死子孫騂救父亦爲賊斫旣絕復甦事聞　贈國子助教崇祀鄉賢孫騂字阜馬父忠子孝有足稱者孫馺字凡馬號率軒順治庚子舉人任北流縣知縣孫駿字參馬號受軒康熙已酉舉人任宜黃縣知縣孫驃字雲孫號素菴康熙辛酉舉人任鹽城教諭孫驃字季超以孝行聞孫驥字白舫庠生以詩人終孫驃長子晉原字子任號雪樵中雍正癸卯省元王氏節孝科名各極其盛王氏別墅在州治東南萬壽宮後萬壽宮昔名天慶觀卽徐神翁修眞之地明王理卿給諫舊墅在焉受軒大令亦讀書于其中今宅久圮有松一株尚存河側亭亭若車蓋余髫髻日見之五十餘年未改舊容予作詩云松存緣屋圮矗立河之濱其下無他木如居少四鄰許多衰旺感閱盡往來人自我童時見相看六十春王季超嘗擕鋤剷莎徑得古石鼎於土中卒時命子晉原奉鼎文廟卽今二丁日升香者是也

吾邑張桐峯琴中翰漁洋山人集中日爲揚州人蓋未申言中翰爲泰州人也著有涉園耐菴等集詩學杜韓集中有子昂六馬圖歌極倜儻權奇之致歌云子昂畫馬能畫骨軒軒紙上眞

龍出六匹神駿不一態骨相權奇形突兀相傳子昂善唐幹之上曹霸下至今人識宋王孫筆勢飛騰氣瀟灑此書昭陵圖想見眞王來天都煌煌拳毛騧炎炎什伐赤黑闥[illegible]滅高昌亦硫魄更有青騅特勒驃騰空飛練驚波濤又見紫燕白䟫烏追風越塊霜天杳寳氏薛氏無一生六馬横　四海平太宗功成駿骨靈陵前勒石垂丹青向非乘運附聖主長鳴伏櫪悲荒坰我展此圖推案起房公魏公亦幸耳牝牡驪黃此未遇其人則已矣此詩竟體遒逸一結尤無限蒼涼桐峯詩集余少時見于中翰之裔孫處今蹤跡無此本矣

韓城趙乾符三麒別駕昔倅泰州著有似園集舜墓詩云帝子昔南巡不見南巡跡但餘此墓傍一片瀟湘石衡山詩云嵯峨南盡楚江天七十餘峯路幾千銅柱挂雲堆漢表祝融看日起山巔金書玉簡從誰得石鼓朱陵不似前極目衡陽千萬水每聞鴻雁一凄然王貽上司李揚州日謂爲衙官屈宋有以也

鄧州彭禹峯而述方伯之詩漁洋詩話比以陳龍川之文所載警句如戰壘荒城蒙段外華風邊月漢唐年白露蠻江凋木葉黃沙羯鼓下營州千盤路吐桃榔鳴一線天開玳瑁池是也然禹峯使筆如劍神行若空格律渾成有不徒以摘句傳者錄此數聯割去上下之句便覺精神未見余錄其全章庶見其毫髮無遺憾也寄衡守胡君云滇南氣候古來偏靡莫山河爽饔田戰壘荒城蒙段外華風邊月漢唐年虎關舊扼巴黔險蛇徑纔通楚粵天萬里懷人秋葉下衡陽何處鴈書傳如此詩祇錄戰

壘荒城二句可乎西粤送南鼎甫北上云嶺南送客值初秋萬
里征鞍此壯遊白露蠻江凋木葉黃沙羯鼓下營州銅緤未徹
雲中戍鐵券新頒海上侯此去盧龍還弔古英雄若箇是田疇
如此詩祇錄白露黃沙二句可乎他若渡河云捧土從難塞孟
津中州天險更無倫呂梁自許勞神禹德水終難王暴秦少府
金空曹衙地長千鬼哭宋梁人滔滔不管興亡事南北分爭幾
戰塵滇中奉別袁九叙中丞云碧鷄山下聽鳴騶節使今看過
益州路盡朱垠天北戶國通身毒水西流建元戰伐番陽令大
夏勛名博望侯聞說東南金粟困好憑甌脫上邊樓再登黃鶴
樓云飛樓縹渺著江干霜鬢登臨憶昔年隔岸春城來檻外亂
帆斜日到尊前山連泰蜀開荆甸水下東南盡楚天回首滄桑

生感慨孫劉興廢幾茫然游節竹寺絕句云六詔凋殘舊戰場
青山無恙一松長王孫老去僧祠在頗耐興亡是夕陽過鐵橋
云鐵橋黑水舊知名天險會當百萬兵試問臨邛持節客當時
何路入昏明七律既多完善之章七絕亦調高而味永經上蔡
詩云秋深亭午日炎炎槐影婆娑挂酒帘少婦黃頭門半掩南
家借取北家鹽此又眞樸可誦備覽諸詩覺嚴整中而有淸空
之氣以視明之歷下詩人似有過之無不及也余漫比之以陳
大樽其或近之乎

吳陋軒詩余曩言之已詳集中有王解子夫婦一首事奇詩古
復登之以爲義俠勸其自序云如皋王解子酷嗜酒里有義士
妻某罪當遣戍縣官差役往返解子與焉歸悲惋終夜爲之罷
飲其婦詢知願代義士妻解子許之送至戍所値鄉人以金贖
義士妻還不知其爲解子婦也詩云張羅待黃鵠鶍鷂乃罹咎
義士妻遣戍解子罷飲酒慘悽還家門色驚糟糠婦槳醽寄性
命今何不入口問訊執壺前解子起搖手汝曹婦女流中懷豈
堪語若欲知其繇汝且將壺去漿醽非刀劍能平不平事汝亟
將壺去義士妻還戍其婦毅然謂堂堂義士妻此去爲奴婢羞
辱儂念之而貌外不識他人可代伊何人可代伊搔頭惱阿公
公也無庸惱願代者是儂解子得聞之歡喜涕還墮汝曹儻如
此我拜汝曹坐未明肩輿出曉至官衙裏鞴鞍遣戍人點名及
解子銀鐺縶馬上戈鋋荷馬前意氣火伴中安知道路險蕭森
北林樹黤黮黃河烟蘆葦隱漁火宿鴈雙雙鳴回首睞鄉土夫

婦欲何言月落別黃河日出見戍樓來日關塞外永辭我故夫
高情生惻怛淚下如連珠無端故里客邂逅他鄉陌深悲義士
妻遽解黃金贖仁義感道路見者欣相告誰知有匹偶天暗全
骨肉西風吹歸騎東皋指茅屋解子婦言旋義士妻免辱團團
臺上鏡皎皎匱中玉解子樂何如滿引杯中綠

鹽城宋射陵曹詩有魄力前哲詩選登金山詩有今古風波地
魚龍變化門十字膾炙人口今見射陵書幅藉知此詩不止一
首其他有月湧前峯搶僧招自古魂之句亦高朗悲壯九日登
飛來峯憶王丹麓諸駿男諸子云旅寺易爲別相期到此中衆
雲如避客萬笏總朝空老惜登高會山回落帽風故鄉秋未盡
日斷晚江鴻舊選未及余爲補出藉以見嗜好之不同也

宋玉叔琬登西嶽廟萬壽閣云咸京西望接平蕪下界陰晴乍有無九曲流從星宿海五陵烟鎖帝王都蓮華弄影空青落瀑布當窗雪練鋪咫尺三峯聊徙倚不須探跡索眞圖黃州云賦成赤壁人如夢江到黃州夜有聲愿督郵爭界石云蜀國至今悲杜宇楚人終是戀鴻溝說詩者謂玉叔天才儁上而撫時觸事類多淒清激宕之調境事旣極亦復不盭於和平驛夜詩云濁酒更深醉不辭短檠疏簟覺涼颸樓邊哀鴈天何早海上鱸魚歸又遲銀漢欲斜爲客夜金釵初墜憶眠時空閨應有刀環夢泣向黃流說鬢絲此則細膩風光與激楚之音迥別才大者無所不能信然

吾邑某姓舊藏古刺水一瓶而不知底用或以問余余云隨園說詩引明人宮詞與厲樊榭詩一以爲明宮人染體之用一以爲熏衣服之用而左公蘿石懋第手書與詩言之甚詳書云乙酉年五月客燕之太醫院從人有自市中買得古刺水者上鐫永樂十八年熬造古刺水一罐淨重八兩罐重三斤內府物也揮淚賦云玉泉山下水遠流帝陵前蘆溝橋下水其流聲濺濺瓶中古刺水製自文皇年製之屬天府元石流清泉列皇飮祖澤旨之如飴燕然逆寇李自成犯天紀守陴臣匪賢君不棄社稷鼎將垂自天經鏈亦金几斤斧生炊烟况兹天府水能不落市廛小臣侍鏈者啜水心如煎再拜嘗此水咨之不忍咽心如南生淚似東流川捧之以南旋跪咏豐芑篇以此詩考之則此水寶可飮啜匪獨湔洗而熏衣服也左公明人咏明物豈有舛誤

歟王阮亭云予在揚州日通州有老布衣古姓號辣泉范成大桂海志酒古辣本賓橫間墟名以墟中泉釀酒既熟不煮埋之地中日足取出名古辣泉則此爲酒名愈無疑已

往哲之於英儁多宏奬之意亦具箴規之詞吾邑繆湘芷沅司寇少爲史蕉飮先生所賞識史贈以詩云少陵繆子髮未燥落筆長老已驚怪稍長日誦數萬言視取青紫如拾芥愛者雖多忌者衆里兒從古眼孔隘早親風雅亦多師惟我數君共根蒂十年獻賦雖未收長門價賤甯辭賣揚馬騰騰氣翁雲嚴徐戢戢多於疥問事不答良有以轉喉觸諱應須戒華蟲別館淨纖塵下簾便隔人天界有酒不醉當罏家有馬不踏大官廨但從中散玉山頹豈比黃門望塵拜蔡邕只愛帳中祕高鳳何知庭麥曬秋窗夜半月淪漣步影空階沾沆瀣天街萬戶靜無聲白日方知雙耳聵君看喧寂各異時便識淄澠不同派吟魂欲鬭冰雪清疾馳底羨驊騮快白玉無玷飛蠅欺金隄最困穴蟻壞處世當爲伯高愼守已莫移徐邈介自愛香芳空谷蘭休蒙不潔連畦薤他時詞賦看老成回首妙年憐俊邁翻嗤多事蒲山公漢書一帙騎黃犢詩多勸勉足徵古誼

吾邑陳陶思志襄太學蒐羅載籍必手加丹黃著詩最三篇復有淡定齋謙忍居諸集今已散落無存余見其咏菊句云自覺孤芳是天定何曾晚節與花爭其胷懷之磊砢可知輯有綱鑑會通一百十五卷近聞他縣某將版片購去剗去會通字易以某某字便署伊名昔何盛竊郗紹之中興書郭象攘向秀之莊

注朱齊邱竊譚峭之化書古今盜名之徒爲藝苑之穿窬詞林之馴儈居之不疑有如此者

吾鄉之文籍日以零落者不知凡幾宋處士謝皐羽晞髮集二十八卷儲柴墟 巏 有刻于揚州本柴墟集有引現存而此本不可得柴墟公又得元遺山秘本于新安程公許付沁水李君叔淵 瀚 刻之於宏化戊午歲而此本亦不可得

華南晼 湘 先生所著石府元機靈樞秘要等書板片久已無存又有詩經臆說一書鄒雋生得之舉以示余其書大旨取法於東萊家塾讀詩記林岊毛詩講義但爲塾課計也

興化李映碧 清 與吾鄉宮紫元 偉鏐 兩先生於楊升菴廿一史彈詞一名十段錦一書有補定重刻本更名曰史畧詞話較舊本爲更密其詞使竈下老嫗亦能知得是本余嘗見之亦歌謠類也

迴文詩人第知有苻秦竇氏而不知唐范陽盧母王氏于景龍中撰天寶迴文詩凡八百一十二字至元中東平太守始上之高適代爲之表言王氏不媿詞華思巧亦且未事先知有高氏一着矣而名不甚張豈非有幸有不幸耶又唐會昌中邊將張睽防戎十餘年妻侯氏繡回文作龜形詣闕上之帝覽之放睽還鄉此事蹟略同于竇氏也又遼史列女傳耶律氏太師適魯之妹常哥樞密使耶律乙辛愛其才屢求詩常哥遺回文乙辛知其調已銜之此皆善回文者也合之傳咸溫嶠所作朱元間儈超宗所推明康萬民所增又豈止七千九百五十八首也乎

吾鄉李箕山 穎 布衣善焦墨作畫著有十二竹草堂詩稿詩多秦晉齊魯遊覽之作奇崛蒼勁不全題畫一派登落鴈峯云舉手排天門差峩上通謁置身最高頂雲霧與出沒蒼甸環若盂黃河細爲髮鴻濛盡虛無萬仞獨笑兀仙鳥飛莫至陽鳥自翔翮我觀謝眺詩聲如蒼蠅發驚人尚未能安可呼帝闕仙人掌云金帝有背垢乃令麻姑搔遂留指爪形石骨露岩巉巨靈雖河神安敢抗青霄詭云斧劈開徒爲犁貞嘲元化乃握固天樞常獨操風雷時播弄不使乾坤搖慎勿一返覆秦地生波濤豫讓橋云豫讓橋頭落日黃行人攬轡心彷徨當日君仇未得報至今悲風夜聞嘯伏側斬衣不憚死祇爲君恩酬國士自言欲愧二人心猶說中行與范氏可憐作事雖苦辛無文匕首終生塵君頭久漆爲飲器何惜區區漆此身宮人斜云粉黛銷何日淒風冷夕陽幾番紈扇恨開作野花香鳥亦憐人遠僧偏說鹿亡柔魂知不定烟月滿空堂摩崖碑云我愛摩崖峭天然削不成風雲纏筆勢龍虎著光精文采羣靈護鋒鋩萬鬼驚漁陽兵未動留此頌承平除夕湘芷餽米云頻年麥飯餉行厨除夕依然酒未沽幸有故人分玉粒苦無鄰舍假青蚨癡兒蠢婦猶含慍阿段獠奴早見虞薄暮歸來聊一飽安心何事仰空呼村居云如此村居合酒徒風塵何事旅游孤勸君收拾淩雲筆只寫秋山牧犢圖大同歌妓云看來姿態盡嫣然又擅偏關三板絃不見當年紅袖舞入門惟請試漳烟蕭后花園云蕭后曾經此

築園離宮十里繞朱垣而今只剩沙頭柳冷雨荒烟沒曉昏新繁費大修經虞遺兒密往襄城張氏授徒詩云送汝出門去高堂淚黯然病來今更瘦亂後久無錢斑白來千里全家食一編艱難宜力學大父是先賢南昌王于一猷定聽楊太常彈琴詩云七十僧行脚居然老太常自稱楊業後醉卧幾沙場百戰防山海三餐侍帝王間聲不敢讀天語過師襄此二詩余喜誦之費王二君皆勝朝遺民詩一近少陵一近太白同不同徑徑細響也吳江顧與治夢游集天戒循公房有世事到山盡高言對佛無十字余尤亟稱焉

露筋祠詩余續集中錄王阮亭王西莊宮詹兩諸作西莊詩別有抒寫王宮二詩何等閒曠此外胡彥遠詩云淮南淮北卧熊羆建纛開藩十萬師麕棄一聲齊捲甲大家回首露筋祠詩何等蒼涼蓋處境不同故措詞各判詞或在題中或在題外一例繩之則失其旨趣矣

詩人阿好每多黨與愛加膝而惡墜淵往往有牢不可破之說以欺世幾疑世人非瘖卽啞無從置喙豈非大惑歟如程孟陽詩七律苦吟自有警句如瓜步江空疑有樹秣陵天遠不宜秋遠雁如塵飛水面亂帆似葉下吳頭城上雪聲游子屐縣南風色酒人家自高朗可誦而虞山之不啻口出阮亭附和亦有溢詞以余觀之未敢苟同蓋孟陽能作小詩味多雋永譬如小家女子儘力梳櫛加盥頮故步彩鬢髻亦自楚楚若遇登臨覽古之作則古服勁裝長槍大戟而骨脆精柔之子適形荼靡

矣孟陽虎邱覽古中二聯云啼鳥日光東堰水歸鴉山氣北樓風草芳西子裝腰綠月墮真娘寶曆空不知覽古與登眺不同啼鳥二句仍是登眺泛語與覽古無涉草芳二句真孃不合與西子對舉此題自當以吳王西子作主人翁餘作陪客亦可對舉之甚不可也易水懷古中二聯云遷史至今疏劍術酒人從此送荆軻羽聲變後寒風急虹影消來白日過以劍術對荆軻字句固不工整按龍門之傳荆卿惜其劍術之疏有之孟陽不曰遷史惜其劍術之疏而曰遷史疏劍術不曰荆卿疏於劍術而曰遷史疏劍術似不成文理矣羽聲二句索然意盡寒風急白日過六字亦有輭脚病孟陽此等詩尚難枚舉錢王兩家之詰不知誰欺朱竹垞於孟陽詩謂其格調之卑才庸氣弱則矯枉過正或以爲論之太苛而余謂其瑜不揜瑕時蒙不虞之譽人亦以爲苛論否

余前說非好作吹毛索瘢之論也愚意說詩者難於不存成見蓋人生之處境類有屯亨我輩之知交恒判疏密其在枋詞柄者或位高望重惜墨如金或誼淺言浮操觚任意例唯託于嚴謹無事恢閎詞亦期于性靈弗譚風骨甚而上下以手往往伐異而黨同軒輊因心在在強人而就我究之施圓枘者莫投方鑿愛加膝者旋見墜淵欲其爲藝苑之葷狐裘詞林之蟊蠅豈可得哉唯蒐羅散佚補忘急于揚芬釣弋隱淪闡幽期于聚寶公論得伸乎八九閒情只間以二三見不拘于一隅輝能騰乎四照不畏人之多口不沒人之苦心則管見之是闕未始非芻

義之一得也齊心同願識者鑒諸

錢唐吳琳巖 斯洺 孝廉題宋徽宗繪鸜鵒圖云流民圖不繪老弱淩烟圖不貌褒鄂鸜之鵒之豐末乾邊聲彈遍白翎雀某謂南渡之釁始於紹述紹述之釁始於變法歸罪荆公此史家特筆詩言不惜民不知人宜其喪也又以爲白翎雀乃元人曲不無假借余按非假借也所謂螳螂在前黃雀在後云爾

琳巖近體詩其可誦者指不勝僂冬煖云芒屩合尋朱處士葛衣誰惜任西華新安雜咏云山連宣歙都無縫水至錢唐尚有聲京廨度歲雜咏云九遷烜赫堂餐盛三褫淒涼巷哭多又云祗聞妾別樂天去幾見奴隨穎士來又云強修折磬愁難熟學染髭鬚苦未勻蕉扇云莫愁棄置秋江女且喜提攜春夢婆吐屬皆雋雅古詩有觀潮行二首最佳因集隘未登

江陰賈客周伯英 俊 吳陵暑夕云斷虹收宿雨大火欲西流一片水浮月三更人倚樓蒹葭迷白露蟋蟀響清秋悵望江南北年年事薄游詩清澈可誦邑乘藝文自可登載不得因賤微而退黜也伯英著有南岑集如海風吹雨散江月伴潮生市酒薄于水漁燈密似螢風前雙鬢逢秋短海上孤城過雨寒等句朱竹垞詩話已載之

杜茶村泰州絕句云窮海三秋盡扁舟百里行夕陽無近色偏照遠帆明盡州城西南多鹽艑往來布帆夕陽的是眞景茶村詩大有遠神

儀徵黃北垞 昤 布衣篤于友誼每一友亡卽錄其遺詩于黃鑪

伯山詩話續集卷今 十五

集中自序云豐干饒舌詩易當年舊雨之名中散有知定增此日黃鑪之慟所載揚州凡八十七人第一人卽泰州張紹良字又房有柳村集其下袁爾職字肩山有招雲閣集陳時清字老香施振鐸字千里張符驤字良御康熙辛丑進士庶吉士季載可字吟四季堪倫字小石陳閭字雪帆高詣字次肩一字坦園田昌運字書飲有玉紅詞張銓字木菴僧德源字巨潭田雲鶴字迴抱一字輪長有金鐃集潘志恒字無怠汪岱字覲東一字鋤月俞壽字爲光有落落吟仇昌字雪屏一字瀑峯共十有七人茲十七人詩或已散佚或可蹤跡縱有吉光片羽亦復寥寥留此姓名以當按圖索驥披沙揀金正屬後來者之職也南垞詩稿號白首江上集南垞外又有同時張秉彝者號南垞泰州杜鴻漸號東垞云

吾邑黃月舫 暘生 交三 泰來 昆季爲詩人仙裳 雲 之哲嗣荆樹聯枝棣華競秀當時稱一門之盛月舫登雨花臺云一代雨花遺跡在百年書劒旅人來交三鸚鵡橋舟次云春聲到枕人難臥細雨斜風鸚鵡橋詩皆倜儻其時繆墨書 肇甲 又昕夕往還琴樽訣岩烟蘿性癖幾於不食人間烟火景州道中詩云故交裁錦句游子具征衣歸自都門云別時荷葉如錢大歸見蓮花繞郭香遂宗鶴問廣文話舊云嘗懷絳帳開秋浦不逐青燈對故人墨書與交三同選詩傳適在愼墨堂選詩觀之後余獲睹其殘本覺無甚體例亦少發明雖欲建鼓設旗爭鋒樹敵而晉楚難以爭霸邾莒幾不成邦宜其不能持久余不能曲爲解說

伯山詩話續集卷今 十六

也又拔壘書亥三同選王阮亭唐詩神韻集今此本亦不多見矣

余幼讀錢唐金長孺虞大令制義劇賞其心精力果卓然成家不知其爲詩人也後觀其寓樓春望詩云久坐意不適憑高舒客顏人烟千戶柳春夢一樓山今雨草仍綠隔江雲未還茫茫天宇盡匪首弄刀環瀉河口云叢祠烟樹跡糢糊點綴荒寒入畫圖三十六灣之字水晚風吹落洞庭湖詩人文人先生兼之矣

新安程既培烈孝廉汪積山惟憲明經之高足丁卯北闈出金雨叔甡少宗伯之門積山歸道山後孝廉年已六十買舟赴杭墻墓賦詩金雨叔少宗伯梁山舟學士皆有和章迫金少宗伯作古孝廉攖疾墮足家居特命孫定魁詣湖濱墓次祭奠其祭積山明經詩云宿草多看舊雨摧相攜惟有路同回他年會葬千人集此地拈香一瓣來鳳入秦亭號好鳥村蓮薦禰嗅芳梅誰言冷落林逋墓又作斜陽酹酒杯祭金少伯詩亦有媿遺兒竟懷橘拜難勝哀病築場居之句蓋紀實也輯有惬心集十卷圻録一卷上自東漢以迄 國朝之魁儒杰士嘉言懿行罔不輯録以期於愜心嘗謂漢哲最重師門至有棄官行服者苟爽師事李元禮貽書云久曆過庭不聞善誘陟岵瞻雲惟日爲歲直如子之事父矣又引陶九成載構李顧德玉奠其師俞觀光事其行誼可知孝廉之曾孫書旌績之以集見示故樂登之

詩人好爲集句是拾人之牙慧而損己之心精也李芝庭義賢鄂州云鱸魚斫膾思張翰鸚鵡題辭羨禰衡鄭谷唐大紀七夕友人納姬云弄玉已歸簫史去嫦衣多笑阮家貧方干趙嘏贈吳棵槎云才子舊僑何水部詩家今得鮑參軍韓翃楊巨源過文幽居云門前學種先生柳嶺上猶多隱士雲王維李商隱如此類實奇妙也

江陰徐伯調鐵山人寄書怨云欲題尺素書昨夜秋風起此去到巴陵三千三百里此從杜樊川故鄉七十五長亭白香山紅欄三百六十橋化出也按古樂府云江陵去揚州三千三百里已行一千三倘有二千在語古樸而雅諸子皆竊取其意不得謂記里鼓無師法也

錢唐汪積山惟憲選拔俏介自守膺拔萃科後不就 廷試終老研田日以筆耕爲事詩清迥適如其人江樓夜宿云明月照江流江光白于雪無風波浪恬遙山見眾皺買人夜泊船燈火篷隙透我時尚未眠憑欄一相就明朝入城去此景恐難又不如江頭人昌黎詰井詩聽雨云濺瓦如鹄水下灘蘢蘢漸欲釀新寒一燈如豆將明滅飢鼠無端進退難曉過謝村云幾處荒雞唱有聲推篷孤坐到天明林邊一點星星火救乳店開人曉行

錢唐梁山舟同書學士頻羅庵詩清腴多味宜登大耋之年元遺山無題詩有死恨天台老劉阮人間何戀却歸來之句山舟下一轉語云金釵六六舊蓬萊盡戲雙雙甲第開到底人間勝天上不然劉阮不歸來陶篁村暮年買妾詩調之云不是朝雲付老坡也如天女伴維摩對門有筒林和靖奈抱梅花奈爾何

又云一幅新添秘戲圖海棠花伴老梅株問年三五盈盈月我見猶憐況老奴山行云早起支笻上山去歸來斜日下牛羊自家腰脚不濟事翻笑出山泉太忙酥酪養性人無妬心張公純嘏之言洵無媿色

丹徒於亦川震徵士昔僑寓吾州詩豪宕有奇氣余前已錄其斷句而未得其全稿後曾孫某以鈔本全集見示孤雲詩云出岫竟何事況當秋暮時天涯何所適吾道尚如斯野曠穿林靜風微度水遲浩然成獨往千載淡相期上灘云頓覺舟行緩千峯下怒濤灘聲浮石起山勢束江高浩薄珠成沫訇鏗玉戛篙不因風信便牽挽總徒勞新寒云夜醒鴈橫塞月明霜半樓隨時宜酒榼作意下簾鉤人事連鄉夢生涯託敝裘遙知分手處風雪滿歸舟偶成云詩思秋雲瘦吟魂夜雨聯天風吹木葉霜氣入吳棉酒債三間屋生涯二頃田短琴涼月下一曲付無絃食鯽魚云緯蕭初起雪濤中儲向銀盤色已空若使季鷹知此味挂帆應不待秋風其館甥繆靜軒詩附見于後

吾邑繆靜軒永熙文學有拾瀋集八卷詩學李昌谷而多哀怨之章南唐永寧宮古鐘歌云夕陽古巷秋風起大鐘臥埋荒草裏豐山崙崒霜倒飛灑泣吳陵鐘久死無端黛業撞淵淵楊家成令洪聲傳欲驚海水作保障羈縻反受他人憐葛藟刈盡周主喜永安往劫隨飄烟乃知攘奪多餘痛禪關此日高連棟互懺鐘魚女比邱可曾驚醒英雄夢君不見永樂巨鐘鐫華嚴亦復繡銅苔花沾此詩咏邑中鐘樓之臥鐘早定爲南唐時物益

可爲余前言之左劵矣

吾邑鐘鼓二樓余前言之盡矣近日鼓樓風雨剝蝕之處內甎露出上有字可認鑄州前城甎四字陽文正書書頗端好按南唐昇元二年以海陵爲泰州六年遷讓皇子孫於永寧宮嚴兵防護絶不通人宮門外爲築子城以環之江陵志餘云子城內城也則城甎即指子城之甎如謂二樓建于明洪武年間與子城無涉則甎字當曰樓甎不當曰城甎矣以此爲南唐左證確有可據邑乘又有南唐小兒塚謂在州治東以意推之當在鼓樓子城之左右通鑑考異云讓皇生子及五歲有中使至拜官賜服卽日卒愚按葬地當在近地蓋宮門既有人防衛不得遠葬可知也讓皇曾有詩云兄弟四人三百口不堪同坐細思量或謂此詩屬李後主作宋齊邱晚年一子死逾月猶哭李家明作大紙鳶署其上云一个孩兒拋不得讓皇百口合何如夢溪筆談作老樂工江表志作李廷堯固微有不同昔齊邱爲烈祖畫策水亭密議爐灰畫字以鬼蜮之奸謀助鴟鴞之利吻卒之天道恢恢施報不爽瀕縊之日亦曰吾昔獻謀幽讓皇之族于泰州宜其及此此亦天褫其魄而使之自白也特小兒塚今不能確指在何許韋連書之以俟博洽者

吾邑仲松嵐鶴慶大令蜀中詩云夫人空自名花蕊望帝何年返故鄉或疑花蕊爲姓氏名字非也此蜀宮之封號猶漢之婕妤隋之昭華唐之昭容也按前蜀王建之夫人徐氏號花蕊卽泰川之禍與周太后畢命者也後蜀孟昶之夫人徐氏亦號花

詎後入宋宮太祖變之者也若認爲一人亦非也

吾邑繆晴嵐（祖培）會元次閩鄉縣詩有亂山爭瘦削征馬倦黃昏二句人皆誦之

吾邑宮杜洲（懋讓）大令令山左諸城時琅邪臺秦石刻將裂杜洲鎔鐵束之至今巋然此與陳滄洲（彭年）用鐵錮瘞鶴銘斷碑於江底甃石於焦山佛殿前建亭以覆之相似

吾州詩人陸夢九（與齡）宮詞云別院笙歌攪夢魂梅花樹底怨黃昏北枝未發南枝發一樣春風兩樣恩王月山（鴻藻）歸舟句云風塵面目人將老禾黍郊原鴈漸多沈桓雙（嘉植）金陵懷古云帝女浮屠鈴鐸迴通侯甲第吏人迷朱魯詹（光嵒）天門山望雪云歲月僧扉常斷火江湖漁子半無家張九草（麋）句曲山樓坐雨云客思偶添今夜雨歸舟又阻渡江橈此從繆墨書黃交三所輯詩傳中錄出吉光片羽亦當珍惜也

清河靳大千（樹椿）太守文襄公孫也官莅吾州旋守江西南昌罷官後編籍哀江奉文襄公祠香火貧病卒蔣心餘太史典二裘棺殮之太史有靳大千哀辭并小序可考余見其題吾州王貞女詩手蹟字甚蒼潤詩有獨拜公姑脫簪珥直將巾幗作鬚眉之句惜他詩未睹太史哀辭云表墓誰憐前太守寓公應誌老詩人大千之詩必有可觀者太史答大千詩云詩人窮人古所戒鑱刻應悔吟哦工又云自言舊詩隨手失背誦猶能記什一又懷大千詩云佳句瘞空山鬼唱刁騷韻於此見太史之推許必非譽言

吳縣金子青（學蓮）太學三李堂集詩最和雅過下邳橋云路入清河兩日行橋邊人去逈淒清馬頭白雪分滕縣衣上青山指穀城落魄自能消意氣破家原不計生平王孫胯下流離子納履留侯孰重輕落葉何云天方笑我同飄泊樹亦如人要別離又云空負鵷鸞防陸雨古臯狐狸踏夕陽又云自分天涯無遠近絕憐溝水有東西書陸放翁詩後云山水嚴陵天下無放翁眞放極清娛一時誤作南園記已覺高風讓石湖按宋史楊萬里傳云韓侂胄用事嘗築南園屬萬里爲之記許以掖垣萬曰官可棄記不可作也侂胄恚改命他人陸傳云爲侂胄作南園閱古泉記見譏清議此史家鍼孔線跡褒貶相形處子青獨以石湖爲言豈別有見地乎

武進李申耆（兆洛）大令文章老宿主暨陽講席有年題玻璃泉洗研圖云止此一勺水可療季女飢懷中紫玉段持照青玻璃仰瞰積鐵壁兔蔭雕披枝勿放蛟龍出驚起無支祁詩實倔詰玻璃泉在泗州盱眙縣上有米元章書第一山三大字傍題絕句錢竹汀先生謂好事者鉤摹三大字刻之宅所世不知此山之在盱眙北人不識盱眙此亦一端也

太原溫雲心（啓封）正郎著有綠雲仙館稿詩多蒼涼凌厲之作井陘道中云泜水去不息寒光照行李奈何古長途于役恒靡已岩容積鐵深川勢長蛇死山靈顧我怒魑魅逢人喜緬懷間氣家奇功𠬝伊始至今泰時月猶照漢家壘萬古聚英靈鬱鬱風雲起出都詠懷云風木留餘痛三年瞬息過淸明歸思急斜

日亂山多上冢非榮遇彈琴且歠歌不知王逸少誓墓意如何再過古固關云萬山環拱一山尊春色何曾過此門亘古常留必爭地數年前有未招魂陰崖日午陽光慘絶磴雲羅鳥道昏天地無情餘殺氣時平不用壯夫屯滹沱懷古云垂翅回谿損盛名桑榆猶許盡平生羨他大度劉文叔終記滹沱麥飯情揚州夢云書記翩翩有盛名夢中彷彿楚腰輕千秋一種憐才意牛相居然勝李卿正郎又有玉臺詞一卷中有題顧横波小像一闋調寄虞美人云眉樓風日秦淮柳往事思量否朝衣猶帶美人香贏得五花官誥媚秋娘孫三葛嫩登仙矣故侶休提起可憐非復舊嬋娟猶記當時曾伴石齋眠此詞據稗乘之紀載搖筆爲此人僉謂吳梅村爲詩史而正郎詞亦具史裁文士之筆端固如是也

海陽楊于勤懋業明經工于七律動多好句如千里風霜驚雁北一天星月咏烏南歲事漸從冬後逼詩篇多在夢中成水與桃花同赴澗人偕燕子共歸巢依羣乳燕低回宿得勢風鳶跋扈鳴野迥每看人影小天高惟覺鳥羣空春雨杏花虞學士曉風殘月柳屯田皆是也于勤名場終困故桑嵐堂詩集中多侘傺無聊之語

同邑俞樸人至副車詩已載入拙話續集而惜其無多今令嗣紡秋集錄大令以遺稿見示飲第二泉云長千兒女鄉秀氣結成嶺潺潺流天漿居人汲以綆我來值秋初風高襟袖冷細啜碧蘿陰鼻觀通禪永眞味塞傍徑了不思蒙頂解此絶無人寒濤浸山影雨花臺晚眺云極目江天走浪花亂帆飛盡夕陽斜百年城郭千家杵六代風烟幾樹鴉數盡歸樵歸鳥緩尋泉脈勝餐霞不辭破帽經秋冷紫翠叢中踏軟沙余謂平濟之章出以古厚穠纖之旨寓以沖和者此也

歸安孫秋士憲儀文學遯舟辰東編修之哲嗣遊燕客死葉潤臣舍人栞其遺稿春日訪某上人不遇云辭山初霽風滿城招提一角斜陽明牧童飛跨牛背去欲就問之渠已行慈雲飄渺飛何處老佛殘經尤深護子規高喚勸我歸落紅寒斷前村路次韻沈問秋萬柳堂卽事云驅車轢草集賓朋高柳分行尙綰春今我來思如昨日此堂登者昔何人東山絲竹荒行殿北國平泉斷過輪太息百年觴詠地纖簾吟咏獨津津秋士性孤峻

罕儔見於吳西谷淸鵬京兆贈詩云達官無公知細人有公識豪門無公到近市有公迹長安九門開冠蓋亂衢陌先生方睡起市轆踏曉日餅中得酒歸袖裏袖書出兒童四五人朱墨鬧一室嗔喝到挽鬚懽喜或置膝過此一事無高枕送日月膜外榮辱境胷中吉祥宅悔吝不復生疾病從何入何以六十人常如三四十

寶應喬止巢載繇明經余耳其名試中屢共風簷而獨轗跡相左歸道山後栞其遺集高郵夏瘦生梨以示余詩嗣唐音而不涉於叫囂定遠縣云東北羣山氣莽蒼平原驅馬上崇岡虎頭人物封侯地龍佐勛名異姓王坏土叢祠依壁壘荒村晚飯下牛羊猶聞野老談遺事一片斜陽古戰場漂母祠云薄俗何人

解報恩千金一飯敢輕言士人尚拜荒祠宇大將今無舊子孫古木神鴉春浩浩長淮客棹月昏昏昨從胯下橋邊過屠狗吹簫徧市門李龜年琵琶云弟子梨園已白頭江城孤客萬山秋南來賀老無場屋西去楊妃有土邱三尺檀槽餘法曲兩京鐵騎復神州四條絃上興衰感不譜霓裳也淚流

歙縣徐少峯志恭中翰系康峯寶善給諫之哲嗣也著有暢情書屋詩數卷年三十二遽修文地下汪醇卿劉伯咸兩太史誦其佳句偶成云詩似美人新亦瘦友如佳釀久逾醇白蓮云菱江露重秋心遠草閣風清月影遲寶匣詩云寶匣無長劍緗囊有古琴幽居足花木野性且山林海潤蠻烟重樓高蜃氣深飛鴻望不見何處託遺音此詩饒有寄託可知

江陰夏循陔翼朝學博秉鐸盱眙著有蠊廬詩稾其中無題詩有句可采云青鳥無端飛海上紅牆如許隔雲間又云邯鄲枕上千回夢陸博行間十擲么又云爪長輕拋珠幾許袂寒長倚竹無多又云清淚一聲河滿子填詞雙闋管夫人又云雕蟲悔作玉蝴蝶射謎慵抽金僕姑又云東里牆低窺處子南華典僻誤才人集中坿見寶山沈夢塘學淵詩多傑作糧艘二友篇尤佳惜篇長未及備載

人生所歷之境先後本不懸殊而境以情遷遂覺悲懽異轍東臺周琴生序太學生詞有云月圓月缺本無心偏是愁人眼底最分明余深題其言明揚升庵蘆笙詩云蘆笙吟蘆笙吟可憐一寸匏能括四海音又云昔我聞蘆笙乃在盤江河河邊跳月歌令人元髮皤又云今我聞蘆笙乃在關南橋短歌和長謠從夕復至朝又云悲亦不在聲歡亦不在聲昔聲與今聲不是兩蘆笙旨哉斯言昔賢蚤見及此

伯山詩話再續集卷一終

門人盧江吳珩玉川校字

伯山詩話再續集卷二　詩今

泰州康發祥瑞伯氏編輯
門人王鴻業雪驅校勘

往哲詩引用實有根据讀者以爲泛說而遂遂不知其故如東坡蔞蒿滿地蘆芽短正是河豚欲上時人鮮不以爲河豚與蔞蒿同時即解說者亦謂河豚食蒿蘆則肥而已此說似近之而未盡也蓋河豚有毒蔞蒿敗毒李時珍本草綱目云利隔開胃殺河豚魚毒此數語盡之矣徐伯調（綝）詩云繡戶痾朝光君王在前殿借問菖蒲花幾日還相見王西樵詩云鵁鶄雨雨栖浦沙昨夜郎來眠妾家滅燭入門戴星去看郎亦似菖蒲花人祇賞其詞之古質謂從李昌谷今日菖蒲花明朝老楓樹又官街柳帶不堪折早晚菖蒲勝作鬘得來不知菖蒲二三月間抽莖開細黃花宋蘇頌圖經言無花實李時珍曰非無花也菖蒲難得見花耳上二詩言君之不嘗見與郎之無人見耳語豈泛設耶

北平李介亭（彭齡）刺史莅任泰州詩云久費官家壓酒囊此間但以水爲鄉克庖有蟹償初願便有監州也不妨按歸田錄通判與知州爭權每云我是郡監湖人錢昆求補外郡人問所欲曰但得有蟹無通判處則可東坡詩云欲問君王乞符竹但憂無蟹有監州膠州高西園（鳳翰）新建監掣官署紀事云方苦無舟無問竹不妨有蟹有監州介亭邑侯詩意與西園同

監州之設昔人每患之而六朝典籤之患尤有過之者近人尺牘習用典籤二字竟視爲傔從書記者流而不知職任之重有可指數者齊宗室巴陵王子綸傳明帝遣中書茹法亮殺子綸典籤華伯茂手自執鴆偪之左右莫敢動者先是高帝爲諸王置典籤帥一方之事悉以委之刺史行事之善惡係于典籤之口威行州部權重蕃君武陵王昱爲江州性烈直不可忤典籤趙溢之曰今出郡易刺史及見武帝相譙昱遂免還南海王子罕署琅玡欲暫游東堂典籤江秀不許而止還泣謂母曰兒欲移五步亦不得與囚何異邵陵王子貞嘗求熊肉人答典籤不在不敢與明帝殺異已者諸王見害悉典籤所殺孔珪聞之流涕曰齊之衡陽江夏最有意而復害之若不立籤帥當不至此又恩澤傳故事府州部內論事皆籤前直敘所論之事後云謹籤日月又云某官某籤故府州置典籤以典之宗慤爲豫州吴喜公爲典籤慤政刑所施喜公每多違執慤大怒曰宗慤年將六十爲國竭命政得一州如斗大不能復與典籤共臨喜公稽顙流血乃止典籤遞互還都一歲數返時主輒與閒言訪以方事莫不折節推奉恒慮不及明帝輔政深知之始制諸州急事事宜密有所論不得遣典籤還都而典籤之任輕矣六朝之典籤即宋之監州敝亦即近時府州通判敝而權之輕重則有不侔者牽連書之以俟考訂

余之話詩不過畧抒聞見非有所闡發也陳叔度詩云聯吟點綴新詩話醵飲招邀舊酒人許春卿云作序卜商言最富解頤匡鼎說無偏沈芍園云叢譚邇日超胡仔補漢當年有少孫推

許過當余何敢然

余閱忠雅堂集有京都樂府如雞毛坊搖鈴卒縫窮婦兎兒爺諸作八稱絕唱近得汪醇卿延儒太史都門消寒詩中有拾煤塊水蘿蔔等作亦綽有風韻拾煤炭云朝拾煤充晨飢暮拾煤防霜威富家門前土一堆貧兒掇拾無遺灰可憐殘煤沍冰雪凍指爬搜偃似鐵檢拾零星指流血白面誰家郎怒馬銜街坊貧兒飢寒立不定彳亍避馬扶傾筐郎君那解貧兒意笑入茶坊待開戲題下自注云京中貧兒冬日沿街拾灰中殘煤詩以哀之水蘿蔔云水蘿蔔脆若梨長街午夜西風淒熒熒一燈如豆碎東家高臥西家醉一丸萊菔沁心脾三五青蚨嫌價貴窮巷高低步不安犬聲叢吠衣單寒問渠何故聲悲急明日全家

無米喫題下自注云京中寒夜有賣水蘿蔔者高聲至夜半不息謀生之難如此余謂風俗之殊每于風人之詩曲曲傳出勿謂其無關繫也則得之矣

曩閱黃陶菴先生集中有賣棗兒行一首云燕山棗樹深棗生纍纍懸赤心懸赤心人不喜謂言南方棗如瓜仙種傳來勝於此市兒狡獪生大貪卽將北棗呼爲南劉皮脫核開生面北人得棗皆稱善賣棗兒謂言爾黠爾更癡安得終身挾詐不使旁人知唐之擅場此體者無過張王元白而白之善諷諭如賣炭翁鹽商婦等作尤首著也

忠雅堂集京師樂府之外又有豫章固原諸咏豫章之章門渡固原之趙秀才兩章尤覺膾炙人口章門渡云不可爲徒杠不可爲輿梁迴波如箭一葦航隔江招手人寸長舟子搖觽兩目張索錢叉手江中央其心自閒客自忙性命不直一孔方此時舟子如爺孃索客錢盡看客囊輕篙短槳神揚揚禁碑一丈立江沚公遣吏偵不少貸滕王閣下波如綺葉葉風帆去來駛舟子低眉估客喜估客估客莫浸喜我畏方伯非畏爾詩說過渡之險估客之恐懼舟人之傲狠雖倩畫工不能繪其形狀而先生以數語繪出之張秀才云赭衣囚首蹲階下劇盜誰何秀才也秀才手無縛雞力身無破空翻頭髮鬅三寸鼻涕長一尺焉能爲盜拒伍伯遍體銀鐺餘骨立妻來棄夫僮子來牽爺衣人鬼關門但一紙生死呼吸微乎微倅州者誰張傳心目光炯炯秦鏡臨秀才無罪解縲絏縱囚歸理書與琴明日街頭縛眞盜

秀才痛哭千人笑可憐覆盆之下豈無人焉得陽烏同一照此說寃獄之解賢吏之平反書生之穀觫雖優伶不能演其面目而先生以數筆演出之何筆妙乃爾

歸安孫秋士祭竈詞云祭竈神神之是非天上伸東家狠藉羅山珍西家九食經三旬神於貧富知之眞只愁一醉餳膠唇箝口縮舌難具陳小別祇隔幾晨昏翩然來自高蒼垠吁嗟古禮五祀皆食報何故令人獨媚竈其詞可供嗢噱余作醉司命云醉司命酒氣熏芹香菽乳同一樽一年三百六十日只有此日傾芳醇勸公酒者千百戶導公飲者千萬人公若一一皆滿引不知何時方得朝天闕公朝帝自稱臣臣子奏事値酒後酒味豈不觸至尊咄哉王孫賈徒有媚竈云公之受媚只在酒不在

金與銀不在衣裘車馬與鼎祀不在珊瑚玳瑁車渠翡翠異方珍公有醉貌無醉心每倚酒力前敗陳臧否淑慝醉言中上帝頷之其無瞋噫嘘嚱上帝頷之其無瞋或諷或頌亦各言其所欲言而已

適於故紙堆中檢出吾邑陸耆卿鏸齡太學澂碧堂集中有祀竈曲其詞云風淒淒雨灑灑神兮歸來靈卜瓦厨頭燈火徹夜明東家竈下無積薪飯香傷白酒更清豐年享祀尤虔誠人間善惡復何有展禽窮阨盜跖否天帝蒼蒼惜未聞禍福公然在神口爾神爲我降厥祥來年祀爾烹肥羊詩亦風趣可哂其他小詩之佳者容路云小雨晨侵夜桃花已過春故園寒食近愁殺未歸人凍雀云凍雀噪何處天寒自往還早知生處樂不向紅千山釣艇云漁梁不見人舴艋溪頭弄孤鶴踏不翻搖搖知雪重酒旂云風雪滿江城酒旂出烟樹但聞酒味香不識酒家路

表揚節孝詩余集中亟見之與化趙節母徐右文女趙紹衣之室次舟作人文學之母也兩次刲股以療其夫一割心頭肉以醫其父撫孤成立入膠庠有聲叔沅芷孝廉爲徵詩余讀之以高郵宋梅芬楠主政詩爲最詩云嗟嗟母愚嗟嗟母不愚推已之寸膚全吾父全吾夫一解 寸膚豈不愛毀傷豈不戒奈吾父吾夫疾不得解不能以身代留此身何賴二解 眞宰訴之神神曰子勿憂割子心頭肉以當蕿蓍投果然神不妄至再至三皆獲瘳三解 壬戌之歲所天歿仰天號呼泪不出泪不出紅冰結此是平生未盡血四解 死者已矣生者呱呱得粟忘劬得覩忘襦兒衣食兒受書一一母氏手拮据艱哉母氏劬五解 朝廷重節孝天意佑孤寒未幾子入泮未幾 天書獎重來雲端一時道旁觀者嘖嘖爲母歎歎如母良獨難吁嗟如母良獨難六解 余五言古三章其次章云刲股與割肉或言未免愚咄哉此持論鏗鏗是腐儒世人于孝義風俗徵隆汚稜勵有德色孰肯輕體膚而況巾幗女不同士大夫凡事一計較坐失多良圖孝婦獨義勇那惜氷雪軀毅然剸股肉血泪與之俱熒熒壁上燈啞啞屋上烏鬼神實保護性命徐徐蘇愚意謂 朝廷之表揚自有定例亦具深意而操觚家好爲議論不樂成人之美爲可怪也吾儕何惜三寸之舌一管之筆爲世扶植名教歟

余以王孟津仿懷素帖贈黃君子仲晉卿子仲卽用余見懷韻書帖後云研池滌盡兎毫塵妙手空空自有眞晉帖唐臨猶泥古奪胎換骨乃稱神雖師顚老傳三昧却算狂僧後一人倘入沙門全大節善名何止百千春此論其書卽論其人與余岳墩石刻跋後詩同意余詩已見續集茲不贅

丹徒趙稚梅彥俞廣文題僧雪笠詩稿云一缾一鉢趁閒身得何撞鐘似有神我讀君詩倍惆悵三年不見倚樓人末句謂趙沅芷孝廉也廣文詩情緜邈時秉鐸楚陽與鄭子雅之僑爲同官埼裳連襼相得益彰焉

道州何子貞紹基太史使黔草三卷錢子奇孝廉舉以見示其灝瀚曼衍之作是以龍門之文參昌黎之詩而成鉅製者當[illegible]

華奉使之日則又將毋來諗瞻望情深而言之皆非尋常所能及秦人洞詩云秦人虎視埽六合六雄俛首皆稱臣旣班詔書壹度量盡銷鋒鏑坑儒紳豈知亂萌有先見攜兒挈婦稱避秦巖居不止楚三戶淳俗尙是周遺民嘗時丞相非臣斯小篆未出况八分山中俎豆尙周製當有六經眞古文後來陳農不及采剝彼嬴燄何出焚惜哉漁父不識字忘洩遠近空遂循郡國屋壁旣難恃大航頭書來亂眞南陽高士志凡阻柴桑隱者詩徒新溪水縈紆三百里桃花開落幾千春我知難免洞中笑終古紛紛皆外人諸葛洞云諸葛之洞三洞複石骨橫江不生肉回波激疊風輪轉石齧舟輕難入腹弛篷曳舵欹側過漁舟一葉多委佗欲使順流通大舸人間再有郭青螺渡河云二十五里外見隄如見河茫茫生敬戒浩浩復經過微翠遠山色濁黃終古波東南決未復謁者意如何雨云咄哉一片雨詎爲遣滂沱落作黃河水遽成東逝波惟應羲雲霧時復壓盤渦去去勿回顧天無如雨何荊州渡江晚泊云西山日落散輕烟風煖波平人悄然蒲帆宜晚渡蕭蕭漁火是荒年一行鴈叫有霜夜萬里星明無月天瞥眼江南過江北新寒忽到短檠前夜雨不寐云八月早寒未經晚風人意怯紗幮蛩聲易老山多雨鐙影增明天少星廻潤舊衣成散漫無眠孤枕太瓏玲愁煩難入癡奴性倦倚牀屛喚不醒晃州絕句云長安月渡黃河水送客荊門下五溪一片淸暉不知遠今宵直到夜郎西寄家書云桂花香裏平安字計到家時菊酒濃老母開顏應一笑兒書兩

月十三封秋海棠云不解海棠意秋花嬌過春山深風露冷燒燭更何人重安驛云來時見鳳山去時見鳳山悲閒忽不見身在鳳山間此類詩得未曾有太史嘗於城西慈仁寺西隅隙地建亭林顧先生祠瓣香師事志趣學問其由來可想也集首有鄧君顯鶴題詞云使君持節羅施外一卷新詩手自將二百年推此筆少七千里破古天荒蠻花犵鳥供吟嘯銅鼓蘆笙盡典章八度文衡庭誥在司農家法最難忘此詩結響亦高並爲錄出

新安程山屛芝雲刺史有海嶽紀游草緄幽鑿險多驚魂動魄之句下蓮花溝轉身崖云从磴百八盤懸溜五十丈人踵人肩來我齧我膝上上百步雲梯云陡然一梯天半放前海下梯後海上下者鵠退趾倒行上者猱升手攀仰石齒共歷七百奇綰名百步俾氣壯級高砌隘不受跌一步一停汗浹顙昔馬第伯封禪儀謂爲頂踵相接者同一語妙聞芝雲性嗜游覽梓行之書亦夥而惜未見也

吾邑陳酒邨天錫太學與余爲角丱交每於道院僧寮拈題分韻卽今回首數十寒暑矣余錄其近作夜泊臨淸驛云塔影亘流曲城縈汶脈斜馬嘶池館月人坐驛亭花不寐知秋夜同行貰酒家醉餘聊倚枕聞吝已啼鴉黃葉和韻云花時容易綠陰稠幾日西風樹轉幽江上吳舲看倚棹雨中蕭寺獨當樓詩人白髮先驚老客路靑山亦怕秋似爾爭榮心力盡尙餘正色戀枝頭灌花二絕句云夏涼無雨潤秋花抱甕如珍禁煮茶涓滴

不曾辨清濁癡心只望好烟霞萬事衰翁不憚勞草花或有好根苗笑余似演皐官禮一一階前要折腰其佳句如曉鐘云僧起月初落香燒天半明漁舍云稚女候門惟結網老妻無事不登船風濤歷盡知營窟竿笠閒來羡種田暮春云過隙已輸勤學早看花深悔出門遲順風船云客厭炊烟求飯熟馬驚橋影怨鞭遲團扇云早知蝿盡先抛汝每到螢來又想伊憶内子云兩地愁心縈客路十年針指共兒燈酒村惜墨如金詩不輕以見示此已醰醰有味中邊俱徹也

詩避攙摭之誚而蹈空疎之弊其直鈎也惟運用工切而少斧鑿痕斯可矣俞澄夫先生友人計偕以行程見詢詩云僵蠶不復能成繭老馬而今尚識途曹艮甫給諫贈友云人言張儉能

為客我道梁鴻尚有妻有畣云寄生窶藪名難覆長柄壺蘆問最工王二波守府寒鑪云十年宰相輕饒舌五字陰何苦用心金秋士寒鴉云啞子孤軍驚北至阿瞞杯酒怨南飛趙漁亭西園夜集云犬聲如豹驚裴迪牛耳爭雄笑涉佗王雪帆述懷云蛇因畫足翻成誤鼠解拖腸更惹秋放賑所題壁云語記劉蒼為善樂詔如穆肅指困難錢子奇錄別云別懷擬學文通賦俠氣難逢劇孟談是皆吐屬工雅何得以塗塗附誚之又何得以點鬼簿目之乎余閣中瀉痢有句云廉頗老去三遺矢蘇季年來十上書秋懷云老矣英雄生髀肉悲哉秋氣滿衣裳過徐鶴峯墓云腹痛因過車五步魂歸且酹酒三升亦庶幾歟

陳叔度三月一日邀予與田少泉市樓小飲叔度即席成詩云沽春攜手約同行簷溜初消屐齒輕小戶吾甘斟季雅寓公今復識君平舉杯彌覺清游重聞笛時增舊雨情莫怪輕寒猶料峭再遲三日是清明是年清明節在三月四日舊雨謂沈芍園宮晴湖也人僉謂此詩有吹竹彈絲之妙予亦謂然

余往來眞州道中累矣最愛張仲雅先生詩云眞州西去好孱顏落遍鑾江水一灣三尺春潮留不住東風吹過石帆山近日徐竹江亦有詩云十年前訪秣陵秋指點紅欄舊酒樓獨怪蒲帆留不住綠陰滿地出眞州

余嘗聞阮太傅謂士大夫引疾歸里能作養後輩如謝元暉之於孔闓不惜齒牙餘論獎成人才誠不朽盛事以故太傅歸田後日與梅蘊生范雨村王勾生數君詩酒盤桓宏獎之功多所

成就蘊生著有嵇庵集勾生有舍是集雨村著饌兀多但汗靑有待余跂望之

華亭龔廉臣延煋文學昔從宦泰州哲弟延璲從余問字判袂後經十餘年未接音問丙戌歲忽以南游草寄示蓋由澗入閩之作其逮河上灘船云涌束石門狹上灘如上天險絕峽中水十丈倒相懸壯夫曳一繩繩縮細于絃齊聲作叫絕繩共人仆顛僵地效蟻磨僅以尺寸前最險偪石鋒飛浪滿身濺人力用已竭水湧船爲旋所恃鐵梢工閩人云紙船鐵梢工兀持一棹堅船頭馬駭鬣船尾蛟怒拳倘其一失手豈不魚腹填大灘迤數里數里積灘千出險復入坎終日盤渦穿由來順逆理難易判天淵縱云涉險慣行險無百全清流永安民孰業艮可憐何不棄舟楫種爾南山田舸黎曲小引云漁父也而倡託焉高髻窄袖艇而不裳俗名曲蹄婆聚族南臺江上浮舟泛宅幾數千戶云足以鎖歷故不之禁特未知所考耳詩云毒龍怒吼滄溟開劈裂混沌千瓊瑰帝笑山川本枯寂點染生意成南臺南臺一曲萬頃水倏忽去來近尺咫爲雨爲雲海上行浮舟浮宅波中起波出沒名舸黎一晢烟雲天際迷夜月倒涵雲世界曉風平展碧玻璨玻璨開鏡三千丈暮暮朝朝雙晝槳郎如飛鳥迹西東妾似寒潮心下上下上寒潮冷咽川水棲露宿証前緣半篙春漲三更夢一笛秋風萬里船昨夜風吹船不住浮萍斷梗何時聚問情愁見嶺頭雲相思錯認汀邊鷺別日臨流客感生鸞飄鳳泊

伯山詩話再續集卷二　十一

漫無成好憑鮫室騎鯨文海闊天空破浪行

新安朱荔生謙文學著作甚富嘗寓吾州以游草見示江上郎事云溢江孕空明來去潺無蹤輕霞在水底銜此波上峯童山若環佩四面搖雲容令晨烏蠻灘耳目駭所遂追思鑿險處百恐未足供忽忽戾斯地亭亭開吾眥蓑笠涉際歸樵爨楓香濃蕭然山水險含此將安從粵中絕句云自古文章第一流送窮乞巧寫牢愁我來驅馬南雲下經過潮州又柳州秋早寄懷句云河流新漲三洲北海氣光寒九郡東秋夜作云月影迷離千帳夢秋聲零落九州花荔生幼從宦粵西旋移家山左道途跋涉備歷艱辛近從袁江來游吾州挈眷同行又或月又棹九江之舸天際眞人可想不可及已

吾邑松林菴古松歌余已登趙沅芷王勾生二君作以爲一時瑜亮矣今荔生作歌云我家黃山下最愛黃山松黃山之松小而久尺寸具有湛荒容有如雞窠老佃落塵世肢體縮瑟威兒童北望郁州山父祖墓其中郁州山上前頂寺一株拏攫稱蟠龍恍若雲鱗霧鬣下游戲山雲掣住猶奔衝兩地年來嘆遙役相思烟雨蒼髯隔此日吳陵作浪游城南老幹愁孤客桃花盡處一菴小禪戶開時滿庭碧丰茸離纚半仅高屈曲周遮五十尺瘦藤盤互枝千萬怪容倒挂根什百靑虯逃風不作濤蹲臥難尋首尾跡初値傳聞自宋代治亂百回風雨快半生苔蘚黛作芒老似神針洩幽怪陳檜唐槐亦有年此松奇古亦超然拘不肯高歛不放天都雲臺到眼前我聞大廈要梁棟千丈森森

伯山詩話再續集卷二　十二

方足重胡爲拳曲苻作盆中形愈曲愈奇愈無用又復盤踞不得所空城冷寺如入甕自然相賞阻冠裳誰信來棲有鸞鳳松老有神笑語人以不材壽君所聞何難直上青雲際只恐久已爲灰塵何況古來柱石器往往隨例多賤貧剛腸九迴身百折忍尤攘垢卑棲身兩鬢不綠七尺瘦豈有旁觀鳴屈之親朋鳴乎此松名不顯平地鬱鬱經千春此借松抒寫灝氣流行於趙王二君作外別樹一幟鼎足而三矣

吾州治西北九里溝儲文懿（巏）墓在焉余曩與田少泉訪墓道各騎一石馬背對譚詩文余寄少泉詩故有芒鞵曾踏鍾山雨石馬嘗騎吏部墳之句也近又屢過墓側見古木撐雲豐碑踣地作詩云古木蕭椮石徑荒驅車時過墓門旁留都往事悲朝

露翁仲無言曬夕陽吏部賢聲留疏草大臣勳業薄詞章蘭臺一傳（去聲）傳文苑且爲柴墟感慨長宮子元（偉鏐）太史庭聞州世說云文懿甍後數丁年夫人窆合棺四圍皆梅花竹石若圖繪趙叔鳴顧東橋爲記其事亦平生不盡文章流形者有然朱竹垞詩話云文懿卒于南都在正德癸酉後三年歸柩海陵攢于墓舍丁丑將甍啓視棺上生黝墨成繪畫文具畫家皴染之法前則奇石枯松旁出二篠莖葉咸備左則梅株夭矯稍着數花右如左而樹枝差短其文深入木理四方來觀詫爲神異顧華玉爲作靈徵記按此二說詳略不同窆合與啓攢亦小異而此實有可記者蓋文懿因李何教行之日執政欲加擯斥文懿以文章復古爲國家元氣極力扶植得不傾陷風雅蔚[illegible]斯文攸賴焉後之譚文懿逸事者謂冠南宮日署其邸句云希奇姓字傳天下冠冕文章壓兩京又署邸大門云秋榜仍爲春榜首會元即是狀元郎朝臣忌而抑置之夫文懿嶽嶽懷方錚錚抗疏豈捷南宮日署門而輒爲此俚語耶此不待智者而能明其必無是也

劉伯咸與陳茂亭在京邸共文字之飲伯咸成玉漏遲一闋最佳其詞云漫空横雪意天應相勸此宵沈醉況我疏狂正合狂歌燕市直共元龍去也且無問高樓平地剛好是梅花香處玉醅正美平生把臂論文似崛崒雙峯雲中撐起不是才人卻是才人奇氣隔座二豪休笑便拚飲也非容易心未已杯乾更移江水

曲阜孔宥涵（繼鑅）比部用陶韻作詩百首事古情今意密體遠近聞主講鍾吾而天際真人之思遠不可及爰錄數首登之集中用咏貧士懷劉大令（寶楠）云江淮昔漂轉泛宅如萍蓬四十始釋褐作吏無能工君豈真拙哉時不珍黃龔佐民貸府庫慈惠寡所同欲歸阻官欠鄉思心魂通願言遲琴鶴雲海驪相從與魯一同用聯句韻云潛修異所趨志士求其極以我竭蹷行知爾不遑息衰亦任顏貌勇肯退精力規矩入聰明盤礴而嚴飭君子渺何方白雲在我側海氣侵中原誰是垂天翼苦竹早秋聲小草空庭色閒居審進退踐履無歧惑用擬古韻寄潘四農師云荒雞號斷垣昏鴉聚高柳門前萬古月形影誰當久晚風吹夢覺山川隔良友悲來對天語口渴不能酒意氣在盛年

一錯百孤負牖戶怵陰雨動植順高厚我生轉蓬科飄泊成何有又云澤國累年饉大官無歲荒小吏朝暮謁上堂復下堂戟門列風旆鼓角吹蒼茫絃酒客在闍淠泗農在場一堺障蛇龍城郭參邱邸度支竭租賦水與金低昂老兵抱鍬臥腹飽防河方久客傍淮甸閉戶空嗟傷集中沖和綿邈之詩固不少而箴規勸誡之作亦復有之蓋忠愛之心積于悃愫白香山秦中吟紫閣村諸詩每見怪于當事良有以也

偶閱阮太傅廣陵詩事我州有徐孝子割心醫母一事余幼時嘗聞之而未詳今作詩以叙其巔末云夜漏沈母病深神語要得天馬心天馬之心安可得孝子那惜囊中金藥店遍求無此藥孝子回家慘不樂藥缶烟銷鏇風作牀上呻吟聲息薄孝子

禱神百叩首馬心忽悟已身有已身屬馬馬有心取心于馬一反手嗚乎心可割身已死孝子死孝孝子死神曰天不死孝子大聲呼曰起起起此身如在烟霧裏蜂窠四周創合矣康熙年間事有此逮乾隆初猶見爾此事自宜壽青史孝子誰徐萬侯何許人善操舟何方人家泰州泰州東門之內學宮側至今人訪孝子宅坿訪徐孝子宅記云余昨閱廣陵詩事云孝子宅在學宮之左余步至南街心默禱云余實不知在學宮何許願所至處其樹木或松柏當門其鳥或烏當門必是也時由朱王俊又狀元坊折而東適見一土牆院內老檐上立一白頸烏余竢立諦視烏下簷作迓余狀余又禱云孝子宅在是耶果爾則烏當開口叫禱未終烏引吭長鳴三余驚異竊喜向東行百步半晌旋至原所前烏在復益一烏立簷際又長鳴數聲飛去余過西鄰蔣君問昔年有孝子居此地者君知之乎蔣云昔聞諸土父言有徐孝子割心醫母事其言與詩事所載實小異而大同問其居即在東鄰今烏所立之地是也并言孝子以操舟爲業某憲廉得其事欲爲之請旌格于例未果孝子無他才能唯市木呼匠氏作一巨舟賃之孝子賴以溫飽養其母以大年終余聞蔣言不知簷際之烏孝子之靈歟抑鬼神之𩴆使與余不得而知其故姑以不文之文畧記之于此以竢後之采訪者

集雨樓閱余詩與記亦感激作詩有云其事雖近愚其心亦良苦出自尋常人大義足千古又云孝子之宅在何許松栢蕭森迷處所當門指點來神鴉猶怪神鴉弗能語吁嗟神鴉不語詩人語孝子之孝天所與天與孝子以詩傳接翅神鴉向空舉

陶南村輟耕錄吾州顧仲庸於友人嵊縣尹張文友卒走告當路謂文友願致仕獲嘉定知州宣命又爲文友子謀得告廕人皆感激又鄉前輩沈龍翔默發幽錄言吾州柳敬亭以亡命傭於某家旋去以說書名後歸舊主雙柩不舉復說書歛得三百餘金遂爲發喪並買屋產以奉少主其義俠均有足多者世人

蔑視艱困輒曰善不可爲將謂熙熙之衆皆中山狼類乎

吾州東門外鳳凰墩顧烈婦墓墓有短碑碑久踣地丁廳音使人復植立之余讀碑記作詩以紀其烈云顧烈婦正氣鏈火中遒霜後松祖廩膳陳御驄父中函幼貧窮贅楊氏嗣顧翁婦氏顧維父從鐵石性桃李容張世英其所天比匪人瞎少年齒粱肉衣華鮮過張宅情流連婦性靈覘已知姑不良巧致詞婦弗從抵死辭母子怒誣婦侮朝詈罵暮捶楚烈婦悲力難拄既投繯復飲鹵母子性實豺虎殺機起勒以組昏昏燈熄熄鼓黯黯雲淒淒雨掌摑血釵分股乾隆朝十六春十月五夜嚮晨烈婦死里人嗔莅宰官誅凶人鼓樓旁樹貞珉鳳皇原高高墳金子伊爲撰文我作詩薦白蘋人有言江之神乾隆甲子年里人某

秋賦泊舟于江滸夢入水神廟廟神翟翟秉珪坐堂皇召某曰我顧烈婦也上帝命我治水于此爾歸可告里人以勵節孝余詩結句指此

吾州元至正年間有袁孝子名智周者世爲丁溪鹵戶父受戶甲非辱死孝子誓復讐陰佩刀伺間凡六年用被他人戕死後有司禁持兵孝子棄刀于邗水其終天巨痛無時釋焉前明嵊縣劉藺司李作袁智周佩刀歌詩稍繁冗余刪存之云鹵豪煮海地沸蒸孝子仰哭蒼天崩百金市得陰鑿冰六年泣血繹雪凝歎歌獨滮氣塡膺刀亦汝知龍梭騰斯須間隙不可乘坐令骨立枯崖藤墓廬青冷松明燈刿有母老鬢鬅鬅破涕爲笑躬豆登無何仇家死棘矜臭肉厭飫蚋與蠅天其假手俾世懲入

生五倫首父子復讐義昭春秋禮倒行逆施伍員恥舞陽吉翂同轍軌嗟卿避兵家轉徙事往行存宜繕紀酴醾花香鯉搖尾癯然鶴行過客邸欲言復呑鬢颯耳嫜嫜猶嬰慕焉已酒酣問刀首如七忍歸武庫投邗水水收烟消靜霜葦電光霍霍無時起安得河伯以鑄授烈士來舟積究從一灑

銅山趙小莊 福 副戎具磨盾書鼻之才擅雅歌投壺之度余未克謀面而遜聽已深時見其聯句云愛聽鳥聲多種樹喜看山色欲留雲又戲成云黃鸝養就嬌情性罵得桃花不敢紅其冒懷通倪可知

盱眙周履實 素村 明經掃墓詩云離離衰草白雲天淚灑松楸已廿年欲向寢門問安否不知何處是重泉其詩樸質而有至性

東臺姚樸菴 淳 明經曩與姪南村載酒問字與余多所啓發蘇武廟詩云屬國孤忠著空庭剩落暉雲深茂陵樹雪是老臣薇隴上羊何有天邊鴈自飛古人書尚在一讀一歔欷燕子磯阻風云何處飛來燕磯頭亂石存大江呑去浪落日淡孤村鄉思客中集香醪買處渾揚州渺何許翹首失黃昏題畫云萬頃濃烟一抹山山前流水聽潺潺桃源本是人間境自棹扁舟日往還其佳句如園中晚步云竹葉添風信桐花誤雨聲食枇杷云摘得枇杷果登枰任快嘗長卿思解渴盧橘是同鄉余喜此詩有辨正司馬長卿上林賦云盧橘夏熟下文又云枇杷橪柿或謂盧橘卽枇杷長卿何得於一篇之中疊見此物乎不知盧橘

是蜀產長卿以蜀人咏蜀物豈有舛誤耶蘇東坡詩曰魏花非老伴盧橘是鄉人東坡生峨岷而引用蜀物謂盧橘是枇杷鄉人引上林賦而兼用東坡詩意以定往說之紛紜又以長卿渴疾連合之妙於用事余特賞之如此

姚南村 應麒 明經賦古劍古書二律白小山 鎔 學憲極賞之古書云生涯黃卷啓吾曾遍訪嫏嬛愧未能一代精華存故紙幾人披閱費殘燈西京文字無眞本南渡葫蘆有老僧幸喜芸香堪辟蠹于今留得幾溪藤時以近稿見質予賞其戊申年十月十五日書事云十月十五日生東黃雲慘霧愁空濛有聲來者自西北長天頃刻生颶風颶風一起遍四野洪濤壁立大澤下巨艦飄零似斷蓬大廈頓傾飛屋瓦東村西港湖波連湖身陡

高高拍天楊柳梢頭忽隱現若有人兮攀其巔咫尺相望不敢救寒風凜烈吹衣透十指僵持力不支翻身直下隨奔溜奔溜挾入向東走來日浮尸認身首蒿目纍纍秋草旁老穉婦男無不有萬井不聞雞犬聲狂飈猶作長鯨吼回首風濤六月天驚心雨度皆身受何況天涯舴艋舟萍飄梗斷嗟身浮江湖遍地哀鴻影前路風波替爾愁拜楊左泉先生墓云古碣模糊臥草萊一時贍拜幾褰裳年年寒食東風柳親見余家五世來左泉貴州諸生流寓東邑南村之曾六父延請教讀病歿葬邑之北郊年年寒食率子弟野祭今五世不替古誼洵不易得南村詩亦眞摯而蘊藉也其佳句如古劍云千年未拚干霄氣百鍊成爲繞指柔送蘇子山赴栟茶云科第有時關氣數文章到底要清華較吳吉甫云上德果然傳世貴能文翻悔讀書多語皆從醞釀而出

吾邑朱櫻船寶善世臺以初稿見質才思富有浮山謁禹王廟一篇瑰奇璀燦余愛而錄之詩云粵稽揚州中古時惟淮與海環繞之萬派朝宗路由斯淖溺而濤蟠蛟螭咄哉河伯煩宸思虞帝清問誰克治僉曰唯禹帝曰咨禹拜稽首臨丹墀歷兗青徐荆厥基三江既入合名枝厲揭無庸楯與樏手縛巨孽無支祁百靈僴伏曷敢嬉從此南條咸平夷賦下上上垂成規臨風貝錦雲霞披瑤琨尙有千行輸何止卉服來邊陲吾聞聖人德所施四海感戴心怡怡各持方物酬胼胝東南奏功功尤奇永使江北無險巇浮山作鐵廣陵垂塊然巨石居乎卑方洞有似

帝臺碁其下頑鐵少鑪錘豈是精衞銜來疲不及東海口忽遺抑或磬浮泗水湄夸娥戲向此間移不然無草無夫杉千年地底胡久羈其原難溯疑傳疑是山諒亦神所司邦人卽此立神祠歲時駢羅元酒卮年深大厦力難支雲華之臣失扶持有時殿角走荒鼪縱多古蹟烏能知憶我六年前來茲百尺虹蜺堯華榱黻冕仰瞻媧氏逡黃龍壁上撐之而刑天舞與貳尸一一圖形罔或差如於九鼎與親窺詭譎精靈似躨跜爾時舉火捫殘碑苔痕土蝕叢蓁蘺呵壁欲問口囁嚅睹諸奇相笑脫頤倏爾飛光無停曦窆石草枯何弗栢庭前屈曲虬松欹翹首四矚空鬱伊造二梵福人交啞何如心報黃屋慈得仗神威祛馮螭鐵牛河畔工允釐安瀾告慶無愆期何古則安今則危空懷利濟難陳詞荒階歷歷香風吹歸來但作山經詩明德遠矣誰能追小秦淮曲云有女汲清流暫見扁舟過走入柴門中頭上草花墮其佳句如綠春詞云已憐照鏡誇白婦何苦提刀逼老奴又云不知今夕誠何夕未必他生尙此生又云飛龍入蘗身先化粉蝶離花夢不酣

詩人不讓人獨善往往出新意以爭之宋司馬文正公不以詩傳者也陸放翁寢食於詩者也老學庵筆記文正公五字詩云烟曲香尋篆杯深酒過花放翁後亦有句云茶鼎聲號蚓香盤火度螢二公之詩其細緻略同然謂放翁之句非脫胎于文正吾不信也

論詩者往往矯枉過正趙孟頫謂作詩用虛字殊不佳中二聯

必須塡滿方好環溪詩話亦云詩用實字則健此皆矯宋派卒易之弊而力返唐賢之說也因思唐之聖于詩者必推杜少陵少陵熟精文選理宜其多用實字矣而杜集中大有用虛字處如諸將第二首中有豈謂翻然不覺猶聞獨使何以等字第三首亦有雖多補不自供稍喜臨邊等語是全以虛字抑揚吞吐搖曳傳神他若豈有文章驚海內漫勞車馬駐江干幸不折來傷歲暮若爲看去亂鄉愁扁舟不獨如張翰皁帽還應似管寧唯將遲暮供多病未有涓埃答聖朝莫倚善題鸚鵡賦何須不著鵕鸃冠非關使者徵求急自識將軍禮數寬獨鶴不知何事舞飢烏似欲向人啼但見文翁能化蜀焉知李廣不封侯遂有馮夷來擊鼓始知嬴女善吹簫等句皆是是知下筆時用虛用

實如風水相遭本無一定亦如爲圭成璧唯雪之所因所遇已耳

吾邑以繪事著名者無過于張石樓（欽）李箕山（頵）唐敷五（志契）陳漑夫（鎮）石樓爲詞臣（幼學）先生之哲嗣善花卉箕山敷五善山水漑夫善松石石樓以西征辦馬得官旋以代故人保結落職其氣誼有足多者敷五著有繪事微言三卷與兄相五（志尹）子希白（昌）時稱三唐漑夫畫松時作長歌其氣浩落箕山善用焦墨工篆善詩詩已采入集中近時之善八法者姜若泉（葢）徐東園（震甲）其嗣音也姜不譚詩徐間作韻語其題紡織婆翦秋羅畫云紡織婆紡得秋花如許多翦秋羅翦碎秋心奈爾何洵蘊藉如其人也

余昔館于吳嵎暘（昂）少府署中繆彬甫（文煥）廣文自海州歸得呂泗雙鶴贈吳吳少子玉川（珩）作詩云長晝閒憑鬭鴨廳船舁籠至展修翮主人從此添工課架上忙繙相鶴經詩閒適有趣

因憶汪茗文檢討畫牛歌云老夫曾讀相牛經一聞布穀思歸耕何時寫犁祖黃犢驅向東阡北陌行世傳相鶴經本浮邱伯授王子晉崔文子學道于子晉得其經藏嵩山之石室淮南八公采藥得之遂傳于世相牛經甯戚以授百里奚者二經之本來姑不論其是否然其詞甚古余讀而善之附錄于下以資睹記相鶴經云鶴者陽鳥也而游于陰因金氣乘火以自養金數九火數七故稟其純陽也生二年而毛露黑點易三年頂赤而羽翮具七年小變而飛薄漢雲復七年舞應節而晝十二時鳴鳴則中律百六十年大變而不食生物故大毛落而叢毛生乃潔白如雪故泥水不能汙或節純黑而腦盡成膏矣復百六十年變止而雌雄相視目睛不轉則有孕千六百年形定飲而

不食胎化而產與鸞鳳同羣爲仙人之騏驥矣夫聲聞于天故頂赤食于水故喙長軒于前故後趾短棲于陸故足高而尾彫翔于雲故毛豐而肉疏且大喉以吐故修頸以納新故壽不可量所以體無青黃二色者木土之氣內養故不表于外也是以行必依洲渚止不集林木蓋羽族之清潔者也其相瘦頭朱頂則冲霄露眼黑睛則視遠隆鼻短喙則少瞑鮭頰䏶耳則知時長頸竦身則能鳴鴻肩鸞膺則體輕鳳翼雀尾則善飛龜背鼈腹則伏產軒前垂後則會舞高脛麤節則足力洪髀纖指則好翹　相牛經云牛岐胡壽去角近行駛眼欲得大眼中有白脈貫瞳子最快頸骨長且大駛壁堂欲得闊口膺庭欲得廣天關欲得成雋骨欲得垂蘭株欲得大豐岳欲得大稚頭欲得高百體欲得緊垂星欲得有怒肉力柱欲得大而成懸蹄欲得如八字陰虹屬頸陽鹽欲得廣常有聲似鳴者有黃也洞胡無壽珠淵無壽上池有亂毛妨主人凶身欲得促形欲得若卷大膁疏肋難飼龍頭突目好跳豪筋欲得成就毛欲得短密若疏長不耐寒氣尾不用至地尾毛少骨多者有力膝上肉欲得堅角欲得細鼻如鏡則難牽口方易飼欒府方易飼木牛肌大尾青最有力

同鄉王叶衢（華封）布衣無米口占云昨宵耳畔唧噥聲醉後模糊語未明晨起方知廚乏米先生又欲喚門生叶衢勤于采訪

葺海安攷古錄二卷頗資聞見

余閱李義山祭姊女寄寄文情辭哀宛夫寄寄姊女方在髫齡文人猶不能忘懷況年將及笄之生女乎兒殤女在殤男之後乎吾友顧載之生子鴻才美而早喪余集前已錄其詩今有女名宝季者又病殁載之哭之慟詩有可哀者女病云病勢中宵劇風生駭浪多命懸呼吸險醫望菽梔痊時作一朝伴恍同十載過近添兒女態口學念彌陀哭女絕句卅六首不及備登其一云瓊枝無力葬東風孤負流光一夢同盡勸遺懷須飲酒不知淚落酒杯中又有句云字義訛傳能口辨病根深入最心酸蓋女病時有說翼駉稗編者誤讀駉字作仄聲女嚬蹙曰魯頌駉篇駉音扃平聲非仄也女並未受女傳訓而實聰慧如是哀哉

伯山詩話再續集卷二終

伯山詩話三續集

（清）康發祥 撰

《伯山詩話三續集》二卷，清康發祥撰，據南京圖書館藏清道光同治間《伯山全集十二種》本影印。

本書刻於咸豐十年，自咸豐二年因太平天國内亂波及江浙，友朋簡書漸少，故蹉跎十年，方有詩話問世。發祥自道光二十七年輯録詩話，歷經戰火，而至老不輟，或以人存詩，或以詩見人，或以事存詩兼及其人事，都能秉承温柔敦厚的詩教傳統，加以闡發，議論精密公允，見其中年之後論詩心得。

（宗　偉）

伯山詩話 三續集卷上下

伯山詩話三續集

儀徵吳熙鍚書首

咸豐庚申年

孟夏月開雕

捃輯詩話於辛亥年再續二卷越一年遂有軍政而此事之不斷如綫兹數年來友朋之簡書較少而余之荒廢已多矣庚申季春偶發篋衍間有所得掇而抄之公然成集名曰三續恐難爲積薪之居上而不免覆菜之求益七三老人古古以此自憙亦甚無憀矣但聞遝歲友自京師歸云海外君子有姜姓字星槎者於琉璃厰中購得捃輯深爲愛惜副使舟帶回本國余系何人而敢索雞林之價乎可一粲也

咸豐十年又三月十六日燈下伯山氏書序

伯山詩話三續集卷一 話今

泰州康發祥瑞伯氏編輯

門人王鴻業雪飄校勘

宋曹輔有二一南劒州人字載德一海陵人字子方與蘇東坡相倡和者海陵曹子方也蘇詩施宿注云曹輔字子方海陵人元祐三年九月自太僕丞爲福建轉運判官東坡繼出守錢唐同過吳興作後六客詞子方其一也子方以詩寄壑源新茶當是閩中所寄子方自閩歸道錢唐有眞覺瑞香花雪中同游西湖三詩元豐七年間爲鄜延路經略司勾當公事故詩云往來戎馬間邊風裂儒冠詩成橫槊裏楯壘何時乾後點廣西刑獄先生在惠州數與往來書帖纍䍐諸賢多在巡内子方不循時好周郵備至世論與之紹聖中移守衢州按施宿宋嘉泰年間嘗爲淮南提舉署在海陵且與輔時代相距不遠豈妄言者今州志不載豈疑輔爲南劒州之載德而謂非海陵之子方耶是未可知

東坡有次韻滕大夫三首咏雪浪石沈香石也注大夫名興公海陵人時爲定武倅今志亦未載

中山詩話云海陵人王綸女爲物所憑自稱仙人字善數品形製不相犯吟雪詩云何事月娥偏不在亂飄瑞葉落人間說云天上有瑞木開花六出他詩句詞意飄逸類非世俗可較題金山云濤頭風捲雪山腳石蟠虬常謂綸爲清非儒子不曉其義亦有詩贈曰君爲桐葉我爲春風春風會使秋桐變秋桐不識

春風面居數歲神舍女去僣然無知嫁爲廣陵呂氏妻中山詩話劉貢父作斯時貢方倅海陵定非漫言

李安溪光地相國送吾州繆司寇沅視學楚中詩云江沔滙分處邦爲南地雄涉湘名已驗作楚定方中杞梓登天府蒹葭問土風淸貧君不厭大略邈芹宮涉湘名已驗句謂司寇字湘芷也詩語多規戒而又沈着華贍其丈幅至今疊色如新令人望觀無斁

人有詩歎討便宜而翻致喫虧機巧而轉覺成拙者安化陶雲汀澍宮保嘲輿夫詩云峻嶺費延緣危磴愁磝磝矗矗五雲端目懾此尖峭下有徑腰之坡陀誰所竅明知介然成其始若可抄輿夫謂攀躋得此徑殊躁止之勢不能難易彼誠較登頓犖

确中亦復魂屢掉行之三數里忽焉阻重淖揭厲兩無功步穿氣先懊前後頓差池彼此騰怨誚我時默無言付之以一笑欲速反爲遲此苦由自召計窮無復之舊路須重繞却看循途人蹴躋已先到捷足彼何爲詩爲來者告此可爲行險徼倖者誡究之幸不可徼而徒爲冒險循途守轍何嘗不利乎

癸丑年六月十八日余由白米鎭適繆岱雇小車一輪前行車人自衒其技工要余贊賞而彼實拙甚凡遇磯确處則汗下浸淫氣喘不輟余銜之作紀事詩云野田犖确行有僕來驅車技拙力亦薄汗下聲每吁彼實不自量猥欲要人譽請問車中人我技御何如我曰君技妙無人能爾適彼意殊洋洋其行仍趦趄我作違心語豈合直道歟念我有口惠權當春風噓有如鈍

秀才下筆多謬迂慣以文質人不知人斬渠人視爲燕石彼視爲璠璵概作紅勒帛得無情意疎人技苦不足人情貴有餘但將口惠加何惜此區區

安化陶宮保澍著有皇華草入川詩卓然可觀姜伯約祠云北伐年年戰鬪勞紛紛被敕倒旌旄猶聞死後將軍膽空拔營中將士刀往事竟成蛇畫足天心已定馬同槽當歸遠志皆虛願歲歲祠前劒水號綿州弔張魏公云半壁臨安已不支富平新敗又符離少年入幕憐才子殘局同朝誤太師海內每聞諸葛號陣前猶擁曲端旗將軍脫幘長城壞孤負黃龍痛飲時新都弔楊升庵云朝內何人念敬皇滇南回首暮煙蒼山迷故國三千里夢斷中庸十八章賈誼少孤憂漢室虞翻老尙棄蠻荒白頭粉面雙丫髻起舞汍瀾淚數行自注升庵生時母夢神送五

代忠王夏魯奇至曰武臣也以中庸十八章輔之詩有論議音調亦極高華

皇華草中灞橋詩最爲絶唱詩云灞橋兩岸多楊柳直到秋來未肯殘幾許離情添漠漠半河新水共漫漫日邊已覺長安近雲際猶愁蜀道難差喜能看黃白閣消魂不用倚欄干外有秦中懷古十章高華典實玆不及備登

洪容齋筆談紀瀛漠之間二禽云塘濼之上有禽二種一曰信天緣形類鵠色蒼而喙長凝立水際不動魚過其下則取之終日無魚亦不易地一曰漫畫形類鶩奔走水上不閒腐草泥沙唼唼然必盡索乃已無一息休信天緣若無能者乃與漫畫均

無飢食而反加强大東坡二蟲詩亦猶是詩曰君不見水馬兒步步逆流水大江東流日千里此蟲趯趯長在此君不見晏溫堆決起隨衝風隨風一去宿何許逆風仍落蓬蒿中二蟲愚智俱莫測江邊一笑無人識勞逸靜躁之不同生于性而狃于習見此者當慎所擇也

武康徐雪廬熊飛孝廉著有白鵠山房風甌雪笠等集詩多凌厲之氣余獨賞其和平淵雅之作林烈婦云可憐明月光不照磐石心誰使姑不容妾心悲至今妾不得姑心妾命青蠶絲絲絲腸斷絕多謝惡少年黃金買顏色茨菰復茨菰緣葉何翩翩妾不得姑心妾死無足憐如何蘭蕙花變作卷葹草山下青梧桐姑惡啼至曉蓋林女嫁顧氏子姑與夫受惡少之賂誘婦婦志不奪受炮烙死也詩語含蓄可貴五松關云片雨洗新綠引人山水情入門唯石色高樹有風聲野鳥來窺戶孤雲不出城名流清嘯地耶壑憶平生奔牛鎮云醉殺蘭陵酒空江湖碧流野花明斷驛春草綠奔牛沙岸桑麻少漁家蒲稗稠相逢多水客船尾話揚州太湖舟中有感云飛花亂落鮎魚口宿鳥晴初曉霧開白鳥忽從煙際沒青山多自故鄉來臨流鬢髮垂垂老到眼韶光故故催不及五湖漁父長全家棲泊釣魚臺吳梅村先生墓云靈巖山色墓雲開高塚荒凉集碧苔感運自憐青史在思鄉欲乞白衣回茂陵玉椀初明恨江左牙旗庾信哀依舊東風吹秀麥牧童催犢上琴臺橫塘絕句云門外垂楊綠幾重小樓一角對芙蓉飛花萬點橋頭路春酒不如人意濃詩多有

見地

山陰楊六符夢行庶常著心止居詩四卷內有讀史樂府四十首其最佳者龍門史云龍門史成父志直臣之風孝子之事咄哉班固作漢書乃於舊傳易幾字女從征云妾不患殺賊勞能騎快馬腰短刀妾不患絕塞遙患妾父母皆年高得歸拜二親還親女兒身幽并健兒何足云妾貌如花愁殺人長樂老云歷事五朝十二君著書自謂忠于國世無老子之癡頑何爲佛出救不得破君亡生亦可憫乃曰長樂孰不可忍七十三死非早一時同驚歎言與孔子同壽考于以知五代人心之顛倒近體詩病起句云曉雲凉似夢山雨下如潮不寐云清露似成響鳴蛩强自支曉行云暗沙迎短轂宿雨溼山鐘

拙輯前刻祀竈曲已足供閱者噱今又見歙縣徐廉峯寶善給諫詩尤典雅可頌詩云隗耶髻耶竈神名張耶蘇耶竈神姓低甑高額造軒光五突三隅總司命東鄰祀黃羊黃金如斗家穰穰西鄰卜鏡聽吉語和諧鏡神聖一家一竈竈一神千百萬億神化身神之爵秩亦已薄乃得奏事登天門爛羊頭竈下養不用功高封將相儌福惟神神聽聰觚前慎莫爲人煬余閱惠定宇棟徵君注太上感應篇云段成式酉陽雜俎曰竈神名隗又姓張名單夫人字卿忌有六女皆名察洽察一作祭洽一作治一曰竈神名壤子也雜五行書曰竈神名禪字子郭又注曰禪單字相近蓋禪讀爲單莊子曰竈有髻司馬彪曰髻竈神也李軌音吉杜公瞻引五經異義曰竈姓蘇名吉利婦姓王名摶

頰給諫詩徵引本此

廉峯給諫著有壺園詩途行有感云回首鄉關遠前行客路遙曉星雞角角落日馬蕭蕭細草埋荒驛垂楊斷野橋淮山終可隱叢桂漫相招過馬當云千里蒼茫雲路長曉曨曉日射波黃篷窗臥聽濤聲急已報輕舟過馬當過嘉禾云隨隄裊裊柳絲黃吳苑溶溶溪水香身到江南還是客一帆又過語兒鄉題清明上河圖云華蓋雲高護冕旒鳳皇山麓莫金甌黃沙燕月宮車斷猶見丹青畫汴州此外有五代新樂府一冊長樂老云侍中里太尉鄉私門十六戟封國齊秦梁孝於家忠於國周旋四姓十一君老臣富貴永無極時開一卷時飲一栢樂而忘老時不再來菩薩行孔子壽執拗相公殿前奏伊尹相湯一五就此

作與前楊君六符作各極其妙梅君伯言評徐詩云歐陽公馮道傳直書其自序不著褒貶以不足汙筆墨也此筆墨高處余韙其言

順德胡安波海平大令襄宦吾州在任年餘余初不知其工詩也久之以詩見示過邗江詩云五千里外人重到廿四橋頭月二分甲寅年中秋望月云十二回圓曾幾夕五千里外又中秋宦蹟鄉情只此可見又因余詩話中有趙王二君松林庵古松詩先生擊賞並作攷訂指庵中之樹是柏非松詩云伯山詩話古松詩趙君沅芷王君勾生洵英奇巧將古秀清超筆寫出夭矯撐拏姿讀詩與發開步屐撫樹低回三歎息詩人藉藉說古松卻非古松是古柏豈不聞栢泉寺栢梁臺巨柏原是非凡材豈不聞老子堂孔明廟枯栢重生吐靈曜此栢拳曲盤龍身也似偃蓋松輪囷別含貞德具本性故有香葉無蒼鱗可惜托根非其地偃蹇苔階低挺翠只因挂屈山僧手竟使不成梁棟器如來殿側寄閒緣祇得騷壇人可意無如衡星精默默難自鳴庵倚樹成庵已古影混疑似松居名柏為松掩事日久遂使千載無公評我思大谷大陵松栢壽均與天地等長久古木如斯亦非偶表栢沒松傷衆口是栢是松終當剖持詩仍質伯山叟余答其詩云展讀新詩論松柏情如老吏判西臺憐伊樹木多風雅如此篇章大辨才黛色非從孤嶼出濤聲疑自半天來祟祠亦有輪囷杏更乞推求是孰栽自注胡安定祠中有銀杏一株稱安定先生手植不知是否更欲先生攷定之先生又有間

湖北官軍大捷同日尅復武昌漢陽云陸陣長蛇水鸛鵝兩城齊復此功多東風縱火周都督南海飛帆馬伏波共快惡氛清漢沔應無餘地匿妖魔江淮不少貔貅旅定許相隨奏凱歌海門即事云東指狼山更向東鹽池歷盡道無窮天雞若近扶桑國水馬初觀蜑戶風煮麥家家釀颶母收棉處處饗田公滄波拓地空千頃未可催租古郡同聲調高朗議論正大近日官移他處亦復詩筒見寄也

安波先生見鸕鷀詩云捕魚矜薄技品類本貪汚烏鬼名堪鄙青繩嗉早拘奏功同獵犬畫水比鵜鶘爾爾開征稅禽中賤丈夫即物以示警不惜言之痛快也蜻蜓句云身輕飛不定性警捕難忙亦有至理平橋夜泊云客路風濤險安平喜有橋

題柱過萬里數程遙月影沙鷗宿燈光酒旆飄更深重繫纜還恐夜生潮泰州光孝寺云喜過光孝寺爲訪五賢堂遠憶虞翻宅還思教授鄉徑松攢古色庭竹耐秋霜僧舍西城畔陂塘送晚凉自注五賢堂在寺内舊祀張綸范仲淹富弼胡瑗王覿也粤東光孝寺是虞翻故宅教授句謂胡安定也

朱竹垞詩話謂宋儒宋晦庵明儒薛敬軒其詩皆不墮宋人理窟要之其所爲詩究不能非理而成必師擊壤集一派殊可不必明薛文清已食兩廡特豚而河汾集詩醇雅動宕曾有美人生南國豔色世所稀明眸一迴顧草木生光輝之句黔陽山中詩云景好猶知是巽邦竹籬茅舍是蒼江吏情更有山林趣緑樹門前畫戟雙竹枝詞云錦官城東多水樓蜀姬酒濃消客愁醉來忘卻家山道勸君莫作錦城游如此類詩不傷大雅亦何礙於儒學乎又如于忠肅公明之社稷臣也其詩之高峻則如炕頭炙炭燒黄鼠馬上彎弓射白狼塞外青天圍故國雨中黄葉下空潭紫塞北連沙漠去黄河西遶郡城流懷人此際隔千里爲客明朝是十年是也其猶夷之作則有暮春途中作云雨中紅綻桃千樹風外青搖柳萬條借問春光誰管領一雙蝴蝶過溪橋擬吳儂曲云憶郎直憶到如今誰料恩深戀亦深刻木爲雞啼不得原來有口卻無心夫有口無心此是眞正學問絶大神通也自在流出亦何害於挺挺之大節乎陳白沙集中亦有老去又添新歲月春來定有好花枝之句亦不失其陳白沙也

寶應喬劒溪（億）孝廉論詩之旨猶是長洲晬語之例作詩亦守三別裁之繩墨銅陵東郊云返照開積陰秋容淨洲渚晴山舒薄嵐霽樹飄殘雨潛鱗逆水上逸翮出林語臨眺暮忘歸寒煙上平楚北河店曉發云原隰莽迴互驅車愁問津亂流平渡馬殘月早行人席帽沾微露荷衣積暗塵客心亘自歎長路二毛新

養一齋詩話山陽潘彥輔（德輿）譔也尚論古人多有見地卷首即訾阮籍陳子昂兩人謂籍爲司馬昭而作勸晉王牋子昂詣武曌而上書請立武氏九廟皆小人也以爲人與詩有宜分別觀者人品少繆戾詩固不妨節取若其人犯天下之不韙則並其詩不得而恕之詩教不在聖教之外若不明辨則才士一門遂爲小人之逋逃藪持論甚創而苛於論詩不免矣

又謂阿諛誹謗戲謔淫蕩夸詐期誕之詩作而詩教熄故理語不必入詩中詩境不可出理外謂詩有別趣非關理也此禪宗之餘唾非風雅之正傳余閲此條於理語不必入詩中二語最首肯膺服

又謂某人某詩不如某詩某人某句勝於某句絜短較長言之數數愚竊謂詩人之作但隨時拈筆而成如必欲爭勝於前人而又妨後人之爭勝於我則荆棘滿身幾於不能舉筆矣即評論詩句亦安得星秤隨身洋尺在手而一一爲之會計耶可不必也

龍㞧魏笛生（茂林）觀察懸車後寓居泰州閉戶著書宏獎後學

詩不多見秖見其哭姪詩云斯人何處去修文惆悵豐溪日暮雲膹有遺書三十架旃檀樹下冷斜曛

淮安烈婦鄭懷蘇蕙程作人振之室也依兄侶梅居揚州賊至陷城中迫之入女館刎未死自縊遇救又未死因食頳傷不食死有日記自二月杪至六月盡詩詞若干首乳母攜出殘稿族兄偉士杰孝廉錄稿傳觀吳讓之熙載舉以見示自題詩稿云平生自悔近微名此日眞如夢乍醒鷙鳥尙知畱勁羽啼鵑何處託哀音解詩曾笑吾家婢語讖仍空曙後星只恐此心疑未死僅教字字化靑燐第六句注云有女生而不育故云刎頸作絕命詞云一死未能求九死須遂志哀哀寸草心自裁復何罪骨肉如雨散恩情圖報難只將數行字畱與後人看滿庭芳詞一闋云三月煙花二分明月香車陌上如流變來今日犀甲帶吳鉤何日　王師雨洗長驅入迅奮貔貅危城裏天荆地棘不是等閒愁長淮三百里回頭一笑夢也休休幸飛花兩地翻謝河洲自顧此身安寄問前身著甚來由只餘得靑燐碧血何處十三樓讓之題詞有左姬才調班姬扇晉代璇璣宋代愁二句可謂該括余亦作詩云烈婦昔年侍湯藥深宵刲股揮鋒鍔甲丑之歲粵賊竄揚州城危摧斵角烈婦身在城陷中宜死宜生費斟酌淚眼盼　王師愁心俟夫子夫子未至死傷勇遹時欲死不遂死延至六月人未歸血淚迸裂霜同飛爾時欲待不可待宜死不死生何爲賊來逼之入女館胸中慧劍卻能斷刎頸未殊志愈堅此時那得須臾緩炎風入屋紅淚冰膏油熬盡終宵燈妙腕一篇金縷曲空樑數尺朱絲繩乳母將出絕命稿觸之紙上一一皆化稜烈婦者爲誰是當記其實鄭穎園之女程作人之室平生愛慕璇璣圖氏鄭名蕙字若蘇食頳傷後不食死求死羞尋抑不盧烈婦能將名教扶族兄偉士錄當途徵詩更有延陵吳讓之謂我詩拙質鞶帨無終以三字吁嗟乎

曲阜孔宥涵繼鑅太守詩余說詩已登續集矣今以壬癸于南二冊託程文伯寄余索拙輯一部交易之後展讀新作覺前詩氣味學陶茲集格律近杜感時論事格老氣蒼桃源云秋深古驛寒無雁水退人家夜有燈河上晚秋云月沒澹於初月地柳寒疎似柳靑時續排悶云移節但聞將代將徵兵久罷古屯田又云河渠移徙工誰代鹽鐵紛紜論更多平橋舟中云城春柳外誰家燕野哭天邊何處村雜感云有親忍說家爲累無米何曾我不愁畱別南寺云旣拋肝膽從人役何處林亭是我家邵埭聞鄰舟琵琶云太白高懸剛向夕小紅低唱是何年舟發寒河云監門忍繪流民狀名將誰兼國士風江上云漢室功名期耿鄧江天圖畫改金焦如此類詩指不勝僂酒邊燈下令人擊節不置

吾邑鐘鼓二樓余斷其爲南唐時造集中言之屢屢今里人築牆屋取土地中獲鐵盔一古鏡一觀之其爲南唐時物無疑余賦二詩以紀之古鐵盔云吁嗟乎古盔乃是將軍遺不知將軍者爲誰土花斑駮地中出形製偉岸光陸離屛廣頂銳腹中空去聲鑌鐵雙合圜成規腹中可受二升許其高九尺還有奇銳

頭定爲善戰將廣額亦是非常兒我聞泰州作重鎮兵起唯在南唐時顯德二年爲周陷旋看底定來宋師前此兵戈不遽息荆罕儒褚仁規防禦猷角支浙矛炊劍書復夜甲胄蟣蝨艮苦悲或化蟲沙或猿鶴原野血肉成膏糜盛無欵誌作攷核將軍姓名何由知吾身生幸承平日妖星掃蕩蚩尤旗隔巷時來觀古物含飴鼓腹同游嬉吁嗟乎古盛古盛今日出底爲得非要索詩人詩我詩雖成賓骫靡聊將盃酒以酹之新詩在手酒瘥地古盛顯晦無窮則古銅鏡詩云古盛一歌歌未竟友人請我歌古鏡厚三四分徑五寸土蝕無光月生暈鏡背何所有有字在其陰大篆疑屬徐鼎臣小篆似書徐楚金但恨殘缺不可讀令人展轉皆肓痞其旁何所有更有侲僮舞長衣縩綷當風舉

手中不待持干羽槮槮神物搖心魂寂寂空堂颯風雨吁嗟乎兩往風來一鏡中妃丁鼓鑄洪鑪紅英雄五代竟何處只賸區區百鍊銅吾邑之東某村農人墾田得數金條上有字曰南唐金條寬有二指長四五寸或是賞軍士物此事余得之韓上舍東膠所說東膠蓋目見之也

山陽方雲壑其洪學博與同邑潘農師德輿同舉鄉榜友善與魯一同貫亦聲氣相競莅吾州學篆時時見過煮茗挑燈譚詩不輟雲鶴飲余泉諸君於千江一月精舍作詩紀事云城東柢園清且廓樹啼鵓鴣戶羅雀倚檻看山雲滿天時晴不晴雨復落昨宵露色開黎明海東日上光晶熒出門但見露華泫插禾割麥聞禽聲歸來長歎惜無偶拈毫憶我譚詩友朝來一一京

然至昔蓿堆盤樽罍酒座中年長推康侯延之堯年皆吾儕袁生卓犖似龔角顧即俊爽同虎頭更有兩君殊嗜好何事牽引不肯到康侯料事得先機雅謔高譚令余笑縱橫世事增歎欷丈夫跬步須防微栢葉後凋猶自鬩楊花得勢齊爭飛豈知霄壤分得失素絲一染要湔祓此事難與外人道勸君莫放杯中物頻年烽火驚江鄉赤眉銅馬紛如蝗吾儕此間得安堵卻立仰視天蒼蒼回看春色深如許綠暗紅飄縈別緒消愁惟有闘音韻得樂居然忘爾汝譚深忽覺涼意催催詩有雨雨又來送君出門雨不止女牆無數野花開詩猶夷動宕朗朗可誦外有數詩見貽語皆高妙今撿稿不得姑錄此篇於集中並誌余過焉

今人紀游之作凡經行之處一山一水一樹一石無不形諸歌詠見乎簡冊但人心中若無感觸雖遇名勝何煩筆舌勉强爲之以爲記里鼓則可以之抒寫胸臆則未必爾間觀陶元亮往來廬山屢矣而集中絕無廬山詩是不苟作也夫豈集中竟軼之耶

淵明贈羊長史詩云路若經商山爲我少躊躕多謝綺與角精爽今何如又飲酒詩云咄咄俗中惡且當從黃綺夫淵明人品不在黃綺之下而淵明之推許黃綺如是李太白詩云登舟望秋月空憶謝將軍杜子美詩云淸新庾開府俊逸鮑參軍李杜歌詩不在庾鮑之下而以之比方感歎不過如此是自況不得過分譽人略無溢詞何今人於寫懷之詩而猥以巨公爲比

賢之作而輒以昔賢況之僭妄之譽實不自知其逾分也是可嘔噦

施元之注蘇詩此書開雕於泰州余於詩話續集言之矣猶恐其久而湮也乃題蘇詩施注後云長江大河東坡辭曾和微風細雨淵明詩名公筆妙無不可五十卷著英俊思昔賢時代適相近罰加注釋非阿私注者誰施元之何年代嘉泰時傳君漢稡善將寫刻在淮東倉曹司倉曹官廨爾時在泰邑今無屋宇猶有基至今蘇集徧宇宙求之此事人罕知我光邑桑爲表襮職在後起安敢辭元之編年適安善龜齡分體人共嘆後來殘缺誰補綴邵蒔甚賴商邱賢讀詩兼讀元之注知人論世心神馳此日安得景泰本開函酒酹千瓊卮按傳君漢儒名稡向在元之幕中爲元之謄寫蘇集鋟版此事南城曾某詩語亦言及之

通州徐樹人宗幹臯憲望嶽詩云燕趙齊魯山之東自東而西中州中五嶽已覽恒岱嵩勃然其氣生吾胸中原山盡入隴蜀一年兩走華山麓但見萬馬脊竦波濤奔跨鸞騎鳳朝天門縹渺王母滿頭雪欲洗不洗空留盆飽看山色日百里三日仍在山之根瓜皮皴皴斧劈誰畫工仙人五指落太空隱隱唐槐漢栢周秦松夜碧時或聞清鐘安得兩腋生翅飛上去一日三周天外之三峯手攀腳踏千朵萬朵之芙蓉余於友人冊中偶見此詩覺軒爽之氣豁人胸襟也

友人案頭有艤香山房集集中有淡巴菰詩頗覺雋永詩云

風吹綠瀛洲草葉大於掌煙苗老及時伐之編爲棚搰搰移時藉日杲晒乾細鉋如牛毛小奚盎露競相高平頭奴子裝點倩荷包有時收拾絲絲縷饑固不可以爲食渴又不可以爲漿何來好事貧衲子稱曰人間和合香眼前多少饑寒色便當服田而力穡奚爲徧地種煙根但覺有煙饑亦得集著南城曾修吉廷枚撰

吾友尤柳村金城縣尉曩築草堂於西墅而又起小樓於東城東西相望形勢可觀樓落成之日囑余作記余記成並系以詩云高樓西北鬱嵯峨海上名傳起櫂歌三十六湖煙水外此間獨聽雨聲多附記云樓以遠眺望問奇怪闊闊之間有樓而試登之略無所見但見左右民居萬瓦參差而已是可厭物而不可以眺望句樓之足云今柳村於居宅之隙地起別墅而築樓於其方甫成之日邀余與王一山廣文陳研香孝廉飲酒落之並囑記於余余因思州治之西南舊有所謂五藉者謂藉東道院南城垣西岳墩北佛寺中市河而茲樓之所藉更不止此茲樓之下有菜圃有青溪上有橋過橋有文昌閣巋然立焉折而東爲靖海樓如鳳之昂首高翥折而西有魁宮寺祥祉再西爲南山寺之浮圖稍遠爲南闘之橋樓而岳王墩則隱約於疏林叢薄之間其城之女牆則從樓之左折而右如帶之環腰而垂其緯此蓋一城之中而所藉已多矣城之外又有菱芡浮游漁歌唱酓鳧鷺出沒驅影往來其最遠處則墟里炊煙或連或斷手摩心揣皆可略言其村落其所藉又若此也而尤不止此且夫藉于地者亦藉于天以一日論朝日夕月宵霞暮虹以四時論春冰夏雲秋煙冬雪無不千姿萬態爭妍鬬奇以收納于一樓之中而供其欣賞所藉若此之夥五藉云乎哉且我州之城闕西北多廛市而東南多園圃廛市則估儈叢雜其氣講囂園圃則樹木蕭疏其風清淑昔有許主簿南園陳嘒亭承叔曾爲之記又有天慶觀爲宋徐神翁棲息之所近又有徐蔦侯孝子宅在其東之前後與右方焉是可知清淑之氣每鍾于此柳村之子弟荷讀書樓上愢然有得則可爲名儒彥士將樓與人俱播聞于海內而稱名于後世誠如登井幹者時拾級而更上一層也且空諸依傍不難也何藉之足云哉是爲之記時在咸豐元年仲冬月

襄拼搽場繆某以孤兒圖冊囑題余作孤兒行一首每句末俱

系以孤兒二字蓋孤兒失怙之後育於母氏艱苦備嘗余詩激厲孤兒再四諄囑欲其善事母氏以荅其深恩也或詰余曰詩每句綴以此二字有此體例乎余云君觀古詩董逃行一首可矣

詩以二句爲一韻夫人知之矣亦有一句爲一韻者栢梁體是也又有三句爲一韻數句爲一韻者古詩甚多指不勝僂也且有以一句爲兩韻者人習焉不察未經道破按古語凡七字古人每於第四字爲一韻第七字又爲一韻如天下中庸問胡公說經鏗鏗楊子衡五經紛綸井大春避世牆東王君公甑中生塵范史雲素車白馬繆文雅之類皆是是庸公爲兩韻鏗衡爲兩韻綸春東公塵雲馬雅無不爲兩韻也

菖蒲花發時人看不見余再續集中已引古今詩句証之今偶記元微之詩別後相思隔煙水菖蒲花發五雲高李昌谷詩官街柳帶不堪折早晚菖蒲勝綰髻又石上菖蒲九節死游記彈琴迎帝子此又一証也施肩吾詩又云十訪九不見甚於菖蒲花此更一証也

詩人用州名入詩罔不夷猶動宕唐張祜云潮落夜江斜月裏兩三星火是瓜州李紳云嘹唳塞鴻經楚澤淺深紅樹見揚州李白云夜發青溪向三峽思君不見下渝州杜甫云今日南湘采薇蕨何人爲覓鄭瓜州白居易云忽憶故人天際去計程今日在梁州元稹云亭吏呼人排去馬忽驚身在古梁州又云一種雨中君最苦偏梁閣道是通州又云努力南門少惆悵江州猶是勝通州又云惟有綠樽殘燭下暫時不似在忠州楊巨源云相思末路幾回首滿眼青山過衛州宋楊傑云天末樓臺橫北固夜深燈火見揚州黃庭堅云正字不知溫飽味西風吹淚古藤州陸游云名酒過於求趙璧異書渾似借荆州　國朝王世禎云試向竹西亭畔望綠揚城郭是揚州德州旅壁無名氏題云而今我亦忘恩怨一騎斜陽過德州他若白日滄幽州明月滿揚州歌吹是揚州馬頭紅日見揚州一天梅雨下蘇州俱膾炙人口指不勝屈矣但州字皆用之於落句或聯句中而首句用州字則有劉長卿西塞懷古云王濬樓船下益州此爲天上下將軍全首詩竟如破竹之勢斬關奪隘之手其清雄爲何若乎

吾邑陳少方晉元明經遺稿囑余點定其贈余詩有得君來作中流柱媿我曾孤國士恩之句不知何指余贈少方詩亦有歌傳江岸人皆啞足踏名山我未忘之句蓋丙子歲余與少方同泊舟于燕子磯邊鄰舟于月下有歌長生殿彈詞一闋者少方纖聲發響鄰船即嘿爾而息前數日又與登清凉山觀落日此二句蓋紀實也

甘泉吳少文康布衣家于北湖與焦理堂徵君學問相劘切著白茅堂詩鈔示見詩云一盂豆屑粥見爾食常吐豈知道旁人腹飢鳴似鼓飢民船云託跡苦無地朝昏傍大河河邊鵝與鴨不及飢民多示奴云蕭閒山水是生涯不比神仙富貴家埽地莫傷初長筍煮茶須避半開花似此仁厚之語王褒僮約未之

有也

吾鄉徐雲溪曉峯廉訪器識宏遠聲光隆鑠立功皖水游登台司因公錦旋荛門訪舊袖詩一冊見示其紀事之作皆身經百戰而略述其光景也其硯銘云掃攙槍傳爾作干矛澤蒼生用汝作霖雨遺我子孫毋使瓦礫爲侶爲蓑筱隖侍御題石云相彼拳石孰與爾堅磨而不磷功可補天豈一耶一窾之才也當位置於蒸然東臬沈節母詩云撫孤難死節易死節一身輕撫孤宗祧寄况乎上有白頭親下有黃口兒皆未亡人一身之所繫孤兒已矣孤孫孤問天不語唯天呼於戲寒燈夜夜照冰雪仰事俯畜毋少缺請君試看嫁時衣淚痕盡化猩紅血乙卯立秋懷袁午橋都御暨小午太史云赤帝無權司烈暑金風乘勢捲蒸雲藉知景物隨時換頓覺炎涼此日分塞外雁鴻應結伴天涯兄弟久離羣清商消息何須問長笛一聲天際聞道經濠梁之黃泥埠云舊時春社是誰家籬落空餘水一涯蝴蝶不知人已盡雙雙猶鬭野塘花穎川凱旋即景云鐵甲光寒耀日明凱歌聲逐陣雲平歸來兩岸芙蕖笑一路清芬送到城客窗聽雨云旅館孤燈罩晚煙一窗風雨對愁眠來朝斫盡芭蕉樹不許秋聲到耳邊字裏行間皆有英氣是豈小儒之循章摘句所可比乎

吾邑張子碧嘉樹通守著有友恭堂詩鈔宦游浙日頻多題詠余賞其詠蘇小小墳云粉黛亦千載湖濱只一邱羨卿成絜果有客替花愁斷碣藤陰冒沿隄柳色柔錢唐才不少名獨美人

留悼亡詩摘句云賸有靈龜占悔吝恨無扁鵲識膏肓又云封侯夢醒知何處戒旦人遙易感秋又云未免有情傷奉倩可憐無福嫁黔婁又云補地早知成玉化禍機何苦孕珠胎天涯兵燹剛三月人世風輪又一回蓋恭人隨宦於浙浙亂前倉皇回里僑居馬溝生子後十數日憂勞病故子碧紋事分明情文斐惻不忍卒讀也子碧入都日游草亦筒余最愛其過十二連橋詩云獵獵風沙計日過長安消息問如何虹腰十丈馬蹄穩殘照一鞭人渡河又云闌干十二影橫空虹影遙遙碧漢通莫唱江南魚戲曲田田荷葉也西東其他好句如功名可信關天分時節何堪各異方又云桃花人面空惆悵柳色旗亭自往回又云萬刼都憑天意轉百年幾見月輪圓類皆風姿搖曳朗朗可誦

余之詩話有海外星使姜姓至京師琉璃廠購得一部深爲擊賞趁使节帶回副使某未得怏怏不已江都錢子奇行篋中有此舉以贈之喜甚錢歸告余時頗自得近閱宋楊龜山先生遺事云昔西南夷嘗以梅聖俞雪詩織布而歌陽永叔只於野錄載其事不入誌銘蓋姓名爲蠻夷君長所知豈足道哉龜山行狀中載高麗國王事所以不得書也時閱此論則又深服昔賢之識見大而遠矣

宋呂侍講贈楊進之詩云獨抱遺經唐學士差強人意漢將軍國初某上某詩云分陝旌旗周太保沸天鐘鼓漢將軍贈人詩如此鄭重宜也又有某詠藥中甘草句云歷仕五朝長樂老未

曾恃將漢留侯何工妙乃爾

甘泉俞振宇宏勳太學喜讀陸劍南詩著有西岑書屋詩存湖上看桃花云此日平湖上桃花肯媚人黃鸞嬌獨語不是昔時春京口歸舟云山雲作雨催春去江水爲波送客還哲嗣朗夫焜太學世其家學春晴云輕暖輕寒日影斜游人芳草悵天涯柔絲一縷東風裏撲上楊花又菜花山莊云迎門一水臥垂楊風束連錢錦帶長昨夜忽添三尺雨釣磯深處浸昌羊其最工秀之句尤莫過于憶山居云石首來時開芍藥畫眉啼處熟櫻桃二語也

甘泉談蓉舫恩詒待詔著錫山書屋存稿詩多工整清穩之作湖上漫題云赤岸湖邊路尋幽到水涯閒情寄鷗鷺風味足魚鰕春雨延瓜蔓秋風長稻花山翁與溪友把琖話桑麻寒雀句云爭枝瞥過初陽裏得食翠飛暮靄中春雨云翦韭賓朋今夜款賣花聲待隔宵聽春草云深巷滴殘吳苑雨長門開老漢宮花

儀徵車竹君元春廣文甲寅年因公來泰與吳小芝僦居僧舍昕夕過從竹君詩如束筍荊門游草中尤多佳搆登迴鴈峯同徐肖坡云三千餘里同爲客七十二峯高插雲古木陰森風浩浩清湘屈曲水沄沄萬家煙火分明見九辨離騷不可聞鴈自迴翔人自在憑欄空復憶斜曛瀟湘道中云白雲終日笑人忙荔浦衡皋又夕陽九曲青山萬竿竹鷓聲如鴈過瀟湘楓橋晚泊云金閶門外古楓橋七里山塘趁晚潮一曲吳娘歌未了蓬窗暮雨已瀟瀟其贈余詩有云說來匡鼎頤先解老去馮唐鬢已皤

甘泉吳小芝世鈺州佐著有蝸牛廬草蘭儀道中詩云蘆花瑟瑟柳絲絲匹馬行來獨覺遲不雨不晴天易晚等閒過了立秋時鄭州云濃雲如墨殷雷聲屈指長途十日程儂自乞晴人乞雨大家心事不分明小芝才氣跅弛而語自醞藉

小芝以先大父暮橋魯府倅古愚軒稿見示暮橋家務總鹺後此中落然拂鬱之境無損於磊砢之胸發于詩歌類多通倪晚泊云薄暝停橈處茫無岸可登帆收川上雨人語葦間燈水遠江千里天空雁一繩西風蕭瑟裏獨坐似枯僧夏日憶焦山云萬里江流到此寬海門相近聳孤巒涼雲封戶蝸牛小老樹撐天石壁寒京口挂颿沽酒易斗邊問信泛槎難終須逃暑尋前約雨笠煙簑一釣竿江行雜咏云江上蘆花頭白早山中楓葉頰紅遲鴈流孤響客偏聽漁守空罾魚不知曉行云捨棹尋途夜正闌回頭殘夢落江干平生不慣因人熱破帽疲驢耐曉寒其胸襟如此

江都謝守之夙精金石之學性古樸工詩癸丑歲前述懷有句云事去何須生後悔劫來原不許先知郡城亂離語爲讖矣又句云黃葉孤村愁裏住綠楊老屋夢中還亦佳

吾鄉王子石舊名杜今更名桐見余詩話之輯作詩見贈有人多附驥揚眉早我媿登龍點額遲之句余用來韻贈其計偕入都亦有終軍才略驚人早鄧禹功名笑客遲之句越日子石袖

稿見質嶽嶽懷方英英露爽洵未易才也集中有義士行一篇爲戴儀廷作詩重義行故首登之詩云義士戴君孰表其微義士有友死無所歸上有老父下有孤兒寡妻泣血莫知所爲義士曰于我殯附身附棺者吾獨任之一爲具衣冠斂以巨棺不取其值友父何顏竟取其值友家甚窶故減其値待兒長乃還是謂行其心之所安二死者已矣生者誰顧顧友之父危如朝露顧友之兒呱呱待哺義士謂友父孤兒善保護兒能讀書請就外傳有不足者量力而助三嗟嗟義士人笑其愚憎之多口皆賤丈夫吾謂此舉古有今無今能行此聖人之徒如義士者乃可將伯呼議義士者請爲絶交書四他如入都別弟句云亂日偷安難畫策平時作福要隨緣別內子云翁姑要當爺孃看

妯娌嘗如姊妹情皆眞摯有味稿中有同人集晚香亭雨夜聯句效韓孟體用四豪全韻得一千二百字波瀾壯濶才氣縱橫惜集隘不及備登

子石讀白香山集書後云老嫗猶知絶妙詞晚唐詩教待誰持江頭送客聽楓葉洛下參禪放柳枝清婉文章先夢得從容出處傚微之海山深處風能引願向仙龕一問奇知人論世不深不淺最難得此副筆墨

徐竹江金陵懷古有句云金川門破周公忍鐵鎖江開孺子沖王子石和韻云梅花有節標忠義瑤草何能輔幼沖兩押沖字俱妙其借對處如周公忍孺子沖梅花瑤草皆觸手紛來異樣巧妙

吾邑王寛甫仁淵明經詠史十二章多有見地余賞其中一首云三代後堯舜首推曹阿瞞曹家有父子禪讓開其端王莽作周公猶云暫居攝曹丕託虞夏公然承帝業魏武雖英雄徒爲始作俑司馬循厥例陵樹荒遺塚一傳復再傳宋齊與梁陳嗟哉二百載朝廷無君臣但知四海富共羨天子貴詎問南河南當年有人避開國如唐宋非不稱盛治惜乎禪代間猶與後人議平陽與蒲坂精光永不磨獨異三代後堯舜何其多意亦猶人而說得透闢是以可貴早行詩云雞聲催客起旅店板門開殘月背人落曉風吹面來車燈光漸澹征鐸響何哀萬壑紅雲裏朝暾出樹隈五花橋渡河云橋斷溪深可奈何平隄滾滾起洪波揚鞭呼渡朔風緊人馬一船同過河官軍收復揚城句云

天假黃巾完浩刧地因白起變深坑官兵討賊云趙卒無辜逢白起唐臣終竟滅黃巢兩用白起事皆奇確沂水山行有石角當車似螳臂輪蹄迸鐵出豺聲之句尤覺警拔寛甫弟正甫義淵與兄塤篪迭和野眺句云天淨雨初過樹遙煙自生偶題云車水有瀾隨腳轉野船無舵倒頭撑詠雪云地非斥鹵鹽平積畫出湖山粉太濃又云有曲自應歌玉樹舉盃權作宴瓊林亦工妙

門人劉春墅天榮文學貽息唐賢詩多工整泊三江口詩云蓬窗獨坐已更殘剪燭攤書興未闌客裏有詩和酒到船頭得月帶潮看孤身倍覺征程苦瘦骨難支水氣寒但望來朝得風利一颿安穩渡江干輓游擊將軍袁貴戰歿云孤軍深入粵西山

海上登程鬢半斑慷慨獨能期一死將軍無怪不生還秦淮雜詠云阿男好句重當時記得漁洋雜詠詩知否棲鴉流水外青溪舊有小姑祠小游仙云霧鬢雲鬟貌絕倫誰知劉阮戀紅塵郎君重訪天台路只恐桃花笑殺人又云楷法眠蠶寫蔦行彩鸞詩韻墨飛香神仙也有饑寒累日日天涯賣字忙過楓橋云金閶門外柳條條十里寒山入望遙正是清明時節近滿篷煙雨過楓橋俱朗朗可誦

宋史河渠志黃河隨時漲落故舉物候為水勢之名自立春之後東風解凍河邊人候水初至凡一寸則夏秋當至一尺頗為信驗故謂之信水二月三月桃花始開冰泮雨積川流猥集波瀾盛長謂之桃華水春末蕪菁華開謂之菜華水四月末壟麥結秀擢芒變色謂之麥黃水五月瓜實延蔓謂之瓜蔓水朔野之地深山窮谷固陰冱寒冰堅晚泮逮乎盛夏消釋方盡而沃蕩山石水帶礬腥併流于河故六月中旬後謂之礬山水七月菽豆方秀謂之豆華水八月菼亂華謂之荻苗水九月以重陽紀節謂之登高水十月水落安流復其故道謂之復槽水十一月十二月斷冰雜流乘寒復結謂之蹙凌水水信有常率以為準余東陳茂亭農部詩云我有瘠田難養拙時逢信水更添愁茂亭來游時方二月杪水澤大至吾邑每逢湖水下注下河田疇盡在水中余故憂之云云或問余信水何謂余因直書此以對

江甯張仙槎寶布衣性嗜游覽足跡幾半天下徐霞客之後復

見其人刻有艤槎圖五冊遍徵名公詩句鮑雙五桂星少宰題云吾行半天下足跡倘輸君再見徐霞客前無宗少文交游多俊及筆墨總煙雲畫冊兼詩卷風流海內聞

凡說詩者易于忽滯杜詩十二月一日三首末首有卽看燕子入山扉豈有黃鸝歷翠微短短桃花臨水岸輕輕柳絮點人衣人謂十二月一日有燕子黃鸝桃柳花絮或他處無有而雲安有之此真肌說彼讀杜者未曾終篇蓋末有他日一杯難強進重嗟筋力故山違二語謂他日之景恐不能如今日之賞翫也且三首之第一首中有未將梅蕊驚愁眼要取椒花媚遠天之句夫梅尚未及見豈遽有桃柳可見乎且第二首末有春花不愁不爛漫楚客惟聽棹相將遙憶春花直到桃柳豈非過峽語乎公詩律最精細不亂一絲不應一口兩舌彼讀詩者匪獨不能顧後亦不知瞻前搖筆弄舌烏可鹵莽乎於以知作詩固難說詩尤難卽讀詩者亦復不易也慎旃

唐賢登慈恩塔詩如岑嘉州杜子美高達夫三詩可謂工力悉敵鼎足而三岑詩云秋色從西來蒼然滿關中五陵北原上萬古青濛濛杜詩云高標跨蒼穹烈風無時休俯視但一氣焉能辨皇州高詩云秋風昨夜至秦塞多清曠千里何茫茫五陵鬱相向是也此外又有儲光羲詩云誰道天漢交逶迤方在茲冠上閶闔開履下鴻雁飛非不警拔已不逮岑杜高三公之作昂首天外矣薛據之詩又無論已庚午秋余游金陵登報恩寺塔詩云金陵古雄鎮寶塔蟠地紐攖身上幾層足趾越林藪

門洞豁龍象闢戶牖一望不知處坤輿鬱廣厚伊南越閩亘經北燕趙委蜿蜒路萬千此處驪龍首高天無烈風往來塔中有僧伽趺插足松喬喜抗手夐絕令人怖形勢亦太陡背人作功德秖此垂不朽苛脊仗佛力庶足要(平聲)長久余生諸賢之後自傷足跡不遠眼孔亦窄況才質疲薾不能發揮盡致也然境地不同或可自解

漁洋詩話載邰陽孝廉康孟謀(乃心)莊襄王墓詩蓋從慈恩寺塔壁見之因爲之揄揚一時名噪轂下沈文慤乃謂王新城欲顯揚其名而其詩猶未能副其實此又任意排衆議而獨騁己見也余謂此詩淸刻有之而淋漓盡致才不可掩耳詩云原廟衣冠此內藏野花歲歲上陵香邯鄲鼓瑟應如舊嬴得佳兒畢六王

丹徒趙亦樓(仁山)年逾七十兵亂後旅食風塵懷中刺滅篋有篇章執爲羔雁自述句云無端烽火經三載不渡彭蠡已二年又云春秋富我花開月貧賤驕人酒後詩又云今夕親朋稱上壽全家兒女各他鄉燕子磯云燕子燕子胡不飛化作一卷石燕子胡不歸江南望江北錄此四語竊爲此老哀之以見末路之悠悠勞人之草草也

詩人趙小樓(大猷)家住艾陵湖上有樓枕湖時從京師還以詩稿見貽中有乙巳年六月十五紀水災行詩甚佳因篇長未載集首題辭趙稺梅詩云謝公隄外湖水秋謝公隄下官河流晚風吹落一聲笛人倚月明何處樓朱雲溪題云一枝妙筆有[illegible]

同半是天公半畫工數典徵書亦何用不如君山性靈中會指渥眼哭蒼生紙上于今聽有聲絕似流民圖一幅邳州六月水災行

益陽湯海秋(鵬)侍御著有海秋詩鈔余耳熟久矣而未見也今輯三續繙淸稿忽閱王子勤太守家有此本借讀一過則見焉天之雲大河之水不勝瞬貽駭歎姑割雲一角挹水一勺可耳或謂錄之太隘不足以饜人之心然一角之雲自可知焉天之勢一勺之水自可味大河之流奚不可乎黃金臺歌云天昭兮日星明地固兮河嶽幷燕昭仁兮郭隗榮獨立蒼茫兮吾淚橫久不得家書七首錄二云朝望家書來暮望家書來山川浩浩隔愁懷安可開出門見行人言從湘水隈約略問鄉井沈思轉成猜悠悠白雲下悵望東南天滄海無停流骨肉有常圓徘徊重徘徊夜夢何肫然上堂拜父母白髮舞蹁躚下堂呼弟妹爛漫供盃筵父母良我慶弟妹良我好里閭姻婭間莫不我懊惱醇醪不言醉醉後耳忽熱骨肉不言思思腸暗中結憶昔始朝天書生腐可憐父母重念我一月書一篇中間稍疎闊一歲三五書今茲太迂滯一歲兩書無慘慘遊子顏寂寂長安居眠食一以闕肥瘠將焉如愁深不可道出望門前草草色何靑靑東風吹嫋嫋我懷鬱不開美景爲誰好反行路難云太行峩峩與天齊下有平地吾息棲黃河浩浩沙土裂中有濤流吾度之請看古來行路人愚者枯朽知者仲周公居東鴟鴞惡制禮作樂昭其文孔孟皇皇不煖席道高端欲扶崑崙屈原沈汨羅千載

爲悲辛荀卿徒蘭陵其書乃大醇馬遷囹圄雄投閣擬經修史淩邱墳犇波身事得李杜光芒萬丈垂嶙峋青天白日爲俯仰願風苦霧皆精神君勿悲歌行路難人生到此天骨完回我輪與蹄莫上十步九步之巖巒理我橈與棹莫犯崩山泣石之波瀾蛟龍連蜷不能攫其肉豹虎呀呀不能啄其肝紫芝擢潤秋羅刪古玉埋穴鬼物環伺樂一過甕駘頑丈夫豈合長擢顏今夕行三章錄二云今夕何夕秋風發川水欲冰山見骨老蟬喟啾著樹乾瘦蝶伶俜撲窗哭秋風於汝意云何嗟我與汝本殊科精上之菑不可倚萎枯葉脫無回波今夕何夕秋月白河漢迢迢夜脈脈天上雙星太纏綿人間一劍獨躑躅身無羽翼淩天闔投壺玉女難依傍短飛齪齪勿復道蟾蜍知我之心腸郊

行云出郭延秋色下馬立斜陽野澗山千點天高鳥一行雨生空際綠雲向斷中黃來就東家飲枇杷樹樹香聞鴈云送響入虛空春長萬里風鴈方來北地人苦憶南中借問洞庭水應憐客子蓬鄉書勞汝寄斟酌旅愁工陶然亭云萬點蘆花撲羽觴百年客子怯秋光西山如幕邊雲紫古剎無人木葉黃衰衰物華隨歲月飄飄旅宦有文章登高騁望乾坤大何處烟波是故鄉刊贈唐鏡海先生云飽讀群書鬢髮老半生羈旅雨風孤燕齊楚粵天靑紫猿鶴沙蟲人有無年少或能欺杜甫道高端不泣楊朱悠悠弄玉吟風意茂叔何曾是腐儒長千里云女莫嫁長干長干饒商賈月莫照長干長干秋思苦幽州九日云滿把茱萸當采薇天涯九日淚斜揮登高怕見南飛鴈人自傷心鴈

自飛侍御每一搖筆輒有數千言集杜詩五律亦有一百六十首之多從來詩人未曾有此余嘗見夢文子麟司寇詩集中多長篇頗類侍御然其曼衍處猶不若是

又白日幽州女詩云白日幽州女年可二十餘生小不知愁聰麗與人殊十三繡衣裳紫鳳夾天吳十六整雲鬟雜珮鳴瓊琚二十無夫家慈母爲嗟吁母兮忽已歿黃金忽已少華屋不得居兀倚蓬屏曉摘彼明月瑞卷彼朱萼褒去換薪與米以贍兄嫂貧阿兄不解事掩泪難開口草草嫁泰中夫年四十九入門但低頭琵縮羞明月且傾連理盃更訂同心結不憾夫君老但憾妾緣慳本非鳳皇儔安得巢仙山不憾妾緣慳但憾妾顏色若非桃李花那得狂夫折人生若朝露太息千萬端妾聞班婕

妤團扇憾棄捐但道棄捐苦不識相逢難我欲盡此曲此曲悲且繁此曲宛轉關生恰到好處

臨桂朱伯韓琦侍御詩有盛名曾作新鐃歌數十章以紀我朝開國武功之盛前從友人行篋見其抄本惜不能記憶祇記其費英東陰山塞二曲陰山塞云陰山塞花馬池池上煮鹽多健兒西北面面皆距河柳可爲笴地宜駝麥粱有鐵可鑄戈年年巴噶來議和費英東云費英東儒將何雍容額亦都殺敵心膽巃順科洛沈勇多智略三子信神駿直義尤桀卓歆玉歎然篤勳舊銀黃兕鶻看輻輳閶誰虎視立殿前老臣謇諤建正言我尤愛公能好賢

長沙李梅生杭太史有小芋香館詩鈔人傳其莫愁湖詩云莫

愁何處住住在湖上頭年年湖水綠流不盡春愁

文士習爲辭章不能詩者無論已卽善詩者亦不過完其本分非罕事也若武臣壯夫素不習此而隨口歌謳有如天授如六朝沈慶之上宿成詩云朽老筋力盡徒步還南岡辭榮此聖世何媿張子房曹景宗奉敕成詩云去時兒女悲歸來笳鼓競寄問路旁人何如霍去病陳曹兩詩動合天籟而結意亦不謀而合彼文士之弄柔翰必務鋪排點綴何如此之磊落爽多耶

詩用疊字三百篇中每下字鏗然實爲顚撲不破如雎鳩曰關關鳴鴈曰雝雝黃鳥曰交交雞鳴曰膠膠鹿鳴曰呦呦馬鳴曰蕭蕭蟲鳴曰喓喓體物審音各不相假倘謂鳩曰膠膠鴈曰關關鳥曰交交雞曰雝雝則斷乎不可矣謂鹿曰蕭蕭馬曰呦呦

則愈不可矣且楊柳曰依依桃華曰灼灼松栢曰丸丸棫樸曰芃芃卉木曰萋萋亦稿切不移狀人之氣象穆穆非天子不可皇皇非諸侯不可濟濟非多士不可厭厭非良人不可他若草草爲勞人悠悠爲行路佌佌傲傲實形尾瑣之子屑屑泄泄是爲讒慝之夫人難匿影物無遁形千古文章周巳郁郁後世以類充之則有膈膈膞膞磊磊落落淒淒切切纖纖團團諸疊字矣司空表聖詩品曰采采流水蓬蓬遠春蓬蓬二字加於遠春之上是有可解不可解之妙會心人共領之則知古人疊字多非妄下也

詩三百篇宜聖謂多識鳥獸草木之名夫草木之入藥而別立其名者亦不可指數如采采芣苢芣苢車前子也陟彼阿邱言采其蝱蝱貝母也山有榛隰有苓苓甘草也牆有茨叉楚楚者茨茨蒺藜也南山有枸枸枳枸也山有蕨薇隰有杞桋杞桋狗檵也中谷有蓷蓷益母皆是也

白香山琵琶行自轉軸撥絃三兩聲下巳曲寫琵琶聲調至水泉冷澀絃凝絕凝絕不通聲漸歇則一曲畢矣下曰別有幽愁暗恨生此時無聲勝有聲則含情不盡當以無聲之聲了之何以下有銀缾乍破水漿迸鐵騎突出刀槍鳴四句也此一疑義又云嘈嘈切切錯雜彈大珠小珠落玉盤間關鶯語花底滑幽咽流泉水下灘此蓋寫琵琶之或疾或徐俱成曲調間關鶯語下應下一滑字而幽咽流泉下宜有許多曲折停頓不得遽曰下灘矣此亦一疑義有老友告余曰古善本香山集無聲勝有聲句勝字乃復字也幽咽流泉水下灘句灘字乃難字也余固未見此本細思復字難字近是而難字尤覺語妙姑存此說可耳

世誼新安洪承偁純士

同里朱佑生雲樵

夏嘉穀少舫

門人劉天榮春墅

陳篤慶文卿仝校勘

伯山詩話三續集卷一終

伯山詩話三續集卷二 話今

泰州康發祥瑞伯氏編輯

門人王鴻棠雪颿校勘

江都汪舟次楫檢討與宛陵施愚山櫟下周櫟園三韓孫豹人吾鄉吳野人相友善山聞詩鈔中與諸君倡和之作甚多答豹人詩云劒氣沒已久君來何所望登臨一浩歎彷彿有光芒白草收殘霧青楓變早霜哀憐與慰藉書卷最淒凉與野人豹人王安節諸子集天甯寺杏園云落日散芳草暄風下高樹步櫟隨鳴鳩正與鐘聲遇萍蹤忽然合各各述行路江右無蝌篚河北無清酤炎方當此日早有流螢度誰能誇汗漫但許留詞賦相逢且復飲請看髮多素紫峯閣有懷吳野人云我登紫峯閣

正對梅花臺老友吟詩處梅花爛漫開山迴風不下花落蝶還來臘酒家家送何由共舉杯吳櫟園先生云每逢佳士必書紳最愛吳陵吳野人一卷新詩誇國士百年荒海識遺民牙籤插徧烏皮几槃戟迎來折角巾江左風流千古在文章交道總如神閱此詩則野人之品望可見而櫟下之延攬亦可見也

余襲讀儀徵貴仲符徵之制藝精深博大後見安事齋詩鈔亦典雅修潔間有攷證實與制藝爲兩副筆墨古意云老人患鼠夜盜肉乞得烏圓傍厨宿烏圓噬鼠鼠常逃羣鼠不復來竊脔豈知啗肉不嗜鼠夜呼羣鼠私與語羣鼠戢戢拜下風誓將竊肉奉乃公但願乃公斂牙爪此生不復憂鮮飽花陰日午言嬉嬉此情勿令主人知曉過丹陽云崇岸河流澀浮舟僅半篙市

樓臨堞估客聚長壕香火叢祠盛煙雲一塔高輕寒應作雨料峭入征袍鰣魚云時出正綠鹹淡水陳思名理試分疏自注云曹植說曰鹹水之魚不游于江瀆水之魚不入于海今按鰣魚本屬海魚春夏之交潮汐盛鰣魚偏入于江而究非其所習故爲漁人所獲且攖網卽死其氣先竭也攷核亦自可貴

大興舒立人位孝廉瓶水齋集余曩時從友人處見之後輯詩時獨無此本故前此失載今從吳蓮芬觀察處借得觀其各體皆佳而尤工於樂府集中蘆溝橋行一首特臻語妙殊堪嗢噱云蘆溝橋來去路舉子忙關吏怒青袍中央坐麤官兩廊吏役圍春寒公車歷碌止橋側一一呈取文書看彼官肉食不識字以目上下僞作觀衣裳在笥書在腹公雖無稅私有然爲言客

囊久羞澁恰有二百青銅錢供君一飽如律令君其努力頻加餐麤官睨錢如未足買茶拾矢再三瀆增之一分笑口開車聲隱隱過橋來漂母祠云長樂開鐘室淮陰失釣筒後先兩女子生死一英雄知己自難得封侯竟不終至今祠畔樹獵獵起雌風夜發湘陰縣云湘月一痕初湘煙四面鋪夜來天似水客夢楚連吳青草飛胡蝶黃陂唱鷓鴣三更最奇絕門外洞庭湖琉璃河絕句云琉璃一曲石橋波中酒攀條歲歲過送盡行人還自去道旁楊柳已無多東阿城下作云建安人物不同時行盡山阿覺路歧封建已成桐葉戲嫌疑難感豆萁詩酒邊走馬思年少波上驚鴻赴夢遲惆悵十三行自在一生贏得是相思寄稚川云年年遯海悵西風況是唐衢哭最工誰識文章三戰北

忽隨煙霧一竿東掉頭忍爲鱸魚去市骨終期駿馬空不比長門閒賣賦故人早晚薦揚雄逆觀立人詩樂府諸作眞有銀瓶瀉水玉盤走珠之妙五七古用韻轉韻處往往如風行水上自然成文近體詩多講對仗工巧貪用故實不免有君患才多之弊蓋餖飣多而雄渾少也識者鑒之或不河漢余言

陶淵明桃花源詩本是寓言恰非實事唐王右丞韓昌黎詩已盡其妙再難言說餅水齋集中有仇英桃花源圖詩竟似實有其地矣而詩筆極奇特有句云君不見阿房宮中三月火函關一丸不能鎖火光逆入武陵谿烘出桃花紅萬朶秦人避火聞花香漸入佳境非故鄉外觀蚍虎內雞犬一十七史龍元黃又云太守何須更問津仙人大抵無情人無情有情轉愁疾但見山深而林密云云又是一副筆墨不可不爲之摘出也

赤壁詩云八十萬人一火燒大江水涌東風焦舟中之指不可掬烏鵲繞樹魚龍騷諳諳出出毫社謠楚炬調調之刁刁奚如其來第幾爻不待卜戰龜先焦周郎年少孫郎豪阿瞞老去慘不驕來時水上願一鏖去時火中攛一逃三步腹痛何處橋恨不春深鎖二喬前此長平四十萬天陰鬼哭白骨銷後此連營七百里畫圖一一裂紙條炎精赤烏當塗高樓船鐵鎖雪捲濤須臾三馬同醫槽金甌缺處如破甕青天一髮横魚舠古無人蹤石嶕嶢春江花月以酒澆有客嗚嗚吹洞簫立人此類詩如宜僚弄丸公孫舞劍是其長處但騁才衒博每有趁句如此詩中三步腹痛二句可刪此用小杜東風不與周郎便詩意然喬

元之喬卽是橋字不必麤用須臾二馬兩句亦可節去嫌與上下詩意如横風吹斷也

邯鄲道上作最有風韻詩云細雨濛濛掃薄埃邯鄲道上杏花開春愁宛轉隨車轍古意蒼茫付酒杯未熟黃粱唐小說已埋靑草趙叢臺不嫌茅店知音少曲項琵琶夜抱來余又摘其句如遙夜云鐘魚遠近湖邊寺燈火高低水上樓濟州道中云月子彎彎秋有信星辰落落水無邊詠史云河朔終歸唐土地巴西初論漢文章是皆警拔

新安程鄂軒榮功孝廉簡敬公之哲嗣也著有潔華館詩稿郵寄見示集中樂府篇什諸多奇作摘錄其尤者齊雲山浩歌云天門詄蕩開石隙萬嶂圍天天宇窄我梯雲棧叫帝閽到此鴻濛纔一闢上界清虛碧玉府珠簾不捲晴飛雨峭壁嵌碑神座旁古人名與眞仙伍腳踏靑霄還進步黃冠引我雲房住一盞淸泉不敢嘗恐教惹出驚人句靈區閬閬仙所都碧琉璃瓦黃金鋪鐘鼓無聲旂自展石屏疑畫非人圖連山四走忽中斷一峯突起成香爐有如高士出塵表傲兀不倩旁人扶幽徑横穿不數里云是璇宮舊基址鏤石埋龜木偶多幻相都成叶光紀吁嗟乎元天神妙難形求增華矯飾山爲囚鑿竅已足死混沌況復黔類髡其頭我欲向天借取霹靂斧銷磨一洗名山羞塵容滌盡露眞面對此刮目清雙眸天池爲釀不用斟北斗可挹不用甌大烹駝峯炰石髓三姑五老來獻酬愧無微權能拘物此論雖創如懸疣卽尋來路下山去長松送客風颼颼鄂仙此

詩莫詞大好山水多出自然不待修飾其名勝處每被山僧廟
道憑虛揑造奇形怪狀㖞喝凡愚以爲射利之具豈不大可嗢
噱深堪浩歎故議論若此爲山靈一洩其忿爲風化一起其哀
殊覺韓昌黎北山詩盡力寫山之形狀而尙無甚關繫也下山
至望仙寺題壁云飽看煙嵐後方知天地奇水清疑有骨峯險
勝于詩夾道松陰合出山雲影遲狂吟四十字落日未全欹南
陵縣云路出南陵縣孤城帶夕曛溪流清似我山色淡於雲問
酒尋茅屋因碑得古墳輿中閒覓何高詠有誰聞新嶺云舍車
步新嶺月黑迷遠山凉風滿高樹古寺棲雲間老僧喜我至借
問何時還一笑不復答去來心自閒荏平道中云東風日日送
征騑二月楊枝絲尙微周道有人爭馬矢矮檐昨日臥牛衣酒

無䰟魄尊常冷水帶沙泥茗亦肥回首家園多筍蕨若論口腹
便宜歸鄂仙又善畫梅題畫之詩亦裒然成帙未能備登姑從
割愛

新安程鶴槎 梯功 孝廉爲鄂仙之哲弟鄂仙詩祖昌黎鶴槎句
近白陸兩君詩清迥無滓雄秀有骨學具源本俱臻絕妙鶴槎
有初桄齋草大雪三首錄其二云城中三日寒門外數尺雪風
聲凍欲死山色遠還滅寒犬吠深巷鄰翁來蹣跚爲言具清醥
一醉無餘說小窗疑月明滿座生光潔湛然虛白中微紅見梢
柚我病豈耐冷衣食幸無缺豪家擁貂裘尙說裘不熱可憐路
旁人僵臥骨如鐵其二云有客叩門急滿面飢寒容坐定問所
自答言自甬東官軍久未至逆燄張愈凶老馬伏櫪下銀[illegible]

帳中白戰無寸鐵天亦難爲功人間雪色白海上雪獨紅小民
甚知罪無計籲蒼穹但願死耶壑不願生兵戎死作故鄉鬼生
爲他人傭他人足衣食氣類苦不同自我竄荊棘性命如飛蓬
天陰衆鬼哭風偪兩耳聾還家對妻子夜靜猶忡忡客言亦以
悲世路亦以窮安得被重鎧戰艦飛艨艟三更冒雪花一掃欃
槍空此事若能遂卻憶李涼公律詩如延平曉發云雙劍不知
處大川終日閒朔風戰枯草寒月鑄尖山忽忽還鄉夢勞勞損
壯顏龍光難久閟看取斗牛間兗州道中云萬物各生意我行
何太勞風吹泗水遠日落嶧山高命薄誰知己身閒負 聖朝
尙容鑽故紙未敢羨漁樵劇暑渡仙霞嶺云手撥層雲上碧巔
松多攫罔不知年清泉快瀉玲瓏石破屋斜穿縹緲煙夾道竹

陰篩鳳尾蒸人火色上鳶肩此行漸與青霄近願捧銀河落九
天絕句如雲山閣云雲影山光與目謀月明二十四橋頭閣中
不見呂公著客裏誰知秦少游水亭懷古云獨孤觴詠久沉淪
池月于今尙滿輪莫向水亭亭畔過此中大有畫灰人其寄託
深遠矣

鄂仙鶴槎兩君千里來函題余詩話書中之語愧不敢當鄂仙
詩云伯可蒼凉傳樂府對山慷慨撥琵琶何如一卷新詩話搉
鼓聲高止衆譁鶴槎詩云一代詞壇矗海壖春風苦領萬花妍
西河小序鍾鑠品判斷騷人二百年鼎立三家蔣趙袁龍頭敢
信屬隨園瓣香特下鉛山拜此論懸門再不刊不獨聲華薄性
情有關風教便心傾對山一去琵琶歇又聽先生木鐸聲五朶

紅雲下草堂書來要我檢雲囊夢中零落邛邏錦敢乞天孫尺量二惠競爽可謂難弟難兄余聞聲相思尚未謀面天際眞人之想曷能已乎

新安洪筱園（瑞文）太學余老友度如之令嗣庭聞有得而又得程蓴仙鶴槎兩君之築矱故詩筆清迥不同凡豔和高青邱集中梅花十首原韻類多佳句有青出于藍之歎如莫道園林春尚淺多情不在十分開古香不落性靈外眞氣直蟠耕鑿前冰霜孕久香逾永天地心回色又空包羅衆卉成孤豔的皪一枝標上春野橋貪看宵忘返古寺重尋徑已荒古意偏饒删葉後俗情不賞未花時此等句都從高處落墨空際傳神豈同刻畫小家有傷大雅不圖英年輒有此老成之見也又題程君蓴仙畫梅詩云梅花標格本來清難得先生爲寫生枝幹迷濛饒雪意文章古秀是天成桃穠李俗春無伴月落參橫夜有情此事畫工都不解東風到處冠羣英

旌德汪壽芝（時益）世兄爲蓉湖學博之哲嗣詩能承其家學失怙之後又喪配耦故所賦之詩方言哀而已歎也題畫二絕云陌頭百花開枝葉影相接春風吹異香裊住飛蝴蝶秋浦清且幽倒入山月影淼淼天一方露溼蒹葭冷秋燈七律云廿載寒窗上素衣兒時情景未全非家無喜事煩花報案有殘煤照夢稀竹屋夜深防鼠嚙玉釵人遠憶蛾飛芭蕉風雜梧桐雨挑起愁懷事盡違月下有懷絕句云空房有客未成眠露冷風淒月正懸畢竟人間遜天上一年一十二回圓白華之思黃門之感

殊難爲懷也詠史之詩宜華夫人云仁壽宮中鬬豔妝宣華受冊受恩長如何肯受同心結忘卻開皇恨抵牀西施云吳宮寵愛冠三千響屧廊高歷歲年若使屬鏤遲賜死扁舟定不泛湖煙

旌德汪芷畯（寶鍪）茂材詩稿與壽芝同時見貿題某山園圖云竹几焚香裊畫屏潤泉尤愛枕邊聽不圖花氣侵簾溼溼透牀頭相鶴經是好所在而詩筆特峭蒨也其他佳句有衝波好鳥自來去傍岸閒雲無是非經霜野蓼花無力過雨殘荷葉不圓等亦可喜

儀徵吳蓮芬（文錫）觀察官四川　予告歸僦屋於泰州三峯園蒔花種竹詩酒流連與哲兄陶伯白首相依洵足怡悅胥宇日卽承過訪出半螺龕詩存見示詩俊爽高邁學有本源送步香南（際桐）出守慶陽云七年知已嗟分袂五馬重邀快壯游冠服仍膺唐觀察羌戎兼領漢諸侯雨當山色爭奇秀九派河源任驗流作宦未容輕萬里且探從古帝王州寶雞縣阻水云三年三度過陳倉歷盡崎嶇爲底忙已覺名心饒俗累偏教秋思助詩糧無家去住眞難主作客情懷孰與商河勢瀰高山漸窄眼前已閱小滄桑此二詩聲調高朗余喜誦之五古有歎牛亦極風趣詩云鹽水出深井駕牛轉汲之鹽成致貲富牛疲息無期笙歌徹夜擾牛但食豆萁牛而牛者瘦牛而人者怡以牛益牛富眞牛非太癡牛（牛豈不自惜苦爲人所羈）何不脫鼻去飽食山花奇富順縣五律云海脈隨泉湧金炊萬竈煙山光因地側江勢抱城圓富

庶真無忝人材劇可憐文翁難再作空自憶前賢過猴馬嶺趙
曲等地皆佹演劇書以誌慨云去年此日兵燹地此日今年歌
舞場瘡好自然不須藥大家深痛要思量即當驛云馱鈴日日
攪心忙舊夢先行到故鄉我亦三郎無賴甚不教今日歎郎當
此外有鄱陽湖中望廬山放歌樊太傅鐵鞭歌等作瑰琦浩瀚
惜余集隘未登

己未冬日余用詠物四題以作消寒之計一曰風門二曰研鑪
三曰羔酒四曰氈韈風門云耳中微聞玻瓈聲目中時見日光
晶十八封姨斂衽立被渠攔住行不得陰闔陽開製轉側峭風
有時趁人入主人畏寒復生妒不及侯家塞門塞吁嗟乎郵亭
破碎譙樓高陶穴𥥛窸橋門遙戍卒乞兒太無賴齁眠不覺風

刁刁研鑪云隆冬愛學書研冰掣我肘冰花纈研雖掣肘下筴
火攻我自有鑪邊的皪煙雲鮮研邊閃爍鸜眼圓妄想研鑪設
處處霎時書徧蠻方牋君不見將軍寒日方征戍盾鼻磨墨盾
凍破筆不及凍書露布參軍安得修期傳其下若羔酒云羔兒
酒一杯鵝毛雪數尺舉酒拒雪雪無力老人臉作燕支色當筵
不欲飫常供貪饕更想肴饌濃坐擁氈裀列鼒鼎及時卿相多豐
巧吁嗟乎雪下蓰蓰應時有枵腹者誰夜深走鐵砦銅街擊刁
斗氈韈云王生結韈禮數虔韈材本是韋韌堅後世氈毛禦冬
製不知假落從何年棉不比温玉比削老人血少尚嫌薄氈韈
已著思氈鞵得隴望蜀同此懷君不見田父販夫赤雙足道上
奔忙踏寒綠此四詩之作不過詠物而已實未嘗託也時

都轉喬鶴儕大公祖和章遞到風門云野馬飈輪不得展日華
鞭入玻瓈暖虛明一片隔微塵大勝重簾費舒卷戶樞不蠧妙
轉圜油窗鈴索亦禁寒茅齋紙帳相依倚雲母屏風一樣看研
鑪云陰凜濃汁光油油研冰乍解鑪香留豈有東風到墨沼戲
看火迫松滋侯獸炭輕烘鴝眼活叶字挾霜威倍有力宮娥呵
筆事尋常可信金壺血還熱羔酒云蟻綠鵝黃不足貴羔兒作
酒有深味徑將快泛藥玉船學士愼無嗤太尉萬羊之祿未爲
榮一石亦醉空復情不如祭韭躋羊意好譜新詩頌泰平氈韈
云温似吳棉輭似紙一曲行歌結韈子披旃小製勝行縢肯向
權門敂珠履韎韋跗注亦雄哉毳衣革帶先後來韈尖趯倒成
功易莫是條條拆綫材都轉詩華貴深厚洵非淺學所能而來

書猶云不過詠物其厚德謙光愈不可及矣維時吳陶伯孝廉
蓮峯觀察次第和到陶伯依余韻和之風門句云轉寒爲煥計
誠高那及春回薄海遙門闢洞開和煦徧窮簷亦免風刁刁研
鑪云君不見頻年烽火驚兵戍寒士研田寒欲破但求冰釋陽
春布潑墨轟雷圖尹傅羔酒云宰割天下贊神化問君兩事誰
爲功私心秖祝年大有歡騰萬姓公堂走朋酒羔羊兩大斗氈
韈云君不見舞蹈歸耕着芒鞵士民咸慰葛天懷履冰境界消
融足願拚赤腳踏徧天涯芳草綠陶伯命意皆高一層説第三
首結處與喬都轉同蓮芬觀察變七古爲五律風門云一紙虛
明隔風難入我門吹嗌嫌雜沓闔闢弁乾坤不許塵容偪常留
斗室温打窗聽雪虐堅峻此牆垣研鑪云欲遈臨池意紅泥小

製工性情請夏語頭腦笑冬烘誰信天時塞何妨下策攻寒灰隨手撥自吐氣如虹羔酒云火酒肥魚社前時我亦豪白㲊情共豔青友價能高境冷求中熱腸枯任老饕皆庸安醉飽仰望首重揺璮戳云坐破青璮境春風足下來錦方卑蜀道縣不借長才畀任關門諸吞常大節哀憐他雙赤者爲我冀寒梅四詩皆有深意閱第四首似自感辭官遂初之心又深慼令兄文節公之死難友于之誼情見乎辭僅以泛泛詠物目之則不知味矣越日儀徵巴栗園（堂炳）太學和詩遞至又變五律爲七律風門句云傳語偶憑青鳥使催年晤度白駒光研鑪云石交自耐寒盟久畫筆翻推下策攻羔酒云香從臘瓮喜相邀踏破圍蔬自解嘲介兕筵開同薦韭吉羊字好合銘椒烹魚雅入詩人詠醉飽無如此味饒何似風流陶學士秖知掃雪理茶銚璮戳云着後渾如豹爲温吾家故物喜猶存不知誰爲凌風結遠勝人和嚼雪吞錦樣遺來空冷落綫才量去漫評論因時更復懷東郭革屐寒穿自曉昏詞旨渾雅吐屬工雋深喜見和之作可謂各極其妙矣

南陔徐海年（瀛）刺史曩任泰州時多惠政於下走尤加青睞接見時多諄諄詢語後因病辭官作詩見示中一首云和綏難逢疾可知遂窮年老費支持上官恩重容肩息末吏言輕許力辭小隱尙嫌東海近再來深恐北山移烽煙極目何時靜芳草晴川慰夢思詩和平敦厚泰州北門外舊有趙公橋年深傾圮公鳩工重建費用多貲落成之後民無病涉日昨過之因爲之低回不盡

己未年季秋范雨村制科由邵伯來天長崇琴川（椒林）由寶應來同集於吳蓮芬之三峯園觴詠累日在座爲王子勤吳讓之衆余與主人陶伯蓮峯共成七人適來丁姓畫師在座爲七人共繪一小照署曰三峯七老圖余紀以詩云雲鵬設色畫圖開鷗鷺從旁莫漫猜傷亂已成今面目消閑幸有好池臺天涯幾輩晨星落海上三舟舊雨來逆日相逢作何狀半應懽喜半悲哀七人鬚髮已全蒼我忝星居第二光天意或留吾輩在風懷不礙老夫狂江淮有客詩卷沙礫何因闕劍鋩此事後賢如說着蘭亭初本好收藏星辰第二光句謂七人年歲陶伯最長年七十四余七十三次之諸君以次遞數越日雨村告辭歸邵埭余作喜晤范三於三峯園即以送別詩云往日邗上游時與共晨夕邗上值荒亂生死無消息旋聞君尙在我喜動顏色日昨君來游大可攄胸臆入門即升堂舊徑久能識呼名役我兒渾不辨主客同過吳季重樽前共飲食譚諧猶似舊意氣畀嚱昔如何亂離事絶口若未歷如何斗石飲今不受涓滴如何都邑才卜宅甘幽寂如何來即去不肯稽時刻高談兼微詞僮僕皆蹴踖舊詩特許我似有嗜痂癖昔時雨花臺期會廿年隔王九已宿草（謂王子發）唐大又陳跡（謂唐楚臣）人海存兩莽何處張六翮我爲葬豳困竟忘頭雪白門外事奔走闌中東書籍無語就君商甕游且笑劇燀燀燈燭光此境洵難得蓋余不見范三已九年矣今既喜其來游忽又愴其別去故不覺言之喋喋不已也

雨村之詩余初刻已輯錄之今披昭關游草有夜發鐵魚口云江氣微茫白舟行帶遠星夜寒潮暗上夢豁酒初醒晝閣三秋戍衰楊十里亭榜人喧歷亂支枕不堪聽昭關絕句云慘慘平蕪接戍臺關門斜處亂峯開卽今小峴山頭月曾照英雄白髮來

陳茂亭農部於甲寅春季在泰以詩集見示餅梅詩云置梅膽餅中梅花開更遲出門望屋角已是桃花時余署其後云膽餅非置梅之所桃花有爭豔之時試問息影三年何若出門一笑也茂亭見此粲然蓋服闋後久未就道故云爾也

余前錄吳野人詩喜其新僕詩中有呼名答尚疑又猶然是人子過小莫輕笞之句以爲仁人長者之言旋閱昭陽顧藕怡仙根詩鈔中亦有新僕詩云上堂復下堂含悲更含恥本未識禮數安能合步履我家增一僕人家少一子同是父母心還當慎驅使與吳作足以並傳

藕怡詩長於五言獨無七律謂此體唐人惟子美獨步浩然太白尚非其長以故不存七律欲挽積習也余謂此論稍偏棄短用長各率其性之所近可耳其游理安寺見采茶者詩云茶樹將及人婆娑山岡側有枝疎不長有葉青翼翼有女十四五映樹好顏色挈伴分入林林深身已匿笑語戲同羣盛夏衣整飾雜樹萬千株各自采所植雨露汲其精馨香美人得其下泉流清其上山巔劣出采石磯晨起渡江云宿霧與朝暾縱橫山影昏浮舟入混沌元氣走乾坤浪濶悲生掛江寒藉酒溫[illegible]顏一

照曜旭日出東門似學孟山人而得其風味者宜法梧門祭酒愛其詩寄題其集云故人在空谷千里相思深烏絲遠寄將中有泠泠音此音勿他求萬古同一心云云也

武進湯貞愍貽汾官副總戎告歸後僑居白門詩酒自娛癸丑年遭亂赴水死作絕命詩一首云死生輕一瞥忠義重千秋骨肉非吾棄兒孫好自謀故鄉魂可到絕命淚難收槀葬毋勞平生集怨尤用原韻輓之者百餘家各體亦百餘家詩推太原喬鶴儕都轉武進管才叔長篇爲最佳後載貞愍七十生辰感舊詩一百八首歷敘在官之事跡並身事辛苦朋友贈答山水游覽不及備登只擕兒子綏名奉檄巡邊一首蓋由西甯陽高出德勝口緣長城行至豐鎮入拒牆口作又自注云史記趙肅侯築長城自雲中以北至代武靈王自代并陰山下至高闕爲塞是長城不始於秦也其在宣大以北起赤城止五原則又元魏泰常八年所築詩云飲馬長城窟照見征人骨征人問何代云是長城卒豈唯祖龍愚前趙後拓跋踵故及有明可憐茲一髮一髮何重輕　聖朝中外一茫茫古戰場我行當烈日行邊代元戎安能計勞逸吾兒已弱冠所事但紙筆願俾歷艱辛不辭千里挈故里多虎狼平沙乏藜藿騎士且忍飢喜茲烽火絕不獨敘事簡勁且考據詳明可貴也

新安江海門濤參軍時爲運憲之郊應侯差來泰造廬擕卷匄詩鈔見示卷軸富有議論警闢余愛其滕縣詩云三家村裏茅柴酒隨意沽來遣一宵絕與江南風味別旅人情緒太無聊子

陵釣臺云漢家兩釣臺前後相照耀子陵豎淮陰獨御天子召澤畔披羊裘浩歌復長歎鳥盡即藏弓老謀出高廟知幾母乃神所以頭獨掉光武竟感悟煩識用意妙雲臺廿八將俱奉寬大詔口與笱一功至今慕垂釣我來千載後俯仰獨憑弔外有花將軍歌汪孝子行洋洋大篇未能備載

吾州東門外東山寺有吳王張士誠像余詩論其人載於後集中士誠之弟士德之事未及備說今兗連書之以昭炯鑒士德於士誠降元之日死事於元封楚國公廟祀崑山楊廉夫有先封楚國碑之句是也席帽山人王逢有游崑山懷舊傷今之作云丈夫貴善後事或失謀始桓桓張楚國挺生海陵郡一門蓄大志羣雄適蜂起元珠探驪社白馬飲淛水三年車轍南北向亦同軌量容甘口說情厚穆生醴誓擊祖逖楫竟折孫策筆天王詔褒尉守將歲祀翼然東崑耶蘭橑映疏綺青蘩春薦豆翠柏寒動棨乾坤有孤臣風雨倡五鬼銅駝使有覺薦懼臥荆杞席帽山人不就吳張之聘而會爲張氏規畫使之降元張氏納之故游崑山有懷舊傷今之詩於楚國之亡有餘恫焉山人瘦詞讔語一無鯁避固有可傳者吳張爲此邦之產事爲割據亦一時之狂謬也夫

吳張昔據平江死後吳人或感其惠塑像祀之某年偏託夢於吳人欲歸故鄉吳人以巨艦送之歸今東山寺所存之像是也又其參軍俞思齊亦泰州人諫吳張不聽遂隱去不知所終亦哲士也

吾州光孝寺丈室中有黃楊一株輪囷暢茂雖非晉義熙年間物以臆斷之或是元明之樹庚申閏三月初余過寺中作詩云陸游碑記不可得後村法書亦失傳今歲黃楊嗟厄閏不知此後幾何年陸渭南文集有泰州光孝寺大吉祥鐘樓碑記今無存又有劉克莊書字今亦剝蝕故云

宋何書楊玢長安舊居多爲鄰里所占子弟以狀訴玢批紙尾有試上含元基上望秋風秋草正離離今有朝貴某在京子弟以家書告亟言牆爲鄰占亦批其紙尾云紙紙家書只說牆讓他數尺有何妨長城萬里今猶在不見當初秦始皇如此作達觀則爭競之風稍戢矣

余老友沈芍園殿春明經有自遣句云燕玉難爲扶老計木瓜用作緩筋書緩筋之說見陸農師佃埤雅謂木瓜名楙善療筋轉如筋轉時但呼其名及書上作木瓜字輒愈蓋梅望之而止渴楙書之而緩筋理有相感不可得而詳也余患筋轉時試爲之亦屢驗烏得目爲荒誕乎

吳蓮芬觀察從蜀中歸繪有棧雲圖卷題者甚衆詩之宏整無過於祁玉叔相國詩云平生未陟蠶叢道聊借煙雲作臥游叱馭功名九折坂浣花詩思五經秋京華別酒螺龕惜故國蕪城雁陣愁感舊因君重惆悵滔滔江漢有歸舟何子貞閣學云上有金牛下魚復五丁蠶叢馬蹄熟江山銷得使君才別後詩懷惟戀蜀我今去蜀將兩年棖觸舊夢偶一牽鬢髮飄蕭腰脊孄不忍棧道思吳船何北瀛侍御云飽誦青蓮蜀道難歸裝猶帶

棧雲寒官情不耐求三釜詩夢依然脊七盤腳底羊腸經曲折畫中鴻爪記平安少陵它日尋巢父笑指珊瑚七尺竿范雨村制科云蜀棧連雲握虎符歸裝萬里出新圖山圖劍閣題銘在水隔巴江作字無世路崎嶇經九折君家詞賦越三株何當再上高樓飲重話成都舊酒徒閻裴濱後將乃喬鵷儕都轉題句時猶未獲見也

古詩客從遠方來遺我雙鯉魚呼僮烹鯉魚中有尺素書是雁足傳書犬耳傳書之外又有鯉腹傳書之事鯉腹傳書勢必剖腹方得厥鯉何辜爲人傳書而不免于見殺則柳毅之鄉傳不如殷喬之抛擲也有是理乎元伊世珍瑯嬛記云張芸叟臨江而居其妻遺一素綾鯉魚首尾宛然腹藏短牘芸叟試爲點染便躍入江中漁人網得烹之熟啟視不復存矣自後網得即放去謂神魚云又沈思坦謝美人製魚書甚旨是藏書之製像爲魚非眞魚也按此則古詩之語不可泥定耳記又載宗羲納書于川上魚口中以寄桑姊魚躍去是夜姊聞叩闔聲從門隙視之見一小龍據其戶逹旦視之唯見地上霞牋一幅則魚能寄書或有其事而不必就烹也

瑯嬛記又載袁瓘詩云芳草不復綠王孫今又歸人都不解施蔭見之曰王孫蟋蟀也然王右丞送別詩云春草明年綠王孫歸不歸白香山賦草詩云又送王孫去萋萋滿別情此王孫猶之公子等稱不是蟋蟀矣何可槪論乎

同文體詩話已言之綦詳兹閱北魏書邢臧傳臧與裴敬憲盧觀兄弟並諸交分共讀同文集臧獨先通之此亦一事也是知同文體六朝時最尚之

詩有同用一事而彼此用意不同者如周郎顧曲事夫人知之而六朝某詩有云絃知曲不誤無事畏周郎又釋法宣云周郎不相顧今日管絃調此固大同而小異又唐李端云要得周郎顧時時誤拂絃則命意不同矣王績云不應令曲誤持此試周郎又與諸作不同矣余亦有詩云淅矛炊劍日有事方征戍顧曲作軍機恐被周郎誤則亦不敢雷同於衆說也借事翻說皆如此類

唐錢起聞空中語有曲終人不見江上數峯青之句不知何指後就試題是湘靈鼓瑟結句未就因思曲終二句可用竟以此見賞茲閱瑯嬛記載唐厲元事與此相似云元渡江見一婦人屍收葬之後夢有女在林下詠之云紫府參差曲清霄次第聞及就試得緱山夜聞王子晉吹笙題用夢中語作第三四句竟以此得賞又貞元中有周存者性喜放生嘗放一鯉魚戲爲詩云倘若成龍去還施潤物功後入試題爲白雲向空盡詩既成苦無結句忽憶鯉魚詩因改二字云倘若成龍出還施潤物功遂得通籍如此三事皆是唐人冥漠之相助亦復相類

吾鄉王雪樵晉元先生雍正朝癸卯科江南鄉試發解首題爲或問禘之說一章先生甫到金陵寓舍即聞隔牆一士子晰夕高吟二比文鏗鏘卓鍊具有經籍之光實不知何題因默記之入試之日自作講下二比多不愜意更之又不可得忽念耳熟

之二比頗覺賂合卽書之而下文亦汩汩而來遂領首薦其第二名李東樓也豈不大奇此與上數事相似牽連書之

抽輯再續集中言吾鄉儲吏部靜夫（巏）重刊宋遺民謝皋羽（翶）晞髮集余向未見此本今於坊間購得之其集系靜夫抄於建安楊晉叔家會馮御史執之按部至泰出閱極爲歎賞攜至郡城告唐運使文載相與刻之靜夫作引以弁集首原書十卷遺集二卷遺集補一卷天地間集一卷冬青引注一卷登西臺慟哭記注一卷舊云二十八卷想是亡失過半靜夫抄輯之書已非全本且遺集所載之詩或從宋遺民集抄出或爲僞託其筆意與前集迥異王弇州謂其强弩之末不能穿魯縞余謂皋羽詩古體近於李昌谷近體出於杜少陵而遺集所載何前後異

轍如此或曰此老年之作故爾有異余謂譬人少年是虎頭健兒年老則變爲雞皮老人而精神意氣終有可驗不至前後大異如出兩人也刊書者因亡失過多以此補之此貪多之故抑亦可以不必矣

晞髮集古近體楊用修丹鉛錄摘錄之最賞其鴻門宴一詩以爲雖李長吉復生亦當心服李集中亦有此篇不及此遠甚元楊廉夫樂府亦有此篇愈不及矣評之近是非楊有滲漏鄙見獨長蓋操觚者嗜好不同故所錄有异也集中古釵歎云刋徒鬼火去颷忽息嫣堆前殯齊發白煙淚溼樵叟來拾得慈獻陵中髮青長七尺光照地髮下宛轉金釵膩持歸熏沐置高堂包裹恐爲神所將妻兒朝拜復暮拜冉冉沈病不得瘥省知天物厭凡庸夜送白龍潭水中叩頭卻願祈免死永入幽宮伴龍子故園曲第四章云粵王山下霧如雨吹入羅襟楚女啼身逐千艘落南去惟有橘烏飛向西雨中怨云妾在江南家楚東憶君月落雨聲空衣冷入夢君無語落月同看雨不同近體警句如月過秦涼北星深河漢西靑山明月下家口少微東掃徑維花落種松如草長落日失滄海寒風上薊門吳越逢寒食山村見獨行驛花殘楚水烽火到交州漁樵分落日櫻笋過殘春風塵侵祭器樵獵避兵船戍近風吹柝河空雨送船坐久雨聲絶水深荷刺生草沒秦人塚山通越國城暮色隨鐘盡年光逐水來摘錄于冊諒不嫌多也靜夫先生著有柴墟詩文集而又網羅散失若此史官傳公於文苑其以此歟

說者謂詩詠古蹟僅泥定本事徒見堆垛此高著眼孔之說欲其凌空駕馭也然脫盡本事又未免蹈空恐非篤論徐竹江（震來）金陵懷古詩讀書臺云才生亂世多無賴士死疆場亦令終黃天蕩云塞外烏珠眞點虜帳中紅粉亦英雄桃葉渡云橋邊鵲渡盈盈似江上花開緩緩同木末亭云金川門破周公忍鐵鎖江開孺子沖亦空亦實不愧作家

吾鄉袁止泉（杙）玉勾斜弔古云晉陽一水達邗溝歌舞承恩此地游埋玉有鄉非樂土招魂無計是眞愁螢光照夜應名苑蝶黛迷人合號樓殘日玉勾斜畔路白楊蕭瑟易成秋淸夜游尋何處家錦帆無故到天涯身如芳草成枯草愁見楊花變李花鏡裏頭顱空雪涕塚中魂魄怨風沙而今屢聽耕夫說拾得金

敘半整斜詩饒有風韻止泉詩已見余初刻集舊名政祥茲改今名

詠古蹟七律定如杜子美之昭君村永安宮諸葛廟等作猶如立身於九重天上人翹企之迥爲萬分難及下此則劉禹錫之西塞山懷古李商隱之隋宮與籌筆驛溫庭筠之蘇武廟等作音調高朗吐屬工雋亦復各有千古又如宋趙孟頫之岳王墓金元好問之行經惠陵等作亦復有可傳者今則如王士正之潼關查慎行之土木堡陳恭尹之鄴中沛中蜀中懷古嚴遂成之樊城與三垂岡感事等作亦可繼聲千餘年來得此數家有此數首足以見人之才思感我之心脾惟思自古英髦駸駸逝水諸般事故落落風颸其忠佞可被諸鶤絃其成敗足奉爲龜

鑑何得謂二千餘歲徒矜騷雅之謳歌五十六言不比春秋之衮鉞也時憑管闚無遺葑菲此事之難能可貴概可知已余學爲之而終不相肖摘其斷句庸質有道如八陣圖云兵戈萬衆吳爲狗兄弟三人蜀得龍馬嵬驛云劍閣千重人竟去黎花一樹佛無情梅花嶺弔史閣部墓云生餘諸葛營中淚死少田橫島上人竊思吳狗雖見三國志裴松之注傅彤語蜀龍見世說以之屬對得無餖飣乎人竟去佛無情或嫌人竟去三字隨手愚意謂明皇由馬嵬坡決然捨去徑登劍閣何不情之甚佛無情縱是佛子亦救不得人也諸葛淚田橫島又謂陳壽贊諸葛謂應變將略非其所長史公文臣將略不及諸葛只抱得耿耿之心已耳而諸將則跋扈喧呶有愧於田橫島上人也不知是否姑錄就正

楊柳詩人詠之多矣近人之佳昭陽趙竹塘云歌傳樂府小垂手人憶琅琊大道王甘泉許春卿云詩心細過風梳髮人意溫於絮着衣江都史燭庭 烜久 云羣鶯飛徧江南樹征馬馱來灞上人同硯韓福基 紹基 云一葉一花隋苑樹三眠三起漢宮人皆風流跌蕩

吾邑袁冶山 振華 世丈善作擘窠字工詩豪飲同人小集賞盆中芍藥云一生縱酒狂醉鍤劉伶荷年來老不支戶小豪氣挫故人遠道歸招同佳客過銅瓶閒古瓷錯落列右左名花三百枝紅白嬌無那濃不藉露滋色恐臨風彈浩態膩紅燈柔香裊青瑣殿足十分春弄影何婀娜懽鬨崑崙觴肴列洞庭果酒酣

竟更耐老夫幘欲墮歸路月三更逃座休嗤我灑脫適如其人哲孫後山文學名寶鏐曾從余子衢問字得祖之遺研守之繪爲圖余以晉范喬爲比詩世其家學即事云園鳥驚人來飛上庭前樹踏落數枝花花飛又何處弔梁武帝句云同泰捨身何草草臺城苦口歎荷荷皆佳余敘此一一以見香火之有緣一以見箕裘之不墜也又其族人子文名錦茂才亦有文藻詠春柳用王漁洋秋柳韻云舟尋渡口紅桃隖圖變江南黃葉村多愁多恨人初別無雨無風花亦飛丁沽煙隱當鑪女甲第風高異姓王冶游空綰雙驄轡卒歲難充八繭絲可謂袁氏多才也

丁巳四月郡守課士以蒙正夾袋王勃腹稾李賀錦囊命題謝種之太學詠王勃腹稾云搜羅掌故成雜檄滿足精神送馬當

其弟詠蒙正夾袋云照面堅辭千里鏡掄才如獲五明囊王子文詠王勃腹稾云閣上序能驚座客此中食已負將軍誰謂詠物之句不足以見人之才思也

徐竹江之弟月槎坎孚茂才繼聲於乃兄詩亦清雋幽居云斷竹絲當路好花紅向人冬野書所見云水落岸斜出山空雲獨歸

昭陽李復堂鱓大令善畫得錫山蔣氏之傳題畫之句無不風趣自題畫雞云畫雞欲畫雞兒叫喚起人間爲善心是風趣而兼諷諭矣

吾邑夏春舟世丈髦而好學凡有問見歸必錄之酒畔茶餘有如不及抄錄既久積軸盈尺名之曰膾炙集世丈工詩善飲詩饒趣味時有畫師馬墨初呈圖購得蘆洲之地一區欲蓋屋而未果以詩諷之云買將一片荒涼地留與寒蕪晒夕陽不見當年王録事草堂貲只剩空囊

吾邑翟應三宣武孝廉也老而工詩自述云馬槊弓刀自在身年華衰老事成塵功名不就親書卷笑殺蔦肩火食人

吾邑張九成鳴韶文學王心齋祠云後死有誰稱鐵漢先生不愧是明儒語有分際

昭陽符雨巖雁學博題文姬歸漢圖云左賢王忍兩兒悲毳幕貂裘淚暗垂只有董郎眞厚倖阿瞞爲爾贖蛾眉江都于滄洲濤布衣題句云風塵磨折鬬天意女子由來不重才各抒所見滄州客老於泰州作韓康之賣藥早晚一丘今墓已宿草矣

元葛邏祿迺易之詩云上東門外杏花開千種紅雲遶石臺最憶奎章虞閣老白頭騎馬看花來詩謂當時杏花無過東嶽廟石壇道士董定宇居虞閣老虞伯生集也虞有風入松詞末云重重簾幙寒猶在憑誰寄金字泥緘爲報先生歸去也杏花春雨江南題下自注云寄柯敬仲所謂先生者即柯敬仲也堯山堂外紀天台柯敬仲九思際遇文宗起家爲奎章閣鑒書博士得出入内廷後失寵居吳下虞賦風入松寄之龍巖魏笥生觀察輯三十五科館閣題解於杏花春雨江南下祇注虞集風入松詞而未注寄柯敬仲字則上句先生不知爲誰何也余司校閱姑爲拈出

古人之篤友誼而形諸歌詠者唐元微之聞白樂天授江州司馬云殘燈無焰影幢幢此夕聞君謫九江垂死病中驚坐起暗風吹雨入船窗宜乎樂天聞之云此詩他人尚不可聞况僕乎微之既得樂天書云遠信入門先有淚妻驚女哭問何如尋常不省曾如此應是江州司馬書此不過小小遷謫耳視永遠死別者有間而情意之篤尚如此又宋黃魯直荆江亭即事詩云閉門覓句陳無已對客揮毫秦少游正字不知溫飽味西風吹淚古藤州蓋少游死于藤州無已哭之慟又如此所謂正字不知溫飽味者按宋史無已高介有節初游京師未嘗一至貴人之門傅堯俞欲識之先以問少游少游曰是人非持刺字俛顏色伺候公卿之門者殆難致也堯俞知其貧懷金欲爲饋比至聽其論議益敬畏不敢出是少游誠知 少游死而無已能

不哭之慟乎且謂正字不知溫飽味者史[illegible]已家素貧經日
不炊妻子慍見不恤也又豫郊祀行禮爽其[illegible]無棉妻就假於
趙挺之家問所從得卻去不服魯直言此是其實事非讆言也
爲問後人之於朋友贈答有此眞情高誼否或有投贈虛譽諛
詞搖筆紛至究之休戚無關痛癢不着何以文爲

黃魯直荆江亭卽事詩本之杜子美存歿口號二首子美詩云
席謙不見近彈棊畢曜仍傳舊小詩又云鄭公粉繪隨長夜曹
霸丹青已白頭蓋席謙存而畢曜鄭虔歿也魯直詩云閉門覓
句陳無已對客揮毫秦少游時少游歿而無已存也此語已見
于洪容齋隨筆余不敢攘其有姑因前說錄之今王貽上喜吳
漢槎入關云太息梅村今宿草不留老眼看君還謂漢槎存而

梅村歿也又德州旅店壁無名氏題句云都轉聲華一霎休尙
書名位冠通侯亦是此意詩人仿此體者餘可類推

彈棊一事今已弗傳其說見于漢盛于唐漢書梁冀善彈棊格
五三國志注魏文善彈棊能用手巾角蓋其局以石爲之兩人
對局白黑棊各六枚先列棊相當下呼上更相彈也唐賢有棊
譜一卷局方五尺中心高如蓋其顚爲小壺四角微起李義山
詩莫近彈棊局中心最不平謂其中尊也白樂天詩彈棊局上
事最妙是長斜子美存歿口號自注道士席謙吳人善彈棊李
義山白樂天俱生于唐故於彈棊言之甚晰特不知此事之替
于何時也

近聞王勾生翼鳳死難于浙哭之以詩云樽前忽報勾生死酒
氣難溫面色灰遠道昔如飛絮去荒庵交與古松哀烽煙我制
無窮淚淮海人推有數才倘獲歸魂與歸骨浙風吹水渡江來
第四句謂勾生曩賦吾州松林庵古松結句有夏君老去康侯
強應與此松同低昂之語松若有靈應與余之老淚同一汍瀾
矣

唐柳子厚詩與韋蘇州並稱是曰韋柳鮮不以爲沖和澹遠不
求精鍊而不知其骨力遒勁集中自有上東門一詩指陳宰相
武元衡被刺事其詩責當道不能爲元衡追求刺客與元衡雪
恨豈非恨事詩曰漢家三十六將軍東方雷動橫陣雲雞鳴函
谷客如霧貌同心異不可數赤丸夜語飛電光徼巡司隸眠如
羊當街一叱百吏走馮敬胸中凾七首凶徒側耳潛愜心悍臣

破膽皆杜口魏王臥內藏兵符子西掩面眞無辜羌胡轂下一
朝起敵國舟中非所擬安陵誰辨削礪工韓國詎明深井里絕
臏斷骨那可補萬金寵贈不如土似此義正詞嚴令人驚心動
魄矣時劉禹錫有代靖安佳人怨詩亦指此事詩云寶馬鳴珂
蹋曉塵魚文匕首犯車茵適來行哭里門外昨夜華堂歌舞人
又云秉燭朝天遂不回路人彈指望高臺牆東便是傷心地夜
夜秋螢飛去來此匪獨無哀傷之詞而實有倖災樂禍之意宜
乎朱文公爲之道破也子厚詩意迫切筆亦剽悍而諷諭之旨
自含蓄不露此可爲風人論事之祖操觚家能解得此意則思
過半矣韋蘇州集中沖和之作固多而遒勁之詩亦復不乏檢
閱之自得無用覶陳也

吳縣薛亮臣炘有穉女小字蓮生生年七歲性聰慧從袁子文受書一目十行上口了了竝能屬對語皆工巧忽病殤父與師情不能忘特繪小像亮臣譔行狀一通紀其大概索人題詠其最可傷者蘇常遭亂日亮臣挈女浮海遠徙至泰剽掠風濤之險辛苦與女共之今女殀折倍可憐矣喬鶴儕都轉慰其哀思系以詩云瑜珥瑤環玉不如勝衣方喜步徐徐無端寶樹埋黃壤怊悵昌黎痛女拏人生小劫總浮漚莫問彭殤短與修但祝金環重報取化爲玉燕又相投其慰之至故有玉燕相投之句理或然也袁子文詩云彭殤一瞬總悠悠歎爾曾經大海舟若話歸魂歸骨事滿天麋鹿尚蘇州是言泛海之事與故鄉之思也余詩云七齡女子最聰明忽捨鳩車赴玉京何怪爺孃抛不得桃花樹下哭蓮生名同寄寄淚潸潸阿父文齊李義山繡褓金鐶在何處竛竮或見夢中還余閱李義山哭小女寄寄文賞其眞摯今亮臣哀女而不誼情之所繫古今人原無異情也

余作泰州麴烈女詩云麴烈女生蓬蓽父徐五贅麴室冒姓麴中年卒女長成一十七桃李容松柏質善持躬守白璧無賴子姊之匹壻曹先行狡獪毋女依侍盥櫛人問字曹阻尼曹言挑女心怵闞女爨闖然逼女手纖拒之力拂曹怒勢不測女告毋毋罔直哭訴鄰理不得告諸姊姊無術女計窮無處匿身赴河甘及溺巨艑來臂折一臂可折身不失身可溺志不汨冤雖沈天應惜天旣惜尸浮出何處人泰州籍居何處泰壩側嘉慶朝此事實乙卯年六月日前有賦此事者序事微瑣余追書之

再續集曾栽浮邱伯相鶴經甯戚相牛經於話詩後茲閱陸農師埤雅釋馬一條於相馬之法綦詳其詞曰舊說相馬肝欲得小耳小則肝小肺欲得大鼻大則肺大脾欲得小賺小則脾小心欲得大目大則心大又曰眼欲得有紫豔口欲得有紅光上脣欲得緩下脣欲得急上齒欲得鈎鈎則壽下齒欲得鋸鋸則怒脊欲大而抗額欲方而平喉欲曲而深胸欲直而出兔間欲開虎口欲開升肉欲大而明輔肉欲大而明耳欲如劈竹睛欲如懸鈴頭欲高如剝兔項欲起如飛龍又曰人眼烏目麋背麟腹虎胸龜尾擎頭如鷹垂尾如彗又曰望之大就之小筋馬也望之小就之大肉馬也前視見目旁視見腹後視見足駿馬也毛束皮皮束筋筋束肉肉束骨五者兼備天下之馬也又曰

口中紅白間色者壽鼻中紅色如朱點昔者壽眼中赤色如字形者壽文亦古致因思杜子美詩詠馬甚多如竹批雙耳峻風入四蹄輕顧視清高氣深穩等句儼然相馬經也且馬經只相馬之形狀未審馬之性情氣節詩又有所向無空濶眞堪託死生一心與人成大功等句則審其性情氣節矣此可知文士之筆窮神極相無堅不破無微不入也朝野僉載云伯樂令其子執馬經以求馬經年無所得出見大蝦蟆謂其父曰得一馬略與相同而不具其馬隆顙跌目但蹄不如累麴耳伯樂笑曰此馬好跳躍不堪御也余覽此失笑夫以蝦蟆爲馬無怪世之見槖駝者以爲馬腫背矣何少所見而多所怪耶

張衡詩云美人贈我紅錦緞何以報之靑玉案此本三百篇木

瓜之詩衛風曰木瓜木桃木李言投之薄也曰瓊琚瓊瑤瓊玖言報之厚也禮云太上立德其次務施報王道本人情未有來而不往者亦未有往而不厚者詩言木瓜木桃木李不定爲瓜與桃李也言瓊琚瓊瑤瓊玖亦不定爲琚與瑤玖也蓋類如是也特以爲瓜桃李琚瑤玖音相叶耳凡人詎可謂戔戔之物不足以語大道昔管仲相齊諸侯之賓至垂橐而入捆載而歸是以九合諸侯一匡天下管仲之勳業爛然魯城小穀爲管仲也可知要結人心創霸者尚如是況王道歟報施之說不可不講九經之道厚往薄來早言之矣其在世之貪吝者厚己薄人不知裒多益寡幾視木瓜木桃木李亦珍秘如瓊琚瑤玖也矣可乎哉

唐陳子昂人稱其文章起三百年之衰竊觀其所作如前不見古人一首洵可與蘇李曹劉中原角逐矣他如感遇之作亦如阮嗣宗之詩詞旨雖佳而骨氣不摯餘詩且有俳句並未脫盡晉齊梁陳隋之舊宜乎山陽潘農師說詩與阮嗣宗同訾謂籍黨司馬昭而作勸晉王牋子昂諂事武后而請立武氏九廟犯天下之不韙爲小人之歸言雖剴刻而實有見地余觀唐宋紀事詩元詩選之紀注明詩綜之徵引輯錄者務求賅博以故良楛兼收涇渭並列愚謂正人君子忠臣諍士如唐之顏常山顏平原張睢陽宋李忠定岳武穆文文山陳太學鄭監門唐玉潛林霽山元郝伯常余廷心明楊忠愍劉念臺黄石齋倪文正史忠正諸公無論著饌之多寡是爲河嶽日星亘天蟠地萬古不能磨滅他若元惡大憝奸人憸壬如唐賀蘭進明高駢宋丁謂章惇蔡京秦檜韓侂胄明嚴嵩阮大鋮等輩無論文章工拙出於荆棘蕡莠梟獍虺蛇噬人害物後世皆得唾棄如此類一切摒去皆可不存江河之大自可容垢納污如此垢污江河不受不得爲江河詬病也間觀詩學本之三百篇篇中之載周公召康穆公芮伯仍伯衛武公尹吉甫之外蔡霍叔等未必絶無才思不知聲韻而形于謳歌者宜聖刪詩何以不留一句不見一字乎或刪之也巷伯之詩曰楊園之道猗於畝邱寺人孟子作爲此詩寺人孟子卑賤之人而其言可采宜聖錄之以其有忠愛之忱也彼譖人者方投有北豺虎之不暇而遑錄其言耶爲宇宙絶其間氣而後正氣可長生也

伯山詩話三續集卷二終

子濟

年

功

姪衢

恪同校字

伯山詩話四續集

（清）康發祥 撰

《伯山詩話四續集》二卷，清康發祥撰，據南京圖書館藏清道光同治間《伯山全集十二種》本影印。

本書刻於同治三年，乃作者耋耄之年輯録之作。發祥自道光二十七年輯録詩話，歷經戰火，而至老不輟，或以人存詩，或以詩見人，或以事存詩兼及其人事，都能秉承温柔敦厚的詩教傳統，加以闡發，議論精密公允，見其老年之論詩心得。

（宗　偉）

伯山詩話　四續集卷上下

伯山詩話四續集

儀徵吳𨦫書首

咸豐庚申年孟夏月開雕

余輯詩話已三續筆茲更課四何不憚煩但歲月屢更見聞又有倘輟而不輯則近者必笑曰耄而荒矣遠者亦猜曰老而終矣余何以堪惟依舊事此庶近者曰猶未已遠者曰尚無恙七六年華告存於二三知己寸衷自幸四方人亦爲余幸也其過愛余者輒舉王延壽之言謂魯殿靈光巋然獨存是愛余之甚轉失余之眞逾分之諛愧不敢當余並不敢聞也以此自遣初無惡焉

同治三年秋九月中澣伯山康發祥自敘

伯山詩話四續集卷一 話今

泰州康發祥瑞伯氏編輯

門人王鴻業雪飄校勘

粤稽白石之歌歌者販豎五噫之歎歎者舂夫錄詩者祗辨正邪不分貴賤如於此嚴於甄別恐無當於剔幽之懷而不免有偏心之刺況十五國之風採之輶軒陳於太史 宣聖之錄序曰其家人曰其婦人曰其妻曰行役之人曰行役之婦人俱不辨其爲誰何大凡有關於美刺有感人心脾者多無所究詰故楊園之詩寺人孟子作爲此詩可知其義矣且詩通於樂樂之發聲爲宣幽出滯而作曷忍遏塞也蓋臺閣草野各有境地二者並設不可偏廢恪遵此教閱者參之

余近年有韻事三端抄輯詩話後有高句驪貢使姜某在書肆購得之副使某無有深以爲憾錢子奇大令行篋實有此本舉以贈之二使副海舟去海外一也余之面目一枯瘦老人耳江右黃芩川濬祥太守倩萬袖石爲余寫眞并屬余題其上弆之行篋以作風雨相思千里一室二也余詩刻成數集尚未蕆事儀徵汪研山鋆茂才摘句繪圖十二頁以持贈水墨一著畀拙詩俱有神理三也海外人購詩話張石樵安保明經已形諸歌詠有新刻風行東海外果然聲價重鷄林之句余老境無一善狀差可樹者此三端耳

長白夢文子麟司寇詩集余向有之忽失所在不可蹤跡故前輯未載今購得大谷山堂集詩縱橫灝瀚不可方物而亦有眞

摯樸實處故亟登之今年別云前年別淚塡臆卷舌入喉啼不得上有白髮母下有扶病室忍啼作笑笑無力出門三日不能食今年別苦復苦出門無慘出門無主不見我母送我但見兒女盈前泪下如雨我無母憶我無旅爾無所提攜保抱恃爾父父去誰與愼寒暑爾伯爾叔善視女嗚呼前年別啼不得今年別哭無力饑烏行云饑烏啼啞啞踉蹌下冢田間麻麻乾無子食不得從風入息西家室西家顆粒溢倉積陳因零落散階砌老公呼雞雞豚粒喜鵲楂楂下來食饑烏啄啄鼓我翼兒童見之怒顏色拾瓦打烏不許喫不許喫循牆飛雞鳴鵲噪非我饑我無子哺逐我心何爲烏啼非憂鵲非喜此身作烏豈得已沂州云杖策過沂水荒城大漠孤日懸霜氣重烏入亂烟無獨客

憐嬌女殘陽感壯夫咄哉看老馬與爾正長途送陳倫西歸秦州云八月居庸見鴈飛霜林蹴社鱖魚肥羣空冀北孫陽老木落亭皋椰惲歸白髮漫悲明鏡客青山常繞故園扉春蘿秋桂渾無恙好掬東溟浣素衣使粵別家云老親攜手送病婦沾巾顧依依老弟兄切切共徒御塗黿脊春帷居愁憶秋戍貧知離別難病覺風煙苦曉霧隱房山夜雲蔽湘樹驅馬復褰裳日高不能去比干墓云馬鬣松楸合蓮山走大荒沙塵存氣骨天地久低昂落日寒朱戶靈風冷桂漿不須傷彼黍心可見成湯可謂筆大如椽者矣

當塗黃左田鉞先生壹齋集三十九卷其詩如山光蘊精水瀠洄是學養兼到之詣尤妙者在視學雲代時作達州詩云谿橋三尺版石屋數家村此地古爲涅我來春漸溫陽阿柳有色陰澗雪留痕路僻經過少羣山自擁尊又云迎候金鉦鬧來觀老稚頻騎驢蒙面女闚戶穴山民冠蓋羣相訝川原靜可親須知使者意愛爾土風醇雁門關云百戰雄關扺死爭一時草木識威名而今營卒渾無事閒倚關門聽鴈聲拜周忠武墓云臣死忠妻死義部下九人死將帥當時賊闖亦有言諸鎮倘盡如將軍吾屬安得至於是遼關破太原拌勾注山高騎而過寗武關賊無奈賊無奈天亡明以十攻一長城傾山頭燄燄燒紅雲全家已作雲中君將軍血面排帝閽帝命羣靈守其墳六丁鞭石成雨墩狂瀾不散趨山根至今鐵騎天陰聞自注云公墓在寗武東門外山之溪流由墓南衝激乾隆乙巳夏雨水尤湍悍七

月間墓前忽湧二小山延袤各數丈溪溜中趨無復衝激之患廣武云天險扼重山時清耕鑿閒腥風虎飲澗寒月鴈橫關晝角穿雲出驚沙點鬢斑明朝馳絕漠誰遣大黃彎山氣云山氣夜沉鬱茫茫曉未收寒風來絕塞入夏尚重裘盤馬雪千里射雕天蓋頭平生極飛動惜不壯時遊次密雲縣云廷轟雷掣五更頭傍千濃陰始盡收天外峯巒臨紫塞眼中城郭見檀州秋深老樹仍留葉人怯新寒乍擁裘觔力今年頗勞頓役車只合早歸休巖州詩云嶓影岭嶙久候迎危灘上上幾盤撐三條水到城根會五色石塡江底平歙浦峯巒遙在望睦州形勝古多爭乘流忽發懷鄉思何日蓮花頂上行讀唐書記老子事云辛苦哥輸石堡城奇功竟爾屬神兵如何旦夕潼關破不較天丁

一家行鄰女云鄰女生殊豔金閨常晝扃可憐迫遲暮不敢議
娉婷促柱驚孤雁觀河感二是年來珠淚盡永夜每愁醒米友
仁海嶽庵圖云虎兒筆力能扛鼎吾家涪翁不我欺海嶽庵圖
幅長丈昨於歙縣欣見之畫成自跋不滿意羊毛筆埽百餘字
此筆此紙不宜畫於書不知易筆易紙更何如妙致開卷雲水
蒸浮浮諦觀不可以理求濃者令人若雨立淡者櫂船欲深入
江南江北雨正酣一椽忽露雲中庵得非此老筆與造化參安
得胷中萬叡雲墨與我兒斯圖已三載雲山空濛常自在何時
乘彼京口潮當頭蓋我一把茅眞箇此身畫圖住不怕春江欲
入戶明宣德蟋蟀盆歌云陳君招我飲示我宣德蟋蟀盆盆高
五寸徑圍尺有二中有二百餘歲無數秋蟲魂盆蓋盆身刻以

花梅枝梅蕚横復斜翻蓋得印印宣德底夾一層中畜沙頗如
人家聽事古甎甃又如碁紋舊錦五色紋横斜一蟲至微供養
乃如此何怪燒香之爐滲金而蠟茶摩挲細若女兒膚我欲搗
碎爲茶壺坐使龔生時彬稱後輩看取蝌眼魚眼大小跳明珠
似聞苕砌將軍語自此可無戰鬬苦自注云俗呼蟋蟀健者爲
將軍送子卿省試云又見槐花滿地黄送君猶記昔聯床長干
塔下僧寮雨臥聽鈴聲徹秃當琉璃河云曉起掀帷耐雪寒琉
璃河上一憑欄鷺鷥好共應頭白禁得征人七度看代州栢林
寺觀李晉王像云萬七千衆排風雲賊巢膽落鴉兒軍晉梁搆
怨上源火天子不念王功勳與元之役已狼狽石門兒事尤紛
紜錦囊三矢晚告廟梁仇雖復唐無君是時莊宗尚年少復汴

初猶立唐廟那知豪傑手翦除百戰功名供一笑可憐酒罷空
捋鬚奇兒不奇惟嬉娛諸伶方擁同光帝天下眞與横衝都君
不見監軍力疾乘肩輿仰天大哭聲嗚嗚吾王自取誤老奴代
州南城樓有革韡數百隻俗傳楊業女八姐所遺按之前門軍
裝耳詩云代州城樓有宋戰士韡傳聞楊業少女之所著心知
其妄不敢非暇日遊觀且爲樂塵埋短鞠不計雙那辨韤靿與
韈𩍿厥尖上蹻類屨絇長稱壯夫赤三脚楊公之子凡七八王
昭消訓瓌貴彬其孫文廣亦善將未聞少女曾能軍時平不識
韋裝製手把遺韡共思議也先俺答百戰爭或者明時此遺棄
楊家有女自嬌娥縱慣殺賊提金戈一生纔著幾緉屐未必能
穿數百韡又婦扛輿詩并引云休寧之西有健婦扛輿始或以

老婦爲之近見兩少婦肩一後生俗不可長也爰作詩以告司
此土者詩云婦輿婦扛情或可婦扛男輿理不安始猶一老近
雙少兩足如霜姿亦頗深山大澤何事無日暮歸來寧必果郎
令痔土民不淫豈有同浴而不裸古者男女不相見出必蒙面
道由左胡爲招搖而過市意與擔夫相爾我愍卿奢淫安足道
突洩不救將成火誰歟令爲赤縣令立呼伍伯加之鎖坐其父
兄及其夫廉恥之防不可隳如此詩眞維風化之一端也題王
鳳生江聲帆影閣詩云春江浩渺山嶄巖此時不可無飛帆江
山清空花漠漠此間不可無高閣高閣遥臨白鷺洲陵虛下瞰
小於舟雲容水態日千變盡納玲瓏窗四面粉本誰摹范華原
丹青欲辨已忘言舟人指點隔烟樹道是君家讀書處何時圖

畫來長安使我忽見江南山可憐歸棹不得縱夜夜江神來入夢我欲從君借此圖神游日夕聊媕娿江聲在耳帆在目我姑當歸君且出猶夷動盪意到筆亦到之作十夕雨詩云風花幾散晚雲稠涼意侵簾急下鈎老酒拚供佳節雨深燈疑坐故鄉樓三年瓜果虛今夕一枕蛩聲送九秋多事荒唐說牛女人間如此不勝愁此又風神駘宕故多錄之

萍鄉劉金門鳳誥學士天才發越著有存悔堂集其詩如龍文虎脊不可羈勒茲擇其清逈之作登之於集踏月過韓大聽秋云月夜過韓大離人感慨多盟心誰似此握手意如何南國美秋色西風生遠波臨歧發謳思後夜已長河發潞河云北馬艱長道南船促去津猶憐依日下多恐笑風人浦樹初涼薄沙村遠漲新贈詩重撿點旅篋豈云貧晚次嚴州云絕憶樊川嘯詠餘落斜城郭畫屏紆山當夕照橫峯出灘到迴潮去路無仙樹一株傳橘種州人九姓納漁租曾遊詩是初經地蘆烏萑烟信櫂夫自注云蘆烏船名西臺懷古云相傳舊客此登臺臺畔濃雲晝不開一搭傷心從後死諸陵藏骨有餘哀徒教阮籍空山泣幾見田橫島上來老泪縱橫楚歌闋鄧王文筆漫多才自注云鄧王謂鄧中甫王炎午也黃州口占云孫郎圖霸古無功坡老遷官數亦窮僥幸黃州一小郡千秋人說兩髯公九江大雪云東吳西蜀淼寒流白浪如山擁去舟萬鳥不飛帆一葉滿天風雪下江州外又有北征集杜詩二百一十首其才之大誠不可思議矣

高郵夏澹人味堂題苗氏兩世封股圖詩云人人血肉歸臭腐孝子片臠媧石補家家兒把孝經讀孝子幾逢孝子續苗家阿姥遇最奇當是胎教無纖疵兒悲母病悄封股廿載孝孫還效父是母是子已足憐子體父心孫尤賢病僵乍醒翻作喜藥七初收霍然起想見兩刀鏘然鳴天地黯慘神鬼驚世人愛生心早死兩世誓死偏能生當年鞠育母勞苦通靈報德唯一誠子止延醫塞其責聞此得不雙泪橫嗚乎聞此得不雙泪橫情眞語摯自然高老

通州沈飴園岐都憲苗孝子封股詩云猗歟苗氏揚郡之英克敦孝道彌篤眞誠母氏嬰疾殗殜病成子曰傷哉祈禱無靈夷于夲股骨熠心驚卓哉有子乃更生孫父愈母疾子體父心一堂茹苦蘭秀于庭與稽古昔聿表厥聲吮癰誌痛療目燃燈亦有孝子罕著奇行矧茲兩世子儀父型我與之贊用告公卿此尤高古可貴

行文有顛倒取致者韓昌黎柳州羅池神廟碑祀詞曰朝出游兮暮來歸春與猨吟兮秋鶴與飛順文當是秋與鶴飛故歐陽指此爲誤沈存中云倒用鶴與二字語勢愈健如楚詞所謂吉月辰良也此善論文勢者余按古體詩用此法無不可而律詩用之終不合格不可同日語耳

楚詞吉月辰良不曰吉月良辰是有心作是語敘滇地之形勢者曰絕地天通不曰絕地通天矣蓋參錯其字轉增姿態舉此例之可知行文斷無板滯也

余昔至郡城得見楊少保將軍（捷）畫軸一青蒼秀潤後跋亦仕妙知瑰琦磊落之姿兼有鮠水模山之技今向其裔孫求其遺稿裔孫曰不可得矣其後代犖公顯有遺集但未梓行耳因於行篋出示觀察匡齋公（懋紹）有漁山集武陽九日署中云去年此日長安別萬里孤城匹馬還流水無情歸大壑白雲有意住高山鬓眉定逐風塵老琴鶴相依歲月閒忽覩黃花開滿徑江南愁殺鏡中顏秋日郊游云秋滿江城酒滿船等閒散策步蒼煙抱叢寒蝶因風見點水浮鷗得雨妍十畝園陰開綠野一爐香細和朱紘詩歡命友須行樂自笑蹉跎四十年滇中聞雁云含北圖南已入滇凌霜觸雪歷山川稻粱此地雖云樂不及瀟湘淺水邊太守恪齋公（文鐸）匡齋公子也著有玉岑京峴等集

集中與吾州先達繆司寇湘芷（沅）倡和最多送繆湘芷赴京兆云春江一片雲變態閱昏旦吾儕集江湄揮手或聚散繆子天下才素志在霄漢健翮凌秋風雲路登彼岸郵亭車馬紛別意托豪翰塡胸萬卷書光燄吐璀璨走筆傾明珠灑墨呼鵝換聲名壓元白意氣薄絳灌十里長安花更許何人看青樽留落日柳颺隋堤畔欲折贈君行鈍足恣愧汗渦濆曲云身世亦何常泝或作湘潭深或作巴江遏或作古鏡光或作迴文織一葉涉造化本難測長江一勺水變幻出頃刻拳石當中流終古成漏其中徒侶皆惻惻微言聊藉慰逝者何能息屈原未云醒商君豈能匿安步失虛舟大地生荊棘撫躬勵厥修太上貴立德過鬼扒崖云嵯峨復嵯峨黔山石筍穿雲窩蜒蜿一線出鳥道[

臨斷崖無底之懸河行人到此長太息退既不能進無力我無山鬼跳盪之伎倆我無野鶴高翔之羽翼昂藏空長七尺軀扶挈無緣甘面壁趦趄兩足轉悠然昌黎投東華山巔古來侏儒信薄命何不歸耕二頃桑麻田除夕得家書云球句心抽繭緒書目數蠅天涯猶作客年事頗如僧守夜憐時序迎春解凍凝獨悲添馬齒鄉國思騰騰過毘陵驛云一秋三過古毘陵小泊郵亭不厭登去日正長同塞雁行蹤無定似游僧逢聲浙瀝添宵雨野火蒼茫送遠燈閒把一杯成獨酌前途霜雪歎崚嶒聽鷓鴣云牛馬從教薄俗呼年來漸覺鬢毛殊那堪更向深山裏瘴雨蠻煙聽鷓鴣高櫟吊老樹云絕壑崇岡接綠天霜皮鐵幹舞風前應知不作凡材用甘守空山幾百年山行見新柳云判

君青眼別春明水驛山程送遠情忽地相逢寒谷裏鬢邊白髮一齊生謝友人贈墨云犀文玉質燒琳琅柿葉青綾豔有光收拾士龍三萬笏張顛頭角任飛揚侍御損齋公（錡）集中有赴熱河諸作苦雨云滴滴思鄉國絲絲盡臉波長安愁米貴塞上又如何應山道中云寂歷亂峯列潺湲曲水多雙松當古廟一騎出巖阿有夢思鄉杳無緣縮地過遙知秋夜月老樹獨婆娑武昌絕句云天竺如丹柏影斜銀魚似玉筍盈車客中忽動蓴鱸想何必秋風始憶家文官果云文官有果膺清譽不解何年擅此名夢想已經三十載而今相見愧儒生途中口號云大字豐碑盈驛路鐫來盡道使君賢郊原行過聊憑眺蔀屋依然似磬懸刺史荔齋公（牧）損齋公弟也觀邯鄲夢劇和太守韻二首

云夢中鄲解黃粱熟離合悲歡總繫思不到蓬萊山頂上怎知往事盡成癡我亦酣眠三十載夢迷夢覺苦縈思邯鄲道上問鷄犬不止盧生一箇癡上排門云粵江眞險絶一棹泛滄波荒嶺閒花少中原亂石多舟人聲苦咽客子意如何尚未銷餘畏前灘又欲過太守徐齋公景震擬自君之出矣詩云自君之出矣細雨閉重關荷珠如淚滴點點別離間重過中州云三年大梁客又復走嚴城聚散懐交友升沉笑世情稍畦新雨足驛路晩凉生漫憶當年事匆匆歲幾更過界嶺云林麓霾微草樹薰風塵軀轆事紛紛車書一統今天下卻到山頭豫楚分通守朗如公炯詩篇和粹宗法堯夫白沙等集丁亥除夕云四十七年事都敎此夜除不思過去者還問未來乎苦樂從人有鶯花過眼無於今何所得心似老僧枯放言云皂白分於眼顚危任在肩賦詩風旨遠按劒寶光懸最鄙營巢雀何如脫殼蟬平生多少思多付酒杯邉參府逵菴公勳贈人云關山萬里路悠悠難遣椿萱兩地愁安得身生雙羽翼朝依塞北暮揚州按詩意似贈揚州人謫塞外者犖公之詩實有家法予辛勤搜得彙成一編

何仲言之七召皆是雜文仍當編入文類不必創爲七名濫觴於昭明後選家略之殊可不必

樂平黃琴川澄祥太守著有還桂山房詩稿古今體皆佳而古體尤勝古體每於轉韻處行神行氣如龍如虬不可捉摸最愛其董先生歌云火雲燒赤鳩茲水忽騰忽躑百怪從董先生住江之濱拂衣徑走一千里前摩猛虎後擊兕不挐孱妻挈幼子子面白皙懸靑臚旁人熟視不敢呼而翁唇反眉復粗貌古非陋還非麗海陵城高冠蓋集游向人中質吾衙宣洩造化哭鬼神倒屣群公轉無及三年不飛不鳴身爲肩火色論何因無端鑒別亦到我不謂尋常行路人邂逅長街與短巷談笑偏能破愚忝人稱半仙實非仙早歲曾計空門禪黃山踏入卻生厭去而不顧歸耕田眼中不識一丁字往往慕人游俠氣前年擊賊在鄉閭馳突風雨從鐵騎縱橫徒擊心與肝祇今項上雷刀瘢我尋先生言奇氣無不有先生人海闊人久炯炯雙眸[illegible]醜自從軍與來功名賤屠狗遼東之豕滿地走卧鼻雄顏綬綰腰獐頭鼠目印懸肘持古相法今則否我勸先生莫開口不如攜我囊中靑銅錢日日登樓但飲酒不然蟠胸熱血煉火成丹眞丹砂九轉燒水銀髓綠瞳方佩瓊蘂三山弱水駛猋輪嗟哉董先生可望不可即注雜仙之人豈不大勝此日皺皺趨風塵余亦有此題詩今覽此余詩斂袵頹矣喜徐少儀至云與君八載不相見疑死疑生日千變荏苒兵革斷消息不是尋常隔鄉縣神思往往通夢寐豈料眞從賊中至吾生遭際恆不奇執手相

看此何易要知歷境中瘍傷子貌白皙今老蒼不然行年未四十鬚髯那得含秋霜翦蔬煮酒美何擇吸盡甘棠不容惜沈沈夜雨燈搖青二十年來視今夕奉親廿口居團欒草堂已作湖腰看因君室家未脫險不敢更話羈棲難龍眠有約誓娛老眼前貧覺功名好拂衣請賦從軍行余亦北走燕山道送湯日丞歸南豐云飛沙八手不可搏流水欲斷心知難故人別我顏色沮慘慘五月江風寒昨歲天門策空射誰向金臺論馬價掉頭游於酒人間千古荆高見流亞霹斑上色叢青袍質庫意比金龜高一月二十九日醉一日不醉烏能豪短轅一輛驢入市屠肆鼓刀望風指青眼不乞公卿中催取笑層歌兒紅筵前賜斷柘枝舞此境有我時時同我告君去君不樂臨歧有淚涔涔落

我行猶且留邢關君忽飄然來此間劉伶置酒破萬錢民詞意次龍直上吳儂船世無伯通廡不得又從江南渡江北青山江南江北圖卿夢境繞盱江飛不辭辛苦賊中去百念所結帷庭幃我有兩親鬢髮衰亂離不僅長苦飢為謀菽水緩歸計似我何取有子為軍門角聲徹夜吹長淮注杯請勿辭丈夫生世保令德慎矣當俟前途蠖毋受造物相紿欺茫茫策馬詣空陂古詩之妙不可階矣近體之佳者如入廢蓮社寺云一騎綠陂上禪棲劫燹涼僧猶看佛古草竟比人長野饋眠空院飢題穴敗牆祇餘叢杜在有約話秋光通州道中云午歷畿南道河壖暑尚侵禪聲喧鐸語馬首亂帆陰客路秋瓜美農功畛 深此邦魚米賤引動故園心奇李久叔云與爾神交已二年衆中才調孰齊肩偶從

賤子傭書例去結英雄乞食緣賃廡伯鸞家室聚工文司馬姓名傳劇因一序鄉愁起夢倚焚餘老推遷艇湖云當年訪戴回舟去今日尋詩蠟屐來尚欠溪頭三日雪梅花一樹不曾開近體結響甚高情致亦復綿邈

壬戌三月二十一日小有天園道士邀看桃花余本不欲往諸友強致之會時適得甘澍有山作長歌誌喜後有數句專指老朽云座中老人帶顏色丹霞飛上唫髭旁先生杖履有春在三十年後爭低昂我從公游質桃實滑稽且自慚東方嘗前噉粥飽食雞起看烟雨仍茫茫余讀研山之詩媿不敢當然奇氣淋

滴可欣可畏

盡平姚仲海正鏞正郎僑居泰州庚申年九月九日邀余暨諸同人岳阜登高旋至城西草堂讌會立冬後又於寓齋作消寒會共擬聚星堂用東坡韻詩云籬根爵棄亂鳴葉孤夜沈沈試初雪萬人海裏開心顏龍公一戲眞奇絶庭柯僵立慘不支徑竹暗搖瘦頰折點來窗紙溼已無吹上衣稜看自滅初日旋生眼裏花酒盃莫向手中掣枯蝌爬沙落暗燈凍雲吹浪攢冰纈瓦角響墜動索鈴屐齒沾愁和木屑院深宋寞任堆鋪風迴卷倒還飄瞥猊虎團成稚子歡蝗螽盡瘞農人說擬把新詩問穎川醉翁醉後聞詹鐵揚州十首云襟江帶淮石終古廣陵城晻晻人烟歇茫茫隴畝平川原接吳越風俗人聲獷槪此悲生事浮雲無盡情一自古所爭地百年聞鼓鼙永嘉新政後建業大江西郡據長淮險軍連北府齊郵堪中興日戰骨望淒迷二來往甘棠埭遺薇歌詠間鞭投接淝水屐折破驚顏草木驅聲勢闉碁亦險艱可憐謝太傅不及八公山三聞道蕃釐觀瓊花未見休繁華叔世感歌吹極天愁空幕栖烏夜荒原戰馬秋南來驍果盡不復渡邗溝四威名此開府心事亦何癡空策神仙術還憐跋扈時樓居不敢死氈裏竟誰悲天下雄財鎭蕭條見黍離五昔擅文章盛由來太守賢蜀岡鍾造化泉水足留連芍藥韓公宴荷花永叔傳比來尋舊跡榛莽墮荒烟六慘淡風雲氣臨江虜騎來大儀拚一敵南渡劇堪哀陵廟中原棄朝廷半壁開金焦正烽火射弩有堂臺七閣部墳前土涼月照落微危城等孤注驕將失兵機野掠村墟少民窮鳥獸稀但聞健兒散買醉未曾歸八不信江都好東南財賦兼鑄山銅可冶煮海水能鹽灌莽時艱彼帆檣江水淹年年忘佑權蜀布共吳縑九浩歎論兵事干戈歷歲華金錢買生死鼓角雜琵琶不見陳琳檄誰爲劇孟家艱難驚老大側望靖天涯十詩猶是歷敘數朝而古事今情雙管齊下倍見深厚又咏古七律四章狠石云妙善寺前片石孤紫髯叢盎建雄圖臥龍議論終王漢射虎功名已霸吳自是猘兒難與敵從教狙種擬相呼前朝天險江山在遺恨蒼茫蘚跡枯赤壁云漢末孫吳用兵處武昌夏口望東西江流九派朝宗遠天意三分戰伐齊公瑾大名垂炬火阿瞞奸略失銅鞮青山好句南飛鵲怨入寒潮咽鼓鼙慶亭云席勝丹陽郡國開更從校獵見雄恢遊田自失從禽誡生子居然射虎才投戟一時空復爾橐弓今日爲徘徊景升父子當年事太息呼鷹只有臺蟂磯云訛言白帝傳來亟磯上千秋斷石存家國恨多判生死風濤天外質精魂永安建業消王氣漢水江流識舊恩我昔乘舟荊楚客布帆聲裏過祠門調亦高朗可誦仲海天姿英邁詩文浸淫漢魏俱从大處落想不與衆同

江右朱春舫履恆觀察於庚子年九月間在仲海座中識荊嗣後讀集屢接丰采未及披其全集祇見其題課耕圖二絶云黃石遺編日夕親蒼松鱗鬣寫精神便須風雨飛騰去莫作閒門種菜身又云天涯讀書感何如寂寞耶潛兩鬢疎學劍學書都未了一生低首愧犁鉏祇此兩詩意味深長絶去浮囂之氣已

見一斑矣

吾鄉柳敬亭雖以技傳然毗睨豪杰拯濟囏困實任俠足稱也余詩話備言又何贅焉適錢唐金眉生廉訪來泰暇日訪其舊宅作詩一首余即繼聲亦成七古云諸侯賓客布衣士四海五湖知姓氏生作泰州曹家子南關打魚灣上是少年亡命逞豪英身將萬里西南行身憩柳下因姓柳入秦張祿改姓名不吹伍員簫不擊漸離筑三千年事胷中熟隱身說書禍懷玉詼諧笑罵雜歌哭有時長揖軍門來褒衣博帶何雄哉抵掌縱譚眺睨視能挫跋扈將軍才有時席上善嘲謔醉後解衣益磅礴能爲譎諫東方朔能作瘦語黃幡綽事成一笑身高騫功名脫屣傷老年黃鵠一舉不再舉歸來依舊南關眠不學度遼管幼安不作渡海魯仲連臏有先人敝廬在欹斜風雨安數椽昔時黃金散隨手歸來囊橐今無有故人潦倒死已久子孫不能善其後家有三柩無力舉貧窮佽助罕朋友山人攘臂向渠說吾囊無錢吾有口大書揭帖無地無（帖云柳某）重說書闖街咽巷人踵接倒篋傾囊錢樂輪三百緡錢半月得友家養活柩皆扶如此高誼眞丈夫阮亭調語未免誣梅村歌行庶幾乎沈龍翔文吾見諸如此軼事宜大書高軒憑式訪里閭但知打魚灣裏居今居不辨門庭蕪往來古木聞啼烏廉訪見余詩即袖歸行轅與賓僚共觀略與顏高之六鈞等矣虛心厚誼洵不可及但余詩淺率只敘柳山人之行狀而已在齊言齊究何有於深義也乎閱者譽之

余詩稾刻成數種後友人多以爲可揚州汪研山㔩尤有嗜痂之癖摘集中之句爲余圖冊十二頁一爲無草花時無蝶影有樓臺處有鶯聲此雜感詩也又世事看來如轉燭坐看虛澗落巖花此游宏濟寺詩也又青帘颭樹高遮見白鳥翻風遠忽無此在馬溝晚望詩也又池荷遞香氣氣雜醇醪冽此消夏偶成也又暑病痊秋後涼風扇竹間此七月九日遣意詩也又一天雨氣不着地四壁蟲聲亂叫秋此七月二十日早起詩也又風露滿身鐘入耳石城橋下一舟橫此舟泊水西門詩也又爲憶揚州城北路斜陽影裏看楓還此冬日雜感詩也又冰國冰生成世界海山雪滿起樓臺此梅花詩也又九門寒氣送未盡清嘯主人來賦詩此冬杪過凝秀軒詩也又天梯石棧風波惡醜樹巒山眼界增此友人譚滇南山水詩也又城中吾更關心問百樹梅花兩寓公此除夕遣懷詩也百樹梅花謂吾州城東舊有梅花百樹兩寓公謂元和曹丈侶鷗徵君與令嗣艮輔楙堅觀察也研山愛我之至故有此畫而我敬謝曷敢當乎

甘泉楊澂齋（澍）司馬以世澤堂詩存見示澂齋爲少保將軍之裔孫品質端雅氣味醞藉洵不愧舊家風範今僑居吾州時來清話余聞與李冰叔至契時有倡和故余特索其稿其隨潘少白師清涼山看紅葉云四序景屢遷殘秋歲月晏薄游隨杖履楓葉霜華粲掩映成丹黃霞氣賴如且清涼古梵宮碑石惜漫漶步履陟崇岡行人入畫卷鳥語入雲岡林外數峯遠入投精舍憩坡陀若蟻緣高閣眺江光注月盼遐甸境寂坦忘機寥天

一聲雁六漫闊云震空若雷霆奔逐若戰伐三十六湖水同下六漫闊鞭馬不能追怒流從此發髣髴十八灘兩頭青石轄蕩蕩地軸搖心懸目欲拔遙想去來船抵觸應愁殺大田久汗萊設險定數帀惟快持嚮人紅鱗挑撥刺此詩收二句掉轉可謂挽千鈞之弩而能神閑氣靜也宿博山園云避囂博山山頂住况有園囿堪嬉娛夜壁潛窺走松鼠曉城卧聽啼林烏階下幾竿靑翡翠窗前數尺紅珊瑚憑軒遠眺黃葉落晴巘白川開畫圖金壇云今年鐵甕頁如鐵前日金壇果似金倉葛一呼知士氣霧雲半指見軍心常山得失關諸郡新建功名出仕林縱使石頭風正利尙堪背水學淮陰此等詩亦何深厚蘆花簾云翡翠珍珠滿禁城山家僅免北風迎垂來過雁應相識疎處穿螢

倍有情秋水織波入宛在晩山捲幔雨初晴相看莫道依檐下未忍飄蕭了一生萬福橋軍營贈陳大秋濤云江上暮寒至美人同此心白雲招手贈黃葉翦燈吟身事橫長劒文章變雅音愁來不勝醉華髮漸盈簪詩皆老橫毫無情響又摘句雨中看梅云絶少美人林下立不知明月幾時來四松菴客感云五更煙雨鷄聲雜千里音書雁影空秋雲結句云耐得寒衾不嫌薄七襄何苦累天孫秋漢云乘槎無路通舟楫橫劒何年洗甲兵過賜第感賦云墨貽北海存遺胄僭王南天感賜環王謝烏衣久凋謝嗟余小子正投艱又云朝右平津仍結客隆中諸葛暫躬耕庭前讓木添新蔭階下孫枝喜挺生宋藥勾吳重啓宇姬宗玉牒自分明讀以上諸詩吾爲舊友季子虎喜有替人季子

徽齋之從祖也癸丑歲捐軀殉節因此並書之

徽齋又有哭五弟雨生詩令人油然生友于之情詩云手足或不協其病爲不仁一身有手足一家有弟昆温温友于誼自昔傳鄭均戚戚然其歌薄俗徒紛紛余生何不肖先澤慚負薪緬懷先敏壯丕著雲臺勳貽謀啓燕翼七葉腰華紳兩世讓世職家乘書分明豈不愛富貴情重屣榮名遭家適多故踐履叢荊榛大父隱東山明哲期保身　賜宅將就圮丙舍依誦芬灌瓜惟抱甕種菜時閉門推蔭竹廬公三讓遺風純小子體先訓尺寸思守遵負此駑駘質祖烈難爲循早歲痛失怙讀書嗟無聞壯年志四方提劒歌從軍季弟苦短折陋巷曾安貧伯兄慘國殤荒荒誰招魂四五弟差健肩隨何彬彬卑官本代祿可仕亦

可耕謂四弟瑞庭嬌嬌棄繻年弱冠驚人鳴時艱重韜略習武投軍營一出獲劇盜上選拔步兵門資未始著聊起舊家聲雖居千夫長上游任要津未假武肅劵已冠終生纓余亦苛珠薦時將春明行愧無千里才攬轡常踆踆弟兄各淬厲報　國心孔殷何期鋒鏑及喪我鴻雁羣寇難促死別灑涕滄江濱　褒䘏匪不榮元壤傷沉淪弟忍棄我速憂喜在一晨當其致命日　綸音來　紫宸洸洸定遠裔煌煌都尉身吾弟命何薄不及圖麒麟吾聞大小蘇相愛常有言世結爲兄弟預定他生因我亦祝神明願世吹箎塤雨生不復生庶幾鑒吾誠知己苦慰藉敬謝聲已吞此恨苦無盡長句陳酸辛言哀之文難得如此洋洋灑灑而今昔之情事俱舉或以篇中用眞文元韻而又間以庚韻

蓋時本作通用鄭庠本毛氏本皆不通爲說余曰言以道情惟貴探喉而出不必拘於此說且有時韻可通乎況篇中二處略用數語是爲轉運無不可也余獨重其氣誼故亟錄之

婁縣楊古韞 葆光 文學來泰見裱褙店友人爲余畫冊十二頁所畫者即余拙詩緣此走訪並贈詩云十載沈淪萬人海每逢俊侶易懷思朅來窮市奇珍眩問道才名舉世知霧雪園林摩詰畫綠楊城郭阮亭詩武功有集應堪讀許翦珊瑚百尺枝余和詩云耽吟已老鬢成絲何意聞聲繫客思十載頭銜仍故我半生蹤跡獲新知煙雲悵觸樽前畫陵谷遷移篋裏詩慙愧蟬嘶兼蚓唱不圖鶴在最高枝古韞得余和詩復作七古一章見贈云大雅久不作下士聲如蠅讀書每歎往哲遠耆宿乃在古

吳陵示我篋中文文體卑蘇曾更有詩千首首首驕綾繒想其興酣落筆一快意力掃凡近參上乘淫聲繁響盡洗滌大聲忽發聞呟噌此才此筆世尠覯私喜我目猶可憑先生爲道少年事白門柳色綠滿磴才不偶命幾馳逐一朝棄業辭行滕盡披古籍騁遐想手抉精髓斬葛藤人生得意會須盡不如閉戶善守齋頭燈向平願了臥遊好水勢曲折山崚嶒何必泥塗逐車馬軒冕屣破塵鞅縆我欽才調已低首重聞歷境悲難勝憶從弱冠別鄉里直走苕霅求斗升棄繻又着短衣去經過皖湘俗肰增連年喪亂幾顛沛脫險恍似離鞲鷹馮公有親客無好窮途路窮誰相矜譬如病久不易治安得妙藥開瘕癥幸逢知己一吐出勿告薄俗將我憎歌成浩歎四壁動春風窗外如來膺

古韞雙眸炯炯氣體一清別時云走紫瑱後有書見寄今未寄到余甚思之

吾友梅蘊生植之詩已入余詩話後集蘊生亡後二十年其子攜其外集來閱中有與筆工張老詩二首其一七古云售我三管筆取我五百錢知我用筆難言傳能者解我秋蒙顛竭精三日眼不眠用筆方知此老賢我且誦君詩一篇飽日合與毛穎傳又一七絕是已前作詩云相逢忽漫感余愁張老如鴉已白頭畢竟家傳諸葛法湖州那得及宣州張老名行高湖州人嘗售筆於蘊生者蓋先日所售之筆劣旋以精者進故一抑一揚兩詩語無一定文人之言善轉動固如是也郡城玉帶巷又有張德山者余每市筆有泛常水筆八文一管濡墨着紙亦自圓

轉余市歸與入塾童子曾有詩云百錢買得雞毛筆製之名工張德山歸與湯家兩兒子阿翁時正搨碑還湯家兒子謂湯悔庵之子也

吾友張石樵 安保 荻埏懷人詩數章其懷余有云康侯老耄惜分陰不憚披沙揀碎金新刻風行東海外果然聲價重雞林自注云君所刻伯山詩話高句驪以重金購求又有寄懷余詩云吳陵古都會不至逾十霜康侯吾舊友歸然魯靈光腰腳健彌輕神明固而強髦老學精勤過眼俱不忘搜求州掌故用意微而臧文獻一身肩網羅及散亡我乍舟小泊流連傾壺觴排日文字會皤皤鬢髮黃筋力不知疲登陟阜崇岡乃知得天厚自然壽而康石樵只少余一歲精神矍鑠令子午橋太史時將迎

養於京師殊可羨也

盱眙賞鑑庭禮大令公事至泰見過快譚見有山海關雜事詩四章高朗清雄亟錄之云長途半沙積天外鴈聲聞古道積寒水高原下夕曛風腥知近海山潤覺生雲好記邊垣路炊烟翠幕紛清河向晚發冷氣已難勝風力欲翻石霜痕早結水曙雲巖際斷初日海壖騰漸入蓬萊境他山自有朋秋葉落如雨行行日已西車輪當石碎山月向人低高樹穩烏宿歧途亂馬嘶鄉關千萬里回首倍淒迷暮雨穿窗急邊風到枕涼蟲聲經夜大鄉思比秋長吳楚偏多故干戈尚未央尺書淹日久何日慰高堂

揚州自癸丑亂後名勝之地悉遭塗炭遙想湖上桃花菴稱江南北詩壇今亦委榛棘中是可傷已曾記嘉慶年間南城曾賓谷都轉讌客菴中作詩云桃花菴前水純是桃花色花似去年紅劉郎頭已白今我不歸去已過雨寒食故園今日花遊讌是何客此作如初寫黃庭最為淵永一時和詩甚衆都無逾乎此也

方雲叡學博詩余已刻之詩話中矣今題余愛日望雲兩集詩云愛日迺易馳望雲無終極知君名集意使我泪霑臆男兒著述傳千秋石火光陰原頃刻祗為父母怙恃恩捧檄心喜無人識何期樹靜悲風木幽宫一閉土花蝕靉靆蒼蒼兮豈歸雲日黯黯兮非昔日與君同是負罪人上天下地心徒盡讀君詩面發赩才智如君數倍余老守蘧廬亦太息歲時伏臘展墓門猶得依依在墓側嗟余飄泊成飛蓬南北無家歸不得先人邱隴宿草荒望祭何從供子職讀君詩意脜脜望雲雲愈空愛日日已昃吁嗟雲日猶是境殊科覩顏不駐愁奈何

吾州州志藝文有沈龍翔周公鋪詩并序序云出南門沿運河折而東十五里為唐灣兩岸空濶無人跡爲萑苻藪舟車久成畏途如皋令周公鼎鑑攝州篆三月即捐俸建屋四十間募民夾河居行人恃以無恐今呼爲周公鋪詩曰曉發茱萸灣晚宿周公鋪鋪上有居人不是當年路又云三月海陵官千載周公鋪立功貴及時何用終年住又云西有召伯埭東有范公隄中有周公鋪芳名千古齊龍翔州人餘著有發幽等錄

邵伯茹泂余素不相識來泰收養難婦設嫗棲所兼養童男跡其家貲本中下之戶用已空乏而行不倦余作詩美之曰茹先生邵伯人邵伯往來衝誰克如其仁家世本寒畯心性殊樸凡事急人難所作能率眞狂寇蔽江下居民走駪駪婦女冒霜露童豎走風塵君憐蠏沒腳（俗謂婦女難于步趨如蟹之沒腳）君傷魚觸綸設作嫗棲所畀以庇晨昏收養及嬰孩得以叨饔飧一朝兩粥飯籌備躬與薪行之日已久投者來如雲分局到泰邑借地鋤荒榛席遮廣搭蓋竹木連朝勤一日之用費動需錢廿緡有時苦不支代募過人門見人必下拜意疾言和溫如飢在一身人都重其義與之無靳屯多與困色喜少與亦不嗔長跪更頓首替人感厥恩多裘吟白傅廣厦思杜君善心在先哲先生成等倫吾思素封家何不恤鄉鄰粟肉任紅腐安肯豪釐

分又有避難者挈眷來作賓上蒼已示罰何無悛心存服飾尙
五綵肴饌羅八珍釵鈿婦頭炫脂粉香聞勻瘦詞與驕態欺人
皆耄悖以之比先生品地殊天淵 叶 先生本布衣若不知已貧
此若作朝臣燮理必慇懃此若爲諫官圖繪必上陳此若遇國
難毀家必然類此若與軍政慷慨必指囷奄然草野士難得如
仁麟鄭莊昔置驛長厚人交欣賓碩常盈友任俠人孔云古人
重一節足使薄夫敦先生用五官竭慶無逡巡耳目勤視聽兼
勞口舌脣並世有此子道誼豈不尊愧余無佽助蒭蕘代撰文
願天鑒在玆保護休嘉臻繩繩無匱乏陳陳多相因所期獨行
傳太史應知聞我思苗先生心已無間言我作五言詩敬之如
明神

通州朱石甫 瑋 明經著有獨行堂詩存詞旨灑脫 揚 吟云布
穀飛時桑葉稀小姑拜箔祈蠶肥不知辛苦機中錦卻是誰家
歌舞衣圖關舟中云掛席圌山外山橫落日黃秋風過白露前
渡近丹陽欐折江聲壯愁爭客路長荷衣不堪製一雁下新霜
懷應地山云擊筑狂歌南陌頭髯翁風度古無儔鏡中大笑白
華幘窗外一山青入樓七子論詩懷鐵甕萬人求帖學銀鉤醋
醪蘊藉周公瑾匹馬關河十五秋
東臺陳百生 寶 文學以候鳴雷鳴集見質才氣高邁寄鄭贊
侯云贊侯贊侯今健者天下無雙一 江夏 軀幹不礙宛邱厚叱
咤能飛武安瓦騏驥一骨秋崚嶒金臺恥踏肥馬塵仰天大笑
不同顧白眼靑袍看路人西風吹冷旗亭酒落日相逢各攜手

東南格鬭日干戈范隄寒水驚鴻多青楓黃葦愁奈何卻憶琳
琅在懷袖開緘拂拭當風哦眞氣淋漓墨光紫矛頭弩牙怒相
擬屬牟晴犖華嶽尖蛇龍夜賊滄溟底謬思扛鼎愁髕絕賤子
倔強爲君折何心造物忌才難坎坷崎嶇不堪說九月十日天
雨霜枯桑海水搖荒涼吁嗟乎男兒三十寒無裘公輸子祠云
一技猶千古名山俎豆陳而今丈大厦斧柄屬何人唐槐云半
槁精靈在中空劫火遭客來忙底事蝗夢太勞勞
余詩話載祀竈詞多矣玆閱百生集又有接竈詞云接竈復接
竈主人竈下擲盃珓竈有神神須聽不願吉語聞天庭天帝賜
我千黃金不願現形當臘日王侯富貴來相偪但願新年米價
低村前村後炊烟齊更願兵不過盜不來名字不上縣官牌竈

門烘火無疑猜神既降盃珓響近前三擲三上上其詞風趣極
矣
丹徒莊希祖 忠棫 司馬蒿庵近稿不事雕繢命義甚高詠燕云
宛轉簷前燕當風掉尾齊含情辭碧海凝睇想金閨裂衩澌餘
草花驄踏後泥漢宮三十六定不遣烏棲返照云返照延空壁
西風動遠林門前秋水漲一望大河深官道垂將沒歸雲澹欲
沉流民如可繪定遣淚霑襟秋暮村舍云高秋九日多風雨對
酒當歌菊滿畦常向霜中遲雁過忽從座上聽雞啼家無穫稻
思新釀囊有新詩改舊題幸得柴桑好鄰里滿頭花插接䍦低
楊花曲云楊柳青青着地垂楊花陣陣向人飛桃花落盡楊花
落獨有空梁燕子歸

儀徵張惕園錚大令時將之官湖北，先日枉顧，錄別恭擕近作見示，中多格老氣蒼之作。如雲舫弟乞假南旋時又錄別云：「家近賦詩臺，烽烟埽未開。顧余嗟老大，望爾特歸來。甘苦從頭說，存亡觸緒哀。相逢言不盡，且爲拂塵埃。」讀程蘭畦詩云：「到處求知已，平生未負人。那堪搔白髮，翻悔誤青春。冰沍魚難躍，天寒鶴愈飢。如何能自適，老我百年身。」閱潤波姪望父詩有感云：「誰料姜肱大被塞，五更待旦露初乾。平生不信錙銖重，今日方知稼穡艱。家室轉爲身外累，鬚眉頻向鏡中看。十年一覺揚州夢，昆弟何時聚首歡。」村居即事云：「記得當年學種瓜，而今也自課桑麻。耕烟散後蓑猶濕，醉月歸來笠半斜。竹榻生香新稻草，布衾得暖舊蘆花。亂餘多少淒凉境，宿麥連雲有幾家。」又詠獨鶴詩云：「不屑雞羣立，昂昂物外身。孤標誰肖爾，素質豈猶人。骨相原殊俗，聲聞迥出塵。天寒梅作伴，相對益精神。」台觀數詩，情眞語摯，不屑爭字句之工也。獨鶴一詠，則又寫其賦與泛泛詠物者有別。按惕園之詩本於字學，尊父篠軒先生才優品潔，久著名譽，大稿因兵燹散失，無從端跡，斯可惜也。

江右宗春舫履恒觀察題詠耕園詩云：「天涯讀畫感何如，寂寞鄭潛衕鬢疎。學劍學書多未了，一生低首媿犁鋤。」同邑趙漁亭琦明經詩云：「雲水清涼又早秋，紅蓮香稻喜豐收。東陵瓜菓南陽菜，一例人間說故侯。」此二詩氣味淵永何如也。春舫觀察詩不多見，可述者止此。漁亭詩拙刻前集已載多首，茲不復多載矣。

淮陰汪琴山承德縣佐來泰僑居，與袁子文過訪敝廬，贈詩句云：「久拚塵壤笑蹉跎，又過新知一短歌。海內靈光猶並峙，淮南文苑已無多。愁深强遣三秋興，壯志空消萬叠波。安得時清值佳節，朝來得酒醉顏酡。」

儀徵程蘭畦曦廩膳以鳴秋詩稿見質，語無繁麗，詩皆遒勁。初夏即事云：「暫處即爲樂，安知塵事并。境無終歲好，心得幾回清。暖日熏花氣，微風送鳥聲。睡餘書一卷，差不負生平。」月夜與家人語云：「斜月半牆輝，清風入夜微。一家思夏屋，幾日與春衣。不死亦云幸，無家焉用歸。干戈鄉貧賤，只覺負庭幃。」市隱句云：「雨晴官鼓報，春暖敝裘知。老母貪丸藥，嬌兒學誦詩。」舟夜云：「疎星明在水，高樹黑連村。」萬福卿家訪梅未開云：「亂世清才藏拙好，貧家老女入時難。」皆佳。余題其集云：「眉目蕭疎氣宇清，詩篇疑是玉溪生。誰知紙上嘈呟韻，足抵空中霹靂聲。阮瑀名高爲記室，終軍志大請長纓。老夫別有期君意，望作乘風破浪行。」

吾鄉劉蔚伯承業國學，余久知其工詩，索其稿觀之，輕清雋雅，適如其人。雷塘云：「貪愛江都好，瓊花不再春。寶釵殉鸞鳳，荒塚卧麒麟。大業風旋息，隋隄柳自新。可憐一坏土，愁煞踏青人。」楊柳枝云：「柔條不盡拂東西，雨雨風風十里隄。記得去年泊船處，小姑門外是青溪。」遊仙云：「芙蓉衫子縷金鐶，香霧濃濃著鬢鬟。與奏霓裳三兩曲，免教天上憶人間。」秋詞云：「澹粉輕烟繪作圖，芙蓉帳挂赤珊瑚。金鈴不許輕搖動，一夜相思夢也無。」秋病口占云：「載酒歡場已廿年，舊游如夢夢如烟。欲將綺語從頭懺，難

兒人嗤病後禪此學温李而間以韓冬郎也的是清才

蔚伯前繪有攜姬歸去圖余題七古一章末有句云儁英好色古來有揎衷撩衣共攜手垂髯揚袘特猗靡鍾情累爾風塵走一雙璧玉人稱奇了山高下無嶮巇路人來看李藥師亦復偷看紅拂姬羨君自訂鴛鴦譜萬里侯封棄如土雲臺畫本換妝臺此事此圖足千古友人見偷看紅拂姬等句皆以爲善於立言而蔚伯之風懷可想見也

余故人常繼香之令子安卿存葢茂才答人問泰州人氏詩云巍然老宿重文壇散若晨星幾個看只有武功康叟在一時鄧曲和皆難又云伯山詩話傳流久三國褒譏月旦評更喜精神秉節杖春來處處作山行又故人王左亭令子伯生致祥文學

從徐雲溪於皖江幕中從軍行句云萬甲森霜冬出獵一鐙坐雨夜談兵亦雄秀

高郵金雪舫之詩拙集詩話曩已登之今見其揚州感舊詩古事今情每多自注似從厲樊榭諸君南宋雜事詩例姑摘其句云隋室久拋乾淨土楊家空艷蜜糖餻自注云蜂糖餻避楊吳諱字改又云浪溼蘭亭非贗本沙沈兕卣鬱幽光自注云五字不損本禊帖爲汪客甫明經收藏周卣爲阮文達收藏又云管籥聽來中殿石琵琶彈出狀元山自注云漢厲王墓碣殘字今嵌文廟明倫堂壁又云積薪厝火夏方制聚米爲山計未成自注云太守世公焜積聚勵兵竟成虛願錄之以徵博覽

近之攷定古器者每覽宋王黼博古圖以作按圖索驥不知王黼以前已多古物何承天之識威斗陸澄之論服匿裴子野之識白題皆一望而知何庸深攷余於市上偶得磁碗輪郭皆備中空凹四五分卽見底從底諦視之中作定心四傍皆空洞余不知作底用售者目此諸葛碗也諸葛公因司馬仲達知其在軍食少使人來覘公作此對使朝食連盡十數碗使者駭異歸告余聞其說或有此情恐公無暇作此此僞造也諸葛菜諸葛斗余集中曾有詩矣而於此不復置喙焉

吾邑曩有衣賈吳姓後失其名或言名蓉江詩善詠物人傳其詠燭剪尿壺二作燭剪云戛玉聲中花落去畫屏影裏燕飛來尿壺云一朝受辱韓侯袴千古含寃智伯頭余初錄其燭剪一聯而尿壺不錄其不錄者按趙襄子漆智伯之頭以爲飲器飲

器似非尿壺也史記亦載其事前漢書張騫傳亦云然晉灼注云飲器虎子之屬也韋昭云獸子褻器所以溲便者也因思趙襄子深恨仇人之頭而欲污穢之故當是溺器夫豈肯自污而用諸唇舌間以爲飲酒之物耶故並登之

吾州僻處海濱本非通都要道其地於三國時吳魏兩國皆棄而不爭只魏將張遼樂進泛舟一過餘無所聞清平之時向無華軒貴介名儒碩學蒲遊於此近於癸丑庚申之歲邗潤蘇常亂離之後來游者頗多僦居者亦夥或造門見訪或牋紙投贈積久成帙不忍飽蠹余頗娛種種匡居寂寂既無學業可增竊恐歲月虛擲每手一編撫忽三益閒閒論說遣日而已諸君之作捐輯隨到隨登無分甲乙愛投贈者固不敢棄置不屑教者

亦無從攀躋亮之可耳丁於此猶媒孽其短亦姑聽之

伯山詩話四續集卷二 話今

泰州康發祥瑞伯氏編輯
門人王鴻業雪颿校勘

徐溝喬方伯示余論詩云唐人徐凝瀑布句一條界破青山色未嘗不廣濶而坡老目爲惡詩誠不可解章八元登慈恩塔詩第三聯云迴梯暗踏如穿洞絕頂初攀似出籠殊不成話而元白極賞之以致除去前人之作獨存此詩亦不可解此詩王漁洋笑之葢賞者賞其前兩聯笑者笑其第三聯也偶繙東坡集次韻參寥詠雪詩云朝來處處白氊鋪樓閣山川盡一如總是爛銀併白玉不知奇貨已誰居此之謂惡不更甚耶杜詩糝徑楊花鋪白氊同是用白氊固非今句方伯論有見地絕非隨人俯仰者矣余思詩之美惡不能因人而定其有無昌黎詠雪亦有隨車翻縞帶逐馬散銀杯之句頗傷刻畫不盡雅馴也

前於某壁間見喬方伯數詩末一首云鄧侯功第一饋足關中饟想其發閭戶未必爭銖兩桑孔善算緡百利歸一網名繁不能舉舉數日夜長巧奪復豪取元氣何由養義士廪方高大農厚徒仰用一縷其二子輿豈予迂仁人之言其利溥哉是能爲國家培植元氣是爲何等識量方伯詩文如唐之楊綰不輕示人恐其自衒故不易見此偶見之拳拳服膺謹錄於左

友人以消英道人桐舒山中雜詩見示前有小序於山中之幽寂寫得可忘年而樂志余摘其句有一峯復一峯近隙遠隙補正如瑤臺姝比肩列三五寂寂琴筑聲傾耳不知處徒步忘修

途披襟失徂暑風月有何常閒者卽是主之句又有路轉逕卽深山幽谷更隘炎威恐妨客已遁此山外負巖數茅屋煮茗足洽丐人靜如太古靄然意自泰之句又有山畦足秔稻百頃渺新緑旱潦無可憂膏腴寶稱沃天機補人力此福野氓獨安得區宇中盡癈枯槹軸又有菲叟才不才共語良有以人生恥妙悟無妒先無喜達哉昔人言識字憂患始覽之如入古桃源心神爲之曠遠矣後廉得此詩系金眉生先生所作宜其高曠如許

余前作訪柳敬亭故居詩衛唐金先生廉訪見之深以爲可余特以詩代傳敘事不見筆墨廉訪有詩在前云仲連不足郤解死排難解紛天下無國家痛癢視秦越生民疾苦非切膚乾坤正論日凋喪殺機一發龍蛇趨雖由天意亦人事三代日月五季殊柳生何爲具高義脫屣富貴泥沙珠思宗宰執魏與李趦趄未決局已輸金甌拱手付李賊偷生晷刻苦面諛神誅鬼責不少貸何若此老長江湖急人之急濟人難五倫奚止君臣謨觀人於微可知大狂狷賢聖皆同途吁嗟乎人才盡在屠與沽負氣至性輪囷龐今門侯老眞吾徒此詩論議獨從其大可謂見識絕頂者矣

吳蓮芬觀察作開門七事 醬醋二首最難著筆貴筑周子愉項先生詩最大雅醬云鄉爲會門用醬宜倘逢茹菜亦堪施薰蒸不畏炎熇苦調燮難教火候知覆瓿遺文甘盡置和羹有味藉匡持頻年旅食江鄉慣蜀蒟傳來動遠思醋云奇酸風味屬

吾儕食譜零星費翦裁老辣不借薑桂性沈酣取得棗梨材能消酒渴精神爽慣沁詩脾鬱結開堅忍豈須三斗喫今人休論古鹽梅

樂府昉於漢武時定郊廟之禮祠太一於甘泉祭后土於汾陰乃立樂府采詩夜誦夜誦者其言辭深秘不可宣露故於夜中歌誦也以李延年爲協律都尉安世房中十九章（本十三章十九章誤）古調新聲與衍處洵不可思議今人錄其題更爲擬作塗飾曼衍已耳不知有夐乎不可及者在也似可不作

後世未立樂府所作古體詩可不沿樂府之名不循其名而略得樂府之意者唐李杜二公庶幾近之李間立其名而意抒己見自然古秀杜詩哀江頭石壕村新婚別無家別等曲不襲而合張王樂府已嫌薄矣白香山竊取其義以作諷諭朗朗可誦又是一種文字踵其後者無論也

江右李小湖（聯琇）學憲按臨揚屬古學試題特見宏博近聞刻

有詩古文集行世恨未得見惟見其在江陰逢臘日有詩紀事涉筆成趣知非枵腹者所能詩云飲烝大劑孟冬臘爲報得禽自田獵一從秦帝改嘉平日取戌溫義取接（自注云臘者接也新故交接也臘日舊用冬至後第三戌戌者溫也）臘鼓鳴春草生荆楚乃有臘八名力士驅背細腰鼓村村豚酒歌豐盈更傳善會浴千佛遂以期爲飯僧日我生未遇邪和璞已悟前因房次律每吟坡老破琴詩寥寥琴意無人知當年放鴿作生日杭郡風流想見之淨根合宮一甌粥有耳不聞絲竹肉誰敎墮地犯殺戒竈祀黃羊覬餘福美人貽我篆律香何以報之般若湯日斜三九前賢傷明年此日知何鄉君山如睡笑客忙君不留健步探梅云未芳只此詩已見一斑其氣味淵永浩瀚辨香東坡可知矣

同邑王子勤（廣業）觀察著有青箱塾詩集余錄其尤者如玉鉤斜云嬿妍復何別到此拋同歸不望羊車幸轉無團扇悲鵓鴿春盡日螢火月明時回首深宮裏終朝鬬畫眉漢昭烈帝廟云樓桑早歲鬱葱青垂老材封劍閣銘火德已消餘火井黃天當立又黃星後先表慟遺孤託安樂兒偏故伎聽至竟望陵人貴廟何如望帝血嘑腥吳季子墓云世家第一史臣評三讓而今媿得名心許不曾欺寶劍膝行何忍進魚羹論交上國多君子觀樂千秋少正聲祇恪延陵空守節讓他義士錦衣行讀史四首云不見葡萄貢大宛西來消息隔河源風盤瀚海飢鷹掣白下平沙萬馬屯太白三秋鷹殺氣將軍六甲鑿凶門張騫去後班超老雖信尧首盡順孫鬼難風災西海頭新開都護府防秋

天垂雨露消氷雪地闢洪荒作舂鋤轉餉千夫疲汗馬支機一石換牽牛鞭長箠腹終非易此錯何堪鑄六州當外將軍是重臣茹氷飲水竟無人十瓶海物藏瓜子萬里歸裝載苡仁墮指白僵刀上雪開懷紅飲帳中春尸居坐鎮終何濟衰草年年閃碧燐溫室機樞仰孔光飛芻輓粟簇周詳梅林莫救曹瞞渴木馬空悲蜀道長不雨宏羊逃鼎鑊輸家卜式拜賢良奈何作賦凌雲者一例當郎侍建章七律詩聲調高華議論正大非率爾操觚者可比七絕之佳者溫州道中云蟬聲驛路日西斜四面青山碧樹遮一自胡麻留客飯女兒顏色總桃花春閨怨云花開花落易黃昏幾個春來沒淚痕一樣蛾眉人不妒才知無寵是君恩陳宮云狎客傳箋璧月過韓擒門外縱琱戈佛恩不許黃奴死唬烏聲聲喚奈何唐宮云天寶梳妝已換時珍珠一斛慰相思如何家近楓亭驛轉讓他人貢荔枝蓋天下之荔枝以閩中爲最閩中之荔枝以楓亭驛爲最江采蘋家近楓亭驛而荔枝不爲江妃作貢此不平之一端作開闢之論說幷說得怨而不怒是可貴也子勤觀察歸田後胸襟恬適著有青箱塾試帖若干卷鍊青濯絳都有可采又爲有正味齋駢體文作箋注亦甚浩博與余過從時作茗譚

子勤又以箴句見示詠甘草云世間苦口相爭少公等因人成事多水銀云鍊金僅有飛昇日入地從無再返時老子廟云曾收弟子爲關尹不料兒孫作帝王下筆五千言易就欠人二萬債難償又曰元人詩有謝家田土免輸糧之句虞山以此爲謝

太后失節之據簡齋力辨其無以爲無者詩人忠厚以爲有者天道循環也因成一絕句云詔恩新免謝家田盤剝金慈進御筵回首汴梁宮裏月有人含淚拜張仙此用花蕊夫人事亦甚微妙

余過靖海樓見有過客留詩署曰錢唐金樹本詩云亦復是人境已無塵市塵詩空數飛鳥鬧寂聚秋人識字庸非累讀書轉與憐登樓學不語紅樹眼前新僧燈光座上見之何超脫也

盱眙王約甫茲成明經窮愁著書其遺集余適見之深可悲也冬夜詩云寒衾夜睡不肯著悄數荒街轉更樣東鄰夢壓驚呼號十年舊事胸頭惡山鄉地薄長蒺藜病夫何從插雙腳天教腐腸餓不死堆牀破書抛復摸吁嗟冬〻夜冬〻夜特地長星照枯桑叫獨鵠又云黑窗風響裂紙碎沙羅不鳴街卒睡猶心歷碌書幾番吟句慣忘斗復記傳經古人骨已朽老癡枉作身後計五更霜下天大寒荒雞亂叫若得意吁嗟海日如輪陡然上誰挽隙駒卻東逝閱此二詩其境遇胸懷皆可知已從軍行云大漠旌旗閃日紅如雲金甲卷春風三年馬上鐃歌奏河水西流人向東古詩俱有古澤不及備載

山陽潘彥輔德輿孝廉著有養一齋詩話論詩謹嚴所著詩亦深穩持重論近人詩集有云蔣袁王趙一成家六藝頹然付狹邪稍喜清容有詩骨飄流不盡作風花又云梧門瀟灑五言中王孟門庭結體工可似前修夢文子銀潢屈曲湧天風又云洪黃變律跨孫張畢竟規裁讓兩當休訝斯人不四十一生惟要

奔清商又云倬雲鑱刻未天然辛苦風霜嬪一編卻恨務怡抱眞趣老來渾漫與詩篇又云西陂敬業同宗派未許幾肩盞九州一自蘇龕有衣鉢人間溝水亦橫流其論近人與余有大半同者亦有小異者似亦難以强同也其詩有射湖晚泊云獨立數雲鴻蕭蕭入蘆葦孤艇破烟歸斜陽在沙尾古別離云圓月出高樓艇子下西洲登樓望圓月送客江上舟江舟發南浦送客去吳楚水宿過三秋長江幾風雨風雨未還家樓上聞寒鴉寒鴉報天曙江水繞樓去金陵夜雨云水色依然滿縣城秦淮舊月傍人明打窗木葉還如雨十五年來枕上聲露筋祠夜泊云星漢蒼涼水氣中露筋祠畔月如弓采蓮誰唱西洲曲行露吾歌南國風豈有美人淹蔓草可憐詞客倦孤蓬蕭閒不及老

漁子燈火二更收釣筒曉過高郵云披衣聞蚤鴉打槳亂川霞詩似水無際夢先帆到家秋心滿烟樹生計入魚鰕三十六陂外誰人賞荻花糧艘行云糧艘峩峩來上流小船鑽隙彳亍游糧艘橫行尾插岸小船偪仄愁復愁天際一舵落不測以山壓卵卵擊石橋欹槳折白版塝性命泥沙在須刻東船西舫皆黎烝吞聲束手誰哀矜達官來往不敢問路人每憶長中丞乾隆年間長牧齋麟巡撫江蘇有糧船陵人者撻其丁貶其吏此詩蓋爲行路者哀也舟曉云雞鳴潮欲來月落風初起行人在湖頭家山在船尾風潮日夜生長淮三百里夜過趙北口云當年設險分燕趙十二橋連此水濱可惜朱欄涼月上漁舟歸去更無人余摘其詩之清逈者登之彥輔論詩尊陶抑蘇篇中間有擬陶蘇兩家詩余謂擬篇猶是彥輔終非陶與蘇也昔東坡擬陶終是東坡何況彥輔此事曾質之鶴儕方伯亦以爲然於以知人之才力胸襟不可强似也

鄉前輩鄧孝威愼墨堂集其版已燬擇其抄本之善者已入拙集詩話今於友人處復見其官梅集一冊係濟南劉藥師孔中官泰州孝威入幕時作孝威應　國朝宏博科時年已老受中書銜放還家居所賦遣懷句云人離楊柳空山外家在梅花細雨中與友人觀劇云有酒只同山簡醉無心偶識孟嘉名曲因名士翻多誤月爲諸君若倍明劉藥師往京口云日薄遠峯青入樹風搖古舫綠移燈贈周元亮之閩臬云人過笠澤思鱸膾客向榕城訪荔枝畫舫琴樽孤鶴共官衙晴雨凍猿知又云仙

衣臨水天無障蠟屐穿雲寺有碑贈來遠客視陽山邑篆云官味只如揚子水詩情端繞杜陵花喜梁大年來自秦淮云人來桃葉歌移棹客問壺盧笑入林西巷納涼云禪林客到鐘初響野艇漁歸葉自香其詩和平淵雅皆可誦也又聞東譽歸思甚迫有云粤海自難支調發　聖朝幸不罪文章此似鄭逆搆亂時客中思歸語極有分際洵知大體

於陵劉藥師孔中刺史於順治乙酉夏來官吾州時與中都武闇游覽所作日鳳游草游獨山詩有序云山巔有銅具質瑰異土人謂爲劉青田占星牀然殊無據也詩云聞道獨山上奇蹤未易名策篨及未雨著屐趁初晴絶巘人爭看遺件我細瞠九區分廣狹四廓總勻平淺刻龍文繞深鐫雲物生渾天初不似

威斗郫堪形質厚難爲舉框麗莫與京挹來多古色扣處有清聲珍重山林意搜求廊廟情琳球方寶貴鐘簴共鏗鏘風拂硃砂淡霜侵翡翠輕巨靈爲移置公冶具規程物老神明護書藏天地盟藉茅何啻穩載石復誰傾史乘既遺落禪盟亦棘荆揣摩笑多士確據念村倉博物眞堪媲 竹之問老氓集中詩無多錄此以存吾州之古跡與文獻蠡簽蠡簡亦爲之錄出一二諸復以多事見誚耶

同里程文伯 紹昌 明經與余交數十年有如一日晚年所嗜惟作書飲酒而已數年前病故墓草已宿余索其遺稿吉光片羽實可珍惜姜君墓誌銘爲田竹家賦云村農荷鍤曉種樹掘地得石何完堅有人著書一千卷此石出世八百年文物顯晦嚱士宰碑版拂拭皆前緣姜君自具書三體不淺邯鄲或不傳同人分詠古賢傳說詩云版築辛勤宰輔才夢中形似畫中猜從知絶代儒臣口提出千秋學字來管仲詩云人說靑齊管大夫功成佐霸啓雄圖分金亦是尋常事鮑叔交心世有無蘆芽云春風吹水水溫暾側著烏篷喚到門滿地蘆芽催曉市江頭來日賣河豚觀魚句云天機魚活潑詩境水清華語皆淵永

同里唐蔚伯 煥章 孝廉工作大家制藝尤推重漢陽熊學士文集於批風抹月之詩從不輕作余祇見其悼亡友宮漁舫遺像句云久慼黃徽無人著忍見西華葛帔行謂宮之遺孤也語意沈厚蔚伯與余至契歸道山日余作輓聯云言有物行有恆環堵安居亦復知君有守生同庚長同學道山徑去獨不與我同

歸可以知兩人之交誼矣

近之論詩者尙論古人輒以爲某人之某詩不如某人某詩某人之某句不及某之某句獨憑己見較短絜長前人之論說皆不以爲然豈不以千百年前之人皆受人欺而炫己之明鮮不以靈蛇珠爲獨得也枝心特甚斯人揚己愚以爲揚己猶可抑人不必凡人之嗜好不同師法各別境地本多聽人自擇可耳何必强人就我欲成一家之言耶究之人各有心思各具耳目一人之論說强詞奪理難將一人手掩盡天下目嘗以曹鄴之詩句正告之

說詩者教人所尙意盡而言止言盡而意有餘斯爲善說若刺刺不休勢必愈說愈紛愈說愈晦多言以亂之多方以誤之非徒無益又害之矣其有腹笥而又善領會者不言自喻略言益喻何待刺刺乎譬如善解牛者日解九牛而鋒芒不頓善斲者運斤成風而鼻不傷能與人規矩不能使人巧是誰教之而後能此耶又如造指南車以示人者只在一軸之利初不在諸詣告語遑齒牙之捷便也

余邇年得一忘年之友同邑袁子文是也子文與余談詩頗相印證其愛余詩亦有嗜痂之癖子文作詩甚得風人之旨一鶴歎詩云寞寞寂寂竦而立蒼蒼茫茫沉觀集方籠竹欄竟拘縶引吭對人如欲泣鶴兮鶴兮爾生何方來何里何乃偏仄至於此人言此孤鶴昔産於維揚南城官都轉豢此雙翺翔曾見錫山鹽池酒渠崑岡四會五達初關重江當其飲灌泰平日鳳跪

龍躍偕相羊上有干雲跨漢之瓊樓下有玉簫金管之飛殿[illegible]此伐毛弄影匹立抱清迴聲磬喚出古嶺梅花香太息癸丑春防守抑何拙可憐建業氛三噴邪溝血一鶴已化蕪城烟此幸不罹刼塵滅方今大地皆風沙虎狼蛇豕紛如麻女獨何爲戀塵市曷不蓬島歸餐霞傳聞將女獻大府從此乘軒刷毛羽也應憶著主人恩回首當年詎輕舞我言去盡鶴欲前對我以臆覺我然不願客子十萬矜腰纏不願仙山遠隱年復年但願杜陵老叟高歌洗兵馬袁子爲我重賦揚州歸鶴篇詩嘖薄有奇氣可以見其一斑矣

定遠陳蕉石鍾蕃司馬王賦棠嘉樹明經

淮陰汪琴山承德縣佐僑寓吾州與袁子文茂才推襟送抱春季分詠光孝寺白牡丹陳司馬云是否何郎傳粉初水晶簾外玉階除姚黃魏紫劉家黑笑向東風總不如王明經云恐將脂粉鬬嬋娟淡似閑僧靜似禪欲繪花王眞面目畫家須倩李龍眠

汪縣佐云分得優曇上上香漫誇綺檻復銀塘人間富貴誰評定只合花中號素王袁茂才云異種飛來佛亦誇不須歐九記瓊葩掃除紈燭歸平淡如此文章是大家筆墨各有佳處又作海陵竹枝詞袁詩云近日城中玉帶河淤泥漸漸不通波郎船也欲尋深處深處無如淺處多又云走馬西橋馬不停教場演武舊官廳德香詔外梅都盡吏部祠邊草又青又云孝子祠前綠樹濃浴沂亭古水溶溶兒家生小城南住聽慣南山寺裏鐘又云韓家橋邊沽酒歸幫船晚泊鯽魚肥浮羅山下絲絲雨遙見新城白鷺飛汪詩云來往行船唱櫂歌淮南鹽舶北門多不知淸化橋頭水近日平添幾尺波又云泰山墩下麥苗疎蠶豆花開香有餘紡得新紗入城市滿筐春筍買刀魚又云城中城外水同環偏少通城水一灣柴市喧鬨魚市鬧怎教微步學珊珊又云自惜芳菲似水流商量後影巧梳頭惱郎早起郎偏早要試新茶綠雨樓風調絕佳又有送春五排皆極工整筠生獨有警句起句云坐我陽春裏深叨聖化霑無端歸僕僕翻覺意厭厭起便不平又云景物今如此天涯恨轉添從茲嗟遠別以後笑趨炎押炎字語妙之至諸君詩雅能醫俗巧不傷纖難得此種吐屬

客有戲詠泥美人者新安洪筱圃瑞文待詔即成四七律云環肥燕瘦鬬圓勻后土風流見化身意匠裝潢成息壤美人身世太輕塵村隨慣逐兒童隊微步休過妬婦津打碎調和重捏起問渠誰是管夫人描頭畫角太媥斕入市宜邀俗眼看作色終非貞面目脫胎難換濁心肝羞隨傀儡登場舞合與青奴作對看只恐土花時點綴也如西子頰中瘢函關封後爾初生骨格雖粗韻尚淸沙上誰摶嵇叔夜泥中婢塑鄭康成椒房似此稱妖物錦障何難繡豔名莫道珊珊遲玉步從來土重卻難行自注杭人呼孀曰土重買絲難繡像依稀陌上春融綫綫歸舊夢已沾殘絮[illegible]輕身應趁落花飛適來土炕和誰話辱在泥塗覺爾非或恐豈風吹徑去幾回端坐碧紗閨詩敏捷鬆秀又有老人燈句云

耆舊胸襟同雪亮高昂聲價正風行亦佳新安連遭賊難筱圃挈眷來泰家業蕩然且喘息方定之候惟事吟詠足徵胸懷筱圃有从兄純士承儒弟兄競爽亦有詠西瓜燈七律一首云何處甘瓜饋早秋雕鐫絕好藝燈油胸中久已無餘子眼底安知有故侯爛爛輝光中夜照絲絲生意邇時休憐他瓠大終拋棄曷不齊心刻棘猴遣事用筆不落纖小純士有族兄先穀承煦孝廉天姿高邁時與余共飲於純士齋中即席賦贈句云邂逅萍逢千里客淸堅如對六朝松余愧不敢當千里客謂董雲卿也

新安洪佾梅本耀正郎系純士族叔年等於純士僑居崇川至泰見訪繪有香雪論心圖自題詩云梅花飛滿山香雪侑几席

有客子子來於焉永今夕客覩我爲主對我露肝膈西南我無家東北我亦客客與客周旋所話盡疇昔風煙幾時淨親舊傷心盡骨肉有深情山川歎陳迹思舊向子期一賦甚悽惻嗚咽暗飛聲忍聽高樓笛此佾梅客崇川繫懷梅溪而作其詩欽欽深深知非尋常題詠又佾梅之族兄壽圖即筱圖之父有隨筆句云納租無美歲博簺有餘財言人情風俗如是如是余每歎新安洪氏何多才也

余題佾梅香雪論心圖只七律一首時佾梅將歸崇川余復作五律四首以送其行云江上愁心賦天涯羈旅身苔岑得君契燈火更誰親水部開東閣文通是恨人家山雖足念且與酌淸醅香雪欲成海林風亂舞空冬心超物外寒意入花中地盡生虛白春將踏輭紅佾梅將入都應選前途君努力愧我是衰翁君是神仙侶宜觀大九州附書靑鳥使招我紫狼游鼓櫂心難忘看山福未修時邀余游狼山余行未果著書消歲月此事且同謀婁江楊古韞才氣亂能同小住便辭我飄然直向東天高雲不定地遠信難通歸路憑君訪音書託便鴻楊古韞前歲往崇川至今未回故託歸時訪之佾梅錄別後方三日知余信尙未致古韞余時追暑閉戶不出敲門而來者古韞也余驚以前詩示之古韞即次韻云生姿不諧俗獨與對山同奇句雲生壁離懷水向東天涯重握手遐思一爲通畫障知猶濕翻愁誤遠鴻可知文字因緣有非偶然者矣

同邑徐蓮甫鬧鄉主簿以詩草見質余喜其韶秀雋雅客中有

感云木落天高嶺上行羇愁鄉思黯然生隔江無限峯巒好偏是家山望不明寒食客中句云小病未嘗雷後筍愁懷且試雨前茶已經寒食仍爲客安得淸明可到家語爲自在流出蓮甫兼明畫事效法徐君東園震甲東園近爲余畫扇楊柳數株下有扁舟舟中坐一老人余未能指名也來日余以箋謝云君畫雋妙未可名狀寫附令門前之樹忽到扁舟牽張融岸上之居又多高柳舟中人倘是老夫則三泖五峯固足供其游覽貢魚放鴨亦可度其餘年矣聊具短紙用申謝忱東園匪獨以畫見長詩亦雋妙掘輯前編已爲略載近索其近作尙未見也

仁和盧服甫晉裴文學以詩稿見質余最賞其舟中聽琵琶口占云七里瀧過十八灘疊峯含抱水拖藍小鬟低唱吳音軟聽

到湢安又遂安曉過嚴灘云風度羊裘久積誠此來正好拜先生鱗聲搖夢咿啞過未許臺前一濯纓贈林若衣貳尹云一別四年久相思何日無干戈徧吳楚盜賊半江湖滅燭愁看劍談兵夢執殳聞君佐戎幕珍重此長途又贈若衣句云身事飄零已半生燕雲吳樹拔關情孤山高士緣何事拋卻梅花去請纓詩皆跌宕可喜又有江忠愍公馮文介公殉難二長篇集隘未及備登

儀徵董子香（錫宏）文學邀袁子文攜叢餘草見訪其人和雅可親詩如其人余擇其簡鍊者錄之寒夜云滿地月如水疎星落落過詩成新句少寒較昨宵多燒燭揀茶具圍爐降酒魔城中高卧者酣夢醒誰何江上云江氣莽如許江流不得枯特淘千

古恨來訴客星孤題畫云雨過言滑禽風來響桐子又聞煮石聲疑在白雲裏過淮清橋云沙禽冷不飛俯視清流靜皓月當空來水底亂人影夜過奔牛云昨朝沽得蘭陵酒今夜杯中飲已休醉裏不知潮訊起鱗聲搖夢過奔牛奔牛鎮酒江鄉著名余昔過沽試誠然子香從蘭陵沽酒意過奔牛再沽不料夜中舟人乘潮錯過言之可為嗢噱可知子香極愛杯中物也

黃琴川詩稿中有墮車行事甚危險詩亦淋漓盡致余記丁酉歲赴白門秋賦路過馬家灣風雨覆舟作紀事詩五十韻相似今并登之琴川墮車行云丙辰十月廿九日日夕渡河投李莊同伴秋坐不專坐一輛共御神翱翔而我未肯學障蔽若左若右隨分行摩肩接肘肆談笑領取野色江蒼茫市聲浩浩宿將

止驟弓一軍忽鋒起下坡驚似走坂丸斷眼看如絕絃矢我奇窮斜失憑藉恍忽從空屹屹下須臾生死不自知誰識扶持歸造化中無厚甲衣裳單孱軀豈勝千鈞蘭輪困亦摧腹況儉芒角必吐腸奚覓飢使力能挽陷淖猶恐傷殘到形貌折臂雖符上公微屑豎定貽美人笑扶身五萬何時還性命危在呼吸間何來猛士躡風走（御者薛大）不曳牛尾抱騾首立止八蹄如斬足我身少前輪在後疾起抖擻衣上塵此時不信尚有身聳躍數十且顧盼驚魂未定車中人（謂吳超伯劉慈民）問我無恙百憂失入戶相看猶戰慄釀錢買酒賀故人墮地重生又今日我曹天全料殊衆莫但風塵白日送歸謀下澤恣徜徉飽喫黃虀三百甕余厄馬家灣詩云秋賦一舟行同舟人有四門生與兒子印須我友

賢（門生儲啓鎰兒子衡友戴石樓也）東風飽颿腹泠泠殊快意轉瞬城堞盡屈指郵程記薄暮風越大厄坐我心悸語莊使落帆小心防顛躓舟子笑我怯不泊得風利舉酒坐船尾如鳥張風翅前過馬家灣灣形本繚盤貪為五兩御不知六鷁避顛風劈岸猛駭浪中流奧忽如手翻覆已訝身失墜儵魚釜內存新婦車中閉恨無天龍指幸引天吳臂我身乍出舵曹騰若酒醉兩足似騰空五體不著地搖搖如懸旌漂漂似絕轡千金壺弗得一枝槳可寄我兒與儲生一一蒙神庇舟中笑指掬船孱復鱗次戴君坐艙中險作幽宮閟幸從旁門出身已竄篷背蛩蛩負巨驢狼狽出水際暴雨來淋漓高岸阻險陂一步不移趾四人共屏氣片席蓋聊且（共戴一蘆席禦雨）廣廈依不啻雨歇二更盡鐙明一舟莅非無

拯溺人幸有救生諭艤舟卞輿孫各各姓名識慰勞出温語遺逢若夢寐時無推食食豈云所衣衣船失霍里高樓誅徒人費余雙股全失攤錢高浪中引手出同罰得命輒思財諺語更相戲夜黑天如磐投宿敲門至輿亭與販夫牀牀多惡睡徑泥深没骭我足著雙屝入屋觸籬笆靠壁落燈穗燈盡雨復來身事自吁嚱我心因自維與人時異趣年來率性行自顧少諂媚茫茫天壤間何處可安置路鬼常揶揄河神亦吐棄不爲水國納那怪世人忌處世不忠信居家不孝弟凡事當内咎所值更誰懟軒渠溺人笑笑矣咥其咥我身似再來宜得更生字太歲在丁酉七月廿五事余記琴川墮車事因錄我覆舟事覺行路之難各遇苦辛也

伯山詩話續集卷三　十八

歌詩謂詩不歌而誦爲賦登高能賦可爲大夫古卿大夫出使鄰國以微言相感必誦詩以諭志能誦詩者是以可以與賓客言故聖門端木氏習詩即可以與賓客言也時稱賦爲古詩之流由詩而降爲詞詞者詩之餘也爲詩之餘緒也即世之餘運也摩色揣稱淫淫裔裔罔不動盪風俗之盛衰人心之邪正於是乎判焉揚子雲有言曰詩人之賦麗以則辭人之賦麗以淫是欲揣其源而遏其流而孰知其有不可遏者其勢然也

詩有雙聲疊韻以謝莊對宋孝武之言爲了當曰元護爲雙聲磝碻爲疊韻何須後人轇轕屢言之滋惑乎

詩人不可不知聲韻究之四聲當講而不可泥定如必遵沈約四聲譜說則棘手觸喉諸多滯拙陸厥與約書來往論說約辨之甚堅以爲在昔詞人累千載而不悟而獨得胸襟窮其妙旨矣余閒觀約之詩雖美而時形蹐跼正爲此也鍾嶸品詩故有意深詞淺之說梁武嘗問周捨何謂四聲答以天子聖哲四字然梁武終不遵用約說是雄傑之姿不受羈勒人之作詩必審於清濁高下吼嚼於脣舌齒牙之間而後爲之是一善度曲之人耳而言志永言終爲格格不吐者矣似可不必余數十年來凡有胸臆捉筆直言淺率之弊自知不免含宮嚼徵敢敬謝不暇也

詩三句一韻昉於秦始皇泰山碑史記載之似不難知何以齊竟陵王子良令賓僚讀人多作兩句讀竝不得韻皆茫然不識范雲進讀之如流是古人之拙有甚於今人者矣誰謂今人不及古耶

伯山詩話續集卷三　十九

古體詩可通用古韻近體詩不能通用杜工部秦州詩云土秋雲薄從西萬里風今朝好情景久雨不妨農兼用東冬二韻又九日奉嚴大夫詩云九日應愁思經時冒險難不眠持漢節何日出巴山兼用寒刪二韻又崔氏草堂云愛汝玉山草堂靜高秋爽氣相鮮新盤剝白鴉谷口栗飯煮青芹坊底芹兼用眞文二韻賀知章詩云少小離家老大回鄉音無改鬢毛衰兒童相見不相識笑問客從何處來兼用支灰二韻蓋古韻本通或出於詩人之趁筆故至有此或以爲非此字不穩洽竟用之不改則又非不撿也

安慶鄧完伯石如布衣以善書名家夫人知之而不知其詩學

也子觀其余忠宣公祠墓詩五律二首骨力聲調遒勁蒼涼篆法亦極工整詩云浩氣還虛碧江流日夜聲白揚森培塿青史照縱橫風雨雲雷陣干戈草木兵孤城公力竭家國恨難平皖國分荆楚登樓得大觀馨香千古祀閫史一朝官風節井泉赤精忠池水寒悲歌動漁唱江上有波瀾是殆不善詩者所能爲耶石如之工書故掩詩名亦如顧亭林以經史訓詁之學故人不亟稱其詩朱竹垞明詩綜所選亭林之詩非其至者論詩者已能言之余不復贅

吾州濱海地非通都大邑凡士夫顯貴素不聯屬地之詩人不求聲譽往往名聲不著彼都人或忽視之而不可忽也　國初鄧君孝威以布衣應宏博試入都在某尚書席間飲酒觀劇適場中演楚子息媯一闋名流即席賦詩鄧詩立就有千古艱難唯一死傷心豈獨息夫人之句主人變色座客罷酒又吳君賓賢家本寵籍吳獨以詩名某年薄游邗上偶至平山堂聞步堂上諸顯貴拈韻賦詩吳闌入問何題何韻人竊笑以爲此傖夫亦知詩耶吳稔得是詠落葉頃刻上階言我老有詩呈教衆强覽之詩云枝上曾記日夜來秋已終又隨天地意亂下戶庭中不靜月斜處偏驚頭白翁何須怨搖落多事是春風衆皆失色羣神其稿不出此二事者大可爲吾鄉生色何域地論才者之所見不廣也

金陵宗湘文源瀚太守才奇質異獨出冠時喬鶴儕中丞最器重之曾以大稿見示炎炎巨篇指不勝屈集隘不能備登姑擇

其尤者登之張將軍歌云將軍四馬來南粵殺氣彌山山欲裂江南八載同存亡丹心化作三山月在昔向龍延英雄雙手能挽池中龍撥霧見日甘效死能吞賊壘臺城東紅巾尸伏黃巾駛好挈金湯還　天子聞道纔殲伏莽妖翻身又護臨江壘丙辰之歲賊勢驕破軍殺將凋旌旄八里舖頭江水咽九華山上陣雲銷羽檄飈馳告危急喑嗚叱咤將軍出風兮弓馬雨兮血縱橫赤手遮吳越將軍一怒鬚戟張攻還鐵甕驅天狼深水句容以次下重軍建業森光芒賊踞江南復江北犄角遙遙恣狐蜮虎帳散收晉鄙符霸上還資亞夫力賊之死黨每善守將軍所指輒僵走賊又四出掣我肘將軍所到如摧朽喋血功成萬里壕笑談誓飲軍中酒出鋒入鏑無時休旁人多爲將軍憂我初聞之謂不爾虎頭燕頷終當侯懽夫嗜酒耽罵座將軍謙謙結僚佐班超擁妻被彈劾將軍落落不好色曲逆嗜利貪黃金將軍潔已洽衆心有將如此誰其匹天心定許奇勳立況復闆風起義軍張星照處爭雲合咄哉毒霧盤青空天狗墮地聲隆隆庚申閏春消息惡我聞三日如癡聾將星落處鼓不起矢窮兵盡將軍死從此江南草木腥一州四郡同時靡疆臣飛報
朝廷聞朝廷猶望將軍存逡巡數月不下詔爵職肯遽除他人疑信紛傳遍四海或擬將軍尚生在厲魄能褫劇盜魂風聲鶴唳餘精采月光欲死星光搖效忠閘在英公橋（丹陽地）橋下波濤悲滾滾橋上風雨鳴蕭蕭吁嗟乎將軍際遇雖優異運籌惜受元戎制李廣何曾假便宜隨功終坐驃騎忌飲恨誰招終古魂

惟心竟負生前誓親軍健兒半拋棄零落而今伏街肆被酒猶持半臭鎗裂背能談軍中事其近體之佳者如游虞山洌泉洞云赤日不知處葛衣停午單烟塵千古絕身事此閒寬不雨老藤濕無風流水寒未須邀熱客來倚石闌干史忠正墓在揚州亂後故址僅存裔孫花樓大令繪圖徵詩云萬歲山已遠昌平路又荒孤臣爭大節坏土峙嚴疆兵火仍殘刼梅花落古香胡盧皆後傑宿草更茫茫自注云謂幕客胡如瑆盧渭皆從死此尤清超曠逸別有一種詩境也

吾邑松林庵古柏詩拙輯詩話采已多矣今覽湘文一歌大有積薪之歎詩云憶我六月浮海吳陵來吳陵園社生莓苔忽見招提古栢勢夭矯疑是蒼龍墮地遲風雷銅柯鐵幹老無匹何止一二百年物胡爲虛腹槃槃四十圍但見一枝一折爭虬龍咫尺之間足萬里晴空似有天風起胡不參天直掃浮雲浮至今低首伍桃李噫嘻此柏何好奇好奇無乃非時宜我來摩挲前致詞我詞古柏無不知時有黛色諸侯墓春秋緯諸侯墓植柏刼火燒殘睥非故亦有霜皮承相祠空嗟材大難遭遇此柏拳曲全其天青葱萬古濃陰圓元精耿耿不可遏拘雲屈鐵相回旋夜夜空階颯風雨低徊似與山僧語日日虛堂動鐘鼓婆娑更向山僧舞只與蒼官守歲寒不須青帝私春煦蒼茫海氣連岳嶮滂嵐擁處思移根天陰一作老蛟吼靈氣颯颯烟雲昏留此三日不忍去安得好手一寫真戴文節湯將軍風流已矣今無存是誰圖此槎枒蝂強出腕底日與忠魂毅魄摩盪空羣倫

陋軒集朱竹垞入明詩綜猶晉宋書南史各有陶靖節傳其詩字字入人心脾殆天地元氣所結予專選一百餘首朝夕諷玩以爲陶杜之眞衣鉢獨恨竹垞歸愚知之不盡人以其窮約而少之指爲山人派豈知詩之根本者彥輔此評可謂公道在人心吾無間然矣

國初又有王大經其人者善古文生時未付剞劂家居之地本隸泰州後分縣入東臺縣令周聞其名蒐得其稿爲之梓行名獨善堂集與吳陋軒相契余特未見其詩

詩用語助詞押韻頗爲搖曳得神韓昌黎鬭鷄聯句云一噴一醒然再接再厲乃蘇子瞻書晁說之考牧圖後云前有百尾羊聽我鞭聲如鼓鼙我鞭不妄發視其後者而鞭之李太白戰城南用在末句更覺有神詩云士卒塗草莽將軍空爾爲乃知兵者是凶器聖人不得已而用之之類皆是也又孟浩然詩云所居最幽絕所往皆靜者依止此山門誰能效卬也王龍標灞池詩云開門望長川薄暮見漁者借問白頭翁垂綸幾年也亦峭蒨余作商周吉金室消寒會贈岑仲陶云老拙我無能亦許招入社岑參好兄弟聽我歌詩也亦倣此爲之

江都千栗園恩華明經蓴樓蔚華大令之季弟余第三子漣之舅氏也中年心有所感觸遂鍵戶不出垂五十年親朋弟昆俱罕見其面宜不立言語文字禪矣今孫克家搜得零星之稿有示孫彌月口占詩云摠角他年兒問字牽衣異日我含飴平生珍重無多物一研摩挲付與伊之句又植蘭句云安得此身千

百億一花一葉對藹生感懷云泄柳何曾常閉戶段干時或疾逾牆逾非恝然忘情者是可諒其心矣

余之輯詩話非特友人見質而擇其尤者登之即有從扇頭見之條幅得之者口有所述耳有所聞片語單詞便爲輯錄如錢唐金樹本登望海樓詩於僧牋紙見之吳蓮芬雅吏詩云鏡中久有秋毫察堂下全無夏楚聲於友人扇頭見之新安洪度如詩云納租無美歲博簺有餘錢於席間人談耳中得之也作詩者何必拘於格式論詩者亦何事高著眼孔耶

余故人王子駿開業詩余久輯入詩話今子駿之哲弟望湖居士將余話二條另刻傳送余覽之不勝舊雨之思望湖舊居赤岸常刺史掄秋夔贈句云枚乘邗上觀濤日赤岸分明是此湖

其人之風雅可知

余輯詩話四續集將竟忽歙縣鮑大令宗軾帖來云聞足下采及巴吟可借觀刻本余茫然思大令素未謀面未示佳什何從登載詢其紀綱說現在船泊北門河下余遣价尋覓[illegible]云閭閣下有詩見示未經寄到或寄書者如殷洪喬聽其沉浮矣如有大作在行篋即望見示以慰余望余价往返二次尋船不得余數問安慶諸友又不了了記於卷末以誌余愆

伯山詩話四續集卷二終

三國志補義

（清）康發祥 撰

《三國志補義》十三卷，清康發祥撰，據南京圖書館藏清道光同治間《伯山全集十二種》本影印。

本書刻於咸豐十一年，分爲蜀書二卷，補遺一卷，附録一卷，魏書五卷，補遺一卷，吴書三卷。康發祥認爲陳壽的《三國志》軒輊隨心，高下在手，很不認同；又認爲裴松之注，徵引處有滲漏，論説處有偏解，故發祥憑其管窺，補之議之。發祥補陳壽所缺記載，標出地理名稱；對於始爲蜀臣，後入魏晋的，從常璩《華陽國志》；論説稱引舊書，有所添益，是書足見其史學造詣。

（宗　偉）

三國志補義　蜀全卷　哀

三國志補義

蓋平姚正鏞署

咸豐庚申年
仲冬月開鐫

陳壽所譔三國志帝魏主蜀蓋晉受魏禪壽爲典午之臣其勢故不得不爾但壽身爲蜀產曾作蜀官抑揚過當是志本也涑水作通鑑書漢魏吳義例已具新安綱目尊蜀爲正統大義昭然矣然新安之義本於習鑿齒之論亦不助於新安也鑿齒亦是晉人何以不抑蜀尊魏是公道自在天壤不可紊也余幼讀陳志見其軒輊從心高下在手心甚非之裴松之注可謂浩博兼有論說但徵引處亦有滲漏論說處間有偏解不揣檮昧愍其管闕補之議之間書於冊日久成帙彼陳氏書以志名而志獨缺如此已無從攷核餘不愜處或是脫簡或是傳寫之譌均未可知今爲指出從劉攽注後漢書之例其地里等名亦爲標出從顏師古諸君注前漢書之例其始爲蜀臣而後入魏晉

者引常璩華陽國志等書爲之羼入亦從楊戲著季漢輔臣贊之例其論說間有添益從孫盛干寶等稱引之例前賢之作雖有無名氏三國志辯誤　國朝杭世駿補注及諸史然疑錢大昕譔廿一史考異諸書亦復小有異同以備參攷補之議之是一人之見而已竊見元郝經有續漢書之作亦是此義深愉家無存本未能深攷也此稿藏之篋衍垂三十年今撿出漫付剞劂以省鈔胥用質有道不稔有當與否是在賜閱者

咸豐十一年歲次辛酉春二月朔日伯山康發祥自序

三國志補義總目

子　濟

濂

功

姪　衢

恪校字

三國志補義總目

宋蕭常撰續後漢敦安

三國志補義卷一

泰州康發祥瑞伯

蜀書一

先主傳 陳書曰先主曰傳今當改正曰漢昭烈帝紀

先主姓劉按陳壽作志稱昭烈帝爲先主不曰本紀而曰傳尊魏以媚晉不以正統歸漢殊堪痛恨金郝經涿郡漢昭烈帝廟碑其畧曰先主名號有未正焉按春秋左氏傳先主者大夫稱其先大夫之辭生則稱主沒則稱先主非帝王之號也魏晉私計以昭烈父子爲僭僞故稱蜀不稱漢以昭烈爲先主安樂爲後主至陳壽作志即以漢與魏使昭烈父子與劉璋共爲蜀志其後著書者皆以魏爲正統惟司馬光更蜀爲漢初曰漢中王即位漢主崩則曰漢主殂追稱則曰漢昭烈帝而亦不以正統歸之至建安朱熹始奪黃初之統以章武繼漢焉

涿郡涿縣人前漢書注應劭曰涿水出上谷涿鹿縣屬幽州水經注涿水出涿鹿山世謂之張公泉東北流逕涿鹿縣故城南王莽所謂褫陸也黃帝與蚩尤戰於涿鹿之野留其民于涿鹿之阿即是處十三州志涿郡南有涿水北至上谷爲涿鹿河其支流塞外謂之涿耶水帝王世紀涿鹿於周官幽州之域也太平寰宇記舜分十二州爲幽州地禹貢冀州之域名勝志涿州因涿水而名以水中嘗出此豕也

漢景帝中山靖王勝之後勝子貞元狩六年封涿縣陸城亭侯

按中山靖王勝有子百二十餘人子昌昆統輔福循之外無傳焉又按漢書王子侯表陸城侯以元朔二年六月封志云元狩六年誤又西京無亭侯之名亭字亦衍

坐酎金失侯按酎音宙漢儀注曰王子爲侯侯歲以戶口酎黃金于漢廟皇帝臨受獻金以助祭大祀日飲酎受金金少不如斤兩色惡王削縣侯免國

舍東南角籬上有桑樹生高五丈餘遙望見童童如車蓋往來者皆怪此樹非凡或謂當出異人水經注曰樓桑里劉備之舊里也五雜俎曰涿州之漆水道中有大桑樹高十餘丈蔭百畝云即昭烈舍前之桑也自漢即今千五百年矣而扶疎如故且其椹視常桑倍大土人珍之以相餽遺云余按蕭道

成所住宅亦有桑樹高三丈許狀如車蓋道成好戲其下兄敬宗謂之曰此樹爲汝生也今宅既灰滅而桑之有無亦無人能知之者信乎在人不在物也

縛督郵杖二百解綬繫其頸著馬枊按枊魚向切卬去聲說文繫馬柱蓋解綬繫其項而著於繫馬柱也

彼州殷富戶口百萬欲屈使君撫臨州事按彼州當是鄙州此陳登語登下邳人下邳屬徐州故曰鄙州耳

試守平原令後領平原相華陽國志云北海相魯國孔融爲黃巾賊所圍使太史慈求救於先主先主曰孔文舉聞天下有劉備乎以兵救之本傳未書雖太史慈傳曾言之而先主傳互見豈病其贅乎

先主與術相持經月呂布乘虛襲下邳下邳守將曹豹反間迎布布虜先主妻子先主轉軍海西楊奉韓暹寇徐揚間先主邀擊盡斬之先主求和于布布還其妻子先主遣關諱守下邳先主還小沛按遣關諱守下邳句疑衍上文呂布既虛襲下邳下文又有曹操自出東征圍布於下邳之文則先主鳥得有守下邳之事乎且後文先主殺徐州刺史車胄留關諱守下邳而身還小沛或將此數字誤書于前亦未可知

獻帝舅車騎將軍董承裴注曰松之案董承漢靈帝母董太后之姪於獻帝爲丈人蓋古無丈人之名故謂之舅也按今人以妻父爲丈人裴世期以姑母弟爲丈人自有說

先主方食失匕箸裴注引華陽國志云于時正當雷震備因謂

操云云公亦悔失言先主還沛厤公使覘之見其披葱使厮人爲之不端正舉杖擊之公曰大耳翁未之覺也其夜先主東行裴注於公亦悔失言下未全錄宜備錄之

曹操遣先主督朱靈路招要擊術未至術病死先主未出時獻帝舅車騎將軍董承辭受帝衣帶中密詔當誅曹操先主未發遂與承及長水校尉种輯將軍吳子蘭王子服等同謀會見使未發事覺承等皆伏誅先主據下邳靈等還先主乃殺徐州刺史車胄留關諱守下邳而身還小沛按靈等還三字承督朱靈要擊袁術而言也然語意未足上下似有說文

曹操南征表會表卒子琮代立按此下文皆建安十三年事則曹操南征之上疑脫十三年數字

樓桁畏之進妹固好注引山陽公載記備還謂左右曰孫車騎長上短下其難爲下吾不可以再見之按傳言先主形質曰身長七尺五寸垂手下膝則亦長上短下也雄傑之姿大都如是

退保綿竹郡國志地道記曰緜竹有紫巖山緜水之所出焉屬廣漢郡晉改屬新都郡

先主復領益州牧按建安十六年先主入益州璋推先主行大司馬領司隸校尉非領益州牧也玆於破成都璋出降之後方領益州牧耳傳中復領益州牧復字疑衍

先主率諸將進兵漢中分遣將軍吳蘭雷同等入武都皆爲曹軍所没按此一事華陽國志書於建安二十四年先主定漢

中斬夏侯淵之後大誤此書二十三年下以此爲是

先主命黃忠乘高鼓譟攻之大破淵軍斬淵郃及曹公所署益州刺史趙顒等按文斬淵連下句讀則郃等未之斬讀斷則下句難住華陽國志曰先主定漢中斬夏侯淵張郃率吏民內徙則刺史趙顒下或脫率吏民內徙五字耳

建安二十五年冬十月魏曹丕稱尊號改年曰黃初按建安本無二十六年先主卽皇帝位爲文祀天則曰惟建安二十六年四月丙午云云諸葛亮傳亦曰二十六年羣下勸先主稱尊號云云蓋其年爲章武元年魏黃初二年也文未便遽稱章武元年故云

章武元年夏四月大赦改年按晉書地理志改固陵爲巴東郡

巴西郡爲巴郡又分廣漢立梓潼郡分犍爲立江陽郡以屬
郡蜀國爲漢嘉郡以犍爲屬國爲朱提郡以後主建興二年
改益州郡爲建寧等郡觀之則亦當備載於此
於夷道猇亭駐營地理志猇侯國蘇林曰今東朝陽有猇亭蔡
謨音由音鴞師古曰蔡音是廣韻許交切集韻何交切音肴
義並同裴注音許交切獨與廣韻同
自佷山通武陵裴注佷音恒按佷山縣名前漢地理志屬武陵
郡後漢郡國志屬南郡音很裴注音恒沿孟康注之誤也
二年秋八月司徒許靖卒按華陽國志驃騎將軍馬超亦卒於
是歲超傳亦見
三年三月黃元進兵攻臨邛縣遣將軍陳曶討元元軍敗順流

下江爲其親兵所縛生致成都斬之事互見楊洪傳按先主
於猇亭兵敗之後賴有此捷則將軍陳曶之功大可存錄而
承祚不爲立傳豈以他事無聞邪
謚曰昭烈皇帝承祚旣知有此謚何竟以先主稱之乎所不解
矣
評曰舉國託孤於諸葛亮而心神無貳誠君臣之至公古今之
盛軌也機權幹畧不逮魏武是以基宇亦狹按華陽國志譔
曰魏武神武幹畧戡屠盪盡于時先主名微人鮮而能龍興
鳳舉伯豫君徐假翼荆楚翻飛梁益之地元允漢祚而吳魏
與之鼎峙非英才命世孰克如之然必以曹氏替漢宜扶信
順以明至公還乎名號爲義士所非及其寄死託孤於諸葛
亮而心神無貳陳子以爲君臣之至公古今之盛軌也常璩
此譔較陳評則允當矣

後主傳陳書曰傳今當改爲紀

建安二十四年先主爲漢中王立爲王太子章武元年五月立
爲皇太子三年夏四月先主殂于永安宮後主襲位于成都
大赦改元是歲魏黃初四年也按上書三年夏四月是章武
三年夏四月也未踰年而改元故傳特爲標出綱目書建興
元年而不書章武三年未爲得也
五月後主襲位于成都時年十七尊皇后曰皇太后大赦改元
華陽國志曰立皇后張氏車騎將軍張飛女也封丞相亮武
鄉侯中護軍李嚴假節加光祿勳封都鄉侯督永安事中軍

師衛尉魯國劉琰亦都鄉侯中護軍趙雲江州都督費觀屯
騎校尉丞相長史王連中部督襄陽向寵及魏延吳懿皆封
都亭侯楊洪王謀等關內侯按陳志太簡畧即以常志增益
之
建興二年務農殖穀閉關息民華陽國志曰辟尚書郎董琬及
廣漢李邵巴西馬勳爲掾南陽宗預爲主簿皆德舉也秦宓
爲別駕犍爲五梁爲功曹梓潼杜微爲主簿皆俊彦也而江
夏費禕南郡董允郭攸之始爲侍郎費揚日月吳遣中郎將
張溫來聘報鄧芝也
三年春三月丞相亮南征四郡皆平改益州郡爲建寧郡分建
寧永昌郡爲雲南郡又分建寧牂牁爲興古郡按水經是年

置僕水又南徑永昌郡邪龍縣而與貪水合水出蜻蛉水上承蜻蛉水徑楡葉縣又東南至邪龍入于僕僕水又徑寗州建寗縣故庲降都督屯故南人謂之屯下又分益州郡置歴雙柏縣郎水入焉

四年春都護李嚴自永安還住江州築大城華陽國志以征西將軍汝南陳到督永安封亭侯

五年春丞相亮出屯漢中營沔北陽平石馬華陽國志曰以尚書南陽陳震爲中書令治中張裔爲留府長史與參軍蔣公琰知居府事以鎮北將軍魏延爲司馬

六年春亮出攻祁山不克冬復出散關陳倉糧盡退華陽國志曰亮攻祁山天水南安安定三郡叛應亮亮使參軍馬謖裨將軍王平及張休李盛黃襲等在前違亮節度爲張郃所破平獨斂衆爲殿亮拔將西縣千餘家還漢中戮謖及休盛以謝衆向朗以不時臧否免罷超遷平參軍進位討寇將軍封亭侯

七年春亮遣陳式攻武都陰平遂克定郡按華陽國志陳式作陳戒晷曰丞相亮遣護軍陳戒攻武都陰平魏雍州刺史郭淮出將擊戒亮自至建威淮退遂平二郡蜀志未言郭淮之退走諸葛亮傳後主詔策曰今歲爰征郭淮遁走則文不相蒙矣又按華陽國志武都郡本廣漢西部都尉治也建安二十四年先主遣將軍雷同吳蘭平之爲魏將曹洪所破殺二十四年當作二十三年此常志之誤也又建興七年丞相諸

葛亮遣護軍陳戒伐之遂平武都陰平二郡還屬益州魏將夏侯淵張郃徐晃征伐常由此郡而蜀丞相亮及魏延姜維等多從此出陰平郡本廣漢北部都尉先主之入漢中也爭二郡不得建興七年諸葛亮始命陳戒平之魏亦遥置其郡屬雍州

分遣將軍吳蘭雷同入武都按華陽國志亦作雷同唯周羣傳作雷銅

八年魏延破雍州刺史郭淮于陽谿華陽國志曰丞相司馬魏延將軍吳懿西入羌中大破魏後將軍費耀雍州刺史于陽谿延遷前軍師鎮西將軍封南鄭侯

九年秋八月都護李平廢徙梓潼郡華陽國志曰廢平爲民徙梓潼奪平子豐兵以爲從事中郎與長史蔣琬共知居府事按四年都護李嚴自永安還住江州前稱李嚴茲稱李平以嚴於建興八年改今名也何如前後皆稱李平以昭畫一乎

十年亮休士勸農於黃沙此下華陽國志曰車騎將軍劉琰與軍師魏延不和還成都按還成都一語不知琰從何處還成都也常志未分曉宜從陳志省

十一年冬治斜谷邸閣按諸葛亮與兄瑾書曰前趙子龍退軍燒壞赤岸以北閣道緣谷一百餘里其閣梁一頭入山腹其一頭立柱于水中今水大而急不得安柱此其窮極不可强也又頃大水暴出赤岸以南橋閣悉壞時趙子龍與鄧伯苗赤岸屯田一戍赤岸口但得　與伯苗相聞而已宜

注此下
十三年夏四月進蔣琬位爲大將軍華陽國志曰拜尚書令蔣琬爲大將軍領益州刺史以費禕爲尚書令右中郎宗預使吳吳主曰東之與西共爲一家何以益白帝乎預對見諸本傳
十五年夏六月皇后張氏薨華陽國志曰皇后張氏薨諡曰敬哀是歲車騎將軍吳懿卒以後典軍安漢將軍王平領漢中太守代懿督漢中事
延熙元年春正月立皇后張氏冬十月大將軍蔣琬出屯漢中華陽國志曰皇后張氏敬哀皇后妹也以典學從事巴西譙周爲太子家令梓潼李譔爲僕射冬十二月大將軍琬出屯

漢中更拜王平以前護軍署大將軍府事尚書僕射李福爲前監軍領大將軍事馬常志十二月與陳志十一月小異
二年春三月進蔣琬位爲大司馬華陽國志梓潼中從事犍爲楊義爲東曹掾楊義蜀書作楊戲
三年春使越嶲太守張嶷平定越嶲郡華陽國志曰輔漢將軍姜維領大司馬征西入羌中安南將軍馬忠卒越嶲太守張嶷平越嶲郡
五年春正月監軍姜維督偏軍自漢中還屯涪縣華陽國志還馬忠鎮南大將軍封彭鄉侯
六年十一月以尚書費禕爲大將軍華陽國志冬十月以王平爲鎮北大將軍督漢中事姜維鎮西大將軍涼州刺史十二月遷尚書令費禕爲大將軍錄尚書事兢遷江州都督鄧芝車騎將軍
七年秋九月禕還成都華陽國志魏大將軍魏爽征西將軍夏侯元征蜀王平與護軍零陵劉敏拒與勢圍以大司馬琬疾病假大將軍禕節率軍自成都赴漢中比至爽等退命鎮南大將軍馬忠平尚書事秋九月禕還大司馬琬以病固讓州職于費禕董允於是禕加大將軍領益州刺史允加輔國將軍守尚書令
八年秋八月皇太后薨華陽國志曰皇太后吳氏薨諡曰穆
九年冬十一月大司馬蔣琬卒華陽國志曰大司馬琬卒中書令董允亦卒超遷蜀郡太守南陽呂乂爲尚書令進姜維爲

衛將軍與大將軍禕並錄尚書事維出隴西與魏將軍郭淮夏侯霸戰克之
十一年夏五月大將軍費禕出屯漢中華陽國志鎮北將軍王平卒以中監軍胡濟爲驃騎將軍假節領兖州刺史代平督漢中事
十五年吳王孫權薨立子琮爲西河王華陽國志命大將軍費禕開府尚書令呂乂卒以侍中陳祗守尚書令加鎮東將軍
十七年夏六月維復率衆出隴西華陽國志維復出隴西隴西狄道長李簡降是歲魏帝齊王廢高貴鄉公即祚
景耀二年夏六月立子諶爲北地王恂爲新興王虔爲上黨王華陽國志以征西張翼爲左車騎將軍領冀州刺史廣武督

廖化爲右車騎將軍領并州刺史時南郡閻宇爲右衛大將軍秋八月領中護軍陳祗卒謚曰忠侯以僕射南鄉侯董厥爲尚書令

三年追謚故將軍關諱張飛馬超龐統黃忠華陽國志是歲魏帝高貴鄉公卒常道鄉公即帝位

四年追謚故將軍趙雲華陽國志拜丞相亮子武鄉侯瞻中都護衛將軍遷董厥輔國將軍與瞻輔政以侍中義陽樊建守尚書令

六年冬鄧艾破衛將軍諸葛瞻於緜竹用光祿大夫譙周策降于艾云云按華陽國志遣張翼董厥爲安陽關外助廖化爲維援繼比至陰平聞諸葛緒向建威故待月餘維爲鄧艾所

摧還陰平鍾會圍樂城遣别將攻關蔣舒開門降傅僉奮戰而死冬會以樂城不下徑長驅而前翼厥之至漢壽也維化舍陰平還保劒閣拒會糧運懸遠議欲還而鄧艾由陰平景谷榜入後主又遣諸葛瞻督諸軍拒艾至涪不進尚書郎黃崇權子也勸速行固險言至流涕瞻不從艾徑入涪瞻退保緜竹軍敗績瞻臨陣死崇及羽林督李球尚書張遵皆死長子尚驅馬赴魏軍死加按蜀志文太簡畧此段畧見姜維傳亦未詳盡似魏軍長驅入蜀之時蜀無一人北向發一矢者宜將端委詳書於此維傳互見可也

二主妃子傳

先主甘皇后先主數喪嫡室常攝內事按先主轉軍海西守小沛之日妻子屢爲呂布高順所虜究不知嫡室何氏史失其實矣

追謚思皇夫人按麋竺傳先主轉軍廣陵海西竺進妹於先主爲夫人是以竺妹爲夫人也麋夫人不聞與謚史亦不爲之立傳何也

按二主妃子傳未爲孫夫人立傳而夫人之歸先主一見於先主傳曰先主爲荆州牧治公安權稍畏之進妹固好再見於穆皇后傳曰先主既定益州而孫夫人還吳三見於法正傳曰近則懼孫夫人變生於肘腋之下又曰孫權以妹妻先主妹才捷剛猛頗有諸兄之風侍婢百餘人皆親執刀以立先主每入衷心常凛凛承祚不爲之立傳豈以故劍未還故缺

而不書邪

二主妃子傳中有劉永劉理太子璿三傳而不爲北地王諶作傳漢晉春秋載北地王同死社稷以見先帝之語並哭於昭烈之廟慷慨激昂洵賢王也不爲作傳殊不可解

劉二牧傳

按陳志以二牧列昭烈安樂之前殊覺不合夫蜀志以焉璋列二主之前何不以董卓袁紹諸人列曹氏父子之前乎今從前漢書陳勝項籍張耳陳餘後漢書劉元劉盆子隗囂公孫述俱列帝紀後之例移置於此

劉焉會益州刺史郤儉並州刺史張壹華陽國志郤儉作郄儉范書亦作郄儉裴注郤儉郤正祖也則以本傳爲是而常范

誤書可知張益常志作張壹范書作張懿
時征西將軍馬騰屯郿而反焉及範與騰通謀引兵襲長安範
謀泄奔槐里范書興平元年征西將軍馬騰與範謀誅李傕
焉遂與兵五千助之戰敗按二書所記一謀反一勤王語氣
大異
劉璋聞狂疾物故裴注曰魏臺訪物故之義高堂隆答曰物無
也故事也言無復所能於事也今人謂人死曰物故本此
諸葛亮傳
好爲梁父吟按陳武別傳曰武學泰山梁父吟則其聲調傳之
已久不始於諸葛可知梁父泰山傍小山邱墓所在諸葛之
梁父吟其辭曰步出齊城門遙望蕩陰里里中有三墳纍纍

正相似問是誰家墓田彊古冶子力能排南山文能絕地紀
一朝被讒言二桃殺三士誰能爲此謀國相齊晏子
成都平以亮爲軍師將軍署左將軍府事袁宏後漢紀曰諸葛
亮用峻刑爲治君子小人咸懷怨嘆法正諫曰昔高祖入關
約法三章秦民知德今君假威力跨有一州初有其國未垂
惠撫且主客之義宜相降下願緩刑弛禁以慰其望亮曰君
知其一未知其二秦以無道政苛民怨一夫揮臂天下土崩
高祖因之以成帝業劉璋闇弱自是以來有累世之恩文柱
羈縻不相承奉德政不修威刑不肅寵之以位位極則殘順
之以恩恩極則慢所以致弊實由此也吾今先威以法法行
則知恩限之以爵爵加則知榮恩榮並濟上下有節爲治之

要於此爲著
頃之又領益州牧水經注曰西樂城在山上周三十里甚險固
城側有谷謂之容裴谷相傳益州山多郡猿諸葛亮築以防
遏又曰五丈谿側有黃沙屯諸葛所開也
政事無巨細咸决於亮華陽國志曰亮乃撫百姓示儀軌約官
職從權制盡忠益時者雖讎必賞犯罰怠慢者雖親必罰服
罪輸辭者雖重必釋游辭巧飾者雖輕必戮善無微而不賞
惡無纖而不貶庶事精練物究其本循名責實虛僞不齒終
乎封域之內畏而愛之政刑雖峻而無怨者以其用心平勸
戒明也按此與袁宏紀曰君子小人咸懷怨歎之語大相徑
庭矣然袁謂諸葛初鎮成都時事此則撫綏已久民諒其心

故常志云云也
南中諸郡民皆叛亂華陽國志曰先主薨後越巂叟帥高定元
殺郡將焦璜舉郡稱王以叛益州大姓雍闓亦殺太守正昂
更以蜀郡張裔爲太守闓假鬼教語見張裔傳孫權遂用闓
爲永昌太守還故劉璋子闡爲益州刺史處交益州際牂牁
郡丞朱提朱褒領太守恣睢丞相諸葛亮以初遭大喪未便
加兵遣越巂太守巴西龔祿住安上縣遙領郡從事蜀郡常
頎行部南入以都護李嚴書曉諭闓闓答曰天無二日土無
二王今天下派分正朔有三遠人惶惑不知所歸其傲慢如
此頎至牂牁收郡主簿考訊姦褒因殺頎爲亂益州夷復不
從闓闓使建寧孟獲說夷叟曰官欲得烏狗三百頭膺前盡

蠻臘三斗斷木構三丈者三千枚汝能得不夷以爲然皆從
閻駱木堅剛性委曲高不至二丈故獲以欺夷裴注未引宜
備錄之

三年春亮率衆南征其秋悉平軍資所出國以富饒華陽國志
曰亮南征自安上由水路入越嶲別遣馬忠伐牂牁李恢向
益州以犍爲太守廣漢王士爲益州太守高定元自旄牛定
筰卑水多爲壘守亮欲侯定元軍衆集合并討之軍卑水定
元部曲殺雍闓及士庶等孟獲代闓爲主亮旣斬定元而馬
忠破牂牁李恢敗于南中夏五月亮渡瀘進征益州生禽孟
獲置軍中問曰我軍如何獲對曰恨不相知公易勝耳亮以
方務在北而南中好叛亂宜窮其詐乃赦獲使還合軍更戰
凡七虜七赦獲等心服亮復問獲獲對曰明公天威也邊民
長不爲惡矣秋遂平四郡改益州爲建甯以李恢爲太守加
安漢將軍領交州刺史移治味縣分建甯越嶲置雲南郡以
呂凱爲太守又分建甯牂牁置興古郡以馬忠爲太守移南
中勁卒青羌萬餘家於蜀爲五部所當無前號爲飛軍分其
羸弱配大姓焦雍婁爨孟量毛李爲部曲置五部都尉號五
子故南人言四姓五子也以夷多剛佷不賓大姓富豪乃勸
令出金帛聘策惡夷爲家部曲得多者奕世襲官於是夷人
貪貨物以漸服屬於漢成夷漢部曲亮收其俊傑建甯爨習
朱提孟獲及獲爲官屬習官至領軍琰輔漢將軍獲御史中
丞出其金銀丹漆耕牛戰馬給軍國之用

其秋悉平古今刀劍錄曰諸葛亮黔中從青石祠過遂抽刀刺
山頭刀不拔而去行人莫測

三顧臣於草廬之中諮臣以當世之事水經曰沔水又東徑隆
中注曰歷孔明舊宅北亮語劉禪云先帝三顧臣於草廬之
中咨臣以當世之事卽此宅也車騎沛國劉季和之鎮襄陽
也與犍爲人李安共觀此宅命安作銘曰天子命我於沔之
陽聽鼓鞞而永思庶先哲之遺光後六十餘年永平之五年
習鑿齒又爲其宅銘焉王隱晉書李興密之子也一名安

屯于沔陽水經曰沔水東逕武侯壘南注曰諸葛武侯所居也
南枕沔水水南有亮壘背山向水中有小城亦有諸葛祠方
輿勝覽諸葛祠在府西北二里武侯初死百姓遇節朔各私
祭於道中李領稱王亦爲廟於少城內桓溫平蜀夷少城獨
存孔明廟

六年春揚聲由斜谷道取郿使趙雲鄧芝爲疑兵據箕谷通鑑
史炤釋文曰箕谷或謂郿縣郿鴝是胡三省辯誤曰史炤因
上文有由斜谷取郿一語遂以箕谷爲郿縣郿鴝然攷後漢
書馮異傳箕谷在陳倉之南漢中之北亮聲言取郿遣趙雲
等據箕谷爲疑軍其軍實未至郿也

裴注幾敗北山按北山一本作伯山藝謂曹操征烏丸征于白
狼山下也古伯字與白通與北亦通

亮悉大衆由斜谷出以流馬運據武功五丈原按諸葛亮與步
隲書曰僕前軍在五丈原原在武功西十里馬塚在武功東

十餘里有高勢攻之不便是以留耳又表後主曰臣遣虎步監孟琰據武功水東司馬懿因水長攻琰營臣作竹橋越水射之橋成馳去

諸葛亮立廟於沔陽水經曰沔水又東逕沔陽故城南注曰諸葛亮之死也遺令葬於其山因即地勢不起墳壟惟深松茂柏攢蔚川阜莫知墓營所在山東名高平是亮宿營處亮薨百姓野祭亮性長於巧思損益連弩木牛流馬皆出其意推演兵法作八陣圖咸得其要云魏史春秋曰諸葛亮損益連弩謂之元戎以鐵爲矢矢長八尺一弩十矢俱發北齊書陸法和傳曰軍次白帝謂人曰諸葛孔明可謂名將吾自見之此城旁有其埋弩箭鏃一斛詔插表令掘之如其言水經注

曰石蹟平曠望兼川陸有亮所造八陣圖東跨故壘皆累細石爲之自壘西去聚石八行行間相去二丈荊州圖副曰永安宮南一里渚下平蹟上有諸葛亮八陣圖聚細石爲之各高五尺皆棊布相當中間相去九尺正中開南北巷悉廣五尺又荊州記壘西聚石爲八行二八聚謂之八陣圖既成至今行師不復敗後人莫了之桓宣武伐蜀見之曰此常山蛇勢也

與兄瑾書曰瞻今已八歲聰慧可愛嫌其早成恐不爲重器耳

其誡子書曰夫君子之行靜以修身儉以養德非澹泊無以明志非寧靜無以致遠夫學欲靜也才欲學也非學九才非靜無以成學慆慢則不能研精險躁則不能理性年與時馳意與日去遂成枯落多不接世悲守窮廬將復何及

三國志補義卷二

泰州康發祥瑞伯

蜀書二

關諱傳

表封爲漢壽亭侯按壯繆之表爲漢壽亭侯猶昭烈帝之表爲左將軍俱受漢之封爵堂堂正正者也漢壽屬荆州之武陵郡

初操壯壯繆爲人而察其心神無久留之意謂張遼曰卿試以情問之遼問壯繆壯繆嘆曰吾極知曹某待我厚然吾受劉將軍厚恩誓以共死不可背之吾終不留吾當立效以報乃去遼以壯繆言報曹某曹某義之按壯繆此數言也有如青天白日人所共仰決言其不可留而又未嘗諱言其去以示不欺較之專行詭道者奚啻霄壤

裴注引蜀記初劉備在許與曹操共獵獵中衆散壯繆勸備殺操備不從按壯繆知操之凶惡必爲忠於將來其忠義剛勇之氣充塞宇宙惜昭烈帝未之從耳

梁郟陸渾羣盜按魏志胡昭傳陸渾民孫狼等惡憚遠役與兵南附不可謂非擇主而事也陳志獨目爲羣盜不知所謂

將軍傅士仁屯公安按傅字疑衍本傳之後屢言芳仁益言糜芳與仁不日士仁也且楊戲季漢輔臣贊并注亦無傅字

張飛傳

字益德華陽國志作翼德从益字爲是

三國志補義卷二　蜀　一

及於當陽之長阪地里志當陽杜預曰縣東有權城楚武王所尅荆州記曰縣東南有麥城城東有盧城沮水西有磨城

進軍宕渠蒙頭宕石按宕渠地名又郡名晉書地理志先主據蜀割巴蜀之宕渠、宣漢漢昌三縣爲宕渠郡尋省以縣并巴西

遂破郃流江縣桓侯題名曰漢將張飛率精卒萬人大破賊首張郃于八濛立馬勒石

馬超傳

右扶風茂陵人也按右扶風左馮翊足分別三輔語稱人籍貫只曰扶風可也右字當省

曹操與遂超單馬會語超負其多力陰欲突前捉之許褚瞋目盼超乃不敢動按此數語已見於魏志許褚傳超傳不必再見

黄忠傳

與表從子磐共守長沙攸縣前漢地理志注攸音收屬長沙國後漢郡國志屬長沙郡

於漢中定軍山擊夏侯淵淵衆甚精忠推鋒必進勸率士卒金鼓振天歡聲動谷一戰斬淵按此絕大戰功不過以數言了之承祚作魏臣傳必詳作蜀漢臣傳必簡此類是也如魏志曹仁傳其敘部曲將牛金被圍仁馳救之一搖筆已百餘言或盡力鋪張或有心簡畧如是如是

趙雲傳

三國志補義卷二　蜀　二

雲身抱弱子卽後主也保護甘夫人卽後主母也皆得免難按此一事雲之功已亞于壯繆桓侯而過於馬孟起黃漢升矣景耀三年追諡關張黃馬而不及雲遲之一年之後而補諡之不知何說

夏侯霸遠來歸國故復得諡按蜀志未爲霸立傳故其諡亦不傳按黃權降魏仍傳於蜀若從權例則夏侯霸降蜀何不作傳於魏志歟詳畧異宜又如是

龐統傳

潁川司馬徽淸雅有知人鑒統弱冠往見徽世說曰南郡龐士元聞司馬德摻在潁川故二千里候之遇德操采桑士元從車中謂曰吾聞丈夫處世當帶佩金紫焉有屈洪流之量而

執絲婦之事德操曰子且下車子適知邪徑之速不慮失道之迷昔伯成耦耕不慕諸侯之榮原憲桑樞不易有官之宅何則坐則華屋行則肥馬侍女數十然後爲奇此乃許父所以忼慨夷齊所以長歎雖有竊秦之爵千駟之富不足貴也士元曰僕生出邊垂寡見大義若不一叩洪鐘伐雷鼓則不識其音響也司馬徽別傳曰徽字德操潁川陽翟人有人倫鑒識居荊州知劉表性暗必害善人乃括囊不談議時人有以人物問徽者初不辨其高下每輒言佳其婦曰人質所疑君宜辨論而一皆言佳豈人所以咨君之意乎徽曰如君所言亦復佳其婉約遜遁如此嘗有妄認徽豬者便推與之後得其豬叩頭來還徽又厚辭謝之劉表子琮往候徽遣問在

否會徽自鋤園琮左右問司馬君在邪徽曰我是也琮左右見其醜陋罵曰死庸將軍諸郎欲求見司馬君汝何等田奴而自稱是邪徽歸刈頭着幘出見琮左右見徽故是向老翁恐向琮道之琮起叩頭辭謝徽乃謂曰卿眞不可然吾甚羞之自此鋤園唯卿知之耳有人臨蠶求簇箔者徽自棄其蠶而與之或曰凡人損己以贍人者謂人急我緩也今彼此正等何爲與人徽曰人未嘗求己求之不與將慚何有以財物令人慚者人謂劉表曰司馬德操奇士也但未遇耳表後見之曰世間人爲妄語此直小書生耳其智而能愚皆此類荊州破爲曹摻所得操欲大用會其病死

注引襄陽記曰德操年小德公十歲兄事之呼作龐公皇甫謐

高士傳曰龐公者南郡襄陽人也居峴山之南未嘗入城府夫妻相敬如賓荊州刺史劉表延請不能屈乃就候之曰夫保全一身孰若保全天下乎龐公笑曰鴻鵠巢於高林之上暮而得所栖黿鼉穴於深淵之下夕而得所宿夫趣舍行止亦人之巢穴也且各得其棲宿而已天下非所保也因釋耕於壠上而妻子耘于前表指而問曰先生苦在畎畝而不肯官祿後世何以遺子孫乎龐公曰世人皆遺之以危今獨遺之以安雖所遺不同未爲無所遺也表歎息而去後遂攜其妻子登鹿門山因采藥不反龐公作於忽操三章其辭曰於忽乎不可以爲其又奚爲離婁之精夜何有於明師曠之耳聾者亦有爾束王良之手兮後車載之前行險旣川覆兮後

逐逐其猶來雖目眇而心駭兮顧其能之安施委羈羇以聽人兮雖班輸亦奚爲一 於忽乎不可以爲其又奚爲椽櫨桷榱之累重顧柱小之奈何方風雨之晦陰行者艱而莫休居者坐而笑歌不知壓之忽然兮其謂安何二 於忽乎不可以爲其又奚爲謂雞斯飛誰得而羈謂豕斯突何取於縛是皆以食而得之吾於飢而後噫雞兮豕兮死以是兮

進圍雒縣統率衆攻城爲流矢所中卒先主痛惜言則流涕華陽國志曰軍師龐統中流矢死先主痛惜言則涕泣廣漢太守南陽張存曰統雖可惜違大雅之體先主怒曰統殺身成仁非仁者乎即免存官

拜統父議郎遷諫議大夫諸葛亮親爲之拜按統父既以子之功勳拜爵於朝諸葛崇奉之必親爲之拜則豈無名字可傳者志曰統父而不稱其名字何也

法正傳

祖父眞有清節高名注引三輔决錄云云皇甫謐高士傳曰同郡田羽薦眞曰處士法眞體兼四業學窮典奧幽居恬泊樂以忘憂將蹈老氏之高蹤不爲元纁屈也臣願聖明就加袞職必能唱清廟之歌致來儀之鳳矣會順帝西巡羽又薦之帝虛心欲致前後四徵眞曰吾既不能遁形遠世豈飲洗耳之水哉遂深自隱絕終不降屈友人郭正稱之曰法眞名可得聞身難得而見逃名而名我隨避名而名我追可謂百世之師者矣

先主每入衷心常凜凜華陽國志作先主每下車心常凜凜以陳志爲是按衷字義內也左傳曰衷戒師又曰楚人衷甲又曰將爲三軍獲不止將取其衷益州緯射殖綽中肩兩矢夾脰言若不止復欲射兩矢中央潘岳射雉賦衷料戾以徹鑒衷厭躡以密緻注衷翳內表翳外皆是也謂先主每入衷入閫內也

子邈爵關內侯官至奉車都尉漢陽太守按漢陽時已入魏此蓋遙領之耳張翼領扶風太守亦猶是

淵將兵來爭其地正曰可擊矣先主命黃忠乘高鼓譟攻之大破淵軍淵等授首曹公西征聞正之策曰吾故知元德不辦有此必爲人所教也按此語陳注已論之甚是此不過孟德解嘲語耳況天下英雄唯使君與操前言猶在豈忘之乎詎能必元德不辦有此也陳壽述是言於傳中亦屬贅拙之極

許靖傳

汝南平與人地里志應劭曰故沈子國今沈亭是也輿音豫

吳郡都尉許貢會稽太守王朗素與貢有舊故按孫策傳許貢爲吳郡太守

裴注許靖羈客會稽閭閻之士孫策之來於靖何有而乃泛萬里之海入疫癘之鄉茲使尊弱塗炭百罹備經可謂自貽矣按世期以此訾議未爲允當蓋文休可議之處不在蹈海之謀而在踰城之舉如必以泛海一事爲口實則邴根矩管幼安之往依公孫又何稱焉

麋竺傳

東海朐人也地理志朐秦始皇立石海上以爲東門闕郡國志
山海經曰都洲一日郁洲郭璞曰俗傳此山在蒼梧徙來上
有南方樹木

祖世貨殖僮客萬人貲產鉅億裴注引搜神記家火發事外此
三嘉拾遺記云麋竺家行寶庫性能賑施恤死馬廐有古冢
夜聞涕泣聲乃尋其處見一婦人袒背而來訴云昔妾爲赤
眉所害叩棺見剝今就將軍乞深埋并弊衣以掩形體竺許
之即命爲棺郭青布衣衫置之冢中歷一年行於路見其前
婦人謂竺君合遭大厄今以青蘆杖一枚報君衣服棺槨之
恩竺挾杖而歸旬日火從內庫起燒其珠玉十分之一時見
數十青衣童子來撲火有青氣如雲覆於火上即滅此較詳
於搜神記故補載之

後曹操表竺領嬴郡太守注載操表曰可分五縣爲嬴郡按郡
國志嬴屬泰山郡晉書地理志亦屬泰山郡蓋暫分五縣爲
嬴郡竺去官後旋復舊耳

簡雍傳

按雍傳無甚建白不過傳其諫禁釀酒刑酒具一事語近滑稽
而已其諷諫之旨以視漢東方曼倩有所不逮唐之黃幡綽
後唐之敬新磨其流亞也歟或爲之附傳於某傳可耳陳壽
特爲立傳似可不必

伊籍傳

按籍傳亦無事績其對孫權不過拜起一語便捷已耳陳壽爲
之立傳其以與孔明法正劉巴李嚴共造蜀科乎

秦宓傳

秦宓字子勅按後漢書董扶傳作秦密華陽國志亦作秦密
或謂宓曰足下欲自比於巢許四皓何故揚文藻見瓌穎乎按
宓作遠遊篇其辭曰遠遊何所見所見邈難紀巖穴非我鄰
林[illegible]　知已虎則豹之兄鷹則鷂之弟困獸走環岡飛鳥驚
巢起[illegible]氣何咆厲陰風起千里遠遊長太息太息遠遊子其
辭之瓌穎大都如是

董和傳

南郡枝江人也地理志枝江故羅國江沱出西東入江
劉璋以[illegible]牛鞞江原長地里志牛鞞　曰音髀師古曰音必
爾反屬益州犍爲郡地理志江原鄗水首受江南至武陽入
江應劭曰鄗音壽屬益州蜀郡

劉巴傳

零陵烝陽人也按烝地里志屬長沙郡郡國志屬零陵郡烝本
作承應劭曰承水之陽師古曰承水原出零陵永昌縣界東
流注湘　承音烝

馬[illegible]

謖下獄[illegible]亮爲之流涕按諸葛亮傳謂戮謖以謝罪上書云
云此[illegible]云下獄物故何以兩歧華陽志亦作戮以謝衆

陳震傳

蜀既定爲蜀郡北部都尉因易郡名爲汶山太守華陽國志汶山郡本屬郡北部冉駹都尉章武三年越巂叟大帥高定元稱王恣睢遣都督李承之殺將軍梓潼焦璜破沒郡土丞相亮遣越巂太守龔佔安上縣遥領太守建興三年蜀安南將軍馬忠平越巂太守張嶷誘殺蘇祈邑君冬逢及其弟隗渠又斬斯都耆帥李承之首嶷始以郡郛宇頹更築小塢居之延熙二年乃還舊郡更城郡城按此初不言陳震之領郡也

董允傳

攸之性素和順備員而已按承祚不爲郭攸之立傳於此二語可見

允常上則正色匡主下則數責於皓皓畏允不敢爲非終允之世皓位不過黄門丞按此數語寫得方正嚴恪裁抑閹寺最得大臣之體嗣是陳祗代允爲侍中與黄皓互相表裏操弄威福終至覆國噫進退之權操于宰執興亡之機勢不旋踵黄皓之佞幸不足責陳祗身爲大臣相與朋比易曰開國承家小人勿用陳祗之謂也詩曰人之云亡邦國殄瘁董允之謂也先後相形厥旨微矣

吕乂傳

長弟雅謁者按謁者上似闕二字

劉封傳

先主至荆州以未有繼嗣養封爲子按封傳所謂至荆州者建安十一年曹操既破袁紹南擊先主先主使麋竺孫乾與劉

表相聞遂屯新野依劉表之歲下文云自葭萌還攻劉璋時封年二十餘先主之攻劉璋在建安十九年距十一年已歷八年矣故曰年二十餘也若以至荆州三字誤認爲爲荆州牧治公安時則與攻劉璋相距祗三年不必如此云云矣第至荆州三字終未分明當曰某年先主至荆州投劉表則明晰矣

命達從秭歸北攻房陵房陵太守蒯祺爲達兵所害達將進攻上庸郡國志秭歸本國杜預曰夔國荆州記曰縣北一百里有屈平故宅東北六十里有女嬃廟屬荆州之南郡後改爲建平郡分屬吴晉水經曰江水東過秭歸縣之南縣故歸鄉歸子國也樂緯曰昔歸典協聲律宋忠曰歸即夔歸鄉蓋夔鄉矣古楚之嫡嗣有熊摯者以廢病不立而居於夔爲楚附庸後王命爲夔子袁崧曰屈原有賢姊聞原放逐亦來歸喻令自寬全鄉人冀其見從因名曰秭歸即離騷所謂女嬃嬋媛以詈余也房陵上庸郡國志俱屬益州之漢中郡房陵建安十三年改屬新城郡上庸魏置上庸郡

彭羕傳

羕曰老革荒悖可復道邪又謂超曰卿爲其外我爲其內天下不足定也超具表羕辭于是收羕付有司羕于獄中與諸葛亮書曰且夫立業豈在老少西伯九十寧有衰志負我慈父罪有百死至于內外之言欲使孟起立功北州戮力主公共討曹操耳寧敢有他志邪孟起之說是也但不分别其間寧

人心耳兼文回護最妙但其罪莫贖哀哉

廖立傳

徙汶山郡通鑑史炤釋文曰汶亡運切胡三省辨誤曰漢武帝開汶山郡汶音岷禹貢岷嶓既藝岷山導江之岷史記皆作汶索隱曰汶亦作岷楊正衡晉書注亦作岷廣韻岷韻內亦有汶字武巾切此皆明證也

李嚴傳

按李嚴旣於建興八年改名平傳中不應前後異名宜始終以平名之以從馬忠陸遜諸傳之例否則馬忠傳何以不前曰狐篤後曰馬忠陸遜傳何以不先曰陸議後曰陸遜也

成都旣定爲犍爲太守華陽國志犍爲郡孝武建元六年置時治鷩縣十二漢戸十萬鷩故犍爲地是鷩有犍山見保乾圖建安二十一年太守南陽李嚴乃鑿天社山尋江通車道省橋梁三津民吏悅之嚴因更造起府寺觀壯麗爲一州勝字水經注劉備初以江夏費觀爲太守領江州都督後都護李嚴更城周一十六里造倉龍白虎門求以五都爲巴州治丞相諸葛亮不許

劉琰傳

又越嶲夷率高定遣軍圍新道縣按高定華陽國志作高定元

與前軍師魏延不和言語虛誕亮責讓之華陽國志建興十年車騎將軍劉琰與軍師魏延不和還成都按上下文不屬不知從何處還成都也以本傳爲是

魏延傳

延旣善養士卒勇猛過人又性矜高當時皆避下之維楊儀不假借延延以爲水火按時人以不相能爲水火語本此

退軍節度令延斷後通鑑史炤釋文曰斷都玩切絕也胡三省辯誤曰斷後者爲殿也勒兵在後以斷追兵斷音丁管反

儀等槎山通道按說文曰斫謂之櫡通斳斫也𣂚斫山木以通道也槎字或是櫡字之訛

楊儀傳

楊儀字威公襄陽人也按水經注曰蔡州大岸西有洄湖停水數十畝長數里廣減百步水色常淥楊儀居上洄楊顒居下洄與蔡洲相對在峴山南廣昌里

亮平生密指以儀性狷狹意在蔣琬琬遂爲尚書令益州刺史華陽國志曰初亮密表後主以儀性狷狹若臣不幸可以蔣琬代臣於是以琬爲尚書令總統國事以儀爲中軍師司馬費禕爲後軍師征西姜維爲右監軍輔漢將軍鄧芝前軍師領兖州刺史張翼前領軍並典軍政

儀等令何平在前按何平即是王平華陽國志曰平同郡苟扶果壯亟平官至左將軍封宕渠侯後張翼與襄陽廖化並爲大將軍故時人爲語曰前有何句後有張廖平本養外家何氏後復姓承祚記事當始終稱王平不應於此變文爲何平

霍峻傳

兄篤於鄉里合郡曲數百人篤卒荆州牧劉表令峻攝其衆[illegible]

合郡曲數百人下語意未足似有闕文

向朗傳

朗素與馬謖善謖逃亡朗知情不舉亮恨之免官按謖違諸葛公之節制街亭戰敗業已明正典刑初無逃亡之説玆曰逃亡不知何謂

張裔傳

屬益州巴郡

爲魚復長郡國志魚復古庸國左傳文十年魚人逐楚師是也

裔以射聲校尉領留府長史北詣亮諮事送者數百按諸葛公與裔教曰去婦不顧門萎非不入園以婦人之性草萊之情猶有所恥想忠壯者意何所之

費詩傳

往年南征歲未及還宋人辨誤曰未及當作末乃據後主傳亮以建興三年二月南征十二月還成都故曰歲末乃還也

杜微傳

梓潼涪人也按地理志郡國志涪梓潼俱屬廣漢郡應劭曰涪水出廣漢南入漢梓潼五婦山馳水所出南入涪建安二十二年劉備以爲郡晉書地理志劉備據蜀分廣漢之葭萌涪城梓潼白水四縣以爲梓潼郡華陽國志曰郡治有五婦山故蜀五丁士所拽蛇崩山處也有善板祠一日惡子民歲上雷杅十枚歲盡不復見云雷取去

周群傳

巴西閬中人也華陽國志閬中有彭池大澤名山靈臺見文籍

書識

杜瓊傳

雖學業入深初不視天文有所論説後進通儒譙周常問其意按承祚師事譙周目爲通儒其尊崇若此

李譔傳

按李譔與尹默皆梓潼涪人華陽國志所載於譔默之外又有李福福字孫德亦涪人也先主初爲成都令建興九年遷巴西太守後爲江州都督揚武將軍入爲尚書僕射封平陽侯延熙初以前監軍司馬福同郡梓潼文恭仲寶亦以才幹爲亮治中從事丞相參軍

譙周傳

巴西西充國人也郡國志充國永元二年分閬中置晉書地理志有南充西充之別蓋蜀漢置之也張嶷爲南充國人視此

鄧艾克江由長驅而前後主使羣臣會議周上疏云云於是遂從周策劉氏無虞一邦蒙賴周之謀也按城下之盟春秋恥之譙周於鄧艾度陰平之日一籌莫展惟勸迎降老奸賣國恬不爲恥承祚爲之作傳謂從周之策劉氏無虞一邦蒙賴周之謀也曲護之辭可謂不知人間有羞恥之事矣

郤正傳

河南偃師人也郡國志偃師帝王世紀曰帝嚳所都殷盤庚復南亳是爲西亳皇覽曰北有皐繇祠有湯亭有湯祠

粲乎亹亹佾此忠益按前漢書王莽傳亹亹翼翼日新其德亹無匪切音尾不倦意又美也同亹詩大雅亹亹文王禮記君子達亹亹焉楚詞時亹亹而過中是也

黃權傳

巴西閬中人也郡國志巴郡注譙周巴記曰建安六年劉璋分巴以永寧爲巴東郡以墊江爲巴西郡閬中地理志師古曰閬音浪

率將所領降于魏按權既降于魏當入魏志猶之夏侯霸降蜀蜀志宜爲之立傳也一仍傳於蜀一未爲立傳何也黃權子崇於權降魏之後仍留蜀事後主并勸諸葛瞻速行據險身死緜竹可謂幹父之蠱者矣傳於蜀志宜也

景初三年蜀延熙二年權遷車騎將軍儀同三司按晉書職官志曰開府儀同三司漢官也殤帝延平元年鄧騭爲車騎將軍儀同三司儀同之名始自此也黃權以車騎將軍開府儀同三司開府之名起於此也

李恢傳

建寧俞元人也按俞元後漢書地理志屬益州郡晉書地理志屬建寧郡蓋蜀漢改屬建寧也

章武元年恢爲庲降都督交州刺史建興七年以交州屬吳解恢刺史更領建寧太守按吳志孫權傳黃武五年分交州置廣州俄復舊呂岱傳岱表分海南三郡爲交州海東四郡爲廣州又除廣州復爲交州如故此交州屬吳之明証也但交州本屬蜀建興七年不知何以忽屬吳蜀吳二志皆未明言

子遺嗣華陽國志益州郡太守李遺恢孫也與前太守董慬建寧爨量共叛

呂凱傳

永昌不韋人也注引蜀世譜云云華陽國志曰孝武置不韋縣徙南越相呂嘉子孫宗族居之因名不韋以章其先人之惡

子祥嗣注引蜀世譜曰祥子及孫世爲永昌太守按華陽國志祥子元康末爲永昌太守值南夷作亂閩濮反乃南移永壽去故郡千里遂與州隔絕似此則又非子孫世爲永昌太守也

馬忠傳

進封彭鄉亭侯按忠前已封博陽亭侯矣猶是亭侯耳何得言進封也宋人辨誤曰忠由亭侯進封鄉侯疑鄉字下衍一亭字

子修嗣注修弟恢恢子儀晉建寧太守華陽國志馬忠子融代爨谷爲交阯太守

王平傳

懂無武將之體按集韻懂胡孝切音畫頑不慧也懂無武將之體者謂若似冥頑不慧而無武將爭競之風也

張嶷傳

又斯都耆帥李求承昔手殺龔祿按華陽國志李求承祚李承之

公伐冀戎縣
方輿勝覽天水縣東五里峽有石笋青翠長者至丈餘小者可
以爲礪蜀姜維世居此通志硤有鐵堂莊四山環抱而有孤
冢相傳是維祖塋
注引孫盛雜記曰但有遠志不在當歸也按當歸事又見吳志
太史慈傳中
還住沓中華陽國志按語曰沓中郎古松州去文州三百里
魏將士憤發殺會及維維妻子伏誅華陽國志魏太后崩會命
諸將發喪因欲誅之諸將半入而南安太守胡烈等知其謀
燒成都東門以襲殺會及維張翼太子璩等軍衆抄掠數日
乃定

鄧芝傳

權與亮書曰丁厷掞張陰化不盡按華陽國志厷作宏不盡作
不實
延熙十一年涪陵國人殺都尉反叛按華陽國志作延熙十三
年其射猨子拔箭卷木葉塞創芝歎曰吾傷物之性其將死
矣本傳謂芝卒於十四年則傳中之十一年或是十三年之
誤
頃之爲督江州水經注曰陽關巴之三關斯爲一也延熙中蜀
車騎將軍爲江州都督治此
爲大將軍二十餘年身之衣食資仰于官然終不治私產妻子
不免飢寒按華陽國志曰德陽縣有青石祠山原肥沃有

定筰率豪狼岑槃木王舅甚爲蠻夷所信任按華陽國志狼岑
槃木作岑槃木明
後禕果爲魏降人郭修所害按魏志齊王芳紀亦作郭修費禕
傳作郭循或修或循何不畫一
放蕩少禮人以此譏焉是歲延熙十七年也魏狄道長李簡密
書請降衛將軍姜維率嶷出隴西旣到狄道簡悉率城中吏
民出迎軍前與魏將徐質交鋒嶷臨陣隕身然其所殺傷亦
過倍按是歲延熙十七年句當在過倍句下

蔣琬傳

頃之爲什邡令地理郡國二志什邡俱屬廣漢郡華陽國志曰
山出好茶鹽井

費禕傳

江夏鄳人也地理志蘇林曰鄳音盲師古曰音萌史記曰無忌
說魏安僖王曰秦不敢攻冥阨之塞侯廣云即此縣也
丞相亮南還羣寮于數十里逆迎年位多在禕右而亮特命禕
同載華陽國志作命侍郎費禕參乘
以禕爲昭信校尉使吳按華陽國志郡治少城西南兩江有七
橋南渡流曰萬里橋在成都縣南八里蜀使費禕聘吳諸葛
亮祖之禕歎曰萬里之行始於此橋因以爲名

姜維傳

天水冀人也按天水郡漢武帝置孝明改爲漢陽晉復爲天水
三國時疑仍名漢陽也當曰漢陽冀人郡國志曰史記秦武

漁之利車騎將軍鄧芝雅有終焉之思後遂葬其山加按芝止爲車騎將軍未爲大將軍傳曰爲大將軍承祚或以芝及亮北住漢中以芝爲中監軍揚武將軍亮卒遷前軍師前將軍延熙六年就遷爲車騎將軍故統言之曰爲大將軍然大將軍之號在漢與三國已有定稱不合泛指大字疑衍

張翼傳

翼曰可止矣不宜復進進或毀此大功維大怒曰爲蛇畫足按爲蛇畫足語不應出之維口華陽國志仍是翼語即在或毀此大功下陳傳失之

楊戲傳

楊戲華陽國志作楊義官文學射聲校尉陳志無文學二字

注鄧方爲庲降都督住南昌縣華陽國志曰朱提郡有南昌縣故都督治有鄧安遠城加按南昌縣不見兩漢志其爲蜀漢新置可知

注南昌縣加按宋書州郡志南秦縣本名南昌晉太康年更名華陽志朱提郡治縣四螳螂縣南秦縣漢陽縣南昌縣是南秦南昌非一縣也

三國志補義補遺卷一

泰州康發祥瑞伯

蜀書

先主傳

青州刺史袁譚先主故茂才也按譚系汝南人汝南在豫州部先主曾爲豫州牧故得舉譚爲茂才耶

裴注騎的盧走渡襄陽城西檀溪按傳元乘輿馬賦曰魏武使備自至廐選名馬以百數莫可意者次至下廐有的盧馬委棄莫視瘦瘠骨立備撫而取之衆莫不笑之其後奔于荊州逸足電發追不　逮衆乃服焉又世說庾公乘馬有的盧或謂令賣去庾云賣之必有買者即使已害其生寧可不安已移於他人哉昔孫叔敖殺兩頭蛇以爲後人古之美談效之不達乎相馬經曰馬白額入口至齒者名曰榆鴈一名的盧奴乘客死主乘棄市凶馬因的盧之凶並錄之

璋勅關戍諸將文書勿復關通先主先主大怒召璋白水軍督楊懷責以無禮斬之按零陵先賢傳曰劉璋請備璋將楊懷數諫備悟請璋子禕及懷酒酣備出其匕首謂懷曰女小子何敢間吾兄弟之好耶懷罵言未訖備斬之

章武元年夏四月大赦改年按通典曰劉備章武元年有戸二十萬男女口九十萬及平蜀得戸二十八萬口九十四萬帶甲將士十萬二千吏四萬通計戸九十四萬三千四百二十三口五百三十七萬二千八百八十一除平蜀所得當時劉

氏唯有戶六十六萬三千四百二十三口有四百四十三萬
二千八百八十一

後主傳

十四年成都從武都氐王苻健及氐民四百餘戶於廣都按華
陽國志武都氐王苻健請降將軍張尉迎之健弟叛就魏健
率四百家隨尉居廣都縣

十五年夏六月皇后張氏薨按華陽國志薨字下有謚曰敬哀
是歲車騎將軍吳懿卒以及典軍安漢將軍王平領漢中太
守代懿督漢中軍事何陳志於十五年間祇書張皇后薨一
事餘不書是爲有意簡畧

延熙元年春正月立皇后張氏按華陽國志曰敬哀皇后妹也

前立皇后張氏曰車騎將軍張飛女也茲立皇后張氏曰敬
哀皇后妹也則條理分明矣又是年立子璿爲太子子瑤爲
安定王以典學從事巴西譙周爲太子家令梓潼李譔爲僕
射十二月大將軍琬出屯漢中更拜王平以前護軍署大將
軍府事尙書僕射李福爲前監軍領大將軍司馬如此軍國
大事陳志皆缺而不書何也

景耀元年姜維還成都按此下華陽國志曰維復拜大將軍維
議遣督漢中胡濟却守漢中監軍王含守樂城又於西安建
威武衛石門武城建昌臨遠皆立圍守

諸葛亮傳

惟博陵崔州平潁川徐元直與亮友善按水經注曰豁之陽有
徐元直崔州平故宅晉書習鑿齒與溫裕書云縱目檀谿念
崔徐之交未嘗不徘徊移日惆悵極多撫乘躊躇慨爾而泣
梁祚魏國統曰崔州平者漢太尉烈之孫也兄曰元平爲議
郎以忠直稱董卓之亂烈爲卓所害州平常思有報卓之心
會病卒

評云又國不置史注記無官是以行事多遺災異靡出諸葛亮
雖達於爲政凡此之類皆有未周焉按史通曰陳氏三國志
蜀無史職故災祥靡聞按黃氣見於秭歸郡鳥墮於江水成
都言有景星出益州言無宰相氣若史官不置此事從何而
云又蜀志稱王崇補東觀許盆掌儀文郤正爲秘書郎廣求
益部書籍斯則籍校無闕屬辭有所矣而陳壽評云蜀不置

史官者得非厚誣諸葛乎又困學紀聞云昭烈謂武侯十倍
曹丕以丕之盛終身不敢議蜀也司馬懿畏蜀如虎非武侯
之敵史通云陸機晉史虛張拒葛之鋒通觀衆說陳壽之評
又謂連年動衆未能成功蓋應變將畧非其所長何言之狂
悖哉後魏書毛循之曰昔在蜀中聞長老言陳壽曾爲諸葛
門下書佐得撻百下故其論武侯云云

馬忠傳

越嶲郡久失土地忠率將太守張嶷開服舊郡按華陽國志章
武三年越嶲叟大帥高定元稱王恣睢遣都督李承之殺將
軍梓潼焦璜破沒郡土丞相亮遣越嶲太守龔祿住安上縣
遥領太守安上去郡八百里有名而已建興三年蜀安南將

軍馬忠率越巂郡夷郡夷剛狠皆鳴視忠率越巂太守張嶷將所領之郡誘殺蘇祈邑君冬逢及其弟隗渠等懷集種落威信允著諸種漸服又斬斯都耆帥李承之首及手殺焦璜龔祿者也又討叛鄙降夷人安種落蠻夷率服嶷始以郡郛宇頹更築小塢居之延熙二年乃還舊郡更城郡城夷人男女莫不致力與復七縣嶷遷復後頗好兊雖有四部斯兒及七營軍不足固守乃置赤甲北軍二牙門及斯兒督軍中堅衛夷徼

三國志補義坿錄卷一

泰州康發祥瑞伯

文立傳

文立字廣休巴郡臨江人也少遊蜀太學治毛詩三禮兼通羣書州刺史費禕命爲從事入爲尚書郎復辟禕大將軍東曹椽稍遷尚書郎後仕晉上蜀故大官及盡忠死事者子孫雖仕郡國或有不才同之齊民爲劇又上諸葛亮蔣琬費禕等子孫流徙中畿宜見敘用一則以慰巴蜀之心其次傾東吳士人之望事皆施行後安樂公無道何攀與上庸太守王崇涪陵太守張寅爲書諫責稱當思立言凡章奏集爲十篇詩賦論頌亦數十篇

立字廣休巴郡臨江人也蜀時游太學專毛詩三禮師事譙周門人以立爲顏回陳壽李虔爲游夏羅憲爲子貢仕至尚書仕晉上表請以諸葛亮蔣琬費禕等子孫流徙中畿宜見敘用一以慰巴蜀之心其次傾吳人之望事皆施行

贊曰廣休師譙行首四科舊交不黨賢裔是羅問馬不對恭慎恐謁情戀桑梓首邛蜀阿

柳隱傳

柳隱字休然蜀郡成都人也少與同郡杜禎柳伸並知名隱直誠篤亮交友居厚達於從政數從大將軍姜維征伐臨事設計當敵陷陣勇畧冠軍爲牙門將巴郡太守騎都尉遷漢中黃金圍督景耀六年魏鎮西將軍鍾會伐蜀入漢川圍戍多下惟隱

堅壁不動會別將攻之不能克後主以手令勑乃詣會以年老去官乞骸還蜀卒於家時年八十長子充連道令次子初舉秀才杜禎字文然柳伸字雅厚州牧諸葛亮辟爲從事禎符節令梁益二州都督伸度支

司馬勝之傳

司馬勝之字興先廣漢緜竹人也學通毛詩治三禮清尙虛素性澹不事榮利初爲郡功曹甚善綱紀之體州辟從事進尙書左選郎進秘書郎時蜀國州書佐望與郡功曹參選而從事侔臺郎時重察舉雖位經朝要還爲秀孝亦爲郡端右景耀末郡請察孝廉大同後梁州辟別駕從事舉秀才歷廣都新繁令政理尤異以清秀徵爲散騎侍郎以宗室理之終以疾辭去職卽

家拜漢嘉太守候迎盈門固讓不之官常言世人不務求道德而汲汲於爵祿若吾者可以爲有餘榮矣年六十五卒於家子尊賢佐皆有令德

常勗傳

常勗字修業蜀郡江原人也祖父員牂牁永昌太守父高廟令從父閎漢中廣漢太守勗少與閎子忌齊名安貧樂道志篤墳典治毛詩尙書涉治羣籍州命辟從事入爲光祿郎中主事入爲尙書左選郎郡請迎爲功曹時州將董軍政置從事職典刑獄以勗清亮復爲督軍治訟平當還察孝廉除郫令爲政簡而不煩魏征西將軍鄧艾伐蜀破諸葛瞻於緜竹諸縣長吏或望風降下或委官奔走勗獨率吏民固城拒守後主檄令乃詣艾

忌字茂通蜀謁者黃門侍郎喪親以致孝廉爲郎使吳稱職歷長水參軍什邡雒令入爲州都方議爲郡守會卒忌爲人信道任數不從下人故爲權勢所不善是以作詩著論先攻已短爲士類所稱友人廣漢段宗仲亦有學行蜀時官與忌比

何隨傳

何隨字季業蜀郡郫人也漢司空武治韓詩歐陽尙書研精文緯通星歷郡命功曹州辟從事光祿郎中主事除安漢令蜀亡去官時巴土飢荒所在無穀送吏行乏輒取道側民芋隨以緜繫其處使足所取直民視芋見緜相語曰聞何安漢清廉行過從者無糧必能爾耳持緜追還之終不受因爲語曰安漢吏取糧令爲之償察孝廉大同後臺召不詣除河間王郎中令不就

著譚言十篇有屠牽豬過隨門索斷失之强認涸中豬隨便牽豬與之屠出門尋得亡豬謝隨還豬家養竹園人盜其笋隨見之恐盜者覺怖走竹中傷其手足挈履徐步而歸其仁如此太康中卽家拜江陽太守民思其政年七十一卒官從州鄉人言議平當者皆謂何江陽

王化傳

王化字伯遠廣漢郪人也漢將作大匠王堂後也祖父商字文表州牧劉璋時爲蜀太守有懿德高名在耆舊傳父彭字仲闕巴郡太守兄弟四人少有令望化治毛詩三禮春秋公羊傳郡命功曹州辟從事光祿郎中主事尙書郎除閬中令爲政清靜察孝廉大同後復端右郡察孝廉爲樂涫令 樂涫縣屬酒泉郡縣近邊

塞胡虜反化率吏民積穀堅守虜斷道重圍孤絕七年伺虜怠惰出軍討之民得野掠大軍至虜退以功封關內侯遷朱提太守撫和殊俗轉在梓潼復有稱績年七十二卒官弟振字仲遠亦有德望廣都令巴東太守叔弟偕字季遠恪居官次歷廣陽作唐令早亡少弟崇字幼遠學業淵博蜀時東觀郎與壽良李宓陳壽李驤杜烈同入京洛爲二州標雋五子情好不終惟崇獨以寬和無所彼此著蜀書及詩賦之屬數十篇其書與陳壽頗不同官至上庸蜀郡太守

李宓傳

李宓字令伯犍爲武陽人也祖父光朱提太守父早亡母何更行見養祖母治春秋左傳博覽五經多所通涉機警辨捷辭義

響起事祖母以孝聞其侍疾則泣涕側息日夜不解帶膳飲湯藥必過目嘗口本郡禮命不應州辟從事尚書郎大將軍主簿太子洗馬奉使聘吳吳主問蜀馬多少對曰官用有餘民間自足吳主與羣臣汎論道義謂寧爲人弟宓曰願爲人兄吳主曰何以爲兄宓曰爲兄供養之日長吳主及羣臣稱之大同後將軍聞其名請爲主簿及書招欲與相見皆不往以祖母年老心在色養拒州郡之命獨講學立旌授生武帝立太子徵爲洗馬宓上書武帝覽之曰宓不空有名也嘉其誠款賜奴婢二人下郡縣供其祖母奉膳從尚書郎河內溫令去官後年六十四卒宓六子皆英特秀逸號曰六龍同時蜀郡高玩字伯珍少受學於太常杜瓊柰與宓齊名

密字令伯犍爲武陽人也一名虔父早亡母何氏改醮密時年數歲感戀彌至遂以成疾祖母劉氏躬自撫養密奉事以孝聞劉氏有疾則涕泣側息未嘗解衣飲膳湯藥必先嘗後進師事譙周周門人方之游夏少仕蜀爲郎數使吳有才辨吳人稱之蜀平泰始初詔徵爲太子洗馬密以祖母年高無人奉養遂不應命上疏云云疏見楊戲傳注乃停召後劉終服闋復以洗馬徵至洛司空張華問曰安樂公何如密曰可次齊桓華問其故對曰齊桓得管仲而霸用豎刁而蟲流安樂公得諸葛亮而抗魏任黃皓而喪國是知成敗一也次問孔明言教何碎密曰昔舜禹皋陶相與語故得簡大雅誥與凡人言宜碎孔明與言者無己敵言教是以碎耳華善之出爲溫令而

惱疾從事嘗與人書曰慶父不死魯難未已從事白其書於司隸司隸未劾密望內轉乃遷漢陽太子失分懷怨及賜餞東臺詔密賦詩末章曰人亦有言有因有緣官無中人不如歸田明明在上斯語豈然於是都官從事奏免密官卒於家二子賜興賜字宗石少能屬文嘗爲元鳥賦詞甚美州辟別駕舉秀才卒與字儁石亦有文才刺州羅尚辟爲別駕詣鎮南將軍劉宏留爲參軍宏立諸葛亮碑使興爲之文甚有辭理

贊曰令伯孤童依劉乃成壹志色養辟命不行陳情一表不妄有名施於有政卓爾循聲

杜軫傳

杜軫字超宗蜀郡成都人也父雄字伯休安漢雒令軫少師譙
周發明高經於譙氏之門郡命爲功曹鍾會至成都時南陽張
府君不肯出官軫曰征西因赳鎮西在近必有所遣亂軍之際
変害無常宜避正殿府君[illegible]住下舍會果遣牽宏爲太守數
百騎擐甲馳馬入都前驅門所在云已出善之宏復召爲功曹
察孝廉除建寧令徙任山陽新城池陽所在有治入爲尚書郎
倅軫察孝廉歷平康牛鞞南鄭安陽令王國建首選爲郎中令
遷犍爲太守還爲州大中正卒時年五十八弟烈字仲武名譽
遷衡陽太守兄軫喪自上表求去官以兄子幼弱軫喪飄颻欲
扶柩葬舊塡軫二子長子毘字長基少子秀字彦穎世號二鳳
毘舉秀才大將軍辟掾太傅參軍平東長史尚書郎稍遷鎮南
軍司並州刺史主薄軫旣才學兼該而器量倜儻晉武雅識之

《三國志補義》卷一 蜀 六

會卒

軫字超宗蜀郡成都人也父雄縣竹令軫師事譙周博涉經
書州辟不就爲郡功曹史時鄧艾至成都軫白太守曰今大
軍至必除舊布新明府宜避之此全福之道也太守乃出艾
果遣參軍牽宏之郡宏問軫前守所在軫曰前守達去就之
義輒自出官舍以俟君子宏命復爲功曹軫固辭察孝廉除
建寧令導以德政夷夏悅服秩滿將歸羣蠻追送賂遺一無
所受累遷尚書郎時涪人李驤亦爲尚書郎與軫齊名號蜀
有二郎軫後爲犍爲太守當遷會病卒年五十一子毘字長
基毘次子秀爲羅尚主簿州没爲氐賊所欲用爲司馬秀不

見害軫弟烈明政事察孝廉歷平康安陽令遷衡陽太守
聞軫亡表兄子幼弱求去官詔轉犍爲太守蜀土榮之烈弟
良舉秀才補州大中正

贊曰超宗明經識能瞻微勸守出舍達去就機犍爲競爽李
驤齊嶶賢子逢暴大義是歸

坿録傳贊跋

陳壽志三國詳於志魏而畧於蜀漢裴注補之亦未周備常
璩蜀產也著華陽國志多有證據其載文立以下數人並仕
蜀漢旋歸典午余因楊戲所譔傳贊未及錄此故坿載此數
人於後共仕典午朝之事蹟一概從删且閱此數人唯柳隱
立身高潔餘多師事譙周周之事蹟已見陳志數人在蜀漢

《三國志補義》卷一 蜀 七

雖間有勞績而昧其出處身仕二姓錄之非闡其幽隱也殆
謂其不忘周之師法羼入此數人卽藉以醜周也陳壽亦爲
周之弟子縱使具有史才覩然秉筆以故繁簡因心高下在
手覽者久有定論矣茲編并以 國朝杭世駿補晉臣傳贊
綴於後亦止徵蜀漢之事而典午朝從畧焉未知有當與否
識者鑒諸

三國志補義

魏上卷

鉞

三國志補義卷第一

泰州康發祥瑞伯

魏書一

武帝紀 陳志曰紀今當易曰傳

冀州刺史王芬南陽許攸沛國周旌等連結豪傑謀廢靈帝立合肥侯按董卓廢少帝爲弘農王之前早有此謀是漢之廢立霍光之於昌邑王無論已若董卓曹操之外又有王芬等謀而未成史備書之以見漢之末造如此

太祖謀張邈等不能用乃與夏侯惇等詣揚州募兵刺史陳温丹陽太守周昕與兵四千餘人還到龍亢士卒多叛至銍建平復收兵得千餘人進屯河內按龍亢銍建平三地名俱屬豫州沛郡蓋陳温等新附之兵不遵約束至龍亢已多叛去至銍與建平則亡其三千秪得千餘人耳裴注引魏書曰不叛者五百餘人則又與本傳不合收兵得千餘人豈又至銍與建平新附得者歟

興平元年夏太祖復征陶謙拔五城遂畧地至東海過郯謙將曹豹與劉備屯郯東要擊太祖太祖擊破之遂攻拔襄賁所過多所殘戮按承祚作魏志每多曲筆回護茲言多所殘戮此直筆也

張邈與陳宮叛迎呂布郡縣皆應荀彧程昱保鄄城范東阿二縣固守太祖乃引軍還紹使人說太祖欲連和太祖新失兖州軍食盡將許之按初平三年鮑信等迎太祖領兖州牧茲

云新失兖州但上文無失兖州之說敘事殊覺疏漏當在張
邈與陳宮叛迎吕布之下添入據兖州四字則明晰矣
建安元年秋七月董昭等勸太祖都許是歲始興屯田按此後
掾之所爲恒挾天子令諸侯而獻帝守府矣是年曰都許以
都許二字爲眼目後每於征伐還必大書曰還許如二年公
到宛張繡降既而悔之復反公擊破之遂還許秋九月袁術
侵陳公東征之擊破橋蕤等皆斬術走渡淮公還許曹洪屯
葉數爲繡表所侵公自南征至宛表將鄧濟據湖陽攻拔之
生禽濟湖陽降攻舞陰下之三年春正月公還許三月公圍
張繡於穰夏五月劉表遣兵救繡繡與表兵合守險公軍前
後受敵乃縱奇兵騎夾攻大破之秋七月公還許四年秋八
月公進軍黎陽使臧霸等入青州破齊北海安東留于禁屯
河上九月公還許六年夏四月揚兵河上擊紹倉亭軍破之
九月公還許八年春三月公征譚尚大破之尚夜遁夏四月
進軍鄴五月還許每書還許瞭如指掌下書還鄴仿此
天子假太祖節鉞録尚書事按以上稱太祖以下稱公此非三
公不得稱公之義也二十一年夏五月天子進公爵爲魏王
以下又稱王一紀中三異其稱承祚之史例如此何如始終
稱太祖使人瞭然乎晉書稱司馬懿宣帝師景帝昭文帝最
爲爽捷耳
四年二月公軍官渡術欲從下邳北過公遣劉備朱靈要之公
悔追之不及備之未東也陰與董承等謀反至下邳遂殺徐

州刺史車冑五年春正月董承等謀泄皆伏誅按董承受獻
帝衣帶密詔誅國賊曹操而承祚之史曰謀反曰伏誅何喪
心病狂而忍爲此語且先主傳云先主未出時獻帝舅車騎
將軍董承辭受衣帶中密詔當誅曹公云云則又未嘗良心
盡昧也
五年公自將東征備破之生禽其將夏侯博按魏之夏侯霸降
蜀在後主之世延熙之十二年此被禽之夏侯博或非譙國
人氏别有一族乎
汝南降賊劉辟等叛應紹畧許下紹使劉備助辟按建安元年
紀云汝南潁川黄巾何儀劉辟黄邵何曼等初應袁術又附
孫堅二月太祖進軍討破之斬辟邵等則四年前劉辟已被
斬矣此又一劉辟叛應袁紹豈被斬之辟游魂爲變而復應
紹乎想前文太祖進軍討破而斬辟邵等字爲衍文耳
九年夏四月留曹洪攻鄴秋七月尚還救鄴臨滏水爲營滏音
釜山海經神囷之山滏水出焉郡縣志滏水出磁州滏陽縣
西北四十二里鼓山亦名滏山
初討譚時民亡椎冰按民亡椎冰四字葢倒裝文法民苦椎冰
道亡耳裴世期注分明
十一年公東征三郡烏丸承天下亂破幽州遼西單于蹋頓尤
彊爲紹所厚數入塞爲害公將征之鑿渠自呼沲入泒水又
從泃河口鑿入潞河名泉州渠以通海按蹋頓遼西烏丸别
種泒水說文水起鴈門葰人戍夫山東北入海水經沽水至

泉州縣與滹沟合東入于海清河者泒河尾也注今無水清
淇漳洹滱易涞濡沽雩池同歸于海故經曰沽河尾也泒音
孤呼淹水經注作雩池一作雩沱泃河泃音劬漢臨泃今三
河縣舊注音句
十二年秋七月引軍出盧龍塞塞外道絶不通乃塹山堙谷五
百餘里按塹山堙谷語見史記秦紀塹籤去聲闕土爲坑也
又漢高帝紀漢王使高壘深塹勿與戰字通塹六書統亦作
壍堙同亜左傳闉葇甲寅堙之注言堙其濠也
斬蹋頓及名王已下降者二十餘萬口博物志魏武於馬上逢
獅子使格之殺傷甚衆王乃統率常從健兒數百人擊之獅
子哮呼奮越左右咸驚王忽見一物從林中出如貍超上王

車軛上獅子將至此獸便跳上獅子頭上獅子卽伏不敢起
於是遂殺之得獅子而還未至洛陽四十里洛陽雞狗皆無
鳴吠者也水經注繫此條於征蹋頓下錄之
十三年漢罷三公官置丞相御史大夫夏六月以公爲丞相按
建安元年操以大將軍讓袁紹自爲司空行車騎將軍葢畏
紹讓之也兹紹已死矣操不復爲大將軍而自爲丞相以示
異於他人操之奸可勝道哉
十六年九月進軍渡渭公與韓遂交馬語注引魏書曰秦胡觀
者前後重沓通鑑釋文曰重沓重足着地也胡三省辨誤云
漢書謂重足而立言人畏懼之甚不敢並足着地故重足而
立也此謂人夙知曹操威名聚而觀之前後重沓安有重足

著地之事哉
十七年春正月公還鄴天子命公贊拜不名入朝不趨劒履上
殿如蕭何故事按此殊禮在漢不獨蕭何梁冀董卓亦然
割河內之蕩陰朝歌林慮東郡之衛國頓丘東武陽發干鉅鹿
之廮陶曲周南和廣平之任城趙之襄國邯鄲易陽以益魏
郡按後漢書郡國志河內屬司隸廣平東郡屬兗州鉅鹿屬
冀州是割數州之內地以益魏郡也蕩陰有羑里城韋昭曰
文王所拘處朝歌紂所都居帝王世紀曰紂糟邱酒池肉林
在城西前書注曰鹿臺在城中林慮故隆慮殤帝改衛國衛
公國本觀故國姚姓光武更名鉅鹿故大鹿有大澤注春秋
九數趙之鉅鹿廮陶有薄落亭廮於郢切邯鄲有叢臺易陽

注有温泉世以治疾洗百病廣平本東平章帝元和元年分
東平國爲任城國任城本任國有桃聚光武破龐萌于桃鄉
卽此地
十八年天子使御史大夫郗慮持節策命公爲魏公按通鑑釋
文曰郗綺戟切胡三省辨誤曰郗五之反若綺戟切則郄字
也誤葢郗字从希不从杀
策命公爲魏公其辭云云策中將前事總敘瞭如指掌雖爲左
丞潘勖之辭必得操之受意方能委曲詳盡如此
十九年冬十月屠枹罕按枹罕後漢書郡國志在隴西郡內故
屬金城鄧展曰枹音鈇罕一作䍐
二十二年春正月王軍居巢居巢後漢郡國志在廬江郡內一

作鄛見前漢書項籍傳晉灼曰音勦絕之勦按水經注曰古巢國湯伐桀桀奔南巢卽巢澤也尚書周有巢伯來朝春秋文公十二年夏楚人圍巢則音勦絕之勦非

二十四年冬十月王軍摩陂按摩陂地名在右郟鄏㨿解樊城之圍駐此夏侯惇傳謂是年擊破呂布軍於摩陂呂布已於建安三年見殺曰破呂布軍於此知惇傳之謬也

文帝紀 陳志曰紀今易同前

延康元年秋七月甲午軍次於譙大饗六軍及譙父老百姓於邑東裴注引魏書曰設伎樂百戲按魏武方以正月崩文帥以其年七月設樂百戲是不以喪廢樂也承祚未顯言而晉書禮樂志言之葢一爲之諱一爲之戒耳

冬十一月丙午漢帝以衆望在魏乃詔羣公卿士告祠高廟使兼御史大夫張音持節奉璽綬禪位按曹植有慶受禪表應添注於下具辭曰陛下以聖德龍飛順天革命允答神符誕作民主乃祖先后積德累仁世濟其美以暨于先王勤恤民隱劬勞戮力以除其害經營四方不遑啟處是用隆茲福慶光啟于魏陛下承統贊成前緒克廣德音綏靜內外紹先周之舊跡襲文武之懿德保大定功海內爲一豈不休哉

黃初元年改相國爲司徒御史大夫爲司空按建安十三年罷三公官置丞相御史大夫操自爲丞相葢建安元年操曾以大將軍讓袁紹自爲司空嗣是又自爲丞相以示異終操之世進爵爲王而丞相如故今改相國爲司徒避操職也

二年春三月初復五銖錢冬十月以穀貴罷五銖錢按董卓傳壞五銖錢在初平元年距復之年閱三十二年矣不數月罷之何復之難而罷之易也復五銖錢魏志在三月通鑑在正月不知孰是

三年冬十月甲子表首陽山東爲壽陵作終制云云按赤眉所掘已爲前鑒宋季楊真璉珈所伐高孝諸陵尤見慘烈文帝之詔令已見及之

七年春三月築九華臺按文帝在位之年屢興力役如黃初元年營洛陽宮二年築陵雲臺三年穿靈芝池築南巡臺於宛五年穿天淵池六年築東巡臺七年築九華臺幾於無年無力役矣魏之民不堪命而文之享年安得長乎

明帝紀 陳志曰紀今易同前

以其母誅故未建爲嗣按甄后之死實由文帝寵郭后而致甄后傳書曰賜死宜也明帝紀曰以其母誅文帝紀曰夫人甄氏卒何得變文如是

太和二年春右將軍張郃擊亮於街亭大破之亮敗走按街亭之敗實爲馬謖曰擊亮於街亭此魏史誇大之辭而承祚仍之耳

秋九月曹休率諸軍至皖與吳將陸議戰於石亭按吳志陸遜傳初名議後改今名故本傳以遜名矣魏志曰與吳將陸議戰於石亭蜀志亦曰吳將陸議李異劉阿等屯巫秭歸又曰陸議大破先主軍於猇亭曷不俱曰陸遜以昭畫一平一人

之事一手之書何得變文如是

十二月諸葛亮圍陳倉曹眞等遣將軍費曜等拒之裴注引魏略曰先是使將軍郝昭築陳倉城亮使昭鄉人靳詳於城外遥說之水經注詳作祥

六年九月行幸摩陂治許昌宮通鑑釋文曰摩陂地名在古郟縣即漢之河南縣胡三省曰摩陂在潁川郟縣縱廣可十五里此豈河南之郟縣哉以下文治許昌宮觀之可知其謬矣許昌宮在潁州許縣魏改許都曰許昌

青龍元年按是年吳志權向合肥新城遣將軍全琮征六合皆不克還魏志未載

二年五月孫權入居巢湖口向合肥新城又遣將陸議孫韶各將萬餘人入淮沔按吳志是年權遣陸遜諸葛瑾等屯江夏沔口孫韶張承等向廣陵淮陽權率大衆圍合肥新城是屯沔者陸遜諸葛瑾而無孫韶孫韶方與張承向廣陵淮陽而未入沔也此亦文不相蒙處

景初元年六月有司奏武皇帝撥亂反正爲魏太祖樂用武始之舞文皇帝應天受命爲魏高祖樂用咸熙之舞帝制作興治爲魏烈祖樂用章武之舞晉書樂志巴渝舞舞曲有矛渝本歌曲安弩渝本歌曲安臺本歌曲行辭本歌曲總四篇魏初乃使軍謀祭酒王粲改創其辭粲問巴渝帥李管王歌曲意試使歌聽之以考校歌曲而爲之改爲矛渝新福歌曲弩渝新福歌曲安臺新福歌曲行辭新福歌曲行辭以述魏德

黄初三年又改巴渝舞曰昭武舞至景初元年尚書奏考覽三代禮樂遺曲據功象德奏作武始咸熙章武三舞皆執羽籥

二年二月癸丑分沛國蕭相竹邑符離蘄銍龍亢山桑洨虹十縣爲汝陰郡按沛國前漢地理志作沛郡沛音貝蕭伏滔北征記城周十四里南臨汙水相左傳桓十五年會于袲杜曰在縣西南一名犖竹邑侯國故竹蘄有大澤鄉陳涉起此史記高祖擊黥布會甀在縣西龍亢晉灼曰亢音岡地道記曰左傳隱二年入向城在縣東南洨有垓下聚高祖破項羽處應劭曰洨水所出南入淮虹本作紅前漢地理志作虹音貢後漢郡國志作紅地道記曰左昭八年大蒐于紅山桑後漢本屬汝陰郡不知何時改屬沛也

宋縣陳縣苦縣皆屬譙郡以沛杼秋公丘彭城豐國廣戚並五縣爲沛王國按宋後漢郡國志曰宋公國周名鄭丘陳帝王世紀曰庖犧氏所都舜後所封左傳僖元年會于檉杜預曰縣西北有檉城苦春秋時曰相北征記曰有老子廟廟中有九井水相通古史曰有曲仁里　子里也杼秋故屬梁國有澶淵聚左襄二十年盟于澶淵十三州記光武封劉般爲杼秋侯明帝以屬沛杼音紓小顏音倉汝反公丘本膠國宋忠世本注曰公丘是滕國前漢夏侯嬰爲滕公鄭展曰今沛郡公丘前漢志亦云故滕國膠當作滕傳寫誤也彭城古大彭邑城北六里有山臨泗有宋桓魋石槨皆青石隱起龜龍麟

鳳之象廣戚故屬沛國後漢屬彭城國茲曰以沛之彭城廣戚屬沛王國不知後漢之中葉何時又改屬沛也

司馬宣王征遼東霖雨不得時攻羣臣或以爲淵未可卒破宜詔宣王還帝曰司馬懿臨危制變擒淵可計日待也承祚於司馬皆諱而不名此處懿字是仍詔令原文故不諱耶

三少帝紀 陳志曰紀今易同前

正始二年夏五月吳將朱然等圍襄陽之樊城按注引干寶晉紀曰朱然孫倫五萬人圍樊城諸葛瑾步隲寇柤中吳志亦曰車騎將軍朱然圍樊大將軍諸葛瑾取柤中何魏志是年僅書樊城之圍而不書柤中之寇也柤不加反

七年春二月幽州刺史毌丘儉討句驪按吳志是年二月車騎將軍朱然征魏柤中斬獲千餘本紀注亦引習鑿齒漢晉春秋曰是年吳將朱然入柤中斬獲數千承祚仍魏舊史畧而不載乎

嘉平元年春正月甲午太傅司馬宣王奏免大將軍曹爽按蜀志是年右將軍夏侯霸來降秋衛將軍姜維攻雍州不克而還將軍句安李韶降魏魏皆疎漏未載

四年冬十一月詔征南大將軍王昶征東將軍胡遵鎮南將軍毌丘儉等征吳十二月吳大將軍諸葛恪拒戰大破衆軍於東關不利而還按吳志建興改元十二月朔丙申大風雷電魏使將軍諸葛誕胡遵等步騎七萬圍東興將軍王昶攻南郡毌丘儉[illegible]武昌甲寅恪以大兵赴敵戊午兵及東興交戰

大破魏軍殺將軍韓綜桓嘉等盡破軍 將魏史諱[illegible]承其舊歟

五年夏五月吳太傅諸葛恪圍合肥新城詔太尉司馬孚拒之按蜀志是年夏四月衛將軍姜維復率衆圍南安不克而還魏紀裴注引漢晉春秋曰是時姜維亦圍狄道而本紀未載

八月詔曰道經漢壽云云按後漢志漢壽武陵郡治故索陽嘉三年更名刺史治漢官儀曰去雒陽二千里

六年夏五月云云按蜀志是年六月姜維率衆出隴西冬拔狄道河間臨洮三縣魏紀注引世語及魏氏春秋並及之而本紀未載

遣芳歸藩于齊注廷尉定陵侯臣繁宋亡名氏辯誤曰繁當作毓謂鍾毓本傳可攷少府臣褒當作袤時鄭袤爲少府其歷官詳見晉史按晉史本傳有高貴鄉公卽位袤與河南王肅備法駕奉迎于元城等語是宜從之

正元二年春正月乙丑鎮東將軍毌丘儉揚州刺史文欽反又甘露二年五月乙亥諸葛誕不就徵發兵反按儉欽以司馬師廢帝討賊誕亦以内不自安發兵討賊俱以反書承祚爲晉臣因爲晉諱如此然千秋萬世殆將誰欺

二年二月甲子吳大將軍孫峻等衆號十萬至壽春諸葛誕拒擊破之斬吳將軍留贊獻捷于京師吳志留贊爲誕別將蔣班所敗於菰陂贊及將軍孫楞蔣修等皆遇害按壽春後漢志屬九江郡晉志曰魏武帝改屬淮南郡

八月辛亥蜀大將軍姜維寇狄道狄道縣名後漢志屬涼州隴西郡晉志因之

辛未以長水校尉鄧艾行安西將軍與征西將軍陳泰並力拒維戊辰復遣太尉司馬孚爲後繼辯誤曰戊辰不應繫辛未後殆傳鈔者倒其文耳

甘露元年春正月辛丑青龍見軹縣井後漢郡國志河內郡治左傳曰王以蘇忿生田向與鄭杜預曰縣西北地名水經曰洪水出縣西北山軹音章是反

癸未安西將軍鄧艾大破蜀大將姜維于上邽上邽後漢志漢陽郡治故屬隴西郡[illegible]天水郡

二年夏四月癸卯詔曰玄菟郡高顯縣吏民反叛元菟郡後漢志屬幽州武帝置雒陽東北四千里按晉志統縣三高顯其一也

甘露五年五月乙丑高貴鄉公卒按司馬昭之心路人知之雲龍門之變昭假手於成濟抽戈犯蹕遂成凶惡史不能大書特書暴其罪惡乃假以皇太后之令多方掩飾以欺萬世可謂悖矣且於帝髦之死祇書曰卒夫郎以髦帝制不終仍從舊僣亦當以薨書不應以卒書何物鬼魅操此史筆亮哉黃東發之言歟加按晉書天文志於彗星見角下大書曰高貴鄉公爲成濟所害於客星見太微下大書曰高貴鄉公被害於日有蝕之下亦大書曰有成濟之變晉志不諱言承祚之史何悖謬如此

使持節行中護軍中壘將軍司馬炎北迎常道鄉公璜嗣按承祚於晉宣景文皆諱而此獨不諱豈以爲太后之詔勅故不必諱耶

景元二年詔祀故軍祭酒郭嘉於太祖廟廷按此補正始三年暨五年之祀而終不及許褚益奉孝之謀不亞於程昱而虎侯之功更勝于典韋於許而遺之殆未解也

咸熙元年八月庚寅命中撫軍司馬炎副貳相國事以同曾公拜後之義按此亦從詔勅之語未及諱也下文九月戊午以中撫軍司馬炎爲撫軍大將軍冬十月丙午命撫軍大將軍新昌鄉侯炎爲晉世子二年秋八月辛卯相國晉王薨壬辰晉太子炎紹封此皆不諱何也

安彌福祿縣各言嘉禾生按二縣俱屬涼州之酒泉郡後漢志安彌故曰綏彌福祿前漢志作祿福曹全碑曰拜酒泉祿福長晉志亦作福祿承其誤也

二年春二月甲辰朐䏰縣獲靈龜以獻按朐䏰後漢志作朐忍屬益州之巴郡常璩曰在巴東郡二百九十里說文曰地下多此蟲因以爲名又作朐音蠢小顛音蝡

十一月壬戌詔羣公卿士具儀設壇于南郊使使者奉皇帝璽綬冊禪位於晉嗣王如漢魏故事按繁陽之禪不旋踵而奉金墉之策山陽之號亦轉瞬而有陳留之封天道好還先後一轍史曰如漢魏故事其文簡而其旨微矣

魏禪晉策曰咨爾晉王我皇祖有虞氏誕膺靈運受終于陶唐

亦以命于有夏惟三后陟配于天而咸用光敷聖德自茲厥
後天又輯大命於漢火德既衰乃眷命我高祖方軌虞夏四
代之明顯我不敢知惟王乃祖乃父服膺明哲輔亮我皇家
勲德光于四海格爾上下神祇罔不克順地平天成萬邦以
乂應受上帝之命協皇極之中歸于一人肆予一人祗承天
序以敬受爾位歷數實在爾躬允執其中天祿永終於戲王
其欽順天命率循訓典底綏四國同保天休無替我二皇之
宏烈

后妃傳

武宣卞皇后建安初丁夫人廢以后爲繼室注引魏畧曰太祖
妃有丁夫人又劉夫人劉早終丁養子修子修亡於穰按丁

夫人劉夫人雖未追封爲皇后而夫人自可立傳子修亦當
附見諸王傳中而志皆未及裴注引魏畧宜也

文昭甄皇后文帝納后於鄴注引魏書武宣皇后見后泣曰新
婦謂吾前病如昔時困耶按新婦舉頭本魏文初見后語以
后適袁熙曾未多年也若曹操定鄴在建安九年爲子丕納
后卽在斯時征關中在十六年十七年還鄴距九年已閲八
年武宣之語何得尙謂爲新婦乎此魏書行文之謬也

黃初二年遣使賜死葬于鄴按郭后傳太子踐王位后爲夫人
及踐阼爲貴嬪甄后之死由后之寵也合觀自明

明元郭皇后值三主幼弱宰輔統政與奪大事皆先咨啟於太
后而後施行毌丘儉鍾會等作亂咸假其命而以爲辭焉按

文當作毌丘儉作亂與帝髦之弑假其命而以爲辭焉郭后
崩在景元五年鍾會反于蜀在咸熙元年何得有假爲辭命
之事乎其乖甚矣

按三少帝傳齊王芳於正始四年立皇后甄氏高貴鄉公於正
元三年立皇后卞氏常道鄉公於景元四年立皇后卞氏是
三少帝皆立后而后妃傳皆不爲之立傳何也將以爲廢后
乎亦當從漢宏農王宋皇后何皇后之例

三國志補義卷二

泰州康發祥瑞伯

魏書二

董卓傳

封斄鄉侯按後漢志郿有郿亭注史記曰封棄于郿徐廣曰今
斄鄉李賢曰郿斄古同音俱讀如今犛字
初卓信任尚書周毖按袁宏後漢紀曰侍中周毖王粲英雄記
亦作周毖范書曰任吏部尚書漢陽周珌
河内太守王匡遣泰山兵屯河陽津將以圖卓按袁紹傳卓遣
執金吾胡母班將作大匠吳修齎詔書喻紹紹使河内王匡
殺之匡之圖卓或在斯時傳中尚未明敘

乘青蓋金華車爪畫兩轓時人號曰竿摩車按范書注曰竿摩
謂相逼近也今俗以事千人者謂之相竿摩
注山陽公載記曰初卓爲前將軍皇甫嵩爲左將軍俱征韓遂
各不相下卓及爲太師嵩拜車下卓問嵩服未乎嵩曰安知
明公乃至於　卓曰鴻鵠固有遠志但燕雀不知耳嵩曰昔
與明公俱爲　曰變爲鳳皇耳按南史范雲傳江
祐求雲　婚　中取翦刀與雲曰且以爲聘雲笑
受之　因酬曰與將軍俱爲鴻鵠今將軍變爲
鳳皇荆布之室理隔華盛因出翦刀還之其語相似
祖道於橫門外裴注橫音光按水經注長安北西頭第一門本
名橫門王莽更名曰霸都門如淳曰音光故　光門三輔黃
圖曰漢書虒上小女陳持弓走入光門卽此門也門外有
曰橫橋
悉椎破銅人鍾虡按三輔黃圖曰始皇收天下之兵聚之咸陽
銷以爲鍾鐻高三丈鍾小者皆千石也銷鋒鏑以爲金人十
二以弱天下之人立于宮門坐高三丈銘其後曰皇帝二十
六年初兼天下改諸侯爲郡縣一法律同度量大人來見臨
洮其大五丈足跡六尺銘李斯篆蒙恬書董卓悉椎破銅人
銅臺以爲小錢英雄記曰昔大人見臨洮而銅人鑄臨洮生
卓而銅人毀天下大亂卓身滅抑有以也餘二人魏明帝欲
詣洛陽清明門裏至霸城重不可致便留之
更鑄爲小錢大五分無文章肉好無輪郭不磨鑢按肉好范書

注一作内外不知孰是
肅等格卓卓驚呼布所在布曰有詔遂殺卓范書曰卓大呼曰
呂布何在布曰有詔討賊臣承祚於有詔下省三字文則省
矣其如語未足何
主簿田景前趍卓尸范書景作儀
卓故部曲樊稠李蒙王方等合圍長安十日城陷與布戰城中
布敗走范書闓長安城城峻不可攻守之八日呂布軍有叟
兵内反引催衆得入城潰注叟兵蜀兵也漢代謂蜀爲叟
人民飢困二年　相啖食范書曰是時穀一斛五十萬豆麥二
十萬帝使侍御史侯汶出太倉米豆爲飢人作糜經日而死
者無限帝疑賦卹有虛乃親於御前自加臨檢旣知不實收

侯汝考實詔曰朕忍致汝于理可杖五十自是後多得全濟
傕汜悔遣天子復相與和追及天子於宏農之曹陽范書射聲
校尉沮儁被創墜馬李傕謂左右曰尚可活不儁罵之曰汝
等凶逆逼迫天子亂臣賊子未有如汝者傕使殺之天子遂
露次曹陽曹陽後漢志宏農郡有曹陽亭注史記章邯殺周
章于曹陽晉灼曰縣東十三里

超與關中諸將及遂等反大祖征破之語在武紀按文當作語
在武帝紀少一帝字不得袁紹等傳統此

袁紹傳

稍遷中軍校尉後漢書本傳作佐軍校尉非是
中常侍段珪等矯太后命召進入議遂殺之山陽公載記段珪

作殷珪
封邟鄉侯按前漢地理志潁川有周承休侯國元帝置元始二
年更名邟音口浪反
從事趙浮程奐范書作程渙
即表授爲監軍奮威將軍范書作奮武將軍
裴注引英雄記曰遂尋山北行薄擊諸賊左髮丈八等皆斬之
范書丈八作文八
潁川郭圖說紹迎天子都鄴紹不從會太祖迎天子都許收河
內地關中皆附紹悔按注都鄴爲沮授之謀其說嗣於郭圖
范書從同郭圖後搆譚尚之釁其人本不足稱勸紹迎天子
都鄴恐未必然也

會太祖迎天子都許范書下詔書於紹責以地廣兵多不聞勤
王而擅相討伐紹上書曰臣聞昔有哀歎而隕霜悲哭而崩
城者每讀其書謂爲信然於今況之乃知妄作何者臣出身
爲國破家立事至於懷忠獲釁抱信見疑晝夜長吟剖肝泣
血曾無崩城隕霜之應故鄒衍杞婦何能感徹臣以負薪之
賢拔於陪隸之中奉職憲臺擢授戎校常侍張讓等滔亂天
常侵奪朝威賊害忠德扇動姦黨故大將軍何進忠國疾亂
義心赫怒以臣頗有一介之節可責以鷹犬之功故授臣以
督司諮臣以方畧臣不敢畏憚彊禦避害求福與進合圖事
無違異忠策未盡而元帥受敗太后被質宮室焚燒陛下聖
德幼沖親遭厄困時進既被害師徒喪沮臣獨將家兵百餘

人抽戈承明竦劍翼室虎叱羣司奮擊凶醜曾不浹辰罪人
斯殄此誠愚臣效命之一驗也會董卓乘虛所圖不軌臣父
兄親從並當大位不憚一室之禍苟惟寧國之義故遂解節
出奔創謀河外時卓方貪結外援招悅英豪故即臣勃海申
以軍號則臣之與卓未有纖芥之嫌若使苟欲混泥揚波偷
榮求利則進可以享竊祿位退無門戶之患然臣愚所守志
無傾奪故遂引會英　與師百萬飲馬孟津歃血漳河會故
冀州牧韓馥懷挾逆謀欲專權勢絕臣軍糧不得踵係至使
猾虜肆毒害及一門尊卑大小同日並戮鳥獸之情猶知號
呼臣所以蕩然忌哀貌無隱戚者誠以忠臣之節道不兩立
私懷已不能全功斯亦愚臣破家徇國之二驗也又黃巾

十萬焚燒靑兖黑山張楊蹈籍冀域臣乃旋師奉辭伐畔金
鼓未震狡敵知亡故韓馥懷懼謝咎歸土張楊黑山同時乞
降臣時輒承制竊比竇融以議郎曹操權領兖州牧會公孫
瓚師旋南馳陸掠北境臣即星駕席卷與瓚交鋒假天之靈
每戰輒克臣備公族子弟生長京輦頗聞俎豆不習干戈加
自乃祖先臣以來世作輔弼咸以文德盡忠得免罪戾臣非
與瓚角戎馬之勢爭戰陣之功者也誠以賊臣不誅春秋所
貶專云利國專之不疑故冒踐霜雪不憚劬勞實庶一捷之
福以立終身之功社稷未定臣誠恥之太僕趙岐銜命來征
宣陛下含宏之施蠲除細故與下更新奉詔之日引師南轅
是臣畏怖天威不敢怠慢之三驗也又臣所上將校率皆淸

英宿德令名顯達登鋒履及死者過半勤恪之功不見書列
而州郡牧守競盜虛聲懷持二端優游顧望皆列土錫圭跨
州連郡是以遠近狐疑議論紛錯者也臣聞守文之世德高
者位尊倉卒之時功多者賞厚陛下播越非所洛邑乏祀海
內傷心志士憤惋是以忠臣肝腦塗地肌膚橫分而無悔心
者義之所感故也今賞加無勞以攜有德杜黜忠功以疑衆
望斯豈腹心之遠圖將乃讒慝之邪說使之然也自爵爲通
侯位二三　石殊恩厚德臣既叨之豈敢闚覬重禮以希彤弓
玈矢之命哉誠傷偏裨列校勤不　祀盡忠爲國翻成重繇
斯蒙恬所以悲號於邊獄白起歔欷於杜郵也太傅日磾位
爲師保任配東征而耗亂王命寵任非所凡所舉用皆衆所

捐棄而容納其策以爲謀主令臣骨肉兄弟還爲讐敵交鋒
接刃搆難滋甚臣雖欲釋甲投戈事不得已誠恐陛下日月
之明有所不照四聰之聽有所不聞乞下臣章咨之羣賢使
三槐九棘議臣罪戾若以臣今行權爲釁則桓文當有誅絶
之刑若以衆不討賊爲賢則趙盾可無書弑之貶矣臣雖小
人志守一介若使得申明本心不愧先帝則伏首歐刀褰衣
就鑊臣之願也惟陛下垂尸鳩之平絶邪諂之論無令愚臣
結恨三泉此亦陳琳之辭也裴注既載紹檄州郡文則此書
亦當備載此外又有王烏丸版文曰使持節大將軍督幽靑
並領冀州牧邟鄉侯紹承制詔遼東屬國率衆王頒下烏丸
遼西率衆王蹋頓右北平率衆王汗盧維乃祖慕義遷善款

塞內附北捍玁狁東拒濊貊世守北陲爲百姓保障雖時侵
犯王略命將徂征厥罪率不旋時悔愆變改方之外夷最又
聰惠者也始有千夫長百夫長以相統領用能悉乃心克有
勳力於國家稍受王侯之命自我王室多故公孫瓚作難殘
夷厥土之君以侮天慢主是以四海之內並執干戈以衛社
稷三王奮氣裔土忿姦憂國控弦與漢兵爲表裏誠甚忠孝
朝所嘉焉然而虎兕長蛇相隨塞路王官爵命否而無聞夫
有勳不賞俾勤者怠今遣行謁者楊林齎單于璽綬車服以
對爾勞其各綏靜部落教以謹愼無使作凶作慝世復爾祀
位長爲百蠻長厥有咎有不臧者泯於爾祿而喪於乃庸可
不勉乎烏丸單于都護部衆左右單于受其節度他如故事

亦陳琳之辭也
欲令太祖徙天子都鄄城范書作甄城郡國志曰鄄城屬濟陰
惠氏棟曰漢隸字源甄與鄄古字通
紹進軍黎陽遣顏良攻劉延於白馬范書注曰白馬縣屬東郡
今滑州縣也城在今縣東高誘曰白馬津名水經注河橋黎
陽縣南爲白馬津津之東南有白馬城述征記曰黎陽城西
袁譚城城南又有一城是曹公攻譚之所築
太祖還官渡范書注官渡在今鄭州中牟縣北水經注云䓵蕩
渠經曹公壘北有高臺謂之官渡臺在中牟城北俗謂之中
牟臺
瓊宿烏巢范書志烏巢地名在滑州酸棗城東晉太康地記烏
巢澤在縣東南
譚尙舉兵相攻按范書此下有別駕王修諫譚語抵得劉表審
配兩書陳志入王修本傳此故不載然當日譚敗引兵還南
皮別駕王修自青州往救譚譚還欲更攻尙修諫譚語在修
傳
太祖進軍將攻鄴到洹水　五十里按水經洹水出上黨泫
氏縣南過隆慮縣北又東北出山逕鄴縣南注水出洹山山
在長子縣也鄴城南四十里有安陽城城北有洹水東流者
也許愼說文呂忱字林並云洹水出晉魯之間昔聲伯夢涉
洹水或與其瓊瑤而食之卽是水也
配將馮禮范書作馮札按札字或是俗寫禮字之譌陳志是也

配將馮禮開突門內太祖范書注墨子備突篇曰城百步一突
門一車兩輪以木束之塗其上維置突門內度門廣狹之令
人入門四尺中置窒突門旁爲[illegible]　[illegible]竈狀又置艾寇卽入下
輪而塞之鼓橐而薰之也按三輔黃圖長安九市四市在道
西三市在道東凡四里爲一市致九州之人在突門水經注
云光門一名突門則突門不獨鄴城有也
去鄴十七里臨滏水按滏音甫吳起云殷紂之國左孟門而右
漳滏注水若出于釜故名滏
尙還走濫口范書作藍口注相州安陽縣界有藍嵯山與鄴相
近盍藍山之口則知陳志濫字譌也
生禽審配配聲氣壯烈終無撓辭而辛毗號泣不已及殺之按
先賢行狀曰配忿辛郭壞敗冀州遣人馳詣鄴獄指殺仲治
仲治毗之兄毗欲報兄讎故號泣不已注　[illegible]言宜引之
高幹叛執上黨太守舉兵守壺口關水經壺關注云漳水經壺
關縣故城西又屈經其城北故黎國也有黎亭縣有壺口關
故曰壺關呂后元年立孝惠後宮子武爲侯國漢有壺關三
老公乘興上書訟衛太子卽邑人也後漢書注路州上黨縣
有壺山口因其險而置關焉
拔平原並南皮范書注曰南皮今滄州縣章武有北皮亭故此
曰南皮
袁術傳
字公路胡三省曰術字公路當讀如月令審端徑術之術音遂

中从木不从木也按以當塗高之讖爲名字[illegible]之是爲確証
以俠氣聞此堂書書鈔引魏志曰術爲長水校尉好奢綺盛車
馬以氣高人謠曰路中捍鬼袁長水今本傳不載
旣與紹有隙范書曰豪傑多附於紹術怒曰羣豎不從吾而從
吾家奴乎又與公孫瓚書曰紹非袁氏子紹聞大怒
以張勳橋蕤等爲大將軍按大將軍三字疑有誤抑或軍字衍
耳
奔其部曲雷薄陳蘭於灊山范書陳蘭作陳簡注灊山灊縣之
山也今壽州之霍山縣灊音潛

劉表傳

少知名號八俊范書號爲八顧按黨錮傳曰張儉岑晊劉表陳

翔孔昱范康檀敷翟超爲八及一云田林張隱劉表薛郁王
訪劉祇宣靖公緒恭爲八顧表名或列八及或列八顧而未
列八俊中也宜從范傳爲是
治中鄧羲諫表表不聽羲辭疾而退終表之世按終表之世四
字下疑有脫文抑或衍文耳鄧羲范書作鄧義
地方數千里帶甲十餘萬范書此下有遂起立學校博求儒術
綦毋闓宋忠等撰立五經章句謂之後定按王粲荆州文學
記曰有漢荆州牧劉君稽古若時將紹厥績乃曰先王之爲
世也有象天地軌儀憲極設教導化叙經志業用建雍泮焉
立師保焉作爲禮樂以作其性表陳載籍以持其德上知所
以臨下下知所以事上官不失守民聽無悖然後大階平焉

夫文學者人倫之首大教之本也乃命五業從事宋衷所作
文學延朋徒焉宣德音以贊之降嘉禮以勸之五載之間道
化大行耆德故老綦毋闓等負書荷器自遠而至者三百有
餘人於是童幼猛進武人革面總角佩觿委介免胄比肩繼
踵川遊泉涌亹亹如也兢兢如也遂訓六經講禮物諧八音
協律呂修紀歷理刑法六路咸秩百氏備矣天降純嘏有所
底授臻於我君受命旣茂南牧是建荆衡作守時邁淳德宣
其丕繇厥繇伊何四國交阻乃赫斯咸爰整其旅虔夷不若
屢戡寇侮誕啟洪軌敦崇聖緒典墳旣章禮樂咸舉濟濟搢
紳盛茲階宇祁祁髦俊亦集爰處和化普暢休徵時叙品物
宣育百穀繁蕪勳格皇穹聲被四字

表病死范書曰疽發背卒鎮南碑曰年六十七
越爲光祿勳嵩大鴻臚羲侍中先尚書令按上文蒯越等侯者
十五人則下文蒯字可省嵩韓嵩也羲鄧羲也先劉先也韓
嵩等事距此已遠則韓鄧劉三姓似不可省也
先尚書令范書作劉光似與上別駕劉先爲兩人魏志作一人
范書誤矣

呂布傳

儀比三司按晉書職官志開府儀同三司漢官也殤帝延平元
年鄧騭爲車騎將軍儀同三司儀同之名始自此也及魏黄
權以車騎將軍開府儀同三司開府之名起于此也布傳作
儀比恐誤

布自以殺卓爲[illegible]報讐欲以德之術惡其反覆拒而不受范書
云奔南陽袁術待之甚厚似與此互異但范書下文云布自
恃殺卓有德袁氏遂恣兵鈔掠術患之布不安復去則可知
陳志惡其反覆二語簡要得體異而不異矣
張邈字孟卓按呂布傳中夾張邈一傳既非合傳又非附傳其
體例特奇范書敘此較爲簡潔范於上文莫敢近下有送歸
張楊道經陳留太守張邈遣使迎之等語則脉絡分明矣
布爲兗州牧據濮陽惟鄄城東阿范爲太祖守郡國志曰濮陽
古昆吾國東阿注曰左傳桓十年會于桃杜預曰縣東南有
桃城范有秦亭俱屬兗州之東郡鄄城已見注袁紹傳
布襲取下邳下邳屬徐州之下邳國本屬東海有沂水白城西

西南注泗
布遣屯小沛范書注高祖本泗水郡沛縣人及得天下改泗水
爲沛郡沛縣爲小沛郡國志曰古偪陽國
術使韓允以僭號議告布并求迎婦布怨術初不已受也女已
在塗追還絕婚械送韓允梟首許市按械送二句未明曉布
既械送允矣誰使梟首於許市乎是蓋械送於操而操梟之
於許市耳范書云執允送許曹操殺之二語較爽
裴注還陳登爲東城太守廣陵吏民佩其恩德共拔郡隨登老
弱繈負而追之登曉語令還曰太守在卿郡頻致吳寇幸而
克濟諸卿何患無令君乎孫權遂跨有江外太祖每臨江而
嘆恨不早用元龍計而令封豕養其爪牙按孫權句上似有

脫文
臧洪傳
舉孝廉爲郎按范書洪父旻擊會稽妖賊許昭破平之遷旻爲
使匈奴中郎將洪年十五功拜童子郎注漢法孝廉試經者
拜爲郎洪以年幼才俊故拜童子郎也蓋洪爲郎在前而與
孝廉在後范書是也而魏志未明
邈即引見洪與語大異之致之於劉兗州公山孔豫州公緒按
公山劉岱字公緒孔伷字此敘事之辭當稱名不當稱字如
范書曰使詣兗州刺史劉岱豫州刺史孔伷是也
會青州刺史焦和卒注焦和作蹈冰丸沈河令[illegible]得渡按前
漢書郊祀志曰堅冰淖弱晉灼曰方士詐以藥石若蹈冰丸

投之冰上冰即消液經籍志曰扁鵲蹈冰丸方一卷
紹令洪邑人陳琳書與洪喻以禍福責以恩義洪答云云其書
實可誦但惜孔璋書未載耳
念諸君無事空與此禍范書諸君作諸軍仍從魏志爲是
公孫瓚傳
瓚具米肉於北芒上祭先人按米肉范書作豚酒北芒上祭謝
承書作泣辭母墓何焯曰瓚遼西人安得有先墓在北芒
涼州賊起范書注賊即邊章等
乃以劉虞爲幽州牧按瓚傳載虞事頗詳但虞爲東海恭王之
後治身奉職大有治績且袁紹韓馥欲推爲帝不受封拜愈
見恭順特與公孫不協公孫從而害之承祚當爲虞立傳以

正公孫瓚殺之罪而祇附見於瓚傳殊爲不合范史爲虞
傳論贊兼惋惜之甚是
紹使周昂奪其處范史周昂作周昕
遂出軍磐河范書磐作槃前漢書地理志曰平原有槃縣古
日帥九河鉤槃也鄭元注禹貢曰九河周時齊桓公塞之同
爲一河今河間弓高以東至平原鬲般往往有其遺處焉
進軍界橋英雄記曰合戰界橋南二十里水經注曰清河又東
北逕界城亭水上有大梁謂之界城橋世謂之夏城橋失實
也
瓚詬虞欲稱尊號脅訓斬虞裴注引英雄記曰虞之見殺故常
山相孫瑾掾張逸張瓚等忠義奮發相與就虞罵瓚極口然

後同死范書傳首京師故吏尾敦於路劫虞首歸葬之敦之
不負虞與孫瑾張逸等同當爲添注
令婦習爲大言聲使聞數百步以傳宣教令
爲圍塹十重於塹裏築京皆高五六丈注引英雄記云范書曰
樓櫓千重范書櫓作樐字通說文釋名曰櫓露也無覆屋
乃走還易京固守水經注曰易京城在易城四五里今樓基尚
存基上有井名易京樓即瓚所壘也
盡殺其妻子乃自殺范書曰乃悉縊其姊妹妻子然後引火自
焚

陶謙傳

西討韓遂范書作西討邊章

太守琅邪趙昱徐方名士也以忠直見疏曹宏等讒慝小人也
謙親任之刑政失和良善多被其害由是漸亂下邳闕宣自
稱天子謙初與合從寇掠後遂殺宣并其衆按謙性剛直破
羌有功貢獻朝廷未　失職操修私怨征之以致地割身死
以上數語皆承祚坐實其罪豈實錄乎范書仍之未見平允
闕宣自稱天子范書作闕宜
初平四年太祖征謙吳書太祖迎嵩輜重百餘兩謙遣都尉張
闓將二百騎送闓於泰山華費間殺嵩取財物因奔淮南太
祖歸咎于謙故伐之也
攻拔十餘城至彭城大戰謙兵敗走死者萬數謙退守剡太祖
以軍糧少引兵還興平元年復東征是歲謙病死按先主傳

曹公征徐州徐州牧陶謙遣使告急於田楷楷與先主俱救
之謙表先主爲豫州刺史屯小沛謙病篤謂別駕麋竺曰非
劉備不能安此州也謙死竺率州人迎先主先主遂領徐州
此一段於謙傳獨未備書殊爲疏漏
太祖還擊布是歲謙病死范書此下附笮融傳云同郡人笮融
聚衆數百往依於謙謙使督廣陵下邳彭城運糧遂斷三郡
委輸大起浮屠寺上累金盤下爲重樓又堂閣周迴可容三
千許人作黃金塗像衣以錦綵每浴佛輒多設飲飯布席於
路其有就食及觀者且萬餘人及曹操擊謙融走廣陵殺趙
昱奔豫章殺郡守朱皓後爲揚州刺史劉繇所破入山中爲
人所殺

張楊傳

楊還野王按野王縣名屬河內郡晉書地理志曰太行山在西北

公孫度傳

太和二年淵脅奪恭位明帝即位拜淵揚烈將軍遼東太守按太和本明帝年號不合上書太和二年下書明帝即位也或即位二字乃衍文耳

張繡傳

南攻穰按穰縣名水經注秦拔鄢郢即以爲縣秦昭王封相魏冉爲侯邑郡國志屬荊州南陽縣

太祖南征軍淯水按水經淯水出弘農盧氏縣攻離山東南過南陽西鄂縣西北又東過宛縣南又屈南通淯陽縣東又南過新野縣西西過鄧縣東南入于沔

按張燕張繡張魯等皆盜耳與公孫瓚陶謙同傳似未平允陶與公孫皆割據之才兩人相較則陶優於公孫

三國志補義卷第

魏書三

泰州康發祥瑞伯

夏侯惇傳

遣將僞降共執持惇責以寶貨惇將韓浩乃勒兵屯惇營門數責皆斬之按此一事惇不能用軍法而韓浩斬劫質者有功於惇不應闌入惇傳之首附於惇傳末爲是

惇將韓浩叱持質者曰汝等凶逆乃敢執劫大將軍復欲望生邪又曰太祖平河北爲大將軍後拒又曰文帝即位拜惇大將軍按傳中大將軍字凡三見文帝之拜拜惇爲大將軍也河北之平大將軍指太祖也第太祖已讓大將軍於袁紹之後亦可不復稱大將軍矣韓浩所稱之大將軍對軍士謂惇也惇於文帝即位方拜爲大將軍從征呂布時未爲大將軍亦當云執劫大將欲望生邪軍字宜去

太祖擊破呂布軍於摩陂按操擊呂布軍祇在徐兗之境何由得在摩陂乎其誤可知

夏侯淵傳

圍遂超餘黨梁興於鄠前漢地理志注古國有扈國亭扈夏啟所伐屬右扶風

轉擊高平屠各皆散走後漢書劉昭注屠各外夷名杜佑曰頭曼冒頓即屠各地也

曹仁傳

紹遣劉備徇㶏彊諸縣㶏彊前漢地理志屬汝南郡注應劭曰
㶏水出潁川陽城師古曰㶏音於謹反又音殷後漢郡國志
曰㶏彊侯國水經㶏水出㶏彊縣南澤中東入潁注潁水出
潁川陽城縣少室山東流注于潁水建武元年世祖封揚化
將軍堅鐔爲侯國㶏水東南爲㳷樞陂
按傳敘部曲將牛金被圍仁馳騎救之大有聲色然鋪張太過
未免冗沓耳

曹洪傳

別征劉表破表別將於舞陽陰葉堵陽博望有功按有功字上
當是劉備遣吳蘭屯下辨遣洪征之下接有功字與曹休等
傳相合且洪有與曹丕書想在斯時其辭曰前初破賊情侈

意奢說事頗過其實得九月二十日書讀之喜笑把玩無厭
亦欲令陳琳作報琳頃多事不能得爲念欲遠以爲歡故自
竭老夫之思辭多不可一一麤舉大綱以當談笑漢中地形
實有險固四嶽三塗皆不及也彼有精甲數萬臨高守要一
夫揮戟萬人不得進而我軍過之若駭鯨之決細網奔兕之
觸魯縞未足以喻其易雖云王者之師有征無戰不義而彊
古今常有故唐虞之世蠻夷猾夏周宣之盛亦讐大邦詩書
歎載言其難也斯皆憑阻恃遠故使其然是以察茲地勢謂
爲中材處之殆難倉卒來命陳其妖惑之罪敘王師曠蕩之
德豈不信然是夏殷所以喪苗扈所以斃我之所以克彼之
所以敗也不然商周何以不敵哉昔鬼方聾昧崇虎讒凶殷

辛暴虐三者皆下科也然高宗有三年之征文王有退修之
軍孟津有再駕之役然後殪戎勝殷有此武功未有星流景
集飈奮霆擊長驅山河至鄴若今者也由此觀之彼固
不逮下愚則中才之守不然明矣在中才則謂不然而來示
乃以爲彼之惡稔雖有孫田墨翟猶無所救竊又疑焉何者
古之用兵敵國雖亂尚有賢人則不伐也是故三仁未去武
王還師宮奇在虞晉不加戎季梁猶在強楚挫謀暨至衆賢
奔絀三國爲墟明其無道有人猶可救也且夫墨子之守縈
帶爲垣不可登折箸爲械堅不可入若乃距陽平據石門
攄八陣之列騁右牛之權焉肯土崩魚爛哉設令守無巧拙
皆可攀附則公輸已陵宋城樂毅已拔即墨矣墨翟之術何

稱田單之志何貴老夫不敏未之前聞蓋聞過高唐者効王
豹之謳遊雎渙者學藻繢之綵間自入益部仰揚王遺
風有子勝斐然之志故頗奮文辭異於他日怪乃其象邸
謂爲倩人是何言歟夫騄驥垂耳於坰牧鴻雀戢翼於污池
褻之者固以爲園囿之凡鳥外廄之下乘也及其整蘭筋揮
勁翮陵厲清浮顧盼千里豈可謂其借翰於晨風假足於六
駁哉恐猶未信丕言必大噱也
舞陽陰葉堵陽博望地理志屬潁川郡應劭曰舞水出南陰師
古曰與鄧相近今襄城有陰城縣縣有鄧城鄉葉注曰楚葉
公邑有長城號曰方城郡國志注杜預曰方城山在縣南皇
覽曰縣西北去城三里葉公諸梁冢近縣祠之曰葉君丘堵

陽地理志莽曰陽城韋昭曰堵音者博望侯國莽曰宜樂以
以舍客犯法下獄當死卞太后屢請乃得免官按事在黃初七
年正月見晉書天文志而傳獨未書年月
上俱屬南陽郡

曹休傳

辯有赤亭屬涼州之武都郡
劉備遣將吳蘭屯下辯地理志曰下辨道莽曰揚德郡國志下
太祖拔漢中諸軍還長安拜休中領軍文帝卽位爲領軍將軍
按晉書職官志曰中領軍將軍魏官也漢建安四年魏武丞
相府自置領軍將軍主五校中壘武衛等三營護軍將軍本
秦護軍都尉官也漢因之魏武爲相以韓浩爲護軍史奐爲
領軍非漢官也建安十二年改護軍爲中護軍領軍爲中領
軍資重者爲護軍領軍資輕者爲中護軍中領軍

燒賊蕪湖營數千家郡國志蕪湖中江在南[illegible]丹陽郡注曰左
傳襄三年楚子伐吳尅鳩茲杜預曰在縣之東
擊權大將呂範等於洞浦破之按呂範傳曰曹休張遼臧霸等
來伐範督徐盛全琮孫韶等以舟師拒休等洞口文帝紀亦
曰帝自許昌南征諸軍兵並進權臨江拒守則可知休等軍
無功而還也休傳曰破之張遼傳亦曰遼與諸將破權將呂
範恐是飾辭

曹眞傳

主邵陵侯裴注眞父封陵侯若非書[illegible]事不可論按封由人
主邵陵地名何容避讓豈非腐談
黃初三年還京師以眞爲上軍大將軍轉拜中將大將軍明帝
卽位遷大將軍按大將軍外又有上軍中軍大將軍之號此
前後所未聞也

曹爽傳

從駱谷入按駱谷關名在西安府盩厔縣西南一百二十里
爽參軍楊偉爲爽陳形勢宜急還不然將敗颺與偉爭於爽前
偉曰颺勝將敗國家事可斬也按偉言颺勝謂鄧颺李勝也
但上文祗曰颺與偉爭初不聞有李勝也然則下文當曰颺
敗國家事否則上文當曰颺勝與偉爭於爽前矣
乃通宣王奏事注引魏氏春秋曰爽旣罷兵曰我不失作富家
翁範哭曰曹子丹佳人生汝兄弟犢耳按佳人句似難解蓋
子丹曹眞字耳謂爽之父爲佳士今生爽等特犢而已矣不
知是否

晏長於宮省又尚公主少以才秀知名好老莊言作道德論世
說曰何晏七歲明惠若神魏武奇愛之因晏在宮內欲以爲
子晏乃畫地令方自處其中人問其故答曰何氏之廬也魏
武知之卽遣還又曰何晏注老子畢見王弼自說注老子旨
何意多所短不復得作聲但應諾諾遂不復注因作道德論
文章敘錄曰自儒者論以老子非聖人絕禮棄學晏說與聖
人同著論行於世

夏侯尚傳

黄初六年尚疾篤還京師帝數臨幸執手涕泣尚薨按晉書天文志稱尚薨於七年四月茲云六年疾篤下書薨豈以六年問疾篤延至七年四月而薨邪

子元尉按尚以舊臣恩寵得保令終實無事蹟可表爲夏侯淵之從子附見於淵傳可耳何必爲之浪費筆墨乎元爲尚子而頗負盛名其答司馬氏兩書言多可採作傳宜也

事下有司收元緝鑠敦賢等送廷尉注引郭頒世語及孫盛雜語言鍾毓弟會欲與元交而元終不受袁宏名士傳曰初元以鍾毓志趣不同不與之交元被收時毓爲廷尉執元手曰鍾君何至於此元正色曰雖復刑餘之人不可得交則又以爲欲交元者鍾毓也劉孝標世說注定爲鍾會以名士傳晚出不依前史不足信也按傳嘏傳夏侯元求交於嘏而嘏不受鍾會求交於元而元亦不受前後如出一轍而識見自有不同以此見交道有定分也

元格量宏濟臨斬東市顏色不變顧愷之書贊曰夏侯太初嘗倚柱作書時大雨霹靂破所倚柱衣服焦然神色無變書亦如故語林曰太初從魏帝拜陵陪列於松柏下時暴雨霹靂正中所立之樹冠冕焦壞左右覩之皆伏太初顏色不改臧榮又以爲諸葛誕也按二說必有一非太初事霹靂所加不能於一人之身前後疊見何氏或以謁陵鉅典陪從成禮不以迅雷改度宜也豈有作書破柱衣服焚如而猶爲之作書如故邪愷之之言可謂不近人情者矣

荀彧傳

彧字文若范書注曰袁宏漢紀彧作郁按今本皆作彧豈後來刊刻者所改乎

永漢元年舉孝廉拜守宮令范書作中平六年

又與程昱計使說范東阿范書注范今濮陽縣也東阿今濟川縣也俱屬東郡地理志范莽曰建睦東阿應劭曰衛邑也有西故稱東郡國志范有秦亭左傳莊三十一年築臺於秦地道記在縣西北東阿左傳桓十年會于桃丘杜預曰縣東南有桃城襄十四年孫林父敗衛侯於阿澤杜預曰縣西南有大澤

太祖軍乘氏地理志應劭曰春秋敗宋師于乘丘也郡國志乘氏侯國博物記曰古乘丘

彧曰昔高祖保關中光武據河內皆根深固本以制天下且河濟天下之要地也今雖殘壞猶易以自保是亦將軍之關中河內也范書曰此實天下之要地而將軍之關河也按關河二字不如關中河內句與上文相應依陳志爲是

彧言策謀士進戲子才孫盛曰子才潁川人戲姓漢有北海戲子然

太祖軍至濡須彧疾留壽春范書注濡須水名也在今和州歷陽縣西南吳錄曰孫權聞操來夾水立塢狀如偃月以相拒月餘乃退壽春縣淮南郡今壽州郡也

天子拜太祖大將軍進彧爲 侍中守尚書令常居中持重又

曰太祖軍至濡須彧疾留壽春以憂死明年太祖遂爲魏公矣按諸人皆受魏封號而彧獨爲漢官彧在時太祖尚有顧忌至彧死而操始無忌憚彧似有以報漢矣而傳中敘爲魏畫策處不盡爲漢其雜霸之[illegible]見壘出南陽何伯求以爲王佐才也范書贊曰迹疑心一亶其然乎

荀攸傳

攸與議郎鄭泰何顒侍中种輯越騎校尉伍瓊等謀卓事覺收繫獄顒憂懼自殺攸言語飲食自若會卓死得免注引魏書云攸使人說卓得免與此不同按攸謀誅董卓繫獄不死幸矣豈能使人解說得免乎從魏志爲是

紹將張郃高覽攻櫓降按袁紹傳紹爲高櫓起土山射營中

公孫瓚傳樓櫓千里攻城上望樓爲櫓戰櫓高巢車亦曰櫓郃覽所燒皆此類也

賈詡傳

張繡在南陽詡陰結繡繡遣人迎詡詡遂往執子孫禮按執子孫禮句文義似不屬夫詡爲一時策士於李郭則言爲厲階於張繡則降心服事人品之在下中可知矣豈承祚着此四字以醜之乎是未可知

袁渙傳

時有傳劉備死者群臣皆賀渙以嘗爲備舉吏獨不賀居官數年卒太祖爲之流涕按曹操死于建安二十五年後三年而先主崩當曹操生時先主本未死也時有傳劉備死者傳字上宜增一誤字

官至河隄謁者晉書職官志都水使者漢水衡之職也主陂池灌溉保守河渠漢東京省都水置河隄謁者魏用之

張範傳

弟承字公先按範傳內附弟承事是合傳體範子陵及承子戩爲山東賊所得範請以子陵易戩事類趙孝之爭死可以篤人生友愛之情

涼茂傳

按茂傳末未言後嗣豈茂獨無後嗣乎或有缺簡國淵傳亦然

田疇傳

字子泰按魏志拾遺記水經注等書皆作子泰陶淵明詩聞有田子春節義爲誰雄獨作子春恐傳寫之訛

劉虞已爲公孫瓚所害疇至謁祭虞墓陳發章表哭泣而去拾遺記曰劉虞爲公孫瓚所害疇追慕無已往虞墓設鷄酒哭之音動林野翔[illegible]爲之悽鳴走獸爲之悲吟疇卧於草間忽有人通云劉幽州來欲與田子泰言疇神悟遠識知是虞之魂既退而拜疇泣不自止因相與進雞酒疇醉虞曰公孫瓚購子甚急宜竄伏避害對曰君臣之道生則盡其義今見君之靈願與同歸九泉者[illegible]不朽安可逃乎虞曰子萬古之高士也深慎爾儀奄然不[illegible]而疇醉亦醒

拜爲蓨令按蓨音踢又[illegible]通史記周勃世家亞夫封爲條侯注表皆作蓨

今虜將以大軍當由無終郡國志曰無終故無終子國浭水西
至雍奴入海屬右北平郡
上徐無山郡國志徐無莽曰北順亭屬右北平郡按方輿紀要
云山在縣東北二十里建安年曹操伐烏桓令田疇爲
鄉導上徐無山是也加按徐無縣後周廢入無終縣唐改爲
玉田縣今仍改唐名隸遵化州
遂入徐無山中按水經注庾水出右北平徐無縣北塞中南流
歷徐無山得黑牛谷水又得沙谷水並西出山東流昔田子
泰避難居之衆至五千家開山圖曰山出不灰之木生火之
石注云其木色黑似炭而無葉有石赤色如丹以一石相磨
則火發合則無之

封疇亭侯邑五百戶按逸志　集田疇贊曰古之觀人不於用
舍考其所存以第高下譬諸龍駒垂手冀車豈以其賤斥之
爲駑齊侯千駟如南面王仲尼之歎夷齊有光漢季分　寸得
國者操吾獨何爲田疇是悼操雖據國犬鼠之雄殺后無君
天下不容奚若田疇忠義蓋世委質劉虞身死靡貳使受之
命爲漢大臣殺操復漢必不顧身嗚乎鄙夫惟利是就誰能
爲儔我與爲友方公此贊實有斷制
王脩傳
劉詢起兵漯陰郡國志漯陰莽曰翼成應劭曰漯水出東武陽
東北入海屬青州平原郡
邴原傳
原將家屬入海住鬱洲山中鬱洲山在東海郡朐縣界一名都
洲一名郁洲世傳此山在蒼梧徙來上皆有南方樹木見山
海經郭璞注
原以黃巾方盛遂至遼東與同郡劉政俱有勇略雄氣遼東太
守公孫度畏惡欲殺之盡收捕其家政得脫度告州縣敢有
藏政者與同罪政窘急往投原原匿之按公孫度畏惡句下
似脫政字否則與同郡劉政俱有勇略雄氣句多與字俱字
原文似未分曉
管甯傳
北海朱虛人也朱虛舊屬琅邪郡永初元年改屬北海郡郡國
志左傳莊元年齊遷紀郱杜預曰朱虛縣東南有郱城

王烈者字彥方云云按此亦是附體當與張玠胡昭並列傳末
不應闌入傳首
自甯之東也度康恭前後所資遺皆受而藏諸既已西渡盡封
還之按甯之封還遼海資遺與華歆之悉留孫吳之贈相似
然管華之行誼判然不侔
太尉華歆遜位讓甯世說曰管甯華歆共園中鋤菜見地有片
金管揮鋤與瓦石不異華捉而擲去之又嘗同席讀書有乘
軒冕者過門者甯讀如故歆廢書出看甯割席分坐曰子非
吾友也魏略曰甯少恬靜常笑邴原華子魚有仕宦意及歆
爲司徒上書讓甯甯聞之笑曰子魚本欲作老吏故榮之耳
擢有朱博鼓妖之青前漢書五行志哀帝建平二年四月乙亥

朔御史大夫朱博爲丞相少府趙元爲御史大夫臨延登受
策有大聲如鍾鳴上以問黄門侍郎揚雄李尋尋對曰洪範
所謂鼓妖者也師法以爲人君不聰爲衆所惑空名得進則
有聲無形不知所從生揚雄亦以爲鼓妖聽失之象也朱博
爲人彊毅多權謀不宜相恐有凶惡亟疾之怒八月博元坐
姦博自殺元減死論

崔琰傳

唯世子燔翳捐褶以塞衆望按翳所以隱射也潘岳射雉賦序
曰以講肄之餘暇習媒翳之事賦曰擎場拄翳停僮葱翠葢
翳上加木枝衣之以葉遠望若草樹深茂執之則婉轉輕利
其裏有小隙可以徹鑒于外其表則以重布密緻不見其內

也褶類篇袴褶騎服晉書輿服志弓弩隊各五十人黑袴褶
琰因世子盤于游畋上書勸誡欲其焚翳棄褶以慰衆望也
下世子報書曰翳已壞矣褶亦去焉其義了然
琰聲姿高暢眉目疏朗鬚長四尺甚有威重朝士瞻望而太祖
亦敬憚焉世說魏武將見匈奴使自以形陋不足雄遠國使
崔季珪代帝自捉刀立牀頭既畢令間諜問曰魏王如何匈
奴使答曰魏王雅望非常然牀頭捉刀人此乃英雄也魏武
聞之追殺此使
太祖性忌有所不堪者魯國孔融南陽許攸婁圭皆以恃舊不
虔見誅按此數子之外更有禰衡衡爲操所忌而假黄祖之
手以誅之且衡嘗爲融薦應於融並見而茲獨遺之裴注列
衡傳於荀彧傳中亦未允當融薦衡表並未全錄他如范書
所載肉刑議郊祀疏皆從缺略豈以附見之注不能備載乎
按融有謝該表其辭曰臣聞高祖創業韓彭諸將征討暴亂
陸賈叔孫通進說詩書光武中興吳耿佐命范升衛宏修述
舊業故能文武並用成長久之計陛下聖德欽明同符二祖
勞謙厄運三年乃讙今尚父鷹揚方叔翰飛王師電驚群凶
破殄始有櫜弓卧鼓之次宜得名儒典綜禮紀竊見故公車
司馬令謝該體曾史之淑性兼商偃之文章博通群萟周覽
古今物來有應事至不惑清白異行敦悅道訓求之遠近少
有疇匹若乃巨骨出吳隼集陳庭黄能入寢亥有二首非夫
洽聞者莫說其端也雋不疑定北闕之前夏侯勝辯常陰之

驗然後朝士益重儒術今該實卓然比跡前列間以父母老
疚棄官欲歸道路險塞無由自致猥使良才抱璞而逃踰越
山河沈淪荆楚所謂往而不反者也後日當更饋樂以釣由
余尅像以求傅說豈不煩哉臣愚以爲可推錄所在召該令
還楚人止孫卿之去國漢朝追匡衡於平原尊儒貴學惜失
賢也
注父宙范書宙作伷按後漢別有孔伷字公緒非融父也以裴
注引續漢書爲是

徐邈傳

遷長廣太守地里志長廣有萊山萊王祠奚養澤在西屬琅邪
郡後漢改屬東萊郡

邢顒傳

河間鄚人也地里志鄚音莫莽曰言符屬涿郡後漢改屬河間郡

除廣宗長以故將喪棄官按傳未明言故將爲誰但顒從田疇游疇嘗自選其家客與年少之勇壯募從者二十騎出使則顒應在家客之中故將必謂劉虞也無疑

鮑勛傳

按勛爲信子史當爲信作傳而以勛附其後勛傳孤行而信傳不立何也

司馬芝傳

賜爵關內侯頃之特進按特進上或缺一加字

曹洪乳母當與臨汾公主侍者共事無澗神按當字或是嘗字之誤抑或當即乳母之名

家無餘財自魏迄今爲河南尹者莫及芝按自魏迄今句今謂典午之朝承祚修史之日也

鍾繇傳

潁川長社人也郡國志長社有長葛城左傳隱五年宋伐鄭圍長葛本名長葛地道記曰社中樹暴長漢改名

坐西曹掾魏諷謀反策罷就第按諷由繇辟見武帝紀注世語袁宏後漢紀云九月丞相掾魏諷謀誅曹操發覺伏誅諷有威名濳結義士坐死者數千人

外無以刖易釱按釱音第說文鐵鉗也史記平準書敢私鑄鐵器煮鹽者釱左趾又泰韻音代義同以刖易釱謂以刖足之刑減爲鉗趾也

鍾毓傳

毓弟會自有傳世說鍾毓鍾會少有令譽魏文帝聞之語其父鍾繇曰可令二子來於是敕見毓面有汗帝曰卿面何以汗毓對曰戰戰惶惶汗出如漿復問會卿何以不汗對曰戰戰慄慄汗不敢出又鍾毓兄弟小時值父晝寢因共偷服藥酒其父時覺且託寐以觀之毓拜而後飲會飲而不拜既而問毓何以拜毓曰酒以成禮不敢不拜又問會何以不拜會曰偷本非禮所以不拜

華歆傳

入爲尙書轉侍中代荀彧爲尙書令按袁宏後漢紀建安十九年冬十一月丁卯皇后伏氏廢非上意也曹操使人收后后被髮徒跣而出上謂御史大夫郗慮曰郗公天下寧有是乎后見殺之日后父完及宗族死者百餘人綱目書十一月魏公操弑皇后伏氏及皇子二人操使郗慮持節策收皇后璽綬以尙書令華歆爲之副勒兵入宮收后后閉戶藏壁中歆壞戶發壁就牽后出歆狠戾如此而傳無貶辭鬼魅操筆如是如是

王朗傳

遂舉兵與策戰敗績浮海至東治按朗與策戰似稍優於幅巾奉迎者

注獨與老母共乘一欚按欚音禮一音例集韻小船也莊子注一曰屋棟一曰車名孫策如闓越討朗朗舟浮海欲走交州爲兵所逼遂詣軍降則朗與老母所乘之欚其爲小船也無疑

句踐欲廣其禦兒之鄉裴注禦兒吳界邊戍之地名按吳之邊戍實越之北境也越允常時之封域南至于句無北至於禦兒東至於鄞西至於姑蔑禦兒爲守禦邊境之卒文種曰吾用禦兒臨之是也今亦曰語兒鄉卽石門縣地

王肅傳

此蚩尤之旗也晉書天文志妖星六曰蚩尤旗類彗而後曲象旗或曰赤雲獨見或曰其色黃上白下黑或曰若植藿而長

號曰蚩尤之旗所見之方有兵兵大起不然有喪也

程昱傳

太祖臨兗州辟昱昱將行其鄉人曰何前後之相背也蓋昱前說劉岱助袁紹茲又就曹操之辟以圖紹故鄉人謂之前後相背承祚敘事尚未明晰

昱曰知足不辱吾可以退矣乃自表歸兵闔門不出又曰爲衛尉與中尉邢貞爭威儀免按爭威儀一事與知足不辱一言正相反

以謥詷爲賢能按謥聰去聲詷音同又音洞後漢和后紀輕薄謥詷注急遽也

董昭傳

後太祖遂受魏公魏王之號皆昭所創按賈詡數言而長安延禍董昭建策而劉氏祚傾茲二人者以視壞戶發壁之人同其辠惡洵伯仲之間而已陳志毫無貶辭殊不可解而惟此二語稍有人心

按注引獻帝春秋昭以丞相宜進爵國公九錫備物以彰殊勳書與荀彧云云而彧傳則曰彧薨明年太祖遂爲魏公矣此鍼縷相對處而彧與昭之優劣見矣又蘇則傳曰則之膝非佞人之枕也賢哉是言

劉曄傳

其令公卿以下會議號謚曄議云云按曄之所稱則謚典之不濫可知禮制之嚴宜著爲令典

蔣濟傳

步騎四萬已到雩婁郡國志雩婁侯國屬廬江郡

豫作土豚遏斷湖水豚音墩土豚土墩也

初侍中高堂隆論郊祀事以魏爲舜後推舜配天濟以爲本姓嬀其苗曰田非曹之先著文以追詰隆按蔣濟之論郊祀與劉曄之論祀典各抒讜論並有禮據

劉放傳

松舉雍奴泉州安次以附之按地里郡國二志雍奴泉州安樂三縣俱屬漁陽郡

出爲郃陽祋祤贊令地里志郃陽應劭曰在郃水之陽師古曰大明詩所謂在郃之陽祋祤景二年置

黃初初改秘書爲中書以放爲監資爲令各加給事中按晉書職官志云監令蓋自此始又云給事中秦官也所加或大夫博士議郎掌顧問應對位次中常侍漢東京省魏世復置

青龍初孫權與諸葛亮連和云云是歲俱加侍中光祿大夫按齊王紀正始元年乙丑加侍中中書監劉放侍中中書令孫資爲左右光祿大夫正始元年始加光祿大夫則前此未爲光祿大夫也青龍初年恐是但加侍中耳光祿大夫四字疑衍

劉馥傳

按劉放傳中載孫資事是合傳體

興塘諸堨以溉稻田按說文堨堰也以土障水也音桀又音遏義同

司馬朗傳

衆數十萬皆集熒陽地里志熒陽應劭曰故虢國今虢亭是也郡國志熒陽有鴻溝水文穎曰鴻溝卽官渡水也

除成皐令地里志成皐故虎牢或曰制穆天子傳曰七萃之士生捕獸卽獻天子天子畜之東虢號曰獸牢左傳曰鄭子皮勞晉韓宣子于索氏杜預曰縣東有大索城

梁習傳

習以別部司馬領并州刺史建安十八年州并屬冀州更拜議郎按武帝紀詔書并十四州爲九州并之屬冀卽在於此但未經縷敘耳

帝踐阼復置并州復爲刺史按文帝紀黃初六年三月并州刺史討鮮卑軻比能大破之此一事何本傳不載

按習傳附見王思思馳還陳己罪略有可取裴注引魏略苛吏傳以見思褊急躁率其人固不足論高陽劉類尤覺瑣碎庸鄙無行之極何勞[illegible]乎

張旣傳

除新豐令地里志新豐驪山在南高祖七年置應劭曰太上皇思東歸于是高祖改築城市街里以象豐徙豐民以實之故號新豐郡國志三秦記曰始皇墓在驪山北有始皇祠不齋戒往卽疾雨暴風欲上則杳冥失道

潛由且次出至武威胡以爲神引還顯美通鑑釋文曰顯美地名在武威之張掖胡三省辯誤曰顯美縣前漢屬張掖郡後漢及魏晉屬武威郡史炤以顯美爲地名在武威之張掖豈以武威爲郡張掖爲縣乎

酒泉蘇衡反酒泉郡名地里志應劭曰其水若酒故曰酒泉也師古曰城下有金泉泉味如酒後漢郡國志曰武帝置屬涼州

敦煌張恭敦煌郡名亦縣名地里志武帝後元年分酒泉置應劭曰敦大也煌盛也敦煌縣古瓜州地生美瓜師古曰卽春秋左氏傳所云允姓之戎居于瓜州者也其地今猶出大瓜長者狐入瓜中食之首尾不出

溫恢傳

出爲揚州刺史太祖曰得無當得蔣濟爲治中邪時濟見爲丹陽太守乃遣濟還州按還州句語意未明蔣濟傳拜濟丹陽太守大軍南征還以温恢爲揚州刺史濟爲別駕則於乃遣濟還州之下當增使爲別駕四字

賈逵傳

初爲郡吏少絳邑長按文少字疑誤當作轉字

初逵過皮氏郡國志曰皮氏有耿鄉尙書祖乙徙耿左傳閔元年晉滅耿杜預曰縣東南有耿鄉博物志曰有耿城

除澠池令地里志黽池高帝八年置黽池中鄉民景帝二年初城徙萬家爲縣穀水出㲉城縣谷東其至穀城入雒黽音莫踐反又音莫忍反

逵疑屯田都尉藏亡民都尉自以不屬郡言語不順逵怒收之數以罪撾折脚坐免按注楊沛因曹洪賓客在縣界徵調不肯如法沛先撾折其脚遂殺之二事相類又楊沛傳後占河南夕陽亭部曲荒田二頃起瓜牛廬居止其中按瓜牛廬一見於焦先再見於沛

注魏略楊沛傳沛課民益畜乾椹收螚豆按集韻椹食荏切說文作葚毛詩作黮通作椹桑實也螚韻會郎刀切音勞野豆也本草綱目一名鹿豆爾雅菌鹿藿王篇或作蔨

裴注引魏略列李孚楊沛二傳實奇偉可喜

任峻傳

遷長水校尉晉書職官志屯騎步兵越騎長水射聲等校尉是爲五校並漢官也

按峻無甚事實傳可不作卽爲作傳與棗祗合傳可也加按峻傳注載棗祗故實其功勳不下於峻自當與祗合傳承祚爲峻立傳而未爲祗立傳何也

蘇則傳

帝在洛陽嘗從容言曰吾應天受禪而聞有哭者何也則謂爲見問鬚髯悉張欲正論以對侍中傅巽掐則曰不爲卿也於是乃止裴注引魏略則於承問之時則以爲爲已欲下馬謝則與有異

杜畿傳

逵詭道從郖津渡注郖音豆按唐韻音兜廣韻音豆義同說文

宏農縣庾地今閿鄉盤豆

注引魏略杜恕在宏農及遷以孟康代恕爲宏農康守宏農恕上疏曰近司隷校尉孔羨辟大將軍狂悖之弟而有司嘿爾望風希指甚於受屬選舉不以實人事之大者也注大將軍謂司馬宣王也傳又云頃之拜御史中丞恕在朝廷不得當世之和故屢在外任復爲幽州刺史加建威將軍後程喜劾奏恕下廷尉當死以父畿勤事水死免爲庶人徙章武郡是歲加平元年於恕之徙郡繫以年歲正是司馬宣王奏免曹爽并夷三族之日史鄭重書之其旨微矣加按傳注載孟康事而承祚未爲立傳晉史王濬傳中有太子洗馬孟康未審爲一人兩人

鄭渾傳

渾兄泰與荀攸等謀誅董卓注引張璠漢紀亦以爲與王允謀誅卓按荀攸傳互見而卓傳不載亦甚疏漏

張遼傳

鴈門馬邑人也郡國志馬邑干寶搜神記曰昔秦人築城於武州塞内城成而崩者數矣有馬馳走其地周旋反覆父老異之因依以築城城乃不崩遂名之爲馬邑

昌豨隨詣太祖太祖遣豨還責遼曰此非大將法也遼謝曰以明公威信著於四海遼奉聖旨豨必不敢害故也按奉聖旨三字始見於此

帝遣遼乘舟與曹休至海陵臨江地里志海陵有江海會祠莽曰亭門屬臨淮郡郡國志曰東陽晉地里志曰海陵屬廣陵郡今揚州府泰州南濱大江

樂進傳

擊眭固於射犬破之按武帝紀建安四年張楊將楊醜殺楊眭固又殺醜以其衆屬袁紹屯射犬夏四月進軍臨河使史渙曹仁渡河擊之張楊傳亦云楊素於呂布善出兵東市遥爲之應其將楊醜殺楊以應太祖楊將眭固殺醜將其衆又于禁傳與史渙曹仁攻眭固於射犬破斬之又徐晃傳與史渙斬眭固於河内祇此一事而諸將分功已覺可笑合觀諸傳俱與樂進無涉茲曰擊眭固於射犬破之殊不相蒙

于禁傳

昌豨與禁有舊詣禁降諸將皆以爲豨已降當送詣太祖禁曰圍而後降者不赦夫奉法行令事上之節也豨雖舊友禁可失節乎自臨與豨訣隕涕而斬之按詣禁降下似有闕文當有禁欲斬豨語句文義方貫

張郃傳

郃與夏侯淵等守漢中拒劉備進軍宕渠爲備將張飛所拒引還南鄭按蜀志張飛傳郃別督諸軍下巴西欲徙其民於漢中進軍宕渠蒙頭盪石與飛相拒五十餘日飛率精卒萬餘人從他道邀郃軍交戰山道迮狹前後不得相救飛遂破郃郃棄馬緣山獨與麾下數十人從間道退引軍還南鄭觀此則郃之窮蹙幾於不振本傳皆諱之

徐晃傳

賊屯偃城賊燒屯走去賊圍三丈所未攻賊圍頭有屯云云按皆敘事之辭並非敵人口中所稱何得連稱賊字殊不合再按晃傳如破馬鳴閣道等事帝紀與他傳並未載殊多虛美

李典傳

劉表使劉備北侵至葉太祖遣典從夏侯惇拒之備一旦燒屯去惇率諸君追擊之典曰賊無故退疑必有伏不可追也惇不聽入賊伏裏戰不利典往救備望見救至乃散退按上賊字在李典口中說自可下賊字是敘事之辭似可不必況數語中或稱備或稱賊備賊互見何轇轕如是

文聘傳

注魏略曰孫權嘗自將數萬衆卒至時大雨城柵皆壞聘聞權到不知所施乃敕城中人使不得見又自臥舍中不起權果疑之遂不敢攻而去按魏略實屬不經豈有大兵臨城而可以臥而卻之乎況孫權雄才英略豈肯不攻而去竟如小兒之可欺乎吾觀魏臣諸傳每多虛譽而魏略尤甚識者鑒諸

許褚傳

太祖將北渡臨濟河至軍中以褚力如虎而癡故號曰虎癡按褚傳多錄王粲英雄記原文張遼傳亦多錄粲語不知其何以一字不移也

龐悳傳

悳謂督將成何曰吾聞良將不怯死以苟免烈士不毁節以求

生今日我死日也按龐悳身為降將不死於馬超張魯而死於曹操猶五代時周臣韓通不死於漢而死於周也雖時作壯語以死君子無取焉

衷匕首欲因見以殺猛按衷匿也內也謂匿匕首於內也左傳衷戎師謂前後受敵戎師居中故曰衷戎師也又楚人衷甲謂甲在內而外揜之也又服之不衷謂表不稱裏也蜀志法正傳孫權以妹妻先主先主每入衷心常凜凜謂自外入內也衷之字義可見

閻溫傳

按溫傳附張恭及子就傳甚詳而溫傳頗簡何如作張恭父子傳而以溫附之邪卽以歲時攷之恭事亦在溫前也

溫曰夫事君有死無貳卿乃欲令長者出不義之言按不義之言水經注作不利之言

三國志補義　魏下卷

春

三國志補義卷四

泰州康發祥瑞伯

魏書　四

任城威王彰傳

太祖至洛陽得疾驛召彰未至太祖崩注引魏略曰彰至謂臨菑侯植曰先王召我者欲立也植曰不可不見袁氏兄弟乎賈逵傳曰從長安來赴問逵先王璽綬所在逵正色曰太子在鄴國有儲副先王璽綬非君侯所宜問也黃鬚兒力猛志大非無覬覦之心者史稱其來朝京師疾薨于邸得疾之由或未可問也世說啖棗中毒所由來乎又王嘉拾遺記魏任城王彰薨及喪出空中聞數百人泣聲送者皆言昔亂軍相殺傷者皆無棺槨王掩其朽骨死者歡於地下精靈如感王之德也

陳思王植傳

丁儀丁廙楊修等爲之羽翼按丁廙本集與文士傳俱作丁廙植答丁敬禮王仲宣詩云從軍度函谷驅馬過西京山岑高無極涇渭揚濁清皇佐帝王居佳麗殊百城員闕出浮雲承露槩太清皇佐揚天惠四海無交兵權家雖愛勝全國爲令名君子在末位不能歌德聲丁生怨在朝王子歡自營歡怨非貞則中和誠可經外更有與都亭侯丁翼詩敬禮丁翼字也

上疏門臣自抱釁歸藩植集曰植抱罪徙居京師後歸本國而

魏志不載
忍活苟全植集忍活作忍垢受禪炎漢作受禪于漢時篤同類
作時惟篤類朱紱光大使我榮華作光光大使我榮我芊剖
符受玉作剖符受土性命不圖作生命不圖
揚鑣瀏沫集韻漂或作瀏說文浮也
注與白馬王彪還國詩孤魂翔故城植集故城作故域然後展
慇懃下有憂思成疹疾無乃兒女仁二句
黃初六年帝東征還過雍丘幸植宮增戶五百植集下國中令
曰身輕於鴻毛而謗重於泰山賴蒙帝主天地之仁違百司
之典議舍三千之首戾反我舊居襲我初服雲雨之施焉有
量哉孤以何功而納斯貺富而不吝寵至不驕者則周公其

人也孤小人耳身更以榮爲戚何者將恐簡易之尤出於細
微脫爾之愆一朝復露也故欲修吾往業守吾初志欲使皇
帝恩在摩天使孤心常存此地將以全陛下厚德究孤犬馬
之年此難能也然固欲行衆之難詩曰德猷如毛鮮克舉之
此之謂也
求自試表曰古之授爵祿者植集授作受簡賢授能賢作良鎮
御四境御作衛欲以長纓纓其王下纓字作占爾雅曰占隱
也注曰隱度之也伏以二方未克爲念伏以作但以伏見先
武皇帝武臣宿將作見先帝武臣宿兵猶習戰陣作猶習戰
也紘偏舟之任舟作師事列朝策策作榮而功銘著於鼎鐘
鼎作景熒燭末光熒作螢

求存問親戚表曰伏惟陛下資帝唐欽明之德植集資作咨恩
昭九族族作親兄　絕乖作永退惟諸王惟作省而臣獨
倡言者下多何也二字故伊尹恥其君不爲堯舜無故字
文子曰不爲福始不爲禍先昭明文選注文子曰與道爲際與
德爲鄰不爲福始不爲禍先范子曰文子者姓辛葵丘濮上
人也稱曰計然南遊於越范蠡師事
徙封東阿地理志應劭曰衛邑也有西故稱東郡國志左傳桓
十年會于桃丘杜預曰縣東南有桃城襄十四年孫林父敗
衛侯于阿澤杜預曰縣西南大澤屬兗州之東郡
幸冀試用終不能得既還悵然絕望按植嘗作釋愁文以自遣
其辭曰予以愁慘行吟路邊形容枯悴憂心如醉有元靈先

生見而問之曰子將何病以至於斯答曰吾所病者愁也先
生曰愁是何物而能病子乎答曰愁之爲物惟怳惟惚不召
自來推之弗往尋之不知其際握之不盈一掌寂寞長夜或
羣或黨去來無方亂我精爽其來也難退其去也易追臨餐
困於哽咽煩冤毒於酸嘶加之以粉飾不澤飲之以兼肴不
肥溫之以金石不消磨之以神膏不希授之以巧笑不悅樂
之以絲竹增悲醫和絕思而無措先生豈能爲我著龜乎先
王作色而言曰予徒辨子之愁形未知子愁所由而生我獨
爲子言其發矣方今大道既隱子生末季沉溺流俗眩惑名
位濯纓彈冠諮趣榮貴坐不安席食不終味遑遑汲汲或憔
或悴所鶩者名所徇者利良由華薄凋損正氣吾將贈子以

無爲之藥給子以淡薄之湯剌子以元虛之針灸子以淳樸
之方安子以恢廓之宇坐子以寂寞之床使王子喬與王遨
遊而逝黃石公與子詠歌而行莊子與子具養生之餌老聃
與子致愛性之方趣避路以棲迹乘輕雲以翺翔于是精駭
魂散改心回趣願納至言仰崇元旨衆愁忽然不辭而去

鄧哀王冲傳

及亡爲聘甄氏女與合葬按邴原傳原女早亡時太祖愛子倉
舒亦没太祖欲求合葬原辭云云太祖及止玆聘甄氏是原
辭後復聘甄氏乎
徙封己氏公地理志己氏莽曰己善郡國志己氏故屬梁皇覽
曰有和平鄉鄉有伊尹家屬兗州之濟陰郡

彭城王據傳

黃初三年爲章陵王其年徙封義陽文帝以南方下溼又以環
太妃彭城人徙封彭城按以環太妃句當作以王母環太妃
彭城人益王母字較爲明晰

燕王宇傳

明帝疾篤拜宇爲大將軍屬以後事受署四日宇深固讓帝意
亦變遂免宇官按明帝紀景初二年辛巳以燕王宇爲大將
軍甲午免實受署四日也宇免後三日爲三年正月丁亥太
尉宣王還自河内矣帝意之變見漢晉春秋所載爲劉放孫
資所讒此以晉代魏之關鍵吁可駭也

北王彪傳

徙封白馬郡國志白馬有韋鄉杜預曰鄉東南有韋城古豕韋
氏之國屬兗州之東郡
嘉平元年兗州刺史令狐愚與太尉王淩謀迎彪都許昌事亦
詳載淩傳傳云三年淩飲藥死彪賜死本傳下亦曰彪乃自
殺而未系以三年字似死事亦在元年也是未明晰

東平靈王徽傳

徙封壽張王地里志壽良蚩尤祠在西北涑上應劭曰世祖叔
父名良故曰壽張郡國志故屬東郡改屬東平國
文皇帝九男甄氏皇后生明帝李貴人生贊哀王協等按曹子
建仲雍哀辭則更有二月而夭未立爲王之曹喈茲錄其辭
曰曹喈字仲雍魏太子之仲子也三月而生五月而亡昔后

稷之在寒冰鬭穀之在楚澤咸依鳥馮虎而無風塵之災今
之元㮚文茵無寒冰之慘羅幃綺帳暖於翔鳥之翼幽房閑
宇密於雲夢之野慈母良保仁乎鳥虎之情卒不能延期於
朞載雖六旬而夭殃彼孤蘭之眇眇亮成幹其畢榮哀緜緜
之弱子早背世而潛形且四孟之未周將愿之乎一齡陰雲
回於素蓋悲風動其回輪臨埏闔以歔欷淚流射而沾巾

王粲傳

以西京擾亂乃之荊州依劉表按盛宏之荊州記曰富陽縣城
樓王仲宣登之而作賦其辭曰登茲樓以四望兮聊暇日以
銷憂覽斯宇之所處兮實顯敞而寡仇挾清漳之通浦兮倚
曲沮之長洲背墳衍之廣陸兮臨皐隰之沃流北彌陶牧西

接昭丘華實蔽野黍稷盈疇雖信美而非吾土兮曾何足以少留遭紛濁而遷逝兮漫踰紀以迄今情眷眷而懷歸兮孰憂思之可任憑軒檻以遥望兮向北風而開襟平原遠而極目兮蔽荆山之高岑路逶迤而修迥兮川既漾而濟深悲舊鄉之壅隔兮涕横墜而弗禁昔尼父之在陳兮有歸歟之歎音鍾儀幽而楚奏兮莊舄顯而越吟人情同於懷土兮豈窮達而異心惟日月之逾邁兮俟河清其未極冀王道之一平兮假高衢而騁力懼匏瓜之徒懸兮畏井渫之莫食步棲遲以徙倚兮白日忽其將匿風蕭瑟而並興焉天慘慘而無色獸狂顧以求羣兮鳥相鳴而舉翼原野闃其無人兮征夫行而未息心悽愴以感發兮意忉怛而憯惻循堦除而下降兮氣交憤於胷臆夜參半而不能寐兮悵盤桓以反側觀此賦可知劉表不足依而其子亦是豚犬仲宣無所留戀已有逝將去汝之意陳史未引裴注亦未載茲爲錄出

粲二子爲魏諷所引誅按袁宏後漢紀曰諷潛結義士坐死者數十人粲之二子其亦在義士之列歟

琳避難冀州袁紹使典文章按陳琳爲紹移州郡檄文外又爲紹王烏丸版文曰使持節大將軍督幽青并領冀州牧邟鄉侯紹承制詔遼東屬國率衆王頒下烏丸遼西率衆王蹋頓右北平率衆王汗羅維乃祖慕義遷善款塞内附北捍玁狁東拒濊貊世守北陲爲百姓保障雖時侵犯王略命將徂征厥罪率不旋時悔愆[illegible]改方之外夷最又聰惠者也始有千夫長百夫長以相統領用能悉乃心克有勳力於國家稍受王侯之命自我王室多故公孫瓚作難殘夷厥土之君以侮天慢主是以四海之内並執干戈以衛社稷三王奮氣裔土忿姦憂國控弦與漢兵爲表裏誠甚忠孝朝所嘉焉然而虎兕長蛇相隨塞路王官爵命否而無聞夫有勳不賞俾勤者怠今遣行謁者楊林齎單于璽綬車服以對爾勞其各綏静部落教以謹慎無事作凶作慝世復爾祀位長爲百蠻長厥有咎有不臧者泯於爾祿而喪於乃庸可不勉乎烏桓單于都護部衆左右單于受其節度他如故事

太祖以琳瑀爲司空軍謀祭酒管記室軍國書檄多琳瑀所作也按陳琳檄吳將校部曲其辭曰年月朔日子尚書令彧告江東諸將校部曲及孫權宗親中外蓋聞禍福無門唯人自召夫見幾而作不處凶危上聖之明也臨事制變困而能通智者之慮也漸漬荒沈往而不返下愚之蔽也是以大雅君子於安思危以遠咎悔小人臨禍懷佚以待死亡二者之量不亦殊乎孫權小子未辨菽麥要領不足以膏齊斧名字不足以污簡墨譬猶鷇卵始生翰毛而便陸梁放肆顧行吠主謂爲舟楫足以距皇威江湖可以逃靈誅不知天網設張以在綱目爨鑊之魚期於針爛也若使水而可恃則洞庭無三苗之墟子陽無荆門之敗朝鮮之壘不刊南越之旌不拔昔夫差承闔閭之遠跡用申胥之訓兵棲越會稽可謂强矣及其抗衡上國與晉爭長都城屠於句踐武卒散於黃池終於

覆滅身斃越軍及吳王濞驕恣屈彊猖猾始亂自以兵彊國富勢陵京城太尉帥師甫下滎陽則七國之軍瓦解冰泮濞之罵言未絕於口而丹徒之刃已陷其胷何則天威不可當而悖逆之罪重也且江湖之衆不足恃也自董卓作亂以迄於今將三十載其間豪傑縱横熊據虎跱彊如二袁勇如吕布跨州連郡有威有名者十有餘輩其餘鋒捍特起鷹視狼顧爭爲梟雄者不可勝數然皆伏鈇嬰鉞首腰分離雲散原燎罔有孑遺近者關中諸將復相合聚續爲叛亂阻二華據河渭驅率羌胡齊鋒東向氣高志遠似若無敵丞相秉鉞鷹揚順風烈火元戎啟行未鼓而破伏尸千萬流血漂櫓此皆天下所共知也是後大軍所以臨江而不濟者以韓遂馬超

逋逸迸脱走還凉州復欲鳴吠逆賊宋建僭號河首同惡相救並爲脣齒又鎮南將軍張魯負固不恭皆我王誅所當先加故且觀兵旋旆復整六師長驅西征致天下誅則偏師涉隴則建約梟夷旍首萬里軍入散關則羣氐率服王侯豪帥奔走前驅進臨漢中則陽平不守十萬之師土崩魚爛張魯逋竄走入巴中懷恩悔過委質還降巴夷王樸胡賨邑侯杜濩各帥種落共舉巴郡以奉王職鉦鼓一動二方俱定利盡四海兵不鈍鋒若此之事皆上天威明社稷神武非徒人力所能立也聖朝寬仁覆載允信允文大啟爵命以示四方魯及胡濩皆享萬戶之封魯之五子各受千室之邑胡濩子弟部曲將校爲列侯將軍以下千有餘人百姓安堵四民反業

而建約之屬皆爲鯨鯢超之妻孥焚首金城父母嬰孩覆尸許市非國家鍾禍於彼降福於此也順逆之分不得不然夫鷙鳥之擊先高攫鷙之勢也牧野之威孟津之退也今者枳棘翦扞戎夏以清萬里肅齊六師無事故大舉天師百萬之衆與匈奴南單于呼完廚及六郡烏桓丁令屠各湟中羌僰霆奮席卷自壽春而南又使征西將軍夏侯淵等率精甲五萬及五都氐羌巴漢銳卒南臨汶江搤據庸蜀江夏襄陽諸軍横截湘沅以臨豫章樓船横海之師直指吳會萬里剋期五道並入權之期命於是至矣丞相銜奉國威爲人除害元惡大憝必當梟夷至於枝附葉從皆非詔書所特禽疾故每破滅彊敵未嘗不務在先降後誅拔將取才各盡其用是以

立功之士萬不翹足引領望風響應昔袁紹僭逆王誅將加則廬江太守先舉其郡還歸國家吕布作亂師臨下邳張遼侯成率衆出降還討眭固薛洪穆尚開城就化官渡之役則張郃高奐舉事立功後討袁尚則都督將軍馬延故豫州刺史殷爇射聲校尉郭昭臨陣來降圍守鄴城則將軍蘇游反爲内應審配兄子開門入兵既誅袁譚則幽州太守焦觸攻逐袁熙舉縣來服凡此之輩數百人皆忠壯果烈有智有仁悉與丞相參圖畫策折衝討難芟敵搴旗靜安海内豈輕舉措也哉誠乃天啟其心計深慮遠審邪正之律明可否之分勇不虛死節不苟立屈伸變化唯道所存故乃建山邱之功享不訾之祿朝爲仇虜夕爲上將所謂臨難知變轉禍爲福

者也若夫說誘甘言懷寶小惠泥滯苟且沒而不覺隨波漂流與熛俱滅者亦甚衆多吉凶得失豈不哀哉昔歲軍在漢中東西懸隔合肥遺守不滿五千權親以數萬之衆破敗奔走今乃欲當禦雷霆難以冀矣夫天道助順人道助信事上之謂義親親之謂仁盛孝章君也而權誅之孫輔兄也而權殺之賊義殘仁莫斯爲甚乃神靈之逋罪下民所同讐辜讐之人謂之凶賊是故伊摯去夏不爲傷德飛廉死紂不可謂賢何者去就之道各有宜也丞相深惟江東舊德名臣多在載籍近魏叔英秀出高峙著名海內虞文繡砥礪清節耽學好古周泰明當世儁彥德行修明皆宜膺受多福保乂子孫而周盛門戶無辜被戮遺類流離湮沒林莽言之可爲愴然

聞魏周榮虞仲翔各紹堂構能負析薪及吳諸顧陸舊族長者世有高位當報漢德顯祖揚名及諸將校孫權婚親國家良寶利器而並見驅迮雨絕於天有斧無柯何以自濟相隨顛沒不亦哀哉蓋鳳鳴高岡以遠罻羅聖賢之德也鷦鷯之鳥巢於葦苕苕折子破下愚之惑也今江東之地無異葦苕諸賢處之信亦危矣聖朝開宏曠蕩重惜民命誅在一人與衆無忌故設非常之賞以待非常之功乃霸夫烈士奮命之良時也可不勉乎若能翻然大舉建立元勳以應顯祿福之上也如其未能筭量大小以存易亡亦其次也夫係蹄在足則猛虎絕其蹯蝮蛇在手則壯士斷其節何則以其所全者重以其所棄者輕若乃樂禍懷寧迷而忘復闇大雅之所保背先賢之去就忽朝陽之安甘折苕之末日忘一日以至覆沒大兵一放玉石俱碎雖欲救之亦無及已故令往購募爵賞科條如左檄到詳思至言如詔律令阮瑀爲曹操作書與孫權曰離絕以來於今三年無一日而忘前好亦猶姻婣之義恩情已深違異之恨中間尚淺也孤懷此心君豈同哉每覽古今所由改趣因緣侵辱或起瑕釁心忿意危用成大變若韓信傷心於失楚彭寵積望於無異盧綰嫌畏於已隙英布憂迫於情漏此事之緣也孤與將軍恩如骨肉割授江南不屬本州豈若淮陰捐舊之恨抑遏劉馥相厚益隆甯放朱浮顯露之奏無匪張勝貸故之變匪有陰構賁赫之告固非燕王淮南之釁也而忍絕王命明棄碩交實爲佞人所

搆會也夫似是之言莫不動聽因形設象易爲變觀示之以禍難激之以恥辱大丈夫雄心能無憤發昔蘇秦說韓羞以牛後韓王按劍作色而怒雖兵折地割猶不爲悔人之情也仁君年壯氣盛緒信所嬖既懼患至兼懷忿恨不能復遠度孤心近慮事勢遂齎見薄之決計秉翻然之成議加劉備相扇揚事結釁連推而行之想暢本心不願於此也孤以薄德位高任重幸蒙國朝將泰之運蕩平天下懷集異類喜得全功長享其福而姻親坐離厚援生隙常恐海內多以相責以爲老夫包藏禍心陰有鄭武取胡之詐乃使仁君翻然自絕以是忿忿懷慙反側常思除棄小事更申前好二族俱榮流祚後嗣以明雅素中誠之效抱懷數年未得散意昔赤壁之

役遭離疫氣燒船自退以避惡地非周瑜水軍所能抑控且江陵之守物盡穀殫無所復據徙民還師又非瑜之所能敗也荆土本非己分我盡與君冀取其餘非相侵肌膚有所割損也思計此變無傷於孤何必自遂於此不復還之高帝設爵以延田橫光武指河而誓朱鮪君之負累豈如二子是以至情願聞德音往年在譙新造舟船取足自載以至九江貴欲觀湖漅之形定江濱之民耳非有深入攻戰之計將恐議者大為己榮自謂策得長無西患重以此故未肯迴情然智者之慮慮於未形達者所窺窺於未兆是故子胥知姑蘇之有麋鹿輔果識智伯之為趙禽穆生謝病以免楚難鄒陽北遊不同吳禍此四士者豈聖人哉徒通變思深以微知著耳

以君之明觀孤術數量君所據相計土地豈勢少力乏不能遠舉割江之表晏安而已哉甚未然也若恃水戰臨江塞要欲令王師終不得渡亦未必也夫水戰千里情巧萬端越為三軍吳曾不禦漢潛夏陽魏豹不意江河雖廣其長難衛也凡事有宜不得盡言將修前好而張形勢更無以威務重敵人然有所恐恐書無益何則往者軍逼而自引還今日在遠而興慰納辭遜意狹謂其力盡適以增驕不足相動但明效古當自圖之耳昔淮南信左吳之策隗囂納王元之言彭寵受親吏之計三夫不寤終為世笑梁王不受詭勝竇融斥逐張元二賢既覺福亦隨之願君少留意焉若能內取子布外擊劉備以效赤心用復前好則江表之任長以相付高位重

爵坦然可觀上令聖朝無東顧之勞下令百姓保安全之福君享其榮孤受其利豈不快哉若忽至誠以處僥倖婉彼二人不忍加罪所謂小人之仁大人之賊大雅之人不肯為此也若憐子布願言俱存亦能傾心去恨順君之情更與從事取其後善但禽劉備亦足為效開設二者審處一焉聞荆揚諸將並得降者皆言交州為君所執豫章距命不承執事疫旱並行人兵損減各求進軍其言云云孤聞此言未以為悅然道路既遠降者難信幸人之災君子不為且又百姓國家之有加瘳區區樂欲崇和庶幾明德來見昭副不勞而定於孤虛心回意以應詩人補袞之歎而慎周易牽復之義濯鱗清流飛翼天衢良時在茲勗之而已按陳琳檄文當作於建

安十七年冬十月征孫權之日荀彧從征于譙卽以疾終似也然篇中敘杜濩樸胡來附皆享萬戶之封張魯五子各受千室之邑此皆二十年九月以後事不應臚列於前將以為二十一年冬征孫權所作而荀彧已前死三年矣加按文氣亦復散渙不整疑是後人所僞造阮瑀書亦繁冗寡當姑並錄存

潁川邯鄲人淳注淳作投壺賦千餘言奏之文帝以為工淳作魏受命述其辭曰臣聞雅頌作於盛德典謨興於茂功德盛功茂傳序弗忘是故竹帛以載金石以聲之垂之來世萬世彌光陛下以聖德應期龍飛在位其有天下也恭己以受天子之籍無為而四海順風若乃天地顯應休徵祥瑞以表

德者不可勝載鑠乎煥顯眞神明之所以祚命世之令主也凡自能言之類莫不謳歎於野執筆之徒咸竭文思獻詩上頌臣抱疾伏蓐作書一篇欲謂之賦又不能敷演洪烈光揚緝熙故思竭愚稱受元妙欲謂之頌則不能雍容盛懿列伸命述曰伊上天開載自民主肇建歷聽風聲陶唐爲盛虞夏受終殷周革命育禪而帝有代而王禪代雖殊小大繇同於是以漢歷在魏赤運歸黃也是故大魏之業皇燿震霆翁靜宇內萬邦有截帥義翼漢奉禮不越旅力戮心茂亮洪烈樹深根以厚基播醇澤以釀味含光而弗輝戢翼而弗發將俟聖嗣是遂是達聖嗣承統爰宣重光陳錫裕下民悅無疆三神宜釐四靈順方元龜介王應龍粹黃若云魏德據茲以昌爾乃鳴玉陟壇三揖以俟既受休命龍旋鳳峙煌煌厥耀穆穆容止臨下有赫允也天子既受帝位納璽受紱太常司燎升炮告類珪璋峨峨髦士棣棣蹌蹌聖躬御策以莅巍巍乎崇功顯顯乎德容信帝位之壯業天休之所鍾也于時天地交和日月光精氛祲不作風塵弭清凡在壇場之位舉目乎廣庭莫不君臣和德咸玉色而金聲厲省萬幾謀訪老臣治詠儒墨策納公卿昧旦孜孜夕惕乾乾務在諧萬國敘彝倫而折不若懷遠人混六合之風納乎仁壽之門刑錯靡試偃伯靡軍然後乃勒功岱嶽升中上元斯固我皇之六慕思心之所存也

繁欽注欽既長於書記又善爲詩賦其所與太子書記喉轉意

率皆巧麗爲丞相主簿其與文帝牋曰正月八日壬寅領主簿欽死罪死罪近屢奉牋不足自宣頃諸鼓吹廣求異技時都尉薛訪車子年始十四能喉囀引聲與笳同音白上呈見果如所言卽日故其觀試乃知天壤之所生誠有自然之妙物也潛氣內轉哀音外激大不抗越細不幽散聲悲舊笳曲美常均及與黃門鼓吹溫胡迭唱迭和喉所發音無不響應曲折沉浮尋變入節自初呈試中間二旬胡欲其所不知尚之以一曲巧竭意匱既已不能而此子遺聲抑揚不可勝窮優游轉化餘弄未盡暨其清激悲吟雜以怨慕詠北狄之遐征奏胡馬之長思悽入肝脾哀感頑豔是時日在西隅涼風拂衽背山臨溪流泉東逝同坐仰歎觀者俯聽莫不泫泣殞涕悲懷慷慨自左顋史妠謇姐名倡能識以來耳目所見僉曰詭異未之聞也竊惟聖體兼愛好奇是以因牋先白委曲伏想御聞必含餘懽冀事速訖旋侍光塵寓目階庭與聽斯調宴喜之樂蓋亦無量欽死罪死

宏農楊修等亦有文采按魏志楊修太尉彪子也時軍國多事修摠知內外事皆稱意臨菑侯植以才健愛倖數與修書植後以驕蹇見疏太祖既慮終之變以修頗有才策而又袁氏之甥也於是以罪誅之按古文苑載操與彪書數修之罪云操白與足下同海內大義足下不遺以賢子見輔比中國雖靖方外未夷今軍征事大百姓騷擾吾制鐘鼓之音主簿宜守而足下尊門大累父之勢每不與吾同懷卽欲直繩顧頗

恨恨謂其能改遂轉寬舒復卽宥貸將延尊門大累便令刑之念卿父息之情同此悼楚亦未必非幸也謹贈足下錦裘二領八節角桃枝一枚官絹五百匹錢六十萬四望通幰七香車一乘青牸牛二頭八百里驊騮馬一匹赤戎金裝鞍轡十副鈴苞一具驅使二人並遺足下貴室錯綵羅縠裘一領織成韡一量有心青衣二人長奉左右所奉雖薄以表吾意足下便當慨然承納不致往返楊彪答曹書云彪白雅顧隆篤每蒙接納私自光慰小兒頑鹵謬見采錄不能期效以報所愛方今軍征未暇其備位匡政當與戮力一心而寬玩自稽將違法制相子之行莫若其父恆慮小兒必致傾敗足下恩恕延罪迄今近聞尉之日心腸酷裂凡人情誰不能爾口

口其失用意自釋所惠口口口口自非親舊孰能至斯省覽衆賜益以悲懼又曹夫人卞氏與楊太尉夫人袁氏書云卞頓首貴門不遺賢郞輔佐每感篤念情在凝至賢郞盛德熙妙有蓋世文才闔門欽敬寶用無已方今騷擾戎馬動主簿股肱近世征伐之計事須敬咨官立金鼓之節而聞命違制明公性急忿然在外輒行軍法卞姓當時亦所不知聞之心肝塗地驚愕斷絕悼痛酷楚情不自勝夫人多容卽見垂恕故送衣服一籠文絹百匹房子官錦百斤私所乘香車一乘牛一頭誠知微物以達德意望爲承納楊太尉夫人答書云彪袁氏頓首頓首路歧雖近不展淹久歎想之勞情抱山積曹公匡濟天下遐邇以寧四海歸仰莫不感戴小兒疏細謬

蒙采拾未有上報果自招罪戾念念痛楚五內傷裂尊意不遺伏辱惠告見明公與太尉書是知委曲度子之行不過父母小兒違越分應至此令其始立之年畢命埃土遺育孤幼言之崩潰所賜已多又加重賚禮頗非宜苟受輒付往信

劉邵傳

兵比至合肥賊果退還按此敘事辭可不稱賊字當曰敵果還

散騎常侍夏侯惠薦邵又附傳樂安太守譙國夏侯惠兩夏侯惠固是一人

劭嘗作趙都賦明帝美之賦曰且敝邑者固靈州之敞宇而天下之雄國南則有洪川巨瀆黃水濁河發源積石經拂太華灑爲九流入於元波其東則有天浿水府百川是鍾包絡坤

維連薄太濛其北則有陶林元壇增冰冱寒其西則有靈丘平圃斜接崑崙其近則有天井句注飛狐太行璀錯環珞屬阜連岡龍首嵯峨以岪鬱羊坂崙崮以崸嵘清漳發源濁滏汩越湯泉涫沸洪波漂厲爾乃都城萬雉百里周迴九衢交錯三門旁開層樓疎閣連棟接階峙華闕以表甍若翔鳳之將飛正殿儼其造天朱櫨赫以舒光盤蚪螭之蜿蜒承雄虹之飛梁結雲閣於南宇立叢臺於少陽及至暮秋涉冬朔風烈寒猛豺驚攫鷹隼奮翰國乃講武狩於清源駕鷲冥之駿駭抗冲天之旌旃北連控餘南屬呼沱西眄太陵東結綠河然後嵕子放機戈矛亂發央斑鬐破文頸當手斃僵應樷倒越爾乃進夫中山名倡襄國妖女狄鞮妙音邯鄲才舞六人

駢羅遞奏迭舉體凌浮雲聲哀激楚其珍玩服物則崑山美
玉元珠曲環輕綃啟綃纖纊絺紈其器用良馬則六弓四弩
緑沉黃間堂谿魚腸丁零角端飛兔奚斯常驪紫燕豐匱硝
顱龍身鵠鶡目如黃金蘭筋參精迅躡飛浮軼響追聲若乃
至季春元巳辰火熾光挺新增往拔於水陽朱幕蔽野綵帷
連岡妖冶呈飾顏如春英

傅嘏傳

注夏侯元以貴臣子少有重名求交於嘏而不納也又曰司隸
校尉鍾會年甚少嘏以名智交會按夏侯元傳毓弟會年少
於元元不與交於毓坐狎元元不受孫盛雜語元在毓囸會
因欲狎而友之元正色曰鍾君何相逼如此也然則夏侯求
交於嘏而嘏不受嘏獨願交鍾會鍾會求交於元而元不內
元轉欲交傅嘏人之向背曷有定乎

三國志補義卷五

魏書五　　泰州康發祥瑞伯

桓階傳

為虎賁中郎將侍中按文侍中上疑脫一加字再按魏國初建
時桓不當為侍中況下文自有加侍中語或虎賁中郎將侍
中自是當時官名

駐軍於摩陂賊遂退按此亦敘事之辭不應稱賊鬼魅操輩往
往如是

以潛弟纂為散騎侍郎按吳臣桓彝亦階弟也彝有忠貞之節
為孫綝所殺吳志既未為立傳而階傳亦未附見

陳羣傳

昔劉備自成都至白水多作傳舍地里志白水應劭曰出徼外
北入漢郡國志山海經曰白水出蜀而東南入江屬益州之
廣漢郡

太祖時劉廙坐弟與魏諷謀反當誅羣言之太祖赦之按郭嘉
傳陳羣非嘉不治行檢數廷訴嘉茲於劉廙之坐而以言救
之申直理曲殊非黨同伐異者比矣

陳泰傳

郭淮從泰計使泰率討蜀護軍徐質南安太守鄧艾等進兵圍
之又曰遣使白淮欲自南渡白水循水而東使淮趣牛頭截
其還路按上使字是淮使泰也下使字是泰使淮也淮時爲

征西將軍都督雍涼諸軍事泰爲雍州刺史受其節制則淮可使泰泰不可使淮也下使字宜删

修櫓楯櫓按櫓音魯大盾也楯音焚博雅柎也櫓音醞桂也

鄧艾等以爲王經精卒破衂於西至維果三日施伏按文多不可解處救至出於不意而偏伏兵三日相伺其語相矛盾適如裴注之所譏也或此處多有脱文安得善本而訂正之

陳矯傳

廣陵東陽人也郡國志東陽故屬臨淮郡有長洲澤吳王濞太倉在此

徐宣傳

除東緡發干令郡國志東緡春秋時曰緡左傳僖二十三年齊

圍緡地理志發干莽曰戢楯東緡屬山陽郡發干屬東郡按東緡發干本二縣宜前後爲二縣令當曰除東緡發干二縣令

衛臻傳

夏侯惇爲陳留太守舉臻計吏命婦出宴臻以爲俗世之俗非禮之正惇怒執臻既而赦之按惇傳有僞降劫質之事合觀此事則惇之御下無法軍行不肅可知韓浩衛臻可謂知大體者矣

諸葛亮寇天水乃以臻爲征蜀將軍假節督諸軍事到長安按水經注霸水入渭水渭水東會成國故渠二魏尚書左僕射衛臻征蜀所開也號成國渠引以澆故田其瀆上承汧水於

陳倉東東徑郿及武功槐里縣北

盧毓傳

時天下多逋逃故重士亡法罪及妻子亡士妻白等始適夫家數日未與夫相見大理奏棄市毓駁之按亡士逃亡之士未知其姓氏白等乃其妻之姓氏也

和洽傳

太祖令曰昔蕭曹與高祖並起微賤致功立勳高祖每在屈笮二相恭順按説文笮迫也篇海急也屈笮或是褊急之義

常林傳

林叔父撾客爲諸生所白按後文裴注引魏略林數撾吏不勝痛叫呼敖敖徹嚾撾客撾吏其事等也林之家傳其以嚴酷著歟

楊俊傳

按傳中王象凡三見一見俊贖象有恩再見象薦俊上表三見象叩頭沉血救俊不得注引魏畧帝謂象曰我知楊俊與卿本末耳今聽卿是無我也卿甯無俊邪無我邪象自恨不能濟俊遂發病死王象可謂不負知己矣

杜襲傳

殿下逆臣令勿言之何待下之不闡乎按此闡字訓大見玉篇亦見易豐卦注闡者宏廣之言凡物之大具有二種一者自然之大一者由人之闡宏使大本傳下文又曰臣聞千鈞之弩不爲鼷鼠發聲萬石之鐘不以莛撞起音今區區之許攸

何足以勞神武哉大之義可見

趙儼傳

都尉李通急錄戶調儼見通曰今天下未集懷附者復收其緜

絹小人樂亂能無遺恨通曰紹與大將軍相持甚急云云按通之所謂大將軍曹操也操自讓大將軍與袁紹後不復有大將軍之號則此處所謂亦偶然誤耳

以儼為關中護軍盡統諸軍至凡所全致二萬餘口按此四五百言不過敘儼能安撫關中叛軍耳其事實數言可了而乃刺刺不休殊覺可厭

裴潛傳

喪父去官拜光祿大夫按文當於喪父去官之下有服終二字

韓暨傳

南陽堵陽人也地理志堵陽莽曰陽城韋昭曰堵音者

南居孱陵界地理志孱陵莽曰孱陸應劭曰孱音踐師古曰音仕連反郡國志魏氏春秋曰劉備在荊州所都改曰公安

徙監冶謁者舊時冶作馬排裴注蒲拜反為排以吹炭按排音敗與橐鞴鞴通漢杜詩守南陽造水排注冶者為排以炊炭令激水鼓之即水碓之制也

崔林傳

少時晚成宗族莫知惟從兄琰知之按少時晚成四字幾不成文加按此見崔琰傳云從弟林少無名望雖姻族猶多輕之而琰常曰此所謂大器晚成者也少時下加無名望三字則明白矣

高柔傳

陳留圉人也郡國志圉故屬淮陽有高陽亭陳留志曰有萬人聚王邑破翟義積尸處

按高柔傳所載三疏惟諫興殿舍采衆女一疏其言懇至詳明餘疏平冗其中理營士竇禮之宽近於小說大可不載承祚作魏臣傳每連篇累牘書之皆如此類洵屬可厭

太傅司馬宣王奏免曹爽皇太后詔召柔假節行大將軍事據爽營按柔權攝大將軍事祇見柔傳帝紀中何以不書

孫禮傳

太傅司馬宣王謂禮曰今清河平原爭界八年更二刺史靡能決之虞芮待文王而了宜善令分明禮曰當以烈祖初封平原時圖決之禮到按圖宜屬平原而曹爽信清河言下書云圖不可用禮上書曰界實以王翁河為限而鄃以馬丹侯為驗詐以鳴犢河為界平原在兩河而東上其間有爵隄爵隄在高唐西南所爭在高唐西北相去二十餘里按解與圖奏而止之

臣軟弱不勝其任臣亦何顏尸位素餐按地輒屬清河郡其旁靈邑有鳴犢河郡國志亦屬清河國二志高唐皆屬平原郡所爭之地未知何屬而鳴犢河屬清河二志言之矣而禮以為詐不知是否

王觀傳

東郡廩丘人也按廩丘前漢屬東郡後漢已改屬濟陰當曰濟

陰麋上人

司馬宣王誅爽使觀行中領軍據爽弟羲營按高柔傳司馬宣王奏免曹爽皇太后詔召柔假節行大將軍事據爽營彼各有所據則二人之附司馬不言可知矣

辛毗傳

諸葛亮率衆出渭南乃以毗爲大將軍軍師使持節六軍皆肅準毗節度莫敢犯違世說魏明帝懼晉宣王戰乃遣辛毗爲軍司馬亮遣閒諜覘之還曰有一老夫毅然仗黃鉞當軍門立軍不得出亮曰此必辛佐治也

楊阜傳

天水冀人也按天水郡明帝時已改爲漢陽郡當曰漢陽冀人也

阜常見明帝著帽被縹綾半褏袖按帽音冒被音披廣雅帽被不帶也袖音岫袂也釋名半袖其袂半褏而施袖也魏明帝披縹綾半袖亦見於晉書五行志以爲衣服之妖矣加按褏音岫與袖字同二字疊見不知何義

高堂隆傳

太山太守薛悌命爲督郵郡督軍與悌爭論名悌而呵之隆按斂敕督軍云云按臨子字父常林因之不拜臨臣名君高堂爲之按斂古人之不忍觸諱如是

注引魏略曰帝以隆學問優深於天文又精乃詔使隆與尚書郎楊偉太史待詔駱祿參共推校按晉書律歷志明帝景初

元年尚書郎楊偉造景初歷表上帝遂改正朔施行偉歷以建丑之月爲正改其年三月爲孟夏其孟仲季月雖與夏正不同至於郊祀蒐狩班宣時令皆以建寅爲正表曰臣覽載籍斷考歷數時以紀農月以紀事其所由來遐而尚矣乃自少昊則元鳥司分顓頊帝嚳則重黎司天唐帝虞舜則羲和掌日三代因之則世有日官日官司歷則頒之諸侯諸侯則之則頒于境內夏后之世羲和湎淫廢時亂日則書載允征由此觀之審農時而重人事歷代然之也逮至周室既衰戰國橫鶩告朔之羊廢而不紹登臺之禮廢而不遵閏分乖次而不識孟陬失紀而莫悟大火猶西流而怪蟄蟲之不藏也是時也天子不協時司歷不協日諸侯不受職日御不分朔人事不恤廢棄農時仲尼之撥亂於春秋說褒貶糾黜司歷失閏則譏而書之登臺頒朔則謂之有禮自此以降暨于秦漢乃復以孟冬爲歲首閏爲後九月中節乖錯時月紕繆加時後天蝕不在朔累載相襲久而不革也至武帝元封七年始乃悟其繆焉於是改正朔更歷數使大才通人更造太初歷校中朔所差以正閏分課中星得度以考疏密以建寅之月爲正朔以黃鐘之月爲律歷初其歷斗分太多後遂疏濶至元和二年復用四分歷施而行之至於今日考察日蝕率常在晦是則斗分大多故先密後疏而不可用也是以臣前以制典餘日推考天路稽之前典驗之以蝕朔詳而精之更建密歷則不先不後古今中天以昔在唐帝協時正時允釐

百工咸熙庶績也欲使當今國之典禮凡百制度皆趨合往古郁然備足乃改正朔更歷數以大呂之月為歲首 建子之月為歷初臣以為昔在往代則法曰顓頊曩自軒轅則歷曰黃帝暨至漢之孝武革正朔更歷數改元曰太初因名太初歷今改元為景初宜曰景初律臣之所建景初歷法數則[illegible]密治之則省功學之則易知雖復使研桑心[illegible]黎司晷羲和察景以考天路步驗日月究極精微盡術數之極者皆未能並臣如此之妙也

隆疾篤口占上疏以若所為求若所欲猶緣木求魚將冰作水其不可得明矣按緣木求魚語見孟子興子以喻必不可得固矣若夫冰生於水而寒於水語見荀子夫水非冰而自有成冰之理冰非水而亦有開冰之時以緣木求魚並論得無不倫乎

田豫傳

單將銳卒深入虜庭胡人衆多鈔軍前後斷截歸路豫乃進軍去虜十餘里結屯營多取牛馬糞然之從他道引去按牽招傳以兵事赴救豫了在此時此當云與牽招合兵邀擊語在牽傳

公孫淵以遼東叛使豫往討之豫度賊船垂還歲晚風急必畏漂浪東隨無岸當赴成山通鑑釋文曰成音盛胡三省辨誤曰按漢書地理志東萊縣不夜縣有成山成無他音當讀如字

屢乞遜位太傅司馬宣王以為豫克壯書喻未聽豫答書曰年過七十而以居位譬猶鍾鳴漏盡而夜行不休是罪人也遂固稱疾篤按書語甚新而達可以為貪位者儆

按豫傳前後戰功有似漢之段熲而保令名以終則又愈於熲矣

牽昭傳

安平觀津人也郡國志觀津清河下縣決錄注曰孝文竇皇后父隱身漁釣墜淵而卒景帝立后為太后遣使者更塡父所墜淵而葬起大墳于縣城南民號曰竇氏青山

郡所治廣武郡國志廣武古屬太原有夏屋山史記曰趙襄子北登夏屋山以銅斗殺代王

郭淮傳

其明日備欲渡漢水來攻諸將議衆寡不敵備便乘勝欲依水為陣以拒之按文似多備便乘勝四字或乘勝二字在渡漢水之下

又破隴西名羌唐蹏於枹罕地里志枹罕應劭曰故罕羌侯邑也枹音鈇師古曰讀若膚本枹鼓字也其字從木前漢屬金城郡後漢屬隴西郡

徐邈傳

燕國薊人也按薊本燕國高帝置昭帝更名為郡世祖省并上谷永平八年復改為廣陽郡則當曰廣陽薊人為是

胡質傳

今以睚眦之恨乃爲嫌隙按睚眦舉目相忤貌史記范睢傳一飯之德必償睚眦之怨必報

王昶傳

太原晉陽人也地理志晉陽故唐國周成王滅唐封弟叔虞晉水所出東入汾

按昶戒兄子及子書一本爲少游誡兄子晉意其言曰近濟陰魏諷山陽曹偉皆以傾邪敗沒按魏諷終不得與曹偉並論偉與孫權通書求賂以貪險誅之宜可誡矣衛諷之起兵謀誅國賊發覺被害語見袁宏後漢紀前於鍾繇傳已引証烏可不爲之辨別歟

王基傳

母邱儉文欽作亂以基爲行監軍假節按文爲行監軍多一爲字

景元二年襄陽太守表吳賊鄧由等欲來歸化基被詔當因此震蕩江表基疑其詐馳驛陳狀按當因此震蕩江表句宜有上文裴注引司馬彪戰略載基此事曰襄陽太守胡烈表上吳賊鄧由李光等同謀十八屯欲來歸化詔征南將軍王基部分諸軍承書夙發若由等如期到者便當因此震蕩江表基疑賊詐降誘致官兵馳驛止文王說由等可疑之狀文義自足本傳中少數語幾不成文

王凌傳

與張遼等至廣陵討孫權臨江夜大風吳將呂範等船漂至北岸凌與諸將逆擊按張遼傳孫權復叛帝遣遼乘舟與曹休至海陵臨江與諸將破權將呂範合觀兩傳遼傳中之諸將則謂王凌等也凌傳中之諸將則謂曹休等也此文互見處

是時凌外甥令狐愚以才能爲兗州刺史屯平阿舅甥並典兵專淮南之重浚就遷爲司空按浚字疑凌字之誤蓋令狐愚本名浚黃初中詔改之見裴注引魏書但既改今名則不得仍名浚矣且愚爲兗州刺史無爲司空之事凌以征東將軍遷爲司空後文進爲太尉宜也以是考之則浚字爲凌字之誤無疑

凌遣舍人勞精詣洛陽語子廣廣言廢立大事勿爲禍先按通鑑謂令狐愚父邵獨以爲愚性倜儻不修德而願大必滅我

宗及愚仕進有名稱謂邵曰先時聞大人謂愚爲不繼今竟云何邪邵熟視而不答私謂妻子曰公治性度猶如故也不知我當坐之不邪必逮汝曹矣邵沒十餘年而愚滅族夫王凌有愧於其子令狐見知於其父向使盡衷聽受庶幾免於禍矣

大軍掩至百尺逼凌按百尺堰名水經注沙水東南過陳縣又東南流注于潁謂之交口水次有大堰即古百尺堰杜佑云在陳留宛邱縣

張式等皆自首乃窮治其事彪賜死諸相連者悉夷三族朝議咸爲春秋之義齊崔杼鄭歸生皆加追戮陳尸斲棺載在方策凌愚罪宜如舊典乃發凌愚冢剖棺暴尸於所近市按愚

已先死浚謀未發窮治株連已足蔽其辜矣而復剖棺暴尸禍及胔骼蹊田奪牛得毋重乎司馬氏之罰無嗟類矣

毋丘儉傳

句驪王宮將步騎二萬人進軍沸流水上按王宮當作王位宮句驪傳王宮別有一人位宮之曾祖也位宮生墮地能開目視人與其祖相似句驪呼相似爲位故名之爲位宮則此不應單稱爲宮可知也

句驪王宮遂奔買溝沃沮傳作置溝漊不知孰是或買置二字相似是傳寫之訛

諸葛誕傳

遣長史吳綱將小子靚至吳請救按誕於兵敗身死後未詳言

靚之所終蓋留吳而後入洛也晉諸公贊曰吳亡靚入洛以父誕爲太祖所殺誓不見世祖世祖叔母琅邪王妃靚之姊也帝後因靚在姊間往就見焉靚逃於厠中於是以至孝發名世說曰靚後入晉除大司馬召不起以與晉室有讐常背洛水而坐與武帝有舊帝欲見之而無由乃請諸葛妃呼靚既來帝就太妃間相見禮畢酒酣帝曰卿故復憶竹馬之好不靚曰臣不能吞炭漆身今日復覩聖顔因涕泗百行帝於是慙悔而出

文欽子鴦及虎將兵在小城中按欽中子名淑鴦其小名也注引漢晉春秋及晉諸公贊可見誕傳中不稱淑而稱其小名何也

鄧艾傳

以口吃不得作幹佐爲稻田守叢草吏世說曰艾口吃語稱艾艾晉文戲曰卿云艾艾定是幾艾對曰鳳兮鳳兮故是一鳳

艾遣天水太守王頎等直攻維營按毋丘儉傳句驪王宮奔買溝儉遣玄菟太守王頎追之頎或前領天水而後移元菟歟

鍾會傳

潁川長社人按會爲太傅繇之少子繇傳已云潁川長社人矣會傳何必再見此數字宜省

時政損益當世夅奪無不綜典嵇康等見誅皆會謀也世說鍾士季先不識嵇康鍾要于時賢儁之士俱往見尋康康方大樹下鍛向子期爲佐鼓排康揚槌不輟旁若無人移時不交

一言鍾起去康曰何所聞而來何所見而去鍾曰聞所聞而來見所見而去又曰鍾會撰四本論始畢甚欲使嵇公一見置懷中既定畏其難懷不敢出於戶外遙擲便回急走魏志曰四本者言才性同才性異才性合才性離也尚書傅嘏論同中書令李豐論異侍郎鍾會論合屯騎校尉王廣論離又曰王濬沖裴叔則二人總角詣鍾士季須臾去後客問鍾曰向二童何如鍾曰裴楷清通王戎簡要後二十年此二賢當爲吏部尚書冀爾時天下無滯才

裴注引世語曰會善效人書於劍閣要艾章表白事皆易其言令詞旨悖傲多自矜伐世說亦云會是荀濟北從舅二人情好不協荀有寶劍可直百萬常在母鍾夫人許會善書學荀

手跡作書與毋取劍仍竊去不還荀勗知是鍾而無由從也思所以報之後鍾兄弟以千萬起一宅始成甚精麗未得移住荀極善畫乃潛往畫鍾門堂作太傅形象衣冠狀貌如平生二鍾入門便大感慟宅遂廢

衆人言蜀不可伐夫人心豫怯則智勇並竭强使之適爲敵禽耳惟鍾會與人意同今遣會伐蜀必可滅蜀按文與人意同當作與我意同

華元化傳

字元化一名旉裴注曰字元化其名宜爲孚也按裴語不知何據夫孚信也與元化字本合而旉字通敷布也大化旁敷與元化字未嘗不合也裴或以華字毛詩叶音旉如山有扶蘇隰有荷華等是也與姓相連似爲雙聲疑作孚字較爲小異不知詩叶韻而華字自有正韻蓋旉爲華蕚釋文亦以爲華之總名不得以旉即爲華也裴之注此得無武斷乎

廣陵吳普彭城樊阿皆從學別傳曰吳普從學微得其方魏明帝呼之使爲禽戲普以年老手足不能相及粗以其法語諸醫普今年將九十耳不聾目不冥牙齒完堅飲食無損

以古之仙者爲導引之事熊頸鴟顧引輓腰體按范書熊頸作熊經注熊經若熊之攀按自懸也莊子曰吐故納新熊經鳥申

阿求可服食益於人者授以漆葉青黏散范書作青𪏭注志書無𪏭字相傳音女廉反𪏭抱朴子作蓁云漆葉青榛凡弊之

草樊阿服之得壽二百歲而耳目聰明

杜夔傳

自左延年等雖妙於音咸善鄭聲其好古存正莫及夔按晉書律歷志曰泰始十年中書監荀勗中書令張華出御府銅竹律二十五具部太樂郎劉秀等校試其三具與杜夔左延年律法同

管輅傳

輅隨軍西行過毋丘儉墓下倚樹哀吟精神不樂人問其故輅曰林木雖茂無形可久碑誄雖美無後可守元武藏頭蒼龍無足白虎銜尸朱鳥悲哭四危以備法當滅族不過二載其應至矣卒如其言按毋丘儉墓下句當作毋丘儉父祖墓下爲是夫毋丘儉被誅之時已夷三族何從遲之二年之後始滅族乎且儉之墓下亦何從有林木之茂碑誄之美乎

外夷傳

烏丸其性悍驁後漢書悍塞以大人健者名字爲姓後漢書同

續漢書曰以父名字爲姓實如葵子後漢書作稺子郝旦等後漢書作郝旦等拜其大人戎末廆爲都尉後漢書作朱廆

建安十一年太祖自征蹋頓於柳城後漢書作十二年

閻柔帥鮮比烏丸歸附遂因以柔爲校尉猶持漢使節治廣甯如舊按廣甯魏土地記曰在下洛西北三十里

鮮卑端牛角爲弓世謂之角端者也說文曰角端狀如豕角爲弓出胡多休國陸璣毛詩疏曰李陵嘗以此還蘇武郭璞注

曰角端似豬角在鼻上

烏倫其至鞬等史炤釋文曰烏倫其至鞬鮮卑種名胡三省辯誤曰乃鮮卑種帥二人之名非種名也按下文云封烏倫爲王其至鞬爲侯其至鞬復反等語則知辨誤爲是

建武三十年鮮卑大人於仇賁率衆詣闕朝貢後漢書同袁宏後漢紀作三十一年使斬叛烏丸欽志賁等首後漢書欽作歆烏侯秦水後漢書作烏集秦水

軻比能太和二年田豫還至馬城軻比能自將三萬騎圍豫七日上谷太守閻志往喻卽解圍去按田豫傳其說不相蒙

夫餘以殷正月祭天後漢書作臘月祭天

高句驪優台丞使者後漢書無丞字皂衣先人後漢書作帛衣

先人尤誘期句麗侯騶至而斬之前後漢書皆作侯騶遂東太守蔡風北史亦作蔡風後漢書作蔡諷

東沃沮其地形東北狹西南長後漢書曰其地東西狹南北長分治東部都尉治不耐城前漢書作不而縣

又有瓦鑩置米其中編懸之於椁戶邊按鑩音歷與甂鬲甗義同俗作𤮍

濊有麻布蠶桑作緜後漢書緜作綿下多一布字

韓三曰弁韓後漢書作弁辰本傳下文亦曰弁辰足履革蹻蹋後漢書作草履魁頭露紒如炅後漢書無如炅二字紒音計炅音憬衣有獎襪後漢書作獎秖衣有借邑後漢書作邑借

倭人前漢書地理志曰樂浪海中有倭人如淳曰如墨委面在帶方東南萬里臣瓚曰倭是國名不謂用墨故謂用墨故謂之倭如淳曰如墨委面蓋音委字耳夫此音非也倭音一戈反南至邪馬壹國後漢書作其倭王居邪馬壹國以丹朱坋其身體後漢書作並丹朱坋身注說文曰坋塵也見大人所敬但搏手以當跪拜後漢書俗作皆徒跣以蹲踞爲恭敬共立一女子爲王名曰卑彌呼以婢千人自待唯有男子一人給飲食後漢書略同北史曰有二男子給王飲食

三國志補義補遺卷一

泰州康發祥瑞伯

魏書

武帝紀

建安十四年軍至譙作輕舟治水軍秋七月自渦入淮按文帝浮淮賦曰建安十四年王師自譙東大興水軍汎舟萬艘時予從行始入淮口行泊東山覩師徒觀旌帆赫哉盛矣雖孝武盛唐之狩舳艫千里殆不過也乃作賦云泝淮水而南邁兮汎洪濤之湟波仰巖岡之崇阻兮經東山之曲阿浮飛舟之萬艘兮建干將之銛戈揚雲旗之繽紛兮聆榜人之讙譁乃撞金鐘伐雷鼓白旄冲天黃鉞扈扈武將奮發驍騎赫怒

於是驚風汎涌波駭衆帆張羣櫂起爭先逐進莫敢相待王粲曰建安十四年春三月王師自譙東征大興水軍浮舟萬艘秋七月始自渦入淮口將出肥水經合肥旌帆之盛誠孝武盛唐之狩舳艫千里不是過也時粲以丞相掾隨行承命同作斯賦云從王師以南征兮浮淮水而退逝背渦浦之曲流兮望馬丘之高澨汎洪櫓於中潮兮飛輕舟乎濱濟建衆檣以成林兮譬無山之樹藝於是迅流與潭湜濤波動長瀨鉦鼓若雷旌麾翳日飛雲天迴蒼鷹飄逝滂沛洶溶遞相競軼飛鶩汳以高鶩馳駭浪而赴質加所從之巧極美榜人之閑疾白[illegible]未移前驅已届羣師按部左右就隊舳艫千里名卒億計運茲威以赫怒清海隅之芥蔕濟元勲於大舉垂休

續乎遠裔

建安十五年冬作銅爵臺按文帝曁曹植俱有登臺賦文帝曰建安十七年春游西園登銅雀臺命余兄弟並作其辭曰登高臺以騁望好靈雀之麗嫺飛閣崛其特起層樓儼以承天步逍遙以容與聊遊目於西山溪谷紆以交錯草木鬱其相連風飄飄而吹衣鳥飛鳴而過前申躊躇以周覽臨城隅之通川植曰從明后之嬉遊聊登臺以娛情見天府之廣開觀聖德之所營建高殿之嵯峨浮雙闕乎太清立冲天之華觀連飛閣乎西城臨障川之長流望衆果之滋榮仰春風之和穆聽百鳥之悲鳴天工坦其既立家願得而獲成揚仁化於寓內盡肅恭於上京雖桓文之爲盛豈足方乎聖明休矣美

矣惠澤遠揚翼佐皇家 御名 彼四方同天地之矩量齊日月之輝光永尊貴而無極等年壽於東皇

文帝紀

青龍元年春正月甲申青龍見郟之摩陂井中二月丁酉幸摩陂觀龍於是改年改摩陂爲龍按劉邵有龍瑞賦曰太和七年春龍見摩陂行自許昌親往臨觀形狀瓌麗光色燭耀侍衛左右咸與覩焉自載籍所紀瑞應之致或翔集於邦國卓犖於要荒未有若斯之著明也惟殷眺之舊式乃展義而省方皇輿發於洛邑遂巡幸於許昌憲宸極之天居建正殿以當陽歲在析木時惟仲春靈威統方勾芒司辰陽生九四或躍於淵有蜿之龍來遊郊甸應節合義象德效仁紆體蟠縈

摛藻布文青耀章采雕琢璘玢燦若羅星蔚若翠雲光曷奕
以外照水清景而內分聖上覩之無射左右察之旣精聊假
物以擬身忽神化而無形泉含物而不澹固保顯而常霄昔
太昊之初化首帝德以表名曁明后之隆盛又降見以揚聲
惟珍獸之元眞實殊異於四靈信應龍之道揚將天飛於太
清

武宣卞皇后傳

弟秉以功封都鄉侯秉薨子蘭嗣少有才學注引魏略曰蘭獻
賦贊述太子美德太子云云而卞蘭原賦未載茲錄出其辭
曰超古人之遐迹崇先聖之弘基耽八素之秘奧遵二儀於
太猷正往昔之常弊定當世之舊儀稟休和之上性應五百

之運期著典憲之高論作敘覩之麗詩越文章之常檢揚不
學之妙辭蹈布衣之所難闡善道而廣之道無深而不測術
無細而不敷論古賢以歎息覩懿德以歡娛歷精思於訓籍
忽日移而忘劬雖明略而無上猶博納以自扶賓故老以勸
俗諷六經以崇儒嘉通人之達節笑俗士之守株匡天威之
嚴厲揚愷悌之和舒惟凡百之詠德感恩惠之有餘信遺風
之休著非臣下之敢虛乃作頌曰明明太子旣叡且聰博聞
强記聖思無雙倚之左右如虎如龍八俊在側旁無諛㐫富
不忘施尊而益恭研精書籍留思異同建計立議廓然發蒙
天下延頸歌頌德音聞之於古見之於今深不可測高不可
尋創法萬載乘此休風

三國志補義 吳

秋

三國志補義卷之一

泰州康發祥瑞伯

吳書一

孫堅傳

會稽妖賊許昌起於句章郡國志句章山海經曰餘句之山無草木多金玉郭璞曰山在餘姚南句章北故二縣因以爲名句踐欲遷吳王於甬東韋昭曰縣東洲闕駰曰句踐之地南至於句無後并吳因大城之章霸功以示子孫故曰句章秦置句章縣漢因之元鼎中遣橫海將軍韓說出句章浮海擊閩越是也

周朝郭右亦帥徒衆起於零桂按零桂謂零陵桂陽二縣也上文未見則此處二字不應从省

封堅爲烏程侯郡國志烏程屬吳郡左傳襄三年楚伐吳至於衡山杜預曰在縣南

長沙主簿入白堅前移南陽而道路不治軍資不具請收主簿推問意故按上主簿孫堅之主簿也下主簿張咨之主簿也在主簿口中要推問主簿兩主簿字幾轇轕不清上下皆繫以姓名則了了矣

堅常著赤罽幘乃脫幘令親近將祖茂著之按幘音責說文髮有巾曰幘罽音猘爾雅注氂毛所以爲罽疏織毛爲之若今之毛氍毹也赤罽幘謂以赤色之罽爲幘也後漢輿服志秦加武將首飾爲絳帕東觀漢記段熲滅羌詔賜赤幘大冠一

具似此

孫策傳

堅薨還葬曲阿已乃渡江居江都又曰策舅吳景時爲丹陽太守策乃載母徙曲阿與呂範孫河俱就景又曰比至歷陽衆五六千策母先至曲阿徙於歷陽按傳中曲阿數見始歸葬父堅後至江都因就景於丹陽則又徙母仍歸曲阿既曲阿爲劉繇所治則策母又自曲阿徙於歷陽敘事分明瞭然可見

會稽故吳郡太守許貢客所殺按孫策之死有似父堅蓋策爲許貢客所殺堅爲黃祖軍士所射是可爲輕躁者鑒戒

孫權傳

以爲陽羨長地理志陽羨屬會稽郡郡國志屬吳郡

建安四年從策征廬江太守劉勳按孫策傳策襲拔廬江策僞與勳好盟勸勳攻袁術豫章等地勳既行策輕軍取之則此處征字亦作襲字爲是

五年策薨以事授權權哭未及息策長史張昭謂權云云乃改易權服扶之上馬其謂權之語與張昭傳不同昭傳中宜省曰語在權傳不必復贅亦不應互異也

注引江表傳曰初策表用李術爲廬江太守按術當於劉勳襲破後表用之也

太史慈領海昏郡國志海昏侯國在昌邑城豫章記曰城東十三里列江邊名慨口出豫章大江之口也昌邑王每乘流東

望轍憤慨而還故謂之慨口
十年權使賀齊討上饒分爲建平縣按建平縣後漢郡國晉書地理二志皆無此縣孫權時暫置旋改上饒楚番地後漢屬豫章吳屬鄱陽今之饒州府是也
十三年使賀齊討黟歙地理志黟浙江水出南蠻夷中東入海師古曰黟音伊字本作黝
分歙爲始新新定黎陽休陽縣以六縣爲新都郡按晉書地理志作新安郡吳錄曰晉改新定爲遂定注定字或卽安字涽書作遂安
權自率衆圍合肥攻城踰月不能下曹操自荆州還遣張喜將騎赴合肥未至權退按此敘在赤壁之戰後魏志敘在赤壁

三國志補義卷一　吳　三

前二說不同以此爲是張喜魏志作張熹
十五年分豫章爲鄱陽郡分長沙爲漢昌郡按分長沙爲漢昌郡晉書地理志曰分長沙立衡陽湘東二郡
十六年權徙治秣陵明年城石頭改秣陵爲建業郡國志曰秣陵本名金陵秦始皇改建安十六年孫權改曰建業十七年城石頭按改建業本傳較地理志差一年
聞曹操將來侵作濡須隖按濡須在無爲一名偃月營
十八年正月曹操攻濡須權與相距月餘曹操望權軍嘆其齊整乃退魏志武帝紀春三月進軍濡須口攻破權江西營獲權部都督公孫陽乃引軍還與此小異
權征皖城閏月克之獲廬江太守朱光按孫策傳有襲拔廬江之說則廬江已爲吳有又何由獲廬江太守朱光乎誠以廬江屬吳之後有太守李術之叛則廬江又屬於魏魏使朱光守之而權獲之乎以權傳注引江表傳參考庶無罣漏
二十二年春權令都尉徐詳詣曹操請降操報使修好誓重結婚按魏志權在濡須口築城拒守遂逼攻之權退走二志又不同
二十三年十月權射虎於庱亭裴注庱攄陵反亦音稱亭在吳興
二十五年秋撫納南陽陰酇筑陽山都中廬五縣民五千家來附後漢郡國志陰酇山都筑陽屬南陽郡晉書地理志山都中廬屬襄陽郡陰酇筑陽太康中改屬順陽郡

三國志補義卷一　吳　四

權自公安都鄂改名武昌水經引九州記曰鄂今武昌也孫權以魏黃初元年中自公安徙此改曰武昌縣鄂縣徙治於袁山東又以其年立爲江夏郡分建業之民千家以益之
黃武元年秋九月權遂改年臨江拒守按魏志帝自許昌南征諸軍並進權臨江拒守是年魏文有親征之舉而吳志未及
二年春正月曹眞分軍據江陵中州史記曰楚熊渠立長子康爲句亶王張瑩曰今江陵也郡國志曰江陵有津鄉左傳莊十九年楚子大敗於津史記蘇秦說楚威王楚東有夏州左傳楚子伐陳鄉取一人以歸謂之夏州今　城有州名夏口
注引吳書載立信都尉馮熙事誓死不肯從魏其人眞可入死

節傳惜承祚未爲立傳
四年夏五月丞相孫邵卒按裴注引志林以邵爲首相史無其傳特因與張惠恕不相能作史者惠恕之黨故不見書但邵作相數載豈無事蹟可錄惟以黨同之故抑而不書史氏如此何以傳信而行後乎承祚求丁廙米不獲故不爲丁儀弟兄作佳傳而儀弟兄散見於諸傳毋見訾議此輩操筆庸可信乎以此類推史事難言矣加按志林謂邵與張惠恕不相能後韋氏作史蓋惠恕之黨故不見書但孫邵卒於黃武四年張温卒於嘉禾年間而韋曜爲太史令撰吳書在孫亮卽位之後其間相距多年無論韋曜不應黨温卽使黨温亦何必於已故之相而爲之修怨不已也此承祚之疎漏不得歸

咎於韋氏志林之論恐不盡然
注引吳錄載魏文帝至廣陵臨江觀兵時大寒舟不得入江帝見波濤洶湧遂歸孫韶遣將於徑路夜要之獲副車羽蓋而承祚俱未采錄其爲魏諱言如此
五年秋七月權征江夏圍石陽不克而還按魏志吳將諸葛瑾張霸等寇襄陽撫軍大將軍司馬宣王討平之斬霸征東大將軍曹休又破別將於尋陽而吳志又不備書何也
是歲分交州置廣州注引江表傳云又庚仲雍江水記云谷里袁口江津南入歷樊山上下三百里通新興馬頭二治樊口之北有灣昔孫權裝大船名之曰長安亦曰大舶載坐直之士三千人與羣臣泛舟江津屬値風起權欲西取蘆洲谷利

不從乃拔卽止令取樊口薄船船至岸而敗故名其處爲敗舶灣因鑿樊山爲路以上人卽其處爲峴在樊口上一里其辭較詳
六年改合浦爲珠官郡按晉書地理志珠官一作珠崖珠官縣名屬合浦郡但吳置珠官郡志云在赤烏五年非黃武六年吳平後又省珠崖入合浦茲於黃武六年載此俟攷
黃龍元年吳中童謠曰黃金車班蘭耳闓閭門出天子按班蘭通斑斕闓音愷開也通作開周禮典瑞以卹凶荒注卹者闓府庫振救之
蜀遣衞尉陳震慶權踐位權乃參分天下造爲盟辭中有非漢與吳將復誰在之語則吳亦稱漢爲漢矣而陳壽撰史强書

爲蜀不知何意
三年春三月遣太常潘濬率衆五萬討武陵蠻夷衞温諸葛直皆以違詔無功下獄誅按温直以二年浮海求夷洲及亶洲人民温直以亶洲絕遠卒不可得至但得夷洲數千人還所謂無功下獄者以此志牽連書之幾以爲討武陵蠻夷無功誅矣殊未及曉
由拳野稻自生改爲禾興縣宋書州郡志孫皓父名和又改名曰嘉興見後赤烏五年
中郎將孫布詐降以誘魏將王淩按周魴誘曹休孫布誘王淩吳人狙詐故智如此甚可鄙也
嘉禾元年三月遣將軍周賀校尉裴潛乘海之遼東秋九月魏

將田豫要擊斬賀于成山一統志曰成山在文登縣南一百二十里海濱史記曰秦始皇過黃腄窮成山漢武帝幸東海作朱雁之歌拜日于成山即此

嘉禾二年詔曰遼東太守燕王久嗋賊虜隔在一方雖乃心於國其路靡緣按嗋音脅凡以威力語言恐人當作脅賊虜謂魏也謂公孫淵久以威力語言恐迫魏人也

三年使太常張彌執金吾許晏將軍賀達等將兵萬人金寶珍貨九錫備物乘海授淵舉朝大臣自丞相雍已下皆諫按此役也張昭之諫最著載於昭傳則孫權有拔刀塞門之舉茲渾言丞相雍已下者豈以昭之名位不逮雍乎

是歲權向合肥新城下文又曰權率大衆圍合肥新城按一統志曰新城在廬州府無爲州城南一十五里乃三國吳諸葛恪所築以居新附之人故曰新城但諸葛恪當國在孫亮之世築城應在爾時孫權之圍在前豈即爲此

三年冬十一月詔復曲阿爲雲陽丹徒爲武進宋書州郡志曰曲阿本名雲陽秦始皇改曰曲阿吳嘉禾三年復曰雲陽晉武帝太康二年復曰曲阿丹徒古名朱方秦改曰丹徒孫權嘉禾三年改曰武進晉太康三年復改曰丹徒又曰太康二年分丹徒曲阿立毗陵郡武進屬焉

四年秋七月魏使以馬求易珠璣翡翠瑇瑁按魏志是時大治洛陽宮起昭陽太極殿築總章觀以是爲宮室之飾而求易之也

五年中郎將吾粲獲李桓將軍唐咨獲羅厲等按桓厲等爲亂於前二年至是獲之吾粲傳中不載亦一漏也又將軍唐咨獲羅厲後又與呂岱討平廖式可謂屢立戰功者矣何吳志無傳

六年按魏志是年秋七月孫權遣將朱然等二萬人圍江夏荊州刺史胡質等擊之然退走吳志未載冬十月遣衛將軍全琮襲六合不克魏志亦不載

赤烏元年春鑄當千大錢按前鑄大錢當五百矣茲又鑄當千錢之大莫大於此

二年三月遣使者羊衜鄭胄將軍孫怡之遼東擊魏守將張持高慮等虜得男女按此魏志未載又羊衜無傳附見於孫登鍾離牧等傳內按同時有二羊衜始興太守吳羊衜也上黨太守魏羊衜也魏羊衜爲晉景王之舅生祜及景獻羊皇后之母即漢左中郎將蔡邕之女也

四年夏四月威北將軍諸葛恪攻六安郡國志六安國屬廬江郡皇覽曰皋陶冢在縣晉書地理志六故六國今之六安州也

六年春正月諸葛恪征六安破魏將謝順營攻其民人是歲司馬宣王率軍入舒諸葛恪自皖遷於柴桑按魏志正始四年皆未備載六安見前注柴桑郡國志屬豫章郡晉書地理志屬武昌郡

八年夏茶陵縣鴻水益出晉書地理志茶陵屬湘東郡吳置故

屬長沙郡
九年春二月車騎將軍朱然征魏柤中斬獲千餘按魏志正始
八年不載亦諱之也裴注引漢晉春秋正以補其缺耳柤音
查地名春秋襄十年會吳于柤杜預注楚地水經京相璠曰
偪陽縣西北有柤水溝去偪陽八十里東南流經偪陽城東
北又南亂于沂而注于沭謂之柤口卽楚之柤地也今山東
兗州府嶧縣東南有渣口戍柤與渣俱音側加反
十一年三月宮成按十年三月改作太初宮此云宮成者太初
宮成也宮字宜葢太初二字爲是
十三年十二月魏大將軍王昶圍南郡按魏志嘉平二年十二
月乙未征南將軍王昶掩擊吳破之兩志不相蒙吳志以征
南將軍爲大將軍亦誤
孫亮傳
吳高陵松柏斯拔搜神記曰拔高陵樹二千株
漢地理郡國二志皆無吳置旋改羅陽爲安固
太元二年臨海羅陽縣有神自稱王表按臨海郡名羅陽縣名
權薨太子卽尊號大赦改元是歲魏嘉平四年也按文改元當
作改元建興下文無建興字此宜標出不書建興改年而反
旁及魏嘉平年號殊不可曉
以恪爲帝太傅按文似多帝字豈以恪嘗爲太子太傅故加帝
字以別之歟
雷雨天災武昌端門改作端門又災內殿裴注案孫權赤烏十

年徙武昌宮材瓦治建康宮而武昌猶有端門內殿本傳順
文讀之似衍改作端門四字
二年三月恪率軍伐魏夏四月圍新城大疫兵卒死者大半秋
八月恪引軍還按魏志五月吳太傅諸葛恪圍合肥新城秋
七月恪退還四月作五月八月作七月上下皆差一月何也
五鳳元年注引江表傳云云搜神記曰交阯稗草化爲稻昔三
苗將亡五穀變種此草妖也
二年閏正月壬辰孫峻率兵襲壽春軍及東興進于橐皋按橐
皋地名春秋哀十二年會吳于橐皋杜預注在淮南逡遒縣
東南魏志黃初四年曹仁南侵使其子泰攻濡須自將萬人
留橐皋是也郡國志逡遒縣屬九江郡其故城今廬州府東
興巢縣接壤
太平元年冬十月丁未孫綝遣孫憲及丁奉施寬等以舟兵逆
呂據於江都辛亥獲呂據於新州按孫綝傳云遣從兄慮將
兵逆據於江都逆據事一而人不同且孫慮於嘉禾元年已
卒是豈另有一孫慮邪抑慮字卽憲字之訛邪按綱目云或
勸據奔魏據曰吾恥爲叛臣遂自殺玆云獲于新州不知孰
是
二年春二月乙卯以長沙東部爲湘東郡西部爲衡陽郡會稽
東部爲臨海郡豫章東部爲臨川郡按晉書地理志皆因之
三年孫綝召大臣會宮門黜亮爲會稽王按綱目以其罪班告
遠近尚書桓彝不肯署名綝怒殺之吳志未備書

孫休傳

從中書郎射慈盛冲受學按孫奮傳注有謝慈謂射慈人謝慈
之誤此三國志辯誤之言也而不知此非誤也按蜀臣有射
援其在三輔決錄云援字文雄扶風人其先本姓謝與北地
諸謝同族始祖謝服爲將軍出征天子以謝服非令名改爲
射子孫氏焉觀此則知謝射本一姓所以爲傳寫之譌者亦
失據矣

行至曲阿有老公於休叩頭按今人以闇人之老者爲老公其
本於此乎

大赦改元是歲於魏甘露三年也按文當曰於漢景耀元年於
魏甘露三年也孫亮傳大赦改元於魏嘉平四年也亦當曰

於漢延熙十五年魏嘉平四年也孫皓傳改元大赦是歲於
魏咸熙元年也是歲漢已前亡僅書此可耳如此則平允周
詳無可訾議承祚尊崇曹魏祇書魏年號甚無謂也

休聞琳逆謀陰與張布圖計十二月戊辰臘百寮朝賀公卿升
殿詔武士縛琳即日伏誅按丁奉傳因臘會誅琳謀成于奉
奉之功可謂鉅不應獨稱張布而遺奉名

三年春三月西陵言赤烏見搜神記曰孫休永安三年三月有
一異兒長四尺餘年可六七歲衣青衣忽來從羣兒戲諸兒
莫之識也皆問曰爾誰家小兒今日忽來答曰見爾羣戲樂
故來耳詳而視之眼有光芒爚爚外射諸兒畏之重問其故
乃答曰爾恐我乎我非人也乃熒惑星也將有以告爾三公
歸於司馬諸兒大驚或走告大人大人馳往觀之兒曰舍爾
去乎聳身而躍即以化矣仰而視之若曳一疋練以登天大
人來者猶及見焉飄飄漸高有頃而沒

四年安吳民陳焦死埋之六日更生搜神記作七日復生晉書
地理志安吳屬宣城郡

五年八月戊子立子𩅦爲太子注引吳錄孫休詔曰太子名𩅦
𩅦音如湖水灣澳之灣字𡩋𡩋字如迄今之迄通鑑𡩋作莔

休欲與博士祭酒韋曜博士盛冲講論道藝按韋曜本名昭因
避晉諱改爲曜魏之胡昭吳之張昭何以不改

休欲與博士祭酒韋曜博士盛冲講論道藝曜冲素皆切直布
恐入侍發其陰失令己不得專因妄飾說以拒遏之休如布

意廢其講業是歲使察戰到交阯調孔雀大豬按中主不講
論道藝便調取物產使張布不拒曜冲之入則孫休不至有
交阯之使是年若無交阯之使則下年即無交阯之亂矣小
人之妨賢害事有如此哉史牽連書之可以鑒矣

使察戰到交阯調孔雀大豬裴注察戰官名今揚都有察戰巷
按俗誤呼爲夾剪巷矣

六年冬十月分武陵爲天門郡晉書地理志因之統縣五零陽
漊中充臨澧澧陽

七年秋七月復分交州置廣州按黃初四年曾分交州置廣州
旋復舊茲故曰復分也本傳在永安七年秋晉書地理志曰
永安六年

壬午大赦休薨注引江表傳云云吳孫休有疾求覡視者得一人欲試之乃殺鵝而埋于苑中架小屋施床几以婦人屐履服物著其上使覡視之告曰若能說此冢中鬼婦人形狀者當加厚賞而即信矣竟日無言帝推問之急乃曰實不見有鬼但見一白頭鵝立于上所以不即白之疑是鬼神變化作此相當俟其真形一定不復移易不知何故敢以實上又曰孫休衣服之制上長下短又積領五六而裳居一二蓋上有餘下不足之象也

孫晧傳

改元大赦是歲於魏咸熙元年也晧於永安七年秋七月改元不踰年而改元幾著爲例矣承祚僅書魏年號失已見前孫亮傳

元興元年九月貶太后爲景王后追謚父和曰文皇帝尊母何爲太后按晧之立由于丞相濮陽興左將軍張布興布說休妃太后朱欲以晧爲嗣朱曰我寡婦人安知社稷之慮苟吳國無隕宗廟有賴可矣是晧之立由於朱而晧於踐位之初即貶之江東諸賢何無伏闕而爭者明世宗時張桂之流亦不聞援据此說豈亦知此爲失德而不忍言邪

甘露元年三月遣光祿大夫紀陟五官中郎將弘璆宣明至懷又曰陟璆至洛遇晉文帝崩乃遣還裴注引干寶晉紀曰陟璆奉使如魏晉文王饗之云云二傳語不相蒙或陟璆初至魏時晉文尚在乃未幾而薨也松之之注尚欠明曉

送休四子於吳小城尋復追殺大者二人按吳小城想即永安六年火燒西南八十丈之建業石頭小城也前之災異應於此矣

十二月晉受禪是年冬十二月爲晉泰始元年

寶鼎元年冬十月分會稽分吳丹陽爲吳興郡以零陵北部爲邵陵郡晉書地理志皆因之但分丹陽爲吳興郡疑丹陽二字衍晉志分丹陽爲吳興無攷況孫權已分丹陽立新都郡矣晉平吳又分丹陽立毗陵郡不聞有分丹陽爲吳興郡之說也

按元年三月通鑑有殺散騎常侍王蕃一條爲萬彧陳聲譖而殺之也志脫畧未書

二年分豫章廬陵長沙爲安成郡晉書地理志因之

三年秋九月丁奉至合肥是歲遣交州刺史劉俊前部督修則等入擊交阯爲晉將毛炅所破按晉紀十一月吳將丁績入江夏萬彧寇襄陽遣太尉義陽王望屯龍陂荆州刺史胡烈擊敗郁又十一月吳將丁奉出芍陂安東將軍汝陰王駿與義陽王望擊走而吳志皆未載

建衡二年按是年晉泰始六年也晉紀吳將丁奉入渦口揚州刺史牽弘擊走之而吳志亦未載

三年盧𣻉陶璜破交阯分交阯爲新昌郡諸將破扶嚴置武平郡晉書地理志皆因之

鳳皇元年是歲右丞相萬彧被譴憂死按通鑑吳殺其丞相萬

武將軍留平大司農樓玄留平之死見裴注引江表傳而樓
玄未載玄傳爲人誣白謗訕政事徙交阯自殺
二年按晉紀吳將魯淑圍弋陽征虜將軍王渾擊敗之而吳志
未載
三年按晉紀秋七月吳平虜將軍孟泰偏將軍王嗣等帥衆降
九月癸亥以大將軍陳騫爲太尉攻拔吳枳里城獲吳立信
校尉莊祐吳將孫遵李承帥衆寇江夏太守嵇喜擊破之十
二月吳威北將軍嚴聰揚威將軍嚴整偏將軍朱買來降而
吳志皆未載
會稽妖言章安侯奮當爲天子通鑑曰民間訛言
吳主誅之及其五子

天冊元年按晉紀爲咸甯元年有吳人寇江夏一條而吳志未
載
天紀元年按晉紀爲咸甯三年夏五月戊子吳將邵凱夏祥帥
衆三千餘人來降而吳志未載
二年按晉紀爲咸甯四年冬十月揚州刺史應綽伐吳皖城斬
首五千級焚穀米百八十萬斛通鑑曰吳人大佃皖城謀寇
晉邊晉都督揚州軍事王渾遣兵攻破之斬首五千級焚其
積穀百八十餘萬斛踐稻苗四千餘頃毀船六百餘艘
四年春濬彬所至則土崩瓦解靡有禦者預又斬江陵督伍延
渾復斬丞相張悌丹陽太守沈瑩等按晉紀太康元年春正
月癸丑王渾克吳尋陽賴鄉諸城獲吳威武將軍周興二月
戊午王濬唐彬等尅丹陽城庚申又克西陵殺都督鎮軍將
軍留憲征南將軍成璩西陵監鄭廣壬戌又克夷道樂鄉城
殺夷道監陸晏水軍都督陸景甲戌杜預克江陵斬江陵督
伍延平南將軍胡奮克江安於是諸軍並進樂鄉荆門諸戍
相次來降濬進破夏口武昌遂泛舟東下所至皆平王渾周
浚與吳丞相張悌戰於版橋大敗之斬悌及其將孫震沈瑩
傳首洛陽

三國志補義卷之二

泰州康發祥瑞伯

吳書二

劉繇傳

按劉繇太史慈士燮三傳若從魏志董卓袁紹之例亦應列在嬪妃傳之後不應列之於前且劉繇爲劉岱之弟與袁術陶謙等一時並見當載在魏志公孫瓚陶謙之下不入吳志可也太史慈士燮皆臣於吳即與張昭顧雍等同傳可也三人同傳而列於嬪妃之上是所不解

太史慈傳

植所持的各一射之畢徑入門明晨復如此圍下人或起或臥

慈復植的射之畢復入門明晨復如此無復起者於是下鞭馬直突圍中馳去按此敘事中著徑入門句又着復入門句又兩着明晨復如此句以故圍者不疑時或起或臥旋無復起者而慈得以鞭馬突圍馳去也慈固妙人而承祚敘事亦復有雕起鶻落之觀洵是妙文

策刺慈馬擥得慈項上手戟慈亦得策兜鍪按鍪音謀廣韻兜鍪首鎧也書說命惟甲冑起戎注冑兜鍪也漢書作鞪義同說文鍑也博雅釜也正字通兜鍪形似釜而反屑非炊具說文長箋軍士以首鎧爲炊具故曰兜兜爲冑名鍪則釜名一物兼二義按軍伍鐎斗晝炊夜擊未有以首鎧炊者凡被圍糧匱援絶煮弩鎧食筋革皆勢窮使然　士例用首鎧爲炊也箋說誤揚雄長楊賦鞮鍪生蟣蝨即兜鍪也

以手持樓棼慈引弓射之矢貫手著棼按棼音分說文複屋棟也張衡西京賦列棼橑以布翼謂作棼左思魏都賦棼橑複結欒櫨壘施

曹操聞其名遺慈書以篋封之發省無所道而但貯當歸按姜維傳注引孫盛雜記曰初姜維詣亮與母相失復得母書令求當歸維曰良田百頃不在一畝但有遠志不在當歸也當歸事重見

士燮傳

按士燮傳中夾敘弟壹事曰燮乃表壹領合浦太守又曰燮壹諸子在南者皆拜中郎將又曰壹時貢馬凡數百匹權輒爲

書厚加寵賜以荅慰之又曰壹子中郎將匡與呂岱有舊岱署匡師友從事夾敘處原委分明

妃嬪傳

孫破虜吳夫人生四男一女按所謂一女者即配劉先主之孫夫人也步夫人傳曰生二女長曰魯班次曰魯育前配某後配某皆爲之詳敘夫人歸于劉先主後還吳有趙雲斷江留太子事則非無所紀述可知也何以蜀志既不載而吳志亦闕然乎

吳主權潘夫人譖害袁夫人等甚衆裴注引吳錄稱袁夫人最賢淑承祚立傳何獨遺之

孫休朱夫人全主因言朱主與儀同謀峻枉殺朱主搜神記亍

是即魯班與孫峻所爲而枉殺胥肯也合觀孫峻傳則其寃益明

孫和何姬命宦者召入以賜子和生男權喜名之曰彭祖即晧也按孫晧傳曰權孫和子也一名彭祖則彭祖之名前已言之矣此何用復贅

按孫破虜吳夫人等傳皆無甚事實可以稱述以外戚羼入傳中其體例本於馬班二史諸夫人或未立爲后權謝夫人等是也或已立爲后權潘夫人亮全夫人休朱夫人和何姬晧滕夫人是也或追尊爲后其終也皆以卒書而於步夫人朱夫人書薨且諸夫人之中而獨於孫晧母稱何姬誠不知其何說

宗室傳

孫靜令促具甖缶數百口澄水至昏暮按甖音英同罌說文缶也廣雅瓶也前漢書韓信傳以木罌缶度軍注師古曰罌缶謂瓶之大腹小口者也

有五子暠瑜皎奐謙暠三子綽超恭恭生峻綽生綝按峻與綝皆靜之曾孫恃侈滅義因而不終以覩靜之戀墳墓宗族不樂出仕迥不相侔豈不有忝厥祖邪

孫皎與甘甯忿爭或以諫甯甯曰臣子一例五値明主但當輸效力命以報所天按妻謂夫爲所天豈知臣之謂君亦曰所天故江淹自獄中上建平王景書曰常欲結纓伏劍少謝萬一剖心摩踵以報所天

孫韶本姓俞氏亦吳人也孫策愛之賜姓爲孫注吳書曰河堅族子也出後姑俞氏後復姓爲孫二說小異竟如本傳所云似不必列於宗室傳矣

張昭傳

權悲感未視事昭謂權曰夫爲人後者貴能負荷先軌克昌堂構以成勳業也方今天下鼎沸羣盜滿山孝廉何得寢伏哀戚肆匹夫之情哉乃身自扶權上馬陳兵而出然後衆心知有所歸按孫權傳建安五年策薨以事授權權哭未及息策長史張昭謂權曰孝廉此甯哭時邪且周公立德而伯禽不師非欲違父時不得行也況今姦宄競逐豺狼滿道乃欲哀親戚顧禮制是猶開門而揖盜未可以爲仁也乃改易權服

扶令上馬使出巡軍一時之事一人之言不應變易如此

按注裴松之於張昭勸迎曹操方以竇融歸漢目爲忠正之言以此　之然乎否乎夫炎漢受命六合一家白水中興羣雄帖服迨至董卓煽亂傕汜肆凶操果直指義旗收還故物如霍光之起於中葉亞父之能討不庭則玉步雖危而不更金甌幾缺而復整豈不懿哉無如操心如梟獍坐擁貔貅母后則破壁以搜天子亦閹門而守貪饕漸肆凶暴已形若權舉全吳望風投款則所謂翦翼速飛盾新抱火有不旋踵者矣張子布之謀即與蜀漢譙允南等也謂爲忠正大謬不然矣

昭弟子奮領兵爲將軍至平州都督辯誤以爲吳無平州當是半州之誤以吳主子建昌侯慮嘗鎮半州等亦嘗鎮此爲證

當從之

顧雍傳

呂壹姦罪發露收繫廷尉雍往斷獄壹以囚見臨出謂壹曰君意得無欲有所道壹叩頭無言時尚書郎懷敘面詈辱壹雍責敘曰官有正法何至於此注徐衆評以爲不當問壹所欲道並不當責詈辱夫問壹所欲道是爲敎猱升木誠如徐之所譏以爲不當責懷敘詈辱則朝廷正法亦可以詈辱逞私忿矣矯枉過正徐評誤矣

次子裕有篤疾注引吳書曰雍母弟徽拜巴東太守子裕字季則按雍子名裕弟之子亦名裕豈有從兄弟而可以同名者乎疑其有一誤矣

諸葛瑾傳

按注引吳書與風俗通以明諸葛得姓之始風俗通言葛嬰之孫封諸縣而并氏焉其說較爲近情當折衷於此

權亦重之大事咨訪又別咨瑾云云此二三百言皆孫權獨持已見言而無徵且與瑾毫無關涉載之傳中所謂空勞辭費者也

步騭傳

延康元年權遣呂岱代騭按傳中前用漢年號書建安後用吳年號書黃武嘉禾赤烏等而此又夾用魏年號魏改延康元年實漢之建安二十五年也直書建安二十五年有何不可亦何必如是錯雜書耶

張紘傳

令還吳迎家道病卒臨困授子靖留牋云云時年六十卒按上文旣曰道病卒則時年六十字卽當在道病卒下而下文之卒字重出殊可省

送建安作船按建安郡名亦縣名晉書地理志曰建安故秦閩中郡漢高帝五年立閩越王武帝滅之徙其人民爲東治又更名東城後漢爲候官都尉吳置建安郡

嚴畯傳

横江將軍魯肅卒權以畯代肅畯前後固辭發言慷慨至於流涕注引志林曰權又試畯騎上馬墮鞍按此辭職情形難分眞僞將以爲僞邪畯畏葸規避事君不忠將以爲眞邪權無知人之明漫將重任付予兩失之矣何得以此爲佳事載之傳中乎

闞澤傳

究覽羣籍兼通歷數又注乾象注以正時按晉書律歷志曰吳中書令闞澤受劉洪乾象法於東萊徐岳又加解注

薛綜傳

沛郡竹邑人也注吳錄曰孟嘗君封於薛其孫陵固二人遂氏薛本傳綜子瑩獻詩孫晧曰惟臣之先著仕于漢傳未稱引漢之顯仕某某是其父祖但前漢薛廣德爲沛郡人綜亦沛郡系出於廣德亦未可知

椎結徒跣按結與髻通前漢書陸賈傳尉佗魋髻箕踞古注

曰結讀曰髻後漢書梁鴻傳乃更爲椎髻著布衣操作而前
覩其好髮髡以爲髲按髲音備六書故髲他髮飾髻也左傳衛
莊公翦職見巳氏之妻髮美髡之以爲呂姜髢即此是也
南海黃蓋爲口南太守下車以供設不豐撾殺主簿仍見驅逐
按此又一黃蓋也公覆非南海人其爲武陵太守討平寇亂
諸多惠政吳書謂國人圖畫蓋形四時祠祭安得有如此暴
虐事乎蓋傳曰隨孫堅討平山越用爲守長石城縣吏特難
檢御蓋乃署兩掾分主諸曹後得兩掾不奉法數事置酒殺
之豈即附會此事邪
遷尚書僕射按諸葛瑾傳權嘉恪功遣尚書僕射薛綜勞軍綜
先移恪等云云本傳獨遺此事其移文亦當載綜傳中而諸
葛恪傳當曰語在綜傳

下瑩獄徙廣州右國史華覈上疏云云按覈奏瑩史才可用罪
廢可惜全文宜入覈傳而瑩傳當曰疏語在覈傳

周瑜傳

轉下湖孰江乘又曰出備牛渚後領春穀長郡國志湖孰江乘
牛渚春穀皆屬丹陽郡晉志地理志太康二年置宣城郡春
穀屬焉孝武改春穀爲陽穀
定豫章廬陵留鎮巴邱郡國志廬陵本屬豫章郡興平元年孫
策分立廬陵郡晉書地理志因之巴邱廬陵之屬縣也
瑜部將黃蓋曰今寇衆我寡難與持久然觀曹軍方連船艦首
尾相接可燒而走也以至人馬燒溺死者甚衆遂敗退還保
南郡按此一段當入蓋傳此處當曰瑜部將黃蓋建策火攻
語在蓋傳則主客分明而蓋傳亦有精采矣火攻一事是黃
蓋最出色處本傳烏可不載而獨見於他人傳內殊不得體
瑜跨馬櫟陣按櫟通作擽掠也掠也謂跨馬掠陣也
瑜還江陵爲行裝而道於巴丘病卒時年三十六按本傳前云
自居巢還吳是歲建安三年也策親自迎瑜授建威中郎將
即與兵二千人騎五十匹瑜時年二十四合前文觀之此十
二年間瑜討麻保屯鄧龍破曹操於烏林挫曹仁於南郡建
立功業不可一世矣如此將才早夭可惜史前後俱紀其年
歲亦文章著意之處
喪當還吳又迎之蕪湖郡國志蕪湖中江在西左傳襄公三年

楚子伐吳尅鳩茲杜預曰在縣之東

魯肅傳

卒年四十六建安二十二年卒按周瑜傳瑜卒年三十六卒於
建安十五年以此攷之肅長瑜七歲又按肅入吳之年已三
十一歲矣張昭訾毀之云肅年少麤疏未可用夫年華三十
則壯有室矣宜聖謂三十而立亦此時也謂之年少烏乎可
乎
肅遺腹子淑按淑與肅音同豈子之於父有不避嫌名而名淑
者乎

呂蒙傳

以下雋漢昌劉揚州陵爲奉邑按此在建安十三年賞赤壁之

功曾以此爲周瑜奉邑二十二年曹操攻濡須權以蒙爲督
是年魯肅卒以肅人馬萬餘盡以屬蒙拜漢昌太守食下雋
劉陽漢昌州陵是九年之中前爲瑜之奉邑不旋踵而爲蒙
之食邑也吁

以蒙爲南郡太守賜錢一億黃金五百斤按億有大數有小數
十萬曰億乃小數也萬萬爲億乃大數也孫權於嘉禾五年
鑄大錢一當五百赤烏元年鑄當千大錢荆州之定在建安
二十四年未有當五百當千大錢所賜之錢乃泛用之錢耳
以黃金五百斤準之則非小數之十萬必爲大數之萬萬可
知

程普傳

右北平土垠人也漢書地理志注師古曰垠音銀

策嘗攻祖郎大爲所圍普與一騎共蔽捍策以矛突賊賊披策
因隨出按文賊披下似少一靡字

從討劉勳於尋陽按尋陽廬江之屬縣也郡國志尋陽有置馬
亭劉勳士衆散處

先出諸將普最年長時人皆呼程公按周瑜傳曰瑜時年二十
四吳中皆呼爲周郎又曰性度恢廓大率爲得人惟與程普
不睦合觀二傳瑜普之不睦由於普挾長可知

黃蓋傳

凡守九縣所在平定按水經沙羨縣治江之右岸有船官浦歷
黃鵠磯西而南直抵鸚鵡洲之下尾江水溠曰烑浦是曰黃
軍浦昔吳將黃蓋軍師所屯故浦得其名

韓當傳

遼西令支人也漢地理志令支有孤竹城應劭曰故伯夷國令
音鈴孟康曰支音秖師古曰令音郎定反

蔣欽傳

母疎帳縹被妻妾布裙按縹飄上聲說文帛青白色後漢輿服
志列侯以上得用錦縉采十二色賈人縹緗而已以其色輕
也加按魏志楊阜傳阜見明帝著帽被縹綾半褏裲晉書五
行志以爲服妖蓋同一縹色彼貴自賤此則省約義自不同

周泰傳

復補宜春長晉書地理志宜春屬安成郡吳置

陳武傳

廬江松滋人又曰策破劉勳多得廬江人料以精銳乃以武爲
督所向無前是武嘗從策攻其鄉里而得其精銳也

從征合肥奮命戰死權哀之自臨其葬注引江表傳曰權命以
其愛妾殉葬按權爲子和而娶姊女葬陳武而殉愛妾多行
不義後葉陵遲宜也

從太子中庶子拜翼正都尉辨誤曰從當作從中庶子乃表初
除之官非遷改也從上文與諸葛恪顧譚張休等並侍東宮
句觀之不誣也

以表領新安都尉辨誤謂新安當作新都以是時新都尚未改
新安也亦是

董襲傳

以栟閭大紲繫石為矴按栟閭廣雅椶也紲音屑說文系也士喪禮乘車革紲鄭康成曰韁也凡羈繫之物皆曰紲矴破同碇舟石也蓋以栟閭為紲而碇石於岸也

夜卒暴風五樓船傾覆按夜卒或是夜半之訛

按傳末無人襲爵似有缺文

甘寧傳

權遂西果禽祖盡獲其士衆遂授寧兵屯當口按當口應作當利口　見孫策傳劉繇遣張英屯當利口以拒袁術

寧引白削置膝上按白削刀也周禮攷工記粵之削吳越之劍築氏為削長尺博寸合六而成規注鄭今書刀古用竹簡筆誤則以刀削之因名之曰削

按宗室孫皎傳有甯與皎忿爭事本傳何以不載本傳獨載挽弓射殺厨兒一事則凶暴之至矣其子瓌以罪徙會稽而死後嗣弗昌宜哉

凌統傳

從往合肥按文疑是從征合肥之誤與陳武傳從征合肥同一事也

徐盛傳

盛建計從建業築圍作薄落圍上設假樓按草叢生曰薄落藩也蓋以叢草為藩籬也後漢書袁紹傳曰大會賓從於薄落津注引續漢志癭陶縣有薄落亭

丁奉傳

太平二年魏大圍之遣朱異唐咨等往救復使奉與黎斐解圍奉為先登屯於黎漿力戰有功拜左將軍按魏大圍之四字疑是魏圍壽春之訛且壽春之圍往救者祇朱異唐咨等耳初不聞有丁奉也是役也唐咨被獲朱異以遇敵不進孫綝怒而殺之奉何功之有而拜後將軍乎

奉與晉大將石苞書搆而間之苞以徵還按奉與苞書不傳晉書有苞與孫晧書孫楚代作其辭曰苞白蓋聞見幾而作周易所貴小不事大春秋所誅此乃吉凶之萌兆榮辱之所由興也是故許鄭以銜璧全國曹譚以無禮取滅載籍既記其成敗古今又著其愚智矣不復廣引譬類崇飾浮詞苟以夸

大為名更傷忠告之實今麤論事勢以相覺悟昔炎精幽昧歷數將終桓靈失德災釁竝興豺狼抗爪牙之毒生人陷塗炭之艱於是九州絕貫皇綱解紐四海蕭條非復漢有太祖承運神武應期征討暴亂克寧區夏協建神符天命既集遂廓洪基奄有魏域土則神州中岳器則九鼎猶存世載淑美重光相襲固知四隩之攸同天下之壯觀也公孫淵承籍父兄世居東裔擁帶燕胡馮陵險遠講武盤桓不供職貢內傲帝命外通南國乘桴滄流交疇貨賄葛越布於朔土貂馬延乎吳會自以為控弦十萬奔走足用信能右折燕齊左振扶桑陵轢沙漠南面稱王也宣王薄伐猛銳長驅師次遼陽而城池不守桴鼓一震而元凶折首然後遠跡疆場列郡大荒

收離聚散咸安其居民庶悅服殊俗款附自茲遂隆九野清泰東夷獻其樂器肅慎貢其楛矢曠世不羈應化而至巍巍蕩蕩想所具聞吳之先主起自荆州遭時擾攘播遷江表劉備震懼亦逃巴蜀遂依邱陵積石之固三江五湖浩汗無涯假氣游魂迄於四紀二邦合從東西唱和五相扇動距捍中國自謂三分鼎足之勢可與泰山共相終始相國晉王輔相帝室文武桓桓志厲秋霜廟勝之算應變無窮獨見之鑒與衆絶慮主上欽明委以萬幾長轡遠御妙略潛授偏師同心上下用力稜威奮勇深入其阻并敵一向奪其膽氣小戰江介則成都自潰曜兵劍閣而姜維面縛開地五千列郡三十師不踰時梁益肅清使竊號之雄稽顙絳闕球琳重錦充於

府庫夫虢滅虞亡韓并魏徙此皆前鑒之驗後事之師也又南中呂興深覩天命蟬蛻內向願爲臣妾外失輔車脣齒之援內有羽毛零落之漸而徘徊危國冀延日月此猶魏武侯卻指山河妄自强大殊不知物有興亡則所美非其地也方今百僚濟濟俊乂盈朝虎臣武將折衝萬里國富兵强六軍精練思復翰飛飲馬南海自頃家國整治器械修造舟楫簡習水戰伐樹北山則太行木盡濬決河洛則百川通流樓船萬艘千里相望自刳木以來舟車之用未有如今日之盛者也驍勇百萬畜力待時役不再舉今日之謂也然主上眷眷未便電邁者以爲愛民治國道家所尚崇城自卑文王退舍故先開示大信喻以存亡殷勤之旨往使所究如其早識安

危自求多福蹙然改容祗承往告追慕南越嬰齊入侍北面稱臣伏聽告策則世祚江表永爲藩輔豐報厚賞隆於今日矣若侮慢不式王命然後謀力雲合指顧風從雍益二州順流而東青徐戰士列江而西荆揚兗豫爭驅八衝征東甲卒虎步秣陵爾乃皇輿整駕六師徐征羽檄燭日旌旗流星游龍躍路歌吹盈耳士卒奔邁其會如林煙塵俱起震天駭地渴賞之士鋒鏑爭先忽然一旦身首橫分宗祀覆取戒萬世引領南望良以寒心夫治膏肓者必進苦口之藥決狐疑者必告逆耳之言如其迷謬未知所投恐俞跗見其已困扁鵲知其無功也勉思良圖惟所去就石苞白

三年奉貴而有功漸以驕矜或有毀之者晧追以前出軍事徙

奉家於臨川奉弟封官至後將軍先奉死拔徙家於臨川下當有卒字孫晧傳建衡三年右大司馬丁奉司空孟仁卒可據

三國志補義卷之三

泰州康發祥瑞伯

吳書三

朱治傳

會堅薨治扶翼策依就袁術又曰後策薨治與張昭等共尊奉權按堅策本傳一書射殺之一書卒皆不以薨而散見於他傳者則書薨不知何意

朱然傳

下丹陽爲臨川郡然爲太守裴注曰此郡尋廢非今臨川郡按晉書地理志有分豫章立臨川郡之文無分丹陽爲臨川之說或因尋罷而未著于篇也

朱績傳

績便引兵及昶於紀南紀南去城三十里績先戰勝按文疑多下紀南二字

呂範傳

州民如陸遜全琮及貴公子皆修敬虔肅不敢輕脫按陸遜全琮謂之州民者時呂範爲揚州牧遜吳郡吳人琮吳郡錢唐人皆隸於揚州故謂之州民也

朱桓傳

若以萬兵柴路則彼衆可盡按小木散材爲柴左傳欒枝曳柴僞遁說文徐鍇曰師野次豎散材爲區落名曰柴籬又塞也莊子天地篇趣舍聲色以柴其內時朱桓進計於孫權謂曹休之衆必由夾石挂車於此而塞其路則衆可盡而休可虜訓爲塞字亦得之矣

桓刺殺佐軍遂託狂發詣建業治病權惜其功能故不罪按桓恚恨胡綜部分軍事使氣擅殺跋扈之跡凶暴之行所謂不待教而誅者也孫權既不能伸司馬之威已失刑政而承祚作傳復賞其義勇尤屬寡識記曰勇能害上不登於明堂桓雖驍勇何所取哉

朱異傳

權謂異從父驃騎將軍據曰本知季文愴定見之復過所聞按愴字訓惡訓悶字義不佳似有誤

虞翻傳

翻既歸復命爲功曹按翻始爲王朗功曹自協力拒策既歸策策亦命爲功曹復字當作亦字

權大怒手劍欲擊之侍坐者莫不遑遽惟大司農劉基起抱權諫按劉基繇之子也素爲權所敬愛故能抱權救翻而餘人不能

權積怒非一遂徙翻交州在南十餘年年七十卒第四子汜永安初從選曹郎爲散騎中常侍後爲監軍使者討扶嚴病卒裴注引會稽典錄以討扶嚴功爲交州刺史按翻之卒本傳未書何年注江表傳所云在權使臣三至遼東之歲是爲嘉禾二年自嘉禾二年至永安初年不過二十餘年汜父徙交州而子爲交州刺史能無愴然

徙翻交州在南十餘年年七十卒翻別傳曰翻放棄南方云自恨疏節骨體不媚當長沒海隅生無可與語死以靑蠅爲弔客使天下一人知己者足以不恨

注處士鄧盧敍辨誤曰鄧或鄭字之訛謂朱育所舉之十餘人皆不出本郡鄧乃汝南屬縣與會稽無涉極是

陸績傳

父康漢末爲廬江太守按康父襃襃父續續見范書獨行傳是續之王父也竝當稱引

出爲鬱林太守唐書陸龜蒙傳曰遠祖績嘗事吳爲鬱林太守罷歸無裝舟輕不可越海取石爲重人稱其廉號鬱林石

張溫傳

將軍駱統表理溫云云按表文當入駱統傳溫傳當曰將軍駱統爲溫表理語在統傳

駱統傳

會稽烏傷人也漢書地理志烏傷莽曰烏孝漢屬會稽郡孫晧分會稽立東陽郡烏傷屬焉晉書地理志因之

按駱統傳末無後人嗣爵似有缺文辨誤謂統子駱秀爲時顯士見陸遜傳注則統非無後者

吾粲傳

按吾粲傳末亦無人嗣爵必有缺文

朱據傳

按朱據爲朱異從父語見異傳則爲朱桓之弟兄可知傳當列於桓之下異之上而何必列此

陸遜傳

按遜傳既以遜名則他傳或稱議或稱遜不能畫一有乖體例可知矣

世江東大族按文當曰世爲江東大族似省一爲字不得

是歲建安二十四年十一月也遜遣將軍李異謝旌等將三千人攻蜀將詹晏陳鳳異將水軍旌將步軍斷絕險要即破晏等生降得鳳按此事蜀漢先主吳孫權傳皆未載何獨載於遜傳

進封婁侯通鑑釋文曰婁會稽邑胡三省辨誤曰婁縣前漢屬會稽郡後漢屬吳郡今蘇州崑山也釋文誤

時建昌侯慮於堂前作鬭鴨闌頗施小巧按孫慮傳曰遵奉法度敬納師友過於衆望則又似非好佚樂而施小巧者兩傳語又不相蒙文人之辭往往欲見一人之長輒形他人之短此一病也戒之

方催人種葑豆通鑑釋文曰葑方用切菰根也江東有葑田胡三省辨誤曰葑音封菘也亦謂之蔓菁豆菽也遜示將久駐以給軍食種菰根何用邪又江東之葑田乃是葑泥其深有沒牛者此田又不產菰根

人皆捐物入城城門噎不得關按噎音壹詩中心如噎孔仲達曰咽喉閉塞貌城門噎不得關者謂人衆爭先所捐之物塡塞於城門而不得關如食在咽喉之間而不得下也又漢書

昌邑王賀傳賀旦至廣明東都門龔遂曰禮奔喪望見國都哭此長安東都門也賀曰我嗌痛不能哭注師古曰嗌喉咽也音嗌嗌與噎略同著一噎字妙甚

陸抗傳

拜鎭軍將軍都督西陵自關（諱）至白帝按顧炎武曰自關（諱）至白帝當是自益陽至白帝之誤甘甯傳曰益陽上流十餘里淺瀨今名關（諱）瀨蓋關（諱）下脫一瀨字是自關（諱）瀨至白帝也顧炎武之說猶未直捷耳

荆州刺史楊肇至西陵抗令張咸固守其城身率三軍憑圍對肇將軍朱喬營按憑圍對肇句難解或是憑圍對肇及將軍朱喬營增二字則可解矣

聞武昌左部督薛瑩徵下獄抗上疏云云按抗營救瑩前已見華覈上疏但此疏列於抗傳而前疏不列於覈傳體例之未能畫一於此見矣

吳主五子傳

按吳主五子傳官列於嬪妃傳後如蜀志劉永劉理劉璿等同列於二主妃子傳可也而獨列於陸遜父子傳後洵未知其何意

孫登所生賤庶徐夫人按徐夫人傳曰在吳聘以爲妃又步夫人傳曰以美麗得幸於權權爲王及帝意欲以爲后而羣臣議在徐氏及羣臣下緣權指請迎正名號合觀二傳則徐夫人雖未立爲后而實由聘爲妃實於美麗得幸者異矣庶賤之稱似可不必

蔣修虞翻志節分明按此是登臨終上疏語何焯曰孫登卒時虞仲翔已歿於交州十餘年矣愚攷登之卒在赤烏四年而仲翔之歿於交州在嘉禾二年自嘉禾二年至赤烏四年相距實七年耳何義門以爲十餘年亦誤矣

按孫權傳曰權信任呂壹壹性苛慘用法深刻太子登數諫登傳應互見何以不載

孫和少以母王有寵見愛是後王夫人與全公主隙按文當曰王夫人與全公主有隙

陸遜吾粲顧譚等數陳適庶之義理不可奪全寄楊竺爲魯王霸支黨譖愬日興粲遂下獄誅譚徙交州按注引殷基通語謂陸遜諸葛恪顧譚朱據等奉禮而行步隲呂岱全琮呂據等附魯王本傳不及隲岱琮據或爲之曲護未可知也孫霸賜死後楊竺亦流屍於江而隲岱等逃顯戮幸矣哉

權欲廢和立亮據晃固諫不止權大怒據晃牽入殿杖一百按朱據本傳未言被杖事但曰據擁護太子言至懇至義形於色守之以死因思此事甚大以見據臣節之正亦見權刑政之失烏可不明言而並見乎

和與妃張辭別張曰吉凶當相隨終不獨生活也按文生字可省

孫霸和同母弟也按和母爲王夫人霸旣與和同母則亦王夫人生也而嬪妃王夫人傳秖言生和末聞生霸亦傳載疏畧

耳
時全寄吳安孫奇楊竺等陰共附霸圖危太子譖毀既行太子以敗霸亦賜死流竺屍於江兄穆以數諫戒竺得免大辟從徙南州霸賜死後又誅寄安奇等咸以黨霸搆和故也按誅竺等誠大快事何不書于吳主傳中以昭炯戒
孫奮母曰仲姬按仲姬嬪妃傳無攷

賀齊傳

會稽山陰人也漢書地理志山陰會稽山在南上有禹冢郡國志注吳越春秋曰句踐築城已成怪山自至怪山者琅邪海中山也一夕自來故名曰怪山
太末豐浦民及按漢書地理志太末穀水東北至錢唐入江孟

康曰太音如闥反郡國志太末左傳謂姑蔑初平三年分新安縣建安四年吳氏分立豐安縣豐浦鄉名見下文然此處豐浦字或是豐安之訛
以齊為永甯長按後漢書郡國志永甯屬會稽郡晉書地理志永甯屬淮海郡吳置
齊復表分歙為新定黎陽休陽并黟歙凡六縣權遂割為新都郡齊為太守立府於始新按晉書地理志黎陽黟歙始新俱屬新安郡新定休陽無攷或旋改新安郡即新都郡孫晧時改
從權征合肥時城中出戰徐盛被創失矛按被創失矛徐盛傳未載

齊性奢綺尤好軍事兵甲器械極為精好所乘船雕刻丹鏤青蓋絳襜干櫓戈矛葩瓜文畫弓弩矢箭咸取上材蒙衝鬬艦之屬望之若山休等憚之遂引軍還按此一段文奇麗整暇最為出色
初晉宗為戲口將以衆叛如魏還為蘄春太守詔齊督麋芳鮮于丹等襲蘄春遂生虜宗按蘄字疑是蘄字之訛
尚公主全琮傳按宗所尚之公主魯班是前配周瑜子循後配琮配琮在黃龍年間以年計之當為琮之繼配至與孫峻私通枉殺朱主則又在五鳳年間琮死之後也
子懌嗣後襲業領兵救諸葛誕於壽春出城先降按琮之一身不能制頑妻訓驕子而後路索然矣

呂岱傳

廣陵海陵人也按廣陵前漢地理志屬臨淮後漢郡國志屬廣陵但廣陵郡下並無海陵屬縣或以為并入東陽有長洲澤吳王濞太倉在此注扶海洲上有草名蒒其實食之如大麥從七月稔熟民斂穫至冬乃訖名曰自然穀或曰禹餘糧
又安成攸永新茶陵四縣吏共入陰山城合衆拒岱按晉書地理志安成郡名永新屬安成郡茶陵屬湘東郡皆吳置秖攸屬長沙仍漢舊耳
袁龍在醴陵按醴陵郡國志屬長沙郡荊州記曰縣東四十里有大山山有三石室室中有石牀石臼父老相傳昔有道士學仙此室

桂陽湞陽賊王金合衆於南海界上首亂爲害按湞陽[illegible]地理
志注應劭曰湞水出南海龍川西入秦郡國志湞[illegible]笮嶺
山始興郡記有吳山
岱代濬領荊州文書與陸遜並在武昌故督蒲圻按故督蒲圻
句或是兼督蒲圻或是督蒲圻如故原句似未分曉
頃之廖式作亂攻圍城邑岱自表輒行攻討一年破之斬式及
遣諸所僞署臨賀太守費揚等按文當曰斬式及僞署臨賀
太守費揚等遣諸所三字疑衍
賜巾構與共言論按構音鉤玉篇單衣也釋文襌衣之無裍者
也言袖夾直形如溝也釋構著袴褶執鞭詣闕下已見呂範
傳注

三國志補義卷三 吳 九

周魴傳

陸議潘璋等討梅敷按魴牋中稱陸議蓋遜時尚未更名爲遜
因之宜也而他傳敘事之辭何得夾雜

鍾離牧傳

牧躬自墾稙稻二十餘畝縣民識認之牧以稻與縣人縣長閒
之召民繫獄牧爲之請爲釋縣民民舂所取稻送還牧牧閉
門不收按注徐衆評以蒼梧之讓尾生之信證父攘羊之直
申鳴執父之忠爲比噫過矣牧之讓可敦薄俗誠不失爲長
者徐評以尾生之信譏之或可以蒼梧之讓申鳴之忠比之
豈不悖哉世苟之注錄之難以勸善矣

潘濬傳

劉備領荊州以濬爲治中從事孫權并荊土拜濬輔軍中郎將
授以兵按濬荊州降將耳如蜀黃權降魏魏夏侯霸降蜀大
節有虧可不爲之立傳卽立傳亦不必爲之委曲詳盡矣歐
陽撰五代史不爲韓通立傳以忠雖忠於周實不忠於漢也
龐德爲馬超降將雖盡節於曹操足稱強項吾亦不取者以
其先後異轍也其於潘濬又何愛乎加按吳志爲潘濬立傳
蜀志何不爲嚴顏立傳我州但有斷頭將軍無有降將軍秖
此二語已足傳矣而未爲立傳亦所不解且吳臣有可立傳
者如孫邵孟仁顧譚芊衛等是也而皆未立傳豈諸家子弟
俱無千斛米相贈邪

陸凱傳

赤烏中除儋耳太守討朱崖按晉書地理志曰元封中置儋耳
珠崖二郡昭帝元始五年罷儋耳并珠崖元帝元初三年又
罷朱崖郡吳赤烏五年復置珠崖郡而儋耳未聞復置傳曰
赤烏中除儋耳太守恐誤

三國志補義卷三 吳 十

武昌土地實危險而堉确按堉音寂同瘠薄土也埆音學左思
吳都賦庸可共世而論巨細同年而謙豐确乎亦是瘠薄之
意時孫徙都武昌揚土百姓泝流供給咸怨謡焉凱上疏言
武昌地薄下引童謡曰寧飲建業水不食武昌魚寧還建業
死不止武昌居則以此爲瘠薄可益明

是儀傳

北海營陵人也按漢書地理志注臣瓚曰營陵春秋謂之緣陵

師古曰臨淄也後漢郡國志亦名曰營陵晉書地理志改曰臨淄屬齊國

初黃武中遣儀之皖就將軍劉邵欲誘致曹休休到大破之按周魴傳魴齎七牋誘致曹休休信魴徑來入皖魴亦合衆隨陸遜橫截休破休之日曾不聞有將軍劉劭也

按是儀傳末不言有子嗣爵與吾粲相似必有闕文

胡綜傳

汝南固始人也後漢書郡國志固始侯國故寢地光武中興更名有寢丘注史記楚莊王封孫叔敖子又蒙恬破楚軍屬汝南郡 晉書地理志屬汝陰郡魏分置

吳將晉宗叛歸魏權使綜與賀齊輕行掩襲生虜得宗按賀齊

傳曰詔齊督麋芳鮮于丹襲蘄春生虜宗不聞有胡綜也此又前後文不相蒙處

綜僞爲吳質降文三條甚矣吳人之狙詐可笑也周魴誘致曹休齎牋七條事已可哂但其事有濟猶可諒之而此文作之日質已入爲侍中無益于事空費辭費吳人故智從來如此加按綜詞旨朗暢諸葛傳有移文云云較此爲優

初以內外多事特立科長吏遭喪皆不得去而數有犯者權患之使朝臣下議綜議以爲宜定科文示以大辟行之一人其後必絕遂用綜言由是奔喪乃斷按奪情之舉君子以爲非宜豈有人子奔喪心不忘本而竟罪于大辟乎綜定此科文尙可以爲典禮足稱述乎以此事載之於篇所以彰其陋也

吳範傳

範素與魏騰同邑相善騰嘗有罪範叩頭流血言與涕並良久權意釋乃免騰注引會稽典錄曰初亦忤策幾殆賴太妃救得免語見嬪妃傳按太妃救騰亦是嬪妃傳注語非見於本傳也當曰語見嬪妃傳注

諸葛恪傳

恪之才捷皆此類也異苑曰吳孫權時永康縣人入山遇一大龜束之以歸欲上吳王夜泊越里纜舟於大桑宿中樹忽呼龜曰元緒奚事爾邪龜曰子明禍將及爾至建業權命煮之焚柴萬車如故諸葛恪曰燃以老桑乃熟權使人伐桑樹煮

之乃立爛

領丹陽太守搜神記曰吳諸葛恪爲丹陽太守嘗出獵兩山之間有物如小兒伸手欲引人恪令升之乃引去故地去故地即死既而參佐問其故以爲神明恪曰此事在白澤圖內曰兩山之間其精如小兒見人則伸手欲引人名曰傒囊引去故地則死無謂神明而異之諸君偶未見耳

與弟公安督融書曰今月十六日乙未大行皇帝委棄萬國皇太子以丁酉踐尊號哀喜交并不知所措按文殊不得體父死之謂何又因以爲利公子重耳曾言之辟踊哭泣之時哀則哀矣喜于何有乎哀喜交并舊文得無誤邪

權黃龍二年築東興隄遏湖水後征淮南敗以內船由是廢不

復修恪以建興元年十月會衆於東興更作大隄按黄龍二年之築孫權傳未書孫亮建興之復修則曰太傅恪遏巢湖城東興亦未曰作大隄也此又前後不相蒙處

時天大雪魏將會飲見贊兵少而解置鎧甲不持矛戟但兜鍪刀楯裹身緣遏大笑之不卽嚴兵兵得上便鼓譟亂斫魏軍按裹身緣遏下語都不分明大笑之三字想是吳軍笑也不卽嚴兵承魏軍裹身言之兵得上承緣遏言之謂魏軍緣遏上隄也便鼓譟亂斫魏軍則指吳軍亂斫魏軍也文義錯落如是

與弟公安督融書曰懼忝丞相輔漢之效亡負先帝委付之明又諭衆意曰每覽荆邯說公孫述以進取之圖近見家叔父

表陳與賊爭競之計未嘗不喟然歎息也恪陳述舊德則屢引亮以自重雖在敵國不以為嫌

孫峻與亮置酒請恪恪夜精爽擾動通夜不寐明將盥漱聞水腥臭侍者授衣衣服亦臭按此下諸語怪異不一裴注引搜神記亦復神奇其說殊覺詞費可以不必

滕允傳

北海劇人也後漢書郡國志劇有紀亭古紀國

按傳後似闕雖互見於孫峻孫琳傳內而終若未足

孫峻傳

姦亂宫人與公主魯班私通又云將軍孫儀孫邵綝恂等欲因會殺峻事泄儀等自殺死者數十人并及公主魯育按峻為孫權之從孫通於魯班是以猶子而通於姑也通鑑吳五鳳二年秋七月吳孫峻殺朱公主謂吳將軍孫儀等謀殺峻不克全公主譖朱公主云與同謀峻遂殺之合峻傳觀之蓋峻與魯班私通因魯班之譖而殺魯育也傳中隱言其事而未明正其罪何不敘明以甚孫峻之罪惡

孫琳傳

初峻從弟慮與誅諸葛恪按此又一孫慮也建昌侯慮為孫權之子孫峻為權之從孫慮為峻從弟亦權之從孫也以建昌侯視之亦族子耳何以同名而不避

亮與公主魯班太常全尚將軍劉承議誅綝按魯班先嫁周循再嫁全琮又與孫峻私通因枉殺其妹魯育茲又起釁誅綝

謀泄致禍以致孫亮見廢於凶人之手牝雞禍水魯班兼之矣國家將亡必有妖孽魯 其妖孽之尤者歟

以亮罪狀班告遠近尚書桓彝不 署名綝怒殺之注引吳錄晉武帝問薛瑩吳之名□瑩對稱彝有忠貞之節按如此貞節之臣方之晉臣卞壼嵇紹之儔不是過而承祚不為之立傳不知何意

使光祿勳孟宗告廟廢亮又因孟宗求出屯武昌按孟宗吳書未立傳而散見於諸傳之中正復不少如孫權傳嘉禾六年吳令孟宗喪母奔赴已而自拘于武昌孫休傳永安五年以廷尉丁密光祿勳孟宗為左右御史大夫孫皓傳寶鼎三年以左右御史大夫丁固孟仁為司徒司空建衡二年司空孟

仁卒事實種種何不爲之立傳且仁字恭武本名改爲仁然旣改今名前後俱以仁名可也而承祚晧未立時稱孟宗於孫晧踐阼後稱孟仁孟宗孟

疑陸遜丁密丁固轇轕不清也

濮陽興傳

與遷爲丞相與休寵臣左將軍張布共相表裏邦內失望按呂堂之行與寵臣比周宜其死也曰丞相曰寵臣此書法牽連之妙

王蕃傳

丞相陸凱上疏曰常侍王蕃黃中通理知天知物處朝忠謇按知天謂精於歷數晉書律歷志曰吳中書令闞澤受劉洪乾

象法於東萊徐岳又加解注中常侍王蕃以洪術精妙用推渾天之理以制乾象及論改孫氏用乾象律傳未詳言

樓玄傳

沛縣蘄人也後漢書郡國志蘄有大澤鄉陳涉起此注史記曰高祖擊黥布于會甀徐廣曰在縣西

賀邵

會稽山陰人也按引吳書邵爲齊之孫景之子賀齊傳注亦曰景子邵別有傳則會稽山陰句可省

韋曜傳

晧欲爲父和作紀曜執以和不登帝位宜名爲傳按承祚載曜此言則作史之例可知而魏武帝紀何爲作乎嗣是晉之宣

景文皆名紀矣唐人之修晉書亦沿此獘

華覈傳

蜀爲魏所并覈詣宮門發表曰間聞賊衆蟻聚向西境云云時倉廩無儲世俗滋侈覈上疏曰今寇虜充斥征伐未已云云按前表所謂賊衆指魏之將帥後疏所謂寇虜指晉之師徒也三國志成於晉武之世而此錄其原文故未之改也

伯山詩鈔

（清）康發祥 撰

《伯山詩鈔》，清康發祥撰，據南京圖書館藏清道光同治間《伯山全集十二種》本影印。

本書共含四種詩鈔：《伯山詩鈔癸已集》七卷、《伯山詩鈔由庚集》一卷附一卷、《伯山詩鈔愛日集》一卷、《伯山詩鈔望雲集》七卷。

《伯山詩鈔癸已集》七卷，有伯山自序，刻於咸豐十年，乃搜其自癸丑至已未的詩歌，名集曰癸已，從編年例也。其時正值太平天國内亂時期，江南飽受戰火，伯山三遷以避兵難，凡有感觸，託於歌詠，可爲歷史之佐證，如其《寓居馬溝成詩十首》『但願餘生在，朝朝事一犁』，足見離亂之時，期望太平之心。《伯山詩鈔由庚集》一卷附一卷，庚申年自春迄冬，得詩百餘首之多，取束皙補《由庚詩》『蕩蕩夷庚，物則由之』之意，名之曰《由庚集》。《伯山詩鈔愛日集》一卷，《伯山詩鈔望雲集》七卷，皆刻於清咸豐十一年，收録從弱冠之日至壯有室之年的詩稿，取少年之後，『椿萱見背，葬祭粗舉，英英白雲，墓草其下，悽愴傷心，展望無已』之意，首曰『愛日』，次曰『望雲』。又言『「愛日」日短，「望雲」日長』，故《愛日集》一卷，《望雲集》八卷。

（宗　偉）

伯山詩鈔

伯山詩鈔

癸巳集

咸豐庚申年
孟秋月開雕

自癸丑二月揚鎮亂後直至庚申歲余身事倥傯經史高閣其間又值蟊螣爲害飢饉並臻家之待餔而遷避者人二十有奇余之蹤跡能逸處乎凡有感觸託于歌詠今搜敝篋自癸丑及己未居然成集名集曰癸巳從編年例也攷史律志癸揆也萬物揆度也又攷巳對彼而言我也集曰癸巳我自揆我而已且大雅之詩云則莫我敢葵葵字義與揆通葵能傾心葵知衛足凡人能知乎葵之義則自可衛足差異于鮑莊子之智不如葵乎余惊惊焉

咸豐十年歲在庚申夏五月伯山氏自序

伯山詩鈔癸巳集卷一

泰州康發祥瑞伯氏

癸丑

食橄欖

橄欖能消熱端宜酒後嘗誰知甘是苦要以淡爲良南粵來雖遠紅鹽落不妨時當烽火後此樹或全荒

鄉人饋粔籹留飲齋中

故人憐我老問我入城來粔籹盈筐送兒孫側席陪近年鬚髮改此夕笑顏開久話不成寐隆隆街柝催

光孝寺觀壁上觀音大士畫像

觀色色已空觀音音有以聲音包色相我聞卽如此蕩蕩南部洲其人聰於耳低眉觀自在衆音同一是佛地拜畫像墨橅吳道子輝輝滿月光光在水雲裏龍象自超忽法力無涯涘五體忽投地默默有所啟慈悲本佛心宇宙皆赤子何爲大千界浩刼弗能止竊願千刼火灌以一滴水四海俱平靜一切大歡喜

聞西園梅開已謝

聞說梅花開已謝西園今負好風光主人豈是無端懶游客不知何事忙落日城頭吹鼓角衝波江上走艅艎疎枝冷蕊伊誰賞空谷無言且自芳

偶成

靄靄雲容久積陰蒼茫多感足長唫米薪賴有措撑力禍福奚存微倖心作事人皆推我老看花時已及春深囊錢貰得臨街

酒日暮歸來且自斟

中酒夜歸

烏烏鼓角漏聲催酒少愁多觧不開明月滿街風四面箇人惆悵又歸來

謠傳

夢裏驚魂半有無謠傳到耳語言殊焉烏不待經三寫風鶴何當聽一呼自許流人止颺臾（作賁子讀）那堪依樣畫葫蘆老夫且具寒丁帖耍覓江頭有酒徒

清明節口占

兀坐空齋意若癡斷煙正值禁煙時流星如月沙如霧濃李夭桃總不知

又一首

三月將來二月終不堪雨雨又風風花朝寒食都忘卻只聽江流滾滾東

偶成

滾滾東來雪浪翻上游誰撤好屏藩江頭若問今消息不是當初陸伯言

寓居馬溝成詩十首

何因來米賊巨敎信洶洶有術同張魯誰人禮鄭公妖星青的皪毒霧晝迷濛泛宅浮家去飄然直向東

似作鳴夷子衰年不憚勞賊行如鬼蜮驛路響弓刀逋客身都賤舟人價忽高煙波無處所日暮尚遙遙

羅塘東去路一轉入田家鮭菜餐皆美牛欄掃不譁匡牀設蘆箔薄粥泛桃花鄰曲來看客臨風只自嗟

僧逃留屋在我作廟僧居字每虛成虎人非水得魚鄰家春杵急佛舍夜燈虛家有數椽在何時返故廬

子在危城內頻頻送信來家書看反覆軍事雜疑猜地隔臨江壘居同避債臺適來孫與壻夜靜且啣杯

此間人樸直字下可依棲誠意爲干櫓驚風當鼓鞞無心看去馬側耳聽荒雞但願餘生在朝朝事一犁

女嬌兼妾孕問我返何時長日渾難度空囊費不貲萑苻來夜警戈戟衆人持此境向誰說含情且賦詩

萍水風爲合吾增戀舊情芒鞋來戚友土物饋門生溫語千金值荒村百感成夜深疏雨歇斜月故鄉明

凶信何堪說佳音恐不眞焦愁心上事怕見遠來人勛業非吾願漁樵涸此身征車如可息何苦戀風塵

鎮日河干立風煙無限愁弓蛇驚倏忽檣燕語啁啾閩越南來卒吳淞西上舟揚州來日到軍士莫勾留

庵中即事

麥風一徑入深畦結草庵荒到者稀瓔珞松新菩薩古米囊花飽院僧飢寒家骨肉經旬別客路齋居十笏依度向橋頭無一事倚人叉手望斜暉

三月十二日偶成

輕暖輕寒氣候更閒中光景畫難成燕雛眾子春將老鳩喚雙

聲雨欲晴事到窮時須運轉天於寬處見雲平我生有夢能先覺玉版何勞更一鳴

樑上見燕巢

爾來本是賓爾來又作主賓主任人喚乃睇非脊宇草向田中啄泥向河邊取昔歌涎涎尾時聽呀呀語雌雄上下飛自許爲儔侶我來方作寓歧路望平楚嗟嗟此何時室遠風煙阻見爾最閒適羨爾亦容與何事巢幕上歎我不如汝

客中門生繆汝成饋米茅姓老嫗送野菜

茅家老嫗饋野菜抵過珍饈千百寶繆家門生饋白粲較勝明珠三兩擔饋物不須分貴賤禮儀無多情誼見年來結交共死生星霜才換風雲變朱門鼎肉充庖廡飽漢不知飢漢苦從來賙卹古人難況復今人不如古憂患之中能過問此誼令人鐫肺腑君不見胡椒八百石水碓三十車元家石家眞奢華寒畯曷曾被沾丐空教後世人咨嗟又不見朱异性貪饕何曾不下箸極慾窮奢逞豪富未聞分惠到貧交一朝零落同煙霧茅嫗茅嫗爾何心繆生繆生情特深客中光景成謳吟冷淘菜把前賢詠風雨高歌杜少陵

城中友人過訪感賦

長淮東下日淒迷烽火西來勢可危骨肉交情人兩個風雲變態路雙歧慇懃走訪車翻軸感激無言淚滿頤酒罷依然分手去不知何日是歸期

姬生第三女

《伯山詩鈔卷四集》 四

妹子何須說蔣家雌風吹處鬢絲斜老人問爾生前事可是房陵三朵花官民選地避干戈墮地來如此女何獨坠鬚眉好男子一時膽氣不如他

程韜庵見過菴中說揚城近事

昨夜燈綴花今宵故人至故人開我在就說亂離事亂離古所有慘毒今特異問言千髮指問訊五內嬰曷爲高高天日久沉沉醉何時迅風雷一爲掃羣祟茅庵適僵臥風雨刮無寐故交一僂指相將入夢寐驚疑忽見面得不傷顛頟側聞豺與虎驅使到善類連日半生死老幼悉鱗萃宛如白馬沉苦過楚囚纍念我本同袍能弗憂惴惴朋友若忘情安用結交爲潭潭寢衣中中有無窮淚

野望

野濶時將望眼舒無邊水墨妙難圖青帘颭樹高逾見白鳥翻風遠忽無暇日能增新境界忙中虛擲好工夫近來得領田園趣濁酒還須醉一壺

楊花曲

楊花無力風飄蕩置身恨不青雲上青雲無路東西飛居人不見行人悲行人與爾共淪落水曲山陬何處着此身欲向故枝返日暮風狂室斯遠此身闌入高樓裏繞地簾攏扃不啟不如化作青萍游猶能貼水隨輕漚不如將身墮泥滓泥上殘英伴紅紫貼水沾泥兩不許依然辛苦向空舉五雲樓閣高嵯峨楊

《伯山詩鈔卷四集》 五

花楊花奈爾何

四月十二日偶成

甘爲妻孥累思歸値夜深千丈千里骨燈火五更心計拙憂諸務囊空少一金孥舟且歸去朋輩好重尋

遣懷

康節今無安樂窩心傷故舊邈山河亂時心比平時細前輩才推後輩多壁上龍泉休淬厲瓮中醽醁自甘和三杯醲後渾無事間臥虛堂學養痾

車中紀事

野田犖确行有僕來驅車技拙力亦弱汗下聲每吁彼實不知量偏欲要人譽請問車中人我技恰何如我曰君技妙無人或

見逾彼意忽揚揚其行仍趦趄我作違心語豈合直道歟念我有口角權當春風噓有如鈍秀才下筆多謬迂慣以文質人不識人軒渠人視爲燕石彼實若璠璵概作紅勒帛得無情意疎人技苦不足人情貴有餘但將口惠加何惜此區區

題錢舜舉選仿宋徽宗畫鷹

錢君筆仿宋徽廟入妙丹青寫白鷹絹上風威常謖謖毫端霜氣更稜稜半空指爪由他利百中聲名讓爾能邇日潢池兵未戢在韝何事不飛騰

繆岱偶作

遊向村墟住悠悠兩月終客懷兒與女天氣雨兼風魯酒三升釅蘭膏一燧紅乾坤誠浩渺何處着衰翁

野望

野望最空濶詩楊蔚綠蕪有心看北斗何處是南都秋水兼天近妖星入夜無老夫開笑口不惜引罇壺

九月四日燈下作

秋來春去太匆匆數月光陰一瞬中多病不知花有信少眠但恨酒無功仳離故舊皆窮鳥悵望妻孥沒去鴻坐久惟看落輕穗膏油消盡一燈紅

感事

圖繪瓊花便不祥中宵天市匿光芒賊來白晝渾如鬼窖積黃金盡受殃到處樓臺飛矢石滿城士女似豬羊老人哭倒東西路如此名區作戰場

用趙漁亭感懷韻成近事詩

海上徒誇地勢偏無端詩思入愁邊舟車越境求安宅風雨關門理舊篇性命太輕人似草妻孥相守日爲年故交默數今餘幾老淚臨風一泫然

次陳小鶴述懷原韻四首

綿袍誰念故人寒感舊傷離淚欲乾坎壈人多隨處有功名事大上天難讀書明理方爲士對酒當歌抵拜官似虎角聲呼客起一燈影裏話辛酸

風鶴淒清屢喫驚可堪鮑照賦蕪城修儒大有英雄氣老輩能將父子兵魂魄提戈須厲鬼沙場哭友是狂生旄頭指處妖星落會看中天日月明

消愁只在酒杯中庭樹枝高禦勁風同甫文章眞絶調蔦敖勳
業豈終窮江頭上堡狼煙濶海上樓臺蜃氣空騎馬乘車人壯
健一城尤有兩衰翁

厭亂天心必止戈朱衣何用舞婆娑在山小草經冬瘦出郭寒
雲向晚多子夏西河添悵悒少陵同谷慣悲歌憂時獨守文宣
語如此桓魋奈我何

伯山詩鈔癸巳集卷二

泰州康發祥瑞伯氏

甲寅

友人以卜宅東村詩見示依韻和之

從來城市遜荒陬榮辱全無得自由稼穡多謀君有道鄉園孤
立我深憂百年身事尋詹尹五字新詩憶惠休三月桃花九秋
菊扁舟來日且追求

和陳小鶴詩四章

草風沙雨作蕭辰斗室安排自在身西塞山前伴魚叟王官谷
口是何人詩書滋味雞千蹠花鳥情懷酒百巡忽地新編走蓬
蓽奚囊從此不嫌頻

髫齡已謁　帝王州小鶴童子時隨尊人入都風雨旋移入峽舟老驥今
無千里志問雲不復四山游事艱賢哲成孤掌年少公卿有黑
頭聞說等身書已著我從深巷訪何休

榻上無氈座客寒白頭只合戴儒冠昇天成佛談何易問舍求
田事本難君子方爲猿鶴去故人皆作鷺鷗看畢逋愛及烏棲
屋太息平生力已殫

亘向黃鑪問酒狂不圖麗景易斜陽居奇敢詡遼東豕食儉應
甘小宰羊無定車輪隨地轉何來烽火徹天長與君同作躬耕
計恨少成都八百桑

和友人述懷原韻

揮手黃金盡餘貲去買山著書排歲月得酒壯容顔時事竟如

此先生獨閉關何時洗兵馬老眼望人寰

西園梅花主人招客作詩余與止泉俱和其韻

淮水東流樹色昏有人高隱掩衡門寒花百本香成海修竹千竿翠市村無定雁鴻春覓食已亡狐兔燒留痕開樽不遣紅裝伴冷蕋踈枝恐斷魂

袁虎才高筆有神新詩觸手自生春地幽客豈煩車馬情好圖宜繪主賓亂後江山同訪舊此間風月肯爲鄰佳招我且衝泥過只合難來是老人謂丁丈應者

梅開有信夜雨不歇口占

故人情重有佳招正擬衝泥過板橋獨怪梅花難得見窗前一夜雨瀟瀟

用小鶴贈詩原韻以感事

嗟嗟身事不逢辰厄運偏遭老病身地利縱然居僻壤天心或者恕窮人事來豪傑提戈待夜警萑苻擊柝巡何物消愁貰樽酒忍寒不惜典衣頻

高瞻赤縣與神州陶峴先登海上舟樂府新歌垂老別扶搖誰許上天游魴魚澤畔頳千尾駑馬車中困幾頭君瘦民肥眞至理救時宰相有韓休

郡城克復有人以賤價得其彝鼎圖書者作詩哀之

居人今已邈山河賤鬻珍奇奈忍何只管矜言能博古不知淚血此中多

寒食夜寒甚遣懷

廿歲游蹤記舊經今年詩思倍忪惺敝裘難典猶存篋濁酒多愁尚滿瓶隔戶燈因微雨暗擁衾夢爲大風醒陰晴來日渾難卜倦眼何由得暫瞑

題畫牡丹

舊日揚州俗唐花饋牡丹何如寫生手只在畫中看

感郡城事

舊日花爭豔今年草不春繁華如可恕慘刻是何因道上見尋父沙邊鬼哭人忽聞人說着涕淚一沾巾

初夏卽事

女奴每負桑梯出子婦山窗學養蠶我欲東皐刈禾麥獨求鐵作腰鐮

舊說熊魚不可兼貪夫口腹太傷廉登枰已飫鯆魚美更想櫻桃似蜜甜

木香花綻覆茅檐折送鄰居女手纖一笑阿婆簪滿鬢不知霜鬢已鬑鬑

烘窗乍見日光暹一帶軒窗闢不嫌十載孟光何處去背人垂淚下蘆簾

陳茂亭主政寄詩卽次其韻

我生喜值承平久有客無端愁別離野史亭荒今載筆陳君幽咽賦新詩

近況何堪訴與人妻孥苦絆老來身峨冠幾輩新裝爛笑倒先生折角巾

老雪聯吟已廿年蒲團改換坐青氈（僧雪笠近日課徒齋中） 陶公闌入支
公社且說壺中大有天
避兵舊說昭陽好水面高臺似駁姿惆悵萍蹤分兩地林亭閑
外雨聲多

題畫

靜夜語不闌展茵玉山坐金鐶獸未爇綺疏蟾自過墨藻側理
浮瓶花研池流衣裙戍削邊悄然人一個吮筆成新詞琁閨索
誰和

漁隱圖（[illegible]）尤柳村題

松陵詠漁具裴陸實瀟灑兄弟同唱酬此樂人間寡槎丈苔磯
側綸繫柳陰下時與白鷗親無復煙雲惹況當時事異戰鬬猶
在野江頭巨艦飛白浪高如馬才人善感喟吐屬變風雅君才
雖縱橫何處堪炙輠相逢淺水邊縱跡托聊且蘆花浩浩中月
上酒杯把幸勿憂寂寥同調應心寫江湖某在斯我亦持竿者

伯山詩鈔卷 集卷 四

西園觀荷

蓮朝礎石乾梅雨方小歇葛衫着體輕薰風扇初熱良朋折柬
招西園酒肴列池荷遞香氣氣雜醇醪冽田田荷葉大碧筒小
奚折觥巨釃不辭老饕恣飲啜園側有芳洲昔年譏英折南宮
春雨堂亦復稱幽潔轉瞬俱陳迹只此可怡悅厲公年八旬（謂周
筱雲）精力頗似鐵留滯尚未歸親故垂老別話舊半生死問訊語
哀咽的的秋蓮子往事不可說（謂亡友王西御）存沒感特深聚散情亦
切客歲奔走勞卽今乃息轍此地足高會胸懷盡澄澈座有袁

與趙（謂漁亭止泉）詞藻擅清絕一州幸獨全可以守鳩拙花枝若解
事弄色舒眼纈茲游非偶爾詩成一笑啞

周篠雲鎮以詩見示余用其元韻變五古爲七言

憶昔文壇樹邗水才人聚似五緯耀周子學富名少壯文章光
怪四鄰照崇山岌業幽洞闊康樂游將屐齒造時從亭門訪舊
雨詩篇來往足才調強韻競病自能押曹景宗老氣騰踔傳牋
一日三五回矯捷似舞風前蠹我時諸端適轇轕出奇敢作三
軍躁新詩鈔就小奚遞幣交見示季任報君詩復到苦問訊五
言長篇實典奧寄語先生小住佳連朝勿返邗江棹西園東野
足勾留趙（謂漁亭）袁（止泉）亦華妙長言字比軍電增依韻詩不手
板倒君才固作鸞鳳翥拙詩愧出蚯蚓竅擇言平淡戒局促客

伯山詩鈔卷 集卷 五

中唯恐傷懷抱娟娟芙蕖日開落露作眞珠滴空沼好折松枝
當麈尾草堂來就彥倫教語洽欣如金在冶才窘羞爲花入窖
十磨十盪矛入陣五覆五反舟同鼎要知良朋針芥投旁人勿
訶阿私好君近八旬尚強健我少十年豈昏耄藉知山陰王子
猷豈眞不訪戴安道獨虞篇長疵或贅何曾才短尾不掉詩筒
略比魯仲連聊城一矢今飛到

篠雲和詩到余用原韻復作一首又變七言爲五言

君才本篤實光燄他有耀有如樺燭輝四座得分照情殷來訪
我靸屐蓬門造老於詩律細猶自託高調餘技了十八英氣尚
踸踔力舉重若輕鼂金當鶩翻（趙作）看君中戟牙意氣去矜躁
趙子膽滿身（謂漁亭）退舍姑不報碎琴陳伯玉（謂小鶴）一見矜奇奧足

闢二氏僻不許五侯傲秋燕已如客欲返故園棹此邦雖云陋池館頗高妙昔聞山簡游接䍦戴可倒奴子差解事不甏渾混竅蘭亭少長集推襟又送抱況有牽牛花開市涼鷗沼倘得詩百幅連朝辱來敎如獲真珠船如掘金銀窖剛健含婀娜安貼復排奡有似木瓜投玖瓊未爲報好學本天生誰謂衛文耄杜老送巢父知否頭肯掉和詩長忽短意到筆不到

筱雲詩未和到余更疊前韻以示之

連朝事土木余與修邑侯廟工作殿宇忽煥耀何物入命宮定星適來照此老逕相尋空谷足音造笙磬覓同音不欲逞孤調朋儔盡徵逐壘朵共騰踔譬如就舞列房敖執簧翿友誼証親疎人情驗靜躁獨憶去年事羽書來警報豺虎踞郛郭虺蛇蟠曠奧負嵎已得險築鳴亦長傲編氓各避亂買盡江頭棹曾子居武城去諸言特妙我聞寓公來候門屣先到煮茶慰岑寂聲出石鼎竅君袖秋燕作清辭攄懷抱城西得小築內鑿芙蕖沼洗我三斗塵得君一時敎間以詩作幃君作寓中得諸友之詩張之於壁名曰詩幃諒得文成竅奇氣懾崇尤健筆誅凶奡翰墨果策勛齊心同所好勿謂老漁樵心力就荒耄處士得安閒　聖人方有道行見地肅清賀老酒泉掉他時若憶我書定空中到

題劉蔚伯攜姬歸去圖

戎馬叢中擅詞翰君爲今之劉公幹百金寶劍千金妓驄馬連錢劇璀璨君家宗族勛庸存白登臺古開軍門森森駿骨不易得瓌材君是麒麟孫磨盾書鼻無不可耳後生風鼻出火蒲桃

伯山詩鈔卷三　六

盃醑酒千觴婉嫿何來花一朵天山勒銘需君才君曰不如歸去來有田可耕書可讀長淮東下波灌灌雋英好色古來有揎袖撩衣共攜手乖髾揚葹特猗靡鍾情累爾風塵走一雙璧玉人稱奇千山高下無險巇路人來看李藥師亦復偷看紅拂姬羨君自訂鴛鴦譜萬里侯封棄如土雲臺畫本換妝臺此事此圖足千古

和胡安波司馬過漂母墓詩原韻

胯下徒爲惡少年風塵相士讓他專功勛自古歸淠游陳蔡何人飯聖賢遺恨竟成鍾室裏奇談只在古淮邊至今匹馬荒墳過多少英雄淚泫然

偶成絕句

誰人道上乍驅車青眼分明白眼虛自有陽鱎來接引老夫自顧卻非魚

揚城殉難鄭烈婦詩

烈婦昔年侍湯藥深宵刲股揮鋒鍔癸丑之歲粵賊寇揚州城危摧獸角烈婦身在城陷中宜死宜生費斟酌淚眼盼　王師愁心倓夫子夫子未至死傷勇邇時欲死不遽死延至六月人未歸血淚迸裂清霜飛邇時欲待不可待宜死不死生何爲賊來偪之入女館胸中慧劒卻能斷刎頸未殊志愈堅此時難得須臾緩炎風入屋紅淚冰膏油熬盡終宵燈妙腕一篇金縷曲空樑數尺朱絲繩乳母將出絕命稾觸之紙上一一皆生稜烈婦者爲誰是宜紀其實鄭穎園之女程作人之室平生愛蒜璇

伯山詩鈔卷三　七

璣圖氏鄭名蕙字若蘇食頹傷後不食死求死羞辱抑不藘烈
婦能將名教扶族兄偉士（烋）錄稾示當途徵詩更有延陵吳（謂吳
熙載）我詩拙直聲帆無終以三字吁嗟乎

贈方雲谿學博（珙洪）

聞得詩人在眼前連朝我恨病魔纏旅懷朗詠冬三雪行署高
居尺五天（時寓文昌閣）胡仔叢談初有集鄭虔坐客恐無氈西園西
去無多路好與梅花結夙緣

海安道中作

蓬蓬春意滿江皐鎮日舟行不憚勞積雪沿途寒氣重碎冰凝
槳玉聲高人心畢竟爭千古　國計何曾補一毫若問南榮時
曝背里兒未免訕吾曹

又作四絕句

歲暮離家似不情同舟人設説無名此行只爲三塘水腸胃煩
他洗得清

鄉味經冬入市纔登盤一笑笑顔開老夫自逃貪饕意不爲晶
蝦或不來

謝王河口扁舟泊忽聽空中爆竹聲知是舟人都祀竈艙中獨
有未歸人

天意人心實可憑春風特地解凌兢等閒悟得循環理七日前
頭尚打冰

詠燭

銀臺高爇熖窗疏八蘭眠鑱自有餘古道驍鈴照離別華筵歌

舞足歡娛無端淚爲何人落不盡光從半夜舒我讀長編未終
卷殘輝乞爾駐須臾

除夕書懷

茫茫宇宙苦無端莽莽煙塵歲又闌百事要知尋覺易一生只
覺報恩難少年躁妄多成悔老境頽唐獨自歎明日明年好風
景天工或許轉頭看

伯山詩鈔癸巳集卷三

泰州康發祥瑞伯氏

乙卯

懷人詩

往日文詞互唱酬旋聞兩疏足千秋死生未定今何處三楚風
煙替爾愁 曹艮甫觀察
汪汪千頃憶丰裁何日重登拱極臺八載京華勞問訊五雲多
處冀詩來 劉伯咸侍講
文章玉律與金科閃閃雙眸掣電過走筆千言能立就那知世
上有陰何 陳茂亭農部
經學揚州說二劉鉅公題品自千秋天甯門外前分手邇日風

塵憶我否 劉楚楨大令
器識淵涵意態閒每於官廨拜公顏自登五嶽峻嶒後一覽何
妨小衆山 徐海年郎丞
近接光儀卻恨遲偏州只覺寸心知自從結識若溪叟詩學於
今得所師 胡安波司馬
百篇詩稾只神交古調新聲韻擬陶聞得枚皐今秦筆扁舟去
賦曲江濤 孔宥涵太守
才名往日著朱方每見當官聽鼓忙聞得虞卿勤著饌我書淵
欲善刀藏 趙硯梅學博
課士鏗鏗聽說經數詩贈我扇芳馨我生心性眞癡鈍得見方
干淪性靈 方雲壑學博

時賢誰說遜前賢叔度丰神七十年解凌滄趙沅芷戎澤涵金
子石今宿草魯靈光殿獨巋然 黃子仲明經
腳氣集成名久噪邇來大著又何如方今雨雪添新漲拱極臺
前有漾波 李學山明經
筆走風遒氣吐虹君才端不與人同而今奇氣消磨盡不唱新
豐折臂翁 范雨村制科
花萼君家自有輝辭家何事寸心違飄零大似風中葉飛去飛
來何日歸 程鶴衫布衣
跋扈飛揚說杜陵得君才幹故人稱蜀中雲氣關中雨立馬題
詩讓爾能 程小松明經
訪君不憚出東門東海魚鹽戶外屯論比魯連人折服從來士

以布衣尊 丁應者布衣
我書意造本無法何事君心獨嗜痂我畏君才如寶劍古干將
上發新花 趙漁亭廪膳
佳士能將古誼敦蓉塘水自辨清渾可知東海三株樹不及徐
家有弟昆 徐竹江茂材
冬青館裏授書時立雪曾來雪玉姿一自分襟歸去後渡江不
見槳雙枝 吳玉川太學
故人有子京華去八載前頭送別曾今爾飛黃吾老矣懷君窗
下有寒燈 高墨園貳尹
筆墨掃除蔬筍氣時從方外問知交白蓮集後怡雲稾擊鉢聲
音一樣高 僧雪笠方外

守研圖爲袁後山題

曩我橐筆游東亭誰獨於我雙眼青冶山先生（後山祖父）善説士遂介四座揚芳馨先生元學揚子雲先生書學孫過庭造門容萑葦錢購終朝不遺霜毫停得錢何所用傍晚沽酥醽招呼賣藥翁（子丈醉白名濟）太和橋下經我方年少已好事隨先生後攜雙缾先生篋衍有古研面坳色黝潭涵星以此貽作子孫守田無惡歲無畦町介子孝養負米出作客每泛溱潼舲後山有才新發硎辭翰欲作風梳翎今之袁彥伯心性何其靈露布文與名士傳汝南家世追先型范喬手持石一片泣然對之常涕零笑我亦有研鐫作風字形筆退適當兵燹後在匣時見煙塵暝諸子恨不弄紙筆研山洞穴徒瓏玲何如後山重手澤克繩祖武時惺惺後山後山爾果寶之如盤銘勉哉績學燈火熒卽墨侯將登　大廷墨池魚又飛北溟子子孫孫千百齡我作歌爾其聽

二月二十四夜枕上聞雨

卯木通靈別一天甘霖降值洗兵年閉門聽澈蕭蕭雨且向山窗一晌眠

胡安波司馬作松林菴樹辨爲古柏因題其後

展讀新詩論松柏情如老吏判西臺恰伊樹木多風雅如此篇章大辨才黛色非從孤嶼出濤聲疑自九天來崇祠亦有輪囷杏更乞推求是孰栽（城西胡安定祠有銀杏樹舊傳爲安定手植）

倚劍讀書圖爲鄭廣文子雅題

鄭君才氣本縱橫任俠修儒兩得名羞説紅蟫能食字從來金虎慣騰精剛腸得酒鋒難挫老眼無花鏡比明敬展斯圖吾愧死學書學劍總無成

方雲壑廣文過訪未遇

霜雪變陽春旋轉何迅速同此一池水春來忽染綠寒食時斷煙古禮從其俗當爐問酒傭布褌鼻垂犢缸面乍啟羃微颸漾輕縠蒙君訪我來幽蹤蹐城曲路遣銀鹿導自有平原僕蓬門辱題鳳青袍似立鵠時我方出游不得相徵逐五字任昉詩語出經笥腹清音空外至傑構雲中矗天桃不笑君笑余徒碌碌爲蠟幾兩屐請作後游續

題友自鋤明月種梅花冊子

山中有梅花天上有明月乾坤清氣收二者本清絶有客善種藝鴉鋤劚香雪每憎園丁孏亦怪小奚拙瓊瑤合無縫林亭賴點綴中有不到處雲氣補其缺時倩仙鶴守不與熱客説倘欲隴頭贈淸香出林樾一枝先寄我幸勿獨怡悦

答車竹君見贈之作用原韻

時事關心奈老何故人相見起高歌思鄉沈迥賓朋寡斫地王郎感慨多騰踔君才非百里蕭騷我鬢已雙皤睫園荒落今誰似只當空山長薜蘿

詠酒

每於花下倒金罇缸面波生麴蘗存豪士詩歌都説好美人情性卻同溫但期日日開梨瓮安得家家是杏村笑我不勝蕉葉

滿時聞香氣亦銷魂

和方雲巒七古原韻

仰面視天天宇廓回頭指點焚籠雀自顧昂藏七尺身繮鎖何時方脫落方君方君眞通明璠璵在匣光輝瑩新詩贈我何誅蕩鏗訇竟作洪鐘聲萍蹤偶合實非偶直諒多聞是吾友開爾已得讀君詩舉杯况復飲吾酒胯下人辱淮陰侯敢云絳灌非吾儔雞皮老人不知老豈爭雞肋營蠅頭尤陳兩君吾夙好頗袁二少才騰踔吾生已似牛馬走同儕勿遣鷗鳩笑眼䚹世態恒欷歔鞭心入芥微乎微安得此身作泥絮乘風不得風中飛翔翔雞蟲爭得失紛紛塵滓難洗祓恩牛怨李爾誰人駁蝶狂蜂是何物况聞戰鬪悲江鄉蔽天矢石如飛蝗血肉三年被原野狂來起哭天蒼蒼老病支持奈何許甕足山房無意緒補就張爲圭窖鬪歌成只合吾與汝獨怪官書火急催歌驪擊豕人何來何如城南訪君去荒城正報酴醾開

七月二日寄昭陽諸同好

烽煙偪近雁鴻稀野水無梁夢轂迷匆促事難親卷軸蒼茫天未厭鉦鼙艅艎路塞江洲險粱稻秋陰澤國低差喜魚龍尙安穩未曾鼓浪決金隄

和詠古蹟四首

人怪荊卿劒術疎脊椎博浪爾何如祖龍倘得蒼天祐逐鹿終需黃石書帷幄功成謀漢日粗豪事在報韓初陳平醞藉王陵戇盡把青年血氣除 博浪椎

中原多事且登臺豚犬家兒笑不材欲唱百年襄水曲只持三雅夜光杯禰衡作賦才空見王粲登樓事可哀無數奇男都寂寞如何獨喚野鷹來 呼鷹臺

錦江江水日洶洶怪石硌岈列幾重八陣此間能設險諸軍誰敢與爭鋒君臣一體兒爲狗兄弟三人蜀得龍只恨姊歸蹉跌日傷心法正未相從 八陣圖

洪河汜濫抱徐州中有佳人舊日樓燕子往來自今古尙書名位已山丘詩每掉才人舌舊事難消賤妾愁閱盡風流是何物口楊無語自悠悠 燕子樓

讀史偶作

中天白日許同行易水悲歌事不平遷史未成忠義傳只將刺客署荊卿

子房奇計事匆匆人彘憂深孝惠終少帝安危在誰手商山四皓莫言功

武鄉蔣許共周旋弓墮烏號盡上天降表修成誰健在誰侯爾獨享長年

藩鎭紛紛禍亂多英雄日暮起沙陀唐家恩遇疇知感三百餘年一老奴

二帝喪歸五國城臨安都後竟忘情忠臣孝子知誰是何怪龍川論武庚

君父讐深不共天趙家養士已多年如何古汴金人過猥見書生拜馬前

濠上龍飛作至尊金[illegible]旋見啟重門西山佛演僧皇覺衣鉢公然祖若孫

夢乘舟至金山下作

二十年前向此行樓臺金碧眼中明重來好共鷗蹤泛一戰安能蜃氣清大好江山留幻影高空神鬼得虛聲有誰獨作狂瀾柱嗚咽中流問祖生

贈方雲鑾廣文兼以送別

索居慕儔侶抱膝動遐想何幸此方士得君作都講才比鄭虔優德似太邱廣廣文官獨冷柳下道不枉文旌天半至下馬辱見訪新詩五字投陰何極高朗陳尤競徵逐展齒着幾緉袁顧數英雋門生荷宏獎時當秋令屆得氣百蟲響愔愔奏琴徳孰與結眞賞君性少矯激芒角就陶旗語語本和厚事事證涵養靈樞素問書餘事指諸掌詮解少附會論斷非鹵莽世儒輩悅辭何者關痛癢實事必求是乃見高秋爽對君人倫鑒愧我馬齒長兩心竊相許敢道事標榜何為瓜期代欲打河干槳往事我悵觸方寸忽搖蕩文星昔炤耀曹宋憶疇曩（謂曹艮甫宋子庭兩先生）推襟兼送抱學醇乃倜儻搏沙放手散潤絕判天壤東西雖異轍星自半天仰與君生茲世安得不想像舊雨期不來今雨又欲往君如舍此去曷以益吾黨河干柳依依余懷殊惘惘側聞上游重尚欲挽車鞅君若肯少駐藉以抒誠讜供饗五侯鯖食用蠙益亨話言如見許淸夢慰孤蔣

讀董仲舒傳書後

道統相承五百年漢儒醇粹孰能先天人有策由洪範鄒魯斯文在廣川下位展禽渾似爾荒陵下馬亦徒然不知予奪誰枋國東閣宏開正禮賢

送方雲鑾歸里

誰遣驪駒發臨歧各黯然秋聲蟲在戶寒意雁橫天艮掾羞三語輕裝挈一氈不知衣帶水相見是何年

南湖避地圖為符南樵題

一片南湖地問君僦屋曾王官原有谷賊衆爾何能淚化匏樽酒詩吟野壁燈我來展圖畫苦憶種瓜僧（種瓜僧海雲自號）

張王溝廟

揚州阜自開天市古昔歌謠聽不休道上狐貍何足慮湟中蛇豕乃深憂大東杼軸頻年罄直北雲山如許愁請看匡時漢文紀至今廟祀在邗溝

和符南樵過訪原韻

昨聞君未死酒半有懽心時放湖干棹來聽海上琴雲霞消殺氣詩句作潮音各檢陳編在商量古樹陰

陳茂亭圭政以鐵樹禪林看月詞見示即和

萬古靑天月朱門茅舍同況來僧院裏忽入酒杯中圓缺經時有悲懽觸處工豈期頭雪白分照到衰翁

和友人五言古詩

吾生本謬悠所學無一是譚道只影響何處揭宗旨與人相齮齕血氣少年恃近來歲月增進境惜無幾人生無百年河淸不

可俟清夜每自維百行在一恥君詩鍼吾病問言藥則起少時文字擅弄筆近奢侈危言愧無當籤揉去穅秕不立言語禪虛寂卻何似從文以窺道不欲涉二氏區區持此心竊與昔賢比若謂心已悟余實何敢爾笑我閱世久委宛處鄉里寸心自崚嶒性情少輭美君克諒吾心勢在不獲已古人何與廣師法在前史太邱赴張宅吾宗入劉邸藉以解黨禍亦以熄紛靡替人受譽尤沾沾殊自喜那顧悠悠口卽此得譏毀宣聖昔言道千載足翹企厥道期能聞朝聞夕可死至死若不聞爾顏靦爲士我今方自檢年已七十矣自傷已遲暮何者驗臧否但覺心要平不聞謗可弭事言若相違得無類有泚將詩以代柬印証唯吾子

伯山詩鈔癸巳集卷四

泰州康發祥瑞伯氏

丙辰

元旦試筆

鏗訇鳳律轉鴻鈞瑞肇龍躔又一春竹葉盈樽添氣色梅花於我較精神歲時江上煙塵擾兒女堂前笑語眞憶昔清羸憂不壽公然六十九年人

射雉曲

白日橫空風落山羊頭矢直雕弓彎射人見雉不經意欲射不射心手閒箭飛雉所不到處一箭正中胸臆間再射三射亦如此得禽何啻成邱山風蕭蕭兮日初晚僕從懽騰手弓返人聲沸沸影疎疎雲自高高天自遠

相逢行

昔日美人今老媪相逢卻在邯鄲道邯鄲美人竊笑之未見此媪年少時此媪年少顏似玉一斛伊涼珠十斛明珠何足多邯鄲美人奈老何吁嗟乎美人美人奈老何

登岳阜

宋室已無土岳家猶有山臨安何處是迢遞暮雲還

讀施注蘇詩爲題其後

長江大河東收詞曾和微風疏雨淵明詩名公筆妙無不可四十二卷英俊思昔賢時代適相近勤加注釋非阿私注者誰施元之何年代嘉泰時傳漢儒稱辛勞寫刻在淮東倉曹司倉曹

官署爾時在泰邑今無遺字猶有基至今蘇集遍宇宙求之此
事人罕知我光邑乘爲　泰我在後起安敢薛元之編年實安
善龜齡分體殊堪嘅後左　殘缺爲補綴邵尋甚賴商邱賞讀詩
並讀元之注知人論世心神馳此日安得嘉泰本開函酒酹千
瓊巵

詠唐花二絶句

火力烘多妙殷紅色最奢老夫頭已白羞見此唐花
唐花須自惜莫漫萎塵埃相賞無多日何如烘不開

詠古蹟分題得嚴子陵釣臺

淺瀨自堪隱客星何故明不參馮鄧事徒使帝王驚戰馬喜無
蹟求魚空復情高臺俯江水終古屬先生

春風詩

方冬百卉萎有如人睡定春風若鳴鐘一擊衆甦醒殷紅與縹
白櫛沐晨妝靚大造運化機萬物皆爭逆緣何人睡着百呼無
一應王政蕃鼓聞聖教木鐸聽彼昏都不知有如初向瞑春風
自往來何言爲持贈

俗謂七九天寒有露天鳥從江岸沙中出乃鷇也臨風
卽生毛羽飛去戲詠露天鳥

爾鷇生沙際毛衣半點無陡然天付與一舉向雲衢
性不似鵁鶄形亦倣鸞凰莫將小鳥看時至便驚衆

偶成

大末油雲潑墨工忽然捲去有西風尋常一樣胭脂色雨後斜
陽便不同

試燈日忽暖

百年暗盡往來中倏忽光陰七九終三日嚴寒今乍暖等閒又
見試燈風

讀書偶作

百事都從塞後通讀書何日得昭融荀揚學自分純駁朱陸人
誰辨異同性敏由來關稟分夜深時覺有陶鎔惭余年老仍擬
鈍數學循行事未終

讀史記

浩瀚篇寄得鉅觀後儒何事索微瘢陳餘張耳尋雙易老子韓
非合傳難蠶室數年舒憤懣龍門千古起波瀾勞公一臂開山

力交與班陳范沈看

讀史偶感

三千年事有成規說與兒曹總不知執筆全憑才學識賞心不
在書詩悠悠歲月英雄少莽莽乾坤刼數移我手一編還自
鏡可憐衰老鬢如絲

雜感

兔走烏馳春復秋古今何事不悠悠文詞虛誕徐無鬼膽識粗
豪廣不侯白髮怒生年老大丹心奚補事輔命宮枉說多磨
蝎且酌花間酒一甌
秦漢猶餘戰國風後來周道豈終窮鄭毛訓詁多殺異莊列文
章大半同百代名儒推洛下一時碩學起關中三千年內談師

法一辨心香識所崇
乾坤多事日漫漫插架陳編次第看地薄兩歧降曹鄶時移黃老變申韓水能就下從來易山不加高自古難笑問藐躬託何處傍徨身事最無端

燭花迸日生之不已枕上戲成燭花篇

迸朝有何喜良夜燭生花人語不聞光四徹葳蕤蕚跗紛奇葩璀燦疑張蜀都錦絢爛若現晴空霞蓓蕾小大復連綴羯鼓底用唐宮撾爾花有何喜事報五六七日來吾家吾心竊自笑何事能矜誇䏝頭金盡歎無色甕中酒變尤酸牙篋內衣裘付貿庫倉間米粟餘泥沙我實淡名利有若老僧伽不敢通名刺不欲勞舟車得盡餘年卽自了此中何事圖紛華或則失學得科第或則無職宜黃麻或則天外來故友或則老蚌生嬌娃或則黃標紫標土中出或則奇琛貴寶虛空拏吾問燭花花不對吾笑燭花花不差爾花有何喜事報戲吾老拙來些些對花吾適一笑置妻孥蠹蟗徒喧譁宇宙幻相盡如此何分麟鳳何虺蛇花知我心且自便時開時落隨風斜

時有以古書畫古鼎彝見示者余有感而作

蘭亭有貞本蕭翼爲賺之古人已岃穿窬想寶貴奇物誠非宜清明上河圖畫者張擇端收藏人復買奇禍居奇者作如是觀焦山歌古鼎向在分宜家而今枯木堂中置江水滌洗前脊𦍑可知人世間何者足寶貴不貴異物貴用物旨哉古訓不可偕我有友人書與畫雪色之壁常懸掛人或道好輒將去縱不將去亦瀟灑又有老瓦盆質樸無有雷回文此盆那足供賞玩日日羅列甕與飧或持書畫古鼎來我前口都道好心漠然我豈盲人無鑒別所幸囊無靑銅錢人笑此言無乃俗不知貴賤爾無福煙雲過眼且茫然適倪陳言請三復

梅花風雨吟

梅非風雨花不開梅非風雨花不落梅花開落本自然風雨何曾有厚薄風雨風雨總無心梅花梅花成古今閒情冷眼作何說且作梅花風雨吟

梅花落

前歲梅花落今歲梅花開今日梅花開來日梅花落梅花有開卽有落連宵何待風雨作人事代謝猶可追花開人喜落又悲開時酒進金樽滿落處聲聞玉篴吹獨怪人生寸衷耳此中安能雜悲喜梅花固自矜標格開落多般是何理何如不開亦不落千年托處空山裏

逆日頭痛成詩以自嘲

我病患頭痛每卜風雨至風雨未至我先知竟日昏昏常欲睡故人實我愛謂我宜診治我言頭痛庸何傷天之病我非無意我年七十難辭勞餘無他病身堅牢我眼猶辨黑與白我耳足聽鈞與韶我齒頗能齧飽啖廿與膏我髮且未禿猶可梳與搔我若駕舟車遠道恣遊遨我若詠詩篇清夜聞喧嘈兩虛凝骨竊自哂一知半解眞𪉕豪老不如人只有此此病何用心忉忉吁嗟乎天心厚我似有意頭痛使知風雨事多謝故人念我病

此病於我利不利

燈前兒女篇

燈前兒女喧跳躍當我前爾來亦太晚懵懂殊可憐有時來挽鬚嗔喝情益堅人生各有父年歲何相懸人父方青驢爾父已白顛爾心無等差視我猶少年而我計時刻已似黃昏天明燈紅閃閃清淚流涓涓

多寶塔搨本題後

大字摩崖碑小字麻姑壇書法端正復嫵媚人人愛慕平原顏浮圖建佛國亦復署魯公盜名欺世弄狡獪沙門點綴將無同從來碑版僞亂眞翻身鳳凰非無人題額徐浩滙不似行間字裏殊非倫此碑不似徐季海千秋何說顏清臣

吳越有佳人詩

吳越有佳人昳麗矜標格飾玉垂明璫成削衣衫窄雕鞍適見下光釆徹瑤席當筵偶促坐相距只咫尺脉脉不得語迥若銀河隔臉波若有訴平視面轉赤華燈熠耀紅何幸此良覿豈似邯鄲娼相逢輒鼓瑟

楊柳

楊柳向能管離別豔陽天氣又今朝東風爲壯營門色抽盡長條又短條

無題

爐煙裊篆燭搖紅特下重簾障晚風數盡更籌消盡酒添衣猶坐小窗中

即事

半啟窗櫺晝不譁片風絲雨特欹斜春分過了清明近開過梅花又杏花

明鏡篇

明鏡照吾面明燈見吾影鏡裏媸妍不可逃燈影短長誰得隱從來人面根於心儵然人影隨其身燈耶鏡耶善詗察側身天地吾何人珊瑚擊斷唾壺碎風雨高歌有鬼神

新安洪度如營墓圖

古人論葬事通倪無常日究之溫公法未始不卜吉遐哉青烏子所操是何術要之形者言千慮亦一失拘牽口說騰何者可致詰吾友洪度如心性最醇壹祭葬讀其禮無事敢暇逸君居

古梅谿家有芝蘭室頻年塋葬事遵禮志專一歙浦繞沖瀜黟山亘崷崒楠牛與黃柏山名皆蜿蜒不勝迯崔巍六甲嶺去通古制騎中有社屋椎山水極明瑟避風藏水說於此得清謐峨峨麗牲碑萬劬且懸繘親安心始安不與人笑咥廬墓者有年白兔馴繞膝春蔬與秋黍往往薦芬苾善心獲佳城兆域地無匹側聞范希文義田廣賙䘏天平拱高墳萬笏似比櫛又聞陶士行牛眠肇官閥周鲂亦詗得世世共端葬惟其功德懋雋杰不也出底須郭璞經論異流意必休嘉應自然上天重陰隲孝子仁人心百年猶未畢我親墓近郭追悔事倉卒戎馬在鄰邑邇日多惴慄何如君事蕆盛名聽洋溢乞得柯九思圖此晝仙筆第一圖爲柯姓作來索我詩篇質言爲紀實百世付雲仍珍藏勝璆珌

焦山周鼎搨本書後

客從焦山來攜得周鼎古山僧善摹搨墨汁灑水府側聞周宣世懋功策召虎車攻兼馬同詩什善揚詡功成告郊廟克壯洸洸武有時思將帥側耳聽鼙鼓盛世息戈鋋熟食伴罇俎如何明中葉玉鉉忽受侮泐跡分宜家爾豈戀華膴一朝脫阬穽寶物歸淨土江水爲湔洗精光溢廊廡從來彝器守但觀其所主彼哉鍾元常覥顏事典午功成邀厚賞魏受五熟釜煌煒博古編闕寺作市賈圖形列饕餮載筆屬王黼何如此器亘不與噲等伍高踞軒几間宜爇旃檀炷亦有瘞鶴銘异之出江滸惟此搨本酉足配畫書譜不是肌造象自可手晝肚裝潢紙托背有似弓承弣文人最好事藝苑供揮麈聊當訪碑錄庶足快先睹

雨前茶

細雨濕黃巖暖風生大峴不圖寒食日早有旗槍展翠袖摘嫩條紅裙收碧筍山均不到處猨猱拔絕巘封題千里至迢遞長鬚遣清芬若可餐肬薄不勝卷座上思山泉恍欲通竹筧午餘盡數盌藉以破沈湎豪家饗粱肉得知此味鮮只恐陸魯望經義要人闡山窗適坐雨新綠長苔蘚

食桃花鷄

三月桃花紅有鳥忽鳴鷄水蛤異渠入田鼠方穴竅在野聲鴐鵝于田飛軋軋適遇弋人慕時見竹弓刮隱身叢薄間獲償何颯輣中不漏二三羣每得七八羽毛爾嗜具炫异卽見殺身就翠釜烹新筍羹同頡風味比椒雞祭禮類淵獺莫嫌腦不滿足令卩流沫休矜喙獨長頭刻鉛刀割几物欲自全宜早去慧黠此鳥伴黨多入饌鮮能脫食罷爲三歎玆理應詳察

舟車歎 爲兵亂移家者作也

水乘舟陸乘車水陸當年皆坦途而今忽一變川原咫尺風波見雇舟一里錢千緡雇車一里五百文雇者倉皇請減價車夫舟子如虎鬭乘人於險事甚狡如數相償孰差少洋洋意態爾何心大肉肥魚今夕飽

三月初五日夜雨有懷

風雨夜蕭蕭使我不成寐此心如中酒假臥若沉醉相思在水際身爲心所累遠道車走轂長更燈落穗年老神久疲來日更顚頓

題相馬圖

九尺以上馬爲龍九方之識卓而通亘馬不出常馬外相馬自在羣馬中房星下降定有說渥洼水觞將無同背欲其竦肉欲豐耳欲其峻蹄欲隆協月兩權鏡雙瞳拳毛染宰鬃刷風爾能蓄怒并養氣忽踶妄齧皆無庸赤文白質世罕匹斑斕閒作桃花濃相者微睨在廣野識見不在九方下支頤說如此馬寂鳴乎世上若無相馬者彊埸安得有眞馬

題按劍圖

手把珊瑚鈎四顧心茫然虎頭燕頷者誰子昂藏氣概眞無前功名要上麒麟閣幹濟可能濟夏鄂匹夫有勇窮韜略三尺青萍徒有鍔血霏霏指拂拂何處斬樓蘭何時征突厥萬金之

爾何誇不祥金是無情物

掃墓作

清明過已久今日方掃墓父母生我卻何益問我掃墓來何暮我年七十久孤露世事匆忙近難訴虎豹縱橫慘莫言雞蟲得失紛無數邱墓近郭誰保護我生無狀不可恕杯酒滴穿墳下土紙錢飛上溪邊樹夕陽色薄心悲酸歸時躑躅東西路

娘子軍　爲女勇料字讀平小作也

泰州團義勇獨有娘子軍渠爲老寡婦有衆多如雲一聲吆喝人皆驚鎗刀旗幟來紛紛不騎桃花馬不着石榴裙粗頭亂服剽敢眞超羣闤闠送錢作貲斧膏油火爆部署多辛勤絕不乾沒錢一文娘子名料小仗義罕其倫我詩曷足同書勳庶幾滿

城鬚眉男子皆知聞

即事

天狼下地行帕首色染絳殺氣來陰雲竟天流白虹江洲鬼魅來划波只用艟空間夜放門未見戰在巷濛濛毒霧中蚩尤飛舞幢星散衆官黠赴敵一人蚤共仰騎箕升人是崧嶽降堂堂世太尊溝水哭淙淙

友人饋酥魚醬肉

人說鯊魚肥油炸愈可呷人說花豬美醬漬更沾洽我生本儉腹翠釜烹紫甲況値兵符急徭役老遇憊豈謀口食甘秪慮言行跲連日圖一醉酒戶亦云狹時或飲稍稍便荷劉伶鍤故人念我勞亦且憫我乏食味出點欵調燮別有法薄非小宰羊熟

異爛蒸鴨高誼不可忘載筆適逌柙屬屬慰老饕加餐快一霎

讀史偶成

魯連論說何縱橫聊城一箭功勳成成功不居蹈海去蒼茫萬頃煙波生羣倫嚀沓逐名利錐處囊中爾特異毛遂偕行十九人碌碌因人亦成事

贈蒲家集庵僧

庵僧無世情廟宇亦蕭索地雖近市塵心自甘淡薄窗格盡當風門徑可羅雀朝起理桔槔意欲事耕鑿連朝無雨澤河水將就涸篙工無一事終日舟停泊問僧僧不語似與雨有約人笑此僧拙未免謀生錯不知斂錢法他僧善酬酢頃刻新廟貌轉瞬飾丹雘此僧無乃愚只合享藜藿不知僧本分殊覺貧而樂

若處深山中佛果定先覺猶之參也魯一貫道能託

書白門周還之葆淳詩後

何來旅雁叫空汀九死餘生虎口經張儉無家依李篤包胥有淚哭秦庭七歌同谷人何在三疊陽關曲忍聽我讀新詩因感舊夜燈如豆向人青

亢旱日久汲井無水口號

舍南古井水漣漪玉虎牽絲近患貧安得耿恭常作守枯泉飛液自驚人

明月篇

舉頭得見千里月跂足不見千里人千里行人在何許關河風雨含酸辛明月高高徒寂寞不管人間悲與樂萬古青天有圓

缺嫦娥亦悔偷靈藥

感懷用胡安波大令中秋賸詩韻

閱歷烽煙已白頭著書安得散窮愁蔽天蝗影星辰亂帀地蟲
聲草木秋辟穀有心詩絕島雕菰無處采芳洲首山人自呼庚
癸我老何曾展一籌

舟過馮甸

寂寞過馮甸風光與昔殊荒年無粟米是處有萑苻遠舍紅燈
隱來船黑夜呼衰齡賦行役生計幾時蘇

題紅梅畫冊

傲骨於今已近時畫工不惜買臙脂老夫身立梅花下只恐東
風笑白髭

齒落戲作

憶我方髫齔齒生編貝如父母顧之喜飲食多與俱厥後檢食
單不徒啜園蔬腥羶無不嚼雞鳧羊牛魚齒如刀劍利餚胾等
醬菹如此數十載所食眞贏餘何爲當老去忽生附骨蛆有蟲
穴其中其力同專車幽深不可及藥餌不能陡久之盡迸落瑣
碎幾無餘從此不如人堅硬難再咀遲時秖輒飽粥飯須徐徐
我心大懸沸其何以自娛旣維造物理所在多乘除饕食已饕
飫今何傷區區推食與他人於我究何殊譬如奪駢邑沒齒怨
言無人事有衰旺天道爭盈虛朶頤自觀我安用長欷歔

客有以石研來鬻者余不能購客去而作詩

有研出河濱質古貌亦奇上有蛟龍蟠下有鸜鵒垂中空復窪
曲波濤之所爲研重吾手輒滑笏心膽危珍重付來者將去毋
少進客誇此研好君請試吟嚢吾言食此研不得供晨炊研好
米更好吾將往鬻之遂詞謝客去癡鈍空許時

伯山詩鈔癸巳集卷五

泰州康發祥瑞伯氏

丁巳

正月二日作

五律初調感獨深堂堂歲月去駸駸鹽車久困名駒力庭樹何安倦鳥心五載烽煙增戰壘十分爐火鍊黃金近來風日雖晴好望雪還爲白雪吟

飛蝗詩

飛蝗來蔽天下食田間禾田禾關民命民命淪江河一生九十九昆仲何其多成羣逐黨至擾擾田間過農夫見束手血淚揮滂沱上天時降災災沴將如何中原盛豺虎頻歲尋干戈旱魃亦助虐助虐皆幺魔四方盡缺食爾腹已皤皤爾雖上帝遣何以蔽其辜幾時化爲蝦族類歸洪波

至十里店即事

朝暾未上樹清晨蹶然起番番七十翁亦在稠人裏蜿蜒阡陌長殘雪猶餘滓竹輿如舴艋隨行悉銜尾村尨出門吠野夫見客喜程途不憚勞頃刻來十里

聞雨

寂寞窗中聽雨聲今宵支枕倍分明田疇待灌官河涸且望潺湲到五更

弔邗江死友詩

的的秋蓮子（刻有秋蓮子詞一卷）難忘是苦心江關成浩劫風雨入瓜吟骯髒兒同死（謂令子廷和）蒼茫冤已深招魂何處是多在古楓林（西御俗保）

每客吳陵日時來叩我扉治生誠有術視死忽如歸醇謹衣冠是昂藏面目非側身西向望遺我立斜暉（汪西谷泰）

多難在年少佯狂實有因不恭常玩世重義自輕身令子今何在（謂子綬祉）良才亦絕倫詩生花點鼓難得繪翰圖（郭麗生塗如）

委巷人如昨同稱父子賢倫常由爾盡青翰至今傳大節逾科第清名副簡編一樽遙見酹灑淚劇淒然（錢問山副遠）

煮字飢難食填詞秋已終（著有詞鈔）創生叢棘裏身臥亂兵中薇蕨采何處妻孥事又空西華誰識得葛帔忽西東（朱霞伯銘）

華覓園城厄何期二豎來治經無補救紀事本良才學業前賢並文章後死哀佳兒今旅食淮水聽喧豗（劉孟瞻文淇）

某壁上見亡友梅蘊生書幅感作

歎逝兼傷往看書如見君青袍應在篋白練昔書裙荒塚多年草低空一片雲嬌兒今長大亂後爾何存

東昭陽黃子仲（晉卿）

昭陽百餘里修途困有苟憶昔訪君家輕帆半日送相距八九載開徑望求仲晴川波千頃屋梁月一夢至今時事異我老事倥傯駑馬筋力疲鹽車勉馳鞚性拙志亦拘不合爲時用吶吶處鄉曲出語恐驚衆兵旱閭閻苦流亡道途慟性命等蠛蠓祥瑞集鸞鳳書生濟何事寤寐只自訟春鳥時發聲引吭聽一哢灼灼絳桃花指眼看皆霧舊雨期不來前詩且吟誦歸然魯

存何時杯酒共

光孝寺黃楊

樹壽不知紀僧舍能逃禪適來憩其下最愛形蜿蜒舊聞此厄
閏浩刧同神仙五載兩被厄厭運何迍邅我今厄五載艱苦時
相遭準此與爾較已過十五年江淮盛豺虎村郭棲鷹鸇紛紛
怨搖落不惜溝壑填何似爾長生歪受風日斫臃腫復拳曲乃
得全其天天風一鼓盪琴筑聲遙傳羨爾枝幹樛骨節敲銅堅
此外有大樹顛踣隨風煙壽夭各有因請賦黃楊篇

清明節前作

清明節屆雨兼風亂後風光更不同得氣桑麻俱草草拚飛禽
鳥亦匆匆酒家人話青燈裏戰壘花生白骨中老我心情原嬾
漫安能騎馬逐兒童

女稱弄筆作書詩以箴之

深閨須習繡工夫言德容工問有無我與羲之異情性不將書
法付官奴

岳墩詩

水遠山遙地勢平將軍誰道此屯兵偏安人恨朝廷小野戰公
原將略精閃爍靈旗當檻出激昂神馬破空行忠魂或恐冤難
洗每愛西湖水獨清

感事　延往事至今一回首驚心二

馬灣厄與廖溝連覆轍翻舟
十五年前

勝地勾留賦冶春須知歧路要留神劉郎徑入天台去浪說桃
花慣誤人
涉世真同涉水難片帆御處且求安回頭指點經行處又有人
過八節灘

聞道

聞道朱方信連朝未止戈官兵猶苦戰君子意何如澤國新鴻
雁春山古薜蘿不須頻覽鏡我鬢已皤皤
去歲蝗成陣今時雨似麻妻孥廿餘口城郭百千家路滑防新
草花明望晚霞老夫沽薄酒一醉作生涯

清明日漫成

春到蓬萊草正齊清明風色尚淒迷近來酒貴囊錢乏省得先
生醉似泥
嬌春鳥性不能齊惹得流鸎上樹啼杏紫桃紅多燦爛可憐芳
草獨萋萋

聞河水有改道之信

塞後宣房萬福那近聞遷徙復如何欲醫萬里黃河濁安得阿
膠有許多

雜感

亂後光陰百不宜蒼黔隨處受瘡痍雲煙過眼新圖畫風雨驚
心古別離消息難憑魚鳥報豪强亦被虎狼欺近時我得河魚
疾縱有芎藭未可醫
本凝風流纘承和緣何蠟屐未經過鵓鴣聲老春將老楊柳絲

多雨亦多勝地今聞增海市舊游人悵隔天河新詩爲寄陳無
已道我山房學養痾
天工何事不分明禽鳥區區亦世情無草花時無蝶影有樓臺
處有鶯聲靡靡雨溼桃鬟重駘宕風吹柳絮輕恰好年年二三
月卻將消息問君平
坐臥閒房正抱痾靜觀物理又如何鍼穿不合千將補鍼小奚
勞鐵杵磨松樹有姿千尺峻楊花作態十分多勸君那用生分
別好向風前一歗歌
志大成迂似近名事宜只要洽人情杜陵廣廈探懷得白傅吟
裘涉筆成浩刼能消惟古佛虛言無補是經生衰年略解天人
意歲過龍蛇厄自清
自笑年來爲底忙車輪轉作幾迴腸鐵針枉作擎天柱秘笈難
尋卻老方着手圍棋分黑白先期梅子判青黄我生奚補絲毫
事羸得巔毛盡雪霜
斫地高歌慘不懽紅瑚碧海倩誰觀揚塵跋扈風三面照夜孤
高月一丸惠我有書來孔覲孔宥涵太守以近刻詩見惠索拙輯詩話 困人成事笑
馮驩老漁不惜錢沽酒醉後公然宇宙寬
古語曾思一个臣事爲誰許共艱辛孟嘗食重三千客毛遂心
輕十九人尚有蛟龍蟠澤國應同鷹隼出風塵何時寒盡冰霜
過得值陽和煦煦春
有誰拖展訪衡茅遥睇千丈尚四郊曹劌論兵嗤肉食延陵投
贈在心交雞蟲得失千夫鬬犬馬功勳一葉拋且學申屠營板

屋時於樹下作因巢
風雨經旬臥草萊雲山當戶隱樓臺英賢事豈求人諒麴櫱曾
嘗對客開古樹有誰嫌老醜好花未必是新栽年來蹤跡浮沉
半燕雀留他任意猜
跋屐閒從郭外游側身西望水東流煙雲夾岸成桃隖江海交
風又麥秋一卷自知沿革事萬車難載古今愁故人問我今何
似久矣浮沉作野鷗
倏忽經過七十春年來蹤跡與誰親小星的爚恒當戶舊雨飄
零劇愴神杜老豈見情爛漫陶公責子語酸辛問奇載酒揚雄
宅安得今逢好事人
老去心情欲放顛何分盧後與王前縈靑慣見都人氏慘綠深
慚爾少年鵬鶚九霄生羽翼蠹魚三食在神仙問渠擾擾成何
事奚似花間一晌眠
斗大城中有客忙近時豈盡少賢良左餐右粥仁人惠西抹東
塗酒客狂車馬但看渠可羨形骸雖老我能忘積陰幾日新晴
好叉手歸來看夕陽
高蹤都從獲禍生靜觀物理驗人情鱸魚名著由張翰鸚鵡才
高屬禰衡自古文章成掌故有誰僥倖得時名可憐鄉邑虛生
我坐任堂堂歲月更
侘傺胸懷醉後舒樵兄漁弟共招呼敝帷不棄因埋馬愛屋何
妨並及烏利益再來疇可繼恩讎中絶豈如無陳言吾自隨聲
和一任旁人笑腐儒

年來事事與心違惟賴醇醪爲解圍鈴語辨音呼賛屐函書有物寄當歸歲荒怪我精神健兵亂驚人面目非欲上高峯觀衆妙不知天外已斜暉

無端鬚髮已如銀百務何緣集此身博得知音徒役我算來老境不如人鯨波衝要勞舟楫鷲嶺崎嶇定脚根水陸頻過是何術特於險處着精神

楊花詩

自詡花飛出漢宮倡條冶葉亦惺忪夕陽有影蒼離緒弱質無因怨化工駘宕時隨游騎出顛狂或與酒人同禪心悟到沾泥後一任東西南北風

過光孝寺丈室

方外交游古誼存倫閒同款竹間門塵心洗後看松色世味嘗過齏菜根陳慥譚鋒多伉爽陸游碑版訪黃昏遠公社啟能容酒尚乞花前盆一樽

感懷卸東新安友人

記從分袂走征驂留得嵇康七不堪悵爾浮雲遮直北有人捷徑啟終南刺心事故增千百快意親朋尚兩三多謝汪倫情不薄桃花終古指深潭

宴友人辛夷花下作

辛夷花開雨如霞辛夷花開紅一斥主人邀客具罇罍紫纖陰中敞蕪讌銀絲斫膾不下嚥香稉炊飯白如練但知花態爭鮮妍不道時光有更變富室人歸漏澤園縉紳子入碑田院崔盧池館或棲烏王謝門庭亦飛燕香山歌詩傷大宅門帖荒凉瓦礫見此意問花花不語迷離但見花招颭細春花事繼復續深怪天公不疲倦辛夷花後牡丹開魏紫姚紅顏輕倩太息遨頭雙尾妍狂香更作徐春殿

贈程燕菴

清劭程文海時來對酒歌文章無儒響術藝起沉疴束髮與君契頽顏奈我何那堪詩五字便抵百金多余姬人病久燕菴一藥即瘥余欲以酒食酬之君曰無庸惟以詩一首見贈足矣故結處用杜詩華筵抵一金語

三女病劇

去年夫壻喪一哭嘔心肝此日身將殉孀留淚未乾奄施多況瘁蘭蕙易摧殘聞道形骸改憐子不忍看

望雨

人說研田瘠余今無研田喻喁廿口食艱苦一身肩時值難爲日端求大有年開門頻望雨終夜不成眠

晚霞

晚霞殊可愛只在夕陽邊花木遜茲色文章羨爾鮮昏鴉頻點綴雌蜺賦連卷莫漫驚消歇光華旦稍延

曉星

萬籟寂無動曉星時在天月沈日未上爾照不能偏熠燿非螢火微茫墮馬韉宵行端賴此孤客詠詩篇

夜歸作

搖搖心不定半夜此歸舟月墮近村樹燈明遠處樓治生勤未

已涉世老難休猶勝出門客迢迢正遠游

哭第三女

少小嬰沉疾跉𨈖實可憐纏綿廿載日委脫一朝煙昔膳供姑老殤柩哭增先吾衰無眼淚爲汝淚如泉

河干柳

一樣水楊柳河干劇可憐生當南北路閱盡往來船薄植風吹側孤根浪齧穿因思漢宮樹三起正三眠

子規

苦竹深篁裏終朝叫子規多緣明已恨亦復勸人歸牢落鄉情結淒涼世事非何當振毛羽望爾出林飛

偶成

閉門時卻軌不是友朋疏假臥消清晝長吟笑老夫茶香應自有劣酒不如無月看騰騰上來從荷葉鋪

聞官軍掃金山賊蟲誌喜

聞說金山賊官軍一鼓登將才多果毅我意亦飛騰歲月催人老功名讓客能　朝廷嚴賞罰貪冒有誰曾

觸熱

火織當空烈如何觸熱行東來方校士西望正交兵治亂憑天事喜憂今合并調冰值六月有客獨含情

即事詩四首

荷葉攤餚酒滿甌鬨鬨兒女話啁啾開房廣廈人疎散不及漁家一箇舟

《伯詩鈔晉集卷五》 九

斧聲震谷汗流肢石滑塗長用力支傍晚歸來洗雙足樵夫也有息肩時

鳴鏑山寺漸黃昏上過神香又掩門多少僧雛來共話雲房亦復有兒孫

閱盡周秦及漢唐書生腹笥苦張皇庸言庸行治家國且讀中庸十八章

庭中即事

閑坐山房晝不譁盆荷片片墜朝霞此花開後無花看直到秋深問菊花

七月二十日早起作

歷盡酸辛到白頭生朝早起意悠悠一堂人語方侵曉四壁蟲聲亂叫秋十數箇星回首沒兩三點雨霎時收年來好景忙中過何似蕭閑得少留

破悶作

姬病呻吟在耳邊無知三穉且喧闐愁來指足疑無地老去此身多聽天世上久知人爛漫燈前誰與我周旋我師莊叟通元語細讀南華秋水篇

哭姬張氏

苦雨酸風劇可憐驅君泉下去長眠老夫晚景今餘幾一瞥風花十四年祭文附錄云嗟卿之來實非偶爾一十四載我惟卿倚婚冠祭祀得卿佐理酒漿醯醢任卿經紀我每夜坐眾卿久俟我慣早作勞卿先起諸務擾擾詎見愠喜事宜隱諱未敢徑啟兵事洶洶挈眷遠徙躑躅山間數婆屋裏內荒嫂見肯質替耳深恐斷炊經營饑饉辛歷試茶苦飴旨一十四載僨終如始去冬染疾寒嗽不已我惰不知尋常相視延至今

《伯詩鈔晉集卷五》 十

夏臥於牀第參朮無靈日就委靡仲秋之杪溘然逝矣不顧我老吟成蕭果不顧女幼情如腹腸卿獨何心一忍至此一十四載電影如假三女待哺誰為我使廿日甘旨誰受我旨覩權乾備誰為我時值簪衣履誰為我庀藥名獨活我已半死女哭嚶嚶我醉如痴衆事喧閫我惟醉兀血氣我莫清淚無幾一十四載塵緣竟止何處哭卿山洱水浜卿其有靈繞帷伊邇作詩告哀卿其鑒否

偶成

七十年華鬢似霜老來容易感滄桑出雲不料山皆掩食菓何緣樹亦忘管鮑交情眞篤實耳餘意氣竟荒唐而今頗得安心法未敢粗豪傚孟嘗

哀辭

儀容想像信音乖入室淒然老淚揩三稱蛉蝣悲失恃教余昕夕費安排

形神衰憊意悲傷此後何人共燭光只恐卿車難久駐終朝枯守繐帷旁

過謝王河詩

東來一棹意如何瞥見前村木葉多嫁娶失陳人盡羨不知今有謝王河

瓜鎭同日克復詩和車竹君原韻四首

頃聞露布走江關入奏明光展　聖顏雷鼓轟時摧絳帕煙塵淨處見青山市聲浩浩南徐捷旃幟煇煇北斗殷寄語樓船橫海將論功善後莫輕還

羣凶毒氣結胞胎釜底游魂亦可哀忍說鯨鯢成大戮須知龍馬是奇才重開鐵甕增宮闕一望金焦矗將臺迴憶蟲沙皆自取敢云蒼昊降前災

水部聲華本在先子房圯上授新篇戰功越大心逾小時事雖危力自堅失勢鮎魚猶篙宅鮎魚套名追奔豹虎足戈鋋石城犄角今何恃那許人命少延

金墉依舊鬱嵯峨事後提防將士和江勢插天遺孽少刀光如雪上游多晴將賀表朝　天闕豈有英賢隱澗阿老我才疏無壯語差能扶杖聽鐃歌

郭雨山觀察見招善後事宜商確辭以不敏

白髮蕭疏歲月遒只餘知己意難酬名公說士多逾分老女逢媒轉自羞五角六張成事少一知半解此生休功名有定遭逢晚敢說前賢似馬周

新春日微雪

燈光閃處見飛霙瑞肇秋成又洗兵時事從來多變態天公畢竟有深情朱門酒肉腥羶味茅屋詩書金石聲我老七旬將過一好將晚景樂昇平

伯山詩鈔癸巳集卷六

泰州康發祥瑞伯氏

戊午

程文伯時將游浙以畫索題

張琴對古松刺船赴大盌天台雁宕閒且作高飛鶴

凌霄花

衆卉睡忽醒春風才一度輕盈桃李花紅白飛上樹此花不肯讓有似蛾眉妒臺閣謾爭高松柏巧依附冉冉當朝霞熒熒泫曉露嘉名縱能博體質安能固因材由大道東皇弗爾顧羊角陡然起殘英踏滿路何如處田野宛委守其素

秣陵關

迢迢秣陵關衆山繞其足向闖瓜鎮克羣凶竄猶伏我師有梟將厥志期恢復浙矛更炊劍勝負尚未卜此州幸無事黎庶盡蒙福闤闠開夜譙雜沓軒車續華燈徹夜明美酒動論斛只云此間樂不識遠方哭老人心最隘憂思恒遠矚高歌秣陵關新詩庶可讀

又絶句一首

西來警報似飛翰燈月輝輝樂此間豺虎縱橫江路險不堪回首秣陵關

遣懷

老年側生童女三髻髾滿額垂髫鬖知識未萌忽失怙一房燕燕噪音呢喃母燕徑飛去父燕苦不堪以父代母教未諳事多輮手心如惔蚤起櫛沐手替詧中晚哺養貽厥甘求諸市上得佳菓桃梨棗㮚橘柚柑歸家分食隨其躭衰朽何故得此罰要將此意諮瞿曇或緣少壯身獲疚取償今日非迂談時方懺悔眠如蠶此理大可閒中參

清明前一日出東門作

霏霏小雨值新晴雲潤天街着屐輕行到東門墟墓畔東風吹淚去無聲

爲李直哉寅清孝廉題看劍引杯圖

君才使筆如使劍碎易萬人光掣電吾儕願與公堪交不飲自醉同醇醪酒耶劍耶君所有神物在空酒在口口中吐出青萍花面上染就天邊霞酒量劍鋒錯雜出始信酒徒工劍術何如拋劍痊酒隨所之斯謂藏器以待時劍與酒兮都不知

舟中女兒行

舟中女兒年廿五早起撐篙更搖櫓十指纖纖不動針衣破鞶穿修網罟潑剌跳波魚入笱老父將魚城市走得錢糴米急炊飯一家弟妹粥饘有盤中亦有魚作羹女兒捋齋不上口湖上鴛鴦沙上雁微禽對對成嘉偶婚姻未議蕣華凋且坐船中禮法守

酒家胡

酒家胡好女子及笄嫁作細民婦驅出閨房到街市淅米爲飯麴作酒一朶鮮花插市口荊釵裙布賣身首含羞忍辱寔可醜家家自豐庖厨到門索食伊何圖充庖略有魚與蝦魚蝦不

索伊索無顏頳不解言糢糊因羞作怒撲酒壺陡起揎袖毆兒夫兒夫被毆只為奴妾命不猶如是夫吾語酒家胡卓女且當鑪何來游冶子不知有相如王孫恥為父司馬忍為夫何如策騎歸成都甘為此業何為乎

飲酒半醉作歌

飲酒樂飲酒不樂不樂豈因酒味薄酒味眞是醓醲香酒色强於琥珀光明燈煜爚然高堂盤中魚有尺半長鼉鼓配合火齊良大可舉觴傾壺觴胡為三歎不欲嘗素琴在御弗得張伯勞飛燕東西翔鏡中鬢眉變雪霜行庭仰視天蒼茫試將此意問杜康權生三萬六千場我生有幾宜商量樂與不樂君推詳杜康無語心傍徨我已半醉歸空房

四月十四日風雨終夜作風瀟瀟曲

風瀟瀟雨淅淅燭㸌更闌心不愜擬偕越石聽鳴雞未許莊生化蝴蝶雨淅淅風瀟瀟夜靜聞之心魂搖盪中已覺白酒盡牀頭又苦青銅消風雨本是無情物兒女酣眠或語出百端千端隨雨至千年萬年趁風入三萬六千如電掣七十一載易飈忽我欲禱風伯咒雨師長空汛灑休嫌遲肯為愁人欷俄頃此時庶免心傷悲何來一陣風吹去山南陲我黍與我稷彧彧無稍蔚瀟瀟淅淅伊何為

東海頭曲

上天生我東海頭昏昏海氣蒙偏州粟食仰承　聖天子姓名不達賢諸侯學書學劍無一是魚鹽有利非吾籌海中珊瑚紅十丈手無寸鐵將焉求我手一編足遣日哦詩往往聲咿嚘行已老僮兵革洸洸有客成大猷海濱伏處吾何事挾策四顧咄投筆側聞海中有仙島刺船要與神仙儔我豈甘為兒女累珠薪桂時綢繆兒女聞我欲別去牽起寒衣挽我鞦轉側不得姑淹留上天生我東海頭得非自幼至壯至老死即休

即事

春盡連宵雨似梭春歸無計挽春何更驚飛電傷禾麥朧有禽聲喚刮鍋

餅中芍藥

買來芍藥白兼紅插入銀餅怨曉風回首揚州兵未亂此花開放滿城中

乍暖

連宵麥氣最清寒乍暖韶光春又闌曉沐煙生衣桁潤夜眠風入被池寬天心和厚閒中驗物候遷移靜裏觀時有枇杷來入饌九分甜帶一分酸

瓶中芍藥數枝花皆摧落獨有一枝萼跗相銜葳蕤特甚

揚州芍藥泥游人亂後芳香不復新淒絕故人零落盡此花何事獨精神

感懷

萬古眞同一刹那海枯石爛事如何古今若聚英雄淚定比江河一樣多

偶成

鴻濛一氣走風雷曠覽人登古帝臺天下事無千種異域中水只兩條來治安自有因時策開濟誰矜鑿空才多少腐儒執經術紛紛聚訟質堪哀

傷往

梅花開後李花開歲月悠悠事可哀知爾怪余恩誼薄精魂不向夢中來

題洪秀廷獨立圖

少陵冒雨過蘇端東坡月夜訪堯文昔賢結交在幽獨外致款洽通殷懃洪君古厚意深遠相逢已久知君晚數年以來甫莫逆蹤跡相親亟往返邇年我悵身事艱蒙君休戚常相關幾日

不見便思我一朝見過開心顔與君促膝席虛左時領清言當諫果心情倪略我負君識見老成君勝我君今獨立繪作圖卅年作客游東吳百事就理善籌畫身安不倩人持扶聞君家有賢孫子清門自卜多繁祉有時遠涉省親至不老神仙常似此我今點筆圖上頭情誼有若膠漆投古人前事竊比擬君其許我言無尤

彈琴圖爲旌德汪序東題

三年不見汪倫面今日彈琴似在茲已過桃花千尺水載賡狀杜一篇詩清商曲奏停雲過古屋梁空落月遲擬見刺船向江海曲江濤似與君期

端午節作

一年三百六十日今已經過十二旬桃李驚心盡零落榴花照眼正鮮新兵戈擾攘誰安堵麴蘖高昂少醉人莫笑詩成多僅語予生本是海邦民

友人饋宿紅酒感賦

人老甫還醇酒陳乃見美故人時我贈汪汪一觴水開幕嗅芳馨沾脣覺甘旨是酒而非酒乃與故人似如何嗜酒徒津津說浮蟻擇交更擇酒在此不在彼瓊玖不足報珍重詠木李

羅兩峯鬼趣圖

一鬼赤身無衣袴一鬼髮似枯楊樹一鬼頭大肚腹蓮一鬼口濶耳根赴三鬼扛得一鬼行兩鬼又扳三鬼住外有色鬼心未死垂涎亟向女鬼顧傍有惡鬼似見妒努目張拳奮然怒矮鬼

頭頂大鑼鍋跪向胖鬼納賄賂酒鬼偷酒入酒甕面龐不見半身露吹簫打鼓衆鬼譁破傘殘旗數鬼附中有一鬼蹴踏來卽向鬼叢忽顛仆羅君此本見何處此景難得與君遇實無其事有其理若非此輩無此趣畫圖似向酆都游筆墨直同禹鼎鑄此輩伎倆誠可怪不令人憐令人怖我將一笑姑置之題詩終不解其故

水關橋樹

水關橋畔樹其壽不知紀上幹高拂雲下枝低貼水樹形半欹側欲入清波底巨靈彿一臂萬牛不得起張君樹下住庭宇樹陰裏盛夏花滿空黃金築窗几君曾索我詩恃此炫鄉里二載我未還歲月去如駛我今過其下久要不忘爾萬港太和橋南

詩掛八齒（余有葛港樹太和橋樹二章）賦詩今與三庶幾鼎足峙詩成報張君疾遣一介使并與樹神知我詩定何似再過百十年樹形不止此但問後來者詠歌又誰子

雜感

老拙難言閱歷深蟫紅蠹碧費搜尋讀書未化成何事涉世無奇恃此心積久地基方得氣逾時雨澤不爲霖花前魯酒三升釅且與英賢証古今

磊塊何勞砌此胸事端來處且從容蝶飛草上游蹤亂貓宿花間睡味濃過雨蹄涔如巨壑當門拳石作高峯故人情重真知我碧蘚封題作遠供

雨後入臨湖禪院

鳥鵲迎人出樹飛愛閑來款樹間扉水深竹徑僧能涉雲掩松巢鶴自歸天際帆檣排古堞城頭鼓角響斜暉同游舊雨今何在風景依然淚一揮

贈洪海如（禔）

萬里程涂筆一枝偶因陟岵起歸思摩崖字勒崔亭伯鑿險人迎謝客兒山水之間洵可樂性情以外本無詩笑余隨侍家園老白髮蕭蕭滿額絲

六月二日偶成

節令將過小暑天閉門御軏意翛然苔青草綠非無故蝶亂蜂狂亦可憐近市人喧漁艇泊平疇水足桔槹懸老夫不出渾閒甚自有風光到目前

六月七日作

追暑終朝坐草堂移牀時就北窗凉盆荷鳥浴驚風去苔徑蛙鳴得雨狂壁上畫圖辨真贋書中人物許丹黃老夫畢竟居何等亦復隨人論短長

入荒菴小憩

睫入荒菴意忽舒六年回首事糢糊安恬花木驚飈過汎溢汝濤斷港無歲稔今逢天運轉人多翻覺客心孤吾身羈絆誠何已安得塵緣盡掃鋤

詠夾竹桃

天冶與清淑緣何在一家每怪青瑯玕肯伴紅桃花天忽降材殊故意爲此差深心試高蹈欲玷白璧瑕嶢嶢君子德夫豈損些些剛質佽柔條有若蓬生麻猗猗隨灼灼體態時橫斜唯和自然介唯正方爲葩人何絕物處獨立常矜誇柳下惠風在一笑同幽遐

早起

老夫常早起不寐意何深今昔得回首幽明同此心荷香消晝永雨氣釀秋陰只合添衣坐微凉已不禁

驕陽

驕陽如猛虎日落虎歸山暑病痊秋後凉風扇竹間時窮機自轉心定意能閒且喜香秔熟嘗新進一餐

八月二日偶成

颸忽踆烏閱古今鳴蟲應候又秋深雨晹[illegible]隨人意開落花

多縶客心啓罏酒香吹白墮滿籌稻色抵黃金曲江濤信今何似一線東來萬鼓音

感懷

冲融雲水得閒觀俯仰因知宇宙寬息影人如秋扇棄稱身衣是木棉安未妨古屋風三面喜見高空月一丸時有故人忘不得尋君何處着飛翰

遣懷

一天雨氣不着地四壁蟲聲多叫秋但覺衾裯連日水不知簫管誰家樓鄉關鴻雁今何處大壑魚龍亂未休擬向高空問眞宰欲排閶闔路悠悠

讀史

古誼何能望爾曹面親背詬語喧呶劇憐朱穆嵇康輩刻意紛紛論絶交

醉後書壁

雪壁新詩點筆成杯中陡覺酒花生管絃度曲多嘔啞何似淵淵醉後聲

病後述懷

判得工夫刻棘猴長牋矮紙質同儔良朋久別情逾篤苦藥能甘病自瘳在篋詩書如趙璧忘懷恩怨棄吳鉤流雲過去看誰月綽有輝光照九州

初九日卽景

漢陂詩憶少陵工光景今朝大略同白日青天千里外五層

雨片時中往來世事看無定濃淡文章變不同試上高臺觀雲朵鼓樓亦與鬭青紅

荒園小步

數畝已荒廢閒來一啓扉好花容易落獨鳥不堪飛堂構憑誰展煙雲笑我非靑紅何所藉日影尙輝輝

八月十二日晚坐小有軒

雨雨風風忽晚晴閒游此地有逢迎月來水上光逾大天到秋中氣自清小有軒容人小坐長明火供佛長生此來不許輕歸去時聽城闉已二更

早眠

老去心情愛早眠被池寬處欲添棉籌燈有味花枝麗孤枕能安夜氣圓多事飛蛾徒擾我有情胡蝶可登仙中宵起坐看窗紙明月輝輝正半天

蟋蟀

未從牀下入伏處半牆陰草莽生羣動金商牽衆音銷兵今有道好鬭復何心只恐元冥屆寒威定不禁

生計

連朝雨氣正繩綿生計閒來只自權金韲筐箱留短陌心忙詩句少長篇結交幸有今豪傑飲酒還貌中聖賢時覺狂香通鼻觀鄰家分得桂花煙

走南村

起喚三雛夜向晨朝來匆促走風塵一家骨肉紛麻緒百結心

腸轉轂輪亂日錢刀輕似葉異鄉情意暖於春晚年猶有嬌兒女笑倒樽前白髮人

旅夜

燈昏客舍最無聊斜展詩羊褥半條角枕一方更五點老夫頻度可憐宵

重陽夜作

屢被災祲是馬年南州下榻自孤眠草風沙雨重陽節茅屋篝燈五夜天眼底有人甘退後心中多事憶從前短衣射虎吾何濟只合從容鍊性堅

十二日即事偶成

病軀走南村僻處定喘息故人爲具飯飯時日已昃嫏嬣三女稚繞膝並在側越日老嫗去挽留留不得三女日櫛沐欲我兼母職母職我未嫻心傷我手棘所賴主人賢我衣復我食女稚爲調護古誼自可式身安心不安城內事難測斜陽影裏來走仗黃耳力爲我告情形大可慰須刻心事轆轤轉移時又惶惑居者尚嘻嘻行者多默默作詩書片紙聊以狀淒惻

衰年

黃葉紛飛遠近村茅檐最好是朝暾心輕狡兔營三窟酒爲蹲鴟酬一樽王式何能司牧圉侯嬴只合老夷門衰年歲月成何事得友漁樵便足尊

難遣

節候荒寒月在宵客中難遣是深宵犬聲如豹驚風吹劍氣猶龍得酒消止足要同船泊岸行蹤休比木乘潮老夫狂購貍毛筆題遍中天北斗遙

捉船行

船夫醉飽方酣眠夜半驀聞來捉船船夫視船爲性命言梗未肯輕棄捐封條一紙旗一面銀鐺鐵鏁伊項懸鎖扭呵喝官中去一路竟作豬羊牽抗拒軍令罪不測傾囊乞免錢廿千五日前頭居八還十里五里索萬錢鵝頭揑住爾作態差之一毫笞不捐洋洋得鈔且沽酒肥魚大肉方陶然不知天道多回旋黃雀在後螳螂前船夫船夫爾勿怨平聲萬事有定皆由天爾理舊業河之邊飢寒差免終殘年

入無量寺

客路欣逢地主賢連朝風日况暄妍同來舊雨多皈佛老去新詩亦近禪四處樓臺成瓦礫此間樹木免烽煙我生足跡原無幾一入招提便灑然

偶感

瓜洲城下浪連天廣陵驛外水如煙千丈未息風濤大何處行人來泊船

小病

小病兼旬適近郊閒中何物慰因巢家藏酒喜饒餘味篋衍書疑訪舊交報賽前村聞管籥收成四處樂衡茅自慚百事無成就少壯空教誦讀勞

題畫三首

環海結青翠神仙飛不到終古閟無人樓閣何年造山水樓閣

此老詠諸世絶無終身未見執兵符自誇七尺身軀小奇氣公然敵萬夫東方朔

萬里波濤刳木舟河源採得會牽牛張騫鑿空眞天倖竊得功名博望侯張騫

魯酒

魯酒不成醉隆隆更漏催村中人語歇天外雁聲來偶伴漁樵侶休將鷗鷺猜何年能結屋木槿一時栽

黃葉

漫云樹木比人强一度秋深一度黃我有鬢眉仍似舊已經七十一回霜

自南村回里

野田車轂逐高低不分衰年有別離鄉樹重瞻意飛動家人嘗見淚淋漓更闌巢燭身粗適病定扶牀痛可知多謝親朋來問訊老夫幸是舊鬚眉

陳茂亭農部書到言乙酉歲鐵杜宮與程𥳑菴田少泉

夏少舫夜飲事成七古三首余次韻卽效其體

酒酣仰視天蒼蒼抽刀斫地聲慨慷長夜悠悠與君話赤革鋒銛絶塵馬矛頭淅米論風雅衍波紙脆不禁寫陳侯詩筆紹伯玉委時昔遍幽蘭舍來朝分手各一天何當江郭慘風煙時判酩酊金樽滿將軍休下北門管

老手辣比桂與薑叢蘭無人空谷芳護金蕩水通洪制昔年水汛無芙蕖肱已三折爲良醫誰人御是牛醫兒結交四海皆老蒼電光石火天微茫夏君稚子多軒昂田疇自詡筋骨强數載不見我孤寂半夜空聞蓮漏滴

廣陵驛

廣陵驛外有人行來說邗溝邇日情古埭月明天際影戰場風作古來聲野花無主姿容好怪鳥何心格磔鳴但得繁華能復舊不煩鮑照賦蕪城

廣福橋

隱隱長橋昔臥波寇來卽撤勢如何安危局象爭三板生死機關只一河禦敵不愁塡土易鳩工曾記歛金多誰能抵住中流水滾滾江淮聽棹歌

邵伯埭

城中遷徙百千家商賈紛紜道路賒北上幸能免鋒鏑南來不信有煙花鄰侯糧餉關中似謝傅圍棊墅外譁三十六湖樓上望那堪烽火尚天涯

三汊河

野風獵獵起菰蒲衆樹難將古墖扶瓜步南行千艇集眞州西望一兵無天除四處奇鴿呌水濶三洲宿雁呼鐵甕金陵盡無恙稱雄本是舊東吳

仲冬郊望

荒寒天有象曠野黯斜暉既雨天猶墨將風鴉亂飛冰霜時漸至節候定無違寄問浪游子天涯胡不歸

即事

鳩雁嗷嗷莫亂飛佛門畢竟要慈悲邑中財力今無幾刼後人心尚可爲大吏封疆勤擘畫小儒鄉里策安危眼前除卻肫誠士同澤同袍又數誰

猿

老猿何狡獪威福在山阿狐貉同難匹豺狼未足多滿園花有未四處菓空無只恐前修鍊頻年已折磨

偶成二絕句

掃地焚香附火時閒來兀坐證心期豐干無用多饒舌只有寒山拾得知

時歷窮冬又度春梅花凍雪自精神夜深燈火通明地只恐難

瞞暗覷人

舊屨行

舊製屨一雙我心實愛眷身穿踵又決三年着未厭我心何不厭上有故人線故人去已遠線尚在鞵面辛勤紉屨時寒燈猶想見我身自寂寞黃赤縷不羨已甘屨霜苦亦作撈蝦賤几物有新舊此心豈中變平生着幾兩淸淚落如霰

兩生畫歌

周琴生李梅生兩生作畫筆縱横此畫兩生是合作見者心怖目亦瞪上有松樹飽霜雪霜皮溜雨枝屈鐵萬牛可輓不可折黑入太陰歎奇絕下有斧劈石兩塊黃白二色狀古怪一石潛蹤在地底一石攢身出天外秦祓鞭笞不得走米顚袍笏不敢

拜旁有二鹿雌與雄毛片剌手雙瞳紅一鹿仰首啖松子一鹿低首飮河洪張璪畫松生枯偶一手渾疑出兩手周李揮豪亦奇特兩人又如一人有李生倜儻本豪士周生緼藉如婦人豪士作畫亦娬媚美人涉筆皆精神不知何者爲周作何者爲李鈙使人分之無可分但覺元氣盤結尤氤氳江淮之間無其倫我實愛此欲攜去主人寶貴色猶豫君子不奪人所好聊作長歌寫眞趣周生李生如或遇

磨驢行

磨驢挨磨起淸曉朝朝屑麪忙不了麪成得食許多八午歇庭陰齕靑草驢甘勞悴何其愚只緣生子皆名駒駒兒蹀躞反顧恥瀾視高瞻豈如爾團團成跡踏不止爾之生分竟如此嗟嗟

我作磨驢歌日暮途長如爾何

書懷

我雖不善飮傍晚必舉杯休疑吾强酒心胸藉爾開明月呼不至故交攜徑去我室豈無人我居似客寓架上書百種或與古賢遇古賢若我許庶幾共晨暮娛老無別物只此酒與書書非揚雄元載酒人何如

泰州康發祥瑞伯氏

己未

王正月二日試筆

雪霜之後又春風旭日行天正麗中從此豔陽無限好可堪我是白頭翁

戲作鼻煙壺歌

鼻煙壺美而都製作精巧形質殊藍田劂玉揮鵶鋤或從滇南采翡翠或從海底搜珊瑚或倩巧匠雕髹漆或擬宣磁燒洪鑪方圓奇巧無不有有時依樣成胡盧中空外凸善藏納行遂不納蕭璨書腹面作何狀鐫刻手段攄鳳皇鸞雀仙鶴鳧麒麟獅象蛟龍魚山水樓閣煙雲噓士女花卉靡不俱煙葉不是淡巴菰妙藥亦非抑不蘆乃是海外葵草敷中邦無有外國輸其功足以活血脈嗅之使人精骨蘇一壺終日吾手諸良朋勸我絕習除我對良朋言辭粗若以他事或規吾是豈鵶片可比乎我且終身手一壺此壺不可一日無我作歌歌何如鼻煙壺美而都

析薪歎

析薪以斧斧須磨斧磨無柄奈薪何析薪用斧亦用力年老力衰薪不得林木森森白石鑿衰年無力賴伙伴伙伴有力留自用安肯奮身助老漢嗚乎山南亦有薪山北亦有薪樵蘇無日不風塵而今古道斜陽裏簪斧時來話苦辛

竈夫行

四民執業無時無業苦無如燒鹽夫燒鹽夫來供役執䕪經年自食力下有焦頭爛額之烈火上有流金爍石之赤日黑煤飛兮面目換赤燼煸兮鬚眉絕有時雨淋海波溢千竈萬竈火齊歇排空巨浪來自東陽侯震怒天吳雄蛟龍衝突魚眼紅薪烝亭竈蕩然空操作無地疇計工五日十日不得食義倉粟腐鼠雀窮竈夫私祝向天公不願生在豪家巨族裏錦衣璀璨玉食豐繡簾珠押宮室隆只願論工授食藜藿充海波不溢鹾利同生生世世常爲竈夫終

卽事

座上青氊氣候嚴樽中醽醁手頻添氷堅正要東風解地僻時將北斗瞻大木百圍歸浩劫好花一樹綻窮檐少微星昨雲間出自古幽光本在潛

十錐嘗騰榾柮烘天寒酒味失醇醲美言妙比春初韭古意強如臘後松江岸有蹊成捷徑煙雲何處有高峯此身安得長生術擬訪容成世外蹤

春分日

連日東風寒料峭花朝過了又春分客心幽寂如青草時事紛繁似亂雲雁侶不來勞盼望鶯聲雖好怕知聞閉來每向荒齋坐安得名香鎖日熏

家僮種藕春分節破費城東數斛泥淺草疎花分左右大盆小盎列東西壺中苦茗香同瀹壁上新詩墨自題幾日閉門作工

課老夫何暇步前蹊

偶成

杏花只合墻頭見一入園中減着鮮蜂〻蝶〻紛紛爾何事時來花下太喧闐

紛紜桃李是新栽淺碧深紅次第開雨雪風霜都過了虬松卒苦歲寒來

尤家園子夕陽低行盡橋南復向西太息主人今不見滿園花草揔淒淒

和吳蓮芬觀察三峯草堂圖詩原韻十首

買山買宅喜安便瓮灌園蔬筧引泉莫恠停雲近東海白沙翠竹倚荒煙

嶙峋石筍隔重闗袍笏來參故不難略似無爲官廨裏搘頭便作丈人看

虬松古柏勢紛拏叱咤闘歲華斂鞘弓衣俱不用且將大篆嘯龍蛇

馳驅蜀道本雄才歸坐閑房淨埽苔風景不殊清夢攪棧雲闗雨一時來

種成緑竹暗生香插棘編籬繫着行但得此君常作伴不愁清露滴衣裳

脩然萍水樂相遭座客詩豪酒更豪領略清譚添掌故河豚時節長蔞蒿

王筠夏統是同儕何讓蘭亭少長偕酒滿不知更漏轉角聲如虎走長街

單衫時傚製青荷鑿得方塘抵曲阿更乞天工三寸雨桃花水下不嫌多

名園鳳目無椽筆邑乘吾慙家武功腰鼓琵琶無半面虧他一笛落梅風

賦就新詩對客吟簪纓退步卽山林問君枯柏蜀中渡名風波險何似眠琴就緑陰

埽墓

邇日安眠自在身東門偶出走車輪看花院裏多年少宿草墳頭半故人節候稍遲無麥飯水波初動有苔茵星移物換吾年老徙倚風前一愴神

濃春莫惜出郊遲歸處能成卽事詩野菜挑連新鼈甲桃花攀得好燕支沽唇雪酷酸香口得意風箏戲扈時記得兒時來往地路人指點笑銀髭

又七絕二首

斜陽影裏出東門遠水平沙舊有邨我自傷心他自笑桃花樹下故人墳

舊路頻經哭更歌故人零落已山阿車行我媿無雞酒三步其如腹痛何

和吳蓮芬觀察緑陰原韻

綠埜堂成畚揭齊成都舊築俯深溪渡歸卭笮青驄倦落盡棠花杜宇啼黛色忽分峯左右波光猶是瀼東西門闌邇日添新

喜樹茁萌芽草艮冀

伯也賡詩几研間園林如此具閒情賞心杜老千章窨畫手倪迂一幅橫池沼低迷剛泛鴨樓臺高敞慣鬧鸎機雲更有東西壁謂令兄陶伯連理枝柯合併生

鬢眉笑我近年非坐染生衣碧四圍拳石煙雲多掩映蝶園風景亦依稀窗中人靜沈沈暗陌上花開緩緩歸荷葉數盆花一架愛閑只合閉柴扉

輕煖輕寒未脫綿吟懷孄散感衰年衣牽蘿薜疑無地書傍芭蕉別有天德曜一簾虛受月蔣家三徑盡含煙綠沈弓掛春酲醉且枕青琴一晌眠

庭前木香開後有感

庭前木香花春晚釀成雪一兩日間攀折盡綠陰一片幽香滅嗟余種植已廿年花開不與我怡悅走向他家種花處花枝如雪色皎潔此間花無人折取好花一樣苦分別凡物盈虧實無定徙倚風前嘆奇絕

食鰣魚一絕

銀鱗耀日走征車烽火鑾江一帶墟無限流亡盡枵腹老饕何獨食鰣魚

百舌鳥

掉舌饒遭謗休矜百舌多世情渾若此巧語意如何四處少林木千山密網羅合看魚自在相忘去聲於江河

新安洪度如餽紅蘭一盆感賦

紅蘭本幽靜專足致千里到門人賫送老夫蹶然起花好受風日蕉萃姬姜比嘉惠感故人情意邛山擬兩念互起伏一心雜憂喜何處得瑤玖差可報桃李懑懑江水長來月寄雙鯉

四月四日記事

問年書甲子邑老縣名繹流星大如月氛霁數載降趦趄竟奔走衢逵狹如巷勇夫心亦怯智者性同慫足跡不着地頭顱互春撞安得太陰弓殪此嶺頭虹天罰等輕重蓏害願得涬懸想湯雪沃不比魯鄒鬨鯨波水涉鵷獸角城衝轞只恐泉路人幽冥猶憧憧何處來飛仙猝下雲中幢欲取湖面菱絆住楊幺艟風謠聽未眞騤騤萬目瞢朦朧煙霧交衆情罔不覩人勢劇喧洶無此瀧頭潨屏氣不復息汗下觸虛腔何時安農業沃壤獲豐穰下閘不涸源流水比淙淙彼時我放鴨艓艋手持䄍

成都費處士詩

成都費處士才氣何斌斌壯歲敢辦賊功業存峨岷獻忠君仇敵楊展君等倫建功志不遂來弄淮南春閉門手一編著述期等身荒荒野田莊耕鑿爲齊民子孫世其業門祚誠淸純君之未刻稿散漫於鄉郡有人購得歸目爲希世珍我嘗過野田蹤跡時見詢居人能道之皆道君樸誠是爲鸞翮鎩是爲龍性馴手跡雅可翫遺像温能親飄飄然魯仲連囊去東海濱遙遙千百載風骨猶嶙峋大江流漢水賸句皆精神君爲古豪杰淪落於風塵如何人鑒賞徒曰今詩人

王子勤概然自治壽器以詩見示卽和二首

丁丁山木斧斤施厚薄規模合聽之愛念絕無逼替想全歸只
當卧游時隻雞斗酒喬公約貢履分香魏武癡唯有先生心解
脫前和書滿幾章詩
此事生初已帶來知君本是棟梁材因巢或效申屠築壽藏今
從趙叟開木上斑猠歌女手山中青兕是誰胎老年我向蒼崖
覓一笑榎楠尙未栽

和吳蓮芬消夏詩十首

遂戶無人到炎曦忽過空欲知涼燠節須驗往來風終日發三
飯閒時酒一中斜行書草草休認注魚蟲
有人譚性理品學得無疑輒作異同辨何爲刻覈癡畏生紅日
餤快誦白雲詩波影天光接脩然趣自隨
攤飯幾成例風清蝭夢邊蟬聲花外聒貓眼草間圓鼎沸香生
舜盆深水灌蓮吾廬聊自適何愛酒家眠
幾日繙經卷歸從選佛場神應扶衆教火或熄魚殃幸免風塵
苦還期心地河今皎潔我視亦蒼蒼
兒女詩書半庭除尙覺寬暑應歸衆稚老不事征鼙帖仿陶貞
白禪譚釋道安邐來薪米賤多幸不艱難
不信昆明水其中有劫灰雄心猶勃鬱狀貌已衰頹樹密雲偏
到風輕簾不開退休君且去容我小裵囘
有子萬事足故人喜慶多胸懷能灑脫蹤跡豈蹉跎藥裹清涼
織心爲安樂窩來時書大有四處起邨歌
洗馬情無着觀魚樂忽增蜻蜓上蛛網蝙蝠避蛾燈心跡古人

許聲聞遠客膺見曹多走壙閉戶老夫能
一巷入幽宅三峯石自嘉秋來足爪葉春日飯胡麻昨歷江頭
險今爲天半霞何時一樽酒邀我更看花
寄問今陶伯連朝幾醉醒苦岑原至契花徑不常經日影過三
伏雲蹤試一停張爲圖主客何似老人星

卽事二首

中庭支一榻坐臥兩無妨菡萏當門豔藤蘿入屋長儘教心似
水不解汗如漿理髮熸湯浴呼童向晚忙
難得驕陽過庭除氣忽殊好風吹雨去新月入雲無室暗流螢
閃天長屈蟄鋪柴門無剝啄獨自引樽壺

偶成

雲翳迷濛雨滿天山房一片綠陰連煙痕感浪魚兒近秋氣侵
人老者先枕簟驚風如潑水衣衫卻葛便披綿連朝已得西成
信好語歡騰到耳邊

七月十五夜起偶成

良夜不能寐瞥見明月光披衣啟戶出兀坐事不忘女稚本幼
弱囈語夢在牀纏足苦痛楚嬌啼如傀孃豈知孃已逝悠悠泉
路長我年已衰憊爲衆貫糗糧抱布三兩疋替女裁衣裳東餧
縱能免撫育無[illegible]方囑女且勿啼汝父摧肝腸坐久不自憀依
舊歸空房

此日

海天俯仰極高深萬彙微茫感不禁此日不知明日事老年[illegible]

是少年心青蠅白璧紛來往蒼狗浮雲閲古今向晚杜康來勸我三杯輾飽發高吟

題吴蓮芬畫冊十二首

旅懷約略似橋長莽蕩桑乾水沸湯殘月在天霜滿地多情送客是驟網 蘆溝曉月

官舫乘春打鼓開潞河新水緑於苔關津吏睡無迎送一路桃花笑客來 潞河水泛

岧嶤傑閣矗雲中萬象全憑一覽空爲問揚舲江上客幾人曾遇馬當風 洪都遠眺

木葉飄蕭鄂渚秋峭颿如鷙極天游人生快意從君說尚有來船怨石尤 鄂渚秋帆

幹才休說世無雙秦守能令水勢降灌口來源得君理石犀安用置空江 岷山作堰

客夢瞢騰伴佛鐙幾千里路到家曾官人自許心如水何似龕中入定僧 峩眉夜宿

蠢爾蠻夷易蔓延偵形踹跡恐株連馬湖挽得通明水洗出山中一綫天 馬湖緝夷

錦官城外浣花溪中有黃鸝相向啼多少詩人來醉月先生在上敢留題 浣花醉月

騷屑天風度此宵飛甍欲蓋衆峯遥萬山白雪都看過終有皇初雪不消 天門踏雪

畫角崩雲向曉鳴雄關訣蕩日東生行人呼艇忙何事來聽河冰碎玉聲 潼關渡冰

滚滚煙塵避地時名流蹤跡後人知王官谷與康成里更有樊川一卷詩 樊川聯吟

城中卜宅息征車纍石爲山水引渠小異亦成都費此度著書只在野田居 吴陵卜宅

復成五言絶句十二首

郎當復郎當馱鈴呼客夢路過蘆溝橋斜月故來送 蘆溝曉月

千樹紅桃花萬株水楊柳客路好風光誰似潞河口 潞河春泛

手携才子序來弔前王靈昔人俱不見山色何青青 洪都眺遠

好風飽颿腹斷霞在魚尾今人與古人同此一江水 鄂渚秋帆

江從灌口來攻鑿復下碇工役不稍歇陽侯亦退聽 岷江作堰

高處宿茅庵佛鐙照秋雨連岡復嶂中家山在何許 峩眉夜宿

蠻夷多不靖嘯聚萬山中一朝太守至洸洸成武功 馬湖緝夷

買得郫筒酒高吟蜀相篇青天萬古月呼到草堂前 浣花醉月

驅車至天門陡起攫身上只因與天近雪花大於掌 天門踏雪

潼關鐵不如河水繞其腳一艇觸冰來船與冰相角 潼關渡冰

避地來樊川故人集三五豪飲更高吟酒龍叉詩虎 樊川聯吟

海濱時卜宅好句亦嶙峋今爲吴蓮芬昔有吴野人 吴陵卜宅

喜晤范三雨邨於三峯園即以送別

進日邦上遊時與共晨夕邦上忽荒亂生死無消息旋聞君尚在我喜動顔色今日君來遊大可展胸臆入門即升堂舊徑君能識呼名役我兒渾不辨主客同過吴季重樽前共飲食談諧

猶似舊意氣異曉昔如何亂離事絶口若未歷如何斗石飲今不受涓滴如何都邑才卜處甘幽寂如何來即去不肯稽時刻高談兼微論儻僕皆踧踖舊詩特許我如有嗜痂癖昔時雨花臺朋會廿年陶王九已宿草（謂王子駿）唐大又陳迹（謂唐楚城）人海存兩萍何處張六翮我爲瘠鹽困竟忘頭雪白門外事奔走閤中束典籍無語就君商甦遊且笑劇輝輝鐙燭光此境洵難得

與甬郡蓮芬集三峯閣日集杜詩二十八首

一見郎傾倒三峯意出羣酒酣思臥龍幽處欲生雲渭北春天樹江南日色曛主人情爛熳示我百篇文

草閣臨無地東堂早見松歸心異波浪恐泥窟蛟龍莽莽天涯雨涓涓林表峯重來休沐地稱隱繡芙蓉

徑石相縈帶看松露滴身巫咸不可問黃綺未稱臣獨步才超古先生藝絶倫杖藜登水榭披拂見吾眞

范蠡舟偏小君來慰眼前涼風起天末樓閣倚山巔去國同王粲諸生老鄭虔天涯喜相見江月向人圓

肯來尋一老白幘岸江皐鴻雁幾時到魚龍偃臥高萬方同一概百里見秋豪爲報鴛行舊猶能掣巨鼇

鄭莊賓客地滿壁畫滄洲法自儒家有官因老病休江通巴子國月淨庾公樓此地生涯晚桃源無處求

大名詩獨步永夜月同孤世事已黃髮相逢皆老夫驚風飄河漢行路日荒蕪暫憶江東鱠松門似畫圖

水鳥過仍曲林花落又開世人尚姑息吾意獨怜才竹杖過頭拄金魚換酒來生平耽盛事隨意坐蒼苔

大雅何寥闊新詩早寄將世人共鹵莽今我獨淒涼谷鳥鳴還過寒衣寬更長卜居棲靜處白日到羲皇

我衰不足道虛費短長吟軍旅西征僻　辰北斗深雕章五色筆時序百年心已是滄浪客何須白髮侵

汩汩避羣盜悠悠見爾曹浮雲連陣沒攀桂仰天高暫惜誇顏老貧嗟出入勞丈夫貴知己別酒寄江皐

失學從兒懶朱絃有斷絃不關輕紱冕無計劚龍泉日有習池醉休爲吏部眠眼前今古事衰白問神仙

芳宴此時具聞君吏隱兼更尋嘉樹傳未𣷹老夫潛碧委墻隅草鳥窺新卷簾他時如按部萬點蜀山尖

問訊東橋竹煙霏洁桂叢甘從千日醉恥與萬人同明日重陽酒如今白髮翁禮加徐孺子一雁入高空

亂後居難定城陰帶水昏大江秋易盛盜賊爾何尊猿玃鬚眉古豺狼得食喧無家問消息猶有未招魂

干戈猶未定吾道欲何之客睡何曾着人情老易悲對門藤蓋瓦香稻雪翻匙欲學淮南術還丹日已遲

慘淡風雲會飛騰暮景斜寒花開已落獨樹老夫家軍吏回官燭兒童汲井華何時一樽酒細細酌流霞

洒落愛江清山光悅鳥情中天有明月虛閣自松聲使者求顏闔君王問長卿看君用幽意黑白太分明

竹深留客處花嶼讀書牀卜宅從茲老同舟一水香[illegible]

盡看斂引杯長見洒須相憶扁舟意未忘
卑枝低數子為恨與年深側想美人意況經長别心岸花飛送
客獨鳥不歸林識得浮生理新詩近玉琴
野寺尋僧少團團日隱墻蛟龍得雲雨棟宇自齊梁黄鵠翅垂
雨紅梨迴得霜如聞龍象泣辭客未能忘
對刀郵無酒開筵得屢供皇天德澤降久雨不妨農城郭終何
日蹉跎效小忠青衿一憔悴不敢强為容
學術醇儒富名聲豈浪垂晚聞多妙教少小愛文詞鸚鵡含愁
思蜻蜓立釣絲從來多古意花柳更無私
清秋望不極久坐惜芳晨决背入飛鳥回頭錯應人持衡兩藻
鑑拖玉豈吾身淺把涓涓酒詩成定有神

座對先生酒門聽長者車盍簪喧櫪馬高枕乃吾廬仰面貪看
烏呼兒問煮魚自堪供笑樂客至罷琴書
王者今無敵西征海氣寒中原戎馬盛人事别離難父老談飛
將廚人語夜闌傳聲看驛使每日報平安
風物悲遊子天風吹汝寒虚星過沙白獨鳥怍人看兵革猶未
改憂時鼠據鞍百年歌自苦衣袖不曾乾
隱者柴門内傳聞賓客過世人貴苟得君子意如何河漢不改
色江風亦起波早知箕潁客不忘舜謳歌

梅花詩十首 并小序

高青邱梅花詩九首是少年之作殊非極唱和青邱
詩者頗多其人亦覺自鄙無識偶成十首亦復索然

意盡也

夭桃濃李等閑觀惟有寒梅詠獨難花史擬成佳傳讀山阿要
作古人看暗香籬落多浮動清氣乾坤捴鬱蟠多謝化工替栽
剪不知費盡幾冰紈

紅紫紛紛滚作塵此花何獨擅風神前身或者為明月入世端
宜占早春翠羽明瑞留小影冰心鐵骨又何人底須裝點山林
像萬物從來貴一真

問渠亘古是誰栽萬樹千紅取次開水國冰生成世界海山雪
滿起樓臺詩人好事騎驢訪居士偷閒放鶴來生就姿容稱絶
世莫將姑射漫疑猜

園林培養久知名賞識何邀時世情山賊乍來忘訪舊水仙雖

好尚稱兄為夷為惠行藏見宜雪宜霜氣質清幾日相思當夜
半與君約略話平生

蜂蝶蹤停盡不譁鵐鋤劚處破煙霞寒生鄧尉枯僧屋春滿孤
山處士家老鶴一雙時傍汝放翁千億可如他豈因識得林和
靖地北天南重此花

不辨深林與薄叢何論嫩白更殷紅參差有影三杯酒開落無
心一笛風眞品多應求物外幽芳早已扃寰中百花頭上談何
易醖釀全歸造化功

骨幹生來本崛强不徒修潔逞容光朱門蓬戸遊皆可臘盡春
回壽亦長修竹多交聯作伴牡丹異候始稱王靈均賦草偏遺
爾寧負騷詞十八章

伊古有建置祭法瞭然數神農暨后稷永爲稼穡祖司嗇郵表
畷防庸衛黍稌煌煌典禮存何以逮貓虎貓虎本賤畜害去豕
與鼠唯其豕鼠除乃爲民之祜所以立廟時塑像得共覩皇王
與物類貴賤竟爲伍皇王列一堂貓虎不兩廡功德既在民厥
祀應從古時吹長頸笙又擊細腰鼓食爲民之天穀乃生於土
周公制禮樂子孫克保魯山川及土田社稷大啟宇令讀豳公
篇又玩豳風譜知稼穡艱難始作生民主八蜡以報饗薦食神
其吐

耕織圖畫冊

凍餒易由免民生本在勤敬觀耕織圖搖作何紛紛知爲衣食
計偷安心不存翁媪暨子婦終歲忙鄉邨糲食供晨夕粗布裁

衣裘量身又度腹何敢逾一分錦衣玉食子饗用伊何尊不識
耒耜器不辨組織紋榮富在一身沾足及兒孫美利盡歸之前
因誰討論或云伊命好閒闇非其倫不知敦本說風俗較清醇
鮮美過眼花濃麗隨風雲　天子事三推　聖后繅一盆布帛
與菽粟　宸翰[illegible]其文敬瞻且三復　至訓聆諄諄我願托編
氓終身希前聞

消寒四詠

耳中微聞玻璨聲目中時見日光晶十八封姨歛旆立被渠獨
住行不得陰闇陽開製轉側峭風有時趁入入主人畏寒復見
嫉不及反家塞門塞吁嗟乎郵亭破敗譙樓高陶穴窮寮橋門
遄戊辛乙兒太無賴齁眠不覺風刁刁 風門

鷲峯高處水中間鬧熱何如獨養閒宰相才高徒作賦神仙福
大合居山幽棲只許銀蟾照間色還將蜜蠟刪車馬喧闐日奔
走有人花裏掩柴關

五出飛花悵夕曛枝高攀折望蒼雯江南驛使馳千里澤國芳
蘭遜幾分那見顛狂同柳絮罔教穠豔認梨雲揚州官閣今何
在索笑巡檐最憶君

尋芳無盡入雲遥同此江邨路一條春到人間本天上香生野
店與山橋客舟近泊霜侵枕官騎徐行月在霄我夢羅浮曾結
識爲君刻意寫風標

十二月九日作

臘八二鼓交小雪風淒淒閉門支枕臥側聽聲未稀巨蠏兼小
蠏爬沙窗櫺西俄見窗紙白疑雪與階齊移時忽睡着積雪高
難期來日開門看平地流澌澌三徑無一白小雨化作泥只爲
豐年瑞深恐行人迷天心多厚愛道途無嶮巇他時東作起隴
上人把犂迫至插秧時田駛木馱騠儗成擊壤吟願爲陳希夷

十四日作

十三二鼓交星月夜皎潔閉門我卻睡輝光更熒徹窗櫺色灦
朧未聽聲騷屑流天月自行通夜想不歇次早我夢覺光尙射
門隙開門忽驚異詫覩一庭雪月與雪遞媚雪月難分別天上
善變化事事人眼纈厤法定千歲機巧爭一瞥凡人工窺測詎
可矜吾哲坐觀以待時吾事唯守拙

八蜡廟瞻仰祀像作

隆冬愛學書研冰製吾肘冰花纈研雖掣肘下策火攻我自有罏中榾柮雲煙妍研邊的爍鸜眼圓妄想研罏設處處供人書編蠻方賤君不見將軍寒日方征戍盾鼻研墨盾凍破筆不及凍書露布參軍安得休期傳研罏

羔兒酒一杯鵞毛雪數尺取酒拒雪雪無力老人臉作燕支色貪饕不欲佽常供當筵更想肴饌濃坐擁錦裀列觴斝及時將相多豐功吁嗟乎雪下莚莚應時有楊腹者誰夜深走鐵砦銅街擊刁斗羔酒

王君結韈禮數虔韈材本是韋靰堅後世氊毛禦冬製不知俶落從何年綿不比温玉如削老人血少尚嫌薄氊韈已着思氊鞾得隴望蜀同此懷君不見田父販夫赤兩足道上奔忙踏寒

綠氊韈

第五子保葬後誌哀

半生未受室形影本來孤穿塚應尋母辭家忽撇吾諸昆俱在側弱息仗誰扶予姬所生三穉女保生時每得其愛護 哭爾無清淚年衰淚已枯

祀竈日作

日逢醉司命風景又殘年絲蝗郇沽厚黃羊禮數虔近來秋有穫何處突無煙唯願餘生在山南去力田

伯山詩鈔

伯山詩鈔

由庚集

咸豐庚申年孟冬月開雕

序

庚申年冬日鐫癸巳集已竟復鳩集本年自春迄冬詩得百餘首之多聊删其不愜處又成一集余今衰憊矣病馬伏櫪傴僂作繭不揣檮昧浪費紙筆其結習然也何以名集名曰由庚束廣微補由庚詩云蕩蕩夷庚物則由之言道化既孚動植咸若也合之左傳塞夷庚一語皆謂迷來夷道衆當由之已耳余以名集庶幾範我馳驅乎如不由軌道則庸滋恩矣

咸豐十年歲在庚申年冬日伯山氏自序

伯山詩鈔 由庚集全卷

泰州康發祥瑞伯氏

庚申

元日

咸豐纔十載馬齒七三年朗朗星辰耀堂堂歲月延遠春來禹甸麗景樂堯天笑我無多願商量贖研田

穀日

新歲難逢穀日晴農家共說肇西成占年喜見星辰轉入夜須知氣候清盜賊未來憑地利醍醐屢飽驗人情我衰絕少馳驅想不聽荒雞腷膊聲

白頭鳥畫冊戲題

終朝花裏住小鳥本無愁爾既無愁思如何也白頭

世有白頭人亦有白頭鳥或者怨春風怨深頭白了

到處許翩飛花間養毛羽我是白頭人瀟灑不如汝

黑頭至三公前賢業已終一生常不改何似白頭翁

元夕夜坐作

佳節欣逢實可歎樽前誰與共清歡蕭疏小影蓬雙鬢辛苦生機用五官好月蚤從今夕滿華燈正值上元看更長坐久渾無事賴有孫雛勸一餐

偶成絕句

漸矛炊飯日有事方征戍顧曲作兵機恐爲周郎誤

小雨

小雨潤田疇津液入地底漸漸麥苗蘇所賴農夫喜農夫雖云喜轉增城市憂虺蛇在鄰邑鬼蜮來油油金穀孰積聚多在人烟稠上天施沴戾存歿都有由時當降膏澤宏濟邛壠頭龐霰無迫疾三日不肯休安得雨滂沱一洗腥血流

偶成

春意今年到路遲連朝況是積陰時老夫老去遊蹤少開過梅花也不知

天氣

天氣陰晴未脫裘燕來鴈去信悠悠慌忙作事心難定匆促成詩韻不遒空際斜陽吾已老枕中多夢客何求相期桃杏花開滿卻好園亭自在遊

喜見

賛莪沿途易蔓延刪除淨盡在機先驚聞鐘鼓知何地喜見風雲護九天役者謳歌丹漆徹大夫車馬素絲賢劉陶尹賞今猶是駭浪何從到耳邊

去塵

靄靄雲陰撥不開經旬推出日輪來去塵正幸逢風伯久別何緣遇道衰冰雪消融馳驛路李桃璀璨上春臺邪人莫唱朱宮曲好聽征鴻旅雁哀

飲酒

此中唯宜飲醇酒燈前我每指我口我口只爲飲酒用我雖有口如不有人事臧否須公平世間曲直多分明混俗和光不足

漉杜康造酒非無名嫁蠻自盈樽寒蟬羞結舌隨手倒傾銀瓶汁塡胷灌入金壺血血耶酒耶互凝結此時安用生分別燈花入夜璀璨開有如桃李生叢臺賞花飲酒快舉杯解衣磅礴休裘裒休裘裒得眞趣我口適與麴蘖遇我手不停口不言暫時推入醉鄉去

看劍

我手無縛雞爾劍何爲者霜氣不可犯秋波欲傾瀉質比大食刀價逾西極馬十步不留行熟練貫非假結識非其徒韜采甘在野安得拔山人持此清天下

喜晴

出門今日覺天高見晛晴陰氣不消雨後人如乾鵲喜風前雲似賊兵逃占琴韻好彈清散綠酒杯深飲濁醪莫笑老夫青腳輭不辭拖屐訪知交

客歲江都范雨村　制科至泰適天長崇桐林學博亦至丑與王子勤觀察吳讓之茂才暨吳陶伯孝廉蓮芬觀察共集三峯園畫師丁某爲余七人繪三峯七老圖裝潢成卷屬歸子勤余作詩記之二首

雲鵬設色畫圖開鷗鷺從傍莫謾猜傷亂已成今面目消閒幸有好池臺天涯幾輩晨星落海上三州舊雨來邇日相逢作何狀半應慴喜半悲哀

七人鬚髮已全蒼我忝星居第二光（陶伯年最長七十四余次之年七十三諸君遞推之）天意或留吾輩在風懷不礙老夫狂江淮有客誇詩卷砂礫何

緣蝕劍鋩此事後賢如說着蘭亭初本好收藏

棱雲圖爲蓮芬作

昔時杜老家居處作宦多君遠不嫌行李半肩秦地盡亂雲一抹蜀山尖途長樂得詩心健日落驚聞鼓角嚴歎息卑棲今老矣哦哦只在夢中瞻

春陰

黕黕陰雲撥不開曈曨旭日幾時開狂飈亦復摧樓閣淑氣何緣到草萊侵曉城中魚鑰動銜波江上鷁驅來儗吹玉邃三山上吹徹氛霧淨九垓

余賦春陰詩未終有人以松林庵古松歌見囑余曩作五律一首而拙輯詩話載舊雨之佳篇甚夥幾於難著筆矣勉强歌之不能佳也

春陰之詩作未終友人招我歌古松古松生在茆庵裏紅紫紛紛謝桃李盤盤囷囷善旋轉偃蹇偃卧頭不起有人辨曰是柏樹呼之曰松毋乃誤二三百言記古壁要爲茆庵作掌故我謂此松不自見兵燹風霜恆不變是松是柏不自知呼馬呼牛聽人便友人邀我更作歌從來詩句何其多我爲此松贅一語才拙其如松靈何欲爲松張皇松已不願成棟樑欲爲松歎息松亦不作於邑色我時作歌在松陰不狀松貌求松心歌成箕踞松龕下自有千巖萬壑音

作古松歌夜夢一偉丈夫來揖余睇眙曰客何爲者偉丈夫曰君不識我耶我宗姓君之鄰也君作古松歌

而竟遺我耶奈何余既寤怪甚既而思之曰宗鐘也曰鄰亦鐘也不欲拂其請時鐘身畢露於瓦礫間似有去志故作歌以挽留之鐘當不我卻矣

古鐘古鐘托身榛莽間與我結鄰六十有餘年昔時我父卜居此我方髫齔心性頑慲與群兒跨鐘紐如騎竹馬加以鞭彼時鐘高尺有咫攙身直上常攀援近來地坍鐘身聳欒銑畢露色斑斕或是鐘有靈欲向他方驚鏗訇鏜鞳應。皆自當清廟明堂懸昨夜鐘靈入我夢明明向我求詩篇我有詩篇君底用況我筆禿詩弗妍回思好名誰不爾或欲垂久因我傳朝來徑往鐘下看青紅分外容顏鮮龍文百斛古未有終日摩挲心不厭

伯山詩鈔（庚集）卷 五

勸鐘幸勿舍我去使我想望空雲烟百年有待我未盡留君仍與我周旋作詩應邀鐘見許我與鐘兮非偶然

吳蓮芬觀察邀至小有洞天觀桃花偶成三絕句

道院錚幽一徑開天桃頗足供樽罍青天白日無餘滓忽有微雲點綴來容到時忽有紅裙五六闖入道旁皆謂余等所攜不知渠自來看花適相值也渠等少停徑去

蛾眉只合羣英昵馬齒尤閒老僕增供茶老僕余問其年答曰七十四余年七十三余卿以七十六矣座中吳陶伯年兄呼之一座皆爲之粲然時有微長向渠說談詩或許老夫能

種桃道士今何在苦憶前遊骨欲銷小有園亭春事閙隔牆樹木尚蕭蕭謂岳阜會也時田殿屋傾欹閒闢募化尚未有人過問而此處喧熱故云爾

聞王勾生浙中遇難

樽前忽報勾生死酒氣難温面死灰遠道昔如飛絮去荒庵交與古松哀吾邑松林庵古松勾生作詩記之余久輯於詩話後集烽烟我制無窮淚淮海人推有數才倘獲歸魂與歸骨浙風吹水渡江來

咏馬

元稹曾賦望雲騅雲氣空濛四望垂萬口任人加毀譽一心與主共安危霜蹏蹴踏層冰裂電影飛翻戰壘夷在櫪酸嘶作何語似云我何以家爲

即事

客久恥雕蟲恬然任所逢是知紅勒帛較勝碧紗籠炫爛憐朝槿蒼茫羨古松前除望明月高朗在中峯

題厲惕齋大令眞州竹枝詞

伯山詩鈔（庚集）卷 六

昔觀樊榭山房集碎錦零縑浙派詩何似土風君特咏鑾江道上唱紅兒

底須俳諧肖東方自有新聲入樂章排日追歡眞得計足消三萬六千場

題畫梅

絕世風標信手揮羞如桃杏寫芳菲任他連夜東風大不放殘英遍地飛

讀史二首

大材雖獨用久計不能任一簣山難作千秋水特深空張江上弩誰寶鴟中金有衆思羊祜哀哀峴首臨

誰戕張益德青史足羞顏道濟悲投幘哥舒哭出關口碑存白下誓鏃失黃間博得田疇老臨風泪一潸

往朱莊

扁舟如葉一家全出郭依棲地主賢剖屋尙能容着我焚香或可告諸天客囊橘具休言俠耄歲詩篇亦近禪早向東南晚西北老夫徒倚望星躔

我衰

推輓何曾說苦辛青銅朝覽髮如銀事艱籌策多奇士路遠舟車起病民書史紛乘心勃窣風霜磨鍊膽輪囷我衰差異朱翁子只願空山長負薪

近郭

倏然一艓泛村墟稱女騃童此寓居風氣喜覩人古厚雲容足補地空虛離山路遠休防虎近郭船來可買魚試問王官深谷

口司空與此較何如

卽事

遮眼詩書午欲眠足音空谷忽跫然救飢佃送租船至訪舊僧來茶東先一笑鬚眉變霜雪八年江郭尙風烟孫盧未滅憂無已悵望英雄何處邊

鄰庵坐話

年來力竭覺身孱策杖荒庵任往還客子最難商去住老僧差可較忙閒詩心粥鼓齋魚外鄉思盲風澀雨間聞道松喬皆遠徙教余何處訪神山

薄醉

亂鴉接翅晚投林雲意蒼茫慣作陰引睡有方宜薄醉消愁無計且長吟書成自理三餘課燭爐難灰一寸心莫道村墟無寄託嶕嶢風雨樹千尋

雙燕來

雙燕來來作室尾涎涎聲唧唧我方作客與爾共我先爾後爾爲客風雨漂搖爲爾恤揭竿取縠小兒黠毀巢探卵狂夫嗤老夫勸禁口舌乾朝夕周防恐汝失待汝將子毛羽成一朝飛去我事畢來年轉瞬又春風海角重逢倘可必

四月杪客齋輯成詩話二卷作

結習老未忘抄撮每存篋數載未纂輯怏怏意不愜驚飈已在野落魄踵相接我亦適近郊僑屋小於艓眠借學徒榻食分田叟饁趑趄走相告囁滞語惮詰適聞闤闠中雨雪紛軍牒老夫

兩耳聾烏几鋪白氎斷簡案上敞零縑座右疊嬉鴉笑揚雄雕龍效劉勰不圖戈戟叢文字語喋喋策勛在翰墨何若將軍捷十日已成編不爲外患懾精神自百倍渾不慮疲苶只恐多謫外待埽如落葉

主人以蒸豚見餉感賦

老夫儉口腹常供豈缺乏不是小宰羊卽有爛蒸鴨主人情特重食單出諸篋當筵餉花豬炫我烹飪法爛熟徵火候借箸不用夾加飯勸兩爨話屑泌一呷東坡昔嗜此日日食不厭今我亦偶然主賓情共洽爰思流離子枵腹歎車揭我向主陳詞望下莫偏狹翟闔及燀庖乙必分諸甲否則存饔餘再薦時一霎不怕炎歊鯡廚或生蒲蓬惜福在有餘我言何喋喋

五月二日雨

一雨真能洗俗氛溪邊鵞鴨戲成羣禾苗色潤三農喜葭菼聲喧孤客聞碕岸剛增三寸水家園多隔幾重雲窗前梧竹知人意幸未蕭騷到夜分

繙書

老去繙書苦未忘平生結習太荒唐汗青事業應高閣慘綠年華擲醉鄉下筆略同蠶食葉傍觀或笑鼠搬薑虞卿但把窮愁遣未解關門與孰商

聞蛙

孰把公私與較量何曾鼓吹叶宮商賞音到爾誠何意要問山陰孔德璋

六月十二日夜起有懷

夜半攬衣起看星見月孤客心秋氣早冰語夏蟲無鐘鼓驚淮甸波濤滿㶑澍鱸魚將有信何處是東吳

聞吳蓮芬觀察有入都之說卽贈

天意微茫忍降災權宜匡救定需才英豪要向儒林覓臺閣都從草莽來賈誼有書應善上馮唐易老莫悲哀此行記取封侯事且作風萍水葉開

疊前韻再贈

五行班志善言長康濟全憑軼衆才天上星辰當夜動人間富貴逼人來在山猿鶴休輕怨去國蒼黔漫述哀我似張融居岸上一舟終歲不曾開

盆中白荷花半開作

粲粲君子花將秋甫自薦托根每退縮天暝尙未見團團朝露晞冉冉初陽見碧藻爲浮動翠蓋逾葱蒨珊珊最後出雜佩要瓊瑱波搖湘女魂月滿菩薩面佛國綴朶朶平臺舒片片始知池漚麻不及絲百練淸氣襲衣裾餘芬落几硯快呼藥玉船嘉賞非荒讌天然去雕飾此種故不變難進而易退求售玉徒衒回黃與轉綠恥爲後來賤臨風三歎息愼哉須守善

爲汪研山鋆題紀遊圖册二首

風懷不亞杜司勳久定揚州月二分圖畫今爲記里鼓行縢屢作出山雲燕南趙北羸綱健楚尾吳頭鴿影紛笑我燕磯獅嶺外紅橋徒醉酒醺醺

三峯園主倦遊時捉我曾題十二詩萬里驚聞遊客倦一龕不許老僧知渡江船作先鞭想畫壁人歌遠上詞何似水雲汪處士論今感舊擅新思

爲黃琴川題艾陵湖草堂圖册

曩過艾陵湖不見艾陵人臨風發漁唱應節歌船脣濍濍葭菼中似有鷗鷺身近聞黃江夏來弄淮南春駿足不受羈一往超風塵牽船居岸上張融爲其鄰管樂雖策勳黃綺不稱臣我將尋范三村謂雨來逆湖之濱相逢踐舊約同持兩釣綸草堂如許到卽是生平親且覔湖邊茜且斫湖中鱗飮酒以爲樂快意浮百樽三十六湖樓遙望高嶙峋七十二澗水來滙多奫淪浩歌不一世百歲如飈輪聞聲卽相思新詩吾且陳

某集中有長干曲數章余亦漫成五首

君住長干南妾住長干北同此長干路生小不相識

霜落長干東風起長干西風霜屢變易芳草何凄凄

江流去不返煙雲且而匼君爲長干水妾作長干塔

長干有楊栁似妾小垂手長干有鴞烏教妾依慈姑

願爲長干花花萎倘歸根勿爲長干栁栁長空消魂

墨磨人詩以致慨

男兒七尺昂藏身俛身甘受墨磨人墨磨磨墨不自覺荒荒白日如飈輪尻爲車兮神爲馬將身輾轉短轅下王良伯樂筋力盡虞淵咸池日色寡學業無所進墨磨去一寸名譽不聞遠鄉御紙筆空教滿藩溷昏髦罔所得墨磨又一尺大言賦就牀餛

鵬小史有魚號烏鯽尺短寸長計較深義和鞭馭何駸駸何休鄭元去何處揚雄韓愈空至今墨磨人人磨墨磨墨磨人俱錄錄磨墨磨人相往復不如引手藏諸匱十二龍賓一一皆跧伏虞卿著書不憂貧閉門卻掃甕雙足佚生授經不知老忘卻茁豁頭毛禿相如假使不能文臨邛自免傭保辱倉頡倘或不作字省得哀哀鬼夜哭墨自不有澌滅憂人亦可棠縣長福將權自子不子墨㯄坐蕭齋面仰屋

白鏹歎

某家牀足夜墳起鼉朵四溢照窗几熒熒白鏹蛛網裏倒身百叩糈糠喜收拾筐箱及盆甕謹爇香花虔供養是物何緣至邃華嶷嶷多謝天之貺夫謀呼匠營大屋榱桷輝煌求巨木半生偪仄笑卑棲從此軒楹能悅目妻曰是誤姑舍旃不如先買南山田飢寒忽爾變溫飽庶幾不受鄉人憐喜懽三日食屢飫長夜漫漫忽睡去夜夢白蛇破窗出起視汪汪不知處咄哉造物何見哈如此住事翻爲災由妄生幻是其理府庫之財非其財君不見窗下老儒衣露肘四知金來拒不受白蛇狡獪術何有老抱一經永不走

七月六日晚坐偶成

炎炎烈日漸西墜白墮祈新引一壺夜坐能將清氣得年衰自覺熱心無銀潢案戶令斜界珠斗闌干正滿鋪何事荒唐閭俗說來朝織女會黃姑

即事

風淚經過又帖然山房久坐覺安便茱根滋味閑中永花朶精神午後圓西抹東塗雙管下左圖右史百城連笑余年老渾無用幸免風塵服馬鞭

二十四日作二首

漸喜驕陽去無端小雨來新涼生翠幙秋意上蒼苔客至爭投轄吾應共舉杯倘能終夕醉自可小衰裒

聞道西來水今歲𦤎水下注淹没晚稻連朝縮舊痕蛟龍歸窟宅鳧雁在鄉村稏稏波中刈人家樹杪存關心詢故老得不語言溫

見零丁帖

遠道何能着羽翰人生骨肉怕摧殘寒家團聚眞天幸好把零丁帖子看

哀孫阿龍殤

諸孫誰似阿龍超不料罡風降碧霄挂壁只留文在褓升堂不見髮垂髫冢依嗣父兒休佈魂滯荒村我自招此是小同今奪去隱憂門祚太無聊

憂多

憂多無一喜年歲逐憂增寂寞空階樹虛明暗室燈曠觀秋有思洄跡客無能不及高飛鳥南來鴈一繩

某畫山水障子

作畫有眞氣方能縱筆豪水雖穿石出松自過山高前輩儕關巨名流憶李曹剡溪藤有紙丏爾莫辭勞

和汪研山壩水下降有懷黃司馬原韻

趍岐餅餌友深諳拯溺舟來性所躭（研山裝餺飥一船往邵伯一帶食被水之衆）湖面葵蒲蒙古塚汊間蛟蜃入僧龕（樊汊□□被水傾倒僧舍二所）鷗浮雁徙紛無算女哭男號慘不堪君更關心黃司馬（司字作仄讀）詩塗七字淚潭潭

亡友梅蘊生有孤子素未識面今造門來見感作

家人聞我有欸聲旋又見我有喜色忽歎忽喜在頃刻欲求其故恐不得只緣有客造門來手攜半刺顏色哀從未謀面名姓昧詢之□□蘊生梅九之遺孩梅九之名曰植之家有數卷樍庵詩與□□和交多歲時五十已過領鄉薦又越六載生是兒兒生一宿喜變憂蘊生卽去黃泉遊黃泉一去不復返交與閨中毋氏愁年去年來屢易臘是兒長成今十八郡城遭亂三出走

奉母郊居茅屋搭我問十八年間兒母氏鞠育苦萬狀祗憑針黹給晨炊督兒夜課膏油兗睇視此兒體氣純言語應對尤彬彬將來可爲觀　國賓蘊生有子如其人初見是子喟然歎歎其哀鳴如鴻雁旣聞兒言輾然喜喜其家門可復起我老閲歷尼鑒刖深情俱在歎喜裏恨我憂深力不贍倉卒未克如其欲胷懷輾轉雖區區對之未免赧有泚君不見艱難事賴朋儕扶人無血性非丈夫空山逍遙處須商確百法曾存趙氏孤又不見西華葛帔無時無高門巨族名流都絕交論見劉峻作抵几擲地非吾徒旣歎又喜我有說家人詫異何爲乎

閲完白山人篆字卷子作

完白山人書大篆似鐵鑄縱橫疎密隨手佈筆端含得三危露此體桃自史籀與秦斯蔡邕許愼多能之唐有李陽冰使筆如錐持南唐徐氏得鉉鍇弟昆競爽皆嵚崎完白山人兼衆妙方圓河洛無不宜此本亦推是傑作展圖不覺神眙眙後有跋語包愼翁師法自命能精通但嫌行間雜霸氣卷舒畧少純純風最末曲阜孔繼鑅拜觀數字點畫工書罷不復贅一字語言未善心尊崇我亦告來人世守須無窮切勿輕示人塗抹遭凡衆鴉塗貂續我不欲鄙意與孔將無同

中秋月

中秋月雲天閟不開頻年風雨多陰霾月輪雖來如未來今歲清光騰耀無纖埃家人瓜菓佈筵几只知歡樂忘悲哀老夫有言向渠說豺狼在野方爲災海上竹簰時隱隱江頭白骨尤皚

蹤南樓何事動紘索東鄰莫謾傾樽罍方諸水或雲際取桂花香豈天根栽白袷紅裙是底物天光雲影都徘徊夜明雖有癸人俗休喧虺祇合天街踏人影如曬明鏡懸西臺安得后羿之弓竟滿注蝦蟇蝕月將殲哉南飛烏鵲聲浩浩生機活潑無疑猜中秋月照九垓共遊宇宙何恢恢惟願年年歲歲此夜尋清醅

董先生歌贈董雲卿 培基 成五百一十七字

董先生今之賢淮海相逢風水便吳陵來遊與我常周旋容顏奇古筋骨堅談言屢中機在先時人稱日半神仙先生頷之枘鑿消方圓清冷皖水流濺濺其間孕玉如于闐膽氣輪囷勇百倍擊賊飽爾李腸拳大食之刀淬鋒銛紛紛擊退韃戈鋋有功

不居他鄉遷張融泛宅舟可牽挈家來賃屋數椽維鶴在林龍在田時隱時見空雲烟氣陵河朔歌幽燕儒門學問菩薩心腸同一源有時劈窠書大字於蒐出山神妙之筆直到秋毫巔有時小字作莊論呻吟語錄宋陸之學天根月窟穿旃檀一炷供佛前不談內典內典爛熟千百篇醇醇之味靡不有理境融徹甜中邊東方諸侯倒屣延君乃宛謝歸刺船歸家勗子就師傅煖講不恤囊中錢郎君玉樹氣質妍大材可卜成楠楩先生白奉甘粥飽每欲歸向黃山眠平生梗概不待語言詮為君傳贊將誰儗儗不于倫能無譽或以詹尹唐舉相譬喻詹尹唐舉猶為一技偏或以朱家郭解為比例朱家郭解任俠之名行未全或以韓康顧歡作儔侶韓康顧歡隱佚之跡偃蹇多連蜷有時卧辟有若掌有時行拍洪崖肩先生行誼我知焉非仙非道非俠亦非禪非狂非癡非懸尤非顛董先生今之賢今之賢即古之賢今賢古賢同一賢其賢是在不揚不墨若惠若夷之中間先生能宅心能任運能安命能聽天我與先生邂逅何因緣知我境遇時迍邅往往慰藉情纏緜將軍安得侯李廣諸生自應老服虔我惟首肯善君言杯酒與共如流泉只願先生長遊此地心安恬與我朝朝暮暮相見百千年

八月十八日作

八月十八觀潮來詩人每為曲江紀海上時看來一線前胥後種接踵起有時海潮增倍蓰居民亭竈蕩然洗海傍人苦不及避哭聲直入潮聲裏今日終風卻終日不知海潮竟何似老人

懷抱亦善憂憂天莫哂人似杞只願風聲此間大海上之風不如此一兩日間聽風謠倘得平康吾竊喜

雞三號

雞三號更五點嗚[illegible][illegible]燈猶明明更五點雞三號仰觀太白天高高天自高分地[illegible]霧集雲屯日來往樓閣嵯峨棟宇多州城不合大如掌時從掌上觀螺紋縱橫脈理徒糾紛殷雷擊電有時有震驚林莽搖烟雲頃刻波濤駕空起暮暮朝朝不能已欲語舟人卻遂索長年三老啼轟矣狂夫出語愁驚衆自古安危與衆共請到雞鳴更定時君聽百八鐘聲動

秋扇

秋扇何善怨三夏曾有功涼飆陡然作捐棄人情同亦或笥篋

鏽名媛幽深宮未免心不平設施前獨工揮軍有賀循揚風來袁宏招凉與卻暑勞瘁徇無窮如何忽遭摒恩誼不克終我賞體尉意安置牀幃中縱不禦殘暑猶能驅蟲轉瞬及來歲披拂仍然供情意不落落憂思胡沖沖世態有炎凉天道何替隆

張公藝

張公藝九世能同居唐宗詔問卿何術對曰臣實無術之可攄婦人之言獨不聽是以世世能安舒人聞此言三歎息僉云此術人世無人謂張公德至足我謂張公天錫福否則夫不聽婦言婦人未必不譖復今日縱不納明日言又續酒畔茶餘再三瀆浸潤之說如績竹我思張公子孫德行堅閨中婦人皆良賢何為九世無間然夫不聽言皆安恬若有一婦不賢者如魚沸

水亂於淵羣鯉之中出一獺衆鯽之內生一蛇勃谿嘻啞聲宜鬩蜂房蟻穴析居不復相接連張家婦人無此種以故蒙福俱蟬嫣請看古之英賢與才智化導有至有不至理於遠忽於邇不必家齊亦國治國人自可繩以法家人必定通其志子孟何以逢霍顯馮衍何以遇北地缪彤閉門常自撾於陵出妻生外議夫賢婦順永無尤千秋獨有張公藝

五雜俎論古十二首

五雜俎槃槃綬往復還專城守不得已烹功狗
五雜俎徐州土往復還回飄鼓不得已絳灌伍
五雜俎女媧石往復還乘槎客不得已使疏勒
五雜俎天書下往復還通大夏不得已烏孫嫁

五雜俎麒麟楦往復還車乘傳不得已書驢券
五雜俎披宮鑿往復還江上槳不得已嫁斯養
五雜俎龍[illegible][illegible]往復還應科目不得已王官谷
五雜俎奇[illegible]勳往復還作內翰不得已玉局覲
五雜俎萬花谷往復還車走轂不得已桑下宿
五雜俎灘水流往復還錦城遊不得已哀江頭
五雜俎九華殿往復還雲母扇不得已拆襪線
五雜俎朝衣斑往復還胃刀環不得已苜蓿盤

兩頭纖纖九首

兩頭纖纖畫眉史半白半黑闈碁子腷[illegible]膊膊柝入耳磊磊落落石厲齒

兩頭纖纖花瓣鮮半白半黑將明天腷腷膊膊打稻田磊磊落落九馗邊

兩頭纖纖絳桃核半白半黑金水色腷腷膊膊亡賴賊磊磊落落泰山石

兩頭纖纖杵磨針半白半黑陽與陰腷腷膊膊荒雞音磊磊落落英雄心

兩頭纖纖江上艇半白半黑老鴉頭腷腷膊膊餅師餅磊磊落落金鼇頂

兩頭纖纖乞糴米半白半黑吉羊洗一作烏皮几腷腷膊膊廷杖起磊磊落落爭大禮

兩頭纖纖龍擲梭半白半黑桑乾河腷腷膊膊鳴榔多磊磊落

落金叵羅
兩頭纖纖矛鐓粗半白半黑水墨圖腷腷膊膊飛鳴鴟磊磊落落紅珊瑚

細嚼梅花讀漢書圖冊為劉淳甫題

梅花本清淑細嚼助丰容時踏長安土曾覲孔廟松蕭琛書竟讀班固學宜從七略君家擅端能識所宗名材森骨幹枝葉〻芬醽醁斛三雅文章冠一軍觀心天上月托足嶺頭雲㕥告持贈梅花即是君

重九日姚君仲海正鏞招集同人於城西草堂小集分韻得中字

隔江烽火蔽西東難得重陽此會同近水適來鷗與鷺終朝未見雨兼風秋懷跌蕩黃花裏故舊淒涼宿草中（謂園主人尤柳村）我笑部顏今老醜公然得酒作殷紅

復作四詩以紀重九之游即質在會諸君

風雨咋滿天逝朝若霧露來日古重陽白酒無人送索居罕儔侶時事況倥傯彷晚倍蕭瑟顧影一燈共忽聞有嘉招柬折姚子仲

姚君眞賢喆露爽氣英英曩日未謀面耳食多令名朝來偕衆彥邀我西南行登高兼弔古同謁忠武靈古殿響刀鐶甲馬颯空庭忠魂庇海壖殺氣彌幽冥賴以成金湯人獲安郊坰太華峯頭詩坡老斟醁醽天風浩浩來不遣霜豪停覩此境雖殊佳節同醉醒令人與古人各指天上星特未見黃花何處揚芳聲

徐徐下坡去有似隨風萍

下坡折而南衆客步迆邐指點尤家園町畦秪半里到園忽怊悵酒為故人釃時有舊雨悲又得新雨喜無端喜與悲俱在胸膈裏此地有黃花顏色散金綺我時適危坐生恐天風起幸勿吹我帽我髮雪白矣

諸君實懽洽相將飲醇醪我不勝杯杓亦不酒令逃有客前期至好風送輕舠（謂范雨村從艾陵湖來幾不得達忽有西北風一陣如期克至）有客後時至秀色浮征袍（謂朱春舫過午適至）時有李公擇亦有王子韶洸洸黃吳汪郡伯玉尤超超（謂李芙初王子勤與小阮小垞黃川吳擴之汪研山岑仲陶諸君先後畢集）一笑終日更有張司業撰杖觀梓橋（謂張石樵與令似午橋追隨足羨）狂言吾更發諸君幸勿囂今日是重陽盃酒饒風騷後此有重陽何弗如今朝前此有

重陽作會何人豪何地無重陽未必無酒肴何物非重陽不待分絲毫心作重陽觀何事常切切酒不必仿杜詩無用擬陶得食爛蒸烏叉擘滿殼螯不覺我顏酡足可慰老饕胷中蟠五嶽奚啻嵩華高岳阜抵嶽五盤屁而嶁嶒不用雙足踏自覽名山遭咄哉劉夢得沾沾矜題餻而我一笑之天寓何蕭寥

坿前序云烽烟匝地風雨滿天平子工愁崔駰不樂方無意於長唫訴有心於作會時有半頭奴子持柬來招作重九之會者寓公姚仲海也仲海英姿露爽逸氣凌高卷天半之朱霞歌郢中之白雪霜翰伯仲不數大山小山星宿郎官招集新雨舊雨時有歸吳張翰咏躬鱸蓴而來入越范蠡舟似馬當之助庚申年九月九日赴仲海之招者某某也是日訪南宮氏之草堂躋鄂岳王之古麓其不期而來者為某某也衲子迎賓僧雛供茗俱肅穆雲臺之仗讀淋漓雪壁之詞小作回翔多般寄託少選下坡折而南至九氐城西草堂而共飯焉時則白楊疏地殘荷臥波天氣則不雨不風人意樂有花有酒游人如鯽千于嗜前老子猶能婆娑席上祗譚風月識前哲之胷懷略作輸贏鬬當筵之搏戰此固吾輩之事業抑亦在山之勲庸也所惜者倩小紅而低唱人少

蛾眉對慘綠之少年余慚馬齒草堂楹帖有云長飲達者杯中
物大笑前人身後名因以此十四字囑十四客各賦一詩以紀
其事諸君子連蓺捋裳抽豪進牘魚魚雅雅淵淵穆穆不盡之
藏聊得而闚焉夫如此清讌擬百花潭社裏之游亦各自書名
酒萬年宮碑陰之例爰敍小序以詒後游仲海泉諸君倘不河
漢余言是將與金石同壽乎亦未可知矣七三老人康發祥敘

樺燭光

長夜費膏油消此樺燭光光輝瑩四壁照吾鬢眉蒼我形不得
遁我影弗能藏匪獨形影見或睹肝肺彰歷年別老幼閱世無
莠良有味同兒時終年靡不覆有人照珠翠歌館陳酒漿詩書
夙好者几席分寒鋩時恐易見跋斷帶殊未遑平生消蠟淚幾
斛宜參詳坐久不成寐鼾睡何人狂窗紙倘搖紅此境都安康
三條不爲多八繭休鋪張古人精氣接寤寐同一牀性命如可
期不在矜文章笑餘三兩歘爲誰解衣裳

書事

賣塞誰將阨隘通田疇枉見說英雄星光似水都朝北江勢如
天直向東澤國潛蚪掀浪起林臯孤鶴叫山空野人張䎽徒高
壽未免長嗟道固窮

書費燕峯詩鈔後

身經百戰出蠶叢腔血難消杜宇紅燕趙悲歌湖海氣詩人誰
似此豪雄

九月二十日洪采之純士竹林招飲齋中客散後余仍

與洪先穀久話後歸

深秋木葉戰西風正好清樽主客同紅燭光搖窗格底黃花節
在雨聲中詩書咏永精神接仙佛途分性道通忘卻淋漓歸路
滑全憑筇竹杖衰翁
香銷燭炧話更深燕去鴻來閱古今砧杵十年衣上淚闕河千
里道傍音三杯已醉愁何事每飯難忘驗此心寄語容齋續隨
筆中宵光景足謳吟

葑門行爲長洲宋子亭翔鳳先生作

先生官湖南縣令告歸後居葑門内年剛八十耄猶
著書前年寄書猶諄諄垂問記秉鐸吾州日曾嘗誨
言吳門亂日先生正衣冠縊於寢室予聞而哀之乃
作葑門行以哭之

楊政說經多鏗鏗誰其繼者宋先生武進莊氏有替人先生乃
是莊氏甥一時經學皆通明吳陵秉鐸羅俊英前列生徒後簉

笙風流不礙羞硜硜紅袖侍書如子京香影錄成遊蕪城廣平
梅花人同賡後官楚南奸宄平摘姦發覆衆目瞠秋風忽起蒓
鱸情吳中歸去能躬耕帶經一鉏居葑門葑門人皆欽儀型黃
巾不禮鄭康成黃㒵不重司空名蜂屯蟻聚戕官兵先生毅然
氣節爭乃出耿耿之心精絕不游疑稍變更秣陵守節湯雨生
皇朝賜謚何光榮先生接踵垂正聲八秩年與湯同庚兩
翁聞望爲國楨令我聞之心骨驚大節能完名非輕人惜遲死
禍患攖我謂遲獨全其貞向爲經生傳儒林今乃死節尤崢嶸
千秋萬世留貞名與湯合傳藏史宬招魂翦紙招公魂甑生展
轉思公靈靈其恍惚來空庭姑蘇夜夢杖履迎楓橋左右多淒
清執手掩面血泪并鵑啼鶴唳由至誠門生筆禿豪不停捉筆

權作背門行

趙孝廉沅芷閩中簉室陳氏貞節詩

趙孝廉昭陽人娶簉室室姓陳陳父揚州司官閩女歸孝廉㠯居安貧不數年間孝廉死女去揚州還陳門旣入揚州路立貞堂中住顔色謝桃李𢃄面絶修𡟯咸豐癸丑歲賊來紛如霧揚州人出城奔逃若飛鶩或謂婦去諸婦曰妾何去妾爲趙家人趙遠不及顧妾已立貞堂中住除却堂中安容移一步諸君且急去妾願守其故言罷歸空房朱絲高懸梁引頸投繯不待商去尋孝廉之魂游北邙回憶揚州盛豺虎揖盜開門是誰主樓臺宅院多處所瞬息烟灰長榛莽叶只有趙婦方寸心留得堂中一片土此事距今已數春道途梗塞艱傳聞今日趙文伯儀來向我云云我聞其說感心脾爲趙婦作貞節詩孝廉文才名當時此婦此節名過之我詩安得有聳詞詩成訴與孝廉知趙孝廉知不知

十五日洪采之純士竹林薰雲卿飲於齋中客散後作

中庭客散已深更盆菊蕭疎影縱橫路遠蛟龍眠未起風高烏鵲靜無聲衾裯被體同裘暖樺燭摇窗似水行今夜輝光添十倍霜華月色鬪澄清

倏忽四首

撼地狂飈倏忽生喧豗詞說又紛更闗河道阻音多誤汝漢風懲一帖曾將座位爭

天意晴陰自有常賢豪氣量亦汪汪同舟莫漫成秦越作事休疑遇角張漁父利由爭蜃蛤塞翁福爲失驪皇扶筇請看斜陽後蒼狗浮雲盡渺茫

榮光倏忽蕣華凋松柏亢亢故自超京尹頭銜剛五日新人顔色艴三朝年深伯玉能知過語妙東方善解嘲多少蜂鶯與蛙鬧無端入耳當風簫

寥廓心胸識九州底須跋涉駕車舟等閒榮辱何輕重絶大機緘有去留璞玉未分傷卞璧鋒鋩不鈍是吳鉤臯比坐擁書千帙南面尊同萬戶侯

冬夜偶成二首

何來寒氣忽相侵瘦骨嵯峨恐不禁枕上但求存夜氣燈前只合守冬心飛揚人似奔塵馬歛抑疇爲擇木禽入耳竹爐湯百沸耳鳴錯認海潮音

濁酒宵深引一壺不勞楊惲唱烏烏春秋責備多賢者月旦褒譏愧老夫夜籟聽來天趣有禪宗參透語言無行庭仰覩繁星亂冰鑑高懸一片孤

自閱詩稿二首

虛生已閱七三年寢饋躭吟老不蠲久嘆頭顱千點雪又拋心力五更天酸風震野艱衣食舊雨停車贈簡編慚愧平生無一是宵來獨得枕書眠

自閱成編感逝波光瑩竹簡儘摩挲斯文宛委風騷古往事酸辛雪涕多牙慧可憐餘子拾心精恐被昔賢訶癡蠅故紙鑽何

日一任堂堂歲月過

君乘車

君乘車我戴笠君若相識不相識我戴笠君乘車我亦安能隨車驅車𩥅驟轆轆駕駟馬鄉閭不少高年者軼羣自是人中豪蕤躬葛肯居人下皇天位置本不同人何歧視達與窮宇宙恢恢論器量無驕無詐皆英雄君不見天子乃共漁父宿寢衷念舊光武獨夜半解衣坦其腹嚴光眞率敢加足又不見雁門太守非不尊將軍皇甫謁語存移時王符方在門降階跛履迎故人乘車戴笠忘爾汝此誼今人豈如士勢分不隔禮數刪情誼高高足千古否則敦迫皆乘車名位軒輊交情疎嚴光不復能釣水王符安得終著書

自課

自課生平事詹詹在守株塵心多未化夢想不能無入室香常爇當門草或鋤古人如可作展卷欲相呼

自述

忘情誠不敢衰憊力難禁老馬今貪卧寒螿猶見尋抛書因燭跋中酒喜杯深只有知心侶區區諒寸心

燈下讀歐蘇李習之孫可之諸集

觀書卓犖剔寒釭囊哲同生必有雙晉楚爭衡眞敵國莒邾弱小不成邦雲容舒卷三天迥龍氣吹嘘萬馬降老眼一新天忽亮早梅綻影正橫窗

讀王荆公集

姬旦西周禮制開風從炎宋忽然衰斯文未喪臨川脉新法能行宰相才百代毀譽終不定一生出處實堪哀達人明德皆天賦跛鼈兒郎亦美材

采之純士齋中食羊肉

霜風天外漸颼飀聚飲欣逢小病瘳入饌喜叨肥腯美充庖復得菜根饈事端退避將三舍酒戶寬容下數籌身未封侯推首座尊榮何似爛羊頭

立冬日作

節候何曾異往年今逢長至倍欣然陽回黍谷吹鄒律風入羲輪着祖鞭愧我疎慵將卧雪看人抖擻上凌烟大酺定酌傾瓢酒直挽天河下九天

即事

長途滑笏悍嚴冬車馬紛紜達者逢身向茆檐忙隱匿休疑入廄苦修容

天將風雨頭風發動作

老人血氣已消磨天氣將風發舊痾俞跗無方安我素陳琳有檄奈他何事繁轉得蒙頭過語雜休嫌到耳多只願倏來還倏去此生何不算蹉跎

姚仲海正郎招作消寒第一會畫九九消寒圖屬題

好風吹送關東雲梅花六主淮南春君才虎氣自騰上我老龍性今已馴重九九九作嘉會招邀賓客羅八珍我慚馬齒推席尊梅花作主我作賓我生本在東海濱君來作客衣拂塵車停

此間我欲洽梅花足賓我主人主賓顛倒無不可張爲之圖不足陳子月十五作初九九爲陽數陶洪鈞九九之數八十一其數足當龍之鱗九二九五天田判天田龍見隨屈伸齊桓昔有九九見舉賢治國風俗淳荀龍更與仲弓會德星聚處何斷斷今日懽會衆英彥快譚劇飲傾芳醇酸風震野氷雪屯一陽乍轉天氣新窗外梅花逞姿態窗内梅花噓絪縕梅花迨遍燕支汁東風轉瞋紅杏匀如此讌會休嫌頻寒氣剗盡陽乃震夜深吾特恐歸晩時逢醉尉呵闗門要得北門遲下鍵飛符敢乞今將軍詩成且博梅花笑梅花與客皆精神

題黄子鴻司馬詞鈔

大有傷心語因君惜少年貌遺辛棄疾神似柳屯田入骨措紅豆銷魂送畫船敢煩清雋筆爲我寫纏綿

十九日雪二首

二九纔交雪片增老人意氣亦飛騰鶴鵝軍入州思蔡蝴蝶團成畫仿滕折竹聲譍更五點擁爐人費酒三升只愁梅樹初開放冷蕋疎枝力不勝

無邊白雪欲成堆息影衡門覺我頹日課自知詩有癖夜眠樂得酒爲媒空槽馬志消千里過市人忙似萬回聞道南郊驢背穩來朝去訪嶺頭梅

近人詩集中恒有觀人觀我詩八首皆是七律余變爲五律亦作八首

自有人間樂何因去學仙采芝非異術辟穀是何年遇刼端難免升天恐不然詩心誠足重終古得流傳 仙

畫圖能肯否空際孰曾窺未必凡鱗化端宜老子爲屈伸神白若眞僞辨無疑自是純陽德何來蜒蝘欺 龍

聲形俱可怖此物不能無莫信輪迴説誰爲遊戲圖揶揄多蹇運懽怕有雄夫如豆靑燈閃知他來也夫 鬼

點綴好風光人人艷蝶狂衣遺仙嶺葛夢異漆園莊釀蜜蜂差勝無家爾可傷太常官寺裏獨得此佳祥 蝶

墮地一聲哭誠知涉世難未明前世事要作丈夫看仲達驚逃走褚淵靦顏行尸何足算已當古人觀 生

積歳方稱壽爲山匪一朝諺云瓜菓熟疇似柏松彫杖履風原古鬚眉雪不消須知洪範演福首要人邀 老

我比相如渴終朝但嗜茶沈痾非醉飽痾疾在烟霞牀下喧知蟻盃中影笑蛇維摩雖見示其尙荒遐 病

此事人人有須知是大歸勞生逃逸處精氣破空飛修短終何別榮枯要不違古稀吾已過天氣已斜暉 死

冬夜遣懷

行天明月極高寒良夜持樽不盡歡蠟炬有花成蓓蕾虛堂如水少波瀾遲生女稚將孫待垂老兒郎作弟看七十三齡太無賴座中一笑且加餐

消寒會第二集同賦揚州五律十首

星宿開天市風聲奠海邦崇岡蟠地脉古水濬韓江荆楚波流下勾吳霸業降繁華知漸染鹽鐵啟喧麗

都未彭城建重瞳跡暫留攷據家謂項王東都彭城日先都江都 廣陵新版籍重鎮古諸侯劉濞已無土張綱自有溝豺狼雖殄滅遺孽幾時休作相驕陳敏稱兵逞笮融烽烟來擾擾江水去洶洶隄柳攀無盡瓊花看不終可知衡要地化去幾沙蟲

不信烟花窟時艱屢被辜孝恭行僕射公祏據江都慕容夢長短樓居仙有無只憐徐敬業義憤送頭顱

一曲檀來也周師已到門錢荼充貢獻糗精劾狂奔客宴紅羅館農張白甲軍御衣犀帶賜俄頃又兵屯

勅建建隆寺當年頓御營火輪紅有燄天水碧無情鐵券終無據周家尚有甥至今大儀鎮風鶴夜來驚

讌集元豐日風流慶歷年邦人幸安業太守盡稱賢野靖萑苻盜官閒芍藥筵遙遙八百載此事豈多傳

高嶺梅花坼同來弔督師得君由馬阮爭坐此熊羆武畧書生少文山再世疑乙邦材勇敢祠祀豈能遺

盛世開官讌東南結主賓銅山消大冶鹽舶走通津筒碧延長夏花紅賦好春相期依　壽寓同作此邦民

草莽兵戎伏城闉火燄藏何來烏啄屋屢見鼠跳梁幸有籌防將能知補救方故人三五輩大節可悲傷

消寒第三集同賦懷古詩四律

荊州破後順流東那有孫劉在眼中畢竟馬郎多膽畧須知龐統半英雄麗士元未歸劉主之前本爲周瑜功曹計破曹之日適在軍中應知此舉不無襄贊也　疆場事大機難料家國謀深石有功可笑荒唐書說寶焚艫苦道借來

風借風燒舟一事詳言之但不知說寶一書出何人之手而借風之說洵怪誕不經也　很石

羲輪返照入空江潮落虛巖出石矼遠火疑留燒賊炬洞簫吹作古時腔孫曹地據輿圖半瑜亮天生國士雙魏武旌旗吳蜀事至今人話在漁艭　赤壁

磯頭環珮響珊珊來往靈妃住此間謀國疇占歸妹卦臨江是作望夫山愁深精衛塡波碧淚化啼鵑染竹斑嬴得貞魂終古在不知蜀帝幾時還　蟂磯

剌客來從許貢家猘兒獵記阿兄差從禽未免忘前鑑猛虎何難犯後車人是紫髯眞俊傑風傳白額最喧譁至今霸業消除盡寂寞空亭集暮雅　慶亭

冬日即事詩十首

割面酸風凍不開驚毛雪片白皚皚楊雄奇字粗能識博得劉棻載酒來

中酒連宵起乍遲朝來盥沐過辰時夜間雪下平階末問卻袁安也不知

勞勞車馬走街坊世味何如睡味長贏得三杯輭飽後先生又到黑甜鄉

梅花要得太陽烘四九將來三九終驀地寒飈來半日二分減去一分紅

寒氈坐久十分淸土銼安排火更明萬事喧呶都不聽閒中唯愛煮茶聲

蠟炬通明見跋休平生不慣爇燈油余於蠟燭之費不惜擁書不礙蝸廬

小閣過人寰大九州
畏寒時作擁爐身附熱權爲向火人誰解冰心在壺底不妨座
上煖於春
寓公邀作暖爐會白茶黃羊佐酒杯酒半鬮題詩一首老夫爛
醉又歸來
地上冰霜近日增青鞵徒步老猶能此身倘仗崑崙僕抵過天
台七尺藤
醒時披覽醉時歌況有良朋着屐過粗飯敝裘無凍餒我身何
敢說蹉跎

吳蓮芬觀察以詠物詩七章索和如數奉酬

廚孃正說竈旁虛忽見新詩來示余樵子但知林有麓居人或
歎釜生魚巨家樑棟摧松栢下戶錢刀購櫟樗差幸析骸災得
免此方民命倘安舒　柴
書字曾將一帖求皇皇軍食更深憂稱名賊自同張魯轉粟人
原似鄧侯青飿飯香商後約桃花粥薄記前遊全家廿口眞難
給壩水西來況失收　米
武陵水自入江淸不是郿延石裏生上榨脂膏多湧出挑燈心
跡要分明潤枯味向腸中認凶吉花從卜後成作爭余慚近乾
燥忍教人詬太無情　油
天地時將大利敷牢盆久矣劾徵輸沿街雨雪擔簦婦斥鹵風
烟苦竈夫謝女才高稱柳絮東坡詩云柳絮才高不道鹽　左思賦就重吳都
先生西蜀官三載得見成都傘子無蜀中有傘子鹽形如傘蓮芬官此想多見之　鹽

調和魚肉十分工子婦家家屑麴同性本宜涼秋有齊味能制
毒藥無功芥杯賤買三錢得蒟實遙傳百粵通自信文詞無足
錄安能曉諭作唐蒙　醬
醶酢名多豈浪傳醯雞亦復舞傞傞禮經久記居殽內詩思無
妨踏甕邊僚保開樽曾誤進尹邢背面是何緣食單我嗜酸香
味不忘持螯賞菊天　醋
連朝中酒夜深回輒想金莖露一杯渴吻頓消淸夢醒濤聲初
沸俗塵開關津近苦征無算茗荈今聞價亦擡白嶽黃巖俱梗
塞封題人自趙州來閩浙宣歙兵亂後南茶阻隔到來只此茶而已　茶

消寒第四會飲酒於轉蓬館時大雪不止攘之屬擬作
坡公聚星堂雪詩卽用原韻

元祐人往如風葉八百年來有此雪聚星堂後轉蓬館但得嘉
賓卽奇絕池上如疑沙蟹行屋角旋聞風竹折蜆裳遞爾整復
斜鵾絃如此喧還滅煮水時愛茶鼎鳴當筵未許酒杯掣后土
渾欲去墝角天公亦復矜文纈何怪吾曹肆狡獪詞鋒落落驚
飛屑明燈照夜正晃朗積水平階又飄瞥汝南先賢不可作潁
州韻事何妨說賓朋勿嫌坐氊冷江上官軍方卧鐵

浹旬雨雪不止復用前韻一首

上天恚賊將埽葉三百游龍遣行雪雪後雨膏又大作如湯沃
雪雪旋絕灝溔時見風水行臈鵂更聞松筠折大地山河定平
坦高空氛霧亦漸滅叩門卒有饋蔾至列座未便氊爐掣時看
瑣碎入鉏砌許多姿態生眼纈不稔天公是何戲千百萬億做

此屑須知瀋汁無等差朱門蓬戶同一瞥天寒地凍待春回千人未便袁安說老夫閑關且終日獨卧匡牀擁衾鐵

閱天發神讖碑搨本書後

楚九淸與吳九都孫晧猥云命在孤歷陽山中石自啟天璽年號改天紀勒碑意欲世世昌酹神印綬封三郎文字可解不可解虛誕之說徒張皇立碑誰朱某鑿篆書誰皇象作日久年深石剝落碑燬於火不能索自古帝王說天命陳陳相因心心印契車馬圖降符瑞元鳥白魚咸感應文士諛諂日滋甚正人君子若寒噤班固亦復作典引桓譚直言不讀讖新莽蠢愚移漢祚製作威斗當胷護錢文不合鑄貨布白水眞人應氣數篡漢者有當塗高何來三馬同一槽水中龍又上流至黃龍五鳳隨風消剝人之面抉人目那有天心助慘毒神讖或爲歸命侯輿櫬軍門口啣玉朱書啟晧受虛罔誰說上天將汝誑留得青州刺史篆廉駿雄深足觀賞

酒酣詩

中酒夜歸來麴蘖入肝膈不是貪杯杓只因晤艮覿乍醒夜吻燥欲得茗盌滌手探哀家梨沁腸甘滴瀝燈影照昏昏更籌聞寂寂頭風時晷作安得陳琳檄腹痛又難忍想是喬元愸我生誠福薄一飯便遭擿從玆且戒酒見酒便怵惕只恐聞酒香又欲啟巾羃兩念互起伏一心自喜慼器小量易盈質虛人指擿區區此美祿祈天將我錫

上天位置奇我生在東海昏昏海氣中年齒七三載轅駒木閡若鉛刀羞礪乃得酒出芒角狂欲訴眞宰眞宰寂無語理道疑有在沙蟲跡已化磐鴻心曷悔夕陽雖無幾景光猶有待三樂榮啟期竊比自每每艮朋不我棄招邀設醓醢燒燭過三更燭花生蓓蕾仰視空中雲卷舒復變態西郊虎肆虐南山豹匿彩天心何厚我報稱不能逮夷庚剷不平抑胷消磈礧

四九雪

冬至四九交農夫笑啞啞問農何爲笑因冬見三白前年河水乾冬後罕雪澤越歲無禾麥漫空飛蝗螣今年雪應時蝗入地丈尺應可致豐穰亦無患盜賊豈知鄰封邑大盜尙充斥安得將軍至雪夜敵早克豐年綏萬邦詩歌罪人得

牛天霧

黃帝戰涿鹿蚩尤作大霧三日霧氣淸妖氛自然去今日霧半天上蒼非無故膏血數千里寒陰久冱涸天心本好生是豈凶人助會當刼數盡一爲埽狐兔此輩若奔亡首尾那能顧縱有指南車不送爾歸路聚族而殲旃其理實可據誰謂軒轅後曠世不再遇

小龍船

官造小龍船江口堵禦用即使在江口未必埽氛霁何以入腹地軍士恣放縱市物錢不償逐婦走里衖刀背架人項有求必獻貢每逢三五至人情悉驚恐生死聚散交聽者亦洶洶願乞將軍符移船督此泉下邑杼軸空年來作軍供今日復歛錢江上且相送

烟花館

吾州本窮鄉豈有烟花館近日官吏來無此不能遣閒腥逐隊人紛紜佈近遠夜鬪動絃索日暮充飲饕屋內設牀榻几上施燈㙺軍士或鬪入毆傷已無算官法嚴禁戒屏逐不稍綏刻又稍稍至隱匿多旋斡人命若可輕此館不能斷爾輩誠樂憂臨風爲一潸

冬夜偶成

白晝荒荒日易低明燈閃閃又淒迷匡牀夢短忙飛蝶寒夜更長亂叫雞南國親朋無短札西園池館罔留題刺船欲向滄溟去何處鶺鴒得所棲

闤闠

闤闠時聞雞鶩爭靜中何事不分明癡雲繞樹經風散苦雨連宵得雪晴天日自應開戶見水泉誰是出山清老人一笑無餘事且理窗前折脚鐺

消寒第六會咏車螯五排二十韻

尤物生何處天教在海隅較蟶多雋妙比蛤更豐腴殼凸斑微點中虛沫欲濡沙虹撈許共海月拾能俱磥砢獻人利零星蜑客輸金刀聊見剖玉液自然敷蚶擬沾波活魚非索肆枯肥脂拌作醬腥味出於厨轆釜消沙滓堆盤託雪膚羊蹄誰爾誚蜆肉與他殊似鰂來名士嘗蠡飫老夫江瑤雖滴乳土物慣流酥有甲憐蘧解無腸異髓刳垂涎應并給移角莫輕呼寒性同冰列炎蒸畏日晡食單供一箸賦筆軼三都地主誇鄉味昌娥說

美姝畢君惟嗜蟹張翰獨思鱸荆國留詩句吳陵貰酒爐是知名世品價始重江湖

雪後聞范三雨村從棠湖至仲海寓喜賦仍用東坡聚星堂韻

藐姑仙人翦花葉三日五日即飛雪山陰訪戴道途阻扁舟來往行蹤絕忽聞范叔莅行館喜迎不憚屐齒折我時縮瑟無所往造門刺久悏中滅寓公座上賓客滿雄豪不許樽罍撐鬪題分韻門尖叉鼎裀列座生文纈拖泥帶水入社來沿途滑欲鋪木屑九九消寒時屆六駒光大半驚一瞥今人古人作嘉會後先一轍向君說冰雪如山不可行門外馬蹄方踣鐵

雪後見寒雁

旅雁江頭覓食難漫天飛去叫聲酸關河路遠伊何適兄弟行聯自好看作字不因忙日亂行空豈怕朔風寒相期日暖天和候結伴雝雝樂爾還

消寒第七會分得祭詩五古

拋却心與力戔戔乃作詩蒼茫今宇宙滿目皆瘡痍昂藏七尺身自命爲男兒不能東備粵未克西擊夸三百六十日積歲終何爲嚶咿又推敲津津徒衒奇或以飯顆嘲或遭獺祭嗤奇僻結癖痃彼昏多不知年年値歲杪悻悻開嚚嶤猥云五臟神酒脯以勞之衣冠几筵肅禮拜清酤致叶昔有賈浪仙鑄金孫啟師吾儕聚三益九九消寒時亦復效此祭更深悠悠思一年成一卷一卷費一瓻百年百卷成費我千萬卮究之立德言豈在

寒瘦詞陳芳那有國詩王却可疑祭詩因一笑千載誰能期

伯山詩鈔

泰州康發祥瑞伯氏

辛酉

二日試筆

七叟修齡古所稀得天我厚敢稱奇作詩有例新年好涉世無他任運宜竹葉亟從釭面漉梅花欲向隴頭移傍人莫問前身事頗似當初縈啓期

黃子鴻藏姜白石道人像題句五首

苕霅水清泠白石亦鑿鑿自君之出矣大雅久不作

詩說廿七條就範才華斂君詩亦微妙詩爲詞名揜

自製詞最工付與小紅唱松陵一回首簫聲特清亮

宋之兩傳人人畫像人人識詩吟陸放翁詞推姜白石

買絲繡平原鑄金祠賈島白石作樵唱秋風裊雲表

八日消寒即事詩二首

新年三白已稱奇八日飛花瑞更宜入地螽蝗無半點滿天蝴蝶舞多時草堂誰送思鄉句高館人成即事詩獨怪范三來不速歸期早訂試燈期

姚合情殷舉酒卮岑參才好賦新詩平生能著幾兩屐餘冷剛逢七九時風緊天南無雁到泥深城北有車馳消寒集滿思誰寄合與江東子布知謂張石樵

商周吉金宦與同人作消寒會第八集和吳蓮芬韻

岑參友杜高杜甫高適傳侶不忠寡渼陂慈恩塔詩篇極陶冶誰謂

有唐後寂寞無來者今正八日雪餘白伺在瓦仲陶邀三谷翁
字斜行寫高齋富金石酒食最風雅約更來朝仍樂已終日且
邦上亂後物視若墮甑捨藏鉤射覆歡有客忽揚䪨玉美自待
沽金精疇說假多君善紹述聲光溢四野老拙我無能亦許招
入社岑參好兄弟聽我歌詩也

十八日送范三雨村歸棠湖

昨夜已豪飲今朝酒未休臨岐憐短髮落日上孤舟老境知懽
少長歌當哭適雨萍期後會重與話揚州

雜詩四首

鱷魚入海鼓鼙鬪早聽空中甲馬聲韜略出奇功過半英雄應
運死生輕江頭留得千騶在山勢終虧一簣成天意微茫殊不
測教人嗚咽氣難平

勳貴將兵氣自張男兒安得恃身強相州軍潰非無故鄁隖金
多便受殃師克在和成定論敵來攻鬭欲無方書生紙上談何
濟野哭空教向莽蒼

身依香案久稱尊一念爭差下界奔歷盡滄桑千萬刼別來閶
闔幾重門樓臺照水多顛倒日月浮空互吐吞恠爾蟠桃偷喫
過不應樹倒劇靈根

雁鴻嗷唳集槃陀底事忘懷托淵阿天寶亂離猶聖主堯夫安
樂有深窩霏微空谷銜蘆少歷亂當塗萑苻多邇日驚聞龍在
野草茅無責奈愁何

憶金山

憶昔舟從京口經江心浮玉山瓏玲放舟乘流一飯頃舟子快
意風揚舲五年三過如舊識孤塔呼客風中鈴何爲載載風不
甯蠻烟瘴霧天冥冥蛟龍不腥黿鼉腥神鬼無靈蟒罔靈四山
林木遭髡形火炎北冏焚南屏江上諸山蜿蜒形森森萬刼今
日瞑安得一雨降帝廷千妖萬怪歸滄溟江風扇簸江亭聲舟
行重見烟嵐青過江客復沽醁醽登山四面作圖畫齋魚張鼓
空中聽

望鍾山

廿載不相見風傳草木腥一峯猶作曉十廟竟無靈昔日青嬴
逐何時白衛經岩堯三百里形勢落江汀

嘆平山

平山出淮甸有堂實深邃泉汲大明宮花開廣陵樹泰平仙吏
游官舫紛如鶩峯巒遥送青花鳥亦無數如何亂作後只有殘
兵戍煙生道傍竈弓卧山前路風景胡頓異天意詎無故盛衰
有至理是可惺然悟

望狼山

東來紫氣鬱青蒼賴有名山鎮五狼遥睇江流隨地轉何來烽
火徹天長日高曾見黿鼉出樹密深愁鬼魅藏我擬作書問眞
宰可憐眞宰亦茫茫

偶成

大造何如煦煦仁純陰剝盡又逢春揚波忽說鄰爲壑作事終
國有八四處瘡痍皆骨肉九霄雨露若精神老年疲薾存雙

目閲盡滄桑記得眞

頭風時發兼憂衡姪病劇

將風天氣頭風作又聽呻吟姝有聲起病倩誰歌七發從戎無策賦車英神移藥裏青烟裊目斷花關紅日生安得快刀齊斫賊衡鋒先與破愁城

徐雲溪曉峯廉訪月夜見過拜贈以詩即和原韻

蓬門夜叟輕裘至月滿苔階似踏霜老我棠青箬笠成君臥綠沈槍隼旟新換頭銜貴蟬翼同參舌本香不費崔騶時載筆燕山銘久勒沙場

杏花

院內春難掩牆頭粉乍勻隔宵曾聽雨倚樹或無人桃李爭先

路梅花步後塵風情如不淺宋玉有東鄰

歙縣程鄂仙棨功鶴楂梯功兩孝廉前以詩稾郵示新安亂後舊稿盡失索余存稾各題二十字歸之

贈我梅花卷多君雁字章稾有雁字詩六十首老人比龍護特爲守靈光鄂仙

海上留鴻爪山中覓鶴楂雲烟與烽火何處是君家鶴楂

窗內聞雨聲詩

窗內聞雨聲雨大於窗外如何一樣雨內外分疆界得非雨欺人有意作狡獪窗內人有懷窗外疑特甚心有所疑慮則不得其正漸漸又嘈嘈聲蕩入窗內雨作百泉鳴人祗一鐙對坐久鐙落花雨聲忽斷絕推窗時看雨唯見一庭月月色極迷濛階

前照積水俄頃多變態作詩難比擬懵不解其故實則有其

寒食偶成

霏霏小雨溼牕紗寒食風淒岸柳斜一帶荒原無麥飯百年枯塚長桃花紅顏轉徙韶華誤白髮飄蕭道路賒哭殺江村兵死鬼郤從何處可還家

遠村姚氏子於余有故匆匆來舍詩以贈之

昔攜耜粒入城中記得淸罇與爾同近問親朋多作古不圖角丱已成翁星光尚在遥天白蠟炬依然向日紅西舍詩書東稼穡可憐身事兩匆匆

三國志補義刻成自題

春秋易逝鬢垂斑老眼繙書不等閒章武延熙漢年號鉍峯涪水蜀江山盛衰自在看秦內正閏誰容弄筆閒笑我才疎還孤憤任佗謠詠太癡頑

對燭

對燭默無語此心唯燭知乍聞鐘動後是我酒醒時衰憊憐兒女艱虞念職司何其休問夜刻燭尙遲遲

懸解

相士歸懸解非將眼力爭此君誠小巽蒿矢有先聲奇雞碁鶴鮮妍糞上英試看晉叔向一語識酸明

某園即景

旭日烘晴雨溼泥霎時景物亦難齊風前鳥去巢空在階下猬眠草忽低異境忽開心勃窣濃陰密護眼淒迷揭來倘作濠梁

想安得疎狂醉墨題

既老

華藍軒然至傷哉既老時敢煩花下酒照見鬢邊絲貧賤吾原有衰頽自不知科頭王霸子爛漫且相窺

題老人騎驢圖

翁騎驢何處去似慾亡實暇豫不是韓將軍大顛陸放翁不踏西湖路獨來野橋中野橋雖閒適悠悠路無窮何如茅店歡翁下驢好翁自喫酒飯驢亦齧青草匡牀安穩恣醉飽一枕瞢騰可到曉此外駿騎走馬過千騎百騎疾於鳥有驢有驢且到騎神仙中人似張老

臂痛

莽氣時來樂事踈邇年結習漸消除身忙未許無塵事臂痛先教癡拙書詩稿倩人抄自好藥方用酒代何如等閒識得天心春似欲吾爲止濼魚

食鼇菜

草風沙雨倚淒迷峻閣登臨日易低與世無爭唯老馬喚人猛醒是荒雞奸雄偶露眞情性赤子全無假笑啼世上酸辛嘗已遍老夫只合皺黃虀

四月十六日枕上聞雨

繁音澎湃夜來驚是否天公欲洗兵江上危城烽四面窗前高樹雨三更賫糧要作千艘計欹枕時來萬鼓聲甘苦一身都不問只求郊野卜西成

六

連日耳鳴作詩

耳不聽五聲厥病卽日聾牀下驚牛鬭蟻擾亂其聰轟轟音不輟又如飛蛾蠓我身有三尸意若不我容頭眩又臂痛此亦我致耶或恐我頑惱使我粧朦朧人或我笑訕茫然不我通不聞自不校我豈非寬宏江村晝戰鬭來者蚺與龍若使聵有聞那不心憂忡不聞姑不覺快意叮嚀聾我自有三益金玉持厥躬至必倒屣迎柴門忻相逢竊願早聞知天或臝吾衷否則足音屆安辨聲跫跫

醉虎畫歌 小序

畫虎作頓困狀諺云虎以人爲酒食人多則倦如人飲酒多則醉作醉虎歌

北平健兒好身手不射猛虎但射狗留得烏彪四山走諺云得人如得酒蒼蒼者天如罔聞彎弓不見眞將軍寡人之妻孤人子肉殘較甚封使君逦日食人或勞瘁有時休歇似人睡假威之狐不見來助虐之豺亦漸退昏昏終日已沈湎曷不歸去南山陲南山深箐又容篠虺蛇豕養復不少以毒攻毒可一飽何苦噬人塗肝腦闘書曾見斗樞經樞星變虎山無靈據地咆哮木葉霣談言色變人可嗌唯願上帝收樞星不使童髯遭零丁戲貓彰質消厥形庶幾宇宙慶安寧試問食人如得酒天生毒血非綠醽嗚乎天生毒血非綠醽豈供爾食醉不醒

徐雲溪觀察授福建汀漳龍道卽題其照二首

海氣能凝結中虛毓偉人此君眞似儀地上有麒麟銑鋧千斤

七

手關河百戰身（銑鋧句見南史蕭摩訶傳說音現廣韻以爲鑿之以爲猶惟楊升菴辨其爲卽唐秦叔寶之鐧卽簡韻也）錦衣暫歸日未解舊清貧奉命巡南澳鱷波定帖然雄豪難比粹盜賊畏君賢艇舶通千譯風雷謐九天功弋。訪我淺水荻蘆邊

偶成

連朝雨氣太油油穡事關心不解愁只有階苔偏得意要分新綠上墻頭

六月十二日五更後起坐書所見

句日炎熇鬱不開連宵起坐獨裵回妖星運退旋頭落雌霓光消雨脚來安處忘危非久計愚夫自用是庸才關心我老成何事一笑從人索酒杯

夕陽

屋角夕陽見高高不可無風光猶絢爛花影自扶疎少駐眞佳事貪看是老夫夜珠來固好有客念金烏

贈汪研山 葢

讀書豈止十行下飲酒無妨百斛多渺渺情懷對花月滔滔江漢足風波鮑昭作賦醋而肆王粲登樓歗也歌老我形骸脆腰脚與君何日陟坡陀

讀前漢書

火德炎炎漢道亨歷經高惠迄宣成上書自有湖三老習體休招召兩生古有迂儒多峭厲從無策士不縱橫欽岑一管闚豪直枉斷他記得淸

十五日偶成

夢穀胥騰記不眞何曾老去走風塵事危要得安心法天熱宜逢冷面人芳艸迎門遲客踐圓荷出水與吾親隱囊製小藤休窄正好孤眠養谷神

時傳吉語喜而有賦

踆烏高翥退蟾陰何患蝦蟇蝕月深偶向市中聞吉語頓忘江上賦愁心天官象自成書驗日者祥宜執策臨身荷栟櫚雖老朽尚能載笠寫葵忱

遣懷

火雲歛焰去炎方坐集賓朋愛晚涼匡鼎說書頤可解公酌酒醒而狂樽中竹葉淸難比隔院花枝晚遞香時覺精神差爽健不須高臥傲羲皇

潯陽琵琶圖戲題

卻手爲琶推手琵潯陽江上白傅悲人事升沈亦偶爾天涯淪落安可違羈愁自寫無不可何須更託娼妓爲夜半送客何處去客無姓氏伊爲誰妓已落籍作商婦卽爲子民安可欺客與主人俱好色添酒回鐙傷别離叨叨絮絮琵琶語狎暱未免官方虧猶記江州遷謫始公友元九奇以詩急風吹雨船艙人窗中坐起爲公危元九既爲公好友曷不勗以良箴規江州低濕司馬職行政不碍官之卑底須故作兒女態澆愁乃借人酒卮此事此圖非故實風流藴藉空游嬉吾見鴻臚禹君本（禹之鼎）至今猶覺心神怡此本看來亦曠達迥非俗手能爲之荒江一

日東下黃蘆苦竹天風吹

將軍殺賊事作樂府一章名曰真將軍

真將軍不輕敵數月不動疑養賊一旦賊來如鬼蜮將軍兀出
具膽識三面兜勦自西東四面剿滅無南北中央積尸高於山
血如江河流潺潺京觀不得三日築阱坎不惜千尺攢千萬之
賊盡槊薶阱賊不同降賊寬歸營犒賞椎牛飲軍聲遠震厂
羣孰稱軍功定三箭徒勇之夫不知變始怪將軍不輕出謟怨
少息為此戰十數年來命輕壯哉此戰功垂成西山
犯真將軍在歸揚州城

昨在州廨見英武之將闖入與當事者微話即去知其
為領兵官過境者來日闘領兵徑過秋毫無犯閭閻

安堵官熊姓未審何名因作領兵官詩以紀事

領兵官身姓熊州廨飈見來匆匆數言即退如疾風兵過南關
不登岸兵船五百馳向東連日過兵似虎猛登岸滋擾人驚悚
民與兵較官怒嗔兵虐民竊官懵懂兵過不覺天地昏南北居
民皆閉門閉門不敢出聲息猶恐剝啄驚神魂今來熊將軍兵
符手中持過境秋毫無所私昨日兵來人不覺今日兵去人不
知安得人人如將軍弔伐為此節制師惜我未聞公名字此心
感激無已時抽毫聊作領兵詩

旅隺訪隺篇小序

有遠人籠二隺來泰州喪其一存其一豢養於城西斗
姥宫園中主人因事遠去余訪之見其垂翅跂足若有
去國離鄉之感而絕不發音不可無詩以會其意故作

旅鶴訪鶴二篇

仙禽一展翮大可雲霄冲在野時鎩羽亦與凡禽同人事判榮
悴天道匪污隆崇高使乘軒卑不歸樊籠守身湼不緇閱世頂
已紅何來兩仙騎婆娑人海叢嗟嗟弱一個零丁遺厥躬主人
道院置羈棲為𥨍公林亭非不佳崑閬傷道窮飲啄非不好得
失同雞蟲鄉思雖間作嘌爾當西風豈為媚人舞垂翅多氄氄
回看在梁鶩毛羽何其豐旅鶴
老人拖屐行城西來訪鶴道院方入門一轉即寥廓仙禽忽出
迓似與老人約托身在蕃蔚逸氣滿叢薄素衣蒙元裳雪膚支
鐵腳奎踽樹間來情形自踴躍羽士為余言行蹤頗落落藏真
白壁持好潔清波濯里人賺爾舞魚粟紛然錯過之不肯睨意
態轉驚愕略如山梁雉三嗅早見作老人對此禽含情倚高閣
訪鶴

題大谷山房詩集

奧句新詞衍正聲揮毫不畏損精神文章荒儌推佟萬歲月中
年喪馬卿遊宦歌謠傷道路嗟君貧病說簪纓愛閑吾作郊居
賦老詩甘無一事成

陳研香文田主政以詩稿見質即題三絕句

耽吟我已鬢毛蒼汗簡經過七四霜輸與碎琴陳伯玉掃除六
代冠三唐
麦鹿宮仙裳黃盡草萊斯人面目又重開山川清氣君收盡不

作吟紅刻翠才

逢門雪玉訴丰標滾滾濤言故自超愛把名山坐商確窗中酎得雨瀟瀟

擬古四首

五雲樓閣高嵯峨日月蔽虧來往多神仙腹儉亦耐冷餐霞辟穀衣薜蘿石上菖蒲生九節花開不與人相見嗟嗟佩貲能刑華安知不似菖蒲花

世人誰說長生訣頭白金仙髮亦雪姮娥奔月處月中經年不樂羈旅同下方㷀婦貌枯槁獨坐空房善自葆上界松喬不爲壽絕代施嫱幾番老

懸河口不譚王霸拔山力只勤禾稼淵明不爲督郵屈鄭虔且被長官罵說經鏗鏗瓶水瀉擊豕歌驪官可罷說經名譽誰獨多大冠小冠丙子夏

馬卿筆端有雲氣劉伶墳土多酒味主人試問客何爲畢世那知臣用意有人坐我紅蘭館彼姝貽我青玉盌敬謝彼姝兼主人傷哉日暮程途遠

調白髮

老人白髮頭雪裹頷上鬖髿垂兩朶行年七十尚疎疎渾疑白髮忘却我我今白髮盈顛來知我不上凌雲臺黑頭三公無我分雯時霜頸兼盈顛我於白髮偏有愛白髮欺我我亦愛我父母生我本晚子惟恐我生不如此我今白髮竟如此親在重泉必惟喜朝來覽鏡騾然笑非此於我轉不肖縱教闌入少年場包羞安得稱年少搔頭白髮差覺多或幸氣血猶調和時向街前跨疾走人人謂我今亦睎風狂側帽太無賴白髮白髮奈我何

愛聽

災害休悲龍勿驚宵來星象已分明天心不忍忘霖雨人事烏能少性情四野倉箱多積穀十年烽火不知兵老夫杖策郊原過愛聽家家笑語聲

近郊池上作

朝來池上行晴波光瀲灩荇藻自浮青荷花剛褪艷池中三尺魚身長如卧劍青旗忽招展樹下有酒店來且飲三盃啟霧足清釀香秫供一盌有客盡屬饜野老開茅屋清福此間占盡愛一幅好詩不一分欠歸途更足多擔花落憐䲶嫮誰子乾沒尚無厭竊願與同作相隨俱握槧

任運

抗懷曷敢學希夷任運何須咏五噫疴癢相關朋輩少詩書有味古人遺英雄末路憐兒女世事嬰心雜喜悲休說老人無骨氣數行清淚不輕垂

澄觀

觸目事難料澄觀類不齊浮雲辭客去明月就人低風轉帆宜側溪迴水向西征途忙太甚閒煞兩鳧鷖

亡姬忌日作

自卿之亡矣倏忽年過四今朝値冥日吾悄幾失記年來事闌茸沈沈若酒醉夜蓄向五更卿來入夢寐慘淡似有語形容亦

髩鬅余醒振衣起呼女語其事亟爲貨鐲鋜亦爲治飲飲清酤莫一樽近況稍稍質三稚已漸長婚嫁特未遂心急事轉迂五角六張奇卿可爲我諒辛勿　向我慰余生筋力盡未敢告衰憊外間人情厚事庶免蕉萃但恨形影單無人或我俾卿若有勸我入夢望卿亟

九月二日偶成

八月方過九月來百年易盡且登臺人生有酒須常醉天遣黃花獨後開兒女連朝敘婚嫁神仙何處是蓬萊烏號已隳祥雲起方寸心胸喜又哀

片月

何來一片月掛在天中間清光無障翳照見人孱顏爾顏雖云醜爾心不肎奸奸否詎自燭仍乞冰鑑看高高者蒼天浩浩者波瀾富貴本有盡憂思來無端墮地而爲人何時能自寬樵夫敢笑士修士恥危冠區區方寸中五嶽恆鬱盤安得清虛府終宵洗肺肝靈境不可躋老淚方潸潸

短燭

寒天宵漸長蠟燭枝已短安得一寸光照到五更滿最苦人意冷最難人言煖我有垢衣裳得水便勤澣我有厚顏面燭湯亦潔盥架上百卷書披覽坐空館月下一罇酒慇勤待良伴良伴少苦口奇書絹忠款夜漏月紋紋燭光且緩緩如何好心血消耗只記纂方寸語古人敢道知音罕

重九日與姚仲海諸君碧雲丈室雅集人各得姓字作

詩

貞元運會卜遐昌星日輝聯已降康喜見天心方復旦算來時節又重陽朝霞煜爚牛空紫籬菊繽紛匝地黃更願禁夷消衆癘年年此日盡壺觴

重九節即事又作

去歲重陽節躡屐山之巔甫得識姚合（謂仲海）衆客同周旋所至尤家園樽酒多流連何幸今重陽此邦復安全適來舊招提彳亍人從先題糕筆似舊落帽風依然不爲劉夢得即是孟萬年陵谷縱小異天道無新故時事雖有殊人心貴守素此邦有宿儒（謂國初宮文虎卿孝威黃仙裳諸公）久矣晞朝露吾生有舊雨（謂湯懋齋稚文伯諸子）宿草已在墓前會十四人景光善保護此日歡會者竟得倍其數范（雨村）白艾湖來張（石橋）從荻埜赴三百里相望同此一水路湊合誰與邀慫恿得天助磊硌黃文彊（琴川）才大掃軍務溫雅吳季重（讓之）聲名淮海著傲儻岑嘉州（仲陶）博覽金石富落落程文海（韶花）淵淵王文度（子勤）汪君一奮起（研山）蘊鬼竟馳去莊蹻實奇士（希祀）充實體如瓠今會並汪（介臣）張（丹崖）鐵匣森森三玉樹唐（罣鄉）趙（漁亭）李（鏡湖）徐（東園）朱（槃仙）筆擅詩畫賦醴酪足養性壞材心不妒捕沙能聚影飛烏慣依樹揃莫少一人朱穆過江去（春舫）遙遙京口山登眺不知處喜客不速來來者李冰署

吾年七十四閱歷隨風颭七十四重陽此身多所遭或恨風雨多或恨心計勞晴好且無事佳辰殊寥寥今去兩重陽猶獲安且

巢既遇風日美又荷朋輩招側身許闖入半日閒足消前歲吾有詩出語參風謠古今有重陽景光皆迫遥前後有重陽歲月如波濤何日何地無一例陳蔵俯拾詩申前說聊以証今宵諸君請聽之幸勿嗤粗豪

凡事不求好其氣高可凌有酒不求美糟粕亦可斟有山不求峻邱阜亦可升樓閣遇日前攖身上數層腰脚雖不健舍杖吾尚能蹔可特舉卓艦可思季鷹屐可效謝公嘯可學孫登可偕新舊雨可話雲水僧人海雖多魚難防觸網綱佛國非不闊大有暗室燈作詩述常語何必險韻矜快意須及時何待霜雪凝歲歲有重陽百歲多因仍伸紙復狂言吾意原飛騰

眞珠曲黃琴川屬賦

蚌胎孕後驪龍抱村店賣漿託翁媪月輪剛滿辰期到電光吹落紅心草露氣霑濡灑氣温席間掌上光縱横問名並得當塗姓豈逐尋常彌雀人眞珠眞珠爾何似滿懷泪滴玫瑰死前身雖是斷腸花他是化作相思子

督春

侵曉振衣起我老督晨春筋力非不惜何以無惰容前賢亦賃此曾役皐伯通屈身在廡下幸有德曜從我不他人役實爲子孫供或作雲子白或爲鶡哥紅田租收百畝吉可爲上農凡夕若稍緩恩豈答蒼穹但爲廿口餐忘却七四躬無米火不舉無稍杵懸空向曉粥一甌意足理詩筒

補讀

童年性頑鈍十行書不熟駒隙過駸駸少時亦匆促中年事婚嫁無暇理簡牘時更有憂患牙籤高閣束而今力衰憊慚愧此楊腹但得一刻閒經史必窮日此作能貧饑亦似荒年穀强記主蟆糊十分得五六燕蕭鬢滿頭閃閃燈明屋快意爐霏點佟時鳥几伏或爲來身計咿唔如此篤人言姑惜之吾特求吾欲

題客舟聽雨圖

打篷寒雨太無憀悵觸燈殘酒易消此外尚多爲客况江風江雨又江潮

讀史

姬公分陝著功勳夾輔尤煩負扆勤建極一王稱孺子詔書四道出將軍安危借鑒唐開寶仁讓終歸漢孝文身歷五朝頻記載何如柱下有傳聞

題張丹叔泛海圖

東來瀣氣極森慘通侃君來抱膝臨刳木舟應宗補望葫蘆書或載蕭璆嬉遊松僱應偕往跋扈孫盧日就禽老守成連琴一面我從何處訪知音

仝居生廉訪暇訪柳敬亭故里余作詩備言之

諸侯賓客布衣士四海五湖知姓字生作泰州曹家子南關打魚灣上是少年亡命逞豪英身萬里西南行身憩柳下因姓柳入泰張祿改姓名不如伍員簫不擊漸離筑三千年事胸中熟隱身說書禍被王諏諧怒罵雜歌哭有時長揖軍門來褒衣博帶何雄哉抵掌縱譚眦睨視能推跋扈將軍才有時席上善嘲

讙醉後解衣益磅礴能爲諧謔東方朔能作瘦詞黃幡綽事成一笑身高騖功名脫屣傷老年黃鵠一舉不再舉歸來依舊關眼不學度遼管幼安不足渡海魯仲連廬有先人敝廬在敝刹屬甫安數椽昔時黃金散隨手歸來囊橐竟無有故人潦倒死已久子孫不能葬其後家有三柩無力出貧窮欲助罕親友山人攘臂來助云吾橐無金吾有口大書揭帖無地無帖云某某重說書關街咽巷人踵接倒篋傾囊錢樂輸二百緡錢數日得友家養活柩皆扶如此高義眞丈夫阮亭讕語未免誕梅村歌行庶幾乎沈龍翔文吾見諸如此軼事宜直書（亞說書事見子函人沈龍翔撰附錄中）高軒憑軾訪里閭但知打魚灣裏居今居不辨門庭難曉來古木間啼烏

苗先生

苗先生邵伯人邵埭往來衢誰能如其仁家世本寒畯心性殊梗酯凡事急人難所作多率眞狂笼菔江下居民走䜣䜣婦女冒霜露童叟奔風塵君憐盤涉脚（俗謂孀女盤於行走爲涉脚）餐君傷煎䗷緇設爲媍棲所畀以庇晨昏收養及嬰孩得以哺護殘一朝兩粥飯籌備芻與薪行之日已久投者來如雲分局到泰邑借地鋤荒榛席蓬廣搭蓋竹木連朝勤一日之用費動需錢廿緡有時苦不支代募過人門見人必下拜蒞疾言和溫如飢在一家如饉在一人身多重其誼與之無艱屯多與固然喜少與不見瞋長跪吏頓首替人感其恩多裘吟白傅廣廈思杜君善心比前哲先生與等倫吾思蒙封家何不恤鄉鄰菜肉任紅腐安肯豢

攙分又有避難者挈眷來作賓上蒼已降罰何無悛心存服飾尚五采餚饌羅八珍釵鈿婦頭炫脂粉香閨勻瘦詞與驕態欺人皆耄惛以之比先生品地殊天淵（叶）先生本布衣若不知已貧此若作朝臣燮理必慇勤此若爲諫官圖繪必上陳此若遇國難毀家必然頻此若與軍事慷慨必指囷奄然草野士難得爲仁麟鄭莊昔置驛長厚人交欣賓頎常匿友任俠人孔云古人重一節已使薄夫敦先生用五官竭歷無逡巡耳目勤視聽兼勞口舌唇並世有此子道誼豈不尊愧我無所佽募疏拙文（孀棲所募疏余代譔一通）願天鑒在茲保護休嘉臻繩繩無匱乏陳陳多相因來日獨行傳太史應知聞我思苗先生心已無間言我作五言詩敬之如神明

邵伯埭苗氏兩世刲股詩

苗家孝子世罕覯子曰苗新父曰秀兩代刲股事世守人世驚聞天保佑新爲祖母秀爲母股割於身肉在手烹肉進親藥代酒心知有親肉何有錢君之鼎作傳水蝕殘縑素半缺不得完幸有詩篇留太半水中多少蛟龍蟠我今展卷爲長嘆嘆世澆薄至性難鋤耰德色箕帚誶戔戔物當奇珍看只有苗家與時異天親篤愛行之安性甘不知血肉苦心熱不畏刀光寒此時風傳江淮南秀年雖老新十三十三之童爾誰學講學之人應愧赧我今歌書紙尾此事此歌亦奇偉我歌差可當野史直云是父又是子

魏貞女詩

麯烈女生逢華父徐五贅麯室冒氏麯中年卒女長成一十七桃李容松柏質善持躬守白璧無顇子姊之匹壻曹先行狡猾母女依侍盥櫛入問字曹阻尼曹言挑女心怵闞女嬖闞然逼女手纖拒之力拂曹怒氣不測女告母母罔直哭訴鄰理不得告諸姊姊無術女計窮無處匿身赴河甘及溺巨艑來斷臂一臂可折身不失身可溺志不汨究雖沈天應惜天旣惜尸浮出何處人泰州籍居何處泰壩側嘉慶朝此事實乙卯歲六月日

十二月十九日金眉生觀察招集光孝寺爲東坡先生

作生日

咸豐十一年嘉平十九日金君招客赴佛寺特爲坡老作生日我思滾公生於有宋之祐之三年至今七百九十四載星週天

文章功業皆炳然底須覼縷言詞詮命宮磨蝎公自道不知生後之福如此長綿綿周秦以來多聖賢亦有忠臣義士名儒文士相後先有幾人能感人心脾年年俱以生日傳吾儕今樂爲公壽無量佛前陳凡筵吾儕若在弟子列不知秦黃鼂陳今去落誰邊自古祭禮有隆替三世五世之後當祧無復沿公之此祀當廟祭尊崇百世無或遷泰山北斗天根懸麟鳳在郊龍出淵迎神送神在何許疑公仍處峩眉巔昔歎奇才今則仙精靈鑒降歆今年轉瞬三百六十日又過來年又賦公之生日篇

周子愉觀察徐雲溪廉訪招作消寒會四詠

枕戈行

荷戈戈在肩々戈戈在手萬甲戰西風七星照北斗

豺虎又荒榛勞勞貿辛苦甘爲沾絮影不作旷蓬身

轉蓬吟

焦土歌

不必說徒薪不必言曲突悲哉瓦礫中中有故人骨

故壘歎

明月照白骨白骨作人語凄凉不待言知是故軍壘

伯山詩鈔

伯山詩鈔

蓋平姚正鏞署

咸豐辛酉
仲冬開雕

余束髮日卽好爲韻語師傅譙讓之以爲有妨於正業余唯唯而不能止其積習使然故自幼至壯至老不輟也壬戌歲後因狂賊搆亂播遷者再三因時感事先將癸丑歲至己未歲詩稾刻成名曰癸巳集客謂余曰君少壯之詩胡獨缺然慫恿付刻余啟篋撿閱從弱冠之日至壯有室之年其時椿萱俱榮春暉愛慕覺童語多夸可存者甚少嗣是以後椿萱見背葬祭粗畢英英白雲墓草其下悽愴傷心瞻望無已今刊其詩無以名集首曰愛日次曰望雲蓋愛日日短望雲日長余將終其身爲負罪之人矣署其梗概特以之自究耳敢云傳世乎

時在咸豐十一年歲次辛酉九月伯山康發祥自敘

伯山詩鈔愛日集卷一

泰州康發祥瑞伯

癸酉

雜詩

淵明閒情賦詞麗旨幽遐蕭統見何隘指爲白璧瑕枯楊時生稊老樹猶作花物類感自然形質修以姱請誦三百篇寄託多奇葩采蘭贈勺藥標筆存風華論者不能察漫以雌黃加有如里巷兒黃口雙髻丫人前學解語浪說音咿啞誠若坡老譏貽笑在方家若既負詮選所貴惜齒牙知音世有幾令我思瓠巴廣樂聆鈞天羣書游策府觀止嘆於斯退歸顏色沮宋人竭精力玉葉方刻楮展牘誤亥豕取裂喧璞鼠有如刑天氏欲與上帝拒有如東家嫗效顰浣紗女轉恨蠹衙積不獲秦人炬咄哉揚太元竊擬魯論語

茝蘭抱幽芳抑鬱士誰語獨舟涉沅湘凝眺屬烟渚有女美且鬈衣袂當風舉微波以通詞嬿婉便相許贈我漢皋佩貽我汀洲杜至誠感青睞肝腸不覺吐東阿賦宓妃宋玉思神女豪素託深心狎褻非所與何以後世人槩睬陽臺雨

曉月

曉月如嬌女輕盈怯早寒林梢猶剩影掩抑怕人看風力欲吹墮鐘聲能逼殘那忘山下路終夜照歸鞍

古意

古井汲銀缾綆短不及深妾生寡閨見安得識郎心

市隱園八詠

萬个青琅玕當座起寒色此君有清標主人非肉食綠陰合無縫俗塵來不得　中林堂

恍入山陰道高閣建平圖客來如野鷗喜與鷲羣處一時鷗與鷲公然作賓主　鷲羣閣

有亭在中央欹卧枕流水宛若攤飯肰頹然而睡矣斜陽推復倒寒風扶不起　枕流亭

研田無惡歲墨瀋常氤氳雨從澗澤之免被君苗焚蕭齋日方霽往來多白雲　研雨齋

滿樹芙蓉花一片胭脂地花花向夕紅葉葉當窗翠花落葉從風仙人脫錦帔　芙蓉坪

嘹唳時一聲鷄鶩不敢吽鶴從青田來駐此作東道野性最難馴乘軒非素好　駐鶴坡

昔人重西子因曰西子湖此湖獨云小風景豈懸殊不知人世間有小西子無　小西湖

天光碧四圍鬘雲垂一片蓮花朶朶開倒影池中見只此一掬水洗淨千佛面　塔影池

秦淮水榭坐雨

當門峯影小於釵靜聽跳珠坐此齋我有故人是秋柳三年清淒落秦淮

甲戌

韓將軍光愈寶刀歌

光愈泰州人中康熙乙丑科武進士　廷試第三人及第官至參將梟勇善戰多立戰功有寶刀二今歸陳氏慮搋者多以此歷勝之余與同人往觀爲作寶刀歌

匣中留此數尺鐵上有血花團成結寬於兩指薄如葉斬蛟屠龍不得折韓將軍稱蓋世雄提刀上馬揮長虹兩條練影飛當空空中霹靂鑾雷公殺人如草雙眸紅啾啾唧唧啼沙蟲一日殺賊九十九殺心未快不釋手豺虎潛藏魑魅走擲刀下飲郫郞酒咄咄逼人事可怪將軍蚤死刀空在不作平津化去身隨鵜膏溢芙蓉外頭毛直豎目背出藏刀之人向我說每當陰雨天昏黑刀上人頭時出沒吁嗟乎從來神物貴有主多少恩讐須託汝將軍之後待誰人把鼻沉吟幾回舞

松林庵古柏

高不出檐際虬龍蜿蜒形枝無三寸直根帶六朝青皮盡刀同削濤喧鬼怕聽老僧强解事指點讀碑銘

不寐

獨睡渾難着風燈無定明雞蟲爭客語蕉竹鍊秋聲萬籟喧如此孤懷兀不平有誰夜深語肝膈許同傾

乙亥

吳陵清明辭

新詞高唱出東門望見斜陽冢外村多少兒童齊拍手風箏吹墮鳳皇墩

官河之外又西河一帶垂楊垂柳拖柑酒攜來嘗不聽爭施金

架教鸚哥
荒年頻過歲年華日暮登城望眼賒怪殺長官烟未禁斷烟偏有兩三家

擬塞上曲

無邊落木似潮來瘴霧蠻烟向夕開明月高高天尺五鐵簫吹上李陵臺

秋風曲

秋風至秋雲飛儂家葛衣漸嫌薄歡今抱布猶未歸樹梢葬末忽然起紈扇之歌歌不已秋風縱起殿西頭秋風只在儂心裏

促織詞

露下微蟲泣草根幾回促織近黃昏里兒不解無衣苦更買官

窰蟋蟀盆

懷金子石 德輝

百里空勞尺素將忽傳天外又新凉美人未到香先至才士無言氣亦張繞郭雲山皆畫稿當年人物感昭陽何時來訪僧齊已謂僧蔼亭徹夜談詩宿上方

丙子

秣陵城北

清凉山色望中收挈伴來登水上樓不辨是蟲還是草江南遍地一聲秋

答常繼香詩

東家有醜婦方知吳娃妍殘春時錄别新緣忽成烟午榻記短夢鄰箏揮急絃韶華今已暮休唱想夫憐

送廣文宋子亭翔鳳先生入都即步錄别諸同志四詩原韻

明月二分橋廿四風流每憶追陪地作繭空傳吐蠎絲當車未免嗤螳臂鄧禹而今解笑人卅年猶自一儒巾不龜手藥臨歧贈此訣朝朝驗苦辛

頻年水患來洪湖筆耕墨耒計亦疏瘠田百畝不得飽空倉黃雀時相呼范公烟柳築新堰日費金錢嘗萬萬防河有策非空言直以新詩補新論先生留心河務恒見諸詩歌

譾陋何期蒙說項得失雞蟲學不講襟期却美人觀濠浩瀚難如舟入港學博新躋北宋名汪汪千頃來黃生謂黃子雲艮田未必

雜苗莠儘把工夫着力耕

素衣化緇嗟飄蓬金臺聘士豈終窮南魚北雁或相憶吳趨楚些誰最工江上酸風吹凍雨主客歌行交誼古扶風家世倘堪稽琵琶且作康山主

楊白花

楊白花何薄情美人之歌妻以清漣劈蹄足難爲聽楊白花風飄蕩早知冉冉從風往悔築宫墻三百丈楊白花路遂遠燕南趙北春將晚曷不飛去復飛返楊白花落何處恨不此身作飛絮願逐楊花一齊去

猛虎行

危峯插天叢灌日紅白骨荒荒虎豢其中

猛虎何心出山食人究聲振野穹蒼不聞彼虎生子寶若麒麟
孤人之子寡人之兒
虎有僕從前倀後狐倀狐媚虎虎勢不孤惡名虎受倀狐利趣
孰得孰喪虎乎虎乎

丁丑

射虎行

鄅亭一聲鼓將軍百戰身林昏月黑不知處將軍射虎無其倫山南一箭鴟鵂叫爻老咨嗟少年笑爾戴爾頭不畏虎凡有虎處頻徵調君不見錦襠繡袴稱元戎琵琶玉面氍毹紅三更時入醉鄉去不來射虎眞英雄

記夢

夢飛瓊句劇魂銷許渾有夢許飛瓊詩河上楊枝抗手招一片衣裳如着水三層樓閣聽吹簫朱軒不閉萎鞋鏁碧浪剛生宛轉橋似我心情渾似鐵夜深有泪亦如潮

不寐

一榻屋西頭蕭然屋似舟亂螢流到枕疎雨滴成秋漏轉喧檐鐸燈明見瓦溝褱人不能寐天末思悠悠

河埠旅夜

吟懷當夜靜展轉與誰親饑鳥聞啼樹寒星來瞰人旅情太蕭颯身事半沉淪不及相逢客西溪理釣綸

夜游放生庵

廊陰鬼弄燈殿角鐘敲月宿鳥出林飛幽香散古樾

戊寅

仙女廟夜宿木廠中卽事

迷濛星似舟空江赤起矴孤篷似水宿夕照此先暝雨聲四壁喧人語三更定敲門客不聞欹枕我喜聽琤瑽玉石撞澎湃山谷應野澗只珠點庭閒罕泥濘涓涓盎盎翻颯颯冰霜迸閃閃燈落花蕭蕭塵洗饑聯肰人雨三脫手新詩贈爲賡板屋句絶與斯人稱評語莫附會日比竹樓勝

江口守風望焦山欲游不果

青積古時烟焦嚴在前面波浪翻山脚林木最葱蒨青紅一氣中不識何宮殿黃鳥兼白鳥高飛時或見海門直向東湜茫隱一綫峨嵋來萬里猶是笞脫箭驚濤乍掀翻曾否佛身濺此中

有畸士三詔不肎見小結瓜牛廬低護雲一片游山我緣淺屐齒未得使終日結夢想對茲兩目眩相看未移晷刻又雲容變我心方騁眙舵樓傳晚餐

八月初二日偓小舟翦江自水西門外宿

蒲颿幾頁翦江行客路艱難度五更風露滿身鐘入耳石城橋下一舟横

己卯

路出龍潭與張舜琴甫熏投定水庵宿

路出龍潭鎭來投定水庵昨從漁泛艇夜與佛同龕老衲誅茆卑行人爆芋毘更闌時兀坐明月到松杉

過東陽鎭

輕衫客路趁朝凉犖确程途石徑荒紅日三竿風四野蹇驢驕

過古東陽

進朝陽門

朝陽門對早陽開轣轆輪蹄又一回熟路漸多詩畧少故人已貴我猶來江山詄蕩輝文藻花柳暄妍付酒盃翹首青紅是何處雞鳴十廟最崔嵬

庚辰

京口泊舟

昨發廣陵城微風過瓜步紅燈驛館近泊舟已日暮舟中一覺眠朝陽忽上樹起看浮玉山青紅紛無數正擬名山游忽見石尤怒龍驟萬斛停顛風竟斷渡長年盡束手客子亦驚怖紛紛

者何人踏浪若鷗鷺燒香不暫停賽會爭相赴帆挂鳥嘴船搖搖上山去

從象山截流至焦山

截流幾頁蒲帆開象山不動焦山來長年捩柁擘風走開頭噴薄悶驚雷喔喔幾聲動柔櫓潮頭過處衣飛雨指點空中竹柏林隱隱僧厨敲粥鼓捨舟登岸來吾曹吾生性命非秋毫回看來處作何狀浪花更比焦山高

覲楊忠愍公諸石刻

劄子莊書正氣伸焦山楊子句通神如何嵌空長廊側百子山樵敢結鄰（廊陰并有阮大鋮石刻）

焦公洞

宄飾高風不可攀嶺雲飛去又飛還樓臺平地人何處奚似蝸廬結此間

佷石

山色青蒼橫北府草間伏石如羊虎一笑曹兵竟欲東妙計同來謀猾虜猾虜心輕孫與劉艨艟矛戟誇同仇雙生天遣有瑜亮一時佐命恢洪猷江上烱虖蔽空下風威火烈熠江夏戰績能從赤壁收將軍郡不荆州借興鼎老奸曹吉利敗歸敢有吞吳氣創霸東南已得朋締姻箕帚占歸妹口血未乾旋敗盟吳兒狙詐非人情雄威枉擲虔亭戟鬼蜮深藏艨艟兵同舟爾竟亡唇齒七百里營來剮恥秭歸蹉跌可奈何吁嗟貞烈夫人死紫髯兒大耳公亩終隙末非英雄至今怨憤蝗磯水鳴咽江聲

直向東

江上買鮮鯽食

孽鮮江上船來佐水鄉食貫柳二尺許銀鱗作雪色聞說此魚美夙具君子德只緣惜鱗甲適爲罟師得因思無賴人皮貌多不恤每幸漏文網此身慣作賊風味此獨多骨鯁誰能識四月已至燕身價動京國奚爲觔廷風沾丐江南北江鄉有大竹行厨燒笋克欣然操筯前共咲蒜山側

舟過郭公墳

過江天氣清江面平如掌言尋郭公墳時有飛烏上灝湍中泠泉汲挈銅罌往恐驚蛟龍眠擊檝生遐想

鐵甕城

蘆筍生江洲烟雲齊作曉鐵瓮古城邊何處寄奴草

妙高臺

憑識藏金處頭陀何處遊妙高臺上立指點古揚州

周瑜宅

曾作喬家壻風流交飲醇堂堂赤壁戰遺宅萎荒榛

寶晉齋

蘇米風流在便宜硯易庵研山落誰手終古此松杉

辛巳

憎巫引 并序

夏秋之交里閈惡少醵錢作會曰盂蘭會又設巫覡祈禳曰平安會時於市廛隙地歸然築臺處巫覡其上香火雲蒸鼓聲雨集夜以申旦不少息焉其迎神送神之曲類皆卑靡媟嬻之辭而環聽於臺下者莫不聳肩跂足抵掌點頭唧噥嘆息噫嘻愚矣或謂周官所建若翨氏柞氏薙蔟氏壺涿氏一草一木一蟲一鳥莫不各去其非類以祓禳不祥而春官之司巫又其著焉者也吾儒以爲理之所無欲一切罷去之豈不韙哉不知望衍共匯之義非即誨淫惑衆之徒從而附會其說鮮不設淫詞而助之攻矣淸夜不眠喧聲聒耳作詩以憎當亦採風者所不禁也

舉袂成帷揮汗雨臺上神巫競歌舞歌聲不息舞不休觀者如堵香烟稠無病而呻實可恥以鬼擠鬼鬼不止鬼嗜血食巫滋

搜大肉肥魚供一飽爾衆若過臧孫辰焚之未免害其仁爾過西門豹沉之誰復傷其暴不如放之使出境或沈或焚亦已甚吾言何以持兩端必如是焉民平安

秋雲

颯颯西風趁遲還無心終日自閒閒輕原似葉常飄岸懶亦如人怕出山鴉背幾重遮暮靄馬頭一片渡雄關江東落照淮南樹都在蒼茫指顧間

咏螢

閃閃終宵焰不長迢迢花徑爲誰忙讀書滋味渠能領腐草根原爾竟忘夜黑池臺同鬼火風淸山郭掃寒鋩如何小隊成三五便欲來爭日月光

和高丈省存筠消寒雜詩十首

輪蹄有鐵漸消磨驪曲當門喚奈何天外黃塵千里暗人間白髮一番多柔情倘許攀楊柳舊雨同來賦綠波屈指家園團骨肉祇應江上着漁蓑 別

世味紛紜似弈棋行年未老已支離浮名自覺都無分此事從來百不宜禮數豈爲吾輩設詩書端任小兒嬉杜詩失學從兒懶高材捷足從渠說且向樽前食蛤蜊 懶

幾回啼鴂幾鳴蛩風雨疇能騁味濃不識字人眞快活用梅昌言語最關情處却惺忪屋梁月落千重路山寺霜高百八鐘遮莫相思對誰語應將肯出唱飛龍 醒

年來冷淡作生涯結習從教一笑譁有客乍逢談水厄伊誰相

見嗜痞痂不妨泉石成高隱漸覺文章近大家可怪當時杜武
庫竟將左癖向人誇 癖

關河風雪嘆漫漫策蹇終朝不得閒旅食也曾聞勁草知文知
吞笑黔山腳長于我眞無匹耳大如公亦太頑爲憶揚州城北
路斜陽影裏看楓還 驢

東方有語襍詠嘲晝夜存亡定不淆似爾有文矜豹腳虧他餘
蹝作蜾巢露筋女自能完節利嘴人誰敢結交我擬碧紗幮晝
敵不堪相處最嗷嗷 蚊

聞道猿公劍術成深林密篠任縱橫一身巧擅將軍技幾个能
邀供奉名豈上麟臺眞有幸啼來巫峽甙難平豺狼當道狐狸
食不及餐風嘯月清 猿

伯山詩鈔愛日集卷一　十二

聞雲應與逐東西徑向梅花樹下栖守夜君能警宵露同群爾
亦伴荒雞氄氄羞向名公舞喉唳時爲處士啼鎩羽乘軒論遭
際從知賦命本難齊 鶴

自古邯鄲有舊倡迷花問柳少年場挾游人仗黃金膽對面誰
誇鐵石腸南部烟花供誅蕩東山絲竹譜宮商吾生亦有香山
感不聽琵琶自黯傷 妓

占得名山各一天人間養濟悟因緣前身佛祖都無定末路英
雄最可憐儘有香花消永晝時將蔬笋供當筵此中莫說無同
調大有詩人賈浪仙 僧

投村

晩向田家宿炊烟日已昏老農知肅客稚子半無褌犢小牽歸
屋尨忙吠出門幾知事耕鑿自有古風存

書山海經圖像後

天地本混沌多事開鴻荒好生乃帝心醜類咸包藏與之以巢
窟資之以糗糧鬼神爲役使風雨相從將洞胸與長臂嬉戲形
郎當欽駓窫窳輩同類時相戕貌醜性亦很賦畀何不良其間
略可者狌狌與偶疆禹鼎鑄神姦厥製洵煌煌人不逢不若宇
宙誠清祥今何無醜類永奠坤維長精靈一轉世相見皆冠裳
儀貌盡修偉禮數能低昂一時鴞與鴆儼然成鸞凰睹記豈附
會圖繪非荒唐我欲招王母來進崑邱觴與之話輪回後會尤
茫茫

梅花嶺拜史閣部墓

伯山詩鈔愛日集卷二　十三

開府揚州節鉞臣守陴撫衆太艱辛恨餘諸葛營中淚死少田
橫島上人四鎮熊羆尋舊壘三更猿鶴悟前因冰心鐵骨寒梅
放便是文山再世身

晝苦短

晝苦短日西匿尻車神馬追何及九陌黃塵風瑟瑟關山雪片
大於席遊子獨辭鄉里間於菟覓食猶未還羊腸九曲元猨攀
耶徠吡馭傷心顔君不見鳥呼名行不得晝苦短日西匿
晝苦短君何爲急槳打冰冰欲飛朱門挾策空貽譏蔥林媿
行當歸南山之石歌粲粲勞薪不免傷代爨密林鳥雀豈無
下有人兮挾飛彈君不見停舟樂揚颿危晝苦短君何爲
晝苦短奈何許三十依然待字女爲人作嫁空凄楚獨坐閒房

淚如雨俟河之清壽幾何君舞楚舞儂楚歌蹇修誰爲牽絲蘿焱風空欲迴頽波君不見士抑鬱誰與語晝苦短奈何許晝苦短悲以傷荒荒烏足至駿狠南箕北斗時睒光夜深秉燭歸空房析桂爲薪珠作米侏儒苦飽臣飢死炊字莫食亦可恥倉頡夜哭良有以君不見野田雀啼空倉晝苦短悲以傷

伯山詩鈔望雲集卷一

泰州康發祥瑞伯

壬午

舊僕蔡元詩

風雨連朝身未出有客敲門餽土物土物攜來前致辭口稱舊主難忘德客來面目認不眞客言舊主今何人土物慇懃竟誰餽到來一一非無因客言郎君不識我我役君家十一春主人待我厚誰復如其仁我昔操舟去旅食江湖濱江湖轉瞬歷卅載時時不忘去聲主人恩今我操舟海陵過城郭如故人物新郎君長成過三十記得少縛我臂游東鄰主人時年已八十想當健飯饒精神我說父故已二載登堂揮淚波漣淪制淚聽客語客語何其溫再問客名姓自呼名姓曰蔡元蔡元蔡元爾言不忘主人德我聞爾言長太息今之士大夫非不食人食境過而情遷反眼不相識尢其甚焉者對面作盜賊先君有德誠感人汝能知感洵難得蔡元說罷復我辭水萍風絮將安之試問後來會後會無年時人情安得如蔡元令人風雨常相思

渡江作

山上顚風語塲鈴咿啞柔櫓喚人醒數聲雞唱天低水驚起魚龍唉曙星

客白門贈陳雨峯階平都督

書生何所見寸心惟自喜閉戶友古人出門結君子攀龍媿未能附驥實可恥惟公尙義氣加以青眼視說七若李充甘肉竟

爾爾不覺骯髒消來躡軍門履

勢分既不隔禮數亦自删鍾阜一輪月照見公古顏古顏若春風鼓盪百物間小草吹盡活嘉樹植亦間迢迢海門鄉青青天外山

都督前總鎮狼山

讀公感懷詩性情亦何摯讀公紫琅草都督輯同人詩並著有軍政芻言紫琅草感懷

詩

蹤跡聊自記君臣僚友間各各感其誼詩律若軍律棘門戒兒戲雅歌而投壺公才孰與類以比祭征虜千載無疑議

海濱一介士白下多酒儔非打石城樂卽醉孫楚樓多公適枉顧屢駐橋頭騶相顧竟相左使我心有尤矮屋罌磨人文章期能售京風忽西起東下難淹留何時橐筆從中酒時長謳

鍾山紀游

老僧竈下晨炊芋園叟橋頭早賣蔬擬欲近山結茆屋教人想煞牛山驢

蔣山妹久聞謌曲徐十郎今不賣茶世事看來如轉燭坐看虛澗落巖花

再至莫愁湖卽事

石城攙攙非無事秋水棱棱似欲冰客子間來作漁唱數聲湖雨似人譍

石城橋雨宿

小泊最宜蘆荻近高吟不顧鷺鷗嗔石城橋外舟如織解聽敲篷有幾人

癸未

正月七日招湯悔庵李雨村常纖香程秋樵程小松小飲思凌堂

里巷交游氣誼眞新年相與鬬閒身升沉世上何多事斗大城中此數人臘盡已看燈照眼寒多忽訝酒生鱗草堂此夕同歡笑天外從渠走畫輪

雜感十八首

芟草護當門上有故人跡緗書忍終卷中有先人澤只此一寸心用作百憂宅河淸安可俟人壽不滿百有酒不解飲曷以永今夕烏飛兎走閒光陰供一擲天地本寥廓男兒空踽踽侘傺每終朝使我心難懌

西北有高樓上有雙嬋娟明眸兼皓齒姽嫿殊堪憐當戶織流黃理索弄鞦韆會當貯金屋聰聰爲神僊而獨無良媒遷遷佳期愆河間有姹女姿態不必妍平生無他技挑燈工數錢只此一伎長足使聲名傳

兩人共業漁各結溪邊屋同時修笭箵一樣具罛罷爾來定絕流我求豈緣木爾獲常滿載我得不果腹豈曰術不齊何爲利使獨凡事皆偶然茲意且三復

高坐柏梁臺命作七言詩若非二千石何以得與之撞鐘與伐鼓煌煌西京詞下豈無作者寒賤不足儷明珠闇幽光安知滄海遺

虓氏工湅絲其色本雪白一入則爲黃再入則爲碧三入與四入爲赤更爲黑五行配五方得此爲正色紛紛狡獪徒機心別

組織無窮出新鮮竟以易常將非黃亦非碧非赤亦非黑翻謂花様奇足以勝古昔且觀好人服何者爲要襋

我有千金刀方用百寶飾我有千里駿方鑄黃金勒土木飾冠裳未免有慚色好男易破老好酒亦喪德醉飽爾何人厭厭尙無極

檣上生蒿蒿反出松柏上雨露得天憐頃見欣欣狀匃匃緣牆崩根株不可伏尋蒿不見蒿牆根一惆悵起視松與柏松柏幸無恙

大造闊靈區落落富英彥稍知自好人不肯厠文苑珥筆者爲誰庸夫司其券陳壽古良史千石作佳傳豈厚誣古人吾直抒所見

人生匪金石何者得自全殺人爲丹砂生人爲憂患千秋萬歲名惟有聖與賢孔孟常不死彭偓何在焉文成與五利散沒如飛烟纍纍高塚間此中多神仙

衡波無恬鱗狂颷罕靜鳥托身貴得所見機苦不早黃塵紫陌間百事來相嬲肥者是以瘠少者是以老知否穀城遊黃石以爲葆

牙籤萬軸疊如糧可饋貧所貴眼如炬不作阿附論汗牛而充棟陳陳噬相因誰爲僞體裁誰當風雅親聖經與賢傳前刼逢嬴秦後乃多彝入欲以慁今人何當章句儒耳食徒紛紛

有鳥降庭阿對客如有求飼之以粱肉嗤汝揚軀喉輕喉自可試祇合呼其儔若爲求食計自省毋乃羞唾之不肯食奮翮東西厰回首雕籠中若蜚方嘲啁

素月曜華軒朝陽生東嶺罘罳房櫳間照見美人影爾影雖姸娟爾心常耿耿薄命比春華貞心若古井三挑不肯從共嘆眞幽靜

太行起方寸盤頑堆渺漫封狠何我側於菟當我前此猶可以逭數者不足患噎地而爲人脊脅無羽翰雙足竟何適憂思來無端西秦無王猛江東非謝安王孫歸不歸悠悠行路難

鷹鸇時側目鳥雀不敢攖罾䍐慣結網蛟𧈢亦見縈旁觀嘆傾危靜裏聞哀鳴爾竟戕同類攘攘機心萌盼之爲固然毋乃非人情一物不得所令我心怦怦

庭際無名樹得雨生幾株楉櫟與楩楠不能辨厥初呼僮汲井

水灌溉防其疎烈日與之障藤蔓與之鋤何時成蔭得遮我敝廬樹木計十年難爲一日需家人多蹉妄我姑曰徐徐

隔巷有居人晨夕相過從輕烟裊紅爐新釀出古甕素琴時一彈長箋忽三弄奇書往借觀得句走相送著書立說間藉以息倥偬所志如不堅吾將以自訟

丹山有鳴鳳滄江多野鷗鳳鳴天下瑞鷗作烟波游志趣本相左蹤跡焉能儔究之諸羽族二者無不收鴟鳥豈爲紲鳳皇亦非優

客去

客去闔門補讀書燈殘焰落小窗虛三更月影騰空乍幾日天寒潑水如得意池蛙鳴閤閤窺人穴鼠出徐徐感時不作中宵

舞豪氣元龍漸埽除

題負米圖

北山有烏南山有薇薇不就烏烏老則飢烏生有子有子何爲
駕言出游之南山陲其尾畢逋曰歸曰歸
翳指心痛倚閭夢牽負米者子仰維前賢出屋作粥入屋奉飦
出屋入屋饘粥年年
臣朔苦飢小人有母擔囊而歸故人情厚維南有箕維北有斗
酒醴粉酏遐哉爾壽

元和蔣澹懷（志疑）以書江浦縣志禦寇傳後詩見示並徵
拙詩傳載澹懷六世从祖明都督忠烈公諱若來守城
殺賊事

蔣君今之阮元瑜翩翩書記名非虛槖筆時復走江浦流傳聲
價同璠璵欽聞靈運述祖惠備縉邑棗先烈符時貙生熊狠生
貙有明末葉何藉如狂賊百萬犯陵寢幾疑江左堅城無雎陽
張公（應天巡撫張公國維）廣召募萬春霽雲名姓臚赤眉黑山魄齊褫黃
旗錦袴兵名蘇（張公團練民兵以極梟勇者稱爲蘇兵）蔣公姿才不世出曲踊巨
躍鼓執桴以公昔屬左麾下（始屬左良玉軍）每見執馘聞獻俘守闕適
賴李大令（江浦令李公維樾上書於張公乞援）乞師時泣申包胥援軍疾走若泉
涌軍令不敢逃斯須賊當除夕薄城下不聞爆竹聞轒車壞雲
壓山妖烏呌將軍誓衆瘡痍呼身先士卒出神勇以脅格堵飛
如銖有賊懸布搴螢弧羊亂雉尾燒木驢炎輪曜爚忽回祿鮮
明着體如畫屑赤爛摩頂踋寸髮飛熛掠頷無一鬚將軍怒氣
更百倍賊驚丁甲雲中趨追城殺賊賊梳篦此方誰敢來闖闘
有剿無堵去噍類公能協力督師盧（會盧公象升自陝統兵至督師合勦）遺雛不
盧墮巢鵰殘喘難延游釜魚獨惜淮撫太畏愞（淮撫某防守偶疏賊從池陽別道遁）
車箱逸賊同奇瑜从此賊衆爛西北縱橫事壞如潰疽將軍
歷官至都督上馬殺賊下馬書沈毅如公世有幾崑山虎山皆
恣睢明三百載社竟屋如將軍者徒欷歔握拳露爪死猶覩燔
家授命忠非愚（明鼎革公自焚其家完節金華）國朝賜謚復賜祭將軍心迺
明區區鍾阜舊聞祀蔣尉年年賽會喧神巫江邑百里近相望
雨風來往神不孤裔孫倜儻擅文藻明惠之後才充閭作詩時
復告當事詩成清酒酹百壺吁嗟執事能勤恤奚憂社鼠兼城
狐

繼香招飲作長歌以貽之

繼香招客消長夏朱李甘瓜一例收巨源之妻客解職士行有
母賓常留鬖髿稚子亦在側扶床索棗言鉤輈舉盃我忽憶疇
昔交情瞬息是兩周我生總角即求友得朋時在東南陬薄暮
同歸蚤同出近郊遠郭無不游蛣可腹蟹吾有偶夔能憐蚿君
其儕同庚同里復同業在官之祿時同求案牘紛來若坌集市
聲轇轕疑楚咻驕兒媚子一作態見之母乃怒且羞棄之相與
尋章句適合符節非同謀此後更若形赴影讀書選地僧房幽
佛燈影裏共危坐夜飢煨芋題還閹吾父愛我兼愛子謂子頭
角非常流冬寒時值邑侯試荒齋下榻聞更籌龍鍾老叟夜不
寐西廊月上茶烟浮區區一衿越十稔而今三十皆過頭詩書

有味等雞肋科第無緣成蜃樓今吾故吾置一笑爲歌主客嗟
夷猶三年前我悲失怙蕭條風木狐狸咆叶咻此能不痛凋喪
非關文士工言愁爾昔溱湖忽泛宅與我風澤成馬牛南箕北
斗各位置和嶠裴楷分鞅鞦散似浮雲聚似雨趱來長鋏歌聲
適感子大有故人念爲呼一斗伸綢繆富家惜金貧惜墨詩篇
贈我如琳球二十年來四十字其言解脫消煩憂嗟嗟風會近
浮薄曹風楚楚蜉蝣甫握手卽說肝膈道塗時屢聞謌謳長
篇累牘雜沓進一名一刺糢糊投得句無多出眞性惟我與爾
稱無尤折脚之鐺打頭屋繁星點綴雲爲幬平頭奴子供奔走
兩三人若同一舟慈親起居冬問訊往事荒京同逗遛忉忉此
心共袍澤長言贈子殊難休吾知局外拋解事門前野雀方嘈
啁

伯山詩鈔 望雲集卷一 八

阻雨宿悔庵家甃中紀事

太歲在癸未七月初三日其神迓蓐收是日立秋其律爲夷則是月
天大雨自丑亘逾戌我來疑秀軒軒宙盡躡飋山雲黑若磐礴
澑祖於緇地如枯槔翻潮似釜甑溢倏爾報平階俄頃已處室
端坐難欠伸促談漸抱膝屋中器皴揚骸極隨之逸轟豗雷霆
交聲欻不敢出對面語不聞屏氣若讋躘躩睥客睒睒鄕項童
瑟瑟燈光與水光昏眩不可述孰作蘆灰止亦少吹笛術底止
未有期蘧篨難致詰此身本如寄來朝安可必浮沉事或有就
枕身且伏幸未處下牀相與一笑啞

大雨後繼香詩又到疊前尤字韻和之

天公忽爾作狡獪龍髯作雨不可收枕上作詩爲紀事書齋一
宿成淹留日出歸來亦駭絶平地水深田馬輸爲收圖畫撿書
籍跣足繞屋行一周欸關有客若鵠立主人相顧顏卑陬其時
新詩適遞到拳拳密意懷同儔此事與我作詩料伸紙不怕枯
腸求當君與我揔角契時艱每致孳兒咻卅年未作老女歎出
身恐有無媒羞僭尹之卜不可卜孫叔之謀爲無謀轍跡有如
鳩守拙迴環蝸舍殊淸幽長謌短詠走相送解謿卻擯題同鬮
鏗鏗說經息羣罷風氣欲挽江河流置身若在衆喙側安知必
遜人一籌牀頭佳釀正新熟舉盃屬客新萍浮時見題壁有鴻
爪未聞割席唾龍頭比鄰更挈陳驚座謂陳壺山隔巷還來趙倚樓
擒裳連襼無不可爲呼酒件心夷猶天末涼風秋又到淮南招
隱熊羆咆叶小山桂樹曲更曲遠道芙蓉愁復愁挂簷時適有
新月渡河夜正看牽牛天上佳會不可久雲軿安得維其鞦七
夕之篇歌李賀遁眉長爪聲其遒鵾雞調弦音促續鶡鴠補屋
心綢繆所嗟坐久消其寶安得入市沽琅璆秋霖淫溢注不得
浮雲仰視滋繁憂此心不肯爲蟋蟀此身何獨爲蜉蝣獨醒獨
淸再三嘆九歌九辯同一謳感子長言爲破悶疾書一紙遂門
投讀書我爲埽愁壇有若狂風捲蚩尤宇宙之境本寥廓深深
烟霧如垂幬擬欲買舟恣遊覽翺仙李郭時仝舟蜻蜓飛上紅
蓼去朝朝水國同逗遛況復冒游不寂寞髯湯才卽今惠休江
東鶴夢若可再灘頭鷗鷺休啁啁

繼香和詩又到卽作狂歌再疊前韻

伯山詩鈔 望雲集卷一 九

詩城暴詩近不止韜筆權作弓矢收勍敵於此欲逞志乃見箭
殺三日留荊楚實恃兩廣駕扉泰却歌五絫輸耽耽虎視不可
已兒胄超乘方過周我儗休養待再駕豈甘自處爲偏販覘隙
而動不相下縱横或有儀衍游常君有詩又遞到樂此不疲君
罕儔設謀我欲老爾師防門守險無他求士卒不爲鳧藻佚軍
將忽作鸛鵝咮以君避臣昔爲辱以兄避弟今乃羞成名不作
豎子嘆帷幄時見聚族謀仲達巾幗豈訕辛毘旄節難拘囹
卜巷出車太濡滯龜焦鹵吉無煩閶堂堂正正樹旂鼓詭計不
毒涇上流齊侯出師不介馬道濟量沙空唱籌白戰底須手寸
鐵筆鋒觸尸隨沉浮臨敵自可岸赤幟奮擊誰不如蒼頭爾果
先登若懸布我亦摩壘攻碉樓方知獸困尚能鬬詎如鳥散嗟

夷猶登壇不作牛耳執懾人共聽豺虎咆叶 勝固可欣敗亦喜
斷筋折脇心奚愁我非邯鄲口中蝨君豈卽壘城中牛我止不
鬬驂絓木君來誰敢手執鞦屈詰聱牙鬬險韻幽燕老將聲何
遒人說兩賢不相厄偏當矢石言綢繆鐃歌互答非懦響琤瑽
頑石皆琳球七百年來緬風雅蘇黃謝古深繁憂今我與爾企
高蹻誰曰大樹撼蚍蜉夢得題餻莫譏誚于思棄甲休長謳斜
行矮紙蠶食葉書如羽檄軍門投久矣衙官役屈宋更將牙將
呼楊尤虞楊范揭下風拜詩龕千古同一幬前軍直搴雲姑鈃
長鼠來奪俆皇舟倚馬作荅語華瞻號令不敢少逗遛王濟胸
中自有物莫怪鬬剔不得休寄言詩律等軍律小兒帳下方啁
啁

但覺

但覺微蟲生草際銳頭長喙盡營營如何片月中天掛不見空
廊熠燿行

萬軸牙籤殊跌宕數椽老屋自欹斜獨憐古桂無顏色不及江
頭紅蓼花

深巷摩挲留古器斷鐘斑駁臥蓬蒿莫言不作鏗鈎響瓦礫叢
中位置高巷有古鐘埋榛莽間相傳爲南唐時物

淺紅不愛愛深紅都在先生品隲中開過萬花花漸少朝來添
種木芙蓉

故人顏色近如何仰視空梁落月多驀地秋風起墻角勞他吹
夢渡銀河

次悔庵消寒小集原韻

支枕難眠覺夜長朝來短景更荒荒少年場好羞闌入濁酒杯
深許放狂殘臘餘閒供筆研古人精氣在文章何當更涉山南
北躍馬呼鷹雪莽蒼

悔庵連日與繼香倡和詩甚夥并有柬余之作余作偏師
攻之

旋轉心胸似桔槔新詩翻水却滔滔書生此外無餘事故友相
逢有濁醪巷口衍泥拖蠟屐霜風吹冷上吟袍私心敢作諸侯
長壁上能觀氣亦豪

兩家旂鼓各相當人到中年事可傷異姓之間多骨肉恒情以
外有文章梅花橤與松爲友月色羞從雪借光只覺巡檐飛霧

淞幾回敲竹韻琅琅

詩到殘年似納租爲循常例不能無冰生火畔成奇冷雪落山中少坦途三日每愁人不見百錢豈惜酒同沽笑渠側理盈箱篋偏是腮糯不肯糊翰谿香

正是卮言日出時齊心好與共支持艱辛或怕心精損容易爭誇手筆奇千古有誰同甫白幾人能自識媸施虛仝泚泗中庭立請作蝦蟇蝕月詩是日方月食

再寄悔菴

問道河冰不陷車殘年生計費咨嗟嚴寒幸得靑氈坐小市權將綠酒賒抉眼人休嗤習俗關心誰獨問梅花斜行矮紙詩頻就手棘書成字若鴉

催科索債盡如狂闤闠匆匆爲底忙惡婦罵鄰言瑣屑壁人鳴柝走郎當閒中閒見成風氣世事艱辛履肅霜差幸吾儕無凍餒兩家門戶最淸祥

見女靑紅愧未能只緣龍斷未曾登盤殘不作消寒會門戶底看照歲燈隨分僧宜沾粥飯快談吾即當飛騰可憐祇有甯來雁嘹唳霜天見一繩

連日詩城未罷兵再三羽檄往來輕偏師倘敢同秦系說客休嗤作宋牼醉後擊壺多酒氣吟餘踏甕裂冰聲狂書再與湯夫子如此波瀾可老成

悔菴和詩遞到如數奉酬

紙破窗糯解弄籥閒中側耳聽刁刁漸看旭日消寒冷時有新詩慰寂寥徹底思清渾似水盤空語健勝干雕譾村敢附先生後須識唐賢久不祧

朝來几榻淨風霾展卷能教霽色開自是射生好身手何曾害甲笑于鬆劇憐阮籍狂成癖不似禰衡罵作才如此和平定傳後交情最好絕疑猜

草堂昨夜酒消時口角甘回橄欖知守拙只應作鷗鳥跳梁莫漫譬豚兒恒情每以儒爲戲雅集須看某在斯張籍李翱皆後輩韓公眞不愧吾師

好花人道素心難樽酒詩能篤古懽每見月惟思李白不逢雨亦過蘇端佳兒似玉雙雙立妙語如珠一一攢殘臘光陰無箇事要君牛耳更登壇

讀曹丈侶鷗歸來吟書後

雞足靑蛉記遠征近從海上狎鷗盟此邦惜少佳山水好句知多古性情逸少歸時嘗誓墓淵明垂老竟忘名挑燈讀罷先生集起看中庭雪月明

祀竈日柬悔菴

里衖人言半毀譽閉門經訓足菑畬君才十倍名能就文史三冬我又虛未雨綢繆成戶牖先春花木賴吹噓怨懟若果能依負只願蛩蛩遇駏驉

太息吾生未有涯撫心惟覺俗難諧每焚膏火勤兒課爲貢奇書質婦釵野鶩家雞嘲未了六張五角事多乖寸心敢有馳驟想齋榜應題自訟齋

時有風來目眯塵忿忿何處着閒身擬將種菜兼爲圃不敢攻醫更殺人弄色花如爭嫵媚垂頭鳥自養精神閒中寄語諸君子龍性年來漸覺馴

墨痕噴處氣氤氳得意曾書白練裙才士幾人擢高第好花多恨近斜曛眼中冠蓋前生佛海上樓臺大半雲但願上清書可讀忍寒相與坐宵分

茫茫身事感如何草草光陰一刹那功業要知詞客少神仙終覺少年多乘車戴笠思前哲側帽籠鞭看徑過此日草堂懷舊雨蕭蕭江上臉漁蓑

雪消江郭水泠泠微溜簷前亦好聽池泛青萍魚吐沫窗遮紅日鳥梳翎閒中景物知多少賤裏生涯雜醉醒如此清幽堪永日不知何物更勞形

年來蹤跡鷗同儔那有心情刻棘猴任筆沈詩皆入賞楚弓塞馬不須憂盆花得煖有生氣酒盞臨風消舊愁時見曹唐書遞到曹艮甫時以歲暮書懷詩見示小游仙句足千秋

言裒休笑太詹詹屈指星回歲月淹驛遠未聞梅信到簾虛最愛日光暹饑貧豈在辛盤供祀竈羞將吉語占長我十年應識我前塗還許問湯髯

曹艮甫以歲暮感懷詩見示次韻

冬春吟就一高歌來詩有瓦倉年米煩儲畫之句冉冉韶光轉瞬過賈島漫將詩卷祭鄭虔誰送酒錢多別離人怕攀楊柳依托吾應咏蔦蘿佳句從來由性癖寒灰時與畫陰何

鷹

蒼鷹向寥廓風雪極瀰漫戾氣懾孳鳥清曠寒一山稻粱棲畝少顧盼笑人慳知否朝陽鳳飛鳴故自孱

除夕偶成

聞道歡場三萬六吾今三十六年徂近年辛苦成何事添得鬑鬑頷下鬚

壁上明燈照酒紅年來歲月太匆匆城中吾更關心問百樹梅花兩寓公謂靖海樓梅花曹丈倡鷗喬梓

竹泉時在橋西住更有秋樵與往來堂上清樽思遠道兩家可見阿翁回

伯山詩鈔望雲集卷二

泰州康發祥瑞伯

甲申

偶成

一庭細雨早來徧，幾日東風如是柔。峭冷今年大無賴，鼠姑開後尙披裘。

樹陰門巷綠如許，草色簾櫳靑更佳。賸馥殘芳誰拾取，可憐多事是唐花。

東亭舟中即事

俗慮塡膺未肯刪，家居何事不相關。買舟時載輕裝出，一到開船便是閒。

來船去舸共忩忩，都在行人較量中。此日登舟差足慰，順風未遇遇傍風。

靜坐船艙無一事，看看紅日漸西銜。小舟一樣分遲速，渠是輕帆我破帆。

三三兩兩見鸂鶒，或出或沒爲鳧鷖。傍岸人家齊爨火，暝烟横過鳥欄西。

舟人告我魰魚港，百里人猶汲水回。晚飯時分剛泊此，此行岔我煮茶來。

鳴榔水際打魚急，小宿人驚笑語讙。何日溪頭作閒客，我將草屩去撈蝦。

支枕難眠到夜分，艙中忽見氣氤氲。推篷驀地見明月，湧出東方五色雲。

歸舟又占

好官不見晏同叔，名蹟徒思富鄭公。寂寞行人自來去，西溪西畔夕陽紅。

的的鷺鷀明客眼，隆隆日影灼人膚。東來不獨長隄倒，垂柳垂楊少幾株。

一路新秧插未齊，桔槔翻水岸東西。舟人指點官河水，更比來時二尺低。

近日萑苻伏村舍，我行囊橐本蕭然。笑渠漫託支更說，鄉里小兒來索錢。

且將書卷消長晝，却怪篙師亦笑人。爾解弄篙吾弄筆，不知天地幾閒身。

人在舟中例作詩，吟成七字怪舟遲。歸家莫笑無長物，帶得淤溪水一瓻。

哭从母殷孺人詩八首

厄運苦無極，我生胡不辰。哀思鬱中腸，悲風來無垠。大功去琴瑟，況屬母卹親。胡爲犯禮制，進牘蕪辭陳。梗概弗𩔖縷，鄙意無由伸。忍啼而爲言，敬以告仁人。

从母爲母姊，於母相愛憐。于歸適鄰縣，境遇多迍邅。从父本淸門，家有南山田。十畝而種秫，十畝而樹棉。時苦遭水旱，日饑而月朘。親串多離散，骨肉難周全。樾遷至此邦，比屋相周旋。當其樾遷時，適值吾生年。

吾生方三載，吾弟時彌月。从母分母勞，顧吾若已出。相顧審寒暑，挈之爲眠食。抱布裁衣領，堆盤給棗栗。顧復忍去懷，輾轉不離膝。束髮就外傅，从母泣頻啜。蒻暮抱書歸，有食方能咽。吾幼多磨蝎，形復愁羸尫。疽發甚狠藉，其背同蟻螂。醫氏施刀圭，痛楚不可當。母淚與兒血，霑漬同一牀。祈神禱佛聲，中夜呼皇皇。

昔吾不率教，吾親施夏楚。當其受杖深，在牀闇嘆咻。姑息恐養姦，吾親意有取。从母心太慈，顏色不覺忤。親恐傷其意，曲意爲安撫。維時費周旋，哀哀吾父母。叶此事一回首，涔涔泪如雨。撫翼十八年，授室甫離之。佐讀斎餅餌，餉我如兒時。膠庠兒有聲，母顧心怡怡。及之兒生子，顧復更如兒。子今亦十八，恩斯尤勤斯。前後卅餘年，辛苦母不辭。辛苦母不辭，精神母乃疲。往歲罷文戰，北風江上羈。母乃中夜起，望遠心依依。我歸入里巷，延頸我門楣。見母倚門前，北望心如疑。我疾步至前，曰兒已來歸。母眼望已花，轉問爾爲誰。此境一回憶，泪下如綆縻。从母年七九，精神猶矍鑠。所期壽期頤，用享高年樂。何[illegible]嘶哽咽，災疹入肝膜。眠牀近六旬，淹然與世卻。吾母哭嗚嗚，吾兒號且躍。附身與附棺，未免傷太薄。高厚未能酬，此心得毋怍。萬計立支派，以覬而續鶴。堂上肅靈匶，旋風吹帷幙。詩成乃三號，舉頭向寥廓。

出門

昔年出門去，吾父來送兒。今日出門去，吾兒來送父。父送兒兮兒送父，同此西河一[illegible]路。六七年中忽異觀，敢道今吾猶是故。河干楊柳依依垂，低頭踏影心傷悲。振船倚棹人三五，如此哀思訴與誰。

丹陽

橋頭寶塔迎人立，岸上野花傍晚香。一晌東風帆腹飽，輕烟微雨過丹陽。

奔牛堰

夜過奔牛堰，勞生未有涯。蘸風吹岸草，細雨長汀花。樹暗行人舫，燈明賣酒家。孤吟渾不寐，愛聽榜歌譁。

暨陽

江左此城郭，輿圖亦有名。魚蝦爭早市，烟火散秋晴。委巷少人跡，布車多怨聲。淹留方十日，歸夢隔宵生。

病瘧

病劇舟中卧，歸來不自聊。張弧曾幾日，待命又終朝。莞簟延長晝，齋居遠市囂。我憂方隱几，爾信竟如潮。冷豈無衣禦，膚疑抱雪饒。迷朦銀海眩，禀烈雪花飄。鬬很時聞蟻，披裘欲擁貂。陽冰原不冶，陰火復潛燒。轉側魚游釜，瞢騰鹿覆蕉。起眠人不定，寒燠客難料。麻豹同陽虎，床移肖李貓。本無君子德，屢被此公招。日看移窗晷，風聽側耳簫。燂湯爐炭熾，歠粥釜聲鐐。沈約腰何瘦，相如渴不消。差堪比酷吏，畢竟是何祅。韓愈長歌在，顓皇後裔驕。冥霈胡太狡，血食且相要。逐疫心神王，搔頭鬢髮彯。擬將投有北，遣爾去遙遙。

病起

兀坐渾無事翛然心一清書多忘世味病久見交情冉冉茶烟裊騰騰活火生慈親爲調護時下避風旌

閒居

从坐覺神工冥心何所營到門來好友索飯笑飢倉有事見新詣無言驗性情淨雲望天際冬往亦何輕

幾輩談忠孝澄心辨僞眞藥事吾有約障篋爾何人古籍時遊目深交悔着身翛然一長往風月與爲鄰

鄰肆有磨驢終日長鳴予厭之作詩

圈豚柵豕不相侵底事長鳴怨恨深只怪當年王武子賞音到爾是何心

可憐磨肆無多地纔向東來卻向西試問爾雲千里駿可能終日盡情啼

聒徐小隱升堂

昔年同作溪邊釣君獨觧魚上竹竿週日扁舟來訪舊蕭蕭僕被已知寒

村酒斜陽喜可沽晚來鷗鷺共招呼勞他一座陳蕃榻旣着徐君又着吾

題三峯園圖

圖爲[illegible]宜書詩咸供奉名洞天一品石古木百泉聲最上覆雲氣其中有鶴行主人[illegible]得樹相對十分清

从母般老孺人[illegible]誄營成哀賦

我生殊粥粥所營無一是回憶有恩人高厚竟何似从母待我恩山邱無可比慟哉相依時未得奉甘旨一朝竟舍去遺囑猶在耳奄歿連朝營田問身棘束蒹榧若可捹庶免顏有泚大風西北來竟日力不弛飛瓦折樹中殯宮何以起天心有轉移五更戛然止葬之前一日大風拔木至次日平旦甫息會葬百餘人道上行迤邐从父近七旬先母廿年死合葬卽合食載稽古祔禮墓後障深林塋前俯清水敢云葬事成堂斧形同擬从母望我心區區豈爲此飲食粗且薄聊以供箸匕野哭雖非古淸淚忽瀰瀰近墓下士溼冥鏹不得爨愁雲四面生新鬼迓故鬼此恩不敢忘我生宜沒齒年年寒食節掃墓從此始

湯節母詩

湯節母江都人夫也不祿命不辰節婦事姑如事親姑有弱子方齠齔長之養之爲畢婣婣方畢遝何酷慟哉二豎子忽傷爾小叔母傷孤鸞嫠寡鵠一髮千鈞有遺腹兒生斷竹乃續竹兒旣無嚴父母亦無孤兒以姖作兒母作父爲母爲父爲嚴師折蔓畫荻無閒時燈影機聲出牆外此境有人親見之親見之運甓苦黃蘗生春天亦與兒也成立孫成行煌煌綽楔森褒語請看揚州郭外田路人嘖嘖都稱許君不見湯家婦曹家女

題仇實甫畫洗象圖

圓蹄不動屹如山長鼻垂地形神閒豐肉高鬐峯巑岏巨牙外露銛銛剟足下豐草叢茸攢道旁醜樹根株盤何來阿罔殊奇顏高顴長爪毛髮鬈袈裟血色雲霞殷如念法偈臨飛增沙彌

卓錫鑒金鐶兩人持刷同紫凝一人執器澆汗漫滾滾背上飛波瀾醍醐灌頂天漿溥塵垢擺脫心跡惘野性馴後非冥頑皈依正好來禪關舊聞此獸參朝班山呼舞蹈歲儀嫻又聞猛鷙戰烏鎮燧尾奔哭勇退難哀雖苦作□（□□見博物志）蒼舒水稱如老姦而此獨伴獅與鸞將親香案閟旃檀儵然圖畫超塵寰

國初詩人冒巢民襄姬人圓玉小像

宮樣修眉展含愁復帶顰綠衣分草色紅雨散花身十索歌應續雙鬟畫逼眞影梅庵裏樹綽約此丰神

東山寺展僞吳王張士誠像

遺像猶思返故鄉（舊傳此像在吳門夜託夢吳人欲歸故鄉因趁糧艘載歸吳陵）鬚眉如此尙堂堂青葱草樹環祠宇不似西風茱葉黃

粉黛依然列士嬪（旁塑女像數人）齊雲樓上綺羅身如何不塑潘元紹忠義從教失此人

海安鎮

市岸多楊柳沿途長綠蕪汪洋東海近寂寞古城無（舊有土城今圮）水宿鄰魚肆風懷問酒壚卬須思我友東道每招呼

宿提鶴庵

信宿荒庵住匡牀與佛隣佛龕燈似雪獨照客中身

小除夕和程秋樵原韻

入海從渠嘆渺漫忽驚窗外玉成團孤吟妄作千秋想一雪又生三日寒敢歲客添新氣象滿談時着古衣冠貧家自有屠蘇酒何事胸中五嶽蟠

雪月

雪月爭輝各逞强中庭難與判低昂只愁天外晨鐘動二者何堪見太陽

乙酉

題清澈道人畫蘭

筆端風韻寫珊珊瘦石疏花不等閒聞道蘭亭賺蕭翼竟教香夢落人間（道人有畫冊一時名公題詠甚富近爲好事者賺去）

聽程丈少眉話滇南蜀中諸山水

身行萬里一行縢此會高談酒似澠對客每誇塗歷歷多君猶是骨棱棱天梯石棧風波惡醜樹蠻山眼界增莫說壯游換酣卧一龕輸與白頭僧

宅旁有古鐘一相傳爲南唐時物沉埋於荒榛零瓦之間不鳴不躍其將以此終乎感而賦之得三百字

托跡爭高阜鐘居屋右廂結鄰君已久賦物我何妨攷据圖經失叢殘志蔡荒言將出東野鑄本自南唐開國稱昇保（昇元保大）移宮處讓皇（陸書昇元二年改潤州讓治爲丹陽宮無遷居海陵事馬書六年遷皇子孫于海陵號永寧宮）山河雖播越榱桷自輝煌時有千人監旋遭百口殃飛樓摧瓦礫遺跡感滄桑淚擬銅仙滴盟疑鐵券忘世徒搜寶鼎沙已蝕沉槍銚離埋于鋍風霜壁堵墻藤花垂纂蘇桑蔭被蒼蒼（傍有女桑一株紫藤）一樹一空洞如盂覆剛中得坎方雷回原有象日月本難詳陋巷精英閟虛衷磬欬藏頻年（闕）雉伏百斛想龍驤不作鼉鳴岸居然鳳在岡土花繡欒銑日影射青黃埊記千夫儻昇應萬手傴（某年）

里中好事者欲豎之祟神祠內衆力莫舉其事中輟戴碑羞贔屭擘臂笑螳螂爾衆誠何濟神丁下取將根深通地脉力出鬭雷硠嘉慶六年夏夜雷大振古桑忽斷而鐘無恙僻可容狐兎奇非役鬼倀有形看隱現餘響發宮商鄰人言夜有鬼物憑之亦或有鼓吹發于其中余皆弗睹弗聞也鏜鎝誰能聽飛騰似未遑五音噉發簴九乳貢巖廊幾輩鳴東序何人達上庠巨筳空搏拊邇日倘菰蔣甘受兒童忤見童每跨鐘紐上時爲里閈光我來嘗下拜百感竟茫茫

乳虎

乳虎出山纔善走磨牙敢與老虎鬭虎老且病似可欺得此便將長百獸老虎病羸氣則大音唾威名豈爲乳虎挫據地一聲山骨驚乳虎掉頭膽已破掉頭奔入山南穴追者直前伺其出洞門踞坐恣咆哮乳虎因之悔計失吁嗟乳虎乳虎爾何爲少安毋躁休傷悲即當老病一朝斃女當終霸南山陲

小西湖荷花未開偶作

向晚湖光瀲灩開草堂圯後長莓苔中流祇有田田葉三十六鷗空復來

詩龕小葺問如何何似虹橋載酒過一樣鬢絲禪榻意桃花庵外雨聲多

舟行即事

岸岐西去江行路攤飯篷窗傍午天獨怪村尨忙底事狺狺同吠往來船

村媪盈盈十五餘野花插鬢葛裁襦可堪兩足如霜白一字横排踏水車

客有閒情沽酒市行無多路見漁罾萬竿大竹千梨樹如此江鄉到未曾

出口瑽琤響怒瀧青山鬱鬱入船窗榜歌最愛吳歈軟忘却風波過大江

中秋夜泛舟泰淮

碧空如洗月當湖客裏追歡破寂寥援擾鬧中還射策迢迢天上已吹簫清游定許成千古此水曾經閱六朝明日挂帆江上去好風吹渡白門橋

三宿巖相傳爲虞忠肅頓軍之地攷忠肅與金人兩戰皆捷一在采石一在瓜州雖相距不遠實不知何時宿此也求壁上碑誌不得矣作詩弔古

高者爲陵低者谷昔日火龍翻地軸峼峗石罅有誰來寺僧閒話虞忠肅淛臉官家政不綱絳旗强寇何披猖戈鋋戰艦蔽江下軍容百萬疇能當公銜朝命飈然至顯忠未來王權昝挂甲何堪效疾驅拊循將士知忠義忠義能教衆志同捷書飛上甘泉宮遐齡不減岳忠武猜忌羞如張魏公嗚乎曲端已殺吳璘死誰爲朝廷雪大耻和尙原與仙霞關數十年來捷止此此捷中原不可無勞勞軍國紆良圖東望瓜州西采石此間三宿何爲乎尋公手蹟不可得舉頭一片青山色夕陽影裏話前朝弔古茫茫百憂集仁人君子消磨盡公道人心尙平允後進羞聞梁克家路人誰識蕭之敏

舟中長年病劇自下關張帆復至水西門換船

一笑居然說路窮回帆鼓叉打匆匆幾人伸脚眈高卧此會開
頭是順風得酒不堪嫌酒薄探囊無奈嘆囊空篷窗雋語誰相
慰幸有詩人陸放翁海庵購得陸劍南詩一部舟中展閱竟日

與秋樵小松沙嘴夜坐

天氣微然水氣清沿途刁斗上巡兵築隄渾欲分江勢促膝時
來看月明萬里峨峨直到海三更燈火最多情魚龍夜靜應安
睡何物中流搏擊聲

枕上

摩挲鬢髮已鬅鬙枕上敲詩感喟增天許蟲聲成萬籟月穿窗
紙過三棱畫眉術竟忘深淺閱世情宜絕愛憎落得一龕清淨
業頭銜應署在家僧

秋夜

一年一度見花黃嬾向籬邊進一觴老矣英雄生髀肉悲哉秋
氣到衣裳荒雞叫夜天難曉倦馬嘶風路正長況有故人歸未
得今宵夢擬落河梁
番番落葉聽無聲珠斗闌干夜氣清漸覺霜華上毛髮何容風
漢得科名脉頭綠蟻三升釅天外秋鴻一字攅但得稻粱足衣
食山南我便學躬耕

揚州北郭口占

淮南落木已紛紛客邸悲歌酒易醺傍晚出來尋古蹟夕陽紅
上葉公墳

冬日與程文伯紹昌游鐵佛寺

出郭二三里朋來共扣關斜陽纔墮水落葉欲塡山煨芋僧何
處騎驢人自還揚州烟月地難得此身閒

游建隆寺

清晨來作招提游當門百鳥鳴啁啾霜氣凛冽尚在瓦寒光逼
近千佛頭寺僧迓客行蹴蹙頸如蝟縮身披裘持湯與客解寒
氣雪花薄點鷓鴣既言次扣僧寺刱始僧若不解言輈輈起披
松柏拂苔蘚廊陰殿角窮探搜宋藝祖昔此駐蹕儆車直指當
城樓卧榻之前莫鼾睡犯鋒豈肯身輕投御營與此遠相望琳
宮紺宇成荒邱吾知此寺屬重建建隆年號依然留不然屆蹕
亦有趙學究何無單文隻字碑誌供搜求火輪聧天不復見浮
雲薇日時油油陰風撼樹怪鵄叫窮冬將逼吾迴舟太歲在乙
月在子大書僧壁成長謳後有作者此觀覽賓之何必非琳璆

鄰人送柴

西鄰有隙地居人乃學圃雨雪土膏挼蘿麼茁釵股晨起聽敲
門分餉遺筐筥柴把倘許叨居然咏老杜不知庾郎貧食韭頗
不苦十錢市一束厨烟已煦煦摽使出大門敬謝作溫語東家
有衰翁西舍有病姥溼薪不得炊餅釜無宿所嘆息身在牀惆
悵日暮年何不日送之周卹情縷縷獲此作珍羞沾溉到兒女
我思微生高乞醯愧轉子何如爾徑達歡聲洽衡宇朱門厭粱
肉山邱亦朽腐胡椒八百石餽遺充棟廡何曾日萬錢匕箸無
可取朱异太吝嗇子姪不分與棄置數十車溝中賤如土矣似

此菜把物微情則巨，施者與受者誼頗不違古。一笑作新詩，餘情復栩栩。

遂悔庵郊游兼柬田少泉

年年此會例閒行，着屐荒原聽葉聲。貧裏光陰多草率，冬來風日幾晴明。林泉約與君同往，面目從知爾尚生。悔庵有終年不出渾疑死之句正好羊羔買新市，歸途聊鬪酒縱橫。

芒鞵曾冒鍾山雨，石馬同騎吏部墳。儲紫墟先生墓在西郊三四里外，予與少泉同往以酒酹之。各據一石，馬縱談半日而還。君有門生能作伴，我如秋雁必呼羣。一邱一壑披烟得，黄葉黄花出郭分。莫把此游等閒看，後來佳話定傳聞。

徐小隱升堂以諸葛菜排律見示，余即用其原韻作歌

大名宇宙無時無，嘉蔬何以名同敷？處處爲遠志，出小草蔓菁六利形華敷。軍中樹藝免朝饉，軍師來作田園夫。屯田渭上作長計，此菜應當軍糧儲。紫莖綠葉廣佈置，木牛流馬同時輸。三軍果腹無此色，是如甘薺非苦荼。千里羹末下鹽豉，思蓴不與江東鱸等。閒瓜朋與蒜友，配合亦當飛軍符。吾憶此菜與公同所歷，棄筏亦渡五月瀘。不然南荒本爲不毛地，馬王之種何以徧地同筍蒲。滇南呼諸葛菜爲馬王菜見蠻溪叢笑南人不反威獨懾，奇才嘆賞名非誣。所惜北伐志不遂，功成未見歌碩膚。倘使出師竟奏捷，修文偃武陳頁謨。田家月令供葵菽，農夫餘利羅瓜壺。稼穡艱難諷孺子，漢家亦有豳風圖。元公之業公可繼，伊吕伯仲何慚乎？臨蘂百世必可用，措施畧與調羹如。而乃智勇爭不得，予手拮据口卒瘏，亘天忽見大星隕。一時草木同悲呼，昔年上表語甚悃。薄田遺子留成都，湑湑之葉上垂蔭，柔桑八百同根株。歸耕有願不可得，吟梁甫日悲其徂。定軍山前禁樵採，彼艾艾者非其徒。我歌此菜作餘想，猶與魚復之石同恨東吞吳。一名一物俱愛惜，豈獨廟前老柏歌扶疏。

李竹齋招食鹿脯醉而作歌

昔偕舊雨飛瑤觴，充庖餉我生黄麞。前年冬友人招食黄麞今與李侯斟醽醁，折簡招我食野鹿。野鹿黄麞何以俱，食我耳後生風鼻出火。虎頭燕頷人自奇，火色鳶肩我亦頗。雪花夜半大如席，將軍射獵陰山側。我獨何爲處牖下，牛欄雞柵紛相逼。食君之食感君義，不飲何爲徒嘅唱。樽前炰炙近豪奢，況有左殺兼右胾。君

勸酒，我作歌，君款曲，我婆娑。君撡鐵綽板，我飲金叵羅。江河東去無迴波，日月西匿如急梭。黄麞黄麞昔則那，野鹿野鹿今如何？吁嗟乎，野鹿黄麞如爾何！

聽三峯園主人彈琴

蛇腹冰紋一遇之，弦間古調耐尋思。將軍號令風沙路，忘是園爐中酒時。

一片爬沙巨蟹聲，無端金鐵響錚錚。斯人不出非無識，冰雪如山不可行。

小除夕懷秋樵客汝陰

去年小除夕，作詩寄程六。程六今秋亳州去，歸途未轉車中轂。作詩欲寄無所寄，山房獨自斟醽醁。昨日有客江上歸，道汝病

嫣形尩羸此日桃符倅鬼換新版必將驅逐山南匪山南鬼去
汝則起老親白髮相依倚雪消山郭漸洽洽何日歸舟渡邗水
春風一轉百卉胎水關橋下波生萏程六程六歸去來室中有
書一千卷有酒三百盃擬招田郎（少泉）來于鬣悔庵性情適僞
無疑猜相思一夜梅花開

除夕偶成

索逋索逋人到門主人不覺顏色温顏色極温口難語欲語不
語心獨苦昌黎枉作送窮文結柳縛草徒紛紛鬼有所歸定能
止明年待汝江之涘
有酒有酒盈一斗堂上喧呶祝壽耇惹得慈親開笑口抵過黃
金印懸肘歡場三萬六千回沙邱未返昆明灰人生行樂苦不
早世上彭佺幾回老
爆竹爆竹聲轆轤祥光讋見生茅屋誰請終南進士至肰貌獰
猛來啟事公曰捷徑山南有吾曰不如且飲酒酒醉一覺凌苕
烟功名富貴須來年

伯山詩鈔望雲集卷三

泰州康發祥瑞伯

丙戌

漁隱圖爲金雪舫題

三十六湖水其中多釣徒斜陽上客笛秋水長菰蒲之子足高
詠前村有酒鑪撈蝦兼放鳧何日與吾俱

郊行

禁食清明一瞬中郊游人逐紙錢風兒童誤認儵魚子爭向橋
頭捉活東

十五咸全韻

紅絲研歌爲高丈省存作即用曹艮甫（楙堅）題三峯園圖

余生嗜古心貪饞如嘗異味分酸醎先生有研誠非凡來覲時
與湯悔庵（謂悔庵）唐詢研譜言詁諵蘇耶裒玉披松杉開山有力
如孱巖裹糧而往心至誠何來山賊形偪儳趦趄猴猱疑鷲颿
拏舟不涉洮河巉禹貢怪石青州巖（胡朏明禹貢錐指鉛松怪石注云今青州黑山紅絲石紅黃相參文如林木或如月暈如山峯如雲霞如花卉今取以爲研金吉甫云）斷根斷脉揮長鑱踏
天細割雲容彭雲中驚落狻與毚載歸不啻聲璧玲獻玉豈受
刖足讒贋淸試扣聲渢渢鸜之鴿之微波面紅黃錯雜絲再纖
爲最爲刷如張幔厚寸徑尺盛木械髹漆那用琉璃嵌摩挲十
指時摻摻靃靉霧凇露書籤（硯譜云此石覆之以匣經夜郎其氣蒸溼著于匣中有如雨露）
先生膏腴田就蘄此田終古相扶攙外有一石險符劖（外有一青石一背鐫險符經一通）中空外凸殊巉巖先生不畏研癖詬時閒舊洞卧石巉

舊洞爲大石擁猶如石闕口中嘹問津不獲揚輕帆我來幾覩捹人不得復入
如深岳朱詩夢研掃筆尖朱竹垞有夢研詩爲汪蛟門作左筆右墨成史監大
書兩字時相緘亟宜署之中書銜

病足

匾足終朝若不伸藥罏時伴苦吟身美人倘見休輕笑我亦東
鄰躄躠人

一笑山房學養痾趑趄我脚竟如何受他床下梁松拜詆毀何
妨後輩多

讀平夏錄書後錄記明玉珍據蜀及其子昇納欵事

纔花犵鳥亂烟塵已梏遐方貳負臣不是勝朝能用武從來劍
閣揔無人勢窮每恃譙周表國蹙誰憐望帝身何日騎驢逢細
雨壯游來看太平民

秋稼將成湖水忽至感而賦之

河伯無靈致水災平疇千里浪成堆徒誇天市三霄廻誰塞宣
房萬福來罄販難蘇牛犢命流離忍聽雁鴻哀備荒我豈抒長
策獨向斜陽立一回

一庭

晝下君平七尺簾著書何惜筆頻拈日行南去光陰短河決東
來米價添半世塤篪兄弟叶一庭花草雨風兼連朝更學尊章
事時將爲諸兒娶婦從此癡聾定不嫌

秋夜偶成

鼎鼎年華過迢迢夜景延有心成短夢無賴是秋天喧枕蟲鳴
砌銜書鼠攪眠寸衷多少事輾側亦茫然

今年書大水海國氣懨殘欲鍊風霜骨翻成兒女心有懷同概
馬拳足笑林禽衾角涼如水悠悠短榻吟

秋齋四詠

促織

中庭有樹桂下有幽蘭叢促織鳴其間衆口時于喁禦寒倘有
賴丈疋輸巴賨金風氣漸肅欻忽心忡忡高門有弱女生長綺
羅中錦衾戲蛺蝶繡褉盤雙龍但知花樣新不辨來何從下此
苧蘿賤那比桃花穠篝燈不預織何以施鍼縫似爾有古諳苦
口驚疎慵叨叨復絮絮相思愁殺儂

蜘蛛

占我屋西角羅網成須臾小蟲足經緯厥名曰䵷鼅嗟嗟絡新
婦辛苦歎卒瘏牽絲自朝夕不用金踟躇猛豈類蝎虎請或同
蟓蛄花稍竹逕中結搆原區區夜來風雨急三徑雲模糊傾壞
所不免補葺尤勤劬事巧反成拙心勞毋乃迂不如壁上蝸入
殼渾無虞蠻氏與觸氏角上方馳驅

雞冠花

丈夫岸簪幘翠羽形葳蕤矗立風露中猶如衛足葵秋花各自
媚炯爛方及時矯矯爾獨異不欲爭妍媸荒雞聲四起膈膊獻
所司此竟無惡聲能自安塒時千言縱千合不如守一雌縈霜
中夜降枝葉時離披骯髒不可奪炫此殷紅姿不飲亦不啄豈
不渴與飢降階吾與語習習西風吹

老少年

階前明頳霞檻外翻雌霓五色成文章韎韐歌有艳誰翦葉作花艷絕當門植須知白帝心作此無餘力豈真九還丹鍊就深秋色蝴蝶傍階飛冷眼似相識知爾入世姿闇然媚朝夕衰朽一轉瞬何處旋宵澤朱顏不常好耐久誠難得豈若歲寒姿天然去雕飾青青澗底松鬱鬱山頭柏

但覺

晷彴星河耿耿明夜闌無語感平生不忘友誼如山重但覺年華似水成酒醒事驚彈指過宵寒衣忽上身輕山妻刀尺清燈影幾日裝棉熨貼平

八月十四夜偶成

中酒心情强自持匡牀坐到鳥歸時高空一片光明月雲去雲來總不知

述懷二首

輸人足跡幾千里老我形骸卅九秋眯目塵應飛滾滾驚心歲已去悠悠此間田地成皴窟世上科名悟蜃樓欲把犁鋤事園圃幾番液雨屋西頭

嚴冬轉瞬又相催誰作新詩記踏災仕隱從無中立法安危須仗出羣才野人建議成何用稚子啼飢信可哀寄語蒼生莫惆悵曾看江左謝安來

邗江道中即事

數月不出門去去邗江道游子帶霜起驪車破清曉田園苦大

水僕夫出於潦秋稼惜未成鹿𡏖跡如帚蓺麥時作花卧田亦稀少何來三五輩形色劇枯槁攔車前致詞哀哀近餓莩傾囊得百錢不足供一飽吾儕濟何事行惠亦草草頫首向前涂朝陽上清篠

贈盧葵生 棟

今年兩涉邗溝水每到盧鴻舊草堂昔日知交都穆穆近來天氣已蒼蒼風吹江上芙蓉老秋到淮南桂樹香擬向竹林求畫稿知君聲價重璆琅

悔庵齋中食蟹感賦

貧交原有味公子却無腸晚食呼朋友秋風少稻粱盤中具螯足此外尚流亡漫說同歡笑艱虞故未忘

湖水微縮近郭居民漸復舊所

遠水初歸壑居民始有家驚魂挈兒女撲面尚風沙暑似營巢燕情如反哺鴉勸災胥吏至好語莫喧譁

初冬野望

霜信連朝着意催衝風鳥翼與徘徊城頭落葉有時盡樹裏好山無數來寒日生機應暫歇出郊望眼豈慵開回頭忍看沮洳地巨浪洶洶尚作堆

十二月十一日獨步庭中月色如水時曹艮甫匆匆回里驅車陸行作詩憶之

歲逼窮冬百感生風凄街柝欲三更搏沙放手零星散好月當頭澂灩明滅燭下階看竹影驅車前路裂冰聲遥歸定慰高堂

望爲爾迢迢數去程

丁亥

無題四首

西京重經術所取多鴻儒徐樂嚴安輩挾策嚴廊抒經濟非無效建白皆良謨煌煌天人策大義陳江都禮賢下士朝館金馬石渠及其受摧辱或難全其軀小辱亦可恥擊缻歌驪駒東京至末季士漸求元虛俗尙近浮薄勢利成歧趨不爲劉公幹即爲華子魚

所謂循吏者爲國有至計撫字稱賢良拊循察凋瘵數百里諸侯今之刺史位軺車按部時民社悉攸寄禮樂及兵農所建何弗至何以報最者案牘僅無滯名剌到田翁讌飲及市儈馬牛

而襟裾無乃忘所事蒼鷹與乳虎昔不避權貴酷吏自强項何爲行骫骳　聖主重民瘼爾乃太游戲究之靖長官何莫非能吏

昔有孔大夫牢盆謹籌笇垂爲萬世利鈦趾禁私販鹽井與鹽池所産誠浩汗通計天下勢兩淮已過半煮煎與捆載資運賴無患何以民力殫亭戸亦騷嘆大憲持節至雙旌壯巡按行見民商蘇風義必侃侃清蔭竟無事高卧延賓館

劉勰成雕龍就質似販負蔡邕賦靈光絶筆王延壽古人貴虛心不敢急求售今人特斂妙藁脫不脛走一字半解得義例極紛糅箸僎方在前訾議已在後要之訾議者又啟後人口擬向三家村狂歌扣瓦缶與其鍼膏肓何如愼墨守

詩教

詩教從今太不振何堪大雅盡沉淪尚將忠厚留遺澤漸覺猜疑到古人老樹槎枒皆脫葉寒蟲辛苦替搖脣羣鶯出谷蘭者美知否春風着物溫

悔庵以六臣注文選貺兒子衔卽以陋軒詩集報之并係以詩

杜陵野老昔詩史生平熟精文選理當年詔試有文字獻賦乃成三大禮字奇語重異堆垛研京鍊都費姬美草堂稱詩見忠欵浮詞擺脫似糠秕上薄風騷該沈宋氣壓曹劉奪蘇李漢魏齊梁變風氣吐納自爾得神髓出不以此入以此小儒那得知端委感君舉此作佳貺百朋之錫到小子鉤弋注綃重六臣士

不識字誠可恥問字還就子雲居報瓊定與李桃似許田易璧不相同銅劍易研差堪擬先生近詣最淸澈九臯之鶴鳴淸水昔賢遙接杜少陵詩人近比吳嘉紀甌生之言非阿好文章意氣誇翔里癡頑小子爾何知定聞子言瞿然起

戊子

陳掖亭奉綸郎席贈詩次韻荅之

詩才如將畧奪人聲在先酒客比勇士突出應無前手拓兩石弓霹靂聞驚弦胷羅萬卷書出語能鉤元豈若剽竊士掇拾誠可憐靜坐得其理輒廢終夜眠古人有精氣著作非浪傳文章與功業在在垂陳篇訓詁本小學兼及蟲魚箋蛟龍方共變金石同其堅洪河一貫注斷潦稍潺湲陳君抱奇質萬選呈青錢

百家及諸子捫腹無不嗔飢軀事奔走未快驊騮鞭門祚忽中落獨立心茫然古宅在深巷今值鄉閭旋投詩到蓬蓽度歲時流連我家無長物子敬餘青氈四十已過一莽莽非青年杉株一同頹慚爾蘭茁妍豈有村舍女退謝姑射仙詩酒作高會庶免心熬煎折簡招孳彥蕣子來軒軒中庭有嘉樹得氣成青烟松間列茶鼎埽雪鳴春泉諸君發高詠腹笥何便便伯玉嘗碎琴市人驚狂顛出語殊雋妙通倪排當筵相期甚遠大勿囿壺中天

初四日晴

積雪久淋漓晴雲忽霿靆窗紙漏日光一室盡皚皚蚤起城南北行舟聲欵乃因知橋東頭定有鮮魚買中庭兩樹梅輕紅舒蓓蕾

高庵招飲用強韻作詩索和酒次奉畣

高庵學自能陶鑄青衿佻達羞子丰志氣每見自標置果然防意如城埔昨已明經貢大學海流浩瀚觀辟靂立品實非濫竽比和聲大可賡笙鏞府檄未捧似有待底須慽慽苦無悰置酒時不忘故舊意氣感爾春醪釀去年歲杪忽大雪五六七日猶霿淞晨起飄覺食指動不圖分得茅容供翻書引睡莫兀兀到門同伴來跫跫石銚得火如過雨樹冰墮地非緣飈圭璋特達善期許何時得配璜與琮一椽花枝有底別時人爭道長安穠循吏文苑姑勿論樽前且食非臭蓏我擬乞爾作圖畫筆罌有似金陵龔（龔半千）我詩四日已數首豪情欲得抄書傭

偶成

宦海風濤願每虛田園好待賦歸歟文淵甘被明珠謗無福能消下澤車

晏嬰

晏嬰古哲士風儀何俊爽緬昔欒高亂四族召不往端委立虎門有識亦有養君子與小人世亂樹朋黨殺人而媚人所見何不廣不驕亦不諂天地最蒼莽久敬乃全交獨得宣尼賞

讀新五代史書後

春秋以後完書少賀擅三長此獨堪自古才人說歐九當年天子有朱三嚴明或逐新安學體例眞如太史談何事吳郎爲糾繆（宋吳縝著有五代史纂誤新唐書糾繆）一時遺誤好同參

題鍾馗嫁妹圖

易象判陰陽人世重匹配兌下而震上於卦得歸妹男昏與女嫁其吉實可逆從期若有人未免父母懟終南有進士天寶科名最故山誇捷徑聲勢軼儕輩有子托門楣其增必稱快爲讀古昏禮施衿且結帨輕雷車兩過白雨鼓聲擂朱陳嫁娶圖光輝增十倍乃兄頗盼雄自負桓桓槩誰言丈夫心不作兒女態車中坐新婦着意施粉黛桃夭好賦詩宜家誠有賴切莫驕夫家獨恃乃兄貴

湯悔庵西城觀落日圖屬題即次元韻

西城薄暮天蒼茫城頭吹角風烟狂東方上月西落日頓教世界殊炎涼兩丸跳躍不相及睽孤豈獨參與商搆湯緬古發倘

肅長歌首唱聲琅琅地下有人呼不起當年朝列紛冠裳今日古日本無兩前賢後賢徒悲傷有山便登屐同着三萬六千排歡場古人成就在晚節達者高驕來平闘世事從渠昧黑白雲光射地成青黃橋頭酒肆可買醉缸面發潑寒梅香淸斯濯纓濁斯足小西湖水同滄浪上天入地不暫息撫掌大笑跛烏忙

贈友人句且告以近狀

連日集壁塢吾身苦縛束甘爲籬鷄栖未與賓鴻逐世事祇退避糜爛太倉粟顏臞昔有言晚食以當肉飢腸轉殷雷飯若石下谷耽耽無敢視逐逐何所欲新詩到蓬蓽瓦礫煥珠玉君爲阮嗣宗臧否絕凡俗良友好相羊瘦詞異獨鹿壯哉石鼎句壓倒劉師服我鄉正喧閧所見非一族造門轄可投聚談膝可促

大弨不受檠弦直奈弓曲側身天地內俯仰究奚屬面皴等僮老眼靑誰睇矚翻覆有雨雲喧鬪辨琴筑君心本靜者近事且三復散若鷹韝脫聚似花團簇濃如酒在蕩淡比風吹縠所期所弛士知足便不辱安知我非魚妙語思濠濮去年湖水至生計歎日蹙今聞近郭田二麥登塲熟力穡望有秋嘗稻散芳馥屋梁落月邊海角停雲矗古誼若雷陳論文探星宿我倚似蛩蛩彼闢任蠻觸跫然空谷音勿斬此邦足梅雨尙滿天挂帆且莫速

六月十八日邗江道中紀事

輕衫觸熱行泉午轍不息同伴八兩三驅車行得得此行實何事逆戔笑雞肋前至廖家溝大雨翻盆急橋南有茅屋避雨竹間匿闖然入室來曾不主人識兒女共雞犬雜沓處堂闘供客爲煮茶覗此眞樂國溫語略相接不覺日已昃霎時雨少休屋角斜陽艷倉猝別主去邁往無慳惑不肯臨河返自恃强有力程家有小阮相伴不孤特同行者多回車程小松獨從忠余偕往道上無源水汩汩來相逼小車不得前泥壅立如埴請君下徒步不獲車中式沿途沙礫多觸處足指剮大田蘆秫長中間徑偪仄竊恐挽車人乘危作盜賊風水忽相遭舊友時我郎王利川莊堂昆仲兩車相輔行恰好驂之靳蟚蟚負駏驉俄頃不離側深溪忽前橫泚不辨南北土人更予誑減頂深不測進退兩不可此時情孔亟壯哉兩輿夫捷足踰溝克相負登彼岸幸未致顛躓望望天如漆又見雨脚直落日已啣山溪雲盡翻墨村落少人蹤四野皆昏黑

轟豗列鈌來照水電不熄喧騰雨翻背瀑布走衣襋幾使筋骨折不獨行裝溼四人相偎倚水深不可立距城尙五里計時已亥刻程君本豪放時危亦垂泣心急路更遙恨不生羽翼雨歇青前行足痛纔匍匐約略三更盡旅店敲門及輿儓販夫輩形狀近鬼蜮牀牀惡睡中而我側身入枵腹似雷鳴飢腸安得食瞻顧同伴友不復有人色行路竟如此天跼復地蹐此事一回首未免心悽惻作詩記苦辛豈復文辭飾

江行幾殆收帆至斷腰港泊

我身本如寄一月兩乘險江行飽帆腹覆舟幾不免自分此番休何爲機又轉收帆至斷港聊且息殘喘野竈烹江泉茶鼎碧莽身不蛟龍得力復前途勉莞爾獨人笑一笑吟髭撚

讀晦菴自編詩稾贈詩

九門寒氣送未盡清歡主人來賦詩篋裡長言因自贈山中何物表相思功名不惜與風漢好句終當付雪兒一卷新詞一壺酒令人坐到月斜時

乞言不易贈言難古調悄悄獨自彈遮眼文書原不少側身天地亦何寬梅花有信春山活疎雨無聲小閣寒坡老放翁俱不死今人要作古人看

羡爾本非寒薄相自甘身在寂寥中時將達語齊蒙叟誰解離騷是變風樽酒不妨隨意綠好花或是過時紅掀髯一笑成何事地北天南一箇鴻

谷關樽前自在身好憑詩骨說嶙峋工夫要驗爐邊火名利難爲地下人自古衣冠同蟻蝨是誰圖畫上麒麟生天成佛原無着此集公然有萬春

讀吳匯軒詩集

瀕海荒寒處天風浩蕩來不知詩意苦但聽鶴聲哀斥鹵盤清氣乾坤老逸才謝翱晞髮集如見哭西臺

渡口即事

荻花兩岸晚蕭蕭待渡人歸晝意饒樹葉墮餘知鳥踏浪紋圓處指魚跳危橋水壞無三板衰柳風摧斷幾條我豈鹿門賦高隱也將身事作漁樵

偶題坡公詩集後

一條界破青山色此語看來不甚訛公與徐凝如有怨惡詩何事每嘲他

將軍口腹原無負鄙士葫蘆且爛蒸公嗜花豬兼竹鼬雞豚何獨笑何曾

觀女妓走馬緣橦走索諸雜劇

竿木逢場雜劇多回旋舞罷柘枝歌飛仙或丐師孫博小妹何須說李波鎖骨弓腰繩倒曳豐貂盛鬋馬𩥇駝眼花亂後黄金賤此是銷金别一窩

題黃瘦瓢畫

瘦瓢畫人物如書嶂窠字吳帶與曹衣俱有凌雲勢瘦瓢作草書如畫古山水斜整復凹凸懷素弗能擬昔從七閩至作畫滿江南真力透紙背墨瀋何淵涵我家有小幀一漁獨垂釣荒荒烟霧中葭菼亦超妙更有一幅奇枯藤雜古木新篁細草生叢茸衛其足巨細與生枯着想得未曾天趣所到處畫師能不能

題張寶崖畫

蹲獅伏虎形耽耽峯巒奇醜非江南數峯凹處存精藍深徑回抱天梯倚流水不停雲又起一僧枯坐萬松裏

伯山詩鈔

伯山詩鈔　望雲集卷四

泰州康發祥瑞伯

己丑

元旦試筆

檐前鵲噪年華換曉起焚香晝不譁從此編排作功課關心第一到梅花

昨日庭前酒滿樽居然爐火隔宵溫天明賀客來何早還讓東風先入門是日立春

雙兒患痘甚劇口占

年來心計困齏鹽兒女重重累不嫌畢竟艱辛何所得幾莖白髮爲他添

寒衾依鐵何曾睡長夜如年曙獨難知否阿爺燈下立扶牀不止百回看

登岳墩觀忠武王手書石刻

錢唐岳墓足千古高宗手勅何修嫭軍令應偕韓世忠書法已開趙孟頫將臣獨有忠武王功勛更邁吳與張河南生長河北戰軍營古汴黃雲黃王之威名在天下王之戰功多在野安撫曾來鎮泰州尺書留此尤淵雅一坏土起城西角荒碑摻剔菭花剝名將猶思許虎侯石刻言魏許褚事金人不鑄秦長脚山椒日落陰廊黑古石嵌空徑三尺油然其光黝然黑縱有風霜蝕不得我讀王書歎觀止遒武遒文竟若此武功得力宗留守文事相傳者誰子君不見石中波磔具神奇草隸二體蟠蛟螭王之聖

叨本天縱揮戈執筆皆能宜斜陽影裡摩挲久弔古蒼茫百感
有小朝廷已沒多時此碑永與山靈守吁嗟乎禦侮提師賴重
臣尺書想見墨痕新續貂數語顏應汗尙有當年王孟津（後有王鐸）
一跋

舟行即事

小船銜尾大船縴船到灣頭作魚貫風逆潮平盡落帆桅上夕陽紅一半半日未到揚州城饑腸欲飯如雷鳴艙中竈濕炊不起或斷或續聞櫓聲心急舟遲坐相守攜錢抱甕且沽酒酒店參差多綠楊楊花吹落店門口

自邗上歸後偶得十絕句

揚州芍藥無雙品淺碧深紅大有情三五日前記相訪余家園子上簾旌

離家半月今何有新竹娟娟出屋纔待得雨餘舒盡葉要分清影上堂階

歸來不見沈夫子（謂沈芍園）何日山窗得共談遙憶九雲書屋裡綠陰如許徑三三

百錢買得羊毛筆製自名工張德山歸與湯家兩兒子阿翁時正搨碑還（晦庵時從岳墩搨忠武王石刻同）

友人新自杭州返山水清談最好聽客去關門足高卧耳邊風水尙泠泠

名茶贈我小團月來試花前百沸湯可笑詩人太無賴惠山泉恨未曾嘗

書如獺祭字如蜂有客新詩送到儂讀未終篇渾睡着旁人未免笑踈慵

今年庭下新栽藕纔得荷錢長半盆妬煞南鄰荷葉大如盆早見兩三根

一庭佳樹濃陰長梅樹東偏有竹梢欲拓三弓無可拓恨無隙地種芭蕉

題王左亭（補）匏尊老屋圖

城北詩人居深巷數間屋昔日屢播遷近時具畚搨此間得息影斯人即跧伏列座長物無舊姓匏尊畜質果枵然大形異繚而曲非漆智伯頭已斷夔蚿足綴若刑天臍深比腎半日如編縮其頸如豕漲其腹鏗若槃敲銅轉若罌渡木量疑豆四升容

遜鬲五㲉不類鼎耳贋詎忠餅眉甓若使一身挈自可兩手掬其色極斑駁其光亦黝沃尊豈黃目上脣不白金鋈荒榛斷梗間古質幽芳獨天然去雕飾土花卻青綠十數世共守百餘年相續儼然宗器存恪爾明禋肅清明每祭野飲酒時聚族可以佐豆籩即此盛醽醁倏忽分聚散逋逃在臣僕猶如餅落井難遣鷙刻鵠廿載杖頭空一朝市上鬻不以五石名竟得百錢贖故劍喜能求奇事更相屬望蜀因得隴賣珠且還櫝（尊上有蓋時亦購得）之君無忘祖識此免失守辱用作屋廬榜永爲後昆勖作詩詩可藏得酒酒能漉壺公壺不虛醉翁醉已數或得永師瓮不障祖生簏方杜病瘦肥笑鄭爛蒸熟外示博古形中有漢書讀高隱若王通安步比顏歜笑我廁壇坫得君相徵逐打頭此屋古

怵目一尊樸典重配商周華貴薄金玉豈棄幾手腕新詩亦我趣石鼎句咨仿蒼蠅聲褻黷快哉王左亭奢矣劉師服（一作唱于康瑞偕伯子）叶韻

王左亭以舊藏女史冒宮貼梅冊子囑題宮爲海陵宮氏女子歸雉水冒氏夫死守節多年能詩善畫貼梅其絕技也

吾鄉誰數丹青手曾說黄湄女史才何似殘梅收拾起頓教生面又重開

謾道丹青女子能幾人節操凜寒冰趙家媳婦元人泒前事休提管道昇（詩有以管趙比冒宮者故及之）

夏齋雜咏

蟬聲來斷續風露吸如何廉士得君少詩人似爾多曠懷最騷屑是處有枝柯好與螳螂說花前莫捕佗（蟬）

莫謂鸎聲老依然轉不窮辭華雖半禿風調有誰同百舌徒能寂羣音恐未工庭柯如足戀飛去莫匆匆（鸎）

水已溢池塘何勞爾獨忙詩心愛青草天氣伺斜陽患久免沈竈渠難說跳梁果然清籟發羞與問宮商（蛙）

世途多錯誤失計在求安因念盆魚樂何知天地寬不須憂網罟何處作波瀾回首龍門鯉飛騰上急湍（盆魚）

池上早行

侵晨呼夢起去去入蒼烟曉露濕雙屐清陰承一肩魚游都戢戢荷葉自田田因憶城中客匡牀半熟眠

六月十八夜露坐作

近午苦炎蒸好風來傍晚幾日不多食今朝忽健飯絺衣含嫩涼明月出綏綏顛毛已半禿中庭時櫛盥半卷裝線書一付清涼散

蠛蠓嘬人血終夜不勝擾今夜風暑大去去跡如埽倏忽天邊雲西飛疾於鳥庭除滿白光星月共皎皛觀書徹宵油字畫差能了說道今夜月在天直到曉人生好光陰何爲盡草草

夜起

蝙蝠繞屋飛撲簌令人怖流螢出草際漸漸來無數心煩夜不眠彳亍下階步平旦氣最淑滿盡慴然悟檐端窺曉星竹上滴清露

西城觀落日歌疊湯悔庵元韻

我生事事何微茫眼前數子皆詩狂衝風出郭疾於鳥回翔不顧衣衫涼高庵小別少泉在千秋學業時同商昔賢此地發高唱（程霜橋京尹）一時天樂聲球琅寓公亦來贈縞紵（黄儀甫諸子）衆仙同日歌霓裳此會寥寥近百載後無作者徒悲傷公之裔孫擅文藻射雕手自誇名場（謂秋樵小松）西門亦來觀落日天風吹上黄雲岡豈圖倘欲乞董巨文酒豈復稱宮（紫元）黄（仙裳）登高作賦思一飽菜根煮雪僧厨香長歌直欲振林木側身宇宙何聊浪歌聲漸終日盡落來朝又看朝暾忙

喜舍弟自淮上歸

北風吹處一舟回依戀高堂共酒杯習氣未曾圍檮化歸期正

好及梅開詩書問世嗟吾拙薪米持家累爾才坐久不知更漏
永隆隆街柝已頻催

三十六湖擢歌

淮南曾說有明珠草木光輝岸不枯六七百年風景異秋風秋
雨長菰蒲
風味水鄉無限好瓜皮艇子一家俱船頭打槳放新鳥船後鳴
叉叉鯽魚
高郵湖裡打魚蝦指點垂楊可繫楂幾日到來秋已老不知荷
葉與荷花
久言七十二淵水水勢高高似建瓴我到湖中無一事臥吹鐵
笛與龍聽

庚寅

嘲階前豢鶴

鎩羽終朝竟不飛海雲何處忽來歸笑君清瘦渾如此不及厨
中鴨子肥

聞　王師平定回疆捷音適至喜賦用東坡集中岐亭韻

盛世見天象五緯奏相汁關外一聲笳吹散陣雲濕太陽時一
照霜雪留不得前聞方致師大將軍符急軍容盛熊虎軍聲亂
鵞鴨笑彼貴尤竊河山難久羈凱歌時一作讙聲動蒼赤競病
若詩豈獨歷元白儒生矜吏治曷勝將軍績鞀車來按部可
免道旁泣青天白日中般雷閃列缺緜蕝集諸生兩生亦脅客
太史應有言百里德星集

梅庵齋中食冷淘仍用東坡集中岐亭韻

君家食冷淘盃柈佐肉汁對客誇豪奢渴吻猶沾濕我惜爲享
匡一齧叨不得饑腸轉殷雷索飯齋厨急告彼小宰羊食我爛
蒸鴨萬事更糊塗竟日閑愁纏有子女八九保若赤子赤老丹
近八旬鬢髮鬖鬖白昂藏七尺身自岸籠頭幘府歷常棣篇豈
作豆箕泣一藝苦不成此心未免缺囑君毋多言來作說餅客
差勝秉燭遊因作圖爐集

書陳少方（晉元）生輓詩後

俞子羅塘來到門問清況即道君病起使我神忽王去年張君
歸（謂俞君仲子張君式南也）陳說病中狀醫言似不治東望益惆悵冬日操
舟去橋外衝風訪聞子尚在牀許子尚無恙叔寶本神清休日

更非歸病久肉盡脫骨立一牀上清淚滴承睚兀坐且相向我
語作慰藉其言似汝廷制淚退逡巡歸塗徒悵悵此後不可知
獨無一刻忘難得天憐才不欲斯人喪管（御名）榻一方阮孚展幾
緉塵緣果未了此物且共張君詩字字好病定乃悲愴凡人新
病起必以酒食餉君無肉食心我以卮言貺步兵荷畚鍤趙岐
作生壙古人預爲計此事原非創況子樂更生不憚大言放此
後生日詩百歲且酬倡何日買青山松下屋相傍

哭祿兒殤

聰慧如兒少思兒夜復晨懷中將爾奪地下與誰親我老霜添
鬢妻羸乳脹身果然情不斷入夢不嫌頻

聽孺江孫山人韻庭彈琴

思兒連日方悲哀抱琴忽報山人來山人彈琴有眞趣鍾伊遺
我胸懷開埽地焚香淨拭几按徘徊聲聲乍起舊調從今一埽
除不在高山不流水座客神傾目亦注山人沉吟几幾度難得
宮商合自然彈成永叔秋聲賦秋聲一賦音蕭騷庭前飲露松
風號童子開門見明月先生仰視蒼旻高山人何處得此曲蜀
隴山青湘漢綠衆耳同聽湯布喧七絃要作奇書讀一彈再彈
山出月三彈四彈林葉脫啾啾唧唧是何聲千百秋蟲指頭活
砉然忽作刀鎗鳴小醜竊弄潢池兵浩浩天風黑山壁高高斗
柄銀河横中有數聲最超妙老將悲吟戍卒吽兜鍪夜放甲解
鬃羽翛翛鳴刀入鞘又有吳姬與趙女挾瑟鳴箏帳中語秋風
秋雨無端來夜合重圍奈何許霄雲戰罷風雨馳雲時習習吹

輕颸書生夜讀聲如故童子垂頭睡不知琴聲如此發天籟能
教座客寬衣帶奇伎新翻綠綺中閑愁已付青霄外洗我今宵
醉緑醽一天風露話惺惺揮毫我作山人傳傳寫廬江孫韻庭

秋風感作

林木本一家秋風最多事穿林入葉來颯颯喧聲至摧敗刀劒
工翁張口牙利頓使枝上葉一半故根棄同根豈不思去葉渾
如醉嗟嗟風簸葉未免太游戲林木問秋風秋風爾何意

消寒四咏

亘林曾說小金城巧匠能鐫石骨成所處忽生雲冉冉敲時如
聽鐵錚錚昔遊每拾銅臺瓦舊物同歌玉帶生聞道此中無惡
歲不妨常與子孫耕　古研

匣中九子尙流傳難得隃麋一片堅研鍊曾消三百杵收藏何
止一千年磨人歲月匆匆過銘背文章字字研欲與奚超爭手
法朝朝花外采松烟　古墨

蕭森古水溢寒塘寶劒晶熒夜吐光千鐵千秋餘指爪恩讐一
片熱心腸燈前爲爾談豪俠酒後何人說戰場我擬大言頻作
賦挈來天外倚寒鋩　古劒

盛名久矣說荆關巨眼能將贋作删展閱須當好風日臨摹宜
對舊溪山裝池價値千金重攷古人消半刻閒一自桓元誇座
客不將寒具設窗間　古畫

辛卯

春早

春困連朝易放慵一時早起坐簾櫳鳥聲在水天將雨花氣如
潮夜有風睡味未闌還倚枕詩魔已到欲書空何當身置千峯
頂曾看金輪出海中

籠中雉

籠中雉來何方春融何弗山南翔而獨墮人爲低昂一雄一雌
相對將是豈區區爲稻粱爾身五色成文章甘爲人娛殊可傷
爾性耿介今忽忘爲飲啄如故常東坡鶴嘆眞嗚强呼之不
肯來中堂下階徐步神安詳雉進易退何不藏籠中雉聲淸揚
我與爾言須揣量我欲脫爾無何猶睛鼻回首天茫茫

玉鈎斜

大業記烟花轉瞬無顏色美人化朝雨不在君王側鯉魚飛上

天揚花竟無力花近阿㕑墳欲紅紅不得閃閃青燐飛傍晚天昏黑居人得玉釵耕出大隄側上有龍鳳形漠漠土花蝕

過廖家溝題壁

前歲經過此曾逢大雨渾今無瓜蔓水猶記竹間門去馬思蹶跡飛鴻驗爪痕題詩因自嘆吾舌尚能存

五月初四日薄暮齋中作

夕陽西下捲書籤似水虛堂不下簾仰視浮雲風掃淨剩憐新月兩頭纖

花枝麗穀落紅薇久坐衙齋暮不歸驀地風來來又去兩三蝙蝠掠簷飛

紀水災詩七首

車邏壩

道光十一年太歲在辛卯湖河水漲渾欲倒兵力已疲民力保六月十九日忽決馬棚灣高興寶泰下州縣田疇多在波濤間波濤洶湧斗然瀉下游一帶傾民舍員弁恐未傷禾稼來朝又放車邏壩

居奇歎

車邏壩水從西來千村萬落生悲哀長官出示要平糶囤戶轉覺心顏開細民安知指囷義直以居奇爲至計上天降災非無意豈爲汝輩生財地粳子飯糙兒粥貧家乏食妻孥哭賣兒鬻女供口腹一時剮却心頭肉彼賈彼賈心無厭平聲居奇不厭窮人憐石穀定要錢四千長官出示眞徒然

鬻牛歎

老農鬻牛織牛走農織牛如丐牽狗丐狗猶能共性命農牛不復相持守朝進北門出南門眈眈列肆屠沽存鼓刀作勢說牛瘠老農聞之聲暗吞如此肥牛賤酬值牛主惜牛情不得今朝牽向街坊走明日已爲鼎俎物吁嗟乎洪湖水至傷道左生死相依兩不可老農賣牛向牛說爾怨洪湖莫怨我

饑民蠹

饑民蠹來延延一心甘受黠狡憐蒙袂輯屨雜沓至填街咽巷恣卧眠爾蠹爾蠹身獨前掉臂直至官衙邊饑民手本胡亂遞鄉貫桃源與宿遷刺史坐堂皇給與錢百千今日纔從南關去明日北關依舊來回旋饑民蠹言便便怪爾所餐本糠覈體何

豐澤顏何妍饑民叢中一窺伺爾蠹爾蠹眞安便前具火食帳後隨流娼船爾驅饑民作牛馬饑民効力當爾先饑民蠹慾難壙心如豺虎不可言吾思爾願胡不然不願官不願仙惟願歲歲皆荒年

大風行

諸君且勿喧聽我歌大風大風起自七月廿八日自早達夜聲隆隆河伯招手河當中河魚目眩糢糊紅民人猶覺宵睡濃一落千丈苦無踪屋宇捲去如飛蓬到處恨少堅垣墉敲鉦乞命起四野其如遠近皆瞶聾或有奔逃上樹者樹拔仍入蛟龍宮負郭之地來一櫃櫃中死閉三孩童此其所見所聞者未聞未見之慘尤無窮或云此是奢侈報不知奢侈之弊到處將無同

所報在此不在彼吾欲以此排蒼穹吁嗟乎吾欲以此排蒼穹

賑廠開

賑廠開饑民來饑民久饑無氣力一時傾跌盈塵埃廠中領錢一百四飯食去錢一十二一錢便化百錢用嘆爾饑民幹甚事胥吏當門猛如虎饑民饑民心獨苦饑民來日塡溝壑胥吏今宵買歌舞

搶鹽行

揚子江頭聲震天傍匪來上饑民船饑民船上復何有有鹽能鬻靑銅錢小民何敢載鹽出時爲田禾盡漂没舴艋之船尋一隻直以此鹽作衣食我聞　國課東南饒偷爬私販懸明條饑民藉此免溝壑見者何忍罰之同私梟傍匪傍匪爾在江頭何

不樂大肉肥魚供吞嚼巨艦裝鹽有萬千此復何爲饑民虐君不見饑民被劫跪不起傍匪傲岸殊不禮旁有小兒頓足哭哭聲直上青雲裏此情此景殊動心見之不顧非人情路人僉云傍匪之鋒不可犯坐視且有京口兵吁嗟乎書生濟世苦無具斯時敢言不敢怒勸爾傍匪大肉肥魚省一筋且放饑民渡江去

過黃泥港

前程已渡金焦路又向黃泥港上過十二年中渾不覺傍風上雨這番多

舟次烏龍山口號

金陵一片斷雲遮江上黃蘆漸作花行到烏龍山脚底舟人同首望棲霞

燕子磯

危磯高不測壁立此江隈燕子自千古行人得幾回蘆花秋有信駭浪雪成堆正欲憑欄望鐘聲暝色催

薄暮游宏濟寺

渡江秋瑟瑟入寺草蕭蕭石壁自今古山風若動搖桫欏僧果賣明月客杯邀忽聽烟中語峯頭人採樵

四松庵

四松庵裏駐眺望客愁增又長近年樹難尋前度僧朝涼來古屋秋水接荒滕我欲乘風往危欄不足憑

隱仙庵

此地如堪隱安知我不仙江山更六代梅樹有千年煮茗看秋色彈琴響夜泉吟成極清賞搖落桂花烟

埽葉樓

落葉忽塡徑山僧一埽之正逢秋欲暮又到我吟詩渴思尋茶竈涼風撲鬢絲清涼山色好坐對日斜時

過仙女廟鎮

蒻燭蓬窗坐長淮東下舟仙踪最飄渺水氣亦夷猶霧鬢風鬟想霜寒木落秋荒碑看不得惆悵過橋頭

題馬貴陽江南秋色冊子

一闋春燈唱未終怪渠畫筆又能工丹青亦復推元輔由子非徒說相公

請瀘洪津畫貴陽雨般事業正堂堂最憐一片江南地剩水殘山尙竟忘

江頭秋色最茫茫短紙勞佗涉筆忙再把秋聲鬬秋蟀功名哭過賈平章

十二月十四日雪中偕湯悔庵過蘆洲觀馬墨刱作畫作詩贈之

北風吹城城欲倒城上棲烏跡如埽板橋一帶最荒寒冐雪衝泥尋馬老馬老爾健者破帽殘衫矮屋下十指如錘凍不皴胸中奇氣烟雲寫人來觀畫如堵墻揮毫對客鬚眉張誰與馬老助腕力傾囊沽酒來髯湯悶君年少誇身强彎弧躍馬輕侯王何爲老去不得志丹青餬口身倔强至今使筆如使槍每

於斌媚形堅剛得意疾書自高妙舞劍不用公孫娘吁嗟乎畫師博得將軍號內庭供奉李昭道馬老作畫能亂眞踪跡何緣雜耕釣耕釣之地得邱壑挈婦攜兒貧亦樂時看揎袖畫遙山此卽今時馬一角

壬辰

舞燈

入夜華燈一色妍六街三市舞回旋里兒衣袴從何製昨日官中領賑錢

初用眼鏡自嘲

少小人驚巖下電眼昏我悵霧中花鼻間楜楜今何有惹得妻孥一笑譁面貝從知氣血催幾沓顔影且疑猜前身或是空羣馬依舊雙瞳夾鏡來

初夏南園即事

拖展南園四月天今年時序太遷延侵人寒氣春徂夏柳脫棉時我着棉

學舍夭桃開又落浴沂亭水瀲流霞老夫避日心情改不看桃花看菜花

池邊楊柳一枝枝遮莫濃陰繫我思一種風情耐尋味絕無人處立多時

邱家園子守清貧絕好關門種菜身衆緑叢中花一朶公然茅屋有佳人

程田逵客謂少泉秋樵湯翁病謂悔庵風景何人共此行幾个黄鸝不解事花前呼友自嚶嚶

民食全無棖水荒遺骸道路日相望城中舊有開田地喜見風前大麥黄

二鼠

二鼠列庭隅靜者觀其妙一鼠率性行見人必跳躍一鼠故狡獪謹厚飾其貌一鼠饑索食索食乃鳴叫果腹輙自已飲食一無恣一鼠背人暾見人食稍稍出菓列於前似若不甚好主人生分別愛憎極顛倒一鼠絀脫頸一鼠繩施散一鼠背登樹一鼠夜入窖世事貴欺誑人心多感悼請問二鼠間君子何所教

江上

風波江上客船去又船來不及釣魚叟終朝守舊臺
大官船忽到帆掛半天中曠野少人跡鳴鉦嚇釣翁
只解行船樂不覺風濤苦小船來賣酒白浪攤錢數

白門客寓贈吳菊坡 克俊

人海蒼中識面延江山如此好題詩寓公喜對長干塔弔古來尋正學祠庾信二毛成我老鄭虔三絶得君癡兒常畫手稱無匹可許梅花贈一枝

題宋將作監主簿姜君正臣墓石

北風入踏招賢卿僧寮吹出齋厨香廡下有石皮膚皺油然其色黝然光字跡瘦硬復端整銘辭簡潔何精詳上書姓氏與官閥太岳之胄主簿姜正臣其字諱其諱海陵家世稱繁昌義聲

曾見說閭里賙恤不恡傾筐箱監書置學惠來者學人沾溉誠難忘天不勤善歎遽逝有宋嘉祐三年亡得年三十有四歲短命差似顏回殤又後五年乃安葬碑石大書特書爲置山邱傍其年英宗正踐阼逾年改元治平議禮崇濮上越今七百有餘載此石忽爾出土如沉槍徑圍九尺有咫厚三寸土花未蝕完中央只有左角石小缺耕夫剷出鍬鋤傷知爾完好非無故未經兵燹逃風霜宋季元明變陵谷爾石幸在幽宮藏因思顯晦物有數韜晦之物多壽康不然牧童敲火牛礪角刑曹繆司寇吏部儲柴墟墓碣皆茫茫獨怪志棻不能載向來珥筆多荒唐人物藝文悉艸艸簡篇往往遺賢良書姦周堯卿大篆何煌煌刊石浩繼安鐵筆誰顛頹金石之癖獨有某生平嗜古同跏煽此石昇歸置廊廡烟煤摩搨朝朝忙示我此石羅酒漿招我作歌聲琅琅卿貢史原不可攷撰文者但見秋原宿草都荒涼梓里舊聞添一則諸君得子名皆彰我歌亦作梧尾續歌成并弔髯翁湯友人湯悔庵前作此詩乃未幾歸道山故終及之

東山寺再展僞吳王張士誠像

平江城裏齊雲樓姬妾同焚樓上頭泰州城外東山寺遺像來瞻張九四九四九四出身有如朱全忠偷安更比王世充吳中庚富欲自保井蛙獨守陋囂宫一朝天日不相助天日照公不照我張謂明太祖語也嘆爾生前徒割據袍上蜘蛛結網來龕中鼪鼠銜鬚去此地西風茱葉黃英雄休說白駒場怪渠淮泗真人起何不遠作扶餘王

冬日小葺南軒吳生玉川作詩見贈走筆答之

燕子銜泥不憚勞軒窗補葺最清豪粉墻新堊誠何用領取光晶雪月高

題與立庵 屋之西偏爲普照庵南爲祠山庵與立云者謂與之並立爲三也

禪悅何妨置佛龕退休風景似瞿曇晨昏梵唄西南起齋額應白板雙扉一徑開林間飛鳥影毰毸名公曠世如相遇時喚西臺御史來舊傳余宅爲凌海樓都憲舊居夜間螢火最青熒多少蟲絲一掃清還似松濤似蚯蚓與君同聽煮茶聲

伯山詩鈔　望雲集卷五

泰州康發祥瑞伯氏

癸巳

乍暖

乍暖人如出谷鶯喁喁閒話又嚶嚶庭花倘亦知人意姹紫嫣紅對面生

昨日人從江上過刀魚入網付行厨泥人風景吾尤問隔岸梨花今有無

虹橋酒肆作

紅橋東去路酒瓮發新香爍爍袁三雅娟娟王二娘（當鑪者）客心愛青草天氣易斜陽眼底人如此相逢半老蒼

天際歸舟圖爲阮星垣題

北游已歷幽燕薊浪跡今歌歸去來黃葉江南住家處白雲天際泛舟回雖消阮籍嵚崟氣誰拔王郎磊落才我在揚州初識面幾番攜手更銜盃

吾生四十尚蹉跎忙裏光陰一剎那何日張燈看畫稾與君呼艇渡黃河新詩醉寫模糊壁舊雨休提珥璪歌試發狂言應記取便登卿相又如何

姜若泉（滋）爲吳生玉川縮走獸四幅索子題詩余以小樂府四章應之

有臂善掺有聲善號瞿塘巫峽月明風高（猨）

橐駝橐駝負載宏多道遠如何（駱駝）

爾宜守莫輕走韓信彭越皆功狗（狗）

觸藩出補牢入哀哀怕聽楊朱泣（羊）

自題草廬燈火圖

雁字排書屋寒燈如許紅陳編堆百軸隙地拓三弓戶閉陳無已經傳鄭小同（謂時將課孫）膏油焚不盡吾道豈終窮

莫將奇字問家少太名經榻比幼安白氈如子敬青茅齋新粉堊茶竈古聲聽何似長安道西風響馱鈴

甲午

吳才甫（楷）學博畫梅冊爲盧葵生題句

吳均史學齊書在餘事猶能作畫家獨怪停雲太匆促何時爲我寫梅花

清才我愛玉川子標格君稱梅道人爲羨家風先後著梅花蕃裏認前身

焦山古鼎歌

焦山我昔尋焦光瓜牛廬古仙靈藏仙靈之外復何有巋然古鼎騰金鋩高僧留客炫古製逖攜穿榭來僧房精光寶氣一鑫閟砉然閃電驚雷硠其足有三耳有兩中空外凸形周詳徑圍一尺更有咫其高相勒銘煇煌上有雷回紋陰陽開闔非尋常下有夔蛇形趪趪殽雜不可方九十三字略可辨知其非元非宋非三唐非漢非晉非齊梁諸儒聚訟恣攷據周宣石鼓同頡頏我車我馬攻同日何無一語相鑄將妃丁一鼓得斯器千奇萬狀雲虹張二千餘載同一瞬此鼎歷盡風與霜我聞此鼎忽

墮落樓門一八殊茫茫分宜杭國勢熏灼讀書杜說鈐山堂帷此精靈不可黜旋洗腥穢流湯湯蛟龍守護聶屭戴江神來往窺瞻忙手捫氣觸俱不敢森然氣結指亦僵作詩時與緬前哲首屈一指西樵王漁洋太鴻亦奇崛洋洋灑灑傾珠囊配以瘞鶴之銘斗大字廊腰嵌石明斜陽此鼎猶如不祧主建瓴之勢居中央近聞伏波有銅鼓昇之淨宇人奔狂何如此鼎時代久閱人閱世嗟滄桑噫於戲何如此鼎時代久閱人閱世成滄桑

安定書院下榻不寐有感

閱人成傳舍此地窮蒿萊枕上三更盡心頭百事來志迂成拙計事大待長才何似曹騰睡塵緣一掃開

登邗上城南觀音閣

萬家屋瓦擁南關天半高樓拾級攀陡覺上頭開世界可知前面有江山斜陽沉影臨官渡滿月騰光仰佛顏安得題詩揮彩筆五雲多處護花鬟

觀音閣舊傳爲隋宮人吳絳仙梳妝樓弔古賦

萬松深處野風吹高閣凌虛敞佛帷郭外只餘荒塚骨樓中不見遠山眉蘼蕪采采歌新曲楊柳蕭蕭拂舊基我有閒情難自遣老懷還爲古人悲

舟行即事

酒罷客思臥更闌月未升樹鴉驚市柝岸犬吠船燈寺近鐘光到潮來水暗增忽聞聲潑剌橋外有魚罾

趙家橋

十年前記臥吹簫新月微茫上暮潮今日停舟渺何處秋風秋雨趙家橋

號舍中病痢作

自愧平生挾策疎病魔來擾又何如廉頗已見三遺矢蘇季空敎十上書搖蕩夢魂更定後寂寥身事月明初何當歸買溪南宅不作耕農作釣漁

題畫

黃蘆枝上飛黃雀客到江頭每見之何事盡情啼不止濃雲如墨雨如絲

讀史記孝武本紀

十丈旌旗照眼明通天臺觀勢崢嶸可憐劉徹眞神武竟把神仙鬧一生

乙未

游谷林堂用東坡游蜀岡送李孝博奉使嶺表韻

古瓦竄蒼鼠疎柳嘶新蟬僧寮淨塵滓廊廡炊茶煙詩憶碧山暮畫妙秋毫巔（觀朱浣岳司馬畫壁）九華佛燈設百衲清琴懸安知天竺子不是蓬壺仙嶠南昔送使眉山眞豪賢可人有雅竹解渴評春泉平岡一眺盼雜花皆嬋娟我心無罣礙客態何聯翩爲問昔齊已果作今皎然

游湖上忽得故人凌芝泉墓荒煙宿草感而有作芝泉名霄白門人少游俠壯能詩著有快園詩鈔快園詩話今死於邗雲伯陳大令爲葬之於湖側

湖上一坏在終朝聽管絃鴻將泥雪覓狐或首邱憐時墮故人
淚何如有道阡蓮花橋外路松柏已蒼然

胡公書院中有古銀杏一株舊傳爲安定先生手植輪囷
盤曲尤工遠勢予每游樹下不覺此心肅然因作古銀
杏歌

先生曾以經綸手暇日種此輪囷姿七八百年見此樹童童車
蓋遮崇祠清影蓊翳垂廿畝黃葉蕭索飛千枝上蟠高天下厚
地龍拏鬼攫神操持笙簧間作聽天半渾如玉律吹參差先生
樂章昔攷訂宮商調叶吹輕颸城中豈無不材木槎枒幸不斤
斧施臃腫拳曲蔽牛質離坐卻立紛難支亦有桃李近依附容
儀齋肅北面師此非錢鏐樹衣錦將軍之號榮一時亦非樓桑
作羽葆紛紛其下嬉羣兒我適高山作仰止褰裳瞻顧生遐思
爲問泰山之孫孫公明復徂徠石公石介可能種植皆如斯

丙申

正月二日食黃齏於冬青山館感賦

十八年前曾讌集黃齏有曲唱嗚嗚煙雲過眼霜沾鬢昨日少
年今老夫
不信儒冠誤此身流光倏忽轉風輪菜根嚙盡成何事慚對蒿
肩火食人
居官最是廣文寒餉客宜供苜蓿盤今日移將紅燭看頓忘苜
蓿長闌干
閒說天山夜合圍高談窗外雨聲稀是日雨老夫或有風雲會倘

欲親裁短後衣

正月六日招諸友食黃齏宮晴湖玉華作詩余和之

人日題詩寄草堂成句不圖先日報瑤章兩頭纖影知何物笑
指蛾眉月出牆
轟然賓客到門庭數典當筵酒半醒此味只宜天上有不妨今
夜失樞星春秋運斗樞云樞星散而爲齏
樽前嵇阮盡清狂博得山妻背後看偷向春星堂下立公然珠
斗照闌干
燭影搖煙友似雲行厨割炙夜紛紛高情差勝東方朔只解區
區遺細君

吳嵎暘昂少府罷官回廬江作詩送之兼示門人玉川

長江東去一帆開曾記毛公捧檄來七載光陰何迅速一庭花
木盡栽培黃羊濁酒娛前夕蒼狗浮雲幻此回世事微茫不可
料爲君搔首復徘徊
風波宦海悵無端只好從渠作達觀吾輩不行惟直道古來難
做是卑官養痾艾喜三年得索笑梅餘一樹寒爲語長歌吳季
子放懷須罄酒盃寬
紅薇樹下翦茅茨玉面郎君問字時謂玉川蟫蠹生涯書醞釀牡
丹開放葉扶持抽帆客悵風雲少彈鋏人傷富貴遲每過冬青
山館裏不堪無語坐成癡
閒中一笑付胡盧不信張弧更脫弧失馬安知非福分調鸚畢
竟費工夫嵇康好鍛常依柳張翰歸家只爲鱸好看青萍三尺

剙他時酒與結風刼

吳生玉川隨尊人同盧江以詩見貿作此送別兼以勗之

輝光朗朗映蓬門問字人來玉比溫無定風萍隨宦轍多情詩草感師恩天因作別春將晚水爲窮源海獨尊我餞門生重惆悵不辭花下倒清罇

情親同澤復同袍語到臨歧最鬱陶人事荒唐成暮氣英雄得失等秋毫雕龍有技羞齊奭畫虎何心學伯高此去濡川說江左好將聲價張去聲吾曹

佳篇百軸盡球琅抵過前賢石作裝待熟詩書應問世偏交人物好還鄉愛憐有父同文度著作如君繼叔庠一事向人誇眼界此行曾見海陵倉

家居孝養補南陔歸去軒楹掃舊苔宜注蟲魚消永晝休談駿馬市高臺賢稱季札眞公子狂笑劉乂是蠢才他日行修經更富仍應尋我渡江來

阿咸亦在竹林邊謂猶子陽生記取偕游倍黯然長爪通眉人秀特紅羅繡褓脊神仙歌行欲斫珊瑚樹別夢剛逢芍藥天試把天風彈一曲刺船我便是成連

稽菴圖爲梅蘊生植之題蘊生善撫琴慕稽叔夜之爲人故顏其室曰稽菴

鬢髮星星漸老蒼破琴爾得感滄桑幼安木榻劉伶鍤何似狀頭守一囊

泠泠幽竅響聲哀謖謖松風入夢來除卻中郎與中散不知孤負幾琴材

王孝子詩孝子名餘堂

江都有孝子本籍婺源縣良玉在攻金百鍊瑞綦之誠終不變孝子博親懽戲試庭前綵孝子侍親疾中夜衣不解一朝擗踊泣風木孝子血向松楸灑前事方終後事始父叔母嬸共生死不似斷鳬爲鶴續猶子承祧義如此父兮母兮春廿旨中外同聲說孝子悲哉父在殯哭泣聲啾啾西鄰何事火不戒譆譆出風煙稠孝子倉皇計安出以身障棺同山邱淚珠揮作半空雨雨傾煙溼炎歊收孝子精誠格天帝蜚廉祝融見之皆回頭吁嗟乎孝子之孝無弗至上蒼獨以奇災試人生大節只此是輕財仗義乃餘事我思孝子誰顗顗置身時復儕上庠作歌不惜言之詳願陳當事爲表揚君不見王餘堂

尤振玉金鏞守府饋惠泉酒作詩酬謝

軍將時打門來饋惠泉酒有剌具姓名故交誼良厚鳶肩火食人不復老戶臘飛芻輓粟中尚念山中友我生愧薄質太息楊生肘少飲輒醉臥不勝淳于斗吾鄉多才諝見之每卻走恨無謝瀹兄誰爲指此口歔歔一室中端賴掃愁帚乞漿竟得此太歲豈在酉君惠寓箴規一瓻敬登受五字豈足珍聊以報瓊玖

有以惠泉作茗飲者詩以紀事

昔約惠山游俗累我未果掉臂客竟去輒泛鴟夷舸蘇常半月程風轉中流柁歸裝罕長物名泉挹澹沱翻動九龍脊修綆汲山墮臧獲踵相接缾罌腹亦頗同游人二三支頤笑無那靈運

作山賊屐齒蹋磈何片帆江上歸招友山房坐地安脖鼎蹚炊榾柮火文辟絲引饞談諸事灸輠雞鶩暗更巧淄澠細測叵此泉評第二古人已許可但飲無贅言欲語羞瑣瑣閒情與韻事獨歎斯人夥我面生俗塵游轍每相左舌本可分甘腳根慚孀惰坐賞乳花飛山鑿其笑我

顧生鴻殤已期年矣今於八月廿七夜入夢語若生平醒而成此聯以誌慟

生從何方來飈然入我室相見如平生使我心惻惻我心殊了了汝殤已有日別我今一載依舊此顏色西偏舊書室汝自繙卷帙夜來汝匆怖語汝定喘息安坐聽我言汝坐須移刻此會不能數再晤恐難得

〈伯岩詩鈔 望雲集卷五 九〉

兩父望汝歸（謂嗣父生父）制淚每承睫我有思汝心不忍向之說何汝訣然去獨忍經年別汝作文與賦兩父篋中蟲汝或一歸去汝父庶愉悅何獨來我家面目劇淒切或恐傷父心獨自悲嗚咽霜露竟滿身風花纔一瞥語罷失所在不覺肝腸折

兩父吾同盟我視汝猶子汝性最聰慧聞言識風旨汝行亦醇謹被服無華侈依依兩父間解事孰如爾我教豈能悉汝見已及此大義在倫紀餘事親文史此子無死法何忍令之死天道不可 我慟勿能止生今入夢來入夢從茲始

題用查初白集中答唐賓君詩原韻

吾生有師法曾受孔子戒粲粲杵臼中安敢雜黃稗何事甘濟笮言洋洋灑灑有如東海波汚垢納衆派灌夫本薄秩淮陰實伍噲枯槔隨俯仰適適境所居從井得救人庶幾 稱快此心自不昧疾惡未免隘如何語言激頓劃鴻溝界朝紳幸未列名免彈章挂吠唁唁或聞事咄咄可怪欲以笏擊幘太眞施狡獪精神滿腹人其來吾不解衣冠裝傀儡材木厠菅蒯文淵固矜重輕視梁松拜寒蟬方結舌人怒忽裂眦豈有作事人中道任成敗但惜名義輕有似手足械元聖惡鴟鴞哲人怕蜂蠆移書語三歎攘臂腕一搤差類痟瘈夫優莽不能遏吾舌存三寸相對亦噤齘芒刺忽在背爬搔甚癬疥圓美世故熟滅裂名教壞黔敖共飲噉何足惉一啜放筋出門去可以發長嘯作詩用陳語聊以作儆誡避客如逃逋繙書欲償債四十九年非歲月曷云邁蘧瑗過可聞相如賦亦賣龍身或久藏烏鬫豈終鍛大千

〈伯岩詩鈔 望雲集卷五 十〉

世界中自納須彌芥

祀竈日作

臘酒醉司命佳餚佐一餐來其羞捹豆肥羜快登盤（祀神舊以豆腐水芹今易以羊肉）人自叨神惠公休笑我酸餕餘還奉母博得一家歡

丁酉

文游臺覽古圖爲金大雪舫（長福）作歌

康子手攜詩卷來狂歌直上文游之臺高百尺攀蘿陟磴何崔巍地下人去七百有餘載此臺獨向寒煙開我儕好事爲覽古倦眼不惜臨風揩古人僂指一二數當年勢若鸞皇諧秦郵主人孫莘老珠光夜半輝蠙蠡青苗有法論不僨讀書致用言恢恢秦子太虛亦秀特星居相近才名推黃鶴一賦發高

唱後之作者誰梯階蘇公子瞻文中魁宦游直自嶺岾來平生
足下半天下掀髯一笑空凡材底事命宮坐磨蝎終流儋耳淪
珠　他日淮南春可弄俛視九有犇倫該王君定國復不偶清
虛堂詠形聲哀祥符宰相述祖德森森駿骨超騄駬四君會此
非偶爾長淮作酒傾金罍意酣落筆颯風雨林木震動天低回
吁嗟乎古來才大難爲用豫章合抱風霜摧天之將喪斯文也
斯文如此何爲哉先生有才過屈宋奸人當道同狼豺莘老已
爲安石逐軾蘇又被章惇排蔡京黨籍欺萬世大書特書留嘲
哈端禮門外石不泐四君名姓羣連書之還追陪算來竟是文
字厄時命如此眞睽乖我爲王君更發歎誰能拔爾抑鬱磊落
之奇才王之中表適枋國韓公絳尸位存枯骸世家勢如折足

凡沙門傳法咸驚猜廢弃下僚宰相過學道有得心情灰賓州
酒稅每謫監疇能贖爾遐方回斗野亭邊昔聚首彼四君子皆
于髭鬚爲何爲忌老輩衣冠孫叔慚優俳拔人一字昇山館市
骨千金無郭隗芒寒色正世不顧少年新進多嬰孩金君金君
今之秦孫儕畫圖於爾覘胸懷孟城孟覆月晶晶珠湖珠產流
湝湝文章到底發奇皦靈光岦向幽泉埋羣兒謗傷不必問蚍
蜉大樹難爲災敬誦昌黎讀杜句後四君子成鴻裁戲馬不懷
武帝宋黃鶴欲碎詩人崔顥君慎勿作高臨文星耿耿居中台
我詩自顧實奇偉揮毫掣電奔霆雷書成幸勿示傖子或堪副
詒招輿儓金君金君爲我日飲三百杯糟邱已築空塵埃我與
君約復東顧海雲紅處游蓬萊

讀桃花扇傳奇書柳敬亭事

老作諸侯座上賓少年亡命走風塵魯連東海收奇策阜羽西
臺哭故人歲月久歸羊馬劫談諧不怕虎狼瞋如何讕語王貽
上酒市茶坊例此身王貽上云聽其說書與市井無異余不以爲然

臨流賦詩圖爲朱大震伯鉉題

好風吹水絲參差賴有詩人來賦詩想到晴漪三兩曲多君叉
手夕陽時

一條古水落天紳筆醮雲藍句有神獨怪蘭亭當日會不成詩
者是何人

人說登高可大夫臨流君復羨魚無神仙福被山人占只乞
君王賜鏡湖

結想遙空自不凡郵筒寄遠定親緘那愁腕脫朱齡石頃刻飛
書八十函震伯善書尤工尺牘

讀陳壽三國志書後

史才誰是陳承祚帝魏何爲復寇劉我爲此君論師法降牋前
已出譙周

明督師史公祠

聖恩寬大與崇祠閣部芳名婦豎知千樹梅花一樽酒廣儲門
外雨如絲

莫鴉棲處有寒雲戰後、河玉石分祠宇微茫青草徧更無人
說乙將軍謂乙邦才總兵公開府揚州請乙同行後職死見江琬堯峯文鈔

游平山堂偶占

池館重開草木芟，隄邊煙柳綠髟髟。好春又被鶯啼盡，不見詩人潘雪帆。（山前舊有潘雪帆墓，今尋之不得。好春鶯啼盡明月笛催，圖潘拜鵑堂集中句也）

馬家灣覆舟紀事五十韻

秋賦一舟行，同舟人有四。門生（儲啟鋧）與兒子（嶲），邛須我友（戴石樓）暨。東風飽帆腹，泠泠殊快意。轉瞬城堞盡，屈指郵程計。薄暮風越大，兀坐我心悸。語莊使落帆，心小防顛躓。舟子笑我怯，不泊得風利。舉酒坐船尾，如鳥張風翅。前過馬家灣，灣形本線豁。貪爲五兩御，不知六鷁避。顛風擘岸猛，駭浪中流㠯。宛如手翻覆，已詡身失墜。儵魚釜內存，新婦車中閉。恨無天龍指，幸引天吳臂。我身乍出艙，脊騰若酒醉。兩足忽騰空，五體不着地。搖搖如懸旌，漂漂似絕轡。千金壺弗得，一枝槳可寄。我兒與儲生，一一

蒙神庇。舟中誚指掬，船脣復鱗次。戴君坐艙中，險作幽宮閟。幸從旁門出，身亦竄蓬背。蛩蛩負巨驢，狼狽出水際。暴雨來淋漓，高岸阻險陂。一步不移指，四人共屏氣。片席遮聊且（共戴蘆席以禦雨），廣廈依不啻。雨歇二更盡，燈明一舟莅。非無拯溺人，幸有捄生誼。艤舟人卞與孫，各各姓名識。慰勞出溫語，遭逢若夢寐。時無推食食，豈有解衣衣。船失霍里高，爾誅徒人費（時雙履皆失）。攤錢高浪中，引手出書笥。得命輒思財，諺語更相戲。夜黑天如磐，投宿敲門至。輿儓與販夫，牀牀多惡睡。徑泥深沒骭，我足着雙屝。入屋觸籬笆，靠壁落燈穗。燈盡雨復來，身事自吁嚱。我心因自維，與人頗異趣。年來率性行，自顧無諂媚。茫茫天壤間，何處可安置。路鬼本揶揄，河神亦吐棄。不爲水國納，那怪世人忌。處世不

忠信，居家不孝弟。凡事當內咎，所值更誰慰。軒渠溺人笑，笑矣咥其咥。我身似再來，宜得更生字。太歲在丁酉七月廿五事。

偕田大少泉游鍾山茅草塢

朝出朝陽門，秋風勁林莽（莫補切）。疲驢城闕過，石馬邱壟覩。宮殿鬱崇峩，松杉毓罔闔。豐碑高亘天，頹垣低墜雨。徑訪蔣帝廟，言尋梵王宇。陡絕路難行，犖确石多阻。同伴踵相接，先登氣一鼓。浩浩天風御，默默雲梯數。越澗騰草蛇，穿林墮松鼠。厂窪開野花，巖虛滴松乳。低田作棊枰，遠樹列釵股。萬笏山隱現，一綫江吞吐。時知游覽樂，不識攀躋苦。半空得茅庵，六代此淨土。峯回日壓障，山凹雲自補。浮圖瞰下方，清水當門戶。地幽僧亦樸，庵新佛最古。山僮汲水回，野菜拾松煑。伊蒲供匕箸，茶煙裊廊廡。

果□一飯畢，揩眼千巖俯。往日半山驢，不見王介甫。誰似宗少文，脫然解璣組。誰是蕭思話，到此捉松塵。久坐忘歸途，高空日過午。

池上夜步作二首

良夜不肯睡，池上忽微步。過橋即招提，月光漏深樹。鐘聲乍飛出，寺門攔不住。宿鳥忽驚起，東西去無數。時見蘆荻叢，夾岸作小路。行人水邊出，旋向煙中去。窅冥不可知，畢竟盡何處。

月色不上天，其光盡在水。金蛇有萬道，一一赴葭葦。微蟲鼓萬篠，儵魚跳幾尾。圓浪移時盡，涼飈颯然美。城堞本屹立，孤塔復卵柔。良宵然塔燈，纚纚綻花蕊。七級夜分明，佛藏眞奇偉。

冒雨入棲霞寺宿

早行已廿里中道纔一飯要將半日程償我十年願（壬午歲與友人游此）逘長慮滑笏驢穩恣顧盼岸柳黃半門山花紅自綻嶺頭叅帽披峯際烏雲綰出山雨略遲戴笠我無患濃煙霎時合急點浮泡幻山靈狡獪作雨師咄嗟辦溪水斷寺門徑泥沒童骭拖泥帶水行僧房得少間趙君（漁亭）苦饒舌此境似未慣我顧雨不歇臥聽聲千萬瑽琤環玦鳴定是桃花澗

舟過山光寺

茱萸灣頭水接天山光寺外草如煙行人解纜自來去吹到蘆花又一年

記得淘河萬杵忙宛陵才子載碑狂夕陽滿岸香楠杳不見金身丈六長（挑河之日掘得唐淮西副節度使田侁墓碣梅君蘊生廉得之載之而歸寺對岸舊有楠木雕觀音大士像長丈餘今不知移供何所）

僧別崖以雲山閣圖記見示並索余詩因成三十二韻寄之

青詠雲山閣江頭駐使星波光浮我白嵐氣上袍青我狀珠宮景時邀綵筆靈（已巳歲玉硯農學使按臨揚郡以雲山閣命題余成二律上之極爲歎賞）關情隔煙樹轉瞬歎風萍開士今齊已詳言古畫屏叢殘歸志乘漫漶補圖經水作回環樣山呈伏釜形魚梁浮野湄鹿苑出郊坰夏早荷花蕩春殘芍藥廳（廳名）蜷梅入鴟修竹遮櫺功記勞三載神因助六丁（謂鴟工二夢關聖靈事）一峯駕虹蜺（卜戍夜叭聲）萬杵響雷霆視下同方郢居高若建瓴山容覘北顧泉脈憶南泠斗宿輝同照鈞韶樂許聽詩篇豔淮海時代憶熙（御名）筆健稱才子筵開醉醁醽台星應不夜明月可中亭何事移蓮性（寺名在賀園東內建閣亦顏日雲山人皆誤認莫辨其由來）因之誤竹局名園花擾擾真面霧冥冥墩自爭王謝人宜避尹邢文章資攷據冠蓋溯儀型刺促堆中瓦郎當壒上鈴瓊花摧倏忽金粟換瓏玲天市靈何在雷塘夢易醒選樓惟短巷隋柳又荒汀安問鐘非飯驚聞鼓有桴禪機皆了了妙語悉惺惺佛法蓮生鉢詞源水瀉缾煙霞飛壯濶蘭芷扇芳馨着紙鴉塗點臨風雁展翎詩成吾寄與何日買蜻蜓

賣劍買牛圖爲尤振玉題

君賣劍我賣牛君心時已忘恩讎君買牛我買劍我心未盡忘恩怨人生仗劍牽牛無不可豪俠是君老農我如何顛倒作買賣識者應嗤計之左不如耕牛與我劍歸君雄才去策下山動功成訪我柴桑里花外斜陽一笛聞

醉後作寂寞行

寂寞復寂寞九閽入望何寥廓今日樽前杯酒空昨宵江上風濤惡世上健兒乘小車太行王屋空中驅奔輪到海幾萬里底須蹩足常趑趄亦有獼猴騎土牛千斤不動邱壟頭田間咫尺若秦越邉矜赤縣談神州荒荒白日迅如箭炯炯虛生巖下電肥瘠還宜驗此身炎涼何忍看人面吁嗟乎黃者地青者天男兒墮地今何年晻靄未入黃粱早且向鑪頭一晌眠

閒中

閒中無事可匆匆半畝荒園二畝宮撲簌一聲桑葉落昨宵天外起霜風

古寺院衆僧餟薄粥添丁比獲雋卽此當科目彼失而此償輕重較量熟吾　父有遺德昌後必能育九原如可慰得爾勸逞嘱焚香一展眉休光溢林屋

載碑圖爲梅蘊生 植之 題

梅君家無擔石儲不作劉毅耽摴蒱山光寺外小車走載碑佳話成新圖梅君梅君與我結交廿年初經史子學勤爬梳大東門内屢相見皐比坐擁經授徒鄭虔才調擅三絶一室盡羅詩畫書有石纍纍列廡下摩挲愛比枯桐枯 君善撫琴 太歲在午月在卯君言得之淘河夫丁丁萬杵抉淵奥此碑引起羣睢盱蒋花纍歷水痕縮形如柱礎平四隅青蚨許換落君手萸灣歸路無趑趄徑圜二尺周一丈厚四寸許差有餘官閥淮南節度副姓田名 侁 事蹟非憑虛夫人祔葬幽宫閟兩碑相麗如蕚柎書丹大篆盡完好疑護魍魎奔夔魖新舊兩書竟無玫譚進安得言辭敷君偏捉筆作攷據裒古獨得靈蛇珠我鄉亦有唐石閟高齋藏弆同契符唐石宋石兩相較小邦退立成莒邾吁嗟我有一言戲君之才大翻成迂貞觀墓道九嵏側昭陵陪葬功臣俱左右降王一十四咄哉什哉咸馳驅將軍宰相妣圭貴穹窿贔屭參天衢蹀躞復圖六駿馬當年血戰誇神駒秦中風土寶悲壯王孫曾托千金軀此外諭葬者荒碑無處無土人往往掘地得耰鋤到處敲龜趺耕叟每苦不識字或作春臼安𥂝瓿君得此石足寶貴爲搨萬本時拮据撥鐙書法日更進手每蠹胝口亦呿梅君梅君何日關中趨足所不到心嘻吁世間好物同璠

悼孫女阿細痘殤

女孫甫三齡痘殤救不得嗟嗟五日前猶立阿母側有姑生同庚嬉戲在一室爾似知名分退讓屢離立姑恃阿母憐保護若珙璧行則賓媪懷坐亦加嬭膝爾不離牀榻食之就匍匐有時立竛竮不免致顛躓姑製大襁褓文繡到衣襋爾衣非不華絢爛亦五色天吳與紫鳳顛倒笑新式姑每富食品嬌啼索飴蜜餦餭與粔籹堆案自充溢爾時望見之波及未可必睨視豈無欲顯不索梨栗如此狀種種俱入我胸臆情性固宛約眉目亦秀特如何罡風來忍將脆質逼公然一世人不耐數日疾迎神復送神 里俗於兒痘落痂之後有送神入廟之舉 爾不荷神德清淚爲爾彈豈不傷心畫

邀徐冶卿 錕 食羊肉

鄉人重飲食雞豚饗伏臘而況我輩人文字飲更洽君今來此邦五載纔一霎又復棄茲去負書如負錙天末彤雲滋霑霔霨向晚合茫茫天欲雪消寒洽酒榼前夕主作賓買醉紅兩頰青蚨抛五百坐享未曾答夜長晝苦短正好烹羊胛何曾太豪縱萬錢無可筴又有鄙嗇夫葫蘆當蒸鴨何似此參軍得人意長鬣斗室掃東偏高座絳燒蠟空洞無物中菜園笑重踏

第四孫生

丱君生四孫東坡意亦足作詩排卦爻大壯泰臨復自顧我何人平生本鹿鹿世途多磳磴文戰亦挫衄偏與五男子緜羽笑卵覆鴉覓食哺雛牛入窌觝犢大費瓦倉米慳付荒年穀譬如

與不遂知己泥沙淤君生三輔兩河地折軸還須幾輛車

客邪上偶成

碧桃滿樹春三月廿七年前記舊游太息此身如傳舍依然一榻屋西頭（謂藏經院寓齋）

閱歷人情頗不平酒腸芒角鼓縱橫歸來徙倚斜陽看只覺蠻鴉大有情

不曾江上着漁蓑擁被空教作短歌苦憶平山堂上客夜間風雨聽來多（風雨竟夕范雨村王子駿同宿於平山堂之僧寮）

閒與范三（雨村）讀詩槀忙尋吳四（務連）畫梅花橋頭時更銜寒去酒店三家閒兩家

盧鴻（盧葵生）自有草堂在葉適（葉酒生）同尋古蹟來復有王（子駿）唐（唐楚）行把臂冶春詩社不重開

阮亭去後風騷絕莫謾紅橋唱柳枝秪有故人忘不得凌霄墓上立多時（凌霄字芝泉白下詩人客死揚州陳雲伯大令爲葬於紅橋之北）

梅嶺春深圖畫好別崖詩句亦清新辨才無礙譚蓁呂要爲雲山作主人（僧別崖時作雲山閣記攷核甚詳）

多少名山盡占僧者般光景一番增宸章刊盡江東石可有峨詩范致能

鐵佛寺前楓葉紅桃花庵外霜華濃天低四野風嘷樹如此蒼陰閱煞儂

不波古井原無水如鐵寒衾定有霜紅燭三條鐘一杵關心何事最難忘

寓齋卽事

刮地風來朔氣增殿前初上佛龕燈閒階小立斜陽盡萬个昏鴉兩个僧

伯山詩鈔 望雲集卷六

泰州康發祥瑞伯氏

題畫冊詩十二首

椒房貴戚作軍主百戰將軍竟被虜待罪歸田爲庶人宵行射殺南山虎是虎是石相猜疑猛狰虎狀石見欺一射再射不得入將軍一生皆數奇 李廣射石

關吏安居謁者走合符權比專城守棄繻獨見空空手謁者如龍顯吏狗重譯出使來渾邪請纓繫頸咸咨嗟文章遠遜奇木對何物少年徒自誇 終軍棄繻

樵風引路書在手斧韻丁丁停谷口金印未懸組未受肉眼誰識會稽守人生顯晦各有時訴與牀頭人豈知蠢材躁進彼何益五十功名不算遲 翁子負薪

烏頭不白馬不角雪窖冰天旄脫落獨怪生降李少卿書來漫說漢恩薄丁年奉使皓首歸功勳已極官爵微焦頭爛額爲上將翩翩裘馬多輕肥 蘇武持節

峻阪陡折心夷庚半空咤叱風雲生萬山劍立一車走氣節直與川原爭移孝作忠乃如此折軸摧輪澹生死世上偏生巧宦人藉口王陽作孝子 王尊叱馭

高冠博帶稱爲士橐中秖有毛錐子刀筆安能致大用惟大丈夫不恃此虎頭燕頷眞英雄酒泉張掖皆可封笑渠枉識一丁字何似能開兩石弓 班超投筆

張嬰作亂公往諭衆賊羅拜馬前去賊衆易去賊臣難當道豺

狼竟盤踞似此埋輪慨髒身男兒志大淸煙塵再來不見豺狼跡秖有狐狸善媚人 張綱埋輪

凶終隙末交道苦或謂古人誼不古薰蕕異器涇渭判名流那與織人伍以劍割席氣吐虹席間兩丈山千重勢利交游皆若輩何如皁帽歸遼東 管甯割席

荒村膈膊荒雞叫自酸吟虎騰上抵足曾偕祖豫州悲歌不見盧子諒問夜何其夜未央將軍起舞身昂藏南朝多少淸談士妻子同眠夢蝶牀 劉琨舞劍

一錢運來衆錢在衆錢運完心不懈激烈差同擊楫豪迂疎不作書空怪典午中興運又徂八州都督來持扶不然空有抛甎力瓦缶爭鳴賤丈夫 陶侃運甓

前軍鵝鸛後貔貅漫空殺氣陰雲愁指揮將士聿令中堅直搗無停留江東名士爲上將羽扇風流出江上骯髒羞如黃口兒如意輕持比葛亮 顧榮麾軍

東山養望意容與直以蒼生視妓女猨鶴無怨林泉幽花下圍棊作霖雨坐對枯枰事等閒苻秦勁敵一盤間僥倖成名兒破敵輸贏已定八公山 謝傅圍棊

寒郊

底事城中插脚忙寒郊意態獨蒼涼河冰未泮漁舟泊閒煞鸕鷀曬太陽

除夕掃 父墓暨从母殷孺人墓歸途有作

雪意滿天釀風光詩意存殘年來掃墓古意自成村滑達塗三

里酸辛酒一樽徑過五兒塚制淚入東門（諱幼子祿兒姪五慶暨三孫女夭折俱葬於鮑家塢之南阡）

除夕雜詠

平地雷一震隔牆煙四起聲聞魈魅驚春到兒童喜（爆竹）

天啓光明藏人開不夜城神仙今夜樂高處破空行（天燈）

昔日登科早頻年嫁娶忙昂藏身七尺兒女亦情長（鍾馗）

兒孫繞膝前神亦有佳偶闖然入室來消我牀頭酒（牀公婆）

戊戌

元旦早起作

星斗轉闌干風日極晴美慈親年八十循例五更起兒年五十一拜跪自成禮孫曾羅膝前趨庭亦蹌濟昔有榮啓期三樂每誌喜吾樂亦不啻差與古人比轟然爆竹聲瑞煙出梅蕊

內子病

糟糠不下堂當戶弄機杼病久失中饋過午火不舉兩旬亂妝次一簾鬧兒女延醫久不來中庭屢延佇小愈眉乍舒隱憂嘿無語滌鐺理藥物茶煙自煦煦卿本是健婦何事傷衰老光陰豈異人貧賤悉草草夜半聞呻吟皮疼吻亦燥展轉不得眠側耳聽風篠夜長如閱歲寒雞不司曉神疲甫小憩窗外一聲鳥心旌連日懸默守晝復夜男女八八九每愁夙債借身荷百斤擔勢豈半塗卸哀哀共命禽得失相慰藉客歲吾及溺援手得天赦塵寰事未了詎便傷速化卿當更强起爲我勗婚嫁

登金山絕頂

蜃氣雜青紅樓臺湧半空人聲煙樹頂佛面水光中霸業東吳大江流北固雄我來攜鐵笛吹徹萬山風

葛港樹

葛港有大樹枝葉何離披三十年前記過此適從舟中望見之此心不能忘（去聲）每當風雨常相思今吾又過此訪爾如昔時高柯十丈入天際輪囷磥砢無斜枝有如偉丈夫攝具高拄頤勁裝古服出赴敵前趨矗立天王旗又如佛菩薩座下獅子騎髮雲鈌處法輪轉葳蕤瓔珞遍身垂有時靜寂息萬籟有時雜沓來輕颸萬葉動搖衆音作琴瑟簫管笙簧笆其外亦自有林莽俛視衆樹如嬰兒根株不止蔽牛大臃腫拳曲誰能嗤槎枒坼處倒垂乳晶瑩炫目生膏脂荒濱野渡獨有此巖廊清廟疇如斯我本支離人繞樹時長咨吮墨伸紙勢難遏還汝三十年前詩我詩只合與樹聽問之葛港葛港之人皆不知

舟泊野田早起作

野田纔作曉吉匊喚人起朝暾未上樹殘月半墮水池秧苗短苗岸花綴新蕊舟泊得眞趣翛然遠塵市何日把鋤犂學作空桑子

六月十四日懺心庵小集萬雲卿（福慶）程小薌尤柳村以用十四緝韻倡和詩見示余廣之得四十六韻

暇日行襬襶輕衫酒厭浥詩城久暴師往返費篇什快從壁上觀怒馬不可縶一篇纔賦就軍將打門急翩翩萬參軍（謂雲卿）古

籍口翩翩裒虎作露布操紙馬前立俄頃十紙成牙慧異人拾餘技了十八元氣障猶淫鐃歌將奏成大著行編軒徐栩懸陳廳嚴詩編杜集程小蘂尤柳村兩儁才修綆古所汲觀詩肸蠁洞聲價動都邑新圖繪主客舊學飽箱篋雙生若瑜亮竝駕方廚及才瞻手腕脫上方札可給懺心闢詩龕三益就相揖畢卓孟右持浮邱袖左挹迴廊乍旋轉香氣衣衫裛微風漾芙蕖緗浪通泊渫過午卻溽暑翻階雨雲霽石鼎腹膨脝松風聲滐瀞錯疑來江湖長年理舟楫險韻要我和如招豚入笠我孏久失學出語多艱澀才思遜沈宋書史緬孫習槅具笑栽栽高冠愧岌岌劍如莊叟按玉恥卞和泣妻子累虀鹽手足類棲栖世事鶵鵑避巢窟鷦鷯葺欲同鴉返哺不比龍啓蟄樹止立地錐藏過窮天笠苦無秦系才偏師不敢襲兕復連雲雉秦關一百廿兕無佽飛勇要害中來歙兵堅豈敵韓寇來不去佽惟作魯仲連一笴聊城入皤皤我鬢雙落落君才十見獵自心喜變蠹更拾級餘勇不足賈捫胸增鬱抑擬解晉陽甲尚費敖倉粒結交感陳雷遇時謝甯隰東方一角紅五緯慶相汁文星與將星天半光熠熠射衣我老醜不着繡裤稠願君包虎皮旦暮瑚弓戢劉鋹白木梃我作降王執

雲卿作五古一章見贈余倒押原韻成七古以答

昔日善學臏鏡日時賢代目或以干先生虛心過獎許賤子閉吉瞿然起蝸牛縱使鬭兩角黠鼠何由誇五技學海自慚祭獺獺文圍年來鼠飛雉家室翾翾鳥補巢衣食紛紛蟢營壘得味

甘無酒後蔗沾唇苦過道旁李白鬚四海半爲兄青眼高歌待吾子（借用香山工部句）老成天許作楨幹珠光半夜出湖水孫秦入地久無聲文游臺高倚聳峙淮南八文倘接踵文采風流續前史觀書到老眼如月（借用稼軒句）陳編摘抉標新旨得君采采芙蓉花我亦搴芳涉中沚

偶成

西風颯颯振庭柯促織能吟蟋蟀歌一樣秋聲千樣聽聽時不得意人多

劉孟瞻文淇子毓崧伯山攜其尊人所刻左傳攷異過訪作此以贈並質孟瞻

門庭忽見氣和溫過訪從知世誼敦如此丰標眞玉立慚余兒子誤金根風詩卜氏西河衍文望昌黎北斗尊（謂孟瞻）一笑偶然同賤字渾疑安石要爭墩

述懷用程韜庵宇光韻

詩書堆几案舍爾與誰親古籍頻遮眼儒冠竟誤身（用杜句）爲巢等鳩拙此性不能馴舉扇風前立元規尚有塵

己亥

姪女七九殤

婉孌桃笙畔玲瓏每坐牀飼兒惟餺飥向我索餦餭病劇三朝臥憂深五歲殤眼前諸稚在爾獨去何方

汪西谷秦指同顏爽亭夏仲瀟湖上看花歸至紅橋酒肆小飲

子美詩中黃四孃王家酒瓮發新香青裙白髮人將老綠柳緋
桃日正長鮑照蕪城眞賦手阮亭詩社秖荒岡同來莫作山邱
感勉爲先生釂一觴

范三雨村邀紅橋小飲作

釭面初開酒味醇范君論事必驚人交情篤似唇依齒詩筆雄
因膽滿身煙柳重尋前代樹風花又過一年春何時共買湖千
棹與子分持雨釣綸

江淮泛宅圖爲劉十楚楨寶楠作

江淮通以後中有好煙波之子乘船往門生載酒過著書成七
略覽鬢感雙皤鷗鷺盡同侶招招喚淵阿
名士慣行役妻孥意自如人情越阡陌家具付舟車范蠡湖中

棹張融岸上居何緣竹間住草草結吾廬

畫馬

有馬來西極沙場亦慣經伯陽今不見垂老此房星
從來

釋言陰隲尙虛空自古儒修盡實功莫怪先生居柳下從來宰
相在山中杜陵廣廈心腸熱白傅吟囊句調工敢效才人賦枯
隱南山佳木最菁葱

題時還讀我書圖

鄧禹常笑人功名宜及早爨哲籍宏富插架恣探討探討全憑
子史經洪鐘一發驚揚筵朝啓安盤白簡白夜燃太乙青藜青
白虎觀天祿閣自古鴻儒皆嗜學鄭元能入何休室朱雲亦折

充宗角君今年少能如斯龍媒驥子稱英姿試揩老眼青雲路
看爾飛騰直上時

馬上看山色圖爲沈滂伯題

南史傳聲去沈約歷歷述祖德文人重所重不憚鋪張力昔祖有
懿行童時我已識君父我同盟交誼雷陳匹名駒產渥洼才不
可羈靮相期範馳驅迢迢周八極
雲中落葉聲蹴踏思杳句謂查初白馬踏雲中落葉聲之句驅馬四山中問君
君何去江東炫服行快意適秋賦馬首鍾阜雲衣上攝山露孫
陽我未見伯樂君應顧千金購奇骨煎岁金臺路轉瞬長安花
紛紛看無數

書所見

繆彤昔閉戶趙孝亦爭死虞荔每思寄蔡廓善奉軌昔讀古人
書硜硜諸君子謳歌上留田豆萁燃不止暮四與朝三狙公博
狂喜市過熊宜僚弄丸極圓美巨蟒詭無腸相鼠尙有體世無
韓延壽閉閤孰中理作詩以告哀或者頗有泚

哭殷孫殤

哭姝已聲吞哀哀又哭孫承脈惟有淚執手竟何言端慧方三
歲矜憐已一門桐棺時汝斂未免說無恩

即事

自顧頭銜冷似水夜深虛閣上燈檠青氈一笑成何事猶啓偷
兒入室心

雁頫

旆鼓森嚴屢策勛而今豎子亦能軍廉頗老去全無用衆口同
推馬服君

十月十六夜

窗間幾點燈花落階下數株晚菊開月色似霜通夜照葉聲如
雨半天來光陰冉冉忙中去鬢髮蕭蕭暗裏催詹尹唐生俱寂
寞卅年心事首重回

題問津圖

燕支潑汁成桃花千枝萬枝殷紅霞滔滔皆是何津涯知津漫
見漁人誇上流往往來漁樵漁弟漁兒竟何有煙昏露密罥林
藪但覺亡羊歧路多何來老馬循涂走似爾真爲解脫人覩河
而皺知有因靈槎關閉時命駕蟠桃放倒還尋根在山出山辨

清濁少年如此誰同倫吁嗟乎拘迂我被儒冠誤時亦裹裏樹
深處適聞爾作過來人不妨指我前頭路

醉歌與林大雨亭 文則

邗上詩林大天寒地凍中林大邀我過酒店酒從缸面開醇醲
一杯兩杯酒爲我驅寒風三杯四杯酒春風來融融試問春風
御從何處來醍酥入髓涎流顒雄譚博辯驚市儈玉山崟見先
生嘖林大林大汝今秋賦病瘧同幸勿自嗟時命乖揚州近來
時事改元貞淘汰根窩栽富室綺羅半塵土廣場瓦礫皆樓臺
天待吾儕甚不薄暖衣飽食無禍災况君今已入太學都人羨
爾明經才林大林大我且爲爾歌莫哀會須飲此開胸懷君不
見昨夜嚴霜暴原野廣儲門外多遺骸

邗上感舊

揚州城外易斜陽是處墳頭宿草荒惹得狂夫多眼淚虎賁貌
竟似中郎

客裏安排骯髒身茶餘酒畔獨傷神臨風一掬男兒淚不哭窮
途哭故人

浮山禹廟塑山海經圖像

猶是神姦鑄空山不若遭雲煙虛處補木葉上頭高不辨名誣
誑何能跡遁逃當年事驅逐毋乃聖躬勞

過木蘭禪院有感王播故事

喫飯誠難事斯人亦足哈微時弗自立其食是嗟來老衲去何
處王孫寶可哀木蘭如有識從此不須開

歸里後有懷邗上諸同人

十日歸期尚未遙懷人偏覺夜迢迢孤蟾墮水明於晝衆鳥銜
風響似潮古驛路長書不到小窗寒重酒難消相思只有梅花
發得與先生破寂寥

冬夜枕上偶成三詩

雪

殘臘餘塵滓天心一洗之豐年應有瑞大地總無私頻送殊方
喜長吟禁體詩誰言漢高士偃臥不曾知

月

一樣團欒月經冬倍覺明雖然出天際只是近人情窗外梅花
發樽中桂樹榮爲渠說消息從此悟虛盈

冰

花木形無定，尖叉句最工。頭銜何自詡，心跡有誰同。渡憶劉文叔，山爲楊國忠（用張象語）。嚴凝能幾日，解事是春風。

忠雅堂詩集中有消寒雜詠十首余變七言爲五言亦成十章

老衲夜無寐，危樓時一鳴。月明千戶動，風送四山行。斷岸旅人泊，荒巖古鬼驚。霜餘衾似鐵，有客悟平生。寒鐘

木落忽無數，崚嶒山骨屯。龍蛇今日蟄，虎豹向來尊。古寶尋泉涸，歸雲傍晚昏。松間築茅屋，高士此中存。寒岫

或被妻孥累，生涯賤不嫌。溪山雙足健，風雪一身兼。日落歸途晚，柴枯取價廉。何堪橋外路，酒店又新添。寒樵

一線東來大，餘威直到江。黃花前水縮，碧落此聲龐。兩岸平逾潤，孤城打欲降。披裘人穩坐，終歲守漁矼。寒潮

由四海三湘，張之達遠鄉。客心遙晚歲，暝色上危檣。語燕去無跡，飢烏欲下翔。歸舟三五頁，天際望茫茫。寒帆

自有求魚想，無心結網羅。因茲罩冰雪，渾欲避蛟鼉。潭影澄清下，波心潑剌過。逃名誠有地，江上買漁蓑。寒罾

一飯恩須報，狺狺吠夜深。門闌渠自守，賊盜爾何心。街柝風聲助，籬燈雪色侵。最憐人熟睡，獨醒古牆陰。寒犬

每作氈爐會，摩挲小雪天。篆煙雙筯外，字畫十年前。夜永朝猶擁，灰深死亦燃。孀殘今不遇，煨芋竟徒然。寒爐

接畛連畦翠，縱縱雪澤滋。人情叨把見，世味皺根知。鮭菜誰轑釜，羹湯每滑匙。英雄商出處，想到閉門時。寒蔬

一片端溪石，蒼堅是斫材。冬心人獨守，生面爾能開。呵處冰成水，敲疑鐵作胎。頻年無惡歲，耕種莫徘徊。寒硯

前詠未盡鄙意復作十首以廣之

隱隱籠燈至，勞勞驛卒偕。風狂披絮帽，霜重踏芒鞋。玉漏沉千戶，銅聲靜六街。抱關人供職，多少姓名埋。寒柝

歲久紅牆蝕，招提冷更增。蒼涼難信佛，虛寂似無僧。雪壓千年柏，龕明半夜燈。前朝功德寺，布施帝王曾。寒寺

殿角晒斜陽，西風廟宇荒。衣裳憐爾薄，指爪讓他長。門有催租吏，廚無越宿糧。杜陵詩賦就，曾宿贊公房。寒僧

蒲柳秋先盡，伊誰說後凋。槎枒連古社，盤錯記前朝。鶯燕不相

問，烏鴉疑見招。春風來日到，依舊長瓊瑤。寒木

賃屋風生廡，齋糧月照峯。厥聲辨喧寂，其歲識豐凶。夜靜燈頻閃，人歸鬼或舂。決渠來水利，幽壑亦淙淙。寒碓

膈膊聲初動，霜天醒四鄰。憚犧應斷尾，知曙便騰身。五德誰爲伴，三號最有神。壯哉劉越石，繼起是何人。寒雞

漏影閣沉沉，膏油費夜深。績分貧女火，書見古人心。說鬼每無燼，敲棋間有音。他年照珠翠，棄勿棄牆陰。寒燈

莽莽郊原路，天低壓陣雲。鷹鸇常使氣，狐兔慣成羣。雪暗圍初合，風高響易聞。策勛歸日暮，羔酒醉紛紛。寒獵

白墮善春釀，山中姓字傳。欲消缸面凍，倪見瓮中天。甘旨三冬蓄，瞢騰一晌眠。誰云荼當酒，漫向竹爐煎。寒醪

刀尺深閨事篋箱昔日收贈人須慷慨於我最綢繆火借熏籠熨錢羞質庫酬孰如齊晏子卅載一狐裘寒衣

伯山詩鈔望雲集卷六終

伯山詩鈔望雲集卷七

泰州康發祥瑞伯

庚子

訓誡第五子保

汝昔暴鄰曲往往騎屋山汝年方齠齔責備姑從寬今時已長成何似當初頑童心好嬉戲優孟妝衣冠我時復汝貸姑息恐養姦聖賢非妄許卿相亦大難人生無恒業安能免飢寒愛憐少子心丈夫豈不然特恐駒影速一去不復旋人事多錯迕須惜少壯年劣馬不服馭甘受圉人鞭我若一舉手皮膚焉能全庶幾體親心舊習速朝悛作詩聊汝勗淸淚時涓涓

正月八日登北城樓閒望

東風吹處漸開冰極目村墟感慨增繞郭未歸洪澤水沿街已賣潤州燈連朝米價昂如許近日河隍復未曾何事北門今不啓幾家門戶午煙凝北門橋淤塞數十載矣今鳩工濬修北門不啓已二月有餘

庭前梅花半開夜間風雨忽至早起偶作

妒花風雨夜間來曉起濃雲壓作堆我乞天公晴十日讓他梅樹稱心開

萬秀石爲黃子仲晉卿寫照余題其上

數年不見黃公望今日相逢水石間績學未曾登畫省賺錢直欲買青山欣聞老尚强腰腳難得閒中有笑顏擬挈煙簑拖雪屩與君同出又同還

向平婚嫁未曾休笑我年來不自由近市恨無臨水屋移家欲

住對山僂交情最愛汪汪度身事渾如泛泛舟寄語萬回狂弄筆也應爲僕寫滄洲

析薪貰酒圖爲尤柳村題

大材如此本輪囷樵逕絲何學隱淪要向溪橋沽美酒不辭負事說勞薪窩颯射的山頭路舊雨王官谷口人我在溪邊時放鴨與君同作苦吟身

塡詞圖爲金子石德輝題

大好園林自在身無邊花月亦精神愛聞戲拓辛家印已是年華六十八

草草光陰一刹那新詞都付曼聲歌外孫薺臼人題徧只恐傳鈔膀脫多

家貧賸得好花枝通德伶𠂔作伴時十樣蠻牋書百本勞他纖手界烏絲

茶鐺酒琖劇脩然老去才人慣放顛贏得曉風殘月裏爲君呼起柳屯田

題張玉農瑞符胥江送別感舊二圖

冶游欲作吳船錄古調休吹市上簫別有情懷忘不得每從煙雨望楓橋

宮柳垂絲認短長無端俠氣化柔腸可堪一斗男兒淚哭了要離哭窈娘

徐東原震甲爲畫山水幛子作歌以贈之

徐熙家法從今變徐君下筆開生面揎袖雲煙一掃開淋漓墨

藨鵝溪絹　國朝作畫稱三王山人烏目官奉常司農官閥更華貴　內庭供奉誰頡頏此後數聲上作者往往曰二張二張者爲誰南北同翺翔南張曰寶巖鎏名譽噪朱方金焦兩點供裝袖裏中設色成青黃北張曰桂巖賜甯家住滄州滄鬱伊懷抱不可遏酒酣奇氣圖衡湘畫成有時見高臥高臥一十三峯之草堂我於南北二張俱慴服尤覺桂巖之畫情同痴嗜瘡今君欲入桂巖室豈獨升堂嘖嘖稱今狂時人見君畫成就謂其老成身崛強詎知君年甫弱冠錦衣玉貌繡襺褡江湖畫師不盡老此邦年少君稱郎吁嗟乎我時索君畫君曷飲我酒此事從來期不朽董巨荊關孰埀久塵氛筆底君應無邱壑胸中吾亦有

哭儲生劒潭啟鈚

憶昔爾從游卅載成一夢總角荷衣來裋褐倒紫鳳乃祖最愛憐上學屢親送詩書纔上口琅琅早成誦文賦一涉筆彈丸供搏控鉅公緬柴墟謂前明吏部靜夫先生勝朝推國棟侃侃時上書清望晋都重此子學可成曷不爲時用區區弟子員㚒㚒廩囷俸祇此畢一生死法堪哀痛因思少壯年游跡每陪從摩挲岣嶁碑躑躅焦先洞謂游攝山焦山馬灣青山頭兩厄曾驚衆余戊子歲過青山下風浪大作舟幾覆丁酉歲過馬家灣風雨舟覆皆與生共之翻怪昔不死得死猶能共爾今舍我去笛起山陽弄涔涔老淚彈實爲夫人慟

病馬

病馬只貪臥斜陽古道宜瘡深烏不啄性懶犬能欺知己有誰

顚窮途每自疑翻思無用日幸不受人羈

初夏齋中卽事

榆莢初飄豆莢肥疎簾清簟坐斜暉蛙翻溪草沿上出蝶逐餅花入室飛習靜纔知容膝易愛閒忍說賞心違先生自道窮無事差勝征途客未歸

舟行延令道中作

修竹誰氏園千竿夾流水中有黃栗留聲聲叫不已

花好常迎客橋低每礙船跳波魚潑刺一晌浪紋圓

斷港聚鳧鷖荒隄臥楊柳船底水聲來知到官河口

雜感

捷徑官衙近梵宮伍眉菩薩笑春風華山幾女昌黎句都在雲窗霧閣中

火急催租更斂貲不堪民命怨當時風流遞到平安帖大度偏容杜牧之

立冬日遣懷

辛苦薺鹽累不忘家居倍覺一秋忙兒驕未肯親書卷妻病時爲撿藥方雪壓梅花宜冷淡陽回黍谷或安康沽醅且盡杯中酥一醉瞢騰臥草堂

輓陸香雪 世用

傳來音問日將晡一慟斯人眼底無傑作我欣刪儒饗大言世盡厲狂夫才如魯國奇男子身似高陽舊酒徒回首虹橋成永訣蕪城從此是歧途

蕪湖鐵畫歌

誰將鑌鐵作畫本奇巧獨有蕪湖人九州之鐵不鑄錯居然稱手能成春嵇康好鍛不足數河陽作畫非其倫吾聞古人運筆比鐵勁未聞屈鐵如筆純百鍊之鋼柔繞指造作豈獨能屈伸是畫是鐵技微至惟妙惟肖形逼眞或作花卉綻或作山石皴或作洲蘭垂雨葉或作楚竹欹霜筠或見耕牛歌濈濈或看征馬跑侁侁或有帆檣林裏時出沒或指樓閣天際森嶙峋其尤妙焉者楊柳受風慣作態爲偏東而垂絲縛酒帘出屋亦飄蕩爲招過客沽清醇懸之高堂之雪壁畫圖一一皆精神我見斯畫忽生感凡有絕技皆足珍火筋舊傳武風子沙壺亦重時大賓江湖風過識名姓不愁埋沒隨煙塵何似腐儒作文字高冠岌岌昂藏身東塗西抹事剽竊舜華略比容顏新鐵工鐵工爾從何處得此技世人未必能效顰朱君碧山或似爾尋源自見仙槎銀

辛丑

相馬圖爲友題

孫陽才氣冠羣英眼力能從相馬生薜業燕臺君直上紫騮背上鐵鑣聲 友人購得古鐵簫一枝

豪氣消磨我獨迂鬚眉一笑老鄉閭千金駿馬渾無用只覓花閒禿尾驢

風雨中得舊衣一襲感而有作

舊衣如舊友風雨時一披譬之當患難此友能扶持新衣非不

華耀日生容儀天寒風雪中着體殊非宜舊衣適來前舍此將
安施持此問新衣新衣知不知

內子久病不起三首

一病在牀第纏綿十閱月用盡平生心咯盡腔中血血盡面色
白黃顏轉如土寒暑鼎鐺敝昕夕薪水鈌祈禱佛無靈醫藥計
屢拙火炎色易佛語好亦不悅因思日者言姑作如是說

前歲肢不仁作詩定卿痛病退復旋起貧賤三年共前年兒完
姻未免多費用客歲湖水來隱憂食指衆割肉爲醫瘡鬻釵屢
補空望卿且強起家擔千金重

少子不解愁幼女難持家病人愛清靜室淺多喧譁情急入中
饋爲撿湯與茶子婦衆何益絲亂心如麻我疲亦思臥顧盼金

伯山詩鈔　望雲集卷七　六

烏斜朝來覽銅鏡兩鬢星星華

與常高庵游柳村小築

畦町屈曲如修蛇野廬偪仄同盤蝸一墩獨聳出短樹萬木四
圍齊排衙秧田穎秀方罫列荷溪混漾圓幢斜桑落舊築市門
口茅屋新蓋森檐牙應門一介似老鶴娛賓兩部喧怒蛙到來
恰喜賓主合此間不聽兒童譁轉瞬深幸小雨歇當頭尚有油
雲遮客至雨餘看修竹君言春蚤多梅花主人言今春梅花盛開介弟山
林見經濟元方冠蓋猶天涯謂振玉大兄近官德州勝地最宜詩甞酒清
齋不乏蔬壺瓜田子不來少意趣謂少泉常君欣賞方咨嗟衝泥
舉足向東去炊煙回首炊西家

越四日重游柳村小築南卿世兄和前詩書扇見貽仍用
前韻作答

水車舉确骨蜿蜒石磴回旋逃塗蝸園亭草杜地名曲文章屆
宋官使衙雨腳蝕日白晝匿雲頭露月黃昏斜忽荷新詩貽素
箋重來舊調翻紅牙名駒蹀躞作騏驥凡蟲噪聒喧黽蛙麴蘗
香斟玉琖溢竹風猝答銅鐺譁朋情更起舊雨思指眼不怕浮
雲遮我詩槎枒似古木君才發越生新花大器那復量斗石洪
河何處爲津涯竹林杖屨挈小阮南皮讌會浮甘瓜廣廈能旋
杜老願有田不歸東陂嗟宿鳥驚人復入樹涼螢照我時還家

悼亡十首并序

吳陋軒嘉紀集中有悼亡詩十二首敘言妻常願先吳
死欲得吳之輓詩也內子張孺人以我耽吟半生亦有

伯山詩鈔　望雲集卷七　七

此願今如願以償僕才雖不逮陋軒然言哀則一也

卿今中表親齠齔即相見于歸卅六年流光疾如電此卅六年
中辛苦嘗之徧榮華世所有累卿獨貧賤一朝舍我去轉瞬風
花變茫茫泉路闇何處見卿面

附身與附棺百事傷草草此恨縱不免何爲去太早我形本清
羸速化似不保我鰥卿未寡何意事顛倒烏生八九子顧復歷
昏曉啞啞爲反哺比翼豈不好哀哀共命禽忽作分飛鳥

出門多挂念入戶誰與語形影自相弔慟絕喪儔侶夜來乍夢
見問是何情緒卿言家計重此後奈何許絮絮而叨叨使我淚
如雨晨起自拭乾中庭復延佇老夫自有淚不欲示兒女

憶昔洪湖來河伯方降殃鴈行忽離散各居參與商研田我本

痱何以爲粢糧我讀卿苦役不惜十指僵卿爲廡下舂我然倉
中穰釵釧入質庫車轂摧中腸荒年能過活笑指顛毛蒼
念爾駕舟去嫁女往東村時我羈邗上不獲返里門卿才足撑
擋克完兒壻婚衣裙薄薄設奩具稍稍陳一百八十里往返無
逡巡權宜識大體不作拘迂論蔵事我歸來笑語何其溫
我母爲卿姑愛卿每色喜姑方老疾時卿與同臥起非無僕婦
御恰少妯娌倚廁腧待卿滌煙湯頮卿洗卿不解章句自識儒
門禮悠悠行路心得無顙有泚
我昨攖暑疾汗出病不去扶牀卿慘切惟恐我化去我今未化
去卿適去何處鰥魚目不瞑望望天難曙婚嫁事未了安得卿
冥助入室想所歷悽絕黃門句

痘殤適有歎喪我兩孩嬰一元捷元兩孫患痘先殤人數日殤卿心最憐愛豈願
摰之行天心太慘酷偏使爾導迎哭姑兼哭子兩媳烏烏聲卿
從地下游有耳不得聽我耳聽終朝老大難爲情
陳陳壁上挂落落箱中衣纍纍屋上瓜歷歷園中葵是有卿手
澤觸處皆傷悲凄風入我闥暮雨灑我帷飢犬望我嗥寒蟲向
我斷疑是卿魂魄望望今來歸來歸不可必使我將何依
人言非缶歌漆園最解脫雖有劍鋒銛此情實難割比鄰樂偕
老我見卽氣奪人苦在後死藥苦爲獨活一慟風雲昏萬里音
塵絕

一鴈

一鴈竟何適低空祗獨飛儔多誰是偶儕大亦何依到處皆秋
水前途易夕暉蘆花最深處望望且來歸

烏問

毛豐雛忽去去東西翔巢中烏問雛我去適何方

丙子亡已百日矣余於靈前作詩告以近況

迢迢一百日卿去實何之憶昔主中饋未肯一日離茹荼而食
蓼甘之卻如飴絲何舍我去一去無還期昂藏五男子家政弗
能支力疾視饔飧乃在弱女兒思卿不可得使我坐成癡作詩
以告卿卿兮知不知

十二月十九日小集城西草堂爲東坡先生作生日兼壽
沈芍園丙春分韻得思字

東風裊裊雨絲絲缸面初開酒一巵紅燭樽前成雅集碧雲天
末起相思江山跌蕩休文筆人物風流紹聖時倒戴接離歸路
晚此間勝是習家池

野步

野步心何懌尋詩意自閒村歌聞笛外犬吠到衣間鳥與客爭
路雲隨僧入山何時結溪屋盡把俗塵刪

偶成

持論從來有異同誰登廣武歎英雄張湯吏治分輕重李蔡人
材本下中沒世名難說微倖感恩言合見圓融腐儒苦執南狐
筆未免拘迂怨道窮

詠蝶

栩栩騷騷夜繞晨撲鹽飛絮絕纖塵漫空有影飛蝴蝶入地無

聲殉故人竹葉被他齊覆壓梅花得爾轉精神年年檐溜消融
處纔見千門萬戶春

壬寅

將赴韓塘李丈春亭 蓉榮 作詩餞送卽和其原韻

韈駒祇戀舊家鄉邇日燈前語別長去住兩難無善策齏鹽多
累少權場衰齡阨戸慚何似老輩關心誼不忘悔不春華能努
力男兒功業著旂常

過野田莊作

霏霏小雨濕衣裳轆轆車輪轉轂忙不見成都費此度費此度名密成都人著有荷衣等集國初時僑居野田莊東風吹過野田莊

兀坐

虛堂兀坐抵山深鴉帶斜陽色閃金邪許忽聞人用力風來渾
不是鄉音

過界溝

町畦盤曲路迢迢野店風微酒旆招麥腳漸高春水闊車聲直
過界溝橋

車中作

時從西郭問桑麻景物依稀望眼賒行見麥黃甚漸熟滿田薝
蔔又開花

過徐鶴峯墓 小序

鶴峯與化人嗜酒能詩善鐵筆客死于泰同人斂錢葬
之首其事者葉君古軒

伯山詩集 望雲集卷七 十

町畦犖确水淸澂三十年前會葬曾腹痛因過車五步眼穿戎
望酒三升目中人物題凡鳥身後聲名薄季鷹連日東風作寒
食紙灰飛上野祠燈

畫梅歌爲殷古農 杓 作

古農畫梅如畫山奇險與折難躋攀古農畫梅如畫水般淌動
瀲流淸瀾古農畫梅如畫山中一老僧跏趺袒臂守一[illegible]頹
廟古夜不寐潑空朔氣霜稜稜古農畫梅如畫花間古[illegible]
彩戍削無纖塵拈花不笑亦不語皆風裙帶饒丰神童[illegible]羅
兩峯畫梅手段何其工古農畫有積薪歎此二君者將無同橫
參在天月在地畫梅以形兼以意我於古農之畫無間[illegible]中間
別有淸靈氣吁嗟古農近日攖沉痾兩足痿痺行槃姍我有東
絹欲乞畫手難把筆如梅何手難把筆如梅何對梅使我空長
歌

京口告警之日王勾生 翼鳳 正失怙之時倉皇舉匱攜家
遠徙時以新刻詩集寄到書中之言最爲慘切余作詩
哀之

鯨鯢鼓浪蕭村墟遠近驚聞蜃氣噓樂府聲淒歌獨鹿廣陵書
到有雙魚詩人杜甫離家日孤子徐陵哭父餘手把一編還我
寄風前嘹唳泖愁予

七月八日集城西草堂作

城西風景足襄爽主客圖成少長該百事已如秋扇棄一樽聊
爲晚涼開琴彈綠綺非凡響樹綻紅薇是美材我正韓塘賦行

伯山詩鈔 望雲集卷七 十一

殺菊花時節訂重來

過召伯湖

遠岸樹如薺蒿多行礙槳煙中不見人獨聽魚榔響

題錢雨鐙蕪研圖

研田誠瘠薄歲歉更荒蕪負米親須養謀生計太迂書稱眞種子食逐上農夫我作漁樵侶皤然亦改圖

邗上逢張鑄臺錦話舊於北門外河樂茶肆

少時曾作斷金占難得君如竹上鮎卅載光陰忙裏過雨萍蹤跡水中漚爲山志大徒成簣賦海才高豈濡鹽話久不知烏匿影水亭人已捲重簾

中秋患病作

鰥魚緘恨歲初週佳節空堂病未瘳蛛網窠殘書幌月蟋聲啼老枕函秋蕭疎鬢髮簪難綰悵觸心情繭共抽驀地風來聞笑語卻疑庾亮在南樓

病中聞弟病呻吟憂而作詩

風萍水絮每紛爭那及寒門老弟兄各抱沉痾質歧伯慚無長被共姜肱半生辛苦嗟同病兩榻呻吟耐五更惟願天公肯垂顧田家荊樹許重榮

病中憶亡妻

年來蕉萃此形骸夢想逢卿信又乖秋病不調莊缶曲獨眠眞守太常齋扶牀苦憶鳴雞問庚子年七月余偶抱暑疾內子扶牀問訊一夕數返今內子亡矣而關心者誰命駕終虛挽鹿偕忽地西風起檐角不堪梧葉響空階

病小愈覽鏡作

酒盃戒已解弓蛇覽鏡將衰竊自嗟鬢髮頓教成雪色形骸幸未閱風沙櫪中老驥三升豆天外飛鴻萬里花各有前因休問卜唐生詹尹又荒遐

余病初起而弟病更劇夜不成寐早起漫作

無端霜雪逼寒松醫至驚傳信愈凶喘息遙聞愁夜枕衣裳欲攬伺晨鐘半生久作呼羣雁百事難抛負駟蛩忘卻此身餘病在扶牀不覺淚重重

哭弟步庵

弟才本魯鈍弟性亦和厚若以恒理斷宜其能得壽中年病虛損清羸體難受譬如物有釁不復能持久夏五忽病足遷延近重九與我竟長辭寒門不共守我方在病中慟失左右手吾姪方三齡嬌小未離乳吾弟得子遲掌珍常視女何竟舍之去忍令幼失怙此兒屢哭泣撫匿時覓父謂父臥此間曷不與之覩兒語最嬌癡此情倍淒楚掩袂不忍見涔涔淚如雨雁序忽分飛各自東西翔我飛尚在此弟去今何方回憶束髮初梨棗分一牀外傅旋出就筆硯相共將迢迢數十年亦無參與商今忽弱一个我心殊皇皇兄弟共一本枝葉方青蒼北枝今凋謝南枝安得強哭弟兼自危一慟天茫茫

同人前約重陽日集城西草堂時予患瘡初起兼悼舍弟之亡漫賦

黃菊籬前正散金重陽有約更聯吟雲山高閣三秋値風雨蕭

齋二監侵儘有花枝能揷鬢可堪䐡脚不從心罷登高賦無才
擬老淚涔涔自滿襟

余自丙子亡後獨居一室出門則鏈之舊僕某以余外出
嘗挾請去之志九月十一日久瘧稍愈卽赴韓塘途中
感而有作

閱歷能教意氣平藉知物性與人情奴因利少生心去鼠爲房
空放膽行書劍蹉跎天易晩文章覓食命從輕嗟余年老悲身
事不及終軍少請纓

送瘧篇 小序

患瘧數旬不痊枕上作詩以送瘧鬼名曰送瘧篇昔昌
黎譏之余送之余之待瘧鬼不爲不優也

瘧鬼瘧鬼與我濶別十九年甚風吹汝到我前爾來見嗜無他
物水火旣濟相熬煎午日不肯去廿日還流連三旬之後忽暫
別四五日後依舊來回旋瘧鬼與我厚不欲輕棄捐樽中有酒
槖有饘何不飽餐恣醉眠我有一言須聽旃勿以予言爲不然
君不見赤日行天風吼樹乾坤坱圠東西路北山之北南山南
指點中間有佳處薜荔爲衣裳女蘿作文具洪崖浮邱得相遇
大可餐霞共飮露爾不爲人禍人不於爾詛爾與人兮兩無忤
天機浩蕩人純固尻車神馬在門前我唱驪歌瘧鬼去

十一月初四日自韓塘歸里涂中卽事

風日晴和熟路經筍輿輕擧出郊坰寒帷望見天低處山色江
南數點靑

一徑西風落葉過活湖廟外夕陽多方塘四面冰皆合賸有中
間鴨泛波

到家

心緒經寒亂似麻朔風吹雨送還家不波井自生新水忍凍梅
能發好花點鼠已翻書錯落旁人應笑屋欹斜掩扉且作偷閒
計篝火風爐自煮茶

癸卯

古藤歌爲于晴皐作

諸君且勿譁聽我歌藤花藤花何處最奇特門閥駟馬于公家
我與公家丕姻婭造門拜謁停征車主人邀我坐山館綠陰一
片森檐牙非槐非榆非梨楂非蘆非荻非藤葭乃知古藤乍垂

蔭睚眙驚駭成咨嗟根株之大徑半畝囷囷盤盤堅如礙偃蹇
詰屈勢奔赴枝柯上作千龍蛇巨靈伸臂變斷足魑魅欲走窮
奇拏金繩鐵鏁縛贔屭長槍大戟困夜叉四圍枝葉合無縫空
中秀外形窅窊凡禽衆鳥不得到蒙密欲作鸞皇棲有時微風
勿鼓盪如鬪古樂非淫哇笙笳簫管亦間作側耳竽筑琴箏琶
我見古藤時仲夏繽紛未見舒奇葩不知花時作何狀主人說
豈毫釐差紫雲回曲霓裳奏諸天𧦬赫流禎霞夫人雲軿或聋
至半空雜佩遺弁珈又如靈山禮古佛百千僧衆披袈裟古佛
拈花作微笑滿身纓絡隨風斜歎息君言不欺我此花此地眞
風華下有人兮列絳帳 謂王子駿九兄 生徒問字來侯芭旁有古松極
蒼勁下排巨石形谽谺虬枝蚴蟉倘欲折鋒鋩巨闕摧干鎁者

情若作剡木想尋源以此成靈檟南粵榕城下走馬古隰六駁般蒼騶車蓋羽葆盡大樹山嶽靈秀何樣枒豈如此樹實蘇本數百年後森萌芽緬維　國初吳祭酒新詞拙政歌山茶天台有藤用作杖鉛山蔣君詩特嘉我詩那有積薪歎視前作者何能加作歌歌畢愼勿笑吾言雖大誠非誇

李達仁招食蠶豆

客中滋味到吾曾節候驚心似水增食向厨娘分一勺情如棧馬戀三升瓜壺來日叨園叟桊把當年詠少陵我擬酬君沽綠螘連朝同醉小窗燈

蕭山毛大可集中有打虎兒行一首最爲奇崛余閲宋史列女傳中彭氏女有斫虎救父事因作斫虎女行

斫虎女何雄豪奮身直與於菟鏖於菟來欲啖女父女兒即試屠牛刀斫虎女虎撲地虎不畏女兒虎畏女孝義女兒十指如春葱虎身大與犀象同女兒使刀如使風虎不如狗其技窮斫虎女奪父還遠人詫異都來觀女兒依舊垂雙鬟若非女兒有膽氣女父幾入虎腹間斫虎女事千古何以男兒心畏虎不知父此女知父不知虎視虎非虎虎如鼠虎兮虎兮奈何許

小海山房詩集

（清）康發祥　撰

《小海山房詩集》十二卷，清康發祥撰，據清刻本影印。

本書爲康发祥編年詩集，自癸酉(嘉慶十八年，一八一三)至壬寅(道光二十二年，一八四二)，中間没有間斷，時間跨度近三十年，共收録古近體詩九百餘首。康发祥詩作頗負時譽，集中詩歌作於康氏盛年時期，題材非常豐富，記事懷人、抒情紀游、題畫詠物、懷古詠史等等，展現了豐富的思想内容和較高的藝術成就。其中有關其時社會生活的詩作，頗值得注意，如卷八辛卯年(道光十一年，一八三一)所作《紀水災詩》，有《車邏壩》、《居奇歎》、《鬻牛歎》、《餓民盡》、《大風行》、《賑廠開》、《搶鹽行》數首詩。此年長江淮河發生嚴重水災，造成極大損失，災民生活極爲悲慘，康氏深感悲憤：『胥吏當門猛如虎，餓民餓民心獨苦。餓民來日塡滿壑，胥吏今宵買歌舞。』(《賑廠開》)

(周　忠)

小海山房詩集目録

小海山房詩集卷一

泰州康發祥瑞伯

癸酉

雜詩

淵明閒情賦，詞其旨則邇。蕭統見何隘，指為白璧瑕。枯揚特生稊，老樹猶作花。物類感自然，形質修以綺。詩三百篇，託興多奇葩。采蘭贈勺藥，標章存風雅。詩者不能察，漫以雕責加。有如里巷兒，黃口雙髻丫。八家學解語，浪說徒呀呀。誠若坎老蛙，笑在万家若。既負詮選所，貴惜齒牙。知音世有幾，今我思欲巴。廣樂聆鈞天，摩書將東府。觀止嘆於斯，退歸顏色沮。采入場搭刀，玉案方剝梏。兵符缺家家，耿恢坐璞鼠。有如刈天穴，欲與上帝拒。有如東家姬，效顰浣紗女。轉恨窮脊積不發，秦人姬咄哉揚太元，鴉戲魯論語。

楚蘭抱幽芳，抑鬱士誰語。篤弁涉沅湘，疑付為淵渚。有女美且賢，冬扶當風舉。微波以通詞，嫵媚使相許。贈我漢皋佩，彩我汀洲杜。至誠感青昧，珩璜不覺吐。東阿賦宓妃，宋玉思神女。寄寓託深心，狎褻非所與。何以俟世人，榮詠陽臺雨。

曉月

曉月如嬌女，輕盈怯早寒。林梢猶剩影，抑怕人看。風力欲吹送，鐘聲能通殘。那忘山下路，趁夜然歸筏。

古意

古井汲銀瓶，綆短不及深。妾生[illegible]閒見，安得識郎心。

荊吳感舊圖為凌芝泉題句并序

荊吳用兵之日，凌君芝泉參畢中丞軍事。時伐雛有文顏色如花，中丞欲以妻芝泉，芝泉敬謝不果。時有老秦賓某言與女同鄉里，願挈之歸去，還其父，中丞許之。越一載，芝泉因兵事已[之泉]既渡將廣陵役，夢女來訴云：冊次湘水，某心起不良，女不從，投水死。芝泉醒而傷之，繪圖徵詩。

衣上征塵笑上沙，雨行戈戟亂如麻。多情人似參軍少，長揖軍門為截花。

嬌娃輕付媼形叟，畢竟當初失措量。我為將軍錄善崇賢，持千騎送紅粧。

荊吳通日罷談兵，風雨蕭蕭感舊情。妾夢不離湘水上，為郎終傍廣陵城。

書記歸來已二毛，茫茫幽恨枕征袍。更殘酒醒燈如豆，憶程紅粉佩刀。

市隱園八詠

中林堂

為个青琅玕，窗座起寒色。此君有清標，主人非肉食。綠陰合無縫，俗塵來不得。

鶯聲閣

擾入山路，道高閣建平岡。客來如野鷗，身與鶯聲處。一時鷗與鶯，公然作賓主。

枕流亭

有亭在中央，欹卧枕流水。宛若雕飯狀，頹然而睡矣。斜陽推復倒，冥風扶不起。

研雨齋

研田無惡歲，墨瀋常氤氳。雨從潤澤也，兄教君葑梵。蕭齋特方寮，住來多白雲。

芙蓉坪

滿樹芙蓉花，一片擱猗地。花花白夕紅，素黃齊然翠。花落葉從風，仙人脱錦被。

駐鶴峯

唳唳特一聲，鶉鶩不敢叫。鶴從青田來，即此作東道。野性最難馴，來軒非素好。

小西湖

昔人重西子，因比西子湖。此湖獨云小，風景豈懸殊。不知人世間，有小西子無。

塔影池

天光碧四圍，疊雲垂一片。蓮花朶朶開，倒影池中見。只此一掬水，洗淨千佛面。

泰淮水榭坐雨

當門峯影小，於欹靜聽跳珠。坐此齋我有故人，是秋柳三年清夢落泰淮。

甲戌

韓將軍光愈賓刀歌

光愈泰州人，中康熙乙丑科武進士，廷試第三人及第，官至參將，勇善戰，多立戰功。有賓刀二，令歸陳氏。愚疑者多，以此愛勝之余與同人往觀，為作賓刀歌。

匣中留此數尺鐵，上有血花圍成結。寬如兩指薄於葉，斯蛟屠龍不待折。韓將軍斯蓋世雄，提刀上馬揮長虹。兩條隷彩飛當空，空中霹靂壓雪公。殺人如草變辟紅，啾啾唧唧啼沙蟲。一日殺賊九十九，殺心未快不釋手。財光潛藏魁魅走，擲刀下飲那消咄咄。通人事可怪，將軍登死刀空在，不作平津化去身。歸鵜鶘膏溢芙蓉外，頸毛直竪目皆出。藏刀之人何威銳，每當陰雨天昏黑，刀上人頭持出沒。吁嗟乎，從來神物貴有主，多少思磐須託汝。將軍之待誰人把弄，沈吟歎曰舞。

冶春詞

東風無力紙鳶斜，獨上紅樓啓碧紗。杏子衫輕高卷袖，看儂纖手折桃花。

臨窗昨日繡予鞋，款款香塵上冢來。折得野棠梨一束，教人知道踏青回。

松林庵古柏

高不出樛蔡，虬龍蜿蜒形。枝無三寸直，根帶六朝青。皮裂刀剜濤，逸兒怕聽，老僧強辨事，指點讀碑銘。

贈凌芝泉即以送別

少年戎馬事長征，磨盾才家俗眼驚。舊部將軍三箭定，近看蕺

客二毛生功名已笑鄢郢乎詩律深嗟滿上兵通日壯衰悲伏
櫪不堪重入亞夫營
莫愁湖上柳絲絲曾記開軒讌集時翠內夜深誰送酒憶昔居金懷共單
袁中金盡只藏詩琵琶妓惹青袍淚淮海人傳白石詞如此天
寒風雪近齋齋禁被又何之
故吾悠忽又今吾示我荊襄舊圖有故吾今吾裏悲嘉二圖荊襄望去湘
雲慈黯黯歌傳小海聽烏烏王歷苦說為情累阮籍由來是酒
徒我亦頻年無一是歧途豈獨泣楊朱
柴狼奔走未曾聞雄水題襟復往還十丈紅塵天外坊千林黃
葉雨中山陰棧洛下多新賦庾信江南有故聞請把箱篋持據
試不妨樽酒强開顏

不寐

獨睡渾難着風燈無定羽難蟲爭答語蕉竹錄秋聲萬窺夜如
此孫宗元不早有雞夜深語肝膈許同傾

「和俞澄夫先生」咏鐵追挽浙閩提帥李忠毅伯長庚詩原
韻

保障狂瀾勇絕倫蟠根仙李失輪困樓船未兆飛來識符劍
開化去身虎豹韜鬭誰得似麒麟畫好恐難真
聖朝多少訓屬與此是
天家守土臣
畏更悲壯贊兵籌路指紅毛島外樓點首信從橫海將赤眉
服夏陽侯誅猾梟猿涵天罪人拋船艇失亦發擬罪郎鄉呼死
士醉和殘淚灑東甌
賣魚帆挂閃海淇海若沉珊喚不醒侵鶴忍教君子化蛟龍司
逆大王震氣穿天意遊蕭齋鼓於河落將星不見澎湖息為
報至今啼與客人聽
欽聞
綸詔九重羽翼尾騎歸列宿班千里筆書飛庾耳五更風雨哭
漁山英將壯志殲餘孽死有兵機攤百寶太白揚輝天尺五紅
旗白馬待公還

瓊枝曼仙曲并序

瓊枝曼仙者明惠府樂戶也明季流賊殘穀忠入荊州
名行酒瓊枝罵不屈賊嚌以刃瓊枝曰汝枝止此耳哉
不畏死奈我何哉賊將之以喂犬曼仙則極逞技能以
媚賊乘間置毒於酒以獻賊令先飲卻之不得立飲而
斃賊覺亦磔其屍徐世昔為之記余續之作歌

一女貌若花罵賊如檛漁陽撾一女酒如玉殺賊即欲殺以毒
賊一見之目眥裂玉缺花殘刀下折五步之內濺頸血女兒亦
有常山血罵不絕口身俱死殺賊之技技止此美人吐氣如長
虹宮人刺虎同其雄天乎何不佑之成厥功蛾眉有多復有識
樂戶之中誰與匹高郵亦有毛惜惜

征衣

苦雪縈霜熟稽溫絮袍一領至今存西風吹老潮河淚出塞歷
殘捐疊痕馬上餘生惟共爾閨中弱線最消魂也如破綻灘

用道左輕拋是寡恩

城東探梅折得一枝歸供研北偶成

淺笑依然近石欄有枝半萼倚煙寒相看最愛玲瓏骨不信枝高出手寒

手掬春波濯瘦研挑燈索影最嬋娟與儂相對無他好日製新詞念與聽

乙亥

袁文治山觀海詩

天雞大叫扶桑東金精射浪蘇龍紅中有人兮氣似虹靜冗磅礴聲隆隆雙足不畏颶母風把酒向天呼碧翁珊瑚捧出湧貝宮真珠濁貴蠶海翁大聲疾呼天帝聲下氣五百拜蛟龍先生欲語益雷同咄咄怪事書長空巖崎高朗十二峯洋疑峯峯成芙蓉見者目眩天迷濛如此大筆誰樓蹤前有作者東坡公

吳淩清明辭

新詞爲唱出東門望見斜陽家外村多少兒童齊拍手風箏吹漫屬星歇

次製短棉傍祖載少年中有出羣才出郭抹得平蕪也作詞屬舜大米

官河之外又西河一帶垂楊垂柳拖相酒將來爲火聽爭說金架教鸚哥

荒年頻過處年年日暮登城望眼熱往教長官姻禾禁斷樹偶有兩三家

邗上萬齋參士弟善祥

驚魂竟夜獨淒涼旅館青燈吐燄凉三月鶯花壽小杜五更青草夢池塘閒情寄向閒中賦舊恨休將舊事忘記取桐邊舟別語白頭親老倚門望

友人持紗袍一領命着之短寸許衆公遂之作詩博笑

人生衣履如匹配笑殺張冠難李戴一袍好友共有無豈竟通融無罣礙借君之衣感君情辭衣不負東堂盟誰知着體錯誤新而我郡之偏有君年來不肯向山居短後之製箧中亮作非弁刀劍無纏長者裁去短者補顧影自詞蜻蜓撼樹衣更短仙鶴視此方纔無左支何苦吾身受不縛遊從小白於織裳青中且作非非想倘使此身衣五銖也要比人多半兩因思古者文與湯嶽然節儉同似于衣服羣必取諸司借來安得如許多什襲珍藏原不可一紙書傳倆瑣瑣君勿與人借不休只顧人衣盡如我

東常穗香埠

杜老詩篇勸爲衰年來蹤跡貪塵埃文章近日何風氣者作如君大辯才未必尹邢真妒嫉漫勞揄美盡蛾眉精交情我肯君須記還覓當壚舊酒杯

春拂寸草翩奚刪堂上親慈畫白頭遙倒闌干下鴟工大蓋劍林端根琴囘太古須防忍詩到能工便惹愁此日新涼天氣好望中何處子荊樓

擬塞上曲

無邊落木似湖來凈露蛋烟句夕開明月高高天尺五鐵簫吹

上李陵臺

荊雪填平芳草峨柞千六集猗熊羆苦寒不獨水聲斷凍破真

珠大八旗

秋風曲

秋風至秋雲飛處處家家砧聲漸稀薄盡今抱布猶未歸樹梢淅來

忽然起紈扇之歌歌不已秋風起起歌正酒秋風只在儂心裏

促織詞

露下燐熱江皐根荒回促織近黃昏里兒不解無衣苦更覓官

窑去撲盆

孀婦驚聞恐未安豬蛩相對話宵殘明年與蹄秋風早好占人

問金井欄

懷金子石 德洋

百里空勞尺素將思傳天外又新涼美人來到香先至才士無

言氣亦張敘鄰雲山皆畫稿當年人物盡盼湯相期更約留君

已騎鶴徵夜讀詩宿上方

答子石

海上交游氣誼真只緣小別倍情親里閈致書何輕重別恐文

章共苦辛詩得夢中疑有助鐘非叙後莫言貧他時待看留題

處可有紗籠一輩人

題楊太真病齒圖

浣紗人返鴆毒深館娃宮靜漣漪沈夜半美人皆捧心豬龍未

至真龍亭官樂忽停宮妾止卯晨美人持病齒由來齒病等心

病鉛華未試逢嗔聲昔聞淚滴紅冰曾否香亂墨小印幾度

含愁似不支華清泉未洗凝脂東樓恐怕酸梅子荔枝何須貢

荔枝雙魚鏡裡雙蛾蹙藥石均調供小盞每因小病更添嬌轉

使君王看不足華萼樓前春露兵霓裳羯鼓渾不安香雅解愁

良賢因也算啓亡齒亦寒更有何人心似鐵睢陽齒比常山舌

腹心之疾君不知貴妃齒病何須說可憐千世上原多醜婦人真

將庸紙翻東鄰為鬼禍比沈吳滅此後何人再捧顰

丙子

無題

好鶯啼不盡聲華春暮從嵌望眼懸天為美人留小照夕陽影

袁碧桃花

題畫

紅雨春山便作家迷離門巷綠陰遮東風一逕經行處只恐無

人收落花

懷程又伯紹昌客東亭

相過花前已夕曛相思無那正微醺詩心欲付風吹去吹入西

溪一片雲

舟隱圖為黃竹室復修題并序

舟隱翁楚人也遭兵亂流落江南黃子竹雲與焦子某

買舟江上過翁談論竟夕詞旨清超意氣豪邁叩姓氏

不答黃子為作舟隱圖遍索同人詩吳毅人先生序而

祥之
鷺畔鷗邊小艇開哭迎楚些唱聲哀郎官渡外家山遠哭爾曾
從劫後來
杜陵弟妹無田宅家事重提似不堪一顆魚餐三尺藥飽看山
色到江南
沅湘昔已靖妖氛冗事飄蓬獨愿君知否迢迢西向水茱萸江
畔有歸雲
鴉菜隨處寄身寬江上貌身枯古默但遇知心黃子琬務他招
隱賦劉安

吳竹亭退一步齋題句

舜榜新題好閑闢學仙學佛此身閒不須更發雄翔步省得移

文到北山
浩蕩天機伊野鷗琴書鎮日足消受時山山外春風到轉誤精
雲出一頭
蒔花種竹尋常事舊雨將來醉酒兵笑我才疎三分逝遊君多
半在詩城
歎紅塵外慘風烟列數名場步不牽翻笑壯心劉越石每愁枯
逃着先鞭

秣陵城北

清涼山色望中收翠伴來登水上樓不辨是蟲還是草江南滿
地一聲秋

答維香詩

東家有醜婦方知吳娃妍殘春將錄別新綠忽成陰千樹記想
夢鄉第擇忘粧飾華今已春休唱想夫憐

送廣文家子亭鄉愚先生入都即步錄別諸同志口詩原
韻

朔月二分橋廿四風流每憶逍遙地作爾空傳北嫁燕當車來
兒唯螳臂鄭馬尚今難笑人卅年猶自一隅中不遍手棄枯枝
贈此訣別親馳苦辛
朔平水患米洪湖筆粗墨來計亦既滑田百畝不得鮑家倉雀
雀將相呼花外烟柳藥新堤日費貨錢富萬萬河防有策作空
言且以新詩補新論先生留心河務生見諸詩歌
讀陋何期蒙說項得失難喜予不講標榜郡人觀潛浩瀚難
如舟入港學將新齋北宋名汪汪千頃來黃生雲謂黃子泉田未
必空畝努盡把工夫看力耕
素衣化緇嗟飄逢金臺聘士豈終窮南魚北雁或相憶旅愁楚
些淮夜工江上酸風吹隶冉主各歎行文誼古扶風家世倚堪
稽琵琶且作康山主

禰衡

鳶表擬鵬鶚漸筆誇鸚鵡豪氣吐虹霓餘子置廊廡大兒孔文
舉小兒楊德祖其言自戲謔按之竟太侮淵淵金石聲愁摘漁
陽鼓不知虎狼穴笑罵何補須知黃祖刀原禍已先貫

蟋蟀吟

揮燭滅兮羅延屏素光殺光梧匿影涼颸入戶吹衫領蟋蟀聲

淒吏滿床坐者哭嘆勞者息斗杓倒挂銀河直東隣有老寡婦夜西舍有人飢無食為豆花開滿壁蛩亦何為聲唧唧要時如怨復如訴彩筆借得草頭露案上巾幌不復新箱間衣被已非故長夜淒清誰與語燈紅紙白燕子女窗前一燕兩點雨

五雜組

五雜組粟粟殺往復逆亭城守不得已策功狗

五雜組麒麟楦往復逆車來傳不得已書駢拇

五雜組拄杖弓箑往復還江頭柴不得已嫁府參

楊白花

楊白花何奇奇美人之歌淒以清速齊逖足難為聽楊白花風飄蕩早知冉冉從風往海蔡宮牆三百丈楊白花逢逢逮燕南趙北春將晚曷不飛去復飛返楊白花落何處恨不此身作飛絮願逐楊花一齊去

猛虎行

危峯插天叢灌日紅白骨荒荒虎坐其中猛虎何心出山食人咆聲振野穹蒼不聞彼虎生子賢若麒麟欲人之子喪人之兒虎有倀從前後從從倀倀猙獰虎視不孫悉名虎爰倀倀利得孰得孰喪虎乎虎乎

小海山房詩藁卷

泰州康發祥瑞伯

丁丑

射虎行

郭亭一聲鼓將軍百戰身林昏月黑不知處將軍射虎無其倫山前一箭鵰鶚叫父老咨嗟少年笑爾戴爾冠不畏虎凡有虎處類嚴調君不見錦襜繡袴猶充戎琵琶玉色乾繯紅三更時入解鞭去不來射虎真英雄

記夢

夢飛瓊可刻銘消（許漢有夢許飛瓊詩）河上楊枝折手持一片衣寒如著水三層樓閣聽吹簫來軒不閉妻鬟鎖碧浪剛生兒將樣老我心情渾似蠟夜深有淚亦如潮

雙忠祠

半壁河山倚夕陽伊誰勇烈戴室堂睢陽拒敵推張許淮海豊城重李姜嶺上梅開鄭丈相憐頭草長伴蕭郎廣館門外叢祠建廟有寒鴉集女牆

步庵舍弟飽枇杷

中酒連宵不自持歲現早令阿兄知綦根鼓後嘗嘗味剝樹留成壽滿枝活火已教烹白水酸香卿為泛紅砂熬余未製姜鼓想到西樵歸蜀時

荳子紅盛種最新分盤細縷自圓勻廿年好種錫原樹一層鋪分樣旁春情誼擬將同契友勤欣先洽傳聞人若云寸草春暉

歸懷猗還宜奉老親

不寐

一簾屋西頭素愁座似舟家螢流到枕牀雨滴底秋漏轉閒怪
鐸燈明見民濤寒人肖不落天末思悠悠

河梁旅夜

吟懷當夜靜展轉與誰親鐵馬閑嘯樹寒星來照人旅情六翮
風身世半沉淪不相相逢客西溪理釣綸

友人納姬

溫柔何處是家鄉天許梨花壓海棠敢老詩遺張子野驚鴦
燕一齊飛

徐將纖柏為填詞大好情懷中酒時幾獨逢紅人皆白者數丸
京老奴知

寒夜懷友人

懷人當歲暮風雪漸紛紛燭炬時搖影梅花疑是君相思怨遙
夜寒意隔重雲何日開來訪聊杯酒更醺

夜游放生庵

廊當鬼弄燈殿角鐘敲月宿鳥出林飛幽香散古襟

戊寅

送友人之婁江副總戎幕

青年詞客肯從軍毫筆紫硎翦羣馬上功名君可共江頭風
景客同分愁人晚看初三月西方獸弔柳七墳何日草堂來共
飲也應回首海東雲

仙女廟夜宿本巖中即事

迷濛屋似舟空江夜起矴孤篷似水宿夕照此光暝雨聲四壁
喧人語三更兒散門客不寐欲枕我春聽爭欲玉石撞亂湃山
谷悉對澗夕棲琴默庭闈群鳥香泥澀渦渦盆盎翻颯颯來觸遙閑閑
燈落花素靡塵洗散勝林人雨三握手新詩贈為屬枕屋句絕
與斯人猗昇語莫附會曰此竹樓稱

江口守風望焦山欲渡不果

青積多時烟氣蒸在前面浪盈山腳林木森蔥蒨青紅一氣
中不識何宮殿黃白烏高飛時我見海門直向東浪花急走
一殺峨嵋來萬里猶是蓬萊劉鶚濤下扶桐身分佛身淡此中
有奇士三韶不肖見小結茅屋依數雲一片焦山我緣淺徒
勞相得使終日結夢想對茲雨日肚相看未移暮刻又雲存舊
我心方將抬歌樓待晚醪

八月初二日偃小舟蘇江白太西門外宿

蒲風最負蘇江行客苦熱難度五更風露滿身鐘入耳石城樓
下一舟橫

蘆花

盧白渾疑月色微寒空水闊自輕肥磯頭日暖水先活江上秋
來絮又飛擬隱可為寒士被觀慈莫作小兒衣中流無限風濤
險有客宜從淺瀨歸

己卯

路出龍潭與張舜琴甫叢技定水庵宿

路出龍潭鎮東枝定水庵祚從漁父獻試輿佛同龕共栢詠萋
易行人燃草堪吏閑猶未寐明月到松杉

過東陽鎮

輕彩客路愁剔涼華頻程逕石徑荒紅日三竿風四野蹇驢騎
過古東陽

趁朝陽門

朝陽門對平陽開艇棹行歸又一回嶺樹漸多詩興少敢人巴
責我猶來江山敢為輝文漆夜柳煙妍付酒盃翹首青紅是何
處雞鳴十廟最崔嵬

庚辰

京口泊舟

小澥山館鈔

祚發廣陵城微風過瓜步紅霞蹕館近泊舟已日暮舟中人
朝朝陽怒上樹起看浮玉山青紅紛無數正與石山落恐凡石
尤怒龍飄萬斛停願風更斷渡長年畫東手吾子亦驚怖紛紛
者何人踏浪若鷗鷺蹺香不暫齊聲會爭相赴帆挂帆牆船搖
搖上山去

從象山截流至焦山

截流竟貫斷帆開象山不動焦山來長年拔柁擊風走開頭嗆
薄閑鶩雷喧亞幾聲動茶檣潮頭過處烟飛雨指點空中竹柏
林隱隱借廚敲鈴飲捨舟登岸來吾曾吾生性命非我憂回看
來處作何狀浪花更比焦山高

觀楊忠愍公諸石刻

對于非書正氣伸焦山揚子句通神如何嵌空長廊側百子山
樵收拾鄰石刻

瘞鶴銘

水困山欹有斷碑淋漓大筆想能宜翻空鶴子開山手昇出瀟
洲太好奇

焦公洞

焦郎高風不可攀崩雲飛去又飛還接壑平地人何處吳似蝸
廬結此間

很石

山色青蒼積北府草間伏石如羊虎一笑曹吳竟敵東妙計同
不謀猜疑猜疑心輕孫與劉時爭予我談同仇變生況復有

小澥山館鈔

亮一時佐命恢洪猷江上胺檣敵空下風歲大烈措江夏戰積
能從赤壁牧將軍那不荊州借貌衆老奸曹吉利敗歸獻有吾
吳氣劍霸東南已淨朝輪姻笑帝方歸妹口血如何便敗盟吾
兒狙詐非人情雄威狂擲虎亭戲鬼蜮何藏耕猿兵回舟一旦
已吞盡七百里營東剽胘砥歸蹤跌可奈何吁嗟貞烈夫人死
黨族兒大耳公出終除東非吳雄至今怨憤嗚磯水鳴咽江聲
直向東

江上買鮮鯖食

買鮮江上船來性本鄉食貫柳二尺許銀鱗作雪色開說此魚
美人具君子德只緣惜鱗甲遇為吾腑侍因思無賴人皮殼多
不恤每常滿文網此身慣作賊風味此獨多骨鯁誰能識四月

已至無月徂動京國奚粕建風𠃍江南江北都有大竹行府
繞尹克欣然搖蕩字共談森山側

舟過郭公墳

過江天氣清江面平如掌言尋郭公墳時有飛鳥上激浪中浴
永汲羿劍墨徒恐驚蛟龍耕髮髻生遐想

鐵瓮城

黃翁生江洲烟雲齊作統鐵瓮古城邊何處寄奴草

妙高臺

然鐵藏金處頹陀何處是妙高臺上立指點古揚州

周稀宅

曾作喬家婿風流交歡與堂室亦空藏遺見安其樣

寶晉齋

蘇米風流在硯宜硯易廢研山芳讓手終古此松杉

贈吳二亨軒

吳君襲軾不相見邪上相逢首重握肝膈自容今夕吐意氣非
復當初家我欲贈君以寶劍君將欲我以兩鬢更闌燭灺出門
去仰視東方星月高

辛巳

僧巫引并序

夏秋之交里閈患少疹設作會曰孟蘭會又設巫現所
禳曰平安會時於市廛隙地縣然築臺覡巫現其上香
火蜜蒸鼓聲雨集夜以申丑不少息焉其迎神送神之
由類皆巾靡祼猶之辭而探聽於臺下者莫不聳肩股
足抵掌點頭唧唧喋喋相為嘆息噫嘻吾矣或謂周曾
所建若楚氏釋氏楚瘛氏建洛氏一草一木一蟲一鳥
莫不各去其非類以極禮不祥而春官之司巫又其著
焉者也吾儒以為理之所無欲一切罷去之豈不宜哉
不知望衍共皇之義非即驅除惡眾之旅從而附會其
說拚不為設淫詞而助之攻矣清夜不眠喧聲聒耳作
詩以悄當亦採風者所不禁也

眾欣戴惟揮汗兩臺上冲巫舞歌舞歌聲不息舞不休覡有如
堵香烟稠無滴雨中宵可慰以思旁思甚不止思時立會至滌
祓大肉肥魚供一飽獨思爾遣減僑黑焚之或莫害其仁獨遏
西門豹況之誰復備其暴不如放之使出境或沉或焚未免甚
非吾言之持兩端必如是為民平安

夾竹

夾竹去其臉使我心躁清秋風聽枕上一一何分明讀書付老
眼犀嗒時爭鳴麗雅倘能刺燕惑何由生更如禮賢士雜省無
重輕伏我二三友長夕相逢迎新雨過座角斜陽明兩楹瀟然
清風來側耳聞韶韺

秋雲

颯颯西風起遲遲無心終日自閑閑縉原似葉常飄岸獺亦如
人怕出山携背裴重迎暮霭馬頭一片渡雄闊江東落照淮甸
樹都在蒼茫指顧間

詠螢

閃閃終宵焰不長，迢迢從為誰忙。讀書滋味添能穎，腐草根原旬夜意。兒黑池臺同鬼火，氣清山郭對燈如。何小隊衣三五，便欲求爭日月光。

和肖文省存苟消寒雜詩

軒歸有錢漸消磬，饌曲當門換餘河。天外黃塵千里暗，人間白髮一番多。柔情尚許攀楊柳，勞雨時來載綠波。屋指家園骨肉然，愁江上看漁燈。別

世味紛紜似奕棋，行年未老已支離。浮名自覺都無分，此事從來百不宜。禮數豈為吾輩設，詩書端任小兒嬉（杜詩夫學高材任兒嬉）。扶足從渠說，且向樽前食蛤蜊。蘋

小海山房集

幾回啼鳩幾回螢，風雨晴能睡味濃。不識字人真快活（用梅尚書語），嚴關情處卻惺忪。屋梁月落千重路，山寺霜高百八鐘。遙莫相思對誰語，應將骨出唱飛龍。醒

年來冷淡作生涯，結習從教一笑譁。有客下逢談水厄，伊誰相見嗜痂。不妨泉石成高隱，漸覺文章近大家。可怪當時杜武庫，竟將左癖向人誇。癖

闢河風雪嘆漫漫，策蹇終朝不得閒。旅食也曾聞勁卓，韓文知否笑吟山。郭長于我真無匹，耳大如公亦太頑。為憶揚州城北路，斜陽影裏看楓還。題

東方有語殊詼謔，晝夜存亡定不齊。似有文豹脚虧他餘，投作雜箋蠹翁文。自能全節利攜人，誰救結交我擬君紗阿煮

落不堪相處夜啾啾。蚊

開道猿公劍術成，深林密篠任縱橫。一身巧捷將軍技，幾个能遮供奉名。畫上麟臺真有幸，墻東巫咸難平。猶猿當道救捷食，不及餐風瑞月清。猿

閒雲屋與遶東西，徑向梅花樹下栖。守夜君宜頻警露，同群自可鶴雞鶩。不同名公舞童虎，羽為庭上拜。敷羽來軒詞灣際，從知賦命本難齊。鶴

自古邯鄲有舊傳，述花引柳少年場。狀游人伏黃金榜，對面誰誇鐵石腸。蜀部烟花供訣蕩，東山絲竹醉宮商。吾土亦有香山感，不聽琵琶自斷腸。妓

占得名山各一天，人間蒼海語因緣。剪身佛祖都無定，未防莫雄最可憐。儘有香花清秀畫，時將蔬笋供當筵。此中真說無同調，大有詩人賈浪仙。僧

小海山房集

錢武肅鐵券

我讀錢世家，王首著忠武。討賊破黃董，功業建旗鼓。貽宗將束勅，越州關東府。鐵券恕九死，帝曰朕處汝。子孫世守之，懍切登厥祖。三節遷鄰獻，軍聲聲部伍。此物策已足，勝春秋忠譜。何為寶玉冊，貢獻千人主。致使郡崇韜，識諳多齟齬。金印及詔書，建樓越中貯。斯時已崩塌，隊遂不可睹。迢今千餘年，只此作鎮撫。憶昔功臣堂，輝煌萃廊廡。雄王建爪牙，銘功貽弼輔。碑陰五百人，定與此同古。

謝皐羽竹如意

手携竹如意哭上嚴陵臺嚴陵累有知當應文山之魂同歸來歸來聽君歌歸來看君舞野中碣硯一聲吐詞成來馬聲腹楚如聞零丁洋中詩如催厓山潭前鼓鼙戰金鼎及玉臺是貴與此竹司千古地老天荒公北走小樓一榻三年守取義成仁公事畢却教老淚揮良友如意一擊英靈慙三擊口擊虎豹咆哮沉舟覓抱廣洲痛哭古龕忠汐社發以竹擊石石盡碎竹聲石聲多感喨悲泯瑚瑚不足珍唾壺在側安能代漫道竹聲不如肉悲風却助唐衢哭贊翁哀音動陵谷抗通衢雜市上氣鳴呼天道微茫不可論杜留知己說招魂門生更有王炎午生祭文章為報恩

光孝寺觀貝葉

忽見佈金地渾疑佛法深蕭疎如有意搖落本無心有容怡尋照當時借綠陰前山秋更好着屐復登臨

投村

挽向田家宿炊烟日已昏老農知禮容稚子半無襌攢小牽蘿座庵恍然出門換知事耕鑿猶有古風存

讀歐陽五代史書後

荆棗英雄接踵紛三垂岡上發長嘆奇兒未及遺三矢先受唐家翡翠盤

詔書一字活人多宮監從來孰似他不信東方傳諷諫當時更有啟新磨

恢耗餘兒枝幾身空努作語出元臣契丹若許中原在皇帝真能救侍人

風骨峻峭笑語溫忍看四姓遞貞元真言五代無文士忘業書成數百言

書長門賦後

寂寞離宮日影長間從夢裏見君王百斤金取文君酒省得琵琶印斜鶴鶴

非逮巫蠱荒唐事龍德平陽有淚痕看把河嬌何處貯由來金屋是長門

生怜人間衛子夫新詞一字一珍珠回文豈盡文章力不見東樓獻賦無

書山海經圖像後

天地本混沌多事開鴻荒好生乃帝心醜類咸包藏與之以衆形資之以種種鬼神為役使風雨相從將洞府與長臂嫫戲彩郎窮欽駓與猳輩同類特相戕豹醜性亦從賦畀何不良其間碁妍者往往與傳瓊禹鼎鑄神姦厥製尚煌煌人不逢不若宇宙誠清祥今何無凶類永真坤維兌精靈一轉世相見皆往衰儀貌盡脩偉禮數能低昂一時鸑與鷟儼然成鸞皇睹記豈附會圖籍非荒唐我欲招王母來進兵郎觴與之話稍同後會尤茫茫

題振衣千仞岡圖

衆山飛上天罡風吹不散駱雲幕层封衣帶忽中斷攀蘿躡磴上豪氣不可按我有一言戲君太無畏犀尚遇愚公移頭角慙

崩爛人為絶頂人行跡非龍斷蠹之地軸平那有巨鼇疋中流
有砥柱天地此直幹上拔星斗行不許疑度亂下瞰江河流唱
住蛟龍窺宇宙一桑奪日月如飛彈謝公本山賊木屐義何俟
狂吟扣角歌白石何樂柴洪崖拍肩長一身有半絶穗蒼蝇
聲下士必大噱

與友人探古分得南郭先生竽

名學人所欽或為名學誤飲食人之欲矯為飲食羞笑我南郭
生吹竽竟濫附君王亦太明同輩豈相知樂有奏雅有誰為
叩發問知世間名男兒須自樹

書張船山詩誅是也圖詩後

世間那合與為鄰只覬閒雞塒法轄對翁難清熱矜習當并恐
是穿宮身時看跳躍豨何事不受揶揄有義人出後欸墳如見
唱張家詩比鮑家新

待雪

煩閣重簾下天寒絮語閑娥樽猶試酒鴉背已遮雲石凝瓊英
歸詞先玉屑分爬沙與折竹來日定紛紛

寒夜

麗譙風緊漏深更小閣無人鬬酒兵得月石如經水洗過寒星
可貴燈明隔離犬吠驚人語老樹鴉鵲避析聲不是夜長渾不
寐梅花有夢恐淒清

訪于丈滄洲濟

橋南沽酒趁斜陽八十衰翁兩鬢霜每向壺中尋趣壹誰從市
上識韓康方瞳翦水明無翳城夜游山老不忘何幸見君勝府
健商量飲饌與茶香

讀湯海層藏鋒閣詩鈔書贈

留題喬藏再後天藏鋒詩集手親編經歡已贈王司直元劍難
逢張茂先已分累鉈清否本不堪尺艷意中年窮才我豈出其
狩只覺瞞君壁壘堅 海夜拜予詩有振起風騷此篇之句

梅花嶺拜史閣部墓

開府揚州節鉞臣守陴撫衆太艱辛慨餘諸將營中泣死步田
橫島上人四鎮熊羆尋舊夢三更猿鶴悟前因冰心鐵骨寒梅
放俊是文山再世身

畫苦短

畫苦短日西匿凥車神馬追何及九陌黃塵風瑟瑟閶闔山雪斤
大於席遊子獨離鄉里間於兔兔食拔未還羊腸九曲尤復攀
邛徠此叙傷心顏君不見鳥呼名行不得畫苦短日西匿
畫苦短君何為急槳打冰冰欲飛朱門扶策空貽識懸林猿野
行富歸南山之石歌桑桑勞薪不免傷代囊密林烏雀豈無恩
下有人兮挾飛彈君不見停舟樂揚駭尾畫苦短君何為
畫苦短奈何許三十依然待字女為人作嫁空凄楚獨坐閒房
淚如雨俟河之清奇哉何君舞楚舞倦楚歌寒儒誰為牽無為
森風空欲廻頹波若不見士抑鬱誰與語畫苦短奈何許
畫苦短悲以傷荒荒鳥足至駿猿南箕北斗時斂光夜深更漏
歸空房折桂為薪珠作米休儒苦飽臣飢死欲守貞食亦可恥

君頌夜哭良有以君不見野田黃雀啼空倉盡吉粗悲以傷

小海山房詩卷

秦州康發祥瑞伯

壬午

舊僕蔡元詩

風雨連朝身未出有客敲門餽土物土物携來前致詞口稱舊主難忘德客來面目認不真客言舊主今何人土物慇懃竟誰餽到來一一非無因客言郎君不識我我在君家服役嘗致身主人待我厚誰復如其仁我昔操舟去旅食江湖春江湖轉瞬三十載時時不忘去聲主人恩令我操舟海陵過城郭如故人物新郎君長成過三十記得少時纏綿我臂游東鄰主人時年已八十想當健飯饒精神忽聞主人下世已兩載登堂老淚揮漣洏制泪聽客語客語何其温再問客名姓自呼名姓曰蔡元蔡元蔡元爾言不忘主人德我聞爾言長太息今之士大夫非不食人食境過而情還反眼不相識尤其甚焉者對面作盜賊先君有德誠感人世人知感如茲洵難得蔡元説罷役前辭木萍風絮將安之試問後來會後會無年時世人古厚安得如蔡元令人風雨常相思

渡江作

山上顛風語瑲鈴咿啞柔櫓喚人醒數聲雞唱天低水驚起魚龍唊曙星

客白門贈陳雨峯階平都督

書生何所見寸心方自喜閉户友古人出門結君子舉龍拏

能消壘塊寔可恥惟公尚義氣加以青眼視説士若李克甘肉竟爾爾不覺戟髯消來歸軍門屐勢分既不隔禮數亦自删鍾阜一輪月與兒公古顏古顏若春風鼓盪百物間小草吹盡沾嘉樹柱亦閒迢迢海門辦青青外山（紫琅前後山）讀公感懷詩性情亦何摯讀公紫琅草（郡皆稱爲人詩并著有軍政名言紫琅草後）詩蹤跡耶自記君臣僚友間各各感其誼詩律若軍律棘門戒兒戲雅歌而投壺公才孰與類以比祭征虜千載無疑議海濱一狂士白下多酒儔非打石城柴即醉孫楚樓多公適狂顧屢駐橋頭騎相顧竟相左使我心有尤矮屋墨磨人文章與能告涼風忽而起東下難淹留何時秉筆從中酒時長謳

游莫愁湖

秦淮六度聽吹簫詩客都從酒客招此日莫愁湖上去石城艇子太無聊

玳瑁梁空賸舊樓中山遺像在樓頭英雄兒女都休問一味糊塗是野鷗

鍾山紀游和田少泉

老僧竃下炭炊芋園叟橋頭早賣蔬擬欲近山結茅屋教人想煞半山廬

蔣山妹丈閒謌曲徐十郎令不賣茶世事看來如轉燭生看虞澗落櫻花

再至莫愁湖即事和田少泉韻

石城擾擾非無事秋水棱棱似欲冰客子閒來作漁唱數聲湖雨似人譍

石城橋雨宿和少泉作

小泊最宜蘆荻近高吟不顧鷺鷗嗔石城橋外舟如織解聽敲篷有幾人

四松庵

江山此地收全局樓閣吾儕得大觀多少斷霞魚尾赤泥人終日倚闌干

只有

哀哀年華當歲暮迢迢長夜剔燈殘來今遠古談何易立戶撑門事大難寒雨有聲千點亂匡牀無夢一宵安存心閱盡閒桃李只有梅花不厭看

史侍讀松軒許先生爲題拙稿并以詩扇見贈感賦

拜謁賢眉古情殷禮數删仁風揚此筵厚誼重如山負米吾身奔勞新何日閒得公言指示前路好躋攀

癸未

正月七日招湯悔庵李雨村常繼香程秋熱程小松小飲思凌堂

里巷交游氣誼真新年相與問間身升沉世上何多事斗大城中此數人臘盡已看花照眼寒多忽訝酒生鱗草堂此夕同歡笑天外從渠走畫輪

曹艮甫林堅山長招集種蕉山館看桃花即事

小西湖畔一亭孤絶好蹤紅泉緑扶但得主人邀舊雨直將佳
卉當名姝酒徒狼藉時投轄妙語嘲諧作贅𦙶何事眼中人乍
見（謂子）高文竟教白髮換青顱
真人天際泛歸航（文子時自河南歸）儼指睽違近十霜酒味何如官味
好桃花不礙菜花香蕉因去葉醒隍鹿（某山長志局兩去）聲竹到
成林集鳳皇此日升沉俱莫管只應高會盡壺觴
劇憐多事是春風刺眼繁葩二月終難得佳時齊倒屣最從陳
地更評弓（文子娶淮補百枝）補天留斜炙愁將腕人恨衰顔映不紅差幸
歸途無管鑰那須分手太匆匆
良朋新議食單成尺半魚為宋嫂羹盛饌特分羊博士殘編待
補禇先生（時修州志）來煞煞麦名空在𡧖碧婢紅義可明惠媞跦
慵無所見年年春老聽啼鶯

雜感

芟草護當門上有故人蹤繡書忍終卷中有先人澤只此一寸
心用作百憂宅河清安可俟人壽不滿百有酒不解飲焉以永
今夕烏飛兔走間光陰供一擲天地本寥廓男兒空跼蹐侘傺
每終朝使我心難懌
西北有高樓上有雙嬋娟明眸粲皓齒婉孌殊嫵憐當戶織流
黃理案弄鍬鐖曾當貯金屋賤賤為神仙而獨無良媒往往佳
期愆河間有姹女姿態不必妍平生無他技挑燈工數錢只此
一伎長足使聲名傳
兩人共業漁各結溪邊屋同時修笭箵一樣具罣罷爾來定拖
流我求豈緣木爾獲常滿載我得不果腹豈曰術不齊何為利
使獨凡事皆偶然茲意且三復
高生柏梁臺命作七言詩若非二千石何以得與之撞鐘與伐
鼓煌煌西京詞下豈無作者寒賤不足儷明珠韜幽光安知滄
海遺
慌氏工涑絲其色本雪白一入則為黃再入則為碧三入與四
入為赤更為黑五行配五方得此為正色紛紛被繪徒機心變
無組織無窮出新鮮競以易常格非黃亦非赤非白亦非黑翻
謂花樣奇足以勝古昔且觀好人服何者為要襋
我有千金刀方用百寶飾我有千里馬駿方鑄黃金勒土木飾
冠未免有衒色好男易破老好酒亦巹德醉飽爾何人厭厭尚
無極
墻上生青蒿反出松柏上雨露得天憐顧見欣欣狀匍匐巖墻
崩根株不可仗尋蒿不見蒿墻根一惆悵起視松與柏松柏卒
無恙
大造闢靈區落落富英彥稍知自好人不肯厠文苑珥筆者為
誰庸夫司其券隊壽古良史千古作佳傳豈厚誣古人吾直抒
所見
人生匪金石何者得自全殺人為丹砂生人為憂患千秋萬歲
名惟有聖與賢孔孟常不死彭侶何在焉文成與五利徹設如
飛烟景景高塚間此中多神仙
衡波無恬鱗狂飇罕靜鳥托身貴得所見機苦不早黃塵紫陌

間百事來相豁肥者是以瘦少者是以老知否穀城遺黄石以為箓

牙籤萬軸叠如糧可饋貧所貴眼如炬不作阿附論汗牛而充棟陳陳嗤相因誰為偽體裁誰當風雅親聖從與賢傳前劫建嬴秦後乃多羼入欲以愚令人何當章句儒耳食徒紛紛

有鳥降庭阿對客如有求飼之以粱肉賺汝揭輕喉輕喉自可試衹合吁其儔若為求食計自省毋乃羞嗟之不可食畚翻東西啄四首雖籠中若輩方啁啁

素月瞑華軒朝蕩生東嶺采恩房櫳間照見美人影爾影雖娟娟爾心常耿耿薄命比春華貞心若古井三挑不可從共嘆真幽靜

太行起方寸灩澦堆渺漫封狼伺我側於菟當我前此猶可以進數者不足患墮他而為人羞角無羽翰雙足竟何適憂思來無端西秦無王猛江東非謝安王孫歸不歸悠悠行路難

鷹鸇時側目鳥雀不敢擾蜘蛛慣結網蚊蟲亦見縈旁觀嘆傾危靜裏聞哀鳴竟爾戰同類揆揆枝心萌哳之為困然毋乃非人情一物不得所令我心怦怦

庭除無名樹得雨生幾株榜樑與梗楠不能辨歐初呼童汲井水灌溉防其昧烈日與之障藤蔓與之鉏何時成緑陰得逐我敝廬樹木計十年難為一日需家人多躁妄我姑曰徐徐

隔巷有居人晨夕相過從輕烟裊紅爐新釀出古瓮素琴時一彈長笛忽三弄奇書往借觀得句走相送著書立說問藉以息倥偬所志如不堅吾將以自訟

丹山有鳴鳳滄江多野鷗鳳鳴天下瑞鷗作烟波游志趣本相左蹤跡焉能儔究之諸羽族二者無不收鷗鳥豈為凶鳳皇亦非優

客去

客去闔門補讀書燈殘焰落小窓虛三更月影騰空作幾日天寒潑水如得意池蛙鳴閣閣窺人穴鼠出徐徐惑時不作中宵舞豪氣元龍漸掃除

題沈三伯禧携姬歸去圖

三白佐使琉球姬人華芳字宛如善舞捻琴鉠出游必偕持築室於吴門有終焉之志友人携圖徵詩余惜未謀面走筆以應

天下奇人一再出入扶餘與封疏勒爾琴紅顏海外歸飃風醆出觿支色豐豔盛鬓姿容遲捻舞梨花濕紅粉相君不顧畫淩烟能如是乎汝偕隱秋風斜日鱸魚香三高二俊疇短長珠厓圍裏菟裘築聞說高風老是鄉

題負米圖

北山有烏南山有薇薇不就烏烏老則飢烏生有子有子何為駕言出游之南山陰其尾畢逝曰歸曰歸饔指心痛倚閭夢牽負米者子卯惟前賢出屋作粥入屋作饘出屋入屋饘粥年年

臣朔苦飢小人有母擔囊而歸故人情厚雖南有箕雖北有斗

酒醴粉酏逞戢爾旨

示从孫九齡

年來大父已龍鍾，望汝成名數載中。春後好花應出色，簷前新竹已凌空。舞雩休詠狂生點，減竈能收孺子鴻。我作家雞時聽語，可堪頭腦話冬烘。

示儲生啟錕

與爾常翻舌本瀾，及時灌溉敢求安。去年繞屋今過屋，試看亭亭幾竹竿。

元和蔣澹懷志疑以書江浦縣志禦寇傳後詩見示并徵拙詩傳載澹懷六世从祖明都督忠烈公諱若來守城殺賊事

蔣君今之阮元瑜，翩翩書記名非虛。橐筆時復走江浦，流傳聲價同璠璵。欽聞靈運述祖德，備播邑乘先烈符。時貙生熊狠生貙，有明末葉何艱如。狂賊百萬犯陵寢，幾疑江左堅城無。睢陽張公（應天巡撫張公國維）廣召募，萬聲霽雲名姓臚。赤眉黑山魄奪褫，黃旗錦袴兵名蘇（張公團練民兵以杜島勇者稱為蘇兵）。蔣公姿才不世出，曲踴巨躍鼓執桴。以公昔屬左麾下（始屬左良玉軍），每見執讖閱獻俘。守闔通賴李大令（江浦令李公纘樾上書於張公乞援），乞師時泣中包胥。援軍疾走若泉湧，軍令不敢遲斯須。賊當除夕薄城下，不聞爆竹聞翻車。壞雲壓山妖鳥呼，將軍誓衆瘖疾呼。身先士卒出神勇，以賁格堵飛如銖。有賊懸布寨，發弦羊佩雉尾燒木驢，燄輪礮焰忽回祿，鮮明着體如畫膚，赤爛摩頂斷寸裂，飛縹掠頷無一鬚。將軍怒氣更百倍，賊驚丁甲雲中驅。追賊死賊抗藉此方，誰敢來闖關。有勤無堵去，唯賴公能協力督師盧（會盧公象昇自陝赴兵至督師合勦）遁。雖不虞墜巢鵲殘喘，難延游釜魚。獨惜淮撫太畏懦（淮撫某防守偏殘賊從別遂道），池陽車箱逃賊司奇瑜，以此賊象滁西北縱橫事擾如潰疽。將軍歷官至都督，上馬殺賊下馬書。沈毅如公世有幾，崑山虎山背淤脖。明三百載社竟屋，如將軍者徒欲歔握拳露介。死猶視墻家，授命忠非愚（明吳車公自焚其家完節金華）。國朝賜謚復賜祭。將軍心迹明區區，鍾年舊聞祀將尉，年年賽會煙神巫。江邑百里近相望，雨風來往神不孤。蔣孫倜儻擅文藻，明息之後才夫閣。作詩時復告當事，詩成清流酹百壺。吁嗟當事猿歎勸，奚憂社鼠秉城狐。

答高文子詩

炎歊四壁蒸蠶足，不得出（余足）通病。新詩時遞到，語珠穿乙乙。十年長視兄，意氣君應悉。閶闔九重高，鐵騎開何日。長歌未終卷皓月，輝光溢月中。人不眠，倚樹思吳質。

好風吹元來，吹上淮南山。蕪城草堂開，烟月琵琶彈。彈破錦瑤鏘，心事殊閒閒。我昔快登覽，碧樹生香環。君詩勉元宗，謂材何能攀。不敢附名公，吉哉前哲言。

里巷有交游，吳味無差池。落月夢屋梁，歸鳥巢故枝。建安杞奇骨（謂書民），髯翁森英姿（謂湯梅庵）。過從每昕夕，投合如針磁。澆愁時以酒，嗷名不在詩。狂歌痛飲中，涇渭非不知。悠悠愛與憎，不復置一辭。長言報知己，相與惜良時。

繼香招飲作長歌以貽之

繼香招客消長夏，李甘叔一例收。巨源之妻客解事，士行之
母賓常留。髫䯻稚子亦在側，扶床索棗言鈎輈。舉盃我忽憶疇
昔，交情辭息星雨周。我生總角即求友，得朋時在東南陬。蒲萋
同婦平同出，近郊遠郭無不游。結可腹蟹吾有偶，燮能倚蛙君
其儔。同庚同里復同業，在官之祿時同求。棠牍紛挐若坐禁，市
聲䋲䋲疑楚咻。驕兒媚子一作態，見之母乃怒且羞。棄之相與
事章句，適合符節非同謀。此後更若形赴影，讀書遷地借房幽。
佛燈影裏共危坐，夜飢燒芋題還酬。吾父愛我兼愛子，謂子
頭角非常流。冬寒時值邑侯試，荒齋下榻閑更籌。龍鐘老叟夜
不寐，西廊月上茶烟浮。區區一衿越十稔，而今三十已過頭。詩
書有味等雞肋，科第無緣成蜃樓。令吾故吾置一笑，為歌主客
嗟夷猶。三年前我悲失怙，蕭條風木孤狸咆。吁嗟此能不痛，洞
裘非闊。工言愁爾昔溱湖，忽泛宅與我風澤成馬牛。南箕
北斗有位置，和嗜吳梧分歎愁。散似浮雨聚似雨，歸來長鋏歌
聲遒。感子大有故人念，為呼一斗伸綢繆。富家惜金貧惜墨，詩
篇贈我如琳球。二十年來四十字，其言解脫消煩憂。嗟嗟風會
近浮薄，曹風楚楚麼蜉蝣。爾握手即說肝膈，道塗時屢聞歌謳。
長篇累牘一名一刺，摸糊投得句無多，出真性惟我與
爾，初無尤祈。鄭之鐺打頭屋，繁星點綴雲為幬。平頭奴子供奔
走，兩三人若同一舟。慈親起居冬問訊，往事荒涼同逗遛。切切
此心共袍澤，長言贈子殊難休。吾知局外髣解事，門前野苍方
唱啁。

阻雨宿悔庵家墅中記事

太歲在癸未七月初三日，其神逆尋，牧疑是日文其律為夷則，是
日天大雨，自丑更迤戌。我來凝秀軒，軒窗畫壓壁，山雲黑若鬢，
鬟溜租於結地，如桔槔斷瀾，似釜甑溢，倭爾報平階，俄頃已虞
室，端生雜欠伸，促談漸抱膝，屋中器簌揚，駭極隨之逸。轟砤雷
霆交，謦欬不敢出。對面語不聞，屏氣逢謦咥。奄𤋮容睫睒，鏘項
童烫烫。燈光與水光，昏瞪不可述。孰作薑灰止，亦少吹笛術。㡀
止未有期，霆霾難致詰。此身本如寄，來朝安可必。浮況事或有
就，枕身且佚。辛未虞下床，相與一笑咥。

大雨後繼香詩又到，叠前尤字韻和之

天公忽爾作狡獪，龍髯作雨不可收。枕上作詩為紀事，書齋一
宿成濟留。日出歸來亦駭絕，平地水深田馬駢。為收圖畫檢書
籍，跣足繞屋行一周。欸聞有客若鵲文主，人相顧顏卑陬。其時
新詩適遞到，拳拳客意懷同儔。此事與我作詩料，伸紙不怕枯
腸求。常與我總角契，時鄭每致犀兒咻。卅年未作老女嫁，出
身恐有無媒羞。唐尹之卜不可卜，孫叔之謀為無謀。難歸有如
鳩守拙，迴環蝸舍殊清幽。長謌短咏迭相送，解嘲卻擬題同閣。
錚錚說經息羣龠，風氣欲挽江河流。置身若在衆喙側，安知必
避人一籌。床頭佳釀正新熟，舉盃屬客斟淳浮。時見題壁有鴻
爪，未聞割席嗤龍頭。比鄰更挈陳驚座，山謂陳垂隔巷還來趙倚
樓。挎裳連袂無不可，為呼酒伴心夷猶。天末涼風秋又到淮南

招隱燕麗吒叱小山桂樹曲更曲逶迤芙蓉愁復愁桂屋特通
有新月渡河夜正看牽牛天上佳會不可久雲耕安得持其畝
七夕之啚歌李賀過君長於聲其道鴟難調弦音促續鴟鴞補
屋心綢繆所嗟生久消其實安得入市沽琅玕秋霖淫溢澇不
得浮雲仰視滋繁憂此心不肯爲蟪蛄北身何獨爲蜉蝣獨醒
獨清爲再嘆九歌九辨同一謠慜子長言爲破悶疾書一試蓬
門投讀書我爲掃愁陣有若狂風捲蚩尤宇宙之境本寥廓深
深烟霧如垂幬擬欲買舟恣游覽神仙李郭時同舟精魅飛上
紅蓼去朝朝水國同逗遛況復同游不寂寞劈湯才即今惹休
江東偶夢若可再邀頭鷗鷺休嘲啁

燃香和詩又到即作狂歌再疊前韻

詩城暴詩近不止韜筆權作弓矢救勍敵於此欲逞志乃見館
穀三日留荆楚賓侍兩廣駕贏秦却歌五禁鞘耽耽虎視不可
已免胄超乘方過周我疑休養待再駕豈甘自處爲偏師觀隙
而動不相下縱橫或有儀衎游常君有詩又延到槃此不疲君
罕傳設謀我欲老爾師防門守險無他求士卒不爲烏漾佚軍
將忽作鶖鶴咻以君避臣昔爲辱以兄避弟今乃羞成名不作
豎子嘆帷幄時見聚猱謀仲達巾幗宣訩訩　旄節難拘幽
卜卷出車太滄滯邑焦山吉無煩闔堂堂正正樹旗鼓詭計不
奇徑上流齊侯出師不介馬道濟量沙空唱籌白戰底須手寸
鐵筆鋒觸了隨沉浮臨敵自可岸赤幟奮擊誰不如蒼頭爾來
先登若懸布我亦摩壘攻碉樓方知困獸尚能鬥詎如鳥散嗟

夷猶登壇不作牛耳執何人共聽豺虎吒叱騎閣可放耽亦喜
斷筋折脇心莫愁我非邯鄲口中虱君豈即墨城中牛我止不
鬪髮鬍卆君來誰敢手執鍬屈詰聱牙門險韻幽燕老將聲何
遒人說兩賢不相厄偏當矢石言綢繆鐃歌互答非情鬮琤瑽
頑石皆琳球七百年來緬風雅蘇黄調古深鬱蒙今我與爾全
高躅證曰大樹摶蜉蝣夢得題糕莫護詡于思棄甲休長謳斜
行矮紙蠶食葉書如羽檄軍門投久矣衙官役屈宋更將牙將
呼楊尤虞楊范揭下風拜詩龕千古同一轍前軍直搴雲姑餅
長鯨來奪餘皇舟倚馬作答語華縟號令不敢少逗遛王濟骨
中自有物莫怪翩剝不得休寄言詩律等軍律小兒帳下方嗜
啁

但覺

但覺微蟲生草際銳頭長喙盡營營如何片月中天挂不見空
廊熠熠行

萬軸牙籤殊跌宕數椽老屋自欹斜獨憐古柱無顏色不及江
頭紅蓼花

深巷摩挲留古器斷鐘斑駁臥蓬蒿莫言不作鏗鍧響瓦礫叢
中位置高巷有古鐘埋榛莽間相傳爲南唐時物

淺紅不爱爱深紅都在先生品隲中閑過藕花花漸少朝來添
種木芙蓉

故人顏色近如何仰視空梁落月多落地秋風起墻角勞他吹
夢渡銀河

新涼

夜來落葉紙窗鳴但覺新涼斗室成無處趁炎森散盡最難來
信雁兼程天因熱惱風霜至人歷艱辛意氣平幾度移床向深
處從知枕簟有餘清

雨後見新月

雨後見新月如逢久別人不須狀眉嫵越覺有精神我豈偶孤
寂天尤無一塵遲宵看漸滿桂影自輪囷

次悔庵消寒小集原韻

支枕難眠覺夜長朔來短景更荒荒少年場好羞闌入濁酒杯
深許放狂殘臘餘閒供筆硯古人精氣在文章何當更涉山南
北躍馬呼鷹雪莽蒼

小海山房集

偶成

老樹風號撼敝廬檐牙冰結映窗疏乳雞叫午鄰舂杵大雪圍
門兒讀書鼎有餘溫堆石炭盤佳味足園蔬哦詩更寄周文矩
乞作披仙笠屐圖（乞周琴生爲作東坡小像）

程秋樵寒夜過話

門外酸風割面寒故人情話到更闌滿天雪意嫌衾薄入夜愁
心仗酒寬朋友自能同骨肉文章容易有波瀾感時好語程文
海莫把頹毛燭下看

回首悠悠感舊遊百年身事更悠悠我無妙藥不龜手君有奇
才可出頭歲月其徂駒影速稻粱難覓雁聲遒多君此夕衝寒
意抵過山陰訪戴舟

冬夜即事

圍爐人自坐深宵室有茶鐺共酒瓢寒重忽驚窗紙裂風來時
看燭花搖惺忪人隔三條巷滑㔉泥深幾約樵側耳琤琮響何
處幾聲簷竹墜冰條

冬夜雜感

方寸崚嶒五岳高平生何事獨切切恥隨熱客談豪俠怕聽狂
人唱董逃騏驥從來受羈靮魚龍夢裏作波濤不平豈復干卿
事輾轉晨雞又亂號

筆電年光又歲除驚心人海恰何如百層梯遠山登斧三尺冰
深網得魚官爲救荒時遇羅吏能報國善從柤窮儒蜀獨成何
事守着床頭數卷書

小海山房集

悔庵連日與燃香倡和詩甚夥并有柬余之作余作偈卽
攻之

旋轉心胸似桔槔新詩翻水卻滔滔書生此外無餘事故友相
逢有濁醪巷口衝泥拖蠟屐霜風　冷上吟袍私心敢作諸侯
長壁上能觀氣亦豪

兩家旂鼓各相當人到中年事可傷異姓之間多骨肉恒情以
外有文章梅花槃與松爲友月色羞從雪借光只覺巡檐飛霰
淞幾回敲竹韻琅琅

詩到殘年似納租爲循常例不能無冰生火畔成奇冷雪落山
中少坦途三日每愁人不見百錢豈惜酒同沽笑渠側理盈箱
（有未）篋底事窗櫺不肯糊（嘲燃香）

正是危言日出時齊心好與共支持艱辛歲怕心精損容易爭
誇手筆哥千古有誰同肩白幾人能自識提携全濟泗中更
立請作甦臺戲月詩題壯方言

卯寄海弃

閑適河水不踰車殘年生計費蹉跎歲寒幸得青燈坐小市擁
將綠酒醉扶眠人傳嗟習俗閑心誰伺問梅花軒竹樓秋詩損
就手稱書成字若鴉
催科索債盡如狂閑閑奴奴為我此思婦為郎言瑣屑麾人喝
析走郎當閑中閑見成風氣世事聚辛情兩稍差幸予備具求
餘兩家門戶最清拚
兒女育紅兒未能只緣龍斷未曾登盤殘未作消寒會門戶放
看煞歲燈隨分僧宜沾粥飯快談吾即富飛騰可憐我有南來
為嘹唳聲天邊一繩
連日詩城未罷兵再三羽檄往來輕偏師倚敵同秦兵說客休
嗟作宋捏解後擊壺多酒氣吟餘癖裂冰聲狂書再與渴夫
子如此波瀾可老成

海庭和詩遞到如數奉酬

紙破窗穿歸弄扁閑中側耳聽刁刁漸看旭日清寒冷時有新
詩慰寂寥澈底思清渾似水盤空語健勝于雕鏤材教附先生
後須識唐賢久不祧
朝來几榻淨風霾展卷能教齋色開自是射生好身手何曾再
甲笑于懸剷傳院籍狂成癖不似禍衛罵作才如此和平定傳
後交情最好絕疑猜
草堂昨夜酒消時口角回甘傲檐知守拙只應作鷄為雞棲萋
漫譽勝兒恒情每以儒為戲推崇須看真在斯張續李翔曾佚
羣辨公真不謊吾耶
好花人道索心難詩酒時能為古堂每見月注思李白不達雨
亦過蘇端佳兒似玉雙雙立妙語如珠一一攢殘戕光陰無
事要君牛耳更登壇

讀曹丈侶鷗歸來吟書後

雖是青蛤記走征近從海上狎鷗盟此邦詩少佳山水好可知
多古性情逸少歸時曾揀墓淵明無處忘名姓熾讀翁先生
桑把看中庭雪月明

祀竈日柬海弃

里衙人言半毀譽閑門經訓足留爾君才十倍另能就文史三
冬我又虛未兩禍修成戶牖先春草木頗吹噓懸想若果能依
負只顧蛩蛩邊驅驢
太息吾生未有涯撫心惟覺俗難諧每焚膏火勤兒課為買奇
書質婦釵野鶩家雞嘲未了六張五角事多乖寸心敢有馳驅
想齊榜懸題自訟齋
時有風來目眯塵忽忽何處看閑身擬將種來真為圃不敢攻
醫更殺人弄色花如爭媚無頭馬自養精神閑中寄語諸君
子龍性平來漸覺馴
墨痕噴處氣氤氳得意會看白練裙才士幾人攜高第好花多

恨近針穗眼中籠蓋前生佛海上樓臺大半雲任願上清書可
讀思寒相與坐宵分
茫茫月事感如何草草光陰一刹那功業要知詞客少神仙楚
覺少年多愁年戴笠思前哲側滑籠與看從這此日草堂懷舊
消蕭蕭江上讀漁蓑
雪消江郭水泠泠微濕稽前亦好絲池泛青萍魚吐沫總過紅
日烏樣網開中賞物知多少藐眾生淫雜醉醒如此清幽堪求
日不知何物更勞形
年來蹤跡竊同傳那有心情刻琢深任筆洗詩皆入貫楚子案
焉不渭發盆從侍媛有生氣殘酒玉風消舊愁待見曾吾書波
到櫥系詩見示繡詩以贈小游詩引足千秋
言笑休笑太詹詹屈指星回歲月淹驛遠來聞梅信到廬虛最
愛日光遲矯首豈在辛盤供祀竈蓋將吉語占長我十年應論
我家塗還許問湯筆

曹良甫以歲暮感懷詩見示次韻

冬春吟就一高歌來詩有煩滿盡之句年來冉冉韶光轉瞬過買島遺
將詩巻祭鄭虔難送酒錢多別離人怕攀楊柳依托吾應咏蔦
蘿佳句從來由性癖寒灰時與畫陰何

鷹

蒼鷹向晚郊風雪極瀰漫灰氣攜犀鳥清瞬寒一山掃梁棲啟
少顧盼笑人慳知否朝陽鳳飛鳴效自舒

除夕偶成

聞道歡場三萬六吾今三十六年但近年辛苦成何事柰得蓋
簍銷下鬢
屋上明燈燕酒紅平眾貴月太保叙城中吾更關心問自樹梅
光雨萬公錫寄海棲梅夜曾丈仍賜寄梓
竹叢待在橋西住更有秋煤與往來堂上清樽思遠道兩家可
見阿翁司

小海山房詩集卷

泰州康發祥瑞伯

甲申

贈顧載之

新年瓶酒羽觴飛第一相思便到君時覺衣霜漸清歌天空靄
藹見春雲

步時參舊記爭妍兩岸人看李郭仙回首春風湖上樹桃花紅
過十三年

熱腸冷眼應能識覆雨翻雲可盡知黑白分明棋一局與君又
手夕陽時

我每求魚學一竿溪邊趺坐不知寒魚上竹竿何日來閒釣
翻袖手看

題吳陵送別圖

樹上寄宿江頭水未湿梅花開更落菲店白底村寫用此言
別話風盡一時何書圖畫裡煩留記銷魂

威鄉實此度作客此鄉居曉青藍佳句郡人傳舊書（賓苑士宿若于州）
之西翻寄同宗云集并手句君才彩十倍文史足三餘去去夕
也書甚彩近歸于某氏
陽岸攀條一悵予

試燈前一夕與秋樵小松同集於余穫山館

余穫山館最瓏玲高會無需舊兩停春衣生時氣入觴羊夜開
炙燒開聲燈前夜酌三升酒海上風吹幾葉萍珍重華筵歌主
客界翻江郡買青齡（譯主人之樂）

偶成

一定細雨早來倚欺日東風如是柔時於今年太無顛風姑開
後尚放衷

樹陰門巷綠如許草色蓋樓青更佳癖穀殘芳誰拾取可憐多
事是烏衣

東亭舟中即事

俗慮填膺本有則家居何事不相關買舟時載經裘出一到閒
船便是閑

來鄉去鄉共忽忽都在行人數董中此日登舟看尺樹須風未
遇遇傍風

靜坐船窗無一事看看紅日漸西衝小舟一棹分還速張足輕
帆截破帆

三三兩兩見鴛鴦或出或沒為見鷺傍岸人家蚕晝大秋湖杭
過雨潮面

舟人告我淼無涯百里人煩次未同紀我時分剛泊此此行為
我費茶來

鳴榔求際打魚急小宿人驚笑語譁何日溪頭作閒客我將蓑
篷去換漁

支枕難眠到夜分艙中忽見氣氤氳推篷舊地見明月湾出東
方五色雲

河埠舫姜三種蘭應叔贈自舟中作

十年前踏東河路良友相逢飲酒酹大別光陰飛短札再來門

卷認同袍做名笑我貪羁册住于闌君得屬毛處層深宵潭不
寐使氏橋外月輪高

歸舟又占

好宫不見晏同叔名蹟徒思當鄭公氣宴行人自來去西溪西
畔夕陽紅

的的豐韻明客眼隆隆日影灼人膚忠忠不獨長隄倒垂柳長
楊少裊林

一路新秧插未齊桔槔翻水岸東西舟人指點宫河水更比來
時二尺低

近日崔符伏村市我行囊索本蕭然莫漫燃文見說鄉里小
兒來索錢

且將書卷消長晝却怪篙師亦笑人篙解弄篙吾弄筆不知天
地幾閒身

人在舟中例作詩吟成七字怪舟遲歸家莫笑無長物帶得瓷
溪水一瓶

哭從母殺溺人詩

厄運苦無極我生胡不辰辰忌影中腸悲風來無垠大功去吾
躬況屬母鄰親胡為化裡制迨續麻辭懺梗概盡穢辭意無
由神恐孺不為言欲以告仁人
從母為母姊於母相愛憐于歸適鄭縣境遇多迍邅從父本賓
門家有薄山田十畝不種菽十畝不樹棉時苦遭水旱日削而
月殘親串多離散骨肉難周全悲逐至此那比屋相周旋賓來
悲遲時適值吾生年
吾生方三歲吾弟時彌月從母分母勞視吾若己出相顧饑寒
者守一為眼食抱布裁衣領堆盤給菓果顧復恩去懷縣轉不
離膝未幾就外傅從母汲頻吸濤飯抱書歸有食方能咽
吾幼多磨竭形復瘁氣痺症發無根瘡其背同蛻螂醫只施刀
圭痛楚不可當母淚與兒血塗漬同一然祈神禱佛聲中夜心
皇皇
昔吾不幸教吾親施夏楚當其受杖深在林聞嗅咻姑息恐養
奸吾親意有取從母心太慈顏色不覺惧親恐傷其意勸意為
安撫雜時費周旋泉哀吾父母叶此事一回首涔涔泪如雨
漾冀十八年授室甫離之依讀書餅饌餉我如兒時豚岸兒有
聲母顧心怡怡及之兒生子顧復又如兒子今亦十八忍斷九
動斬前後廿餘年平昔母不辭辛苦母不辭精神母乃疲
往歲罷文戰北風江上寒母乃中夜起望遠心依依我歸入里
巷見預我門楣見母倚門東北望心如疑我疾步至前曰兒已
來歸母眼望已花轉問爾為誰此境一回億泪下如綆縻
從母年七九精神猶矍鑠所期壽期頤用享高年樂何為斷梗
咽災沴入肝腴眠牀近六旬溘然與世訣吾母哭嗚嗚吾兒號
且躍明身與附棺夫兒倘太壽高厚未能酬此心得母作爲討
立文派以兒而續稿室上肅豐靈鐵風吹帷幌詩成乃三號舉
頭向穹廓

出門

昔年出門去吾父來送兒今日出門去吾兒來送父父送兒兮兒送父同此西河一條路六七年中忽異觀致道今吾獨是鼓河干楊柳依依垂依頭鳴影心傷悲掉船倚棹人三五如此意忽訴與誰

丹陽

橋頭寶塔迎人立岸上野花傍把香一胸東風吹殺飽經烟樹雨過丹陽

毘陵

三街六市人都雅知是恂恂有古風我欲移家來月那送名何必萬山中

奔牛堤

夜過奔牛堤勞生未有涯東風吹岸草細雨長汀花樹落行人新燈明買酒家孫吟漢不採愛燕橋歌謠

暨陽

江左此城郭輿圖亦有名魚蝦爭早市烟火散夜精舂春多人蹤布車多怨聲海留方十日歸夢隔宵生

君山梅花書院

有人枝點此林泉亭榭無多亦自妍一線大江飛屋角幾堆淡綠上山巔荒墳猶葬埋貴裝隔滿斜蒿翦白違坐久不知天已晚春厨煎煎出茶烟

病瘧

病劇舟中臥歸來不自聊張弦曾幾日待命又終朝弃算延長晝舫居迷市嘯我憂方隱凡備信竟如潮汐豈無根蠶屑疑抱壁澆迷滕銀海寂凜烈雪花獻鬪很時閉蟣披衣欲擁弦陽來原不治塗火復消燒饑側魚游金膏騰原瘦煮起眠人不定寒煩客雜料麻灼同陽虎床移肖李諸本無君子德慶被此公拾日看移聽春風聽側耳簫潭湯爐炭熾歇粥蠶聲饒洗灼腹何疲相如渴不消差堪比髫更畢竟是何妖韓愈長狀在韓皇後骨騰異審胡太從血食且相要逐疫心神王搔頭髮髮鬢亂將投有北邊聊去遥遥

病起

几坐渾無事翛然心一清書多志世味病久見交情舟舟茶酒衣榜騰活火生悉嗣為調發耐下避風旌

閒居

久坐覺神王冥心何所營到門來好友索飯笑飢傖有事見新誼無言驗世情浮雲望天際來往亦何輕

覽鏡感懷笑浮生太寂寥子鬢髮種種香村病後最痴書界口心跡月臨水見言風過簾座中有斗酒可以承今宵

萬事不如酒殘陽盡一壺眼前真醞釀酣後亦模糊迹水押鷗鳥靜山怡蟪蛄來栽松與菊三徑已荒蕪

幾輩談忠孝澄心辨偽真舉車吾有約障麓何人古藝村邊日深衣悔看身翛然一長往風月與為鄰

鄰肆有磨驢終日長鳴子麇之作詩

圈豚栩豕不相侵底事長鳴怨恨深只怪當年王武子賞音對

爾是何心

可憐磨肆無多地，繞向東來即向西。試問爾雲千里駿，可曾終日盡情啼。

善人篇 為曹丈良儒作

世得才人百不若善人，一善人固之寶，所為必務實。善人之生玉琪金精狗馬不嗜，敝屣無蒙一物，不得所循見心怦怦。乾隆丙午年，嘉慶乙丑歲，流離失所人乃有千萬，封兒女啼號，饑求用作道旁弃。善人見之惻然而哀，發我倉中之積粟，散我囊內之餘財，務市粥廠紛然開，桑中橋鐵務之來，飢者起，路人嘆善人，善善人之善功無窮。隆冬時候噓春風，春風一鼓百草活，生氣殆過羅浮來。其餘諸義舉，藏在家乘中，為君鼓蒜不復

贅。媼揚白叟，龍貴重，勇為白雞乃蘗，百數精業，細餘爾過程遂來宮達，恭一去不復返，寂寥萬吟，為君挽李邑識，面竟無緣太息。椒生生太晚，今過天目山，篤口稱善人，所惜善人不大用於車未句 翻見甲不然，鄭有固，衛漢張叔持子孰謂，非其倫哉。竊歌善人，諸君踌躇，慈善人有為謀家住，姜堰鎮積善之家有餘慶，良儒其字，曹其姓。

嶔塘過李少白

客路相逢燕代飛，精神猶是舊，先非一肩襆被依人住，八口妻孥待爾歸。近郭板橋斜水潤，隔亭疏柳晚風微。時沽天目山邊酒，好與愁懷一破圍。

贈徐小隱升堂

昔年同作溪邊釣，君獨船頭上竹竿。過日雨舟來訪舊，肅肅稍枚巴知寒。

村酒斜陽喜可沽，晚來鷗鷺共於呼。茅他一座陳壽楊，既看徐君又看吾。

寓廣會邑屢於蔡三峰園

小聚文昌列宿開，亘天佳氣畫鶯猜。神仙每怕因風引，務地時於釐雨來。虛有餘憂伏跌方，公然金東湧樓臺。虛堂展讀山翁記，廣更添今絕代才。

山館吟殘歇夕燻，一冬性好氣亂氣。小池積雪穿泉雪，歇石底堆滿地雲。無樹素如鶴，散燕琴藏客滯酒三分，卷中熱法蔡雅辦，不負河陽舊所云。

蒼生休怪出山遲，福地神仙要主持。出處深防滾鶴怨，識游鄒與鷺鷗知。愁林挑盡君能免，泥壁書稽我不辭。孔雀東南飛看去，園中舊有孔雀一對，今已去。令人個依之多時。

舊說吾家有草堂，蕪城烟月近蒼涼。鵲巢落得三弓小，蝸角何嫌半畝荒。杞菊　呼石丈聲臃　飲周郎醻周瑟生詩成更許寫常侍撥曾滿厭常不忘。

題三峰園圖

國爲將軍畫，詩成供奉名。洞天一面石，古木百泉聲。最上危雲氣，其中有鶴行。主人與梅樹，相對十分清。

與顧藏之

一年詩句堪成集，熟臥開頭總憶君。握管臨聞清承日，懷人天

半有寒雲生成玉樹誰能比擬得孫香乎自熏惟望卓堂時見
過高譚詩與抱清芬
笑我當鴻有新顏遠門無客不妨關天然野屋梅邊樹春到淮
南當狡山駁日巳驚雙鬢免殘年能得幾人閒時閱鄭南初闇
笑小飲何如一破慳
駒隙怱怱迅若飛此中遲與定從違世情黑白如棊局兒女青
紅奈節衣一藏光陰何倏忽廿年交道記依稀眼前歷歷天規
惹憂得臨風塵一揮
只壽封題寄顧茶一時人物盡知名處君意氣如山重覺我新
詩似水成門户清林真福分弟兄平昌近人情年來頗閒閑桃
李都栽梅放懷青清

從母殷太孺人郎墊營成哀賦

我生殊術術所營無一是回憶有思人高厚竟何似從母侍我
思山郎無可比倘我相依時奉得奉甘旨一朝竟舍去遺為猶
在耳宛歹竟朝營田閒弱　蘗裡若可擇底見類有此六風
酉壯未覓日力不能飛衣折樹中殯宮何以起天心有將移五
更及然止（柔之前一日大風至次日不止甫息）拔木會葬百餘人道上行進退從
父近七旬兄母廿年先合葬即今食真積古耐燈葬後萍深林
墓前倚清太哉云葬事成堂斧亦同從從母望哉心邑邑立為
此飲食粗王應那以供看乜野哭雖非古詩洞思淵淵近墓下
土溫更鍾不得識愁靈回面生新思逆致思此思不敢忘哉生
定沒齒年年寒食節掃墓從此始

曾棣齋書堂為余幼年負笈從師之地離此巳十八年矣
今訪舊感賦

時移韶光十八年雪泥鴻爪故依然但看七十老翁在霜雪無
端滿鬢邊

小除夕和程秋樵原韻

嬾散胸懷故舊吟偏南老此步追尋轉致意歌清老會句太積
為外熱心無事干人當歲暮得君詩我最情深先生韻翻溜溜
咏潔雪飛夜好共斟

人海從渠嘆渺漫忽驚照外玉成團正吟妄作升秋想一雪又
生三日寒敗戟客添新氣象清豉時看古衣充貧家自有屠蘇
酒何事胸中五嶽蟠

酒量詩壇豁氣粗世上步更迷性情清思將成俗禮法奇
嚴不恕儒林守頻年猶負債研田何事也饑粗此邦回首孟堅
辛未見流民鄭俠圖

頻檔從教一例刑有誰痛癢竟相關春生遂户無餘事天為擒
花肯放閒棣粉何人誇巨手文章何處不名山酸吟忍結眉蟬
舌只恐詩人笑苦慳

小海山房詩集卷

泰州康發祥瑞伯

乙酉

春分日作

遶莫聞虎界戀齊六盆小盆列東西季季廿日新栽稿又賣遍南鼓斜泥

題清澈道人畫蘭

筆端風韻寫珊珊，澳石疏花不等閒。閒道蘭亭贖萧莫竟栽香夢落人間

道人有畫册一，得名公題詠甚富，近為好事者騙去

聽程丈少眉話滇南蜀中諸山水

身行萬里一行膝，坐會高談酒似泥。對客每誇涇歷歷，多君稽是骨棱天梯石棧風波慧，輕樹靈山眼界增。莫說壯游無(?)耐卧一龕蕭與白頭僧

宅旁有古鐘一，相傳為南唐時物，沉埋於荒榛蔓草之間，不鳴不躍。其得以此終乎？感而賦之，得三百字

托跡爭高阜，鐘居屋右廂。結鄰君已久，賦物我何妨。玫瑰斯羅經夫業，殘志采荒言。符出東野鑄，本自南唐劇。國獨昇餘大昇元保移宮虎讓皇陵書界元二年改潤州為昇陽宮，與遷居海陵書昇元六年遷吳讓皇于海陵永寧宮山河雖播越，棟桷自輝煌。詩有千人鑑，旅遭百口殃。飛樓擁丹礫，遺跡愈滄桑。淚凝銅仙滴，霜疑鎮券忘。世徒搜寶鼎，沙已蝕沉侵。銀鐵埋于錞，風霜壓墻牆。蘼花垂幕幕，桑蔭枝蒼蒼。錞有女桑一林紫，空洞如孟履。剛中得坎方，雷司原有象，日月本難詳。尾一樹

卷精英閼，崖東壁。欹長類芽同，焯伏百斛想。龍驟不作蛟鳴，昇居然鼻在，罔土花。赫樂甑日影射，青黄坐(?)。千夫愈昇愈高，手値(?)某年里中好事者欲昇之，集神丁數十以入，彼力竭(?)冥冥，不知其事中輟。棐哉何濟，神丁下，取將根深。逼地脈力出，蘭雪痕嘉慶戊年夏，嘉慶大孫吉(?)。象思斷而辭可容，信兒寄。作役已。偃有乐霜隱現，餘響發宮商鐘無意。鄭人寄夜有兒乃為之，索矣有鐘鳴，謂能聽，龍騎似春遷。五音歡喜吹哉手其中餘音知猶聞也。獻前賢九乳，贖嶽廊幾。灞鶴古今守何人，遂上岸。星夜建空撐將圓日尚燕，將甘受兒童擊。兒童擊鐘以上舞，時尚里湖光，我來看下，拜，自感竟蒼茫

乳虎

乳虎出山，競喜走，磨牙救與老虎鬥。虎老且病，似可欺，得此便將長百獸。老虎病氣氣則大，音嗚咸名豈為乳虎，坐據池一聲山骨驚，乳虎掉頭，驚已破，掉頭奔入山。南穴追者直宗，同其出洞門踞坐，忘咆哮。乳虎因之悔，計夫呼嗟乳虎。乳虎竟何為，少安毋躁休傷悲。郎當去病一朝斃，女當終霸南山陲

小西湖荷花未開偶作

向晚湖光斂，艷開草堂。地役已苺苔，中流秋有田田葉，三十六鷗空復來。詩龕小集問如何，何似紅橋載酒過。一樣賞荷擁綠意，桃花庵外雨聲多

江口候風

花綠江風日射紅，到來枯坐意忡忡。平生要看幾雨度，萬事都

蜀一席風隱約秋樓狀脆飯增喝人語話發達漁兒漁弟紛相
逐不及溪頭作釣翁

舟行即事

片帆西去江行路撩亂蓮花傍午天網陸却愿他厇事信指同
吹往來船

村婦蓬頭十五餘野花插鬢意氣稀可憐兩足如霜白一字横
排踏水車

客有閒情沽酒市行無多路見漁翁萬竿大竹千梨樹如此江
鄉到未曾

出口瓏玲響然龍青山髻鬟入船惣榜歌聲及吳歈歎忘却是
渡過大江

中秋夜泛舟秦淮

碧空如洗月當頭客裡追歡破寂寥漫擬閣中選射策迢迢天
上已大霄清游定許成千古此水自經閱六朝明日挂帆江上
去好風吹渡白門橋

游盧龍山

華陽黑水見灣環曾聽人談塞外山此亦盧龍扼殺往不須匹
馬荷戈還蕭蕭竹徑題名遍灣荀芸蕪冒雨攀羨殺羽衣彈一
曲萬人海裡閉松關

三宿巖相傳為虞忠肅公領軍之地致忠肅與金人兩戰
皆捷一在采石一在瓜州雖相距不遠實不知何時宿
此也求壁上碑誌不得爰作此詩用以弔古

高者為陵低者谷稍昔天龍翻地軸峻峨石墻有誰來寺僧為
說虞忠肅渊聦宮家政不綱辞旗強犯何披猖戈鋋戰鼓載江
下軍容百萬誰能當公銜朝命忽然至願忠來來王禮督與軍
何堪我疾馳揮循將士知忠義忠義能救衆志同捷書飛上甘
泉宮蓮壽不滅岳忠武猜忌休如張魏公嗚乎卽端已哉吳璘
死誰為朝廷當大敵和尚原與仙霞關數十年來捷止此此捷
中原不可無勞勞華問封疆東望瓜州西采石此間三宿何
為乎尊公手蹟不可得舉頭一片青山色夕陽影裏話前朝而
古從危百發棨仁人君子消磨盡公道人心尚平允後遭羞閭
梁兒家路人誰識蒹之[illegible]

寺中長年病劇自下關張帆復至水西門換船

一笑居然說路窮回帆韮又打叉叉幾人伸脚睨高卧此會閣
頭兒須風得酒不堪嫌酒薄錢兼無奈笑囊空還聽楊語誰相
慰幸有詩人陸放翁海虞舫得陸劍南詩一部舟中展閱竟日

與秋樵小松沙嘴夜坐

天氣微危水氣清沿邊刁斗止巡兵蔡堤澤欲分江勢促膝時
來看月明萬里眠峨真到海三更燈火最多情魚龍夜靜思安
睡何物中流搏擊聲

夜抵瓜州

過江帆腹已全收黑夜漫漫白露秋但覺隱中明遠火不知天
半有高樓七年鷗鷺思同泊兩點金焦記舊游推枕起思揩倦
眼許程來日到揚州

第五子生

大以登茂子居然五子生建宵微吉夢樂酒祝長庚慶誕書香字欣無慚乃聲吾心聊自適以此探芹名

枕上

廖淨鬢髮已翦簪枕上敲詩慮增天許無聲成萬籟月穿櫳紙過三枝畫眉術覺忘深淺閲世情宜絶愛憎春待一龕清淨業頭銜應署在家僧

秋夜

一年一度見花黄懶向籬邊進一觴老妄英雄生髀肉悲秋氣到夜寒荒雞叫夜天難曉倦馬嘶風雰正長況有故人歸未得今宵夢繞麥河梁

小海山詩集

番番落葉聽無聲珠斗闌干夜氣清素覺霜華上毛髮何容風漠得耕名隸頭緑娥三升貯天外秋鴻一字横但得猖狂足不食山南我便學躬耕

揚州北郭口占

淮南落木已紛紛客邸悲歌酒易醺傍晚出城尋古蹟夕陽紅上葉公墳

冬日與程文伯（鈞昌）游鐵佛寺

出郭二三里朋來共扣關斜陽穿墜水落葉欲填山眼界僧何處騎驢人自還揚州烟月地難得此身閑

游建隆寺

清晨來作拾從游窗門百鳥鳴啁啾霜氣凜冽尚在民寒光過汗千佛頭寺傳達客行跡雙頭如增粹身技表持滿與客解寒氣雪花飄點鶴鵝戲言次扣僧寺舞始僧者不解言約騎起拔松於拂苔蘚廊殿角窮探遺家參程音此駐驛緩車直指當城樓卧稿之宗莫約勝把鋒豈有身經拔鄰營與此遂相望琳宮樹宇成虛耶吾知此寺廢重建建隆年疑依然留不然應非求有趙學究何無單文隻字碑誌供捜求火歸後天不復見浮雲敍日將油油陰風振樹徑鳴叫窮冬將過吾迥舟太歲在乙月在子大書僧壁歲無遺後有作者此觀覺賢之何必非琳球

鄰人送來

西鄰有隙地居人乃學闢荊雪土骨婦責康莖紋股吾起聽雞門分餉貯筐宮來把倘許叨居然添老杜不知庚郎貧食韭稍

小海山詩集

不苦十錢市一束厨烟已熄想操使出大門敬謝作溫語來采有袁翁西舍有病於濕薪不得炊餅餌無所對嘆息身在炊烟恨日亭午何不日送之周郎情綾綾發此作珍羞沾溉到兒女我思微生高乞醯愧轉予何如爾徑遂獻聲冷衝字來門聚柔肉山邱亦豹虎羽翼八百石鋌遺克祿庶何曾日萬錢已著無可厭老弄太吞喬子姪不分與賽置數十車清中威如土異似此來把物微情則巨施有與受者誼頗不違古一笑作新詩餘情復栩栩

還海庵邪游費來田少求

年年此會例閒行清嚴來原聽葉聲資程光陰多半率冬來風日最晴明林泉約與君同住酒目從知爾尚生（海庵有齋出準說五之句）

正好羊羔買新市歸塗聊當酒船旗
芒鞵曾買鍾山雨石馬同騎吏部墳鶴余拉先生宴在西郊三四里外予與步兵同往以
酒酣之各攜一石馬馥茲半日而還君有門生能作偉負如秋夜必呼齊一郎一
雙捉拋得黃葉黃花出郭分與把此游等閒看使來佳話定傳
闋

徐小愚升堂以請劉某拼律見示余即用其原韻作歌

大名宇宙無將無喜歲何以名同數處為遠志出小草變青衫
利形華藪軍中樹藪免尉鍾軍郡來作田翁夾屯田渭上作長
計此某應當軍糧偽業壺鏤叢廣佈置木牛流馬司將輸三軍
果腹無此色是如甘薺非苦荼千里羨來下蜇跋思尋不與江
東鱸等閒尺羽與吾友配合亦當飛筆符吾憶此某與公同所
惡蔡筏亦渡五月瀘不然南荒本為不毛地馬王之種何以偏
地同筍蒲漢南呼諸葛來為馬王蔡見金溪叢笑南人不反歲錫偏奇才嘆賓名
非誣所惜北伐志不遂功成未見歌碩膚倘使出師竟奏捷修
文偃武崇良謨田家月令侯秦叔袁夫餘利猶彝長壺存積粟豈
誣孺子漢家亦有幽風圖元公之業公可繼伊呂伯仲何論乎菹
禮樂百世必可用措施暮與詞萎如而乃智勇爭不得于于括
搖口卒瘖亘天忽見大星隕一時草木同悲呼昔年上表諸忠
悃薄田遺子留成都濟清之業上要齊桑八百同根林歸封
有願不可得吟梁甫日悲其祖定軍山冢襟擽技丈丈者非
其徒我歌此某作餘想猶與無後之石司根東吞吳一名一物
供愛惜豈猶爾爾未老相歡扶疏

李竹齋招食鹿臄醉而作歌

昔宿舊雨飛瑤觴充庖飼我生黃麞前年冬友人招余與李侯食黃麞
賠醉醺折束招我食野鹿野鹿黃麞何以供食我耳後生風鼻
出火虎頭無鎖人自肯夫食為飛我亦顧雪花夜半大如席將
軍射獵陰山側我獨何為蹤踏下半擲難摑約相過食君之食
意君義不飲何為徒嚶嚶鳴轉前思吳近春酒況有左叔與右飲
君勸酒我作歌君歡由我發婆娑君拔鐵鋒稅我飲金巨羅江河
東去無回波日月西匿如急梭黃麞黃麞昔則那對鹿野鹿今
和何吁嗟乎野鹿黃麞如爾何

聽三峯園主人彈琴

蛇腹冰紋一過之弦間古調研尋思將軍閉令風沙路忘是圍

爐中酒詩

一片紀沙巨蟹聲無端金鐵響錚錚斯人不出非無藏求雪如
山不可行

小除夕懷秋樵客汝陰

去年小除夕作詩寄程六程六今秋亳州去歸汝來聘車中載
作詩欲寄無所寄山房獨自對醉醺昨日有客江上歸道汝滯
雁形尼羸此日挑符辟鬼換新服必得驅逐山南陸山南鬼去
汝則起老親白髮相依倚雪消山郭漸冷冷何日歸舟渡亦水
春風一轉百卉盼水閣橋下波生浩程六程六歸去不空中有
書一千卷有酒三百盃擬招田郎少米來子慧梅灑性情通便
無疑猜相思一夜梅花開

夜飲北關下歸則關門已下鍵矣戲而作詩

飲酒立史監設關待暴客先王之法各有取夜行有禁爲從古
我將沈酒關已鍵到來復立風霜茫投關既無一尺都深褒文
無二百青銅錢呼之不應那足旌誰其門者待酣眠酣眠實自
伸饑凡掉頭我亦西家宿明日驅車想河關救衣裹愁看軒起
君不見厲門守李將軍夜獵歸時辟尉眼英雄失勢竟如此侍
呼澄大將何人吁嗟乎人生數奇所向無一可夜宿關門何況
我

除夕偶成

客逋索逋人到門主人不覺顏色温顏色温口難語欲語不
語心徬徨當衆徒作送窮文詰挪挪尊韋從紛紛見有所歸定能
明明年待汝江之涘

有酒有酒且一斗堂上喧啾祝壽爲恣得意觀開笑口扶造黃
金印懸肘戲場三萬六千回沙卻未返見羽及人生行樂皆不
早世上誰全裝羽去
爆竹爆竹聲聽聽祥光瞥見生茅屋靜請終南進士至獄捉作
祟狐魅呼事公曰捷徑山南有吾日不如且飲酒酒酣一覺淩蒼
翔功名富貴須來年

丙戌

金雪舫長福珠湖漁隱圖

三十六湖水其中人業漁舟楊上簑箬春雨長蕭蕭稚子足高
詠將來結草廬藉斂煮族烏何日與吾俱

小海山社鈔

郊行

寒食清明一瞬中郊游人逐紙錢風兒童鼓誤像魚子爭向橋
頭哄活泉

紅絲研歌爲高文省存作即用曾君甫題三希閣圖十五
咸全韻

余生有古心貪饒如嗜異味分酸醎先生有研識非凡來觀特
與滿飲咸韻梅唐詩研譜言語蘇郎乘玉攜松杉澗山有刀
如膚粲累種兩徃心至識何來山賊采攢魔[illegible]鸞帆
挐舟不涉洮河覓為貢硅石青州蟲
石紅黃相參文如林木或如月常如山華斷林斷
如雲霞如花卉不一以為研無古有云
天知剖出多多雲中鸞落後與蜚武歸不拿華璧玲獻玉皇受
刖足璞質清試扣聲風凰鸚之無汶菌波菌紅黃錯雜絲纖纖
爲羣爲剛如張修厚寸徑尺敢不拔蘇東坡用琉璃欲摩挲十
指將修修盡蠹霧水雲衣衫繞硯譜云此石履之以匪經夜即其
先生骨瘦田就薪此田終古相扶攜外有一石峦符刻
一道 熏蒸荷熱中空外凸珠磐磬先生不畏研辭詰將開當洞卧石
曉 舊洞爲大石擁挨猶如石闕口中噴洶津不發揚輕帆我來
人不得後入
發觀如深盎未詩夢研歌來询爲木竹坑有夢研詩左筆石墨成
史藍大書兩字持相識亟宜看之中書街

小海山社鈔

病足

跛足終朝若不伸藥爐將伴苦吟身美人倘見休輕笑我亦東
鄰覓竟人

一笑山房學養舫趕趕我聊貢如何叉他林下梁松拜訊戮何
妨俊輩多

讀平夏録書後

録記羽王珍蔬蓟及其子昇抝款事
蠻花花鳥亂烟塵已梏遐方戴負臣不是膀制能用武從來劍
閣總無人勢窮每恃誅周衣到邊詐憐望帝身何日騎驢達細
雨杜游來看太平民

秋稼將成湖水忽至感而賦之

河伯無靈致水災平疇千里浪成堆從誇天市三霄迥詎塞宣
房萬福來齊耿難蘇千積命流離忍聽鳴鴻哀備荒我豈籌長
策敬向針陽立一迴

敘敘

如水年華去不復匆匆生計盡迍邅侍閒且作蟲魚釋多病難
禁曉蜂天儘有詩書忘世上 花草爛庭前何富貌紋綠
事更欲閒門聽雨眠

一庭

畫下君平七尺簾青書何情筆頻拈日行南去光陰短河決東
來未償恣半世頃荒凡弟叶一庭花草雨風遭連朝更學尊章
事將將爲濟從此寢聲定不嬉 兄嫂婦

去歲望衣歸飲悔屢齋中感時事作

極目平疇浪拍青炊烟錦少覓零丁飲錢劇笑城中會猶把盲
詞竟日聽

秋汎洶洶遠近聞揮前紅燭話前身程彩弱熱歸來日定有處

濤路月人

秋夜偶感

冉冉年華過迫迮夜氣更有心成短夢無類走獸天喧扰蟲鳴
砌逝書鼠攪眠寸衷多少事轉側亦茫然
今年書大水海國氣積揚欲斂風霜守翻感兒女心有懷何擾
馬拳足笑林翁參角涼如水悠悠短暢吟

秋齋四詠

促織

中庭有樹桂下有幽窗叢促織鳴其間果口時于鳴探寒向有
賴丈尺餘巴貿金風氣漸肅歎忽心儀遠高門有弱女生長斜
羅中錦裹戲蛺蝶繡襖蟠雙龍但知炊稼熟不辨來何從下此
芳蠢感那比扶花棲弄燈不預織何以施鉞鍾似爾有古誼苦
口鶯琢儂叨叨復絮絮相思愁殺儂

蜘蛛

占我屋西角羅網成須臾小蟲足經緯厥名曰蠶蠹嗟嗟格斯
婦辛苦敬卒瘏牽絲自朝夕不用金鉤睹猶豈類鴉虎清或同
嫂姑花精竹選中結搆原區區夜來風雨急三徑雲積樹樹壞
所不免補葺尤勤勁事巧反成拙心勞母乃迂不知壁上蝸入
殼渾無虞覺氏與爾氏角上方馳驅

雞冠花

丈夫岸幘翠羽不歲睨蟲立風露中搯如衛足葵秋花各自
媚妁燗方及時嬌嬌爾獨弃不欲爭妍媸荒鷄聲四起膈膊獻

所寄此竟無惡聲静自安琛瑞千言然千合不如寸一炷業齋中夜降枕上時雙技殺躍不可奪炷此殷紅姿不飲亦不啄豈不爲奥飢降皆吾與語習習西風吹

老少年

隋前明霸霞碧外翻雄冕五色成文章肆翁歎有把鉏翁業作花就絶當門植須知白帝心作此無餘力豈其九逆丹鉢就深秋色燦爛繚倚増飛冷眼似相識知爾入世姿閲然媚朝夕我於一時瞬何處施奇澤未顏不常好耐久哉得豈若歳寒姿天然去雕飾青青澗底松鬱鬱山頭柏

但覺

暮於星河耿耿明夜闌無語感平生不忘友誼如山重但覺年華似水流酒醒事驚彈指過宵寒衣忽上身輕山妻刀尺清燈影夜日裝棉臂貼平

八月十四夜偶成

中酒心情强自持臣林坐到鳥歸時高空一片光明月雲去雲來總不知

無題

輸人足跡表千里老我形骸卅九秋脉目歷應飛滾滾驚心歲已去悠悠此間田地成戲窟世上科名浩蜃樓欲把犁鋤事園圃表番夜雨屋西頭

有客說傳高堰水可堪風鶴駭新民流星入夜休癸患主德于今最聖仁肥兒狂瀾成保障不須鐵牒築江濱書生右

少見寬宗未許高談革恭臣

嚴冬將瞬又相催詭作新詩記瑞災任憑從無中立法安危須仗出群才野人建議成何用雅子啼飢信可哀寄語蒼生莫惆悵會看江左謝安來

未日荒荒定大雜百年身事話辛酸寬邊齋比琊琊樹業上豐無首磨磐戟日文章多忌諱過時方寸息波瀾愛閑更作邗行行落葉聲中共倚闌

邗江道中即事

數月不出門去去邗江道游子苦霜起鞭車破清曉田園苦大水僕夫出於潦狹路侍禾或虎踞芬如掃膏勞將作兆非田亦韓少何禾三五輩形色劇枯槁車車宗數詞哀哀近鐵爭傾囊得百錢不足供一飽吾儕濟何事行患亦草草頻首向前塗朝陽上清篠

贈虞奏生

今年兩渉邗溝水尋到虞鴻舊草堂昔日知交都移移近來天氣已蒼蒼風吹江上芙蓉老秋到淮南桂樹香與向竹林求畫稿定然聲價重琴琅

訃中子移居天目山側索詩余故從未有以應也今湖水大至聞新居已完在中央矣詩以括之

半年不見俞中子兀爾移居一紙詩秋雨秋風人感舊一燈吟夜闌時

洪湖東決水茫茫天目山邊草已荒知否琴書易漂蕩魚龍鬪

入讀書室

上游水勢尚稜稜竹徑法園下未曾只恐北風連日起無邊嵐茹盡底冰

悔庵齋中食蟹感賦

貧交原有味公子卻無腸便食呼朋友秋風步獨柔籬中無螯足此外尚流亡漫說同歡笑蔡真欺未忘

湖水微縮近郭居民漸復舊所

遠水初歸壑居民始有家驚魂穿兒女撲面向風沙略似營巢燕情如反哺鴉兵餘更至好語莫喧譁

初冬野望

霜信連朝著意催衝風為異與徘徊織頭秀葉有時盡樹裏好山無數未寒日生棱應暫歇出郊望眼豈備開回頭忽看注泖地已浪洶洶尚作堆

十二月十一日獨步庭中月色如水時曾兄甫叔叔回里驅車陸行作詩懷之

歲逼窮冬百感生風淒街柝欲三更孤涉放于寒星散好月當頭激激照淺獨下階看竹影驅車前路裂冰聲遙歸定倚高堂望爲聞迢迢數去程

丁亥

移竹與悔庵

平頭奴子攜鋤至乞我庭前竹數竿送爾出門同惜別笑余真作友朋看

芳根移得湘妃淚列爵封爲瀟灑侯不見四時改柯葉最宜壓雨最宜秋

記曾解籜值春宵階下龍頭漸漸超此後西聽青一角與君分聽雨瀟瀟

滿天涼雨深秋日裹有新詩乞竹吟一榻清陰上疏簷不須天半有槐陰舊宅有古槐一株今與悔庵移其下

安石指花作比鄰石指乃悔庵宅西一巷隔中同伴着書身君家不少牽蘿屋可有天寒翠袖人

新年全無食肉相舊人自有戲秋詞寄言五酒應觸我莫忘行叔兄蔚時

贈王某

王郎十八寄初見甘面相逢信美都庶事豐城藏寶劍貴教亦永嘆遺珠辭米象因待明時雷煥張華世有無知否聞庭清濯骨何當來與婦蘼蕪

無題

西京重經術所取多鴻儒儒衆嚴安輩狄家嚴廊抒經濟非無效建白官良謨煌煌天人策大義陳江都禮賢下士翮館金爲石渠及其受推辱或難全其軀小辱亦可恥擊奈歌驪駒東京至末季士漸求元虛術尚近浮薄勢利成歧趨不爲劉公幹即爲華子魚

所謂循吏者爲國有至計撫字稱賢良拊循察凋瘵數百里諸侯令之對史位較卑按部時民社悉攸寄禮樂及兵農所建何

帝王何以報爰有素餐僅無滞名利到田翁謠歎及市儈馬牛
爲僕役無乃忘所事蒼鷹與乳虎昔不避權貴酷吏自强項何
爲行歎歎　聖主重民瘼簡乃太守處究之牧長官何其非能
吏

昔有孔大夫牢盆謹籌笇無爲萬世利欽然禁私販鹽井與鹽
池所産誠浩汗通計天下勢捐淮爲遍半熬煎與捆載貧運私
無惡何以民力憊亭戶亦擔嘆大息持篇至雙旌狂逃接行見
民商蘇風義必侃侃清塵竟無事高卧延賓館

劉勰成雕龍亂質似蚊負蔡邕識靈光絶筆王廷壽古人貴虚
心不敢求急售今人特敏妙豪耗不經意一字半語得義例極
務搽花饌方在家學謗已在後要之學謗有又答後人口提向
三家村狂歌和氏韭與兵鐵膏肓何如侯墨守

秋樵招食蟹戲成一絶

黄花木犀香遂時早煮蟛蜞佐客色一笑空樽竟何似累故來

讀孟郊詩

詩教

詩教從今太不振何堪大雅羞沉淪周彦忠孝留遺澤漸覺精
疑到古人老樹枝柯皆脱葉寒蟲半舌替搖唇扉鶯出谷嗣音
美知否春風着物温

悔庵以六臣注文選貺兒子儕即以陋軒詩集報之并係
以詩

杜陵野老昔詩史生平精熟文選理當年詔試有文字獻賦乃
成三大禮字奇語重弁雄燦研京鍊都費擬吴章空歎詩見忠
欵浮詞瀝瀝如擦拭上溥風騷訣沉宋氣塵曹劉李蘇李漢魏
骨采變風氣壯納自有溥神韻出不以此入以此小儒那得知
館妻底君舉此作佳貺百朋之錫到小子鈞弋注解重六臣士
不識字誠可耻問字還煩子雲居數證定與李枕似許日易壁
不相同劍劍易研差堪擬先生近詣最清激九年之關爲清大
昔賢遇族杜少陵詩人近此吳嘉紀無生之言非阿好文章意
氣誇鄉里敢頌小子何何如定朗予言醒然起

小海山房詩鈔卷六

泰州康發祥瑞伯

戊子

正月二日招友人小飲於忍凌堂

嚴寒之後又和溫難得春風已到門年例不忘分索果盤餐守
早起雞豚皆碍俗汜千穀巧入世衣冠一天涯座上深邊須盡
辭
謝淨涂茶爲酒客各盡樽

陳掖亭李裕即席贈詩次韻答之

詩才如將略齊人聲在先酒客比勇士哭出應無前手招雨石
乃辟歷聞驚弦雞羅萬卷書出語非鈎尤豈若剽竊士梱梱誠
可憐靜坐得其理無厭於夜眠古人有精氣著作非浪傳文章
與功業在在無陳篇訓詁本小學蟲魚箋蛟龍方其變合
石同其堅洪河一瀉注斷港瘠潛漫陳君抱奇質萬選呈青錢
百家及諸子捫腹無不填飢驅事奔走未快騁騷翻門旂思中
落獨立心茫然古宅在深巷今值擁閭旋投詩到蓬華度歲時
流連我家無長物子敬餘青氈四十已過一莽莽非青年朽株
一回顧衛蘭皆妍豈有村舍女浪翮姑射仙詩酒作高會歲
晚心然煎折簡招扉彥羨于來軒軒中庭有嘉樹得氣成青烟
松間列茶鼎坤雪鳴春泉諸君發高詠腹笥何便便伯玉嘗碎
琴市人驚狂顛出語殊雋妙通倪排畜筵相對更遠火勿閑窗
中天

初四日晴

積雪久淋漓積雲忽發越濕紙滿日光一室盡難雖晝起項南
北行舟聲款乃因知橋界頭定有鮮魚貫中庭兩樹梅粧紅欲
落蕾

高庠招飲用强韻作詩索和酒次奉答

高庠學自能陶鑄青衿仗達蓋子平志氣每見自標置果然方
意如琢璞翛然已明經貢太學海流浩瀚觀辟雍立品貴非畫奔
比和聲大可廣笙鏞府藏春鈴似有待鼎須博成芳無忘蓋酒
時不忘故舊意氣感觸春醪聚去年歲杪忽大雪五六七日猶
瀟淞晨起驚覺食指動不國分得芽容供朝書引經奠兀兀到
叫同律界蛩蛩石鈍得火如過雨樹氷消地非簇甌圭璋持達
善馴許何時得登璜與琮一樸夜枝有穴剔時人爭道長安獲
循吏文苑姑勿論樽前且食韭與葑我拔乞爾作圖畫筆墨有
似金陵龔半千龔半千我詩四日已數首家情欲抄書備

招飲之次日高庠又以長歌索和走筆答之詩成並與樹
齋

吾生本非榮啟期俯仰亦自有吾樂世人何事常戚戚天之待
我敢言薄委巷中有古宅存周北張闌走相錯揮架桑桑足書
史出游往往耽邱壑飢腸渴吻如有求我家飲食可生棗連日
陰晴顏不測一任時暘時雨若醉餘心地自平坦不見太行與
劍閣好罵自揀高木遷僵蠶枉受千絲縛人生日月本無幾何
事貪饕更朘削果腹有類飢鼠飲渴鼷不妨鷦鷯托風月有時
小閣聽風波無慮江湖泊世人得意亦偶然何為跳踉有如瘧

少年甞選□下辱狂夫武肆口頭誰功名過合在三端恭易輸
贏爭一着好月盈時最易虧好花開處亦旋落當賢自是千山
木一再過之已濯濯橋西大宅竟成墟子孫不惜先人作吾似
商瞿有五子晨夕心憂在不學吾比那過冬烘樹猶遮何婕房
楚崖有人相過說淸門如此聲華便不慈□火古人書敢
道旺華吐糟粕小人有母髮鬖鬖姬無甘旨供藜羹澣田每懷
淵水憂食指將恐來源涸此身本無君子德未免硜硜託堅窮
百川之水必朝宗衆望靈海極於鄉有酒來待天然對過是空
侍疏杯酌何日城北過錦那司人更作耆州將

人日諸子集思爰堂讀畫偶成

新年多樂事千錢過聲湯四海同人日千秋有草堂畫圖將老
眼總被上斜陽待得梅開日家言不敢忘中庭梅株田少界每訊及之
四十已過一年華不復新此間宜老我世事有何人今古本同
轍交游似飲醇二程年獨少謂程秋樵侄日生常貧

諸生入塾東示兒子用前豚字韻

喜氣油油一室溫諸生今又集稽門新知來許誇聰晟入笠何
勞習放豚匡程詩書辨同異山前泉水判淸渾革元辰用拎奇
字來問居然進一樽
新安能知故要溫胄能耐本寒門和凝弟子傳衣鉢劉表家
兒是犬豚獨輩文心須善用前人道眼已全渾他時祖德陳靈
運家祭還宜奠一樽

偶成

小海山房集

宦海風濤顧每虛田園家待蔵吾無文淵甘被明珠謗無福能
消下澤車

庭前梅花盛開

東風連日水汪汪庭下寒梅爛似霞開把春如文駐綠紅暇不
借酒氣盈雜紛夜事從頭數裝詩名奇像骨氣忙然思凌室上
客一樽時又集同岸

晏嬰

晏嬰古哲士風儀何峻奧納言樂而亂四族名不往端委立虎
門有識亦有養君子與小人世亂樹朋黨殺人而媚人所見何
不廣不驕亦不諂天地最蒼茫久敬可全交翁詩宣尼賛

讀新五代史書後

春秋以後從書少矜擅三長此獨堪自古才人說歐九當年天
子有朱三歷明武遜新安學體例真如太史談何事吳郎為糾
謬宋吳縝著有五代史纂誤新唐書糾謬一時遺誤好同參

夜課子讀書作

熒熒燈火虛窗耿朗朗吟聲出戶傳消得菜根香一筯先生伸
足使高眠
不因碩石屐磨礪辛苦原非一日功教未教他頻習誦如何頭
亦觸屏風

與偶庵少泉秋樵小松登市樓食餛餅即席賦之

每將口腹笑何曾裂餅常誇十字能歡食司來供一飽市樓高
處約同登豪情盡閤蓋升酒人影虛懸靠壁燈座上湯餅留才

小海山房集

詞掀髯一笑語喧騰

大有清言可療飢才人說餅最新奇誰從市上逢賓石我向橋頭訪趙岐專為同來原有約當壚舉酒恐非宜北門會館多飲下澄大尹遂樂不疲

題鍾馗嫁妹圖

易象判孫陽八世重匹配先下而震上於卦得歸妹男尊與女嫁其吉貴可造怨期考有人來見父母慰於南有進士天賜科名最故山誇捷徑算勞鞅簡策有子托門楣其婿必得快為證古今發施衿且結此程當車兩過白刃致舉揹(?)木冰寄娶蜀老憚增十倍乃見顏驕雄自負桓桓柔誼言丈夫心不作兒女態車中坐新婦看急施粉黛桃夭好賦詩宜家哉有頰却美驕夫家獨恃乃兄貴

湯侮庵西城觀落日圖爲即次元韻

西城薄暮天蒼茫城頭吹角風烟狂東方上月西落日頹放世界殊支(?)京兩兄既醒不相及探(?)孫且獨參與爲舞湯翁古發清嘯長歌首唱聲琅琅地下有人呼不起當年朝列紛冠裳今日古日本無兩家賢後賢徒悲傷有山便登殘同着三萬六千排歡笑古人成就在酒節逢者高騰來平(?)世事從渠林黑白雲光射地成青黄橋頭酒肆可買醉缸面發醅寒梅香清斯濯纓潤斯足小西湖水同滄浪上天入地不暫息撫掌大發蹀鳥怪

聽年兒讀書詩以勗之

汝父德薄不足學此後精勤望爾曹上口書能知了了鴻斫水自聽滔滔當窗經到歲千古悠悠每生已二毛知否古人都不朽中和樂職頌王褒

贈友人引且告以近狀

連日築塵埋吾身苦持來甘爲粟鬲(?)棲木與價爲遁世事於邀避(?)康娟太倉粟顔禍書有言挽食以當肉亂務轉教當飯石下谷耽耽無救視逆逆何所欲新詩到達華孔棣煥琳玉君爲院制宗旨絶凡俗良友好相羊瘦詞與為(?)展壯哉石鼎司馬倒劉師服我擲王壇[illegible]所見非一族造門轄可投褒談聽可兄大招不受藥弦且奈弓曲測身天地內俯仰究真爵面皺等僮覺聆青誰聯騁翩發有兩責喧聞辯聲筑君心本靜者近事且三復教者屬輩脫聚似圖成蕨濃如酒在翁談比蚤次教所期所施士知足便不辱安知我非魚妙語思深濮去年潤衣至生計嘆日慶今聞近郭田二麥登場熟力穡望有秋孝稻教芳馥屋梁落月逢海角停雲蓋古誼若當陳論文探星宿我詩似蛩蟲彼鵷任聲觸跫跫空谷音勿斯此邦足梅菊尚滿天挂帆且莫速

苦雨連日閑行至梅庵宅作詩贈之用蘇東坡集中岐亭韻

霪雨忽終朝滿屋龜(?)色汁坐卧俱不樂我屋本低濕起行入君巷談諧庶幾得知君精思場(?)鄰舍傳喧急屋內有溪光枕乃可射鴨窺見室家好如詩忽啟幕先生躑躅行尋丸兩顆亦大(?)僕意顏頃閃閃雙髯白年待錢十千未見買欠債差勝斷炊家已

作枯魚泣君家有老親裁水身無缺情詩自不廢羨此遺廬客
我詩避王筠一官有一集

疊前韻再贈海庵

我質本駑鈍疏濬宜墨汁君才若洪河泱泱無天濕中間包蟲
象淺人窺不得嫉世有王符著書傳火急從者食葉蠶喧如喫
泥向古義輿吳旨趣展重幕世事付一笥萬子擲六赤進水
休洗紅盈樽盡浮白都盧付一笑墮落頭上幘不顧俗眼驚何
事楚囚泣小詩悉乾没此心得毋缺詩篇將逆從來作不速客
覓君盤中餐勿惱飛蝗集

再疊前韻乞畫扇

枯腸不可索剩藥無餘汁君才足沾丐落筆烟雲濕古人有成
法對爾拘不得學畫才五日索者敲門急刻鵠類鶩斷不肯
鶩鶩我無紛東絹乞寫雲光寡區區一便面施不楚炬赤誦壁
更新堊那惜粉泥白想爾據案時自岸頭上幘自衛終有羞旨
作下和泣畫成若有詩定補湖山缺散髮弄扁舟好作林泉客
何日蒼鬱將史句畫中集

思凌堂晚坐三疊前韻

暑氣恐熏蒸汗如蛤吐汁絺衣將在御浴後亦露濕青蛙聲喧
聒兩耳聽不得避此若逋逃水上問舟急生怕驚鴛鴦奇言莫
打鼓傍晚坐閑館天光若垂幕蟋蟀燒點心紅魚窯口赤濛濛
雲氣中漸月露纖白此欽裊琶琴坐客無岸幘倚兒索梨棗經
喜復易泣良友半死生聲節壺缺消夏從此始欲作具情客

搗蠶史畜樽壽重舊兩集

西郊即景四疊前韻

一雨洗衆綠樹杪盡含汁田家鋳笠香衣桁曬秋濕城西好竹
柏啟齒未得得溪邊星晨滿樹裡梧桐急下括有牛羊入樹亂
難尋方塘得新漲湖向昔衣幕高柳樹頭黃蝦蟆魚尾赤橋西
有酒店新釀盈樽白羨爾沒斯衣脫我籠頭幘或田間鼓豆
異登中泣丈夫耕妻可餘何不學吳缺買田數十畝聊作昇平客
更羨邵堯夫吾就擊壤集

五疊前韻吳穀來九恭軒作

故人一掬淚承睫有餘汁聞詐製衣聲衫袖淬淬濕一別四十
日再見不可得聚影若搏沙吹散風狗急吾生累兒女畢栖難
鶏鳴古屋上一燈熒熒書帷幕君年五十二頗異衰時亦我少
十二年鬢亦星星白漸嫌對妻孥淚倒此衣幘哭君即哭我不
覺吞聲泣青燐隔竹飛殘月淡雲缺記得眠對床聽雨一房客
魂兮歸來些天半愁雲集

六月十八日邗江道中紀事

輕衫觸熱行卓午猶不息同伴人兩三驅車行得得此行實何
事夾笑難肋前至廖家濤大雨翻盆急橋南有茅屋避雨竹
間匿閱然入室來曾不主人識兒女共雞犬雜沓庭室闃供客
為煮茶視此真樂國溫語暑相接不覺日已昃霎時雨少休屋
角斜陽赤君辞別主去遵往無違惑不肯臨河返自恃强有力
程家有小阮相伴不孤特詞行有多回車程小松衛懸恩余特往道上無源水汨

汨羅相通小車不得前泥塗立如墻請君下徒步不復車中式
沿塗沙礫多蹈處足指剗大田蘆荻長中間徑偪仄窮恐挽車
人來危作盜賊風水忽相遭畱友待我郎王利川堂昆仲並兩車村鋪
行恰好勝之和蚤蚤負販駿儀境不離側深溪忽前横並不辨
角壯士人吏于鎮滅頂深不測進退兩不可此時情孔亟壯哉
兩與夫捉足翁濤兇相負登彼岸牽木鼓顛蹬望望天如昏又
見兩御直落日已御山溪雲盡翻墨村落少人蹤口野店合黑
森歷列鼓來照水電不息喧騰兩翻背濕布走衣燕裊從前昔
折不獨行幾濕四人相依倚水深不可立此域向五里計村巳
亥刻程君本家故府危亦垂泣心急語更遲只不生村巢雨敲
有前行足病燈剪剪累豹三更盡孫店敲門又與僮叔夫華抵
狀近兇蜮林林恐睡中兩我側身入榜枝似雷鳴飢腸安得食
腥顧同伴友不復有人色行路竟如此天荆復地棘此事一回
首尚未免心悽惻作詩記苦辛且復文辭飾

江行發殆放帆至斷腰港泊

我身本如寄一月兩來陵江行飽帆腹覆舟恙不免自分此番
休何為樣又轉放帆至斷港聊且息殘喘野蓬京江泉茶甌熙
君莽身不蛟龍得力復深逢炮亮爾溺人笑一笑吟髭撚

讀梅葊自編詩彙贈詩

九門寒氣送來盡清獻主人來賦詩篋裡長言因自贈山中何
物衣相思功名不惜與風漢好句終當付雪兒一卷新詞一定
酒令人生到月斜時

乞言不易贈言難古調惜惜獨自彈進衆文書原不少側身天
地亦何寬梅花有信吞山活蹤雨無聲小閣寒坡老效翁供不
死令人要作古人看
羨爾本非寒薄相自甘身在寂寥中持將達詰齊豪更誰辭說
驗是變風樽酒不妨塵意綠好花成是適時紅拙幫一笑成何
事地北天南一箇鴻
谷關樽前自在身好過詩骨說詩向工夫要從疑遶大名刹難
為地下人自古衣冠同壞盡是誰圖畫上麒麟生天成佛原無
着此集公然有萬春

又贈海葊

例游歲歲值冬初君道今年大不如笑我已為兒女累惠持生
嘆友朋球仕中盡脫千山葉夢裡高懸五嶽圖一事差強人意
處兩家貧賤有詩書
近聞梨棗盡雕鎸我祇擣璿鈇酒錢鎖熱旁蟫世道日撤疊譜
鼠巳多年腐儒身事轉相詩字樣文章劇可憐辛苦此中誰解

得蠹魚三食要神仙

讀吳陋軒詩集

瀕海荒寒處天風浩蕩來不知詩意古但聽腐聲哀斥鹵蕪青
氣乾坤老逸才躑躅髯髮朵如見哭西臺

消寒二詠

似向壚邊盜酒眘誰家公子盡無腸居然沉醉高卧未可擿
行是此鄉佐客登盤有錯落請君入甕夜磨泥圍擠貽好尖擠

退休說彭咸設不妨矜瞽
饗冬吉薈來宜飛古盌收藏薄熙蠶叨把情深和露浸吹根簷
滑有霜黏饕殘饜飫香無比狂灼多膏咏足嬌妻室含飴童僕
遍風光如此將弗懷 戲某

渡口即事

荻花兩岸繞蕭蕭待渡人歸畫意饒樹裏渲時知鳥過浪教圖
處指魚跳危橋水繞無三板衰柳風搖斷幾條我豈漁門栽菊
隱也將身事作漁樵

觀棋

疎簾清簟聽錚錚袖手人來氣要平從有輸贏於辨衆何須黑
白太分明仙山奇嶂橘中槃兒戲其間濁上云笑我枰枰最無
分不得此事損心精

偶題坡公詩集後

一條界破青山色此語看來不甚歡公與徐凝如有怨恐詩何
事毋剩他
將軍口腹原無負鄙士葫蘆且燗蒸公嗜豚蹄黃竹鰓雞豚何
獨笑何曾

觀女孩走馬緣橦走索諸雜劇

竿木逢場雜劇多回旋舞罷柘枝歌飛仙或恐師孫傅小妹何
須說奇波鎖骨乃勝絕倒曳豐貂戴箭馬輕敲縱教飛黃金
賤此是錙金別一窩

題黃瘿瓢書

瘿瓢畫人物如罵羅漢吳帝與曹不俱有凌雲勢瘿瓢作草
書如畫古山水斜斷復四五張素弗能與晉從七闕至作畫濁
江南真力透紙背墨瀋何淋漓我家有小幅一漁獨垂釣荒荒
煙靄中寂寞亦超妙更有一幅奇枯瘿離古木新篁細草生衰
草樹其足巨細與生枯淆想傳未曾天趣所到惡畫師能不能

小海山房詩集卷

泰州康發祥

己丑

元旦試筆

稽前爆竹年華換，曉起焚香晝不辭。從此編排作功課，閒心第一到梅花。

偶成

昨日庭前酒滿壺，房燒爐火隔宵溫。天明賀客來何早，邊謝東風先入門。是日立春

庭前兩梅樹，種已十餘年。把酒一相問，看花誰最先。冰霜都試過，風日有餘妍。待到開時節，狂吟欲放顛。

錢兒患痘甚劇口占

平生心計因兒女，重重累不堪。平竟數年何所得，幾莖白髮為他添。

寒衾似鐵何曾睡，長夜如年轉兩難。知否阿爺燈下立，幾番不止百回看。

冬青館書壁

古樹輪囷庇舊齋，徹骨清到不忘舊游諸友人李雨村晉安趙□溪此地足閒情，道盡當時扇牙籤。盡日横下筆，吾兄生休說似君平。

廬江吳生玉川琇詩冊題辭

昌黎有高弟，名為樊宗師。聱牙最難語，怪誕成文辭。後人不善學，生澀多支持。欲為俗士賞，不足人識者嗤。煌煌三百篇，風雅在一時。勞人與思婦，各各成篇思。明堂清廟有莊誦，何必宜下至十九首。蘇李非矜奇，唐宋數名士，所造皆有基。沿波而溯流，心靜識忘疲。溫柔敦厚教，以子慎勿遺。吳生有弱冠，濯濯瓊瑶姿。終日手一編，問字來遲遲。盈日難流覽，覺之心神怡。性靈切勿持，當見休徵。預恭華及秋實，一一須全知。他日付我傳，請看盧全詩。

登岳墩觀忠武王手書石刻

錢唐岳壘足千古，高宗手敕何修好。軍命應偕耕世忠，書法已開趙孟頫。將匠猶有忠武王，功勳更邁吳與張。河南生長河北戰，軍勞方作畫室黃。王之威名在天下，王之戰功多在野。安撫曾不鎮泰州，尺書留此光淵雅。一坏土起城西角，荒碑修剔苔花剝。名將猶思許虎侯石刻有許謙事，銳金人不鑄秦長卿。山叔日落陰廊黑，古石嵌空徑三尺。油煤其光黝然色，皴有風霜然不侍。教讀王書嘆觀止，是武是文竟若此。武功得力宗留守，文事相傳有諸子。君不見石中波磔具神奇，草隸二體皆擬晴王之聖羽。本笑縱橫戈執筆，皆能宜斜陽影。程摩挲久，吊古蒼茫百感。有小朝廷已沒多時，此碑永與山靈守。吁嗟乎，祭侮提師精忠臣，尺書想見墨痕新。精忠數語須應汗，尚有當年王立津撥王譔跋。

舟行即事

小船街尾火船艇，船到灣頭作魚貫。風逆潮平盡落帆，枕上夕陽紅一半。半日未到揚州城，飢腸欲飯如雷鳴。艙中寬濕炊不

得或斷或續聞櫓聲心急舟遲生相守捋鈸抱壺且沽酒酒店
參差多綠楊楊花吹落店門口

自邗上歸後偶得十絕句

揚州芍藥無雙品淺碧深紅大有情三五日前記相訪余家園
子上簇莊

誰家半月今何有新竹娟娟出屋牆持得兩餘舒盡意安分清
聚上堂皆

歸來不見沈夫子（韻湖鷗園）何日山瓢得共談遲憶九雲書屋裡翠
陰如許徑三三

百錢買得羊毛筆製自名工張洪山躡與湯家兩兒子阿翁詩
正搨碑還（胸有詩從岳微得忠武王石刻還）

顧君（繼麟）新自杭州退山水清談最好聽客去關門足高臥耳
邊風水雨泠泠

名茶贈我小團月未試夜前百沸湯可笑詩人太無慮患山酒
根未曾嘗

事如顛茶字如蜂有客新詩送到儂詩未終篇渾睡著旁人未
免笑疏慵

今年院下新栽藕總得荷錢長半盆姑蔡蓮荷素大如盆早
見開三朵

一庭佳樹濃陰長梅樹東偏有竹梢欲拓三弓無可拓復無頭
地種芭蕉

屋指堂堂四月頭楊花已老棣花初歸鄉且漫愁老火急花

菲好者書

題王左亭補匏尊老屋圖

城北詩人居深巷數間屋昔日屢播遷近時具春捐此間得息
影斯人即跧伏列屋長物無舊娃匏尊壽賀果將蒸大烝異蘇
而曲非斿智伯頭已斷變娃足楊若刑天臍深比豐千目如鍋
縮其頸如豕泯其腹錢芳策敵銅轉若罌渡木量飲豆四升容
遞爵五觳不類鼎耳質鉊悉斑眉甕若伏一身翠自可兩手掬
其色極瑚發其光亦黝沉尊豈黃目上唇不白金蓥葉梅樹枝
間古質幽芳倜儻天然去雕飾土花卻青經十數世共守百餘年
相攜儼然豨存修爾明裡滿清明每祭野飲酒時聚族可以
依且蓮即此盛酪驟條忽分裂散遁迸在目僕猶如拼落井瓶
遭蹉刖鵠廿載杖頭空一朝市上鬻不以五石名覓得百錢贖
歸劍亭能求奇事更相屬望蜀且得龍賓琮且還續（尊上有蕉詩亦得）
之君無忘相識此免夬守尋用作屋寶持來高枝鼎昂作詩
可酌得酒酒能讀亟公更不虛辦翁孫已數或得來歸食不
祖生虞分杜病渴肥笑鄭綱蒸熟外亦講古於中有漢書諸
隱君王通安步此翁歌笑我剛壇坫得君相假邊打頭此屋方
休目一尊樽與重聚商周華貴薄食玉盡蕉幾手捉新詩求我
趣石鼎句略仿斎饒聲囊蹤快哉王左亭寓矣劉師叔（一作）
（伯子叶韻）

程小松（祥棟）歸自皖江以游草見示作此贈之

詩書跌宕昔無我江山游覽今輸君大有小舟捉月每沽村

酒酣停雲射蛟帝子竟何處將軍中有授湯洪方諸作吹笛揚州如可聞此
日歸來讀行卷驚人何止謝將軍
還來騎次真難逢吾有豪情破鬱陶但覺卷中奇氣出不知江
上影峯巒清冷晚水潮初上鬆鬆卑緬鐵可消一寸寸多君賦行
役向能回首到漁樵

王左亭以舊藏女史冒宮貼梅冊子屬題宮爲海陵宮氏
女子歸雉水冒氏夫死守節多年能詩善畫貼梅其絕
技也

吾鄉雖數丹青手曾說黃滔女史才何似殘梅妝拾起頗教生
面又重開
卷中大有凌寒意此豈尋常說黃家鐵骨冰心誰得似移如木
瑤藏梅花
漫道丹青女子能艶人節操凛寒水道家姑婦尤人添前事依
稀管道昇有以管道昇者故及之

館有冬青樹

館有冬青樹枝葉何森然不知種植年根若蟠龜肬修然若昆
季一一相依扶此間本傳舍此樹非朽株閱人有貴賤爵物分
榮枯前後數百載光景歷然殊何爲我適至樹下羅生楚好風
颯然來鼓吹如笙竽對此心一清仰面看雲肰下有竹柏林其
高不能逾惟貞故能壽看留無村宗名節古所重智巧何其迂
士各有寸心可以羽區區作詩告後人對樹重嗟吁

夏齋雜詠

蟬聲來斷續風露吸如何處士得君少詩人似爾多臉懷最發
屑見處有枝柯好與螗蜩說花前莫捕從　蟬
真謂鶯聲老依然轉不窮辭華雖未老風調有餘同百舌徒能
寂寞音恐未工處何如足戀飛去莫匆匆　鶯
水已滿池塘何勞爾獨忙詩心愛青草天氣尚斜陽恐大先沈
竈呆難說蛙聲來然清籟發盡與閉宮商　蛙
世道多錯誤夫計在求安罔念盜魚樂何知天地寬不須疊鰓
骨何處作波瀾田首能門鯉飛騰上急湍　魚

池上早行

侵晨呼夢起去去入蒼烟淡露濕雙屐清塵承一肩魚游多戲
戲荷葉自田田因憶城中客臣然未熟眠
清氣消煩盡朝陽未可升客心宜蕩漾花意劇飛騰古塔高三
級危橋試一登波間有　鷺相狎到吾曾

六月十八夜露坐作

近午苦炎蒸好風來傍晚羨日不多食今朝思健飯藉衣令燃
凉明月出緩緩顛毛已半禿中庭樹梯盤數春裝綠書一付清
涼散
蚊蟲啜人血終夜不勝擾今夜風暑大去去踪如掃倏忽天清
雲開飛疾於鳥流螢滿目光星月甚皎晶觀書廢膏油何盡
能了說道今夜月在天直到曉人生好光陰何為盡草草

夜起

蝙蝠繞屋飛撲簌令人怖流螢出草際漸漸來無數心煩夜不

眠千丁下階步平只氣最激滿盡悵然悟攜鶴覺曉星竹上清露

于文蔚百齋臥病已久今忽見寄秋雨村時病已起矣喜而有作

年來臥病入鼎見何年相遣擇胥道各服藥瓶如大鶴江湖懸治此閒鷗雨三知己今餘幾（頭雲斯蔚君）君年八十衰翁何所求擬與尋湯兵商確遂君其辭到橋頭

西域觀落日歌疊湯海屏元韻

我生事事何微危眼前數子登詩狂虎風出郭疾於馬回翔不顧衣衫涼高處小別少暑在千秋大業詩詞商青賢此地蘇高唱鍾素橋一時天樂鐙球珠萬公亦來謝詩封（黃浅青諸子）泉仙同日歌竟衆此會參參近百載後無作者徒悲傷公之裔孫復文來射鵰手自誇名場（謂秋小松）猿西門亦來觀落日天風吹上黃雲咽畫圖倚欲乞董巨大潤色復稱宮賞元黃公家登高作賦思一飽茶槍煮雪僧廚香長歌直欲振林木側身宇宙何聊浪歌聲漸終日盡疼來翔又有翔職忙

贈海安尉余文泊堂

君才非百里曾作牡游賦一官等繫匏海上十年住我恨觀面晚近日臨風度牡懷猶似香鬚髮已非故身姿類鳳鸞笑浣仰鷗鷺略如梅子真仙尉南昌者時向鳳山港弄月無來去世無厭鄭公何人知復過我將訪杜度濠水東西路

錢唐周松雨尊客游泰州十年矣今又棄華海安與余書未過從今雨通音問不數日而松雨竟死於客舍作詩哀之

浪遊久矣瞥達賢藏復今來一紙書渾厚如君無死法湖山佳處有鄉關得交三日情何限悵望千秋讀不虛每見東風高觸企何時旅櫬歸歟

生平猶未接手歲遠與風夜一瞥嘆不信人間無再客誰知周顗是通才眼前悵望江雲遠身後誰思宿草哀時向雪泥見鴻爪冬宵樹倘倘能來

余舊有朱竹垞檢討日下舊聞一書中缺五卷王在亭於市中購得之舉以見贈作詩酬謝

此身未踏長安土四十年華心獨苦此眼未看長安花星星兩鬢侵霜華舉頭見日不得到天門欲為徒吾嗟秀才人遺籍早千言下筆富文藻詩話閒編靜志居儒修用撰摩經攷分其餘技更多能零瑛碎錦藏於笥三輔黃圖兩都賦舊聞持為後人亦足土郭知及戶版精交棋布皆編次我有此書足臥遊其中脫簡有五為千門萬戶忽見阻秋其間遠嗟無由左亭山人今詩客二百青蚨忽市得斷免殘缺竟我許開函持贈無吝色我應君該何以報作詩相贈復相笑我惜君年已老吝君能我才亦清邪我獨何為在塵滓君亦何為雜耕釣得閒人道日下事五侯七貴皆年少我且讀書君飲酒此事從來期不朽功名富貴各自有秀人真笑支離叟君不見極目關山有暮雲馬司晚過藏前開何當太學驗車過與爾摩挲石鼓文（未書嘗未有石鼓考故云）

文選樓懷古

揚州人文甲天下蕪城自古多名流井幹百尺突然起得名文選真無儔江都名彥曰曹憲選學誘後才行優擢羅馬首許淹釋那江木海動辭擒魯魚亥豕字有辯服時推杜為校讎魏李李善英妙作弟子北面事之來由由選樓發廣有總集金琢玉紬時兼收證踰於前曹接踵朋門風兩同纂修君為魏武之子孫能文不肯遠祖羞豈獨細黃與紫碧沈謝兒孫而汗牛有官勤學搜選政去取嚴避無羼尤右軍一序非不美尚以四字決去留豈以注釋作羽翼能將蘇墨成飾獻說其中有舛漏姑任後人譬不休貴鵝皮栗且有辯天難蟲為時深求一知半解亦有說境地終未探選出六經之後此參本豈遺廢陰斯人憂

小海山房集

較勝子雲客問字征車駐處來四侯至今樓中七果主僕與三胎三移佛聲香烟豆不祧廟古人學業垂千秋答來選勝着游屐陸忠寺裡烟雲稠蝙蝠說面擦層隙羊蟲聆耳鳴晉頭粟洗如出塵上私淑不覺五體投地如此身涉文海公集猶如馬肝身後有作有誰靡展以此觀之同浮漚揚州郭外古跡彤烟夜大業皆閱恐趨家王孫晉太傅甲仗羽月猶高樓未幾遺址堆丘碟纖陽門處成荒邱懷古此間不欲去佳名於古留邪濟瑞風高霧一盃消齊梁宋晉皆悠悠

懷舍弟步庭循科客淮上

吾弟長淮去天寒有北風傳聞慈母望清酒幾時同問路尋樓外看雲白畫中客塗如此意迥梓定忽忽

喜舍弟自淮上歸

北風吹處一舟回依戀高堂共酒盃習氣未曾同揃伏歸期且好及梅開詩書問世吾拙葛衣持家累爾才生久不如更漏永隆隆街柝已頻催

三十六湖漁歌

淮南曾說有明珠草木光輝岸不枯六七百年風景異秋風猶兩長菰蒲

風味水鄉無限好尽皮艇子一家供船頭打槳放新舟船後鳴叉又鄉魚

漁人來往不知愁只管來潮放小舟買得橋頭新釀酒一尺涼雨下高郵

小海山房集

高郵湖裡打魚蝦指點無橋可系槎幾日到來秋已老不知何菱與荷花

又言七十二澗太水勢高高似建瓴我到湖中無一事臥吹鐵笛與誰聽

風流文采思宗華遠近山光一髻鬟拌得閒情來市上文游臺畔夕陽多

湖雨湖烟唱竹枝者教風味許人知他時春水秋夜路舟唱昔河遠上辭

十二月十五日小飲思凌堂偶得二首與梅庵

居士欲為千歲計先生不厭百回過久[illegible]北固看山約且和西門巷日歌雪意但教誇白戰宵情無分渡黃河草堂今夕聞文

識此境從來百不磨

高秋驛自邗江路帶水拖泥不須勞世上元六須問人物標前差
幸有吾曹三冬剩伏案齋接四壁光晶雪月高寒透幽居太秋
殿肖秋聲程作波濤

題賀島祭詩圖

肉行紅燭百篇詩乾說長江祭處時我有詩篇無酒肴年年除
夕供梅枝
人言浪島比寒郊供秋香花列酒肴此夕若逢韓吏部好將詩
句再推敲
駒隙光陰笑墨磨閑中事業付吟哦黃金像合滌長鑄餘子紛
紛鋏鈍多

小海山房集

庚寅

立春前一日作

風起青萍漸漸和閑中滋味竟如何太陽近處梅開早殘雪融
時水積多衣敵人休憂縮瑟將來爲已辭琵歌長宮指得迎春
例側悄龍殺次第過

嘲膳宗參鷄

清席分君日散回羽毛應爲主人開家戴不弄藤何意宜今年
公屋右末
鐵羽終朝竟不飛海雲何處忽來歸笑君清瘦渾如此不及廚
中鴨子肥

題劉叔常樂丸齋中山水畫幅

彈乃標棋花點綴最佳境殿紅夾屋角新様上山頂秀水邊橋
陰夕陽爲留影飛樓斜塔供僧寺三兩居併團陰塔數叡方斜田
萬頃江南江北地不之此風景江山雖佳景要將人費傾將軍
按轡來耕稼鶴從昇醒參與綴帶風度何修整暇日訪漁樵村
勝慰酌對愛山煮愛畫山色畫中看即此當卧游可以消日永
文州昔聚米山川道不漠形勢一覩畫自可敎人覇今閑司發
滿弦有西師壓萬里得籌邊此心宜歌歌筆墨超超投綴自於
筆請休日即潮海驚心赤雪崩功成飛洞欲將存皆是頭豆調
愛山居功業志馳騁他日畫凌烟屐邦與君等

附　王卯平定回疆捷音適至喜賦仍用東坡集中歧亭
韻

小海山房集

盛世見天象五緯聚相汁關外一聲笳吹散陣雲濕太陽將一
照雨雪留不得前閑方致頭大將軍前急軍容盛熊虎軍聲亂
驚鴉笑彼蛮兀察河山雖久羈獸將一作擒盤動蓄亦龍淺
君將詩豈獨慶凡白儒生從史治蜀務將軍殆車來捷報可
見道旁泣青天白日中穀爲同列缺孫藏策諸生兩生各魯客
太史應有言百里德星集

海邊齋中食河豚仍用東坡集中歧亭韻

君家食河豚盃杯佐肉汁對客誇豪肴渴如猶沾濕我昔爲事
阻一嘗功不得飢鷄時敎蜀舍飯齋廚急舍杖小窜半食我瀾
蒸鷄萬事更飄別竟日閉懸瀟有子女八九保若赤子赤老寻
近八旬髮髮鬚白赤盡七尺身自岸氣涸積時覆處掉篇豈

作且真泣一聲苦不成此心未免𨚫囑君毋多言來作說餅客差勝衆濁游司作圖瀘渠

書陳少方晉元生輓詩後

俞子難槽來到門司清巴即道君病起使我神忽王去年癸君歸辯俞君中子舞君式奇也陳說病中狀醫言似不治東望益滴於冬日遊舟去滴外衡風訪聞子尚在床幸子尚無恙叙贊本神清休日史非歸病久肉盡脫骨立一床上清淚滴承胆几坐且相向我語作慰藉其言似汝廷劇淡浪淩返歸塗破恨恨此後不可知獨無一刻悲難淨天壽才不欲斯人長寄御夕獨一方忌乎殘疊錮屢籐累來了此物且共張君詩字字好病定乃悲窮凡人新病起必以消食夠君無肉食心我以忌言聽步兵背吞鐘鼓歧作生壙古人須為計此事原非劇況予禁臭生不得六言放此後生日詩百款且剩唱何日買青山松下座相傍

哭祿兒殤

總悲如兒少忌兄夜復晨淚中得覓奪地下與誰親我去扇昏鬢有妻氣咒棕身來然詩不斷入夢不嫌頻

題季文模崖香囊兒

香囊製就予心撩斜衛能得不石衡不散私斧穀紅拂靜欲晨俠作黃衫畫圖奕奕眉空歛泉玷莖莖恨已緘舊說唐衡原善哭每聞京事話喃喃

風入歸自嶺南時曾見參橫月香枝稍細可堪成小別持夜參易起相思唱殘藥店飛龍骨詩出青琴琴齒辭君比羅共才十倍多情重作比紅兒

又題其商姉琵琶圖

歎哭無端命不辰潯陽江口一傷神香山亦是奇男子舂淚公然為婦人

舊事重提有此才盧荻楓葉助悲哀世間尺有多情種可與司聲一哭來

草草光陰一剎那美人名士共消磨從知溢浦舟中淚更比濫圍尚覓多

新愁定唱奈何天陌上花枝分外妍我似崑奇絲凡響琵琶不近已三年

蹤跡年來類轉蓬羈愁莫向話同工千秋絕調從何起多在江聲九派中

玉顏疑泊定何之略似浮萍與老移不是詞人遒一顆教儂何處訴相思

那堪更憶少年場意得香人笑去狂客到愁零盡如是世間何處不淒涼

花前時與共金樽遊莫青衫濺淚痕一寸香囊一商婦先生如此殺消魂

聽廬江孫山人韻庭彈琴

思兒連日方悲哀抱琴忽叔山人來山人彈琴有真趣鬱伊遺我胸懷開掃地焚香淨我几按律彈聲聲下起舊調從今一掃除不在高山不流水座客神領目亦注山人沉吟几裁度彈得

穹蒼合自然彈成汞叔秋聲戴秋聲一賦蘭蕭騷庭前飲露松風號童子開門見明月先生仰視蒼茫高山人何處得此曲蓟麗山青湘漢綠表耳珊瑚瀑布喧七弦要作奇書讀一彈再彈山出月三彈四彈林葉脫啾啾唧唧是何聲千百秋蟲指頭活嘉然忽作刀錚鳴小聽鶴弄潰迴兵浩浩天風黑山其高高斗柄銀河横中有鼓聲眾起妙老將悲吟戍卒吁完發夜鼓甲解蠹羽萃群鳴刀入鞘又有美姬與趙女秋琵鳴箏於中語秋風秋雨無端來夜合重圍奈何許霄處戰鼙風雨馳妻詩習習吹輕颸書生夜讀聲如致童子垂頭聽不知琴聲如此發天籟能教座客寬衣滯奇伎翻翻縷縷詩中聞悲已付宵霄外洗耳今宵醉醒聽一天風露語猩猩猩猩豈就作山人傳傳寫廬江孫韻庭

秋風感作

林木本一家秋風最多事穿林入葉來颯颯喧聲王獵敗刀劍工鋒張口牙利頻使枝上葉一半放根蒂同根豈不思去葉津如醉嗟嗟風蕭蕭赤色太紛亂林木問秋風秋風爾何意

梅花嶺謁史閣部墓

聖世褒忠日全軍抗節時無城尋古蹟閣部有專祠相業祥符擅吾心動草知風雲爭運會鼎鉉與扶持白馬刑牲警紅羊劫可思孝陵騎歲暮餘貴入睢陽江左殘山見淮南半壁支宣公於奏牘信國勤奔馳叙促扇王位飛揚大將旗高劉皆跋扈馬阮盡兒嬉夕照狼烟會春燈燕子詞孤忠餘碧血艷曲寫高蘇地似田横島人從蜀相師守陴真勇效誓眾亦連洏氏墊江難守空坑事已遲旌頭星竟落朕角士同悲君子成猿鶴宗事大泥篆衣冠時展拜墓壯極歷歲古墳參差見梅花左右披頭銜誠茹英手札向淋漓札敕

皇朝錫爵遜待從詩明禮縉此役

賜諡易孝虔衛府猶千古春秋奠一尼廣儲門外道別無斎豐碑

消寒六詠

之材曾說小金城巧匠裁鎔石骨成呵處忽生雲冉冉敲時如聽鐵錚錚音遊每拾銅臺瓦書例同敦玉帶生閱道此中無恐歲不妨常與子孫耕 古硯

匣中九子向洪傳麝待紫墨一片堅研錄曾消三百杵收藏何止一千年磨人歲月叙故道銘背文章字字妍欲與奚超爭手法朝朝花下眾粒烟 古墨

蕭森古木濫 稜寶劍兩炎夜吐光千鎮千秋餘指爪悲歌一片熱心腸燈前為爾談豪俠酒後何人說戰場我起大言頻作賦寄來天外倚寒鋩 古劍

挂壁何當有素琴閑時好把暢通尋龍紋於腹看斑駁玉軫朱絃閱古今千摩時生遺世意居然中有不灰心臨風聽取琤琤響一室中藏萬壑音 古琴

蝌紅森君亂書埋曾飾裝緗賸玉盈縑畫自能同宋槧將寶春東化秦灰窟儲客可羅三箧善本人將讀百回似似奇字勤翻對良田莫完盡探撰 古書

小海山房詩集卷

泰州康發祥瑞伯

辛卯

春早

春困連朝易放慵一時早起坐簾櫳鳥聲在水天將雨花氣如潮夜有風牲味未闌還倚枕詩魔已到欲書空何当身置千峰頂會看金輪出海中

籠中雉

籠中雉來何方春融何弗山南翔而獨隨人為低昂一雄一雌相對將是豈區區為稻粱爾身五色成文章甘為人娛殊可傷爾性耿介令忽忘曷為飲啄如故常東坡鶴嘆真崛強呼之不肯來中堂下指徐步神安詳難進易退何不祗籠中雉聲清揚我與爾言須掂量我欲脫爾無何鄉賸舉回首天茫茫

玉鉤斜

大業記烟花轉斛無顏色美人化朝雨不在君王側鯉魚飛上天楊花覓無力花近阿婁墳欲紅紅不得問問青燐秀傍晚天昏黑居人得玉釵嘣出大隄側上有龍鳳形漠漠土花蝕

過廖家溝題壁

前歲經過此曾逢大雨滂今無衣蔓水猶記舊間門去馬思歸跡飛鴻驗爪痕題詩因自嘆吾舌尚能存

五月初四日讀書齋中作

夕陽西下捲書籤似水虛堂不下簾卻視浮雲風掃淨劇憐新亟名久已說荆關巨眼誰將屢作刑展開須當好風日臨摹宜對當溪山荻池價值千金重孜古人消卒刻閑一自桓元誇塵容不將寒具設屍閑古畫

與海庵

時逢臘盡事匆匆滿雪飛花一路中但覺閑游常共我那堪小飲獨無公雪消近市魚蝦美日落空山虎豹雄惟祝此身多壽考卅年之後與公同

近日新詩似水成一時酬唱有君朋文章休問千秋事風雪都無問日晴俳語任教閑放倒狂歌儘可了平生眉間黃色將飛起於剔殘缸爛燭明

月西頭越
花枝亂戲落紅薇久坐街尘暮不歸驚起風來〻又去兩三蝙
蝠掠簷飛

紀水災詩

車邏壩

道光十一年歲太歲在辛卯湖河水漲渾欲倒兵力已疲民力
係六月十九日忽決馬棚灣高家賓奉下河州縣多在波濤間孩
濤洶湧斗然潟下游已見傾民舍負舟恐未傷禾稼來朝又放
車邏壩

居奇歎

車邏壩水从西来千村萬落生悲哀長官出示要平糶囤户肆
覺心顏開細民安知指囷義直以居奇為至計上天降災非無
意豈為汝輩生財地親子飯難兒粥窮家之食妻妾孥哭賣兒
鬻女供口腹一時剮却心頭肉彼貴彼賣心無厭平糶居奇不
解窮人倚石穀定要錢二千長官出示真徒然

鬻牛嘆

老農鬻牛城中走農哉牛如丐牽狗丐狗猶能供性命農牛不
復祠持守朔趁北門出南門耽耽列肆屠沽存鼓刀作勢說牛
瘠老農聞之聲暗吞如此肥牛賤酧值牛主惜牛牛惜不得令朔
牽向街坊去明日已為屠俎物吁嗟乎洪湖水至傷道左生死
相依兩不可老農賣牛向牛說尔莫怨洪湖要怨我

饑民蠢

饑民蠢來延〻一心甘受黑救濟蒙袂輯屨雜沓至填街咽巷
恣卧眠有蠢有蠢身獨前捋臂直至官衙邊饑民手奉胡亂遊
鄉貫桃源與宿迁刺史堂皇給與錢百千令日纔從南關去
明日北關依舊來回旋饑民蠢言便〻怪尔所發本難嚴体何
豐澤顏何妍或向饑民叢中一窺伺尔蠢蠢真安便前具火食
帳後隨娼妓船尔驅饑民作牛馬饑民為尔効力皆爭先饑民
蠢慾難填心如豺虎不可言吾思尔願胡不然不願官不願仙
惟願歲〻皆荒年

大風行

諸君且勿喧聽我歌大風大風起自七月廿八日自早達夜聲
隆隆河伯招手河當中河魚睒目模糊紅民人猶覺宵睡濃一
落千丈苦無踪屋宇捲去如飛蓬到處恨少堅垣墉敲鉦乞命
起四野其如遠近皆聵聾或有奔逃上樹者樹拔仍入蛟龍宮
負郭之地來一棲棲死閑三孩童此其所見所聞者未聞未見
之慘尤無窮或云此是奢侈振不知奢侈之禁到處將無同所
報在此不在彼吾欲以此排蒼穹吁嗟乎吾欲以此排蒼穹

賑廠開

賑廠開饑民來饑民久饑無氣力一時領跌盈塵埃廠中領錢
一百四飯食去錢一十二一錢便化百錢用嘆尔饑民斡甚事
胥吏當門猛如虎饑民饑民心獨苦饑民來日填滿壑胥吏今
宵貢歌舞

搶暨行

揚子江頭聲震天，傍匪來上飢民船。飢民船上復何有，有鹽
滿青銅錢。小民何敢載鹽出，特為田禾盡渰沒。鹽之船尋一
隻，欲以此鹽作衣食。我聞
國課東南饒，偷從私販懸明條。飢民藉此免溝壑，見者何忍同
私梟。傍匪傍匪不在江頭，何不樂大肉肥魚供吞噉。巨艦裝鹽
有萬千，此役何為飢民窟。飢民被劫身雖不甚，傍匪傲岸殊不
禮。旁有小兒頓足哭，哭聲直上青雲裏。此情此景殊動心，見之
不傾非人情。路人僉云傍匪之錢不可犯，生視且有京口兵。吁
嗟乎，書生濟世苦無具，斯時敢言不敢怒。勸爾傍匪大肉肥魚
者，一筋且放飢民渡江去。

過黃泥港

前程已渡金焦路，又向黃泥港上過。十二年中渾不覺，傍風上
雨迮番多。

舟次烏龍山口號

金陵一片斷雲遮，江上黃蘆漸作花。行到烏龍山腳底，舟人回
首是棲霞。

燕子磯

危磯高不測，壁立此江隈。燕子自千古，行人得幾回。蘆花秋有
信，駭浪雷成堆。正欲憑欄望，鐘聲暝色催。

薄暮游宏濟寺

渡江秋澀澀，入寺草蕭蕭。石壁自今古，山風若動搖。杪榴僧果
賣，明月客杯邀。忽聽烟中語，峯頭人採樵。

四松庵

四松庵裏駐軿望，客愁增又長。近年樹雅尋前度，僧朝來涼來
古屋。秋水接荒畦，我欲乘風往，危欄不足憑。

隱仙庵

此地如堪隱，安知我不仙。江山更六代，樹有千年。煮茗香飲
色，彈琴響夜泉。吟成極清賞，搖落桂花烟。

埽葉樓

落葉忽填徑，山僧一掃之。正逢秋欲暮，又到我吟詩。馮思尋蓀
竈，涼風撲鬢絲。清涼山色好，坐對日斜時。

邗江舟中作

小船銜尾出，橋陰屋亂篙。工援未禁遠虞帆，猶如掌大，冬來河
水比甌深。推蓬饒有看山意，展卷再虞論古心。載得花枝獨歸
去，艙中拈筆且孤吟。

過仙女廟鎮

翦燭蓬窗坐，長淮東下舟。仙踪最飄渺，水氣亦夷猶。霧鬢風鬟
想，霜寒木落秋。荒碑看不得，惆悵過橋頭。

題馬貴陽江南秋色冊子

一閱春燈唱未終，怪渠畫筆又能工。丹青亦復推元輔，曲子非
徒說相公。

書法洪津畫貴陽，兩般事業正堂堂。最憐一片江南地，剩水殘
山亦竟忘。

江頭秋色最蒼涼，慘淡勞化涉筆忙。再把秋聲門秋蟀，功名哭過

賈平章

十二月十四日雪中偕湯悔庵過蘆洲觀馬墨初作畫作詩贈之

北風吹城〻欲倒，城上棲烏跡如掃。板橋一帶最荒寒，冒雪衝泥尋馬老。馬老馬老𢗅𠂊健者，破帽殘衫矮屋下。十指如錐渾不皴，胸中奇氣烟雲寫。人來觀畫如堵墻，揮毫對客話眉張。誰與馬老助腕力，傾囊沽酒來贊湯。閩君年少誇身强，李弥曜馬輕侯王。何為老去不得志，丹青餬口心傍徨。至今使筆如使槍，母於娬媚形堅剛。得志疾書畫其妙，舞劍不用公孫娘。吁嗟乎，畫師博得將軍號，內庭供奉李昭道。馬老作畫能乱真，踪跡何能離畊釣。畊釣之地得卯㘸，挈婦携兒負耒梁。將有控袖西避兒山，此即今時馬一角。

除夕偶感

四十四年終韶光，一瞥中吾生徒寂寂，春意已蓬〻。杯酒樸糊綠，盆花錯豹紅。來時何所祝，親健與年豐。

壬辰

舞燈

入夜華燈一色妍，六街三市舞回旋。里兒衣袴从何製，昨日官中領賑錢。

小劫滄桑嘆未終，街前花鼓怨鼕〻。風流刺史誠寬大，更給青蚨買燭龍。

初用眼鏡自嘲

少小人驚巖下電，眼昏我悵霧中花。身問翻〻今何有，慧得宴䊅一笑謔。面具從知氣血衰，戴番頗影且疑猜。前身或是空群馬，依舊㯱種夾鏡來。

事〻从前笑守株，尋行數墨棄荒蕪。啓蒙忽借光明力，目睫今番頗得無。

依〻此後且情親，玩水看山共一身。謝羨小兒無用處，只將秋水作去声瞳人。

初夏南園即事

拖展南園四月天，今年時序太遷延。侵人寒氣香俎夏，柳挽稀時我著棉。

學舍夭桃開又落，浴沂亭水盪流霞。老夫逕日心情改，不看桃花看菜花。

池邊楊柳一枝〻，遮莫濃陰繫我思。一種風情耐尋味，絕無人處立多時。

卯家園子守清貧，絕好閑門種菜身。眾綠叢中花一朶，公然茅屋有佳人。

程田遠寄謂秋岳少泉湯蒻病庵謂悔庵風景何人共此行，幾个黃鸝不解事，花前呼友自嚶〻。

民食全無恨水荒，遺骸道路日相望。城中舊有問田把，喜見風前大麥黃。

二鼠

二鼠列庭隅静者觀其妙一鼠率性行見人必跳躍一鼠故狡
獪謹厚飾其貌一鼠飢索食索食乃鳴叫果腹輙自已飲食一
無盜一鼠背人噉見人食稍稍山菓列於前似若不甚好主人
生分别愛憎極顛倒一鼠組脫頸一鼠繩施散一鼠宵登樹一
鼠夜入窖世事貴欺誑人心多慼悴請問二鼠間君子何所敩

題木蘭從軍圖

連环金甲緑沉槍兵氣何須說不揚莫唱杜陵垂老别嬌娃猶
得替爺孃

記得西都市馬鞍黄河紫塞慘風烟虧他火伴都瞞過辛苦韶
光十二年

女子从軍古所無請纓有志走長途如何巾幗甘心受轉在當
眉大丈夫

此是人間好女兒不施鉛粉買臙肢他年更有秦良玉殺賊堂
堂石砫司

哭湯海庵

一病如何便不支澁然與世竟長辭到不聽君呼母掩袂惟聞
弟哭師謂田少江上青山書共　樽前紅燭屢談詩最滿松下
三間屋不見掀髯一笑時

兩老交游隔巷中晨昏過從各飯飯性情通悅誰能似議論齟
齬二字仄平声讀每不同就榻忍教三語訣登堂愁見一框空如何未
解能蛇厄枉費神仙識敬通悔庵春初請乩仙乩中有身事蒼莊似敬通之語而未言其所於也

舟中望金山

江氣静龍魚金山入望餘青松鄰狀水樓閣半凌虚雲自諸天
聚僧疑上界居妙高峯上寺看我又何如

江上

風波江上客船去又船来不及釣魚叟悠悠朝守舊臺
天官船忽到帆挂半天中贈野夕人聲鳴鉦鼓釣翁
只解行船樂不覺風濤苦小船来賣酒白浪拍錢數

白門客寓贈吳菊坡克枝

人海叢中識面遲江山如此好題詩寫公喜對長干塔予古来
尋正學祠庾信二毛成我老鄭虔三絶得君癡况当西子杯無
匹可許梅花贈一枝

題菊坡遊將記

一卷新詩游越多明山程水程但得同舟郭泰肯教依首宣城
贈樂君豪山
舒眉天边老眼看他海上詩頭詩宜越中偏霸君才高載錢鏐
花柳蘇隄白隄風月苦讀雲溪浪游開尉叔臣行歌倒着接䍦
我欲與之偕往安得西湖住家暇日親書觀画餘生教學持螯

題家持作監主簿姜君正臣墓石

北風人踏招賢鄉僧舉出吹齋厨香燕下有石度齋誠洒然其
色黝然光字跡殘破復端整銘詞爾哉何精詳上書姓氏與官
閥太岳之胄主簿姜正臣其字謂其諱海陵家世稱象昌義户
曾見説閭里賙恤不惜傾筐筥監書置學惠來者學人沾溉鍼
難忘天不勸善嘆早逝有宋嘉祐三年亡得年三十有四歲短

命差似顏回殤又後五年乃安埜碑石大書特書為置山邱僂
其年英宗正踐阼逾年改元治平議禮崇濮王越今七百有餘
載此石忽爾出土如沉憶徑圍九尺有咫厚三寸土花未蝕完
中央只有左角石小缺耕夫剷出鍬鋤傷如爾完好非無故未
經兵燹逃風霜宋季元明変陵谷爾石幸在黃宮藏因思斯時
物有數黯晦之物多壽康不然牧童敲火牛礪角刑書姓司慝沈
吏部墓姓宋治理墓碣皆茫茫獨怪志乘不能載向來珥筆多荒
唐人物甃文悉艸艸簡扇往往遺賢良畫言蓋周亮郷大篆何煌
煌刊石浩社安鐵筆詮頭顱金石之癖獨有某生平嗜古同痴
瘞此石昇歸置廊廡烟煤摩揭朝朝忙示我此石羅酒漿拈我
作歌声琅琅鄉貢史原不可改者撰文但見秋原宿草都荒涼梓
里舊聞添一則諸君得子名皆彰我歌亦作楮尾續歌成并予
歸翁湯嘏之人湯悔庵前作此詩乃未幾進山殷然及之

東山寺展僞吳王張士誠像

平江城裏齊雲樓姬妾同焚樓上頭泰州城外東山寺遺像來
瞻張九四九四九四出身有如朱全忠偷安更比王世充吳中
廣富欲自保并蛙獨守隈囂宮一朝天日不相助天日狀公不我張譚明
太祖語也嘆爾生前徒罔披袍上蜘蛛結網來龕中鼯鼠銜鬚去此
地西風萊葉黄英雄休説白駒場怪渠淮泗真人起何不遠作
扶餘王

冬日小葺南軒吳生玉川作詩見贈走筆答之

茲子衝泥不憚勞軒窓補葺聚清豪粉墻新壁誠何用領取光
晶雪月高
禪悦何妨置佛龕退休風景似瞿曇晨昏梵唄西南起齋窗屋
題與立庵居之西偏為寺址庵南為祠山庵立云否之坐立處之也
白板便扉一徑開林間飛鳥影搭名公賜世如相遇時喚西
臺御史來倩付余宅為凌海楼郝君舊居
西逸遲擬設籬笆緑竹紅蕉共一家有弟別居今二載只慚田
氏爆荆花
夜间燈火最青熒多少塵緣一掃清還似松濤似蚯蚓異君同
聽煮茶声
暇日詩書足校讐婢紅嬌碧供搜求得君問字知何以救適堂
堂四姓侯

哀顏童殤 并序

童丐姓顏去聘吾兒之於大雪中詢之如其鄉貫并知其流離之故予恐其衣單食缺且夕死而暴露也遣人送之育嬰堂收養今春忽瘞一夕竟殤予聞而哀之以詩

顏童我昔雪中見口喚爺娘面掩面問之嗚咽道鄉貫爺亡娘
嫁無親串親串全無凍不收風饕雪虐声啾嘎恐渠一夕駿風
起僵卧街衢死即休我文廣廈本無計育嬰堂中汝安置倏爾
年來暑長成再思為汝經營地不意今年一病殤膖脹忽發頭
中創堂中一棺丁汝事我聞未免心悲傷悲傷此意與誰語獨
自思量一延佇吾身差幸免飢寒人生若个無兒女

客以野雉兒餉作詩紀之
餽歲陳蕭雉登盤薦早春偉羨義斷尾列身且呈身風具文明
象時來物色人吾生圖口腹即此作山珍
癸巳
作腹
作腹人如出谷鶯喝喝問詁似嬰、庭花倘亦知人意姹紫嫣
紅對面生
昨日人從江上過刀魚入網付行廚泥人風景吾尤問隔岸杏
花今有無
題俞中子唐金焦放棹圖
快意金焦好放船袁蘇詩句至今傳長江今到俞中子此舉公
然七百年
鐵甕城邊水勢衝兩山中有最高峰勸君鐵笛休吹起只恐驚
他江上龍
擬儲光羲田家雜興
溪橋久作浮茅屋風初披東牟聚蓑笠却與東作期叱犢復東
未出屋人追隨前行鉛背老後携雞聲兒健婦與弱女亦各勤
敷播迎春長官丞樹裏移青旗新年見三白其澤常漸漸南畝
歌做載不耕何何為杏花開屋角半面紅粧窺孤烟起隔樹鵲
鵲方晨炊
火織時當空陰雲忽市地秧池喜得雨其色更葱翠黃雲捲阡
陌芳塍遺麦穗時聞餅餌香不羡離就膩或騎秧馬丞教勝紅
塵騎耘耔日停午父老柳陰底逗暑挈兒女就涼移秸秆冉冉
腊音來橋邊長荷芰田頭一伸脚半晌容夠睡醒來日沉西金
色翻鴉背
時雨滿溝洫其穀最宜稻逢年書大有穭生亦自好腰鐮明若
雪穲稏割如掃篝車願既償秫稻充為賈西成熟村釀閑甕醉
翁媪把戲話桑麻佐食烹葵棗一家同骨肉光　年保非衣
起西風鄰舍豈棚倒促織屋中機蟋蟀墻邊草歸田亦何人致
身宜及早
嚴風來四壁旭日臨三冬為問名利客何若冬郊農農隙竟何
事隨户營室室古屋結依牛新衣更茅籠有叟年八十其貌何
龍鍾膝背就檐隙幾膝多兒童情話令人喜閭歲無荒出前村
有酒店報到新醅釀酩酊謀一醉萬事皆疎慵夜來忽小雪白
到家後峯早起尋梅花郭外同扶筇
邗上寓齋作
寂寞邗江寓繁華近不同門迎新瓦礫詩贈老梧桐（寓有古梧一株心空枝茂數百年物也）枕傍官河水窗穿破紙風此間容小住回首某家
紅橋酒肆作
紅橋來去路酒氣發新香燦、袁三稚娟娟王二娘（皆當壚者）客亦
愛青草天氣易斜陽眼底人如此相逢半老蒼
天際歸舟圖為阮星垣題
壯遊已歷幽燕薊浪跡今歌歸去來黃葉江南住家處白雲天

際泛舟回雖消阮籍敘臺氣誰識王郎磊落才我在揚州初識
面幾番攜手更銜盃
吾生四十尚蹉跎忙裏光陰一刹那何日張燈看西稿與君呼
艇渡黃河新詩解罵攔欄壁舊雨休提絹條歌試發在言應記
取使登鄉袒又如何

姜若衆沐為吴生玉川繪走獸四幅索予作詩余以小樂
府四章應之

有臂善搏有聲善號瞿塘巫峽月朗風高 猿
橐駝橐駝負載宏多道遠如何 駱駝
爾宜守莫輕走韓信彭越皆功狗 狗
觸藩出補牢入哀哀怕聽楊朱泣 羊

過蘆洲居煞閣贈馬文墨初

風流猶說孔東塘樹裏巋然一閣藏肥到蘆花因水潤孔東塘有水閣蘆花肥之句
瘦如居士為詩忙城闉鴉噪烟雲起籬落花開節候長
我惜買山貲未足不能同住此村莊

自題草廬煙火圖

屐字排書屋寒煙如許紅陳編堆百軸陳把拓三弓尹閔陳無
已經傳鄭小同時將採膏油焚不盡吾道豈終窮
莫將奇字問家少太守經綸比幼安白氈如子敬青箱奔新勸
埜蒼蘢古戶聽何似長安客西風響畝鈴

題尤柳村金城閱河風雪圖即次其泰郵阻雪元韻

天寒兼地凍風雪竟能來豈異袁安臥圖陳鄭俠哀詩有者之
句征鴻飛有國市駿築無臺試把衣裳拂檣檣賤斛埃
只當尋棋出關河冒雪來風狂鵝翅折池滑駝鈴哀竈濕況漁
火雲荒壓古臺詩人發高唱抖擻此塵埃
露筋祠畔路予古忽然來自有男兒氣難為女子哀英靈生草
澤史筆擬蘭臺只恐題詩處紗籠冒薄埃
韓信去千載尤君令一來寰中能抑腳胯下莫銜哀嗚咽長淮
水蒼茫大將臺朔風吹不已消受驛塵埃
城古如盃覆頻年水患來似烽船俱泊如序角聲哀客子投荒
店漁郎守舊臺中宵謀一醉杯酒洗纖埃
勝騎鬪雞夜劉琨夜起來家國何處所僮僕護悲哀舊壘前官
渡長歌漢柏臺五言吾賦就誰與拂輕埃

又題其江天晴雪圖再次前韻

三山招客去一棹過江來雪裏尋鴻爪風前聽鳥哀花迷江總
宅書訪孝侯臺失笑因何事清尊為洗埃
雲光曾說法頑石點頭來短景無他想長歌勸莫哀雲生桃葉
渡風緊雨花臺小住真豪宕胸中絕點埃
長江鏡雪霽一笑竟歸來既得還鄉樂翻為行路哀才人多古
意詩客有荒臺試與椎蓮壁江天不染埃
磯頭看點白燕子又飛來遠客將發王孫啄不哀舵樓高似
屋烽火暗無臺萬里憑君覽何容水面埃
吟身忽南北雪與逐君來臘盡花枝發寒消幽谷哀詩書歸粹
里口舌祭蓮臺回首西風一掃埃

屈指君行地吾身十往來仙禽特有羨老馬忽生哀蟋蟀前村
酒黃金何處臺幾時君與我談笑出塵埃

小海山房詩集

甲午　　泰州康發祥瑞伯

梅樹下醉吟

屋外栽梅剛出屋廿年培植本根牢肯人來悲撫枝色把酒應
須樹我旁自有金樽傾翠美不須玉笛弄聲高臨風一笑吾將
老只合醉鄉到爾曹

吳才甫樹學傳畫梅冊爲題其生趣句

吳均史學齊書在餘事猶能作畫家獨坐停雲太放從何將爲
我寫梅花

清才我愛玉川子梅花君稱梅道人爲羨家風光發者梅花愛

程課前身

焦山古鼎歌

焦山我昔尋焦光爪牛廬古仙壺藏仙靈之外復何有歸然古
鼎禱金鈕高僧曾客娃古製迷精穿拂來僧房精光寶氣一龕
閉春煮開匣驚雷硯其足有三耳有兩中空外凸示周鼎徑圓
一尺吳有咫其高相向銘辨煌上有雷回紋塞陽開闔非尋常
下有蛟蛇形起趯披踩不可方九十三字皓可辨知其非元非
宋非三唐非漢非晉非齊梁諸儒聚訟忘放勝周宣石鼓同韻
頌我卑我馬攻同日何無一語此上相鑄將奴丁一鼓得斯碧
千奇萬狀雲虹張二千餘載同一瞬此鼎歷盡風與霜我聞此
鼎忽曠蕩攏門一入殊縱苑分宜枋圖勞熏灼讀書枉說鈴山

空惟此精靈不可熟旋洗腥穢流湯湯欲龍守護姦屬戴江神來往琉璃杯手捫氣鞠俱不敢舞萬氣結指亦僕作詩詩與續前哲有屈一指西楚王漁洋太鴻亦青娙洋洋灑灑傾珠囊更以瘞鶴之銘斗大字廓援石刃明斜陽此鼎猶如不祧主建鈸之勢居中央近聞伏波有銅鼓昇之爭爭昏莽狂何此此鼎時代久閱人閱世歲滄桑吁嗟乎何如此鼎時代久閱人閱世成滄桑

安定書院下榻不寐有感

閱人惟傳舍此地萬萬萊枕上三更盡心頭百事來志迂文拙計事大待良才何似看鴻雁塵懸一掃開

登邗上城南觀音閣

萬家屋瓦擁南闉天半高樓拾級攀陡覺上頭開世界可知前面有江山斜陽影裡臨宮渡滿月騰光仰佛顏安得題詩揮彩筆五雲多處護花鬘

觀音閣舊傳為隋宮人吳絳仙梳粧樓弔古賦

萬松深處野風吹高閣凌虛敬佛祗郭外只餘荒塚骨樓中不見遠山眉粟燕來來歌新曲楊柳蕭蕭沒舊基我有閒情數年遠去懷遲為古人悲

舟行即事

洞庭客思臥更闌月不升樹鴉鷺市析岸犬吠船燈寺近鐘來到潮不水積增思聞聲深刺橋外有魚罾

趙家橋

十年前記卧吹簫新月微茫上暮潮今日停舟游何處秋風秋雨趙家橋

旅舍中病痢作

自憐平生快氣疎病魔來擾又何如療頻已見三遺矢蘇季空歎十上書擬為夢魂更定夜寂寥身事月明初何當歸著漢南宅不作耕農作釣漁

題畫

黃蘆秋上飛黃雀寄到江頭每見之何事去江清瑞不止淺雲如墨雨如絲

天涯乞食圖為友人題

男兒奔走苦無門般許昂藏七尺存孰為敬袁游子跡黃犀白

酒故人村芒簑萬里悲行路賓餼千金想報恩畢竟風塵誰巨眼羞人進食為王孫

讀史記孝武本紀

十丈旌旗照眼明通天臺觀勢崢嶸可憐劉徹真神武竟把神仙鬧一生

竹林處舊圖為周在東孫題

名士吾欽周伯仁竹林處舊一傷神墳邊宿草天邊月愁見先生曳杖身

景升酒器傾三雅狂老詩篇賦八哀一片吟魂呼欲起青琅玕外倘能來

拍讀長沙鵩鳥篇龍蛇何事厄斯年傷心人賦招堂句地下來

季謝恩連

蘭亭一序感新文鬬皖君家骨肉分京店新詩開卷讀有如孫雁叫寒雲

乙未

游谷林堂用東坡游蔣山詩韻送李彦博奉使扈秦韻

古瓦寒苔鼠竦梯新殘蝶僊穀淨塵泽瀟灑欲荼翎詩借碧山暮壺妙秋花凝翻赤亦司馬畫壁九華佛塔設百衲滑然髮安加天竺子不是蓬壺仙爲南音送使眉山真家鄰可人有稚竹解渴辞春巷平岡一騎紛靡花皆娛稱我心無蘇皖客態何粹翩高閣音蔡已來作今皎然

與友人同港湖上忽得故人虔芝泉墓荒烟宿草感而有作并序

芝泉名胥白門人少游侯壯益殫力於詩著有吹劍詩鈔侯國詩話客死於邗雲伯陳大令為葬之於湖衢

湖上一坏在於射聽營弦鴻對訴書見似或有郎擁持猩故人泪欣逢有道竹蓮花橋外路松柏已蒼然

從來吉

從來建策是公卿里巷何容口舌爭大事作歷君等在閒時覺句水邊行青苗有議王荊國緑苑休指魯洞生奇語聖朝語宰輔要將清淨報昇平

讀敘南詩稾書後

萬首新詩筆不停一腔熱血面常彤何江秋月嚴陵老蜀道崎嶇杜甫經浩蕩　隨鷗鳥出淒涼聲作杜鵑聽他時勝髮稱相似痛哭西臺髮髑髏

哭門人蔚濤

科名蚤許冠星池不信泉臺夜此兒三世詩文真契合十年談讀寄文辭夙根早具才何濟社穗常傳性特癡猶是臺花剛一現可堪雨疾更風馳

就買船億赴邗江心血無多耗一腔明月照雖安枕簟幾篇詩尚作蓬瀛名場屋好身常阻試院風寒氣不降若似龍文經重鼎嗟峨殘骨獨歸杠

肤蔚有毅恐非真去耗頻來氣不伸但覺重爲傷撻折落言李賀是前身世無石室修仙訣我恨天台采藥人故從回舟擇定次邗溝道上哭殘春

哀哀兩父淚將枯爭說亡之命矣夫痼疾曾嫻三載未悉耽痛哭九泉無紅顏天偶天心修貴老誰傳我道孫如此傷懷復何似真教掌上奪明珠

草廬燈火坐匡床記爾追隨子弟行泉路忽歌新樂府疏礎光到蕭書堂荼湯脫佚同猶子相救辰欲飼阿嬢讀書寓舍內子時飼以粗粳等物來否金環明耳上重來羊祜莫相忘

傳家忠厚更真誠何事難留顧阿英蕭雨無端殤令子老夫纔得送門生皇天勸善成虚語里巷憐才有嘆聲他日石麟頻送到衙環心事始分明

送涑鏞室丈廣文赴遷水任即用其留別原韻

家雞千鎰欽鋒稜，聲價真能十倍增。如此才華能未鋒，可知家世有傳燈。到官定下當階馬，講學時來叫鐵艇。此日黃河呼與子，風烟壯潤來底冰。

漫言官冷少威稜，外史襟將掌故增。屋辦菊稍千載業，語鼓其漢戚家燈。見推名士多于鯽，古照吟聲細似蠅。他日涑遷吾侍訪，只愁投轄井中冰。

行方那有畋聯稜，七貌高章來留增。辭卻弓梁懸水急（譯言者花山任），春觀石囊打魚燈。官閒不妨盃浮蟻，心知何處筆誤蠅。倚見工詩程處士（汸爲祁門程定叔兼善），更敲冰。

新硎好把劍刀稜，浮詔卸筆刀增。科第要傳和氏鉢

小海山房集

尊上元燈（謂其叔子彝識冠軍），令識涂君是人中驥，垂翅吾爲涑傍蠅。詩守蘇家賢父子，小斜川已結成冰。

再贈鏞室廣文仍用原韻

讀將去就說稜稜，踏入漣川景物增。卅載才名稱獨座，諸君詩筆供號燈（皆別和者百家）。詩一時傳聞此後，階飛蠑疾惡年來劍逐蠅。真說廣文官特冷，莒來亦自凜香冰。

家居風骨已稜稜，作官從知器識增。坐客無氈惟下榻，先生得酒且張燈。投簪拔立門前鵲，訓俗愁污壁上蠅。司首聽秋圃子內，喬松百尺忤寒冰。

犀紀風規舊有稜，霞蔚氣韻近來增（余齋亭騰于丙丁小休，郎爲綺室之游）。蹤跡閒曹樹大好，文章賸墨燈。飛衛學成惟視虱，鄭虔癡絕咕

如絕何時共與春明躅，敲聽銅壺喚賣冰。

來顏曾共秀風稜，擇徵君來學望增。弟子早能傳子澤，名山祠自採心燈。普書歸付三秋爲，拈止謂割十月蝗。轉瞬黃花感刀紫，歎行廬賦打堅冰。

贈設竹齋

谷献世味久能守，僉老移家舊墅芄。發氣有人成市易，無談然日補萊忙。卯通郭摸才名着，談貫朵江易學長。三十年來交誼好，此月最好是清狂。

鐵月竟閒已六旬，青襟布被絕纖塵。隱同列市無空更，踪類成都賣卜人。蘇竹也如山水癖，性情難得子孫真。浮蛆特爲開新瓮，司視松筠不朽身。

小海山房集

安壤荒落悵然感賦

凜烈寒風感增嚴，廊傾依我來登。百年老樹遺留伐，一帶危欄少客憑。天入蔡墟（安定武克兵處，巴遺于於里）應速航，山如康即要中與。呼群拔擧長鏡往，掃盡荒榛斷古藤。

胡公書院中有古銀杏一株，舊傳爲安定先生手植，輪困盤曲，尤工迷勢。予每游樹下，不覺此心肅然，因作古銀杏歌

先生曾以經綸手，暇日種此輪困姿。七八百年見此樹，童車參遲景祠清。影蒼翳垂廿畝，黃蒼蕭索飛千枝。上蟠高天下厚地，龍拏虎攫神據持。莖黃閒作聽天半，萍如玉律吹參差。先生樂章昔致訂，宮商調叶吹經鶴。城中豈無不材木，搓枿辛不斤

余施彈腰拳到處千買離生却立翁雜文亦有桃李近依淵崙
儀鼎肅北面歸此非錢鏐樹衣錦將軍之號榮一時亦非樓盤
作羽絲紛紛共下媽犀兄我適高山作仰止憂寧揮扇生迷忌
為問泰山之孫孫公其後祖徐石佛石公可能種植皆如斯

丙申

正月二日食黄虀於冬青山館感賦

十八年前曾讀集黄虀有曲唱嗚嗚烟雲過眼霜沾鬢昨日少
年今老夫

不信儒冠誤此身洪光倏忽走風輪茶根嚙盡成何事衛封篤
有大食人

居官嚴是廣文寒夠爺宜供百房盤今日移將紅燭　項生百
看長闌干

聞說天山夜合園高設糕外雨聲稀是日雨丈夫或有風雲會尚
欲親栽甜後衣

正月六日招諸同好食黄虀於思凌堂宮精湖三年作詩
見示依韻答之

人日題詩寄草堂成句不負先日報瑤章兩頭藏影知何物笑
指蛾眉月出牆

轟然賓客到門庭數典窮延酒半醒此味只宜天上有不妨今
夜大禮星春秋運斗樞云星散而為禮

搏俞桃花盡消勘傳滑山婁背後看偷句春星堂下立公然珠
斗照闌干

燭影搖烟夜似寒行府割炙夜翁翁有情差勝泉方剪只麟區
區道紹君

吳鳴鶴昇少府晨宵回廬江作詩送之負亦門人王川

長江東向一帆開曾記毛公擁鉞來七載光陰何迅速一庭芳
木盡栽培兼羊簡酒樽前夕暮夠浮雲幻此回世事繁花不可
料為君搔首復徘徊

風波宦海倦無蹤只好從渠作達觀吾輩不行惟直道古來難
做是卑官養痾丈夢三年得素笑梅餘一樹寒為鶴文歌吳寄
子敢裹須盡酒盃寬

赴殘樹下窮茅茨玉面郎君問字時王蟫盧生涯書醒醉壯
丹開放葉扶持抽閒客徐風雲少撰鈔人濟富貴運每過冬青
山館哀不堪無語坐成癡

閒中一笑付胡盧不信張敬更脫羅失為安知非福分調鶴畢
竟費工夫嵇康好鍛常作御孫翰歸家只為蘿好看青萍三尺
叙他時留與搓風胡

燈前

一輪紅日疾如梭哀樂中年感喟多時向燈前億兒女平生意
氣半消磨

梅花

漫說東皇不世情孤高格調久知名李桃豁裏無心到扁雪叢
中有骨持一樹自開香似海為花誰見子調羹牡丹花綽茶靡
丁衰衰繁英盡後生

眼前

富貴何緣快眼前，古人身後亦徒然。墳高百尺天風大，留與兒童放紙鳶。

讀史

通魚作珮珥貂蟬，一夕梯階待九遷。爵筆勳名兒女子，幾人科第應題軀。秉軒祿及鶴當貴，誤袞升餘犬亦仙。只有披裘人釣水，富春江上坐年年。

位列公孫氣象尊，名公遺德種兒孫。文章臺閣麒麟楦，相宗[illegible]殊號綽宜通日，容顏修為廁音持衣鉢，淘和門洞傾一石鍾[illegible]了只合高談滅燭兌。

身親同衣戴驊騮，王式非來不必拘。貴客皆為道下發高才部作府中趨性情。休希三分傲宇宙，難容一事迂。請看小兒從來好天吳顛倒在袍襦。

穹蒼可登是愚衷，下士倘能來至公。滿路流亡劉鄭俠，閭門題翁哭陳東。多愁似爾孤吟華，何事干卿水縐風。肯把元機參盡透，二千年在指揮中。

吳生玉川隨其尊人將回廬江，以詩見贊，作此送別，兼以勗之

輝光朗朗映蓬門，問字人來玉比溫。無定風萍隨宦轍，多情詩草感師恩。天因作別春將晚，水為窮源海獨尊。我餞門生重惆悵，不辭花下倒清樽。

情親同澤復同袍，語到臨歧最鬱陶。入世荒唐武壽氣英雄得失等秋毫。辟龍有技蓋齊奐，壺虎何心學伯高。此去瀟川談江左，好將鮮債張（去聲）吾習。

佳篇百軸盡球琅，抵過前賢石作裝。待熟詩書應問世，適交人物好還鄉。發揮有父司文度，著作如君繼叔庠。一事向人誇眼界，此行曾見海陵倉。

家居孝養補南陔，歸去軒楹帶笑持。注蠡魚清承晝，休誇駿馬市高臺。賢稱季札真公子，狂笑劉叉是蠢才。他日行修經更富，仍應尋我渡江來。

阿咸亦在竹林邊（諸猶子），記取偕花留黠然長爪，適有人秀持紅羅繡線看神仙。野行欲斫珊瑚樹，別步羽逢芳菜天。試把天風揮一勺，剩船載便是成連。

疊翠山川淑氣鍾，人才有數可雕朋。大江東去周公瑾（公瑾，廬江人），高見三國先座西偏陸士龍（玉川與兒輩極友愛）。自有塤箎賡雅奏，何來史事笛間金鏞。欣逢太史輶軒采，望爾賢書達九重。

客邗上和茶肆壁上白秋花詩原韻

生來風骨本超群，除却寒梅便數君。自有花枝當井露，不從蒙夢憶翻雲。扇頭血認鵑啼淨，鬟上釵和燕化分。種盡相思彈盡淚，空餘冰晚濯波紋。

客邗日為顧普齊（階升）題芍藥畫扇，時芍藥盛開

當年金帶圍開日，讖象將來第一流。今日花枝開又盛，是誰當領此揚州。

嵇庵圖爲梅巖先生題之梅巖先生善操琴嘉嵇叔夜之爲人

故顏其室曰嵇庵

鬢髮星星漸欠旁破琴留得感君恭切安不揖劉伶鍤何似嵇

泠泠幽壑響聲哀我謂松風入夢來爲郤中郎與中散不知孫

題守八章

負戴琴村

莫說當年七不堪粥處只合看嵇庵柳達文藏能容我要與先

生共一龕

贈步方以六十生辰述懷詩見示即次其原韻

僕指交游已卅年羨君愛好本天然閉門舊似陳無己索句今

逢賈浪仙謂吳梅山僕大病鬢毛如雪積故八節序與雲連至

月白吳安心法事事從渠得康全

山中誰問壽羲皇諸說吾知面目真詩客延年辰大集先生不

死有前因麗角擬瑤花閒杖履有能擇世上人試看知交半零

落篔簹湯海南短李南村畫傳神

以游曾寄迹人皆山水全將俗慮除京口波濤神自定吳中花

月眼顏舒佳時每繫浮樽璜世事休爲上竹魚較勝註爲人觸

熱奴奴天外走征車

頌坊閒中趣味長才名自許苦心讀歌傳江岸人皆誦丙子歲不與少方泊舟燕子磯時江船群集我有數珮錫闢者少方高歌擬之韻人解余不能擬作一足踏名山我未忘予與少方同登清涼山觀落日余冷十餘年而遍時之光景可想餘事也能敲棄行豪情不在

露文章小詩郵遞舒嘯奏書向屏風九疊張

題畫

費盡推移力中流自歔歌回頭應是岸不怕逆風多

一一過順風來帆卻無數蘆花淺水邊更有何人住

王孝子詩孝子名餘堂

江都有孝子本籍婺源縣良玉在攻金百鍊摧摹之誠於不變

孝子博親歡戲試反俞賦孝子侍親疾中夜衣不解一朝辭涌

泣風木孝子血向松楸灑前事方終後事始父叔母嬸共生死

不似斷鬼爲鶴續猶子承祧義如此父兮母兮奉甘旨中亦同

聲說孝子悲哉父在殯哭泣聲啾啾西鄰何事火不戒謗語出

出風烟稠孝子倉皇計安出以身障棺同山邱淚珠揮作半空

雨雨傾烟濕火熄孝子精誠格天帝蟄慶祝融見之皆回頭

吁嗟乎孝子之孝無弗至上蒼獨以奇災試人生大節只此是

輕財仗義乃餘事我思孝子誰頌顯置身持侍儕上庠作歌不

惜言之詳願陳當事爲表揚君不見王餘堂

尤搽三全鑑守府饋惠泉酒作詩酬謝

軍將時打門來饋惠泉酒有剝具姓名致交誼良厚篤肩欠食

人不復老戶牖飛鳥翹泉中尚念山中友我生恩澤薄貧太息橫

生財少飲輒醉非不務淳于斗吾鄉多才詩見之每卻走恨無

謝濟兒誰爲指此口歡飲一室中萬賴掃愁帚乞漿竟得此太

戚豈在酉君惠窩藏槐一瓶歡受五字豈足珍聊以報瓊玖

有以惠泉作茗飲者詩以紀事

昔約惠山游俗累我未果捧臂客竟去瓢泛陽羨舸蘇常半月

程風得中流乾歸棠舉長物名泉挹溜泛銅動凡龍　修禊汲
山㵎藏瘦頸相接耕罷服再類同游人二三文顧笑無邪畫溪
作山藏蔵齒驛硯石片帆江上歸拾友山房坐地安排府鼎細
炊烹松火文辭森引襲談節奉良朋鶴鳥猶更巧通泊細潤巴
此泉評第二古人已許可但欽無贅言欲語多瑣瑣潤情與韻
事獨擅斯人影我面生俗塵游蹤每相左昔本可分甘腳跡衢
韻情生貴執衣飛山壺真笑我

六月十一日顧熙馨萬之兄寄諸朱棠泰山館京惠泉作
茗飲官符潤首成四律予次其韻

泉得龍團散大蘇清華不似詩瀹符瑟來泛澄三青茗引出平
尼一串珠清腹青關倒乳水玟（公惠山泉詩曰安定中泉水清且腹）[illegible]山江心泉合

《小海山房集》

近取叠況宮凡研精嚴設便抵奇珍列五都
醇醪公瑾結心交折簡何勞為　危讀易怕　松子落（秋江同研有松挂在壁）
空濃易國道聽泉休誤竹聲敲鼎宜屢沸湯饒熟瑟自能汗柱
真勝（客有謂惠泉水宜以舊器送之否則變味其理或然也）差幸入無更驚想見他
舊雨殷喧啾（有以陳雨水飴客者讀公詩王戲之戲作真然乎）
蔓新發少不成賦刻畫清言寄一函指筆真能倒三峽此身直
可立千嚴奉經同訂文宜古僅約方深想不凡君仿萬年官程
例慙予名字竟空緘
衣恭日飲却無何破夢休饒碧蘚多安得閑愁刀斷水最難聞
笑口懸河吟邊秀句師潘岳世上歲才看李波領耳鈞韶時決
奏同音笙磬竟諧和

顧生鴻藻已期年矣今於八月廿七夜忽來入語若生平
醒而感此聊以誌慟

生從何方來醺然入我室相見如平生使我心惻惻我心殊了
了汝殤已有日別我今一載依舊此顏色面偶書室汝自繙
春帙夜來汝勿怖語汝定病忽安坐聽我言汝坐須移刻此會
不能數再語恐難得
汝父望汝歸（謂祖父生父）制泪每來聽我有思汝心不忍問之說何
汝訣然去獨經年別汝作文與賦汝父匿中堂汝或一歸去
汝父處僥倖何獨來我家今日別妻切或恐傷父心獨自悲鴻
咽痛苦竟滿身風夜饒一聲語罷失所在不覺肝腸折
汝父吾同望我視汝猶子汝性最聰慧聞言識風旨汝行盡跨
證被服無華修依依汝父間解事孰如爾我教豈能忘汝見已
及此大義在倫紀餘事親文史此子無死法何忍令之死天道
不可知我働勿能止生今入夢來入夢從茲始

《小海山房集》

題僧小支雲水歸來圖

遠水碧雲飛亂山黃葉堆行蹤天際去洗眼此中回廣古鶴同
住人間鴎不猜白沙兼翠竹待我叩關來

雄摩蒼訪小支不晤用讀壁上程馬山康孝廉詩即次
其韻

三年前已識星臺古樹叢中得小參我愛馬山詩句好秋風秋
雨渡淮南

老來判作苦吟身曾羨淮南一段春勝下橋邊逢惡少買然知

否觔斯夫

再題用查初白集中答唐寶君詩原韻

吾生有師法曾及孔子我纍纍轩臼中安敢輕責拜何事甘涯等言洋洋瀼瀼有如東海波汚拓納衆流瀼大本薄輕滓陰竟伍會移時隨俯仰適通塊所届從井得數人屈幾一瞬快此心自不昧疾患未免溢如何語言激頻割為濤界朝神全未列名兒揮章挂吠指指戒閏事咄咄可嗟欲以菊髮憤太真范杖捷精神滿腹人真求吾不解衣先装傀儡村木測宮剎文淵困於重輕視梁松拜床蟬方結舌大怒思裂眦豈有作事人中道任成敗但借名義輕有似手足拭元聖悉鵠鵠夢人狗蜂蠆移書詰三嘆撲臂酸一搖羞顛病疾尤變本不就痊吾亏存三寸相對木葉斷芑刺思在背爬搔甚癬疥圍美世故熟滅裂名教壞黙教共歡嗽何足恣一喙放筋出門去可以發忌嘈作詩用陳語聊以作演誠避客如逃逋繙書欲傍倚四十九年非識月曷云邁遂汲過可閑相如賦亦賣龍身或久畫烏駒豈終鍛大千世界中自納須彌芥

十一月四日作

我兒邢上去今我心忉忉負米百里外不敢辭其勞十一月四日乃是兒生朝寫言事遠游身事殊無聊窩我為我壽賀客相拾遝盈門散球復列座羅珍肴堂背設優伶絲竹尤喧呶我門竟羅雀貧賤難為交兒上有大母兒下有兒曹何事樂奔走不獲安其巢北風今夜作刮面如并刀區區舐犢愛不顧旁人嘲倚閭倚門情一醉姑酕醄

祀竈日作

醆酒醉司命住餚佐一餐呆其羞擠豆皮狩快登盤杭神唇以豆腐水餅令碼以人自功神惠公休美我蔽餞餘遺奉母儕得一家歡半月

小海山房詩鈔卷十

泰州康發祥瑞伯

丁酉

我與我周旋圖為友人題

昔人形容影贈義未曾有按君我我圖何似淵明叟君說今吾故吾乎懷詩徒酒徒袛上眉眉可想遷逡姓字相呼天涯畢竟誰知己知己無如在此身我顧先生更忘我一聲長嘯出風塵

文游臺覽古圖為金大雪舫長謠作歌

康子手携詩卷來狂歌直上文游臺文游之臺高百尺蟄龍蟠磴何崔巍地下人去七百有餘載此臺獨向寒烟開我儕好事為覽古倦眼不惜臨風指古人僂指一二數當年勞若驚星聚泰郡主人孫莘老珠光夜半輝墳隴青苗有法爭不侵讒書致用言伋伋秦子太虛亦秀特里居相近才名推黃鶴一賦發高唱佼之作者雖稀胥蘇公子騁文中魁匡游直自我岷來平生足跡半天下放聲一哭空凡材底事命宮坐磨蝎移流傳耳瀹琢匡道日淮南春可弄僥覬亢有犀倫談王君定國復不偶滄虛堂詠形聲良禪符箕相述祖德森森駿骨超駒驥四君會此非偶爾長淮作酒傾金壘意將秀筆壓風雨林木震動天代回呼嗟乎古來才大難為用豫章合抱風霜摧天之將喪斯文也斯文如此何為哉先生有才遭屈宋奸人當道同猜猜蘇章老已為安石逆黨蘇又被章惇排蔡京黨籍嵌萬世大書特書留刻詒端禮門外石不泐四君名姓聯連書之還追陪算來更是文字厄時命如此真堪悲我為王君更發嘆誰能拔爾抑鬱磊落之奇才王之中表適枋國韓公辯尸位存枯骸世家勢如折足凡沙門傳法盛鷲精髮棄下僚窜相適學道有得心情灰賓州酒稅每諷詠登時能瀆瀆遁方回斗野亭邊普聚首後四君子皆于登鶴為何為忌光輩衣冠孫叔漸復作按人一字忌山簡市骨千金無郭隗苦寒色正世不顧少年新進皆嬰孩金君金君今之秦孫倩畫圖於斯時勝懷孟城孟浪月翁翁珠湖珠塵流潸潸文章到底發奇焰靈光豈向幽泉埋羣兒謗傷不必問蜉蝣大樹難為摧歌誦呂黎讀杜句後山君子成鴻蔑蔑焉不遺武帝宋黃鶴殺硤詩人崔勳君凍勿作高懸文星朗射臺中台我詩自顧賈奇偉擇定擊壹斧斤書成幸勿示餘子或堪朗誦拾輿儓金君金君為我日飲三百杯糟邱已築空塵埃我與君約復來顧海壹社是游蓬萊

讀桃花扇傳奇書柳敬亭事

老作諸侯座上賓少年亡命走風塵魯連東海攸奇策舉羽西臺哭故人歲月久歸羊馬劫談諧不怕虎狼嗔如何調語王貽上酒市茶坊例此身王貽上公稱其說書與市井無異余不以為然

孫流賦詩圖為朱大寅伯鍰題

好風吹水綠參差賴有詩人來賦詩想到蒋蔣三兩曲多君又手夕陽持

一條古水落天神筆無雲藍句有神獨佐蘭亭當日會不成詩

者是何人

人說登高可大夫臨流君復羨魚無神仙福做山人占只乞君王賜鏡湖

結想遥空自不凡郵筒寄遠定親緘那愁脱挽來蠻石順刻飛書八十函（寅伯壽書尤工尺牘）

秋水詩和寅伯原韻

積恨當門久不鋤碧通銀漢路迢迢零星鷗鷺來西兮曼衍魚龍上下潮句艳烟波迷處所過江姦吏有根苗征鴻遣使牽牛渡鄉杖遥宜駕彩橋

洛神賦篇十三行波轉明眸斷客腸螮蝀天高帝角岸鮭魚風棠作去年重陽愰邊人柳蓋愰浮海上仙槎接混茫笑我塵勞

自渝洗一泓清淺貯千將

鏡向夾巷畫不同中流招颭起西風琴花蘆葉刪添雨行稾葹綠盡涂空虞慎凉生勞悵憑笠緩調芳喚酒家鴟流吳作沈沙感會有洞胡出洞中

晃屋吳頭未有涯得隨明月載浮游百川莊叟言猶在七發枚乘筆若新泯满枕邊曾及旱香炊菰米不妨遥尋源那覓宾音廻看胥貴河邊上時

讀陳壽三國志書後

史才誰是陳承祚帝魏何爲得爲對我爲此君論歸法降被蔑巳出雖周

明督師史公祠

聖恩寬大與崇祠閣部芳名婦孺知千樹梅花一樽酒廣儲門外雨如絲

暮鵠棲處有寒雲戰後山河玉石分祠宇儼然青草偏史無人說乙將軍（乙邦才總兵公同殉揚州詩乙將軍同行後戰死見汪蛟先生文鈔）

游平山堂偶占

池館重開草木芟隄邊烟柳綠彭彭好春又見鶯啼盡不見詩人瀟雪帆（山前舊有瀟雪帆塵令寄之不停好春鶯呼盡明月當催罷酒拜歐堂集中句也）

生辰作詩自述得十一首

石丸敲火電流連已是平頭五十年笑我知非宜此日是人股政說持貿庚庚欲作庚甲守身事聊為甲乙編裁有新詩隨例作不辭俗俊為吟箋

寶運遥將祖德揚無端風木感難勝酸辛易負言猶在浙滬高兄養未能堂構何曾經見屋因兹空自具秋藤呼兒三十年前事愁對西窗半夜燈（余少時喜事占畢貪夜不眠吾父聞之即呼兒卧睡恐其耗費精神也今事垂十年矣今言燈有味仍似兒時）

雍和家慶仗親慈頭上鬖髿愛盡絲遇日光容粧愛喜頻年淚（而風木之悲於是乎劇極）

作賴撐持樽前夕薄菱休折花下孫多杖可支讀到南陔華黍句以心欲補廣微詩

為談从母淚潸潸不獨邢譚氣誼尊箴嘆音容悲永訣朽儔丁澤辛常存沈疴未發三年艾殺日曾孫兩世恩（余與兄子濟以書孫恩受）（从母為吾母之姊姓段氏與其行述於甲申歲余作輓詩詳言之茲不備載）除夕雞豚寒食飯年年風雨哭黃昏

敎道蘆叢學孟光年來辛苦共糟糠斂眉畢竟舒何日績緋公
然有五郎竊黍晗如供冀缺牛衣未免泣王章同庚酒祝黃花
節爲爾區區晉一觴
梭雲屋自有西東剃樹重新出紫叢一个最悲當日弱三舍弟諱善祥
生有至性吾父最鍾愛兩人雖得此心同謀生偃蹇知兄拙癡
年一十七歲而歿
世和平得父風過日行蹤間雜合不勞人世說駢矛
草廬燈火夜深開己亥孟冬穉草廬發火焚課兒讀也靜裡茶聲謾謾催太史公
我牛馬走景升兒笑犬豚才鷄犀救敎殊成蠹垂橐難分望
財一笑祇爲灌園吏十年庭樹手親栽
半生貧賤太無聊賴有良朋慰寂寥廬後王前休品鷺張旬周
北寺招邀余自歸來以來或學問相長或急相過兩標角之交尤多至契疑聚到底思公瑾
峻語何當學孝標寄語江湖鷗鷺侶莫將猜忌到漁樵
和凝衣缽有同儕千里詩聞問字旌戴酒人宜詣師法種夜我
自有庭陰絳雲慶望天邊奉謂盧汝吳生汝吳赫曹生思錫先隆其尊人靜里令甚之不見
玉樹深埋地下埋謂韋亭龔生姓周鄉湾生湾皆早隕只恐
思凌堂外認章元不是此才獨雕生詩古文詞最哀集尤可披情
室小何妨竟似舟栽花種竹不能休閒藉岑上三千卷抵歷叢
中十二州余寄老子劾敘瀹不果浮墪杯深偏快佛射雕人健不封侯棲
遠矣騏庭邊鶴知否空空歲月過
好風張負狀元聲漸混詞章亦未成與余輩余澄夫雅詩有妙悠吹送狀元春風盛功名
絶代才之司吉泉素又光世作禮詩有佰可詞章拔大雅擅
風度耕畊年代句令放吾竹然而二公已歸道山俱無嗚咽
賤子何緣叨祿末小人有母乞君羹恒言諱老衣怠祿小草傳

思慼不經我作新詩中宮徵釣韶天半可同賡

馬家灣覆舟紀事五十韻

秋試一舟行同舟人有四門生儲鋐啓與兒子衞卬須我友戴石樓
曆來風飽帆腹泠泠殊快意轉眸城堞盡屈指郵程計灣春風
越大兀坐我心悸語莊使落帆心小防顚躓舟子笑我怯不泊
得風利舉酒坐船尾如烏張風翅前過馬家灣灣形本縈盤合
爲五兩御不知六鷁退顚風劈岸猛駭浪中流與鬥如手翻覆
之一謌身失墜儵忽魚釜內存新婦車中聞恨無天龍持幸引天吳
臂我身乍出秸骨騰若滔滸兩足忍觸空五體不著地搖搖如
懸旌滦滦似絶轡千金壺弗得一枝槳可寄我兒與諸生一一
家神庇舟中詩指捫船骨復鯨次戴君坐艙中險作出宮洞幸
從旁門出身亦竄逢背蛩蛩負之騎狼狽出水際恭兩來拱酒
高岸阻險岐一步不移指四人共屛氣斤席退腳且共戴一盧席以禦舟
舊履欲不審兩敲二更盡燈明一舟泣非無拯溺人幸有拯生
誼幾舟下與孫各各姓名識捫旁出温語遭逢若夢寐時無挂
食食豈有鮮衣衣船夫雇里高傻疾徒人窮皆失衣燒或高浪
中引手出書筒得余將思財該語更相戲夜黑天如碧投宿敲
門至與僮與厥夫栰栰多悬睡徑泥深沒脛我足着雙扉入屋
觸罷芭蕉壁落燈穗燈盡兩復來身事自吁嗟我心因自觀與
路頗異趣年來幸性行自顧無謡婚茫茫天壤間何處可安冒
蹈鬼本揶揄河神亦吐棄不為水國納那怪世人忌處世不忠
信居家不孝弟凡事當內咎所値更雖懟慙歉溺人笑笑矣哩

其堙我身似再來宜得更生字太歲在丁酉七月廿五事

偕田大少泉游鍾山茅草坳

朝出朝陽門秋風動林莽填補瘢蘚城闕過石馬卧荒郊宮殿鬱嵯峩松杉蔽園囿豐碑高且大類垣代壞雨徑訪孝陵帝闕言尋梵王宇陡絕跡難行峰硧石多阻同伴疌相扶老筇氣一鼓浩浩天風御默默雲梯數越澗攜草蛇穿林隱松鼠厂岸開野花嚴澨滴　乳低田作春卧逵樹列釵股萬笏山隱現一綫江吞吐持知游覽樂不識攀躋苦半空得茅庵六代此淨土峯回日屢障山凹雲自補浮圖拔下方清水當門戶地幽僧亦樸廚新佛最古山僮汲水回野菜拾根煮伊蒲供乜箸茶烟裊廊廡果腹一飯畢指點千巖俯柱日半山巔不見王介甫誰似宗少

文挽然解境祖誰是蕭思話到此捉松塵久坐忘歸途高岑日過午

池上夜步作

良夜不可辜池上忽微步過橋即折迴月光湯深樹鐘聲作寺出寺門獨不住宿局忽驚起東西去無數特見蘆荻叢夾岸作小路行人水邊出旋向烟中去窅冥不可知尋竟盡何處月色不上天其光盡在水金蛇有萬道一一赴殘葦纖纖鼓魚喙噞魚跳幾尾圓浪移時盡涼颸颯然美城堞本屹立浮塔復卯桑良宵然塔燈絕絕紋花繁七級夜分明佛燈真奇偉

冐雨入棲霞寺宿

早行已廿里中道續一飯要將半日程償我十年願壬午歲與友人游此途長意滑芴驢穩恣顧盼岸柳黃半閃山衣紅自擬嶺頭紫時拔峯際烏雲翻出山雨路遲戴笠我無患漾烟霎時合急點浮泡幻山靈狡獪作雨師咄嗟辨溪水斷寺門徑泥沒童軒拖泥帶水行僧房得少闇遊君　漁亭芳甦舌此境似未賞我願雨不歇卧聽聲千萬琮琤環玦鳴定是秋夜澍

舟過山光寺

茱萸灣頭水接天山光寺外草如烟行人都說自來去吹到蘆花又一年

記得淘河萬杵忙宛陵才子載碑狂夕陽滿岸香仍杳不見金身丈六長揚河之北梅淨慮濟西郭有度使田侯墓碣梅君註生廣淨之萬之雨歸寺對岸舊有栴木雕觀音大士像長丈餘今不知移供何所

常高奔閱余復舟作詩見懷並自述得湯翱然放涵于斑狀口占答之

一笑居然苦共客雨秋境地其炎涼剎膺有似君文筆盛頂我為我下塌自覺驚魂同出險更救疾恐甚採湯東塘大聲西間酒郎好歸來話草堂

題畫蝴蝶

小草何堪戀閒蕃逐隊來夜枝開暮暖自有芳池臺
縱來早春夜輕狂何自許丹山有鳳皇待方成老羽

僧別崖以雲山閣圖記見示並索余詩因成三十二韻寄之

昔咏雲山閣江頭駐使星波光浮殘白嵐氣上袍青我狀球宮

袁特遂詠筆靈（已藏玉硯農學使按臨揚郡以靈山閣中題余藏二律上之極為嘆賞）閣情屬
焆樹轉瞬嘆風萍開士会齊已詳言古畫屏裝殘歸志渠淺隐
補閣經水作曰壞樣山至伏金形魚渠淨野渡原先出郊均夏
早荷花高吞殘芳藥應連紫梅入鳥修婷竹逕橋功記芬三藏
神因動六丁（錯嶋工三年不成涉閣聖蹟畫事）夜一碁駕虹蜺灰聲萬杵響雷
霓視下司方卦居高若建紙山容頑北顧泉脈憶南泠斗宿雄
同烈鈞韶樂許聽詩篇蓋淮海時代億縣名卿筆健稱才子莛開
將騄騑台星應不夜明月可中亭何事移蓮性（時名在虎邱湖日來）
（雲山人皆謂真耕其由來）總因之誤竹尚名圃夜擾攘異蜀霧莫莫嶽日爭
王謝人宜避尹邢文章貲玫擣冠蓋淨儀型剎促堆中見郎官
增上鈴璫花摧候忍金來棲巃玲天市靈可在雷搖參易瞿逶
樓惟垣巷隋柳又荒汀安問鐘非叙驚聞鼓有樽禪機皆了了
妙語悉惺惺佛法連生鉢詞源水汭游烟霞飛壯潤蘭芷扇芳
馨看紙稿塗點豁風隔飛翔詩成吾寄與何日買騎踐

貧劍買牛圖為尤振玉題

君貧賣劍我貧牛君心時已忘思憐君買牛我買劍我心未盡忘
思怨人生仗劍聲牛無不可家使是君老衰我如何難倒作買
犢者應嗟計之左不如耕牛與我劍歸君雄才去東天山熱
功成訪我桑梓里夜外斜陽一笛聞

醉後作寂寞行

寂寞復寂寞几閣入望何界廊今日樽前杯酒空昨宵江上風
濤忍世上健兒乘小車太行王屋空中驅奔輪到海幾萬里底
須覺足常趁超亦有猢猻騎土牛千斤不動即鼈頭田間咫尺
若春越遲矜赤縣談神州萊荒白日迅如箭烔烔虛生歲下靈
肥瘠遲宜驗此身炎涼何忍看人面吁嗟乎黃者地青者天男
兒墮地今何年崚嶒未入梁黃耳且向壚頭一胸眠

閒中

閒中無事可叉叉牛話屯園二畝宮挨藪一聲桑柰落昨宵天
外起霜風

夜雨

淅瀝三更雨蕭疎十畝齋枕邊成短夢夜下有空階寒重堅要
泣風多落葉揩懸閒無與語凄絕酒人懷

李應詔畫貓

戴嵩牛與黃荃兔袁哲曾誇絕技成不道海陵南去路李貓
子又知名
鐵金盆外宮閨畫蕙蜂兒白晝肆（見畫閑錄）畫見正午眼睛留一
綫不須更畫牡丹花

悼孫女阿狃痘殤

女孫甫三齡痘殤救不得嗟嗟五日前猶立阿母側有姑生同
庚嬉戲在一室爾似知名分退讓慶離立姑恃阿父憐保護若
拱璧行則眞檻懷坐亦加綢繆爾不離膝傍食之競向匍有時
立終朝不見拔頭踏姑與大姐孫文稱到衣衫爾衣非不華紺
襴亦五色天吳與紫鳳顛倒笑新式姑母富食品橘柚索飴餳
錢饉與粔籹嬉棄自充溢爾時望見之波及未可必聆視豈歆

欲顯不索梨栗如此狀種種供入我腸臆情性固究豹眉目亦秀持如何呈風來忍將疾質通公然一世人不耐數日疾迎神復送神里俗於兒疾差而之後有送神入廟之舉用不荷神德清泪為爾彈豈不傷心畫

逆儋治鄉　祭食羊肉

鄉人重飲食難勝饕伏臘而況我輩人文字飲更洽君今來此邦五載攜一囊又復棄茲去負書如負錘天末非雲泛蹇霧因脫合泛泛天欲雪消寒治酒植前夕主作賓買醉紅兩頰育然拋五百里享未曾啓夜長晝苦短正好烹羊脾何曾太豪縱喜錢飛可笑又有鄙嗇夫翦盧富飛鴨何此似參軍得人意忘鑿斗室歸東偏島坐餘燒燼空洞無物中來日笑重踏

第四孫生

卯君生四孫來坡意亦足作詩排卦爻大壯泰臨復自顧我何人平生本屐屐世途本蹭蹬文戰亦狂蹶倘與五男子縣羽矢卯復竊充食哺雜斗入卯孫續夫身良倉天假付來年叔譽如古寺院衆僧盤奪粥添丁比復偶即此當料目狀夫而此債瘞重較量勢手一一父有遺德昌後必鮭育九原如可慰得爾動遊瑞然香一展眉休光澄林屋

載碑圖為梅癡生植之題

梅君家無搭石儲不作劉叔肥攜滿山光寺外小車走載碑徒話我新圖梅君梅君與我結交廿年初經史子學勤爬梳大東門內屢相見卑比坐摭經授仗鄭虔才調擅三絶一室盡雜詩畫書有石叢叢列廡下摩挲愛此枯桐枯□□太歲在千月庄卯君言得之洵河夫丁丁萬杵扶淵與此碑引起摩脾拜浩在幕墓穴痕縮形如柱硯平四隅青妖許換落君手黄鸞歸然無趙趙徑圍二尺周一丈厚四寸許差有餘官閣淮南節度副使田名仇事蹟非憑虛夫人附葬無字洞兩碑相累如棗樹書尋六篆盡究好疑處題題弃變題新書兩書意無玫諫遂安得言辭數君倘提筆作玫據考古循得靈蛇珠我鄉亦有唐石闕高齊處奔司契符唐石宋石兩相較小那退立如首都付塔我有一言識君之才大翻成迂貞觀差遵凡變例形變皆委功迂但左右降王一十四吐虎竹虎威馳驅將軍家相如主青字空虛贏參天衛躁踐侵國六駿烏當年立戰誇神驅奈中風土實非壯王孫曾托千金軀此外諦舞考荒碑無處無土人往往掘地得棱鋤刲虎敲通跌耕夫身勞不識字或作舂臼安罌敬君得此石足寶貴為豬島本持拮据撥鐙書法日更進手每畫肚口亦法得君梅君何日闌中趣足所不到心嗟呼世間好物同瑞璞不遂知己泥沙淤君生三輔兩河地折觸遂須裁兩車

客邢上偶成

碧樹滿樹春三月廿七年前記舊游太息此身如傳舍依然一翔屋面頭翎□超院

閱歷人情膽不平酒觴杏角最微横歸來枕倚斜陽看只覺雲鵝大有情

不曾江上看漁蓑擁被空教作短歌苦憶平山堂上客夜間風

雨聽來多風雨竟夕范荊村王子駿
間與范三荊邨司寇於平山堂之僧寮讀詩桑怡尋吳凶切遶畫梅花橋頭時史衡寒
去酒店三家閑雨家

虞鴻生虞奏自有草堂在業道生業酒司尋古蹟來復有王子駿居
注唐梵行把臂古春詩社不重開
阮亭去後風騷絕與設紅橋唱柳枝祇有鼓人忘不得凌霄
上去立多時凌霄字更系白下詩人客死揚州漾雲歸大令為葬于紅橋之北
梅嶺春深畫好別屋詩句亦清新辨才無礙讓秦子要為雲
山作主人律別屋詩作雲山野雀欣林甚詳
多少名山盡与僧有敎光景一番增定章刊盡江東石可有遺
詩范鼓能

鐵佛寺前楓葉紅桃花院外霜華濃天任四野風得樹如此充
陰閒煞儂
不汲古井原無水如鐵寒衾定有霜紅燭三條鐘一杵閑心何
事最難忘

寓齋即事

刮地風來朔氣增殿前初上佛龕燈閒僧小立斜陽盡萬个音
鴉兩个僧

題畫冊詩

椒房貴戚作軍主百戰將軍竟枝旁侍罪歸田為庶人宵行射
殺南山虎是虎是石相猜疑徒爭虎狀石見欺一射再射不得
入將軍一生皆數奇李廣射石

闌史安居謁者走合符櫝比壽城守禦儲偶見空空　謁者如
龍闌史狗重譯出使來渾邪請綬繫頸成爷嗟文章遂遇奇禾
對何物少年徒自誇終軍棄繻
猿風引筋書在手斧額丁丁停谷口金印未懸組未受肉眼誰
識青搖守人生顯貴各有時許負床頭人豈知囊才聯進伐何
益五十功名不算遲翁子負薪
馬頭不白烏不角雪窖冰天旋牧羊偶陸生降李少卿書來漫
說漢恩薄丁年奉使皓首歸功勳已極官爵微焦頭爛額為上
將翩翩異為多輕肥蘇武持節
峻坂陡折心更戾半空疾叱風雲生萬生劍立一車走氣節直
與川原爭移孝作忠乃如此折軸推輪將生死世上偷生巧宦

人籍口王陽作孝子王尊叱馭
高冠博帶稱為士橐中祇有毛錐子刀筆安能致大用惟大丈
夫不惜此虎頭燕頷真英雄酒泉張掖皆可封笑殺柱礎一丁
字何似能開兩石弓班超投筆
張嬰作亂公往諭眾賊羅拜馬前去賊眾易去賊臣難當道豺
狼負盤踞似此埋輪欲轄身男兒志大清烟塵再來不見豺狼
跡祇有抵徑善婦人張綱埋輪
玄黃際末交道苦或謂古人誼不古畫角異器涇渭判名流那
與織人伍以劍割席氣吐虹席間孟文山千重勢利交游俗者
輩何如見憫歸遂東管寧割席
荒村猶得摩壁唱龍自嗟吟虎騎上抵足曾僧祖滁州悲歎不

見盧子諒問夜何其夜未央將軍起舞身昂藏角朝多少清談
士妻子同眠多嫁林劉琨舞劍
一覺遂來眾變在眾變遂完心不辭激烈差同擊楫豪邁琴不
作書空怪典午中興遂又但入州都督來扶持不然空有抱麩
力足歪爭鳴賤丈夫 陶侃運甓
前軍驚鵲後雞貉漫空殺氣陰雲愁指揮將士盡從令中堅直
搗無停留江東名士馬上將羽扇風流出江上亂散差如黃口
兒如意輕持比葛亮 顧榮麾軍
更山春望喜容與直以蒼生視效女後鶴無怨林泉幽夜下圍
棋作亂兩坐對枯枰事等閒符秦勁敵一盤閒談笑成名兒破
敵輸贏已定八公山 謝傳圍棋

寒郊

盡事城中揮腳忙寒郊意態獨蒼涼河冰未泮漁舟泊閒然照
鵝曝太陽

訪高庵不遇有感

高庵庵東邊竹木頗秀雅是為仲舉宅 宅未荅軒門記故人打何
事一轉瞬掃極存者寥寥榛作叢舊寒日東遺民新交意最洽
故交悲恩慈嘆聚新故問蹟獨古松下

除夕掃 父墓暨從母殷孺人墓歸途有作

雪意滿天暖風光帝屋存殘年來掃墓古意自成村滑遂登三
里酸辛酒一樽徑過五兒塚剃淚入東門 孫幼子孫兒姪王慶壇之孫女夫靳供葬
於此家撒之角竹

除夕雜詠

平地雷一震滿牆烟四起岸聞爆歷驚春到兒童喜 爆竹
天啟光明藏天閒不夜城神仙今夜樂高處破空行 天燈
昔日登科早頻年嫁娶忙兒君歲月七八兒女亦情長 鍾馗
兒孫枕膝前神亦有佳耦闔其入室來消我床頭酒 戲公婆

小海山房詩集卷十一

泰州康發祥瑞伯

戊戌

元旦早起作

星斗横闌干風日極晴美慈親年八十倚例五更起兒年五十一拜跪自成禮揉曾孫膝前趨庭亦踏濟書有榮啟期三樂兼誌吾吾樂亦不啻差與古人比彝然爆竹聲瑞烟出樽志

初二日漫成

門榜慝題處士廬河冰不嘆食無魚新年第一開心事猜日知

風讀好書

未曾雨雪賦其旁皆蒲春來畫漸長火力洪開顏色好唐氾不是自然香

内子病

糟糠不下堂當戶弄機杼病久失中饋過午火不舉雨司亂粒次一床鬧兒女避醫久不來中庭屢延佇小愈眉乍舒隱憂猶不語滌鐺理藥物茶烟自熱熱

卿本是健婦何事傷衰老光陰豈異人貧賤悲草草夜半聞呻吟肢疼吻亦燥展轉不得眠側耳聽風篠夜長如閏歲寒雞不司曉神疲甫小憩樹外一聲鳥

心旌違日懸默守晝復夜男女人八九每愁風債借身荷百斤擔努豈半塗卻哀哀共命禽侍夫相謝藉客歲吾及溺拔手得天教塵累事未了詎使傷逝化卿當更强起為我[illegible]始嫁

讀書飲酒圖為袁二酒生貴曾題

百觴當許稱書癖五斗真能學酒仙真道君家無長物青山堆滿座爐邊銅鼓嘆數粉華地看簡詩人冷不妨我欲携家來就汝梅花三百自成莊

登金山絕頂

登眺雜青紅樓臺湧半空人聲烟樹頂佛日水光中翦葉來吾大泱泱北固雄我來携鐵笛吹徹萬山風

葛港樹

葛港有大樹枝葉何雜技三十年前記過此道從舟中望見之見之此心不能忘去年每當風雨常相思今吾又過此訪問如昔時高柯十丈入天際輪囷磥砢無蹊杈有如偉丈夫搵其高拄頤勁裝古服出赴敵俯想矗立天王旗又如佛菩薩座下獅子騎髮雲趺處法輪　處雖變移遇身垂有時靜寂思萬籟有時雜沓來輕颸萬葉動搖眾音作琴瑟簫管笙簧茝其外亦自有林奔倪槐眾樹如嬰兒根株不止蔽牛大擁腫拳曲誰能嗤樣材坼處倒垂孔竅瑩炫目生胥脂共濱野渡獨有此叢廟清廟崎如斯我本支離人繞樹行吟發尤墨仲長統寄離遇逮汝三十年前詩我詩只合與樹聽問之葛港萬港之人皆不知

舟泊野田早起作

野田幾作曉吉舟喚人起朝徵未上樹殘月半蘭水池秋茁短茅岸夜織新愁舟泊得真趣脩然遠塵市何日把鋤犁學作室

朵于

毆孫試周作

烟樓撞破定橫斜，長柔堆盤瑣碎詩。爾筆班行如立笋，老夫毛髮已生花。求田問舍心奚遂，挈印提戈願豈奢。何似銅龍挂三寸，百年生計好塗鴉。

六月十四日，識心庵小集，寓雲卿稿，慶挂小舫尤柳村以用十四韓韻倡和詩見示，余賡之，得四十六韻

毆日行襟儀，殺衫酒厭浥。詩城久悉帥，往返貴篇什。快從壁上觀，怒馬不可縶。一篇揆賦就，軍將打門急。翩翩高參軍，韓詩云：「古籍口翩翩」。家虎作露布，揉紙馬前立。微頃十紙成，牙慧無人拾。餘技了十八，見氣滓猶濕。鐵歌將奏成，大者行稱輯。徐禎癥陳嚴，嚴詩稱杜集程。小舫尤柳村兩隽才，修綆古所汲。觀書擦能洞，聲價動都邑。新圖繪主客，舊學飽葙笈。安生若瑜亮，並驾方困及。才聘于駹駹，上方札可給。識心開詩龕，三益就相揖。羋年盈石持，浮邱袖左挹。廻廊下掛將，香氣衣衫裛。微風渫芙蕖，細浪通谿澀。遏午卻濤暑，翻階雨雲霤。石鼎腹彭彭，松風聲瀑瀑。潛錯疑來江湖，長年理舟楫。陰韻要我和，如招豚入苙。我嫻文夫學，出語多艱澀。才思避沈宋，書史稻孫習。搞具笑我，我高冠儗岌岌。劍如森，曳按玉朒下。和泣妻子，眾齋盟手足。類接稽世事，鶡鶡避巢，崔鶴鸚鵡翠。欲同鶺返，哺不比龍。啟蟄樹止立，地雖藏適，爲天笠苦無桑。柔才偏邱不敝，裘況復逮。雲雉蚕鬧，一百廿況無飲，飛蕩要害中來。歛兵堅豈敢韓冠，來不去假惟作詹仲連一苛聊城入，嶓嶓我巽雙旁。君才十見猶自心，去攀鼎史拾，殺餘勇不足。貫扚朽增艱，抑蚘斯晉陽，甲尚賣救。倉粒結交感，沐番遇。時謝晞照東方，一角紅五辭。慶相汁文星，與將星天半光。熠熠射衣，我老𣬈不着。蒲葭願君，包虎皮且。蓍瑚弓戢。

劉銀白本從我作降王教

雲卿作五古一章見贈，余倒押原韻成七古以答

昔日善學臏窺，日時賢代，日成以耳。先生虛心過蘇許，戕子開言闇然起，蝸牛欲從蜗角，論聲何由。誇五技學海，自愁辭猶。独文國年來氣飛，雉家室，翹翹高補巢，衣食紛紛。埴穹靈，啐味甘無酒，後晨沾唇。昔過遣旁李白，韻四海半。爲見青眼高，歎詩吾子。借用杏山老句。成天許作植，幹珠光半夜出，湖衣繻參入地。工部句。大無聲文游臺，高尚舉峙淮南人。文倘接建文來，風流續前史。觀書到老眼如月。借用椒陳眉公句。稿摘扶操新旨，得君來來，夬春花，我亦攀芳滂中沚。

偶成

西風颯颯振庭柯，促織能吟蟋蟀歌。一樣秋聲千樣聽，聽時不得意時多。

金雪舫游百咏題辭

南宋同族雜事詩，厲樊榭諸君著《南宋雜事詩》。才人積作竹枝辭，百篇新咏稱雲伯，陳雲伯有《金陵百咏》。一樣閑情付雪兒。岳墓于祠都拜撥，倚花桂子盡相思。烏蓬三尺鷗千筍，想見先生入刻時。吟過東南四十州，坐嘗菌笋酒家樓。闌心夜月悵松間，過眼雲

烟瑣碎愁君似清才亞羅隱人將偶爾笑錢鏐何時更作潛行
脚侍共天台雁宕巷

劉孟醇文濤子叔私俱山揭其尊人所刻左傳攷異過訪
作此以贈并質孟醇

門庭忽見氣和温過訪從知世誼敦如此年華真玉立愁余兄
子鈌金根風詩卜氏西河衍文望呂愁杜斗尊斟孟一笑偶然
同栽字渾疑安石晏爭墩

題沈月湖忘憂圖

黄酒古桑郡論文沈隱侯虞鄉產技東吳質本工愁涉爾湖邊
水思君江上舟相期傳盛業富貴不須憂
寸草感春暉歎嵗懷米廠閒情舒眉宇生計減腰圍瓊惜拈瓦

小海山房 集

笑逆長負來歸玉室他日上拜稽手如飛

述懷用程稿居宇光韻

詩書雖八業金爾與誰視古籍殉逍眼儒冠弃誤身用杜句為業
等鴻拙此性不龍剸舉扁舟宿立光規尚有塵

巳亥

呂黎集中有剡劍詩余擬其意漫成一首

赤里山竭若耶枯千年精液鍊一爐鍊形三尺雄萬夫不能穿
識非風羽思牛怒李無狩無犀象可割蛟可屠祇有讒人之血
不足污神物谷此頭險危棹頭不顧神形狂吁嗟長鋏歸來乎

重閱顧生鴻遺稿

昔年入夢話辛酸扶蓋今生宿草寒杞少劉文張羽翼空教李

賀嘔心肝道孫已覺斯文調調古難將舊雨譯撿閱遺編思往
事不關悵觸忌無端

姪女七九殤

婉孌枕笙畔吟孺每坐床飼孔惟傳鈍句我寀銀健爾劉三朝
卧愛深五歲殤根前諸孫任爾獨去何方

城南獨步

平疇如黍淨於揩孤塔檐空立似釵春到杏花紅一點雨餘芳
草綠畦秷杞陂户近聞鐘韻野店帘高易酒淺為想菊圃許主
薄放翁碑記久烟埋

秋夜庵新建三忠祠宗祀韓忠獻公歐陽文忠公

淮南風景逆年新代有名公位政勳庥柳南思賢宰執丑遍同
萬宋明禮勃猷先後雙旌建不鉢即生一桃因我仰高山不能

小海山房 集

去臨流脚為采溪蘋

汪西谷奉招同顏其亭夏仲濂湖上看花歸至虹橋酒肆
小飲

子矣詩中黄四環王家酒瓮發新香青裙白髮人將老綠柳排
枕日正長飽飯蕪城真賦手阮亭詩社祇荒岡同來莫作山卯
感勉為先生酹一觴

泥三兩村過虹橋小飲作

紅面初開酒味醇先君論事必驚人交情萬似居依舊詩筆雄
因腸滿身烟柳重春前代樹風尿又過一年春何時更買湖千
棹與子分持兩釣綸

江淮泛宅圖爲别士楚楨賓楠作

江淮遍以後中有好烟波之子來船往門生藏酒過者書成七
鉻覽興感笑播鴟夷盡同侶招招賦澗河

名士慣行役妻孥意自如人情判阡陌家具付舟車范蠡湖中
梓張融岸上居何絲竹閒住草草結吾廬

畫馬

有馬來西極沙場亦慣經伯陽今不見垂老此房星

從來

釋言陰陽尚虛空自古儒修盡費功眞悔先生居柳下從來空
相在山中杜陵廣廈心腸熱白傅吟哀句調工敢教才人賦枯
樹閑山佳木散青葱

昔賢

昔賢高誼已荒遐過眼人情盡薄紗不把辨他開范叔安能髙
被閱田車浮沈欄醉三升酒開春閒看蔬菜花難似蝸牛尚黏
壁可憐風雨過横軒

近年

慚愧親恩報未曾近年婚嫁自頻仍詩書那許謀衣食笋蕨空
教失友朋世外儘多千里馬夢中或見九霄鵬青騰免被妻孥
累一醉無言睡曲肱

題荷逐韻我書圖

鄧禹常笑人功名宜及早袁哲藉宏富掃除恣探討探討全無
子史經洪鍾一發驚揚苴朝啓安楚白簡白夜燃太乙青秦青

白虎觀天禄閣自古鴻儒皆嗜學鄭九能入何休室來雲亦折
充宗角君今年少能如斯龍媒驥子稱英姿試指老眼青雲路
看爾飛騰直上時

白秋海棠駢爲山陰金海門作

清絶珠簾琢水晶一般烟霧不分明黄冠月與瑶琴對便是瑶
淮下玉京

臉邊紅暈退春潮酒後相思骨亦消並蒂陰訴離别一燈秋
雨太無聊

觀瀑圖爲湯篠村題

記得少時初結契君年二十我增加數年判袂鄉城路漸覺星
星兩鬢華

君才大可登臺省近日閒居學濩圉蹴足來郊亭訪舊枯禪聲
外雀聲喧

濺沫飛流萬仞馳畫中人自有清辭一條界破青山色不許徐
凝作去聲惡詩用東坡集中詩意

向平婚嫁不曾休多少名山借未遊他日邀君齊插脚廬王谷
與大龍湫

瀑聲只在水雲鄉洗滌名心可盡忘只恐雲霧消山骨兒多年文
豹不終藏

山中猿鶴廣驚猜招隱何堪老此才科撒禍衣抛蒻笠好從雲
霧窟中來

馬上看山色圖爲沈淳伯題

南史傳去聲沈約歷歷述祖德文人重所重不惮鑄張力君祖
有懿行童時我已識君文我同盟交誼𡨋陳臣名矧應涯津才
不可羈勒相期兼馳驅迢迢周八極
雲中落葉聲疏踏思查引 謂查初白馬踏雲驅馬四山中間中落葉聲之句
君何去江東旌服行快意適秋賦馬首韃羣雲衣上擁山露除
陽我未見伯樂君愿顧千金驊弄脊前岁金臺踏轉瞬長安花
粉紛看無數

陳㼆亭奉諭病亡於白門寓齋待歸櫬故里作詩哀之并
感其事

科名竟何物而乃令人死君才本十倍如芥拾金紫
具歲在龍蛇天道厄君子閏說目不瞑奕奕令

猶視世無伯玉賢行誼諒猶恥剡家紀交文判使怒抵几按案
吾不嫌名教有同體君無何成在旅櫬表不起哀哀魂歸來肯
汨滴江水

書所見

穆形箸閉戶趨孝亦爭死虞翁尋思寄蔡邕善奉軌書讀古人
書硜硜諸君子謳歌上留田且其然不止暮四與朝三狙公博
狂喜市過然宜除弄凡極圖美巨蝌蚪無椅相鼠尚有體世居
韓廷奇閑閑教申理作詩以寺哀哉有識有泚

哭殷孫殤

哭妖已聲吞哀哀又哭孫承胆惟有泪執手竟何言瑞慧方三
歲矜憐已一門桐棺時汝斂未免說無恩

陳泗村贈詩三章次韻答之

總角交游久倍親有誰才質似君聯作歌奇麗汪洋水學翁能
清庾亮歷閱世傑期與古諧肢懷言語抵陽春垂頭我作蘇劉
卧郡及黃河速上人
肅球霜雪上頭毛猶記元龍意氣豪持倩傳序結達杜氏從道
院聽松濤夢中物穿千秋富貴多程淨嵘五岳高回首長為吞大
半為人身事盡勞勞
自愁骨相似虞翻踪跡猶如寓在樊仰合心封容我傲狂宗煌
法笑人煩從來舊雨非新友自古深交 没字碑後尚能頻枉
顧林高棲焉不清煌

即事

自顧頭銜冷似冰夜深虛閣上燈檠青氈一笑成何事猶啓窗
兒入室心

廣頴

祈鼓森嚴屢策勛而今豈子亦能軍廣顏老去全無用聚口司
推馬服君

十月十六夜

懸閣夜然燈花落階下數林晚菊開月色似霜通夜然葉聲如
雨半天寒光陰冉冉忙中去鬢髮蕭蕭指裡催唐尹唐生供寂
寞卅年心事首重回

題問津圖

燕支潑汁灰桃花千枝萬枝股紅霞滔滔皆是何津涯知津渠

見漁人誇上流往往來漁樵漁兒漁弟竟何有烟合霧蓋胃林
藪但覺亡羊歧路多何來老馬循途走似爾真為解悅人覩河
面皺知有雨雲從澗開持命駕嬌扶杖倒逐尋根在山出山辨
清濁少年如此誰司命吁嗟乎灼迂夜被儒冠誤持亦能但樹
深處通聞爾作過客人不妨指夜前頭路

醉歎與林大雨亭文澤

邗上季林大天寒地冰中林大邀夜過酒居酒從缸面開醪醶
一杯兩杯酒為我驅寒風三杯四杯酒春風來触觥試問春風
卻從何處來壞酥入腹延流頭雄誰傳拼驚而嘗玉山君見光
生貴林大林大汝今秋戢病羅司幸勿自嗟持命平揚州近米
持事敗冗員澗汰根窩栽富室綺羅半塵土廣場交際皆樓臺
天待吾儕甚不薄暖衣飽食無禍災況君今已入太學郁人羨
爾明經才林大林大我且為爾歎莫良會須飲此開胸懷君不
見昨夜嚴霜暴原野廣儲門外多遺骸

邗上感舊

揚州城外易斜陽是處墳頭宿草荒惹得狂夫多眼淚廣儲窮
竟似中郎
客裡安排歌舞身茶餘酒畔街傳神臨風一掬男兒淚不哭窮
途哭故人

浮山禹廟塑山海經圖像

猶是神姦鑄空山不若遭雲烟虛處補木葉上頭高不辨名惟
誅何能遁遁逃當年事騁逐毋乃聖豹旁

過木蘭禪院有感王播故事

喫飯誠難事斯人亦見咍微時弗自立其食是嗟來笑指去何
處王孫實可哀木蘭如有識從此不須開

歸里後有懷邗上諸同人

十日歸期尚未違衆人偏覺夜迢迢承蝶當不明于畫界為衛
風響似潮古驛路長書不到小樓寒重酒難消相思只有梅花
發得與先王破寂寥

戰國四君詠

五日生兒不等閒名稱好客滿座冥置人只在屏風後高士惟
居傳舍間雞狗叢中作雄長虎狼窟裡幸生還大才作事都騰
過畢竟難逃王半山 孟嘗君
肝膽長平已暴尸邯鄲圍合更難支何堪虎口從戎日不禁蛾
眉笑客時毛遂有才還自薦李同效死沒人知只因略具翩翩
態贏得才人要買絲 平原君
難得兵符竊閒中如何擅殺入貪功生前折節夷門監死後傾
心隆準公醇酒婦人空致境賓發屠狗盡英雄此君不死華陽
在只恐秦驚馬不東 信陵君
一唱刀環便想歸頭顱柱向棘門揮從知郢都真珠履不若盛
陽大布衣奇貨居曾秦相比國都遷且壽春非君貴山色君應
而秩郭江聲積夕暉 春申君

冬夜枕上偶成三詩

雪

殘蘇餘歷滓天心一洗之豐年應有竭大地總無私賴送珠方
喜長吟蔡雅詩誰言漢高士僵卧不曾知

月

一樣團欒月經冬倍覺明雖然出天際只是近人情窻外梅花
發雲中桂樹叢為葉說消息從此濟虛盈

冰

花木形無定尖叉句最工頭銜何自錫心跡有誰同渡僚劉文
叔山為楊國忠用樂府詩叢數能參日靜事走春風

忠雅堂詩集中有消寒雜詠十首余愛七言為五言亦成

十章

芜祈夜無寐危樓狩一鳴月明千戶動風送四山行斷岸孤人
泊荒巖古鬼驚霜餘貪似鐵有客悟平生寒鐘
木落忽無數崚嶒山骨兜龍蛇今日蟄虎豹向來尊古寶存柔
潤歸雲傍晚昏松間築茅屋高士此中存寒峰
或被妻孥累生涯敝不護溪山堪足使風雪一身輕日落歸途
晚榮枯取債廣何堪橋外店酒店又新添寒樵
一綫東來大餘威直到江黃花前水縮碧　此聲廉何岸平渦
潤陂城打欲降披夾人穩坐終歲守漁矼寒潮
田田海三湘張之達遠鄉客心聽脫歲暝色上危橋語燕去無
跡飢烏欲下翔歸舟三五箇天際望茫茫寒帆
自有求魚想無心結網難因茲草水雪潭欲避蛟蠶渾影澄清
下波心撥剌過逃名誠有地江上買漁蓑寒罾

八飯忽消報信稻吠夜深門閑渠自守賊盗爾何心街柝風聲
勁蘇燈雪色侵最憐人熟睡獨聽古橋陰寒犬
每作錢鐘會摩挲小雪天家烟雙筋外字畫十年前夜永朝猶
擁灰深元亦燃嬾殘今不遇煨芋竟徒然寒爐
接吟連畦翠燒殘雪澤滋人情刀把見世味蔬根知膩來誰驗
釜羹湯每滑兆英雄高出處想剡剡門持寒齋
一片溪端石蒼堅是研材冬心人獨守生面箱能開呵處冰真
水敲疑鐵作粒頻年無惡歲耕種莫徘徊寒硯

前咏未盡鄙意復作十首以廣之

隱隱龍燈至勞勞驛卒偕風狂披絮箭霜裏踏芒鞋玉漏沉千
戶銅聲靜六街把關人供職多少姓名埋寒柝
歲久紅牆蝕招提冷更增蒼凉難信佛廚寂最無僧雪壓千年
柏龕明半夜燈前朝功德寺布施帝王曾寒寺
殿角插斜陽西風廟宇荒衣裙滿爾薄指爪謀他長門有修柱
蕭卿秋光盡伊誰說後凋撐將沖古社盤錯記前朝驚燕不相
問為鴉疑見招春風來日到依舊長瓊瑤寒木
鑽屋風生屧齋種月照峰聲歸宿寂其歲識豐山夜靜經林
閃人歸鬼或春決渠來水利幽壑亦涼涼寒碓
腦將聲初動霜天醒四鄰俾撐應斷尾知腭便騰身五德誰為
伴三號最有神壯哉劉越石繼起是何人寒雞
滴影關沉沉膏油費夜深積分貧女火書見古人心說鬼每無

焫敬棋間有音他年照珠翠棨刃囊精陰寒燈
恭奔邪原路天低壓陣雲鷹勁常使氣孤兒慣武犀雪騎圍初
合風高響易聞裘馳蹄日春羔酒解紛紛寒燠
白隨豪奢騁山中姓字傳欲消釭到漏便見翁中天甘旨三冬
畜肯勝一駒犹誰云茶當酒漫有竹爐煎寒醉
刀尺深閨事匡箱昔日收猶人須康荒於我最綢繆丈借裏裳
髻釵盡質庫酬敦如齊妻子卅載一弊裘寒衣

近有吸鴉片烟者　禁令森嚴知法者已能禁戒其或不
悛余作詩以勸止之
烟名鴉片古來無剏自人間賊丈夫縱使頭顱逃斲戮須知血
肉已潛枯忘憂浪說相思草死難尋伊不盡救願世人蓋仁
壽耕烟𥿄種淡巴菰

歲暮樓起漫成
殘臘餘閒在家天寒無處訪梅花丈夫睡起渾無事石火發
光自煮茶

小除夕偕少泉靖海樓小坐
景物荒寒畫意增寺門清寂對荒塍衝風游跡狂于鶻侍丈茶
聲細似蠅踮轉青雲樓小憩青雲近寺樓名棟懸碧落可同登到來一
笑支頤坐祇見梅花不見僧僧出未歸

除夕偕高莽少泉稻庵小松放生庵小坐
光陰轉瞬太匆匆地址天南氣候同舉竟庭梅知覺早迎年蓓
蕾已舒紅

呼嗟歲事各支持寂寞碑房總不知我輩從來非避債也曾坐
到日斜時

小海山房詩集卷十二

泰州康發祥瑞伯

庚子

訓誡弟五子保

汝昔泰郵曲,往往騎屋山。汝年方齠齔,責備姑從寬。今時已是戒,何似當初顏。童心好嬉戲,優孟擬衣冠。我時復汝貧,姑息恐養奸。聖賢非妄許,卿相亦大難。人生無恒業,安能免飢寒。受嬉少子心,丈夫豈不然。持恐駒影速,一去不復旋。人事多錯迕,須惜少壯年。劣馬不服馭,甘受圉人鞭。我今一舉手,汝肩焉能全。庶幾體親心,舊習速刺湔。作詩勗汝勗,清淚時涓涓。

少泉贈石笋二

袖中東海不可得,花下丈人何處來。好友慇懃走瘦,疲家家使怒毀池臺。傷情已有滄桑感,生面今從傳舍開。還日小山藏拾隱,與君同處掌中杯。

正月八日登北城樓閒望

東風吹處漸開冰,極目村墟感慨增。繞郭未歸洪澤水,沿街已賣潤州燈。連朝米價昂如許,近日河隄復未曾。何事北門今不啓,幾家門戶千烟凝。(北門橋游塞數十載矣,今鳩工濬修,北門不啟已二月有餘)

戴石樓以客館遣懷詩見寄次韻

客邸情殷共挽留,甘棠茂下一樽酬。(持館子酒司劉表領三雅伯埃)詩嶽兵衛咏四愁,畫餅虛名無可羨,嫁人老女不須羞。鼓鄉多少離羣黃鳥嚶鳴伐木求。

年年修禊月初三,鄉味真如肉味甘。飽飫叔然說知己,孔融畢竟是奇男。忘家想似巢林鳥,上第同爲作繭蠶。指日歸帆定東下,河橋官柳正毵毵。

庭前梅花半開夜間風雨忽至早起偶作

妒花風雨夜潮來,曉起凄然墨作堆。我亡天公精十日,讓他梅樹舒心開。

與高慶少泉飲梅花下和高庵詩

今歲花開信吳都,故人折簡且招呼。年來閒盡開杯事,只愛東欄雪一株。

日暖風和好放頹,弟兄歡會共追陪。狂言特向花神祝,如此清樽見卅年。

梅花下作

幾日家居不出門,梅花開放似山村。鶺鴒遠別高堂媚,只恨無人共一樽。

爲秀石爲黃子仲晉卿寫照余題其上

數年不見黃公望,今日相逢水石間。積學未曾登畫省,賣錢且欲買青山。欣聞老尚强腰脚,難得閒中有笑顏。擬挈烟蓑花雪裔,與君同出又同還。

向平婚嫁未曾休,笑我年來不自由。近市恨無臨水座,移家欲住對山樓。交情最愛汪汪度,身事渾如泛泛舟。寄語萬回狂弄筆,也應爲僕寫滄洲。

析薪貫酒圖爲丸柳村題

大材如此本將用綠徑稼何學悠治安何漢橋沽美酒不醉來
事說勞薪高風射的山頭站當兩王官谷口人我在漢邊時放
蜀與君同作苦吟身

題詞圖為金子石德輝題

大好園林自在身無邊花月亦精神處間戲弄帝家印巳是卑
華六十人

草草光陰一剎那新詞都付更聲歌外孫齊曰人題過只恐傳
鈔脫積多

家貧猶得好花枝通德今年作伴時十稔蜜殘書百本勞他遞
手界烏絲

茶鐺酒盞劇翛然大去才人憤放顛康得漢風成月裡爲君呼
起柳屯田

題張玉農瑞符賡江送別感舊二圖

冶游欲作吳船錄古調休吹市上簫別有情懷忘不得每從烟
雨望楓橋

宮柳垂絲認短長無端俠氣伏柔腸可堪一斗男兒淚哭了要
離哭窈娘

徐來原袁甲為畫山水幛子作歌以贈之

徐熙家法從今變徐君下筆開生面揎袖雲烟一掃開淋漓墨
藥齊漢錫　國朝作畫稱三王山人爲目石谷翬宮奉常烟客王時敏
司農麓臺原祁王官閣吏華貫　內廷供奉誰顛顛此後數上聲作
者姓姓曰二張二張者爲誰聽我歌琅琅南沙字賓岩奎名農

桑米方金供丙然供裝軸空中設色成青黃北張踏桂嚴
家住滄洲滄爵伊德抱不可過酒酣奇氣閩衡湘畫成有時見
爲外爲外一十三峯之草堂我於南北二張俱備服尤覺桂巖
之畫情可知者務令君欲入桂巖室豈簡升堂齊載稱今狂時
人見君畫成就錫真龍成身嵯程詎知君年甫弱冠錦衣玉貌
精神稜江湖畫將不盡老平邦年少君時那可逢予我持來君
畫君易飲我酒此事從來期不朽黃公剝蝕數幸又塵氣筆底
君應無邱壑胸中吾亦有

哭鍇生劍澤啓鋐

憶昔爾從游廿載成一夢總角奇文寒燈稱河蔡鳳何程聶堂
倚上學慶親送詩書懸上口湖湖早成讀文獻一涉章律凡洪
持控鉅公稱柴燧謂宋明史部靜夫先生勝朝推國枝伋伋時上書清望
留都重此子學可成易不爲時用匹匹弟子翁變變廣闍係私
此畢一生死法堪哀痛因思少壯年蹤跡每得從學學嵐嘍碑
鄭蜀焦光洞謂游焦山攝山馬灣青山頭兩尾曾驚衆余戊戌二武過青山下風浪
大作舟幾覆丁酉歲過馬家灣遇雨舟覆將與生共之翻怪昔不死待死猶能共爾今含
我去苗拋山陽弄涔涔老淚彈貫爲夫人慟

病馬

病馬只貪卧斜陽古道宜瘠深爲不啄牲畏犬能敗知已有誰
顧窮途每自疑翻思無用日幸不受人覊

北門橋立閱月而成詩以紀事

父老欣欣語閣門今啟鍵津涂尚淤塞飲食已流連跨岸剛三

版程功竟半年累公錫兩級難得使君賢上憲應得北門畫閑累月州判史降一虛級而司事有惜不為誰也

初夏齋中即事

榆莢初飄豆莢肥疎簾清晝坐紆禪蛙翻溪草沿堤出蝶逐遊花入室飛習靜稍知容膝易愛閒思說貫心違先生自道窮無事差勝征途客未歸

舟行建令道中作

修竹誰氏園千竿夾流水中有黃栗留聲聲叫不已

花好常迎客橋低每礙船跳波魚潑剌一晌浪紋圓

斷港聚鳧鷺荒堤卧楊柳船底水聲來知到官河口

雜感

海山存 集

挾怪官衙近荒宮低眉善產笑春風華山盡女呂黎司部在雲窓霧閣中

天急催租吏歛貲不堪民命急當時風流遠到平安帖大度偏容杜牧之

建陵季子姪吳鈞意態炎涼事遠游除却脫偽誰問試原未穩紵不輕投

立冬日遣懷

辛苦齊盤累不忘家居倍覺一秋忙兒驕未肯耽書卷妻病時為撿藥方雪壓梅花宜冷淡陽回黍谷盛安康沽居且盡杯中醁一醉眉騰卧草堂

飲酒作

人影成三月色鬧紛紛人物眼前來靜驗能讀稱名士文選粗通是秀才談論淳于如吳縣衣冠優孟或登臺狂言莫怪先生醉更向夜前盡一杯

乾陸香雪世用

侍兒香閒日將補一物新人眼底無儔作我欣刑偶聲大言世盡罵狂夫才如粵國奇男子身似高陽舊酒徒回首虹橋成夭訣無誠徒此足歧途

海山存 集

辛丑

試燈日與雪笠上人夜話作詩見贈即次原韻
廊下蛙鳴折脚鐺頻年相訪見交情春歸庭院風光到月過氷
霜色倍明態度狂非羈襟醉詞涼翻似鐵鐙欄燈蛾度閒牙
在正好同游不夜城
飛夜深雪出茶鐺從榛鼓詩古性清淨業要求真解脫奉燈下
忘太分明心須好比千絲亂義重渾旋九鼎輕我欲推敲奇宵
鳥勝他低首詩宣城

相馬圖為孫漢蕭題
孫陽才氣從摩英眼力能從相馬生薛叢燕臺君自上紫騮背
上鐵蕭聲（漢蕭韓詩古鐵蕭一枝）
蓬氣消磨我獨過髯眉一笑老鄉閒千金駿馬渾無用六月虎

小海山房　集

閒兎庭驗
歷雨中得舊衣一襲感而有作
舊衣如舊友風雨持一披譬之當患難此友能扶持新衣非不
華耀日生容儀天寒風雪中看體殊非宜舊衣適來身合此將
安施持此問新衣新衣知不知

内子久病不起
一病非妹第纏綿十閱月用盡平生心嘔盡腔中血血盡面色
白衰顏轉如雪寒暑鼎鐺斂祈夕新水飲祈禱佛無靈醫藥計
屢拙火炎色易佛語好齋不悦因思日有言姑作如是說
前歲歲不仁作詩定鄉痛病退復抗起負痾三年共前年見兒
姻未見多費用客歲湖水來隐憂食指衆割肉為醫痛鬱飯屢

補空望鄉兒孫起家搭下金重
少子不解愁如女難持家病人愛清靜室淺多喧譁情急入中
饋為檢湯與茶子婦來何益然亂心如麻我疲亦思卧顧盼金
烏斜穫求覓銅錢兩鬢星星華

與常高庭游柳村小築
蛙町屈曲如修蛇野廬偏又有螢為一群雨聲生柱樹高木四
圍齊排衡秧田稻秀方平列傍溪泥濘閒登斜桑李（庭山築市門）
口茆屋新蓋森稻芽應門一个似老鶴誤賓兩部喧怒蛙到未
恰參賓主合此間不聽兒童譁轉辭游幸小雨散當頭句有油
雲遮客至兩餘春修竹君言春早多梅花（主人言今春梅花獨開）介弟山
林見經濟无方冠蓋猶天涯（謂其五大兄近官秘州）將地最宜詩畫酒清

小海山房　集

齋不乏蔬壺衣田子不來少意趣（謂夕）常君欣賞方咨嗟衡泥
舉足何東去炊烟回首炊西家

越四日重游柳村小築南卿世兄和前詩書扇見贈仍用
前韻作答
水車聲碉骨蛇蛇石碓回旋澆塗竭圍亭森杜地名曲文（其年應）
宋官使衙雨脚蝕日白晝匿雲頭露月黄昏斜忽倚新詩贈袁
笑重來舊調翻紅牙名駒躁躍作騏驥凡蟲喙脂嗟怒蛙對彝
香斛玉成滋竹風響答銅鐺譁聞倚更起舊雨思猶恨不怕浮
雲遮我詩搓枒似古木君才發越生新花大器那復量千石決
河何處為津涯竹林杖屨挈小阮南皮讌會浮廿尺廣厦能庇
杜老願有田不歸東坡嗟宿鳥驚人復入樹涼螢照我時還家

悼亡并序

吳陋軒嘉紀集中有悼亡詩十二首敘言妻常願先吳死欲待吳之輓詩也內子張孺人以我耽吟平生亦有此願今如願以償僕才雖不逮陋軒然言哀則一也

卿本中表親總角即相見于歸卅六年流光疾如電此卅六年中平苦嘗之遍榮華世所有未卿獨負我一朝舍我去轉瞬急花發茫茫泉路闇何處見卿面

附身與附棺百事倚草草此恨終不免何為去太卒我于本清嬴述化似不保我躬卿來寒何意事顛倒爲生八九子顧復歷含撫吁嗟爲反哺比翼豈不好良辰共命當忽作分飛鳥

出門多挂念入戶誰與語彷彷自相弔淘絕哀傳侶夜來下參見問是何情豬卿言家計重此後奈何許絮絮而切切使我淚如雨糸起自拭乾中庭復延佇老夫自有淚不欲示兒女

憶昔洪湖來河伯方降殃屬佇忽離散各居參與商肝田我本痛何以為柔種我讀卿苦役不惜十指僵卿為庶下舂我然倉中粒釵釧入質庫車轂摧中腸幸年能過活笑指顛毛蒼

念爾駕舟去嫁女往來村時我病卧上不獲返里門卿才足撥擋充究兒婿婚衣裳壽壽設宴具稍稍陳一百八十里往返無遠巡辭宜識大體不作拘迂論處事我婦來矣語何其溫

我母爲卿姑愛卿每色喜姑方老疾時卿與同卧起非無僕婢御怡少娣娌侍廁牏待卿絜滌浣賴卿洗卿不解章句自識僕門禮悠悠行而心得無顧有此

我亦攖暑疾汗出亦不□扶床卿傍切惟恐我化去我今未化去卿過去何處淚眼目不瞑望望天難稽將嫁事未了安得卿冥助入室想所歷僕絕黃門句

痕殤適有埃棄我兩孩嬰（一九孩兒兩孫患痘大孫人數日殤）卿心最憐愛貝願努之付天心太慘酷倘使得尊迎吳姑處只于兩媳爲鳥攫卿從地下游有耳不得聽我年穗於朝老大難為情

陳陳壁上挂落落箱中衣彙彙座上衣壓壓圍中矣是有卿手澤觸處皆悲傷淒風入我閨春雨濕我帷飢犬望我嗥寒蟲向我啼疑是卿魂魄望望今來歸來歸不可必使我將何依

人言在歌漆園最解脫雖有劍鋒鋩此情實難割比鄰衆俗老我見即氣奪人苦在後死藥苦為獨活一慟風烟沓萬里音

虔祀

一雁

一雁竟何適依空祗獨飛傍多雖是偶族大亦何依到處皆秋水前途易夕曛蘆花最深處望望且來歸

鳥問

毛豐難忽去去去東西翔巢中鳥問雛我去適何方

內子亡已百日矣余於靈前作詩告以近況

迢迢一百日卿去竟何之憶昔主中饋來宵一日離茹荼而食蓼甘之卻如飴稼何舍我去一去無還期昂藏五男子家政須能支力疾視饔飧乃在弱女兒思卿不可得使我坐成癡作詩以告卿卿兮知不知

舟行

亂鴉飛處一帆開街尾斜行出郭綫紅日西醉風四起蕭聲如
雨打篷來

析新貰酒圖再為柳村題

執柯以伐柯非指以喻指我儀杏柏年乃是隱君子
夜宿綠穀芳草堂踏紅帶斜陽共日行蹤何適將歸城西草堂
才大如君育放閒情如飛鳥暫知還只愁梁棟無人齊有客吞
君更出山

黃葉

枝頭黃葉變飄颻色配中央土德柔無力能回天地氣有情猶
點寺門秋凄陰狂說青蒼道古意都從畫裏收世事荒唐供一

笑怕他飛處打人頭

紅葉

四山喬木盡烟痕中有斑斕古艷也没道枝柯成綠蔭翅放霜
落愛來門治容袠見冬年駐熱血倘能老境存如火如夜斜飛
種風光如此是天恩

蘇文忠公生日與同人小集城西草堂作

太歲在辛酉値京時荒荒天寒風日中登城西堂坡公作生
日遺像瞻堂上與妙三五輩各各醉一觴因思公平生遷徙殊
無常貴星與慶雲眉山昔降祥嘉祐三年冬公生始教行二十
游成都公始觀國光廿一舉進士廿六判鳳翔二十任甫滿旋
遭風木傷卅六乞外任通守來錢唐三十有八歲贈飲歷潤常
舟中時戊歲道路何改忙四十任密州四五貶黃陵孝與臨
皋作詩歌琅琅黃州閱五載定惠遊海棠五十知登州海市觀
茫茫五一除內翰知過識可傷連章外請郡五四出守杭在杭
多惠政花柳餘芬芳年華五十七由潁吏來揚尋晉兩學士適
上定州就給聖眷兩職安置惠州鄉六十在惠州白水遊山莊
廣州又儋州所入皆荒涼致游嘆奇絕始終公倔強建中靖國
年度嶺尋歸程其年六十六再行歸常州公薨即是歲民哭宅
顧殤命宮坐磨蝎作事多磅硜買宅即燕蕩田無陽羨種當為
有賊客身海少歸懸任如若墟言春夢醒一場懷公在謫右有
食君不忘奏議比陸贄行註如範滂兒童工識教所在必亭坊
舍沙脩射影鬼域持譸張而公敢濯枕相淡冬舊八九百年

來後光如可望以公視若華沙數恒河量壽公問公語公怒狂
生狂持無具一酒何以奠椒漿持無玉蔡薑何以備茶湯持無
瓦脩菜何以盛宮筐持無漢陂魚何以配鯉魴座客無孫劉
倘無通貴吹笛無麥妻吹簫無世呂何以招公魂行見公坐牀
食棗無為支挾杖無枕揶供石無仇池屏山無歐陽何以妥公
靈一一相扶將公為邪君壽所贈謎語頒拄杖黃子不觀音況
檀香銀篆新合印封皆熒煌我筆明區區私禱安萬償此地
距京口祇隔江水長遥想公書跡磊落萬松岡公為吞案吏出
入排天闔奎星耿天半入夜騰光鋩何時復下降為
國成珪璋蘭蕙溢袠心居袠公來饗可作詩博公笑一笑修聲
聽

十二月十九日小集城西草堂爲東坡先生作生日最壽

沈芳圃啟秀分韻得思字

東風裊裊雨絲絲，紅面初酣酒一卮。紅燭得前成拜祭，碧雲天末起相思。江山訣愁休文筆，人物風流紹聖時。倒戴接羅歸路晚，此間勝是習家池。

袁枚拜以詩稾見示然定歸之并題其後

家有中郎家門多長者車，輪滿工部敬師竹，寸心虛我豈知津，馬君爲止濼魚蒭重，千載事相聚此遺廬。

野步

野步心何擇，尋詩意自閑。村歆聞笛外，犬吠到花間。爲愛客争路，雲隨僧入山。何時結溪屋，盡把俗塵刪。

《海山詩集》

偶成

持論從來有異同，誰登廣武嘆英雄。張湯吏治分程里，李泰人材本下中。沒世名難說微倖，感恩言合見圓融。腐儒若執刻舟筆，未免拘迂恐道窮。

咏雪

窗外風狂故故斜，推篷有客咏尖叉。人心或比豐年玉，天意翻開頃刻花。待望將軍能殺賊用兵時闔浙漫勞居士說煎茶。舊交誰我衝寒訪，便向溪頭泛釣槎。

屑屑騷騷夜未撒，鹽飛絮絕纖塵。漫空有影飛蝴蝶，入地無聲拘故人。竹葉被他齊覆壓，梅花得爾轉精神。年年稽當消融處，猶見千門萬戶春。

趙沅芷以五十自壽詩見示依韻和之

年來何事掛心頭，彈指光陰近春秋。老去飲思拼醉分，飢來只爲稻粱謀。城根水漲餘三板，石廩糧空少一籌。便是意中窮想壹，新詩善自寫煩憂。

破鏡難圓泪不禁，劇憐同病助徵吟。天荒地老孤鴻影，雨橫風蕭二馬心。蒲入長干曾弔古，孝歸邗上記過從。閒情賦就交情重，潭水桃花遜爾深。

閩浙重圍列鶻鶩，狂兔所地每高歌。賈山奏議功名急，楊僕樓船戰伐多。世事自當勞相天，心豈忘江山河。腐儒伎倆成何事，枉把區區鐵硯磨。

舉世何人痛癢關，多君論事自閒閒。將年公相頭皆黑，壽府春草語或豐荒。獻賦文頹壯計差，人得酒自求顏。吟成遠寄費良雲箋，勝來掛舫載還。

《海山詩集》

壬寅

將赴韓塘李文春亭彝泰作詩餞送即和其原韻

轅別祇懸舊家鄉，過日燈前話別長。去住兩難無善策，齊丞多累少催場。衰齡糊口慚何似，老輩關心誼不忘。悔不春華能努力，男兒功業著旂常。

和雪亞上人送別詩原韻

落月從今在屋梁，河干柳色見初黃。征車早發羊腸轉，費鈎處函虎氣藏。王粲樓高宜作賦，荊王子駿贊公房好憶焚腸。臨岐難得新詩到，喜與行人助壽裝。

過野田莊作

霏霏小雨濕衣裳輕蝶車輪轉轂忙不見成都賣此度名堅流
都人看有荷衣等集　西來風吹過野田莊
卻許隱居野田庄

兀坐

虛堂兀坐抵山深鵓鳥帶斜陽色肉金那許悠閒人用力風來渾
不是鄉音

過界溝

町畦盤曲路迢迢野店風微酒旆招麥腳漸高春水闊車聲直
過界溝橋

東甲作

待從西郭問桑麻景物依稀望眼賒行見東麥黃甚漸熟滿田登

甲又開花

過徐鶴峯墓小序

鶴峯與化人耆酒能詩善鐵筆容死于泰州人飲錢葬
之首其事者葉君古軒

町畦牢碉水清澈三十年前曾葬曾痕痛因過車五步飛穿戍
望酒三升日中人物邇凡馬身後聲名薄李膺連日東風作寒
食紙灰飛上野祠燈

畫梅歌為殷古袁作

古袁畫梅如畫山奇險與折難騎攀古袁畫梅如畫水盤渦動
盪流清瀨古袁畫梅如畫山中一老僧跏趺袒臂守一燈壇顛
廟古夜不寐漫空朔氣霜棱棱古袁畫梅如畫夜聞古美人衣
衫戌削無纖塵拈花不笑亦不語當風裙帶飄車轉童二樹無
兩峯畫梅手段何其工古袁畫有積壽嘆此二君者持無同撥
參在天月在地畫梅以形及以意我於古袁之畫無間然中間
別有清靈氣可遠古袁近日接沉痾兩足痿痺行蹇婆我有東
絹欲乞畫手難把筆如梅何手難把筆如梅何對梅使我空長
歎

勗子

人生勤儉是良圖衣食生涯合守株書役通齊休缺汝金分生
寶賞術吾有公自飼飛中為不願梁濤座上高弟　社陰功曾
廣植至能識口碑無

京口告警之日王丹生吳焯正夫怡之詩君是舉陸構
遠徒時以新刻詩係寄到書中之言義為修切余作詩
艮之

鯨鯢鼓浪薄村墟遠近驚聞屋氣噓米府聲淒歌猶展廣陵書
到有雙魚詩人杜甫離家日孫子徐陵哭父餘手把一編遙我
寄風前吟哦渺愁予

七月八日集城西草堂作

城西風景足排徊主客閒成少長該百事已如秋扇棄一樽聊
為稅涼開琴彈綠綺詩非凡響樹疑紅藏是美材我正韓場賦行
役菊花時節訂重來

過呂伯湖

遠岸樹如薺高多行嶷葉烟中不見人獨聽魚榔響

題錢雨鐘嘉研圖
研田誠濟專藏歎足先嘉負耒觀頻發謀生計太迂書稱其穫
子食進上農夫我與漁樵侶播蒸亦畋圖
邗上逢張鑄臺鎔話舊於北門外河樂春肆
少時曾作斷金占難得君如竹上鈞卅載光陰忙裏過雨萍蹤
跡水中浮烏山老大徒成晉我汗才高且滿壁話又不可爲壽
影於亭人已猶重意
中秋憶病作
默魚賦恨歲初逢佳節空空病未瘳蛙黽聲疾書說月若聲遠
夫枕函秋肅珠鬱發齋難舒懸觸心情兩共抽壽地風來聞笛
語郤疑庾亮在南樓

〈小海山人集〉

桂君小山邑中名醫也年近五十忽學律詩舉業兒示卑
有可觀作詩贈之
學詩年似爲常侍脫稿澤疑鐵鍊除舊業已傳醫國手新篇復
見難仙心雅奇力可空群馬變化神通戲五禽從此難林問塔
價作歌許我助長吟
病中聞弟病呻吟愛而作詩
風淨水聚每紛爭那及然門老弟兄各抱沉痾貲歧伯悲思悉
被共姜眩半生辛苦送同病兩相呻吟耐五更惟願天公肯垂
顧田家荆樹許重榮
病中憶亡妻
年來憔悴此形骸夢想逢迎卿信又乖秋病不調症垂曲獨眠矣

守太常府扶林告往爲難問庚子年七月余偶臥看黃內子於
湖上命駕終廬視疾俗忽地西風起搭鳥不堪枯葉響空庭
者註
病小愈覽鏡作
酒盃慈已解弓蛇鬼鏡將老稿自瞪鬚髮類散成雪色形骸辛
未閑風沙猶中老境三升豆尺外飛鴻萬里花各有荊因休問
卜唐生唇尹又京選
患病小愈書寄王子駿汪西谷秦王勿生
夜雨空堂滴樹根潭疑城市似山村病中較可能拼命別後過
書當造門老境不忘吟課業全家粒食歌說肯構勻婁人循
左何日虹橋買一樽
余病初起而弟病更劇夜不成寐早起漫作
無端霜雪過寒松醫至驚傳信息函端急遣關慈及枕衣
攬伺晨鐘半生久作呼群雁百事難批負匪蛩忘郤此身餘病
在扶林不覺淚重重

〈小海山人集〉

哭弟
弟才本靈敏弟性亦和厚若以恆理斷宜其能得壽中年病疾
損清氣體難受磨如紡有墨不復能持久夏五忽病是遷延近
重九與我竟長辭寒門不共守我方在病中慟失左右手
吾姪方三齡嬌小未離乳吾弟得子遲穿珍帝視女何竟舍之
去忍令幼失怙此兒慶哭泣撫枕時見父謂父卧此間曷不興
之觀兒語最嬌癡此情倍淒楚擯袂不忍見涕淚泗如雨
鴈序忽分飛各自東西翔我飛尚在此弟去今何方回憶未發

初發衆分一林外傳旋出就峯硯相共將迢迢數十年亦無參與商今忽弱一个我心殊皇皇兄弟共一本枝葉方青蒼北枝今凋謝南枝安得強哭弟痛自危一慟天茫茫

同人前約重陽日集城西草堂待予患瘧初起未能往今弟之公没箴

黄菊籬邊正散金重陽有約更聯吟雲山高閣三秋倚風雨齋二豎侵儘有茯枝能擇艾可堪勝郭不從心龍登高載無才擬老淚涔涔自滿襟

余自内子亡後獨居一室出門則蹉之舊侯未以余外出嘗挾請去之志九月十一日久瘧消愈即赴韓塘道中感而有作

閑居能教意氣平稍知拘性與人情奴因利少生心去鼠爲房空放膽行書劍藏迷天易挽文章貢食命從輕嗟余年老悲身事不及終軍少請纓

送瘧篇并序

患瘧數旬不痊枕上作詩以送瘧鬼名曰送瘧篇昔昌黎送之余送之余之侍瘧鬼不爲不優也

瘧鬼瘧鬼與我潤別十九年悲風吹汝到我前罵來見贈無他物水火既濟相煎熬十日不肯去廿日遂流連三旬之後忽暫別卯五日後依舊來回旋瘧鬼與我厚不欲輕棄捐樽中有酒案有饌何不飽餐恣歸眠我有一言須聽務以予言爲不然君不見赤日行天風吼樹乾坤块北東西路北山之北南山南指點中間有佳處群爲爲衣爲女爲作文具淡崖浮邱得相遇大可餐霞共飲露爾不爲人禍人不於爾詛爾與人兮兩無忤天機浩蕩人納固爲車神馬在門前我唱驪歌瘧鬼去

十一月初四日自韓塘歸里途中即事

風日晴和路熟經筍興輕舉出郊坰睿惟望見天低處山色江南數點青

一徑西風落葉過活湖廟外夕陽多方塘四面水皆合橋有中間扁泛波

宮晴湖觀舍弟復祥之詩有袖手不動之句予覽而鄂之賦此以朝

霜鬢年來然鬚然兄騎女弱强支持不動袖手誰知我只有先生七字詩

冬夜作

寂寂蕭齋冷似冰荒荒歲月共愁增退飛心憶風中鷁久病身如夜後蝸門祚淒涼傷孤弟交游稀少失良朋耽吟未共梅花睡獨抱熏爐守一燈

冬日偶成

曹酒沈酣夜不明猜猜寒犬吠人行擾還未熟黄粱夢卧聽荒村亂打更

夜聞騷屑響庭除疑是風聲雪片餘曉起開門無一片朝曦紅已上窗疏

漫許

梅花窗外自横陳，漫許高歌筆有神。良友惜無三雅共，閒情祇
與一燈親。犬聲裴迪深宵譬，龍性嵇康過日馴。知否迴腸時轉
轂，故園兒女計歸輪。

歲暮自韓塘歸里答宮晴湖贈詩

貧賤光陰俱草草，秋深瘦兒來纏繞。瘦骨餘替水火攻，餘生歲
季塵緣了。廢今思昔境地別，牀頭杙角憂心擣。悠悠斯世水魚
歷指幾人知，素把先生高誼薄天雲。言正行方珠璠璠，春宮
一不行文字無靈運顛倒，在昔鮎魚上竹竿，優游差勝報
刄忙事婚嫁曠懷排遣，刑須惱名驟心能識，遺送病
骫一肩行李僕夫忙，西風雅背歸來早，𠤎臣投贈
珠字字好，數年長我以兄事，交誼陳雷天日曒。
來往徒聞寄詩，豪君詩我詩，嘗何如𡍼啓同

好吟詩，說與兒曹總不知。窗外梅花窗內我，一燈吟
到閒時。

伯山文鈔

（清）康發祥　撰

《伯山文鈔》，清康發祥撰，據南京圖書館藏清道光同治間《伯山全集十二種》本影印。

本書有的文章文采絢爛，類似六朝時期的駢儷之作，有的文章氣魄瑰偉，如『鷹隼齊翱，抽厥芬芳，足耀霄漢』，可見伯山爲文不拘常格。

（宗　偉）

伯山詩文集

伯山文鈔

同治壬戌仲夏開雕

康伯山文集敘

臘鼓始催歲籥云轉兵事稍暇游目有得庭撫新緑几溢古香海陵康君郵書遠貸鄭重一編屬以元晏夫文之始作述意爲先偏宕者多乖詭異者鮮實指事善喻是謂良能君之爲文不拘常格莞爾獨笑泠然以善單詞瑣語有類齊梁駢儷之作尤極瑰偉緹錦十重與元黄錯采翬翟百步將鷹隼齊翱抽厥芬芳足耀眘漢海陵固多隱者前有隨軒後有伯山二百年來風流不沬流水怡情名山卒業縱轡騁節造轍閉門方將叶朱鷺之歌吐丹鳳之綵塵甕不扞雲霞可思僕既折嶺梅以寄將君毋忘藉疏麻以告慰也同治紀元十二月盱眙吳堂纂敘

伯山文鈔卷上

泰州康發祥瑞伯稾

擬西師告成勒碑太學頌并序

西域古荒地禹貢所謂西戎即敘是也三代盛時咸稱賓服貢其方物周書紀西旅厎貢厥獒漢圖治匈奴始表河曲開玉門通西域三十六國領以使者都護戊己校尉回部即匈奴也元魏時號高車部以俗多乘高輪車故名或曰敕勒亦曰鐵勒其部落爲袁紇白霫等五十種袁紇亦曰烏紇至隋曰韋紇既又并諸部落稱爲回紇至唐貞觀來朝後又易回紇爲回鶻回鶻者言捷鷙如鶻也唐屬國最少旋淪吐蕃宋亦不能盡有唯元起沙漠於西域較近初經營略定之然德薄不能遠屆也我

大清撫輯函夏廣幅萬寓西域久入
王化遂爲臣僕厥後恃強蠢爾不靖
高宗純皇帝時用薄伐漸次厎定悉主悉臣中外一統宜喁喁
向化回首面內以仰答
皇上惠懷遠人之至意而何以逆回張格爾者毒螫部人煽惑
狪衆賊我使者搖我邊陲羽檄一飛
王赫斯怒
皇帝龍飛之六年某日月
命大學士長齡爲揚威大將軍率師進勦斷自
天衷密授方略大將軍等旋於某月日尅復三城立功萬里
廟謨洞達獲若符契捧海洴螢熠湯沃雪方兹戰績無以比也

特因我衆鷹揚元凶兇脫窮追衆入蒲網奚容又於某月日
天牖其衷罪人斯得旄頭星落盾鼻書馳載以葱靈飛茲露布
從臣集
闕下而奏捷
天子御午門而受俘明正典刑敬告
郊
廟且
恩詔各地方蠲租免稅播以太和遂使嘉峪以外雪嶺以東變
霜雪爲陽春易雷霆而雨露覺漢之討先零唐之擒元濟有不
克方茲萬一者而億萬年鞏固之庥不勝抃舞詠歌之至也謹
以巔末勒碑太學爰拜手稽首而爲頌曰

聖人踐阼丕式寓內新疆之地罔弗置吏西戎帖安賴我
皇恩覊縻化外可長子孫𣪊育卵演幾十百年豈期蠢䑋媒孽
其間性若貛獥噬如蛇豕逆同者誰曰張格爾火燎于原蘊隆
爞爞惡焰方熾自西而東惟
皇神武不震不驚恭行天討赫赫明明
帝曰長齡往整其旅擇賢而從逆門送汝曰汝楊芳摧鋒提師
軍在行者汝皆將之曰汝遇春爾軍騰踔諸軍蹻之或犄而角
戈鋋如雲衆入其阻拉朽摧枯投戈笑語鈐尹面縛不知其數
殪彼窮猰禽爾脫兔
皇帝聞之轉加矜閔渠魁正刑鯨鯢不忍
仁育羣生可愿則育爾婦爾子是耕是牧係於徽纆時則脫之

各歸爾部耒而坐之同人稽首
皇帝萬壽恩庇八荒爲大父母
皇帝告功于
廟于
陵潔茲檩燎式禮兢兢旋轉乾坤平乎左側七德允功播之無
極

覆喬鶴儕都轉書

發祥以海邦樗櫟學識毫無涉見寡聞卷軸難購筦闚之談不自量度昨聞鈞誨兼荷褒嘉愧赧奚似執事闡發詩學洵克洞窺奧窔深中肯綮其莊論處發前賢所未發聞下士所未聞大抵傖夫俗士之詞匪關性靈之不到實緣學力之不充洗刷之功未易言也恪遵師法時將銘之座右以誌不諼曹艮甫何子貞徐廉峯湯海秋諸君作固已采錄集中或未得當第黃樹齋朱伯韓張石洲馮魯川諸君之詩心儀已久唯偏州下邑無從蒐羅天半眞人徒深悵望若有一瓻之假豈不以爲慊也尊論數家之詩萬分諦當卽前賢聞之亦當俛首心服大抵此事門徑各異以至議論不同譬之逸馬之脫羈何似羚羊之掛角滄浪後村之詩固窘於邊幅北地竟陵之作又多滋流弊明七子詩聲調獨高流宕恰少絳雲樓錢叟云何來天地肆口皆然吾輩君臣搖筆卽是謬種流傳遺毒滋甚以此持論有拔劍張弩之態少捉松揮塵之容不克去短而取長不免矯枉而過正若論人絕無餘地則出言定不由衷究之飛鳥能言是爲鸚鵡黃雀在後恐有螳螂古今一轍中外交譏如何如何似未得也竊以爲心許心彿各有淵源株守一隅未敢附和唯學力深厚者自有漸得傖俗二字或可遞滅草野薄質何敢軒輊巨公一時贅說出於醉後忍俊不禁未免獲咎蒙淵衷多所曲恕覺中聲自在天地曲直靡定一任後來者之饒舌可耳其各家擅場之處自不可磨滅集中坿存拙作不過自抒所見姑藉聲韻以敷

陳而體裁未合風刺無傳豈無自知之明而一時羼入得無妄乎獎許過當感激無盡又垂問鄧孝威詩箧中向無此集拙輯前如拾瀋抄撮無幾容購得再行呈覽公暇有惠示之處金科玉律敢希再命諸求洞鑒不戩謹狀

再覆喬都轉論瓶水齋集書

昨聞鴻喜恭賀新祺敬投典籤竞邀澄督前惠湯雨生詩集雨生爲江左詩人知名已久但未謀面今覽其感懷詩古樸老橫緯有可采大節能完又不得僅以詩人目之又承問舒鐵雲瓶水齋集愚輯詩時家無是集是以失載適從友人處借得一部流覽終夕覺古體優於近體七古勝於五古乾隆朝洵能於簡齋心餘甌北兩當軒道古堂諸集外別樹一幟卽視前哲曝書亭初白菴等集亦不多讓也但五七律詩卷軸富有擠掮過多未免求深轉淺挽强反弱搜奇衒博其多處未能割愛似爲集中之累且對仗務極其工而貪於使事如蔣三妹杜十姨水楊柳山鷓鴣銅琵琶鐵袈裟等句壘牀架屋不免習氣此緣才大故爾疵多若於此類陶汰去之豈不更覺完善乎蓋詩學之難羌無故實固爲枵腹多事罊帨又成門面萬狀千形要歸一是此境殊未易言也閣下爲海內宗工今時山斗勤學好問詢及芻蕘發祥敢肆卮言敬陳管見不知有當與否願得鈞誨一發其矇鐵雲原書呈上垂覽鄧孝威愼墨堂集容借得時再行呈閱順請升安部民發祥謹上

旌德汪筠門詩序

梅溪之詩人汪君筠門蓉湖學博之哲兄也余束髮時蓉湖在泰僑居與之締交得稔筠門早逝年止二十有八蓉湖嘗誦其遺篇余聞而善之前輯詩話已登載之矣今蓉湖爲刻其遺稿囑其族弟序東郵書見示並索弁言展閱再過覽語多至性洪稚存太史序言稱之非譽言也余竊思詩之源流本出乎三百篇鴇羽四牡之詩思父母也杕杜常棣之詩念兄弟也嚶鳴伐木之詩懷友朋也筠門之歌詠往往於父母兄弟友朋數致意焉以此爲詩足理性情有敦風化以視嘲弄風月吟咏花柳者大有逕庭推是而浸淫乎漢魏沿復於唐宋元明諸作者方駕比蹤洵不難矣但享年不多而篋衍之存者無幾倘使與蓉湖白首相聚此倡彼和兹數十年中兄弟競爽有如宋之二蘇明之三皇甫其造詣之同不同又未可知也而天未能成就之惜哉余處東海之濱今已老矣筠門幽明路隔旣不得謀面蓉湖方舟歸去又莫肯來天際眞人之想能一日忘哉余姑序筠門之詩而兼懷蓉湖也

書柳宗元劉禹錫等詩文集後

余束髮出就外傅，師授以唐賢詩文，余讀之，於詩最喜杜工部、白香山，而不喜劉夢得、元微之；文最喜韓昌黎，而不喜柳柳州。其時不識劉、元爲何如人，亦不識柳州爲何如人，其不喜者，非詩文之不善也，而不喜之故，誠不知其所以然。稍長，讀昌黎《順宗實錄》，不敢稍有曲筆，柳與王伾、王叔文交通，以致身名敗壞，萬事瓦裂，故直筆書之。其作柳州墓誌，唯稱其治袁州得民心。劉夢得貶播州，彼欲以柳易播，爲夢得有老親，故是其吏治友誼有足稱者。然以柳易播之事，彼當聲名敗壞之後，思唱義聲以爲晚蓋，且所易之人仍是彼平生朋黨，非他人也。又昌黎《羅池神廟碑》紀過客李儀入廟設言，而出廟門即死，是鬼猶爲厲，即時報復，其忮刻殘忍之心終未改也。而平日之踔厲風發，屢屈其座人，又不待言。劉夢得之詩與白香山並稱，曰劉白，猶之與元微之並稱，曰元白也。其時有五言長城之目，權文公謂秦公緒能以偏師攻之。夫公緒之詩似不逮夢得，而公緒之行誼高潔，卓然可傳，則一吐詞，非夢得所及，故可以偏師攻之也。柳州諂附王伾、王叔文，王伾當臨死之前，每吟杜工部《諸葛廟》詩曰"出師未捷身先死，常使英雄淚滿襟"之句，誦杜此二言，殆將以諸葛自况乎？妄誕甚矣。韓昌黎詩文日光玉潔，古厚深穩，實爲唐賢之冠冕，其贊曰泰山北斗。夫泰山之高，北斗之遠，雖三尺之童皆知敬仰。夫有特立於詩文之外者，而詩文其表儤者也。柳柳州、劉夢得詩文豈不佳，而三尺之童於字裏行間懸揣其爲人，而庋其詩文而不讀，此不在詩文之字句求之，而實在邪正之餘氣分辨領會之。是劉柳之爲人詭秘，可以欺君，欺同列，欺國人，而不可以欺三尺之僮也。今之錄詩文者，柳州之文、夢得之詩無不粲然備列，何也？就詩文而言，所謂不以人廢言也。如以人廢言，則元微之之詩安得與香山並傳於《長慶集》中？陳伯玉之阿附武后，不得謂開三唐之風氣；王右丞以《鬱輪袍》進身，亦何得褎然首選也哉？言與行區而别之可也。

吳步尹宮友山兩先生行述

吳步尹先生，名伊訓。泰州名諸生，工時藝，善作小題，文有抄本百篇，如哀梨并剪。其大題文則閎中肆外，理實氣空，試輒冠曹，其屢躓棘闈者，先生淡於進取，秋賦之白下，遇天氣凉燠陰雨，二三場每不踏，某科頭場文已入選，杳三場未赴，藍點名時由八府塘寓已行至利涉橋西，距棘闈數咫地上有瓜皮，滑笏足，踐身欹，先生即曰：此畏途也。是何爲哉，掉臂徑去，同人輓之，終不顧，回寓飲啖高臥，主試深惜之。而先生不悔，及門受業者，多掇高科第，而先生故以明經終，其授徒日十日五不赴塾，其五日與友鬬葉子戲，生徒課文，恒於賭場改之，先生遇飲食健啖無算，醉飽後歸，家人必以豚肩斗酒俟，先生復啖之，如未嘗飲者。時行街市，過州治前，雖胥吏走卒擔夫市賈，皆目之曰吳先生來。先生與衆語，一發吻，衆皆解頤粲然，口不得合。夫古之滑稽者，黃幡綽、敬新磨等，類皆跡近俳優，先生特以邊韶之腹，是優孟之口。非俳優之滑稽，實儒雅之滑稽也。此爲獨異。死無後人，衆門徒葬先生於鮑家壩之南阡，余掃先人墓過其側，嘗繫往。其爲人與先生先後同時者，又有宮友山先生，名增祐，其制藝與吳同。而制行與吳異。先生規行矩步，言不妄發，授徒則終日不離几席，乾隆[illegible]科鄉試，獲雋第八名經魁，其門徒之得其指示，獲雋亦不乏人，余嘗一親其雅範，恂恂善誘，其言似不足者，其含蘊功深可知也。獨可異者，先生嗜音律，喜觀演劇，老年失明雙瞽，每聞邑中演劇，恒扶僕而往，倚戲臺之柱而諦聽，聞音節諧和者，手亦拍按賞之，曲終人散，乃緩步而歸。先生死後，其後人余若不識，余姑涉筆而爲兩先生傳，恐兩先生之牧澤日晦，是後死者責也。

談星台時文書後

人僉謂時文與古人異轍余謂不然古文爲傳贊爲序記疏爲箴論爲論說而亦有箋啟書序山川游覽友朋贈畣之文時文代尼山鄒嶧之聖賢立言絕無氾濫隱僻之說則行文自有涯岸何慮歧趨有如明之金正希黄陶庵國初之熊次侯劉克猷實能發明聖賢之旨著爲俊偉之篇視古之作者亦何多讓夫文體之不震由於後之矯黠者枋文之柄恐人有抄襲之事遂割裂題句使聖賢之心學不明儒修之口語皆斷一時從事者務爲鉤心鬬角穿鑿附會以爲逢時之計揣摩圓美陳設餖飣甚至聯絡數事爲一事撮合兩人爲一人不惜老子道德並傳刑名之韓非原壤故人化爲闕黨之童子矣實可一粲談君星台時文錢成帙以見示星台質最清臞胸無塵滓讀書有獲能以古文爲時文以故惜墨如金濡毫有得立榦在檀弓公穀脫胎於柳州南豐神奕奕而不露味醰醰而有常目之近今江都有魏君篁中時文與星台誠可一視兩君皆不得壽爲可惜也試觀星台之文時文乎古文乎非澤於古而有如是時文乎後必有辨之者

募裝漢岳忠武王畫像疏

泰州泰山廟中舊有岳忠武王父子畫像每於正月之吉泉神誕日堂設几筵禮隆供奉茲因日久年湮縑零紙斷僧來托鉢亟待裝池竊聞鑄金者尚事賈島買絲者爭繡平原惟忠武王功冠古今光昭日月通泰使之官職此邦震其威靈大小眼之將軍衆庶樂於瞻仰兇粤賊來窺之日負郭之衆詫燈火於滿山環堞之氓鬬刀鐶於古殿跡其靈異揆厥神奇安知非勁旅背嵬銜枚疾走材官皐貴奉命宵馳者乎是王之靈也民之福也夫拯亂扶危既荷神庥之浩浩豈酬功報德獨慳楮幣之戔戔所期共出青銅裝成畫軸焜耀西湖之上奠定東海之濱庶幾炎宋之偉人聲光永傳於天水共識熙朝之崇祀圖畫遠軼於雲臺也謹疏

邗上諸君哀文

曩至邗上，諸君子與余推送襟抱，上下論議，切劘之益類多宏遠。壬子歲秋八月廿一日，余有事至邗，逗遛浹旬，其日俶裝將歸，適萬公巺希齡招仝王儋保子建、和汪秦陳壽文諸君世假買棹款余，泛舟湖上，終日讌樂，薄暮至蓮性寺，憩於叢桂之下，旋至紅橋飲酒，酒酣又放舟至蓮花橋外，見天水空明，樹影映翳，燈光射於籬落，人語聞於城闕，邇時之光景大可追憶。越宿余歸里，不圖祇六閱月耳，而邗上亂作，諸君子不去鄉國，竟成猨鶴，豈不悲哉。且夫死生亦大矣，凡人克以老終，易簀之時，猶當悲愴，况諸君子非上壽中壽而猝遭變故，豈不悲哉。凡人一朝下世，雖質屬庸流，亦且歎息，况諸君子皆樸質淵深而運邅陽九，豈不悲哉。今夫揚州之地，濱於東海，久享熬波之利，以沾丐羣族，設有司以經理其事，卽有富商大賈，釁至殖算焉。一時習其利者罔不華軒駿馬，乘堅策肥，崽子妖姬，酣歌恆舞，亦間有給辯之士，不畏靑衿之刺，緣薄技以爲媒，舉纖詞而作介，或則沾其餘瀝，分其末光矣。而諸君則耿介自持，跅弛不屑，每搜尋幽寂之地，如釋子房中、堞門欆上，醵錢沽酒，解衣脫巾，指地晝天，傾心吐膽，而不知有他，其結習然也。其最窶之子，亦復賣文以炊，煮字以食，茹荼苦爲甘芳，被毛褐爲順適，而於炙手可熱之場，從無一面之識，半刺之通，此其行誼爲何如，良可哀也。寔可敬也。如諸君子者，天牖其衷，稍加拂拭，庶可以少解其抑鬱，略展其胸臆乎。而天心若醉，不肯哀矜，以俊秀而餌虺蛇，用才諝而飼魍魎，紅羊刦到，白馬淵沉，諸君子駢肩接趾，甘心就上天之降災也。豈不哀哉。豈不哀哉。天之待諸君子如此，其酷或諸君子傲岸之氣不自斂抑，天忌之一至於此，極未可知也。余撰此以哭之，而言之無範，亦甚無聊賴矣。其哀詞云：諸君之死，吾不得而知也，而諸君之行，吾不得不知也。於今日之死，溯往日之思，其故終不得而知之，吾又何說之辭。

寄汪醇卿太史書

有客自京師來，蒙閣下寓書，兼寄所刻廣陵思古編，展讀不勝感觸。廣陵人才輩出，文集散軼，患無收拾者有年，今閣下裒而新之，籤之曰思古。班孟堅發思古之幽情，蓋言古事古人也。今閣下所編不盡古賢，而兼及時輩，因其人時已作古，而墓草又宿，則盡取之。體例甚合，且每人之文後綴以小傳，從唐詩錄、宋詩鈔、元詩選、錢某列朝詩鈔、朱竹垞靜志居詩話、鄭方坤詩鈔之例。人傳文傳，弟時有獻疑者數端，敢敬問之。江都友人鄧溥泉，俶儻士也，天資既高，而問學薈萃，昔聞其啟唇發吻，經史貫串，勃窣理窟，疑其著撰宏多，塡塞箱篋，比之焦理堂、江鄭堂諸君定不多讓也。何集中所載祇有三篇，或兒輩不能讀父書，或伯道終無後嗣，散軼之故必有以焉。弟又見有甘泉唐作淵澄，其人頗能作俳儷之詞，友人案頭見有抄本，其詞若魚油龍爵，雲頳霞赩，可作沙金之揀，實如蜀錦之張，有才如是，今集中未見采摘，先時亦未有人說項，則又何歟？又所載敝邑沈默、朱治文後小傳，未見注明附載，閣下或未詳其顛末，今另開一紙，望郎麓入以永其傳。此事閣下已舉之，而同在域中者與有責焉，故問。

重修八蜡廟碑文

天地之大德曰生，下民所攸賴者食，食不足何以遂其生，養不足曷以施厥教，教養兼施，食其先焉者也。祭禮之設，爰有八數，上起皇王，下及貓鼠、防庸、表畷，功施最溥，凡有功德於民，祀宜從古。泰州郊南八蜡廟荒落久矣，屋圯壇傾，未有起而新之者。從來浮屠家每創一廟，必有一說，其在存利害之見，與狃感應之說者，最易煽惑，時有所募，旋見其昇坐之丹黃之日，已崇隆璀璨，煥然改觀矣。而八蜡廟宵爾如故，其在含飴食粟之儔，罔知推求其故。有明其義者告之曰：八蜡神，穀食之祖也。彼亦惛惛不曉，譬諸飲泉水者，或問之曰：爾知飲水之源安在乎？茫然也。譬諸食菓實者，或詢之曰：爾知食菓核之樹何存乎？邈然也。飲水不知源，食菓昧於樹，烏乎可乎？今於省郡荒亂之後，此州無恙，但小有災旱，倘無大創，深荷大憲提撕，士民悅從，猶如鼓之應桴，米之入臼。感恩報本，於是乎在。落成日，竊見其輿輿翼翼，穆然肅肅，深幸人心之向善，風俗之還淳，有可嘉賞也。使人人意中有神，人人心中有天，則家給人足，生生之機，不可遏矣。廟貌之新，作文以記之，豈徒曰通觀厥成而已哉。

樂遊原修禊序

蓋夫洛管姬旦因聞羽觴之隨波霸創秦昭旋見金人之出水驗權輿於大造神是句芒應節候於幽風桑條蠶月彼金陵之樂遊原者屏覆舟之山襟元武之水青溪八九曲蕭太子遊讌之鄉元嘉十一年江夏王出祖之地雖時移而勢異實地過而情牽所以蹟訪陳梁人思齊宋江山婉娩載來三月烟花士女闐咽留得六朝金粉爾其時當上巳月建芳辰緬帝狩於虞廵諦人情於夏諺律宜陶而出滯客遊目而騁懷於是新蓱泛沚祓服緣川華轂轔麀狂花滚岸蓋巳者祉也因見福祉之臨禊者潔焉咸有潔清之志斯時也藏虹始見正姑洗之律張方響纔終疑蕤賓之鐵躍游魚出聽蹴浪則翠頷頳鱗花鳥栽屐窺樹亦緣衣元祉魚魚雅雅洩洩融融既畢禊而雲陰亦談鋒而浪湧追維選事豈有讓焉因思南朝花月戚里最豪昭代留都宦游不少指三山之有影羌四韻而成詩貴遊則人羨金張摛藻則才稱班馬桃花水下竹葉杯深惟席地而幕天且摇花而顫柳行文有體畧如延之之才數典不忘豈類摯虞之對

辛酉十月十五日獨游斗姥宮後園記

吾州城內斗姥宮正殿東偏有地數畝右方鑿有方塘左方有屋三間其形若船船有兩艙艙門南嚮余弱冠時與三五友人會文其中時則絳桃滿樹黃鳥發聲塘中綠水瀰漫游魚出沒其光景猶可追憶嗣後余身事轇轕展齒不到五十餘載時聞船屋已圮樹木亦甚蕭落近十年前邑人從而新之造雁字之堂三楹易爲西嚮欄外花木亦多蒔藝今去兩年季春皆履其地則見桃花吐豔依舊笑人而今之桃花已非昔之絳桃也嬌鳥鳴春交其儔侶而今之嬌鳥又非昔之黃鳥也夏五月復至其地見驕陽當午炎歊熏蒸面西之屋爲趙盾闌入余望而趨避惟恐不速烏能停濶乎今十月十五日申未之交偶一念及獨步園中未見道友亦無游人余至廳上據榻而坐人語絕響鶴步上階窸窣之聲庭唯落葉幽寂之象心地一清斯固迥異於駭汗之場超出於蕩人之海矣因思向日之游皆在春季今偶冬至菀枯異形時物之變能不悲哉然冬之視春此一年之菀枯也人自幼而壯而老又終身之菀枯也俗言人不如物大都謂世有百年之物無百年之人時人掉脣鼓舌類如此矣余獨曰此說不然夫人祇知一歲之中樹木必有菀枯而不知人自幼而壯而老方由菀就枯而一歲之中不患有菀枯也如余之閱歲昔青臚今而皺七十年來游至於此何嘗每歲抱此菀枯之感恒戚戚於中哉彼蒼之待人厚待物薄可以了然於胸中而無嫉心者也余觸於此間之景有會於人物之大有區別

也然耶否耶爰成四語云惟菀惟枯齊物此處得失較如下階
乃去

送張石樵入都序

張君石樵將入京師[redacted]令嗣午橋太史迎養之請暫來泰州與
諸友錄別汪君研山繪圖以餞余序之曰石樵昌於詩又昌其
子其精神不恍駭其意趣不㶕散以故健於步趨充於視聽今
倜然挈平頭奴乘隻輪車策禿尾驢著行幐之裝聞馱鈴之響
以就長安之道矣時值絳桃着樹綠楊匝塗泰岱峯青黃淮酒
淺行將覽山色聆水聲以恣其吟咏不亦壯哉樂何如也凡人
年當七旬以外往往氣衰力憊心隳意嬾不果於行恒情然也
今石樵異是其老福之無量為何如乎如余之謭陋徒長於石
樵數歲而足跡未越省郡終身作轅下駒籬下鷃以視石樵之
歷境不可以道里計是可羞矣時欲作一詩以壯其行奈邇日
襟懷結轖不能成章聊書數語以當四韻可耳今
聖天子在上倘修引年之典闓千叟之宴石樵饗飫
天廚憑扶几杖諒必有紀
恩之製即當馳驛而告我也拭目竢之

伯山文鈔一卷

讀李廣傳書後

太史公李將軍傳稱上謂廣老數奇數奇二字爲李廣吽屈也而不獨爲李廣吽屈也遷史一書爲古今人吽屈而第一爲之吽屈者無過孔子孔子一生道大莫容少爲委吏爲乘田爲中都宰以及爲司寇攝相事者不過三月耳身爲下大夫不得與季孟同列其在列國亦不得與吳太宰等爭黃池之長蓋名可以齊百王而不可以榮一世德可以師萬古而不可以耀一時雖尊崇以世家而及身遭阨絕糧瀕於危殆問津行路見誚田夫屈而不伸得非至極夫次於孔子者是爲孟子孟子講道德說仁義尊王屈霸而擯於梁蹇於滕爲齊客卿而旋去其氣誠至大至剛不可屈撓而平生之遭屈亦不少矣太史公作傳以孟荀並稱荀卿者學孔孟之學者也平生一知己秖有春申君而蘭陵作令旋以讒廢雖著書傳於後世而蘭陵之學得不與鄒嶧之賢後先困阨哉孟荀傳中而又有坿於孟荀者如騶衍稷下先生淳於髡慎到田駢接子環淵公孫龍李悝墨翟尸子吁子其人者行誼本不逮孔孟遠甚而縱横奇詭傳辨高譚著書立說各有一長非庸流可以指數太史公以之坿荀孟之傳有無窮之思也又如游俠一傳其人較孔孟益遠說者謾以退處士而進姦雄詆諆史遷不知朱家劇孟郭解之族行事誠不軌於道而傾心吐膽直躬而行亦非骫骳靡茶者所可比擬古今凡有才諝者其氣必骯髒一有不合則將南走越北走胡東去溟渤西去流沙矣霸心勇氣豈肯銷聲匿跡息影韜光而一無聞見也豈能低首下心伈伈俔俔而一無動作也豈甘稿項黃馘布褐草屩而老死牖下也其不爲耳餘涉廣等人則幸矣如在上者廉得其人俾之供一官任一事羈縻之馳驅之狙詐可使亦必小用小效各奏爾能是爲蒐羅英俊之一法何至亡命奔走而幾於無地可容哉讀史者知太史公作游俠傳之意則知太史公作刺客傳之意也刺客諸人何知有孔孟何知有仁義而獨不敢失墜者勇與信耳屠沽者流有如豫讓要離高漸離等以身許人誠非比秦人視越人之肥瘠而無所動心故白晝殺人至死不悔厲身吞炭矐目洞胸往往甘之如飴矣如其人攉鋒陷鏃功成名立則亦可以垂竹帛銘鼎鐘也而皆不獲也皆數奇也太史公爲之吽屈故刺客之傳同於游俠也史具此深意則知淮陰侯賁嬰灌將軍亦在箇中而非徒傳蕭相國曹相國奉春君平津侯等人之功名赫奕動業爛然也非徒傳衛將軍驃騎將軍之天倖成功身致通顯也若謂數奇不偶僅僅乎爲李將軍吽屈是猶目睫之論也而被腐刑入犴狴爲一已吽屈又不待言

伯山文集一卷

登靖海樓記

泰州靖海樓矗立於州城之巽方，高出於麗譙數仞，有鳳翥龍翔之勢，舊名望海樓。嘉慶初年，漢陽楊公（璽）來治此州，葺而新之，改名曰靖海。時之不靖，前後亦多矣。前乎此者，孫盧亂於晉，倭寇虐於明，得劉辛戚俞諸公治之一靖。國初有鄭氏之遺孽，紛擾不安，嗣是則稍戢，中間百有餘年，可謂靖矣。後乎此者，道光二十二年，英夷犯順，闖入京口，此州人民心不靖者，時亦帀月而平。癸丑歲，粵寇大至，揚鎮不守，人心不靖，則又甚焉。寇雖未入此州，而大江之南所在皆是，且東底兩浙，南搖閩省，舟師舶帥，枕戈臥甲，尙未肅清。悵望東南，浩渺無際，實難爲懷。壬戌年正月八日，予偶登此樓，開軒歷覩，棖觸於中，不能已已。同登者曰：昔時樓下有梅樹二百餘本，今無一存者，安得補葺以復其舊，豈不韻甚。予曰：韻則韻矣，今無暇也。夫梅樹之馚馡，必恃人事之安靖，苟人事安靖，則梅樹宜補蒔矣；如人事不靖，則有梅樹可，無梅樹亦可。且予弱冠時，曾讀書於樓上，本無梅樹。自嘉慶十數年間，錢唐黃（延禔）來作州尉，種梅於樓之左右，每當花開，觴咏其下。今余年七十五，不見一株已三十餘年矣。梅之有無，一霎間耳。諺云人不如物，吾謂物不如人，蓋人物之修短，自有數耳。予與若今登此樓，當知有感慨繫之，以故心之所存，目之所擊，而長治久安之想與是樓相終始者，固自有在也，而梅樹之有無，可無論焉。客唯唯。予卽撰楹聯張之於壁，以爲後時來游之驗。是爲記。

跋埤雅

陸農師埤雅，首釋鱗介，次釋鳥獸，又次釋昆蟲，而終之以釋天，此俱有由小及大、從原返本之義。農師出入王安石之門，從安石治經，而青苗之法，諫止而不聽，雖不能如司馬光、呂公著諸公與安石爭論，而實未嘗依阿其間，唯經學師安石，兼明字說，故此書箋釋處頗有賅貫，其釋龍釋天處尤有精義。惟釋龍篇曰：曾公亮得龍之脊，安石得龍之睛。是猶不忘其本來也。

壬戌年二月二十三日記桃花雨

今皇上同治改元之年二月，春分節逾二日，天降甘澍，桃花水
降。余聞滲滴，喜動顏色。農諺有云「一寸桃花一寸金，下有秋也」。
余之喜，爲一身已乎？余之腹儉，每日兩餐，早飯一甌，暮饘一甌，
計米三合，計一歲之餐費米一石零八升，計稍二石一斗六升
而已。鼴鼠飲河，不過滿腹，卽遇凶荒之年，爲人傭書，自可度日，
何皇皇如是？余所慮者，家有子女孫曾，皆騃穉無知，不得不望
歲之有秋。而不但此也，泰州雖屬偏州，約計鄉城之氓不下十
億萬，素封之家百不獲一，饘粥之家十不獲二，圓囷方廩，向稱
積聚者，今兵事倥傯，歷一稔之久，費或不貲，業已虛耗不裕，一
遇凶荒，賙卹者誰？家捐賑者何氏？觸處皆難爲矣。不但此也，兵
起以來，四方遷徙者僦居於是，不勝臆計。其來者或一二年，或
三四年，或五六七八年，攜挈之資本有限，而積歲之用費宏多，
一遇凶荒，珠米桂薪，價昂數倍，探囊無物，借貸何人？嗷嗷之子，
是重困也。今日之勢，木如燕幕，如加以旁風上雨，掣電轟雷，毁
巢破卵，多在意中。居其地者若秦人視越人之肥瘠，以爲姓氏
本未通，卽疾病不與，其倘易地而處，何以爲情？
今皇上龍飛九五，下民延頸，竊見五日風，十日雨，雨不破塊，風
不鳴條，知
天心之轉也，
皇恩之大也。今麥已發生，唯數日不雨，略愁乾熯，今既滋潤，譬
人嬰渴疾，必待元氣能復，定然植立，倘驟加以滂沱，則一片汪
洋，本根必拔，是清羸之疾，不得施以重劑也。天之待人，亦何其
厚歟！或曰：「吾邑蒙
天心
皇德，如此之優渥，而他邑尚爲賊巢，何偏枯也？」余曰：「躁急者不
能圖功，養重者實可遵時。身在幈幪之下，靜以俟之，則識微知
著，是知其機如此也。」老人之喜，特滿志躊躇，而有無盡之思也。
沾沾焉爲桃花雨喜乎哉！是爲記。

壬戌三月廿一日小有天園讌記

人心之樂與不樂，因境而遷，或閱歲月，或逾日時，斯固不足爲異。今壬戌年三月二十一日，斗姥宫道友某邀看桃花於園內。時郡中兵事倥偬，币旬未解，又值旱暵，旬日間皆密雲不雨，人心皇惑，此非尋樂時也。余峻辭不往。道友往返午刻，又至云：廣公、姚仲海、黄子鴻、汪父臣、汪研山諸君已到。余謂諸君何樂此蓋鬱鬱久居，藉此排遣耳。囑道友邀余，余即往赴。途中有絲雨，僅能霑衣。至園內見桃花十分開放，但少潤澤之氣耳。諸君語未畢，大雨驟至，移時不歇。桃花得雨鮮豔，既又泫然若泣。余輾然笑。其胸襟爲之頓展，諸君亦懽忭不盡。其時絶少游人，酒肴稍進，樂也何似。夫吾始則愀然不樂，既吾陶然甚樂，頃刻間吾一人幾若兩人。樂與不樂，何轉移之太速也。蓋此時之雨，可占歲，可洗兵。天使吾樂，吾胡爲不樂乎。於以知人生之境，不能牖强。吉凶休咎，類皆如是。天如不使吾樂，吾敢樂乎哉。宜樂而不樂，吾愈不敢也矣。質之諸君以爲何如，是爲記。

伯山文鈔一卷

梅溪圖說

梅溪在萬山之中，高峯岌嶪，瀑水紛馳，流雲往來，炊烟四合。其中人士，則聚族而居，望衡對宇，樹木蓊翳，自成村落。于時長養于時嫁娶，以比古之桃花源、朱陳村，無以異也。自歷朝以來，罕覩兵事。時值清晏，其樂何如。不圖庚申之歲，流星激矢，毒霧瀰天，如燬之傷，魚多赬尾。洪君采之，純士僑居蒲水，欲歸不得。間信踰攘，昕夕不諼，爰繪斯圖，繫心鄉土，昔庾信作客，寄懷小園，王維思鄉，訊問梅樹。文人哲士，俱同此情。余每到高齋，指示余曰：此爲某屯，某某之築居也；此爲某聚，某某之托處也。今則或存或毁，或有或無，可悲可憫，如何如何。余爲之抒其懷，廣其意曰：宇宙之大，名山鉅川，固不少矣。瞿塘灩澦，高浪駕天；劍閣峨嵋，函巑峯若鋸。一朝失據，阨隘蕩然矣。自古天道無常，地險難恃，豈獨梅溪也乎哉。且梅溪雖云奥僻，而徑路分明，輪蹏絡繹，東達瀏閩，西走豫章，其聚處也，如蜂窠之懸林；其燦列也，若螺紋之在掌。欲其永作金湯之固，終無陵谷之更，亦事之不得而知之者也。唯順受其既往，鳩集於將來，成聚成邑，安知剝者不可復，屯者不可亨乎。斯圖之設，姑展玩以當還鄉可也。他日攜圖以作歸計，靜以俟之。辛酉夏四月廿七日七四老人伯山氏撰

呂莊看蘆花記 附詩

呂莊在州志西南二里許本城濠地乾隆中葉有呂姓名籛者誅茅宅焉墾地食焉濱河之地而以蘆荻凡秋冬之際叢蘆花飛雪漲天浩浩皛皛萬頃一白今主人籛之裔孫也與談君竹齋結爲姻婭時具酒肴邀看蘆花壬子年九月二十五日高春談邀余往主人候門款客煮茶燒筍婦嫛姑嫛童子奉盤匜怡怡一室食頃主人質以疑義皆四子書中語余略應之主人輙點首會意趣余言余思今之冠峩峩衣楚楚者聖經賢傳久庋高閣口不談王道事不顧廉恥而此樸質之子食藜藿衣襏襫頗能心焉及此此雖不獲身體力行但能解得一分差能行得抄忽澆風薄俗庶可賴以揩住余顧而樂之作詩以紀其事

而詩中之語恐未詳盡復作記以記則此半日之游亦非偶爾也蘆中人可以忽乎哉

附詩

東風吹背行吹入蘆花莊蘆花白浩浩徧地同雪霜瘦影浸寒漪素質偎芳塘秋氣本斂抑不比楊花狂人跡不到處覓雁爲家鄉主人愛款客揖讓牛欄旁爲客具雞黍褭時炊煙颺當門摘蔬菜到座傾壺觴舉杯訂後約出語皆周詳昔日桃花源再至迷漁郎人生多錯迕遇合殊無常一笑此閒[illegible]數數來何妨

與友某論詩書集敘言凡例

某友與余談詩文集作序言與凡例宜何如余知其嘅今日之或亂其例也夫序者弁言也如冠之貢於首也凡人衣履整肅而側弁之俄稱乎不稱每嘅卜子夏之序詩皇甫元晏之序三都賦後人已不盡愜心今人爲人作序或以公家言揄揚滿紙或說交情世誼或陳官閥才猷而於本書絲豪無所發明本書如此敘之若彼一室互咻同牀各夢改北轍而作南轅以張冠而畀李戴獨不見王逸之注離騷心不滿於班固應邵之陳風俗義獨有取於揚雄通德類情知人論事豈苟焉已乎又如許叔重論解字之文陳明六義劉知幾有史通之作具有三長或代人立言或自鳴心得俱非顢頇了事實則疏通証明矣凡例

者發凡起例也左氏之五十鑿鑿可稽俗儒之二三如何浪作嚴詩編於杜集附之而已楚辭終以景差疑之而已河梁贈答之作不必同編松陵倡和之章已見偷薄若或漫爲羼入豈不貽譏大雅是知濡豪吮墨不得浪使才情別類分門不容矜誇創格惟奉古賢以爲圭臬始於今文不亂舊章吾儕躬逢右文之世碩學宿儒懷鉛握槧著作如林具有條理顧氏炎武朱氏竹垞諸君已能超越前人光昭几案余觀顧氏棟高春秋大事表一書贊洋洋灑灑將作書之旨已見著明不用再作凡例矣胡渭禹貢錐指略例詳明精核已爲二十卷標其大概不待再作敘言矣下走三國志補義一編以序代凡例亦竊取此義閱者亮之倘余言讇陋請質高明

旌德汪蓉湖明經墓誌銘

旌德汪君蓉湖之哲嗣時復時益等專足函訃走千里來告云伊父於客歲作古遺命欲余作傳狀其生平之事余自慚譾陋曷能狀蓉湖之言行特遺囑諄諄不能卻故人之意與哲嗣之孝心故撮其要而成不文之詞君諱璜字仲玉號蓉湖晚號信天拙叟生於泰州之客舍實則籍隸安徽省甯國府旌德縣汪氏爲徽甯鉅族自越國公後世有傳人君曾祖諱士雄邑增生家貧績學事詳邑志祖承澤太學生幼孤露事兩繼母極孝撫弱弟成立攜眷至江蘇之泰州僑居兩遭大水議鐲賑沽丐多人葬日陽湖洪穉存太史表其墓父[redacted]太學生業於泰生二子長燦然次即君也君生穎異受書時適旌邑庠生戴殿元來泰州從之受業長同本籍應童子試肄業邑之洋山書院師事洪穉存太史太史昔居官敢言遣戍賜環名望素著時爲掌院愛君文行期其有成贈君伯兄之詩有君家令弟才亦是雛鳳皇之句其賞識不虛也未幾君補博士弟子員旋食餼學使案臨屢列前茅道光元年　恩詔孝廉方正當道者欲以君名應徵辟君以母老陳情上邑宰之詩有薦士王蒼多過分養親毛義自殊途之句君久不踏棘闈愛日之忱誠不以榮名易也乙未科君例以恩貢入太學時棄帖括之學避囂樓居究心關閩之學實事求是且凡事皆任自然時又以苦行頭陀自號君不到泰州已近三十年矣前在泰時屢訪下走兀坐談詩娓娓不倦然靜氣如蘭實不知矜之平躁之釋爲何如也君篤孝友邑人皆能稱道之有貸於君者明知不能見償陽使立券而陰爇之不欲居市義之名又不欲爲後世之累其用心之厚尤不可及也平生箸饌甚富藏之篋衍不輕示人刻有蓉湖詩鈔四卷行世其他藁仍存之於家中年精於金石之學其八分書得程邈蔡邕之古法生於乾隆四十七年六月二十三日歿於咸豐八年十月二十九日享年七十七歲娶元配宋氏又娶篷室楊氏生子五長時泰太學生宋氏生早殤繼生時復時益時巽時良孫六長某某次某某又次某某俱幼君之節略如此余備言之又如此然不敢有譽言也且爲之銘曰

淵珠光閟而不衒崑刀鋒斂而善持德行端諸已學業受之師余爲君老友何容聲悅其詞

書歙縣程女救弟完貞事

程貞女者，安徽歙縣人。父鄂仙孝廉，祖梓亭制軍也。庚申歳，賊至歙，破城後，女與其弟某俱被賊虜。賊欲殺弟，女乃求賊曰：妾止此弟，年尚幼，乞義士憐而捨之，妾願在行間爲奴婢也。賊領之，竟捨弟不殺。女隨賊行，無戚容。至績溪界，過千尺嶺，女忽大聲曰：妾世家清門，只有一弟，妾權詞救弟，豈眞事賊耶。奮身一擲，卽墜於千尺嶺下死。當隨賊行後，鄂仙孝廉恚曰：此女汚蠛吾家世，弟死則死矣，爾何甘從賊。越日，縣人被擄者，其時與女俱目擊女死狀，茲逃回，奔告鄂仙。鄂仙急往驗，信不誣，女面色如生。鄂仙痛甚，蓋不料女之機變與貞烈一如是也。族人至泰者，向余道其事。二三年前，鄂仙於余聞聲相思，卽通魚素，並畫梅花一幅寄贈。余與鄂仙有文字之緣，卽不能於鄂仙之貞女默爾無言也。且夫弱小女子，甘於誤損不屈，已爲難事。今鄂仙之女，獨能愛弟救弟，貌爲不死，而實則終於一死。此女志之死，非訣於千尺嶺上，而早訣於救弟宛言之時也。宜其賊信之，既捨其弟，而又疎於防閑，以成女之死節也。知仁勇貞，此女兼之矣。且余見漢趙孝、趙禮遇赤眉賊，弟兄爭死。禮曰：吾弟應死。孝曰：吾肥宜死。賊義而兩舍之。又鄧攸逃賊難，挈兒子而行，夫妻縛己子於樹，兒子得生，己子竟死，不俱傳名千古耶。余思趙與鄧，猶是鬚眉男子也。鄂仙之女，弱小女子耳，其氣節之大，豈讓鬚眉之男子，又豈讓仗義之古人乎。吾於此卜宇宙之正氣不能終絕，而風俗人心亦不終於敗壞而無底止也。余以鄂仙之女斷之矣。

水關橋樹記

州治北門內水關側有槐樹一株余角卯時過此即愛玩不置
嗣後過此亦必歎賞越歲已七十載而樹益茂密特未稔樹生
於何年長越幾代州乘無考何從記之記其姿態可耳其樹上
枝干雲下枝貼水左臂攫城右臂跨岸花開麗蕊遍地黃金葉
展䙰褷橫空翠幕赤日上凌不得入紅塵旁飛不敢近輪蹏來
往抵過榕城屋瓦鱗次俱庇樾蔭姿態之奇生斯使獨客曰惜
哉此樹天不生此於名山大澤廣野平原聽其張鬣揚眉舒葩
垂穎而特生此於煩囂之地磽确之所俾之蟠根錯節揞雨拒
霜其故何哉余曰不然蓋天地清靈之氣降必有時瑰琦之姿
生不擇地大易之乾九二在田即曰見龍小雅之詩在林亦有
鳴鶴伊古賢哲嚴遵賣卜垂簾韓康懸壺在市唯性情之各適
故湫隘而不嫌如以爲必名山大澤廣野平原而後不負此樹
誠恐名山大澤廣野平原如此樹者無處不有抑或竄乎螻蟻
穴乎鼪鼬轟於雷霆創於兵燹否則樵夫摧之而爲薪山虞攘
之而賈利跡其生於名山大澤廣野平原者間有隆替何若此
不生於名山大澤廣野平原者之享壽獨久閱世獨深哉吾恐
此樹不生於名山大澤廣野平原天必於斯位置不差無論此
樹之生本不在名山大澤廣野平原即使之生名山大澤廣野
平原吾恐樹之精靈與情性必不願也如此煩囂之地如此磽
确之所而此樹怡然也帖然也以故盤盤囷囷禔禔毣毣安之
若素也以故歷千百年而有此姿態也人以爲屈曲而實則伸
舒也人以爲歛抑而罔不安閑也樹外居人程君韜菴學富才
優[redacted]科直隸鄉試獲解樹下居人張君捷三世以醫傳今術
益工名益噪得非此樹之清氣所感乎余并書之以記此水關
橋樹

絺造之艱宜公之蹤跡在風塵之外而公之詩卷留天地之間也

杜陵廣廈賦 以安得廣廈千萬間為韻

杜子美成都僑寓華州移官浣花卜宅植樹為櫊金不堪乎膝置鐵已比乎衾寒何當鳥革翬飛欲拓宏深之宇不類蟭巢蚊睫祇謀棲息之安方其茅舍為秋風破也倚杖徬徨臨流歎息屋漏留痕溪雲變色室容膝而欹斜簷礙眉而偪仄孤舟徑達畧同瀼東瀼西群鷗時來只在舍南舍北但覺村居暫托豺狼之當道未消奚由大廈將成燕雀之來巢忽得而乃故作大言時深遐想謂天地本自昂藏覺川原亦多莽蕩擬約約槖槖之聲結登登馮馮之響方累石而從心疑上梁於反掌莫謂老夫無力徒穴處而蓬棲安得多士懽顏歎門高而宮廣其或為信行儲材獠奴弄瓦伐南山之梗楠蒦西川之梧檟宗文宗武劬勞榱桷之旁阿段阿稽拮据檐楹之下而後得此規模供其陶寫唐哉皇哉高也明也漫說千家寥落悲傷渺渺荒原居然一木支持快覩渠渠廣廈宜其心存忠愛語溢纏綿特詠懷於九日惟托跡於兩川嚴中丞花徑車停行廚處處王錄事草堂貲到風景年年公幾欲槖籥宇宙驅策雲烟許日為歡度則循夫三百六十修月堪比戶剛開乎八萬二千奈何莫慰寸衷僅縈虛願即景長吟懷才終困欲抵掌而不能欲揚眉而徒恨叢耳可摘事毋忍於貧居萊把曾叨惠不忘於每飯倚比春申之好客何來珠履盈千如誇鄭驛之請賓安得俸錢逾萬迄今抗懷曩哲緬想清班言雖誇而不吝志實廣而非慳口拂春風不啻東屯之屋頭戴笠子誰嘲飯顆之山意匠見經營之巧心精鄰

擬庚子山三月三日華林園馬射賦并序

臣聞虞舜之典以璿璣而齊政秦昭之霸見金人而出波姬公傳城洛之年束晳有流觴之對昭於遥古可得而稽焉我周之秉乾御宇也五爵表德八駿載塗逼道於九夷八蠻載籍於三墳五典盡扈扈鳩鳩之職徵麟麟炳炳之庥維時銀甕滿山丹圖出水景星分野卿雲在霄夷爲三禮之司夔掌九成之奏人神和翕典物休明猗與鑠哉勿可及矣於是龍躍肇瑞鳳聿歛晨紫乙翻林倉庚選樹逾獻羔祭韭之期覘莒葉杏花之色皇帝迺命司御備法駕乘和鑾幸於華林之園其時則輪蓋縿麗幨帷襍猝星旄彗埜雲罕拂天驅車則花蕚羣翻舉袂則柳枝無色趫趨之士捷於猛獸佽飛之衆矯若鷙禽唐弓則九合在

腰夏箭則三成入手勁裝袨野古服縟川乃命羣臣陳大射之儀廣樂既成僚寀咸備馳騁乎罔罝之野騰驤於廣漠之鄉贈赤羽白羽之奇有張弓弛弓之别司馬張旌而論賞太史聽鼓而奏功儀同乎秋獮春蒐情似乎獻俘執馘小臣不佞奉詔爲文以管窺蠡測之才宣海涵地負之德不勝慚愧悚惶之至其詞曰

懿大歲次昭陽時維上巳瑞獻地元祥開天市稱豫悦於鴻庥迹亨嘉於燕喜周王駿御擬來元圃之濱夏后龍驂載歷瑶臺之沚皇帝乃選上駟備驪黄經細柳過長楊開鉤陳於閶闔注弧矢於天狼侍臣陪輦將軍挽强地綺交而碁布儀玉質而金相歷夫迤邐之坂登夫選射之堂其時則鵝鸛列陣貔貅若烟

鵠懸重地馬動連錢巖花炫谷珊雲爛天指遥山之翠岧瞰前溪之漪漣有狂花之入座無驚塵之動筵羊頭控矢魚鬚靡旃起英風於後勁昭節制於中權其地則祈年有宫建章樹闕聳路紆迴坡陀滑笏烏嚶欹喉花胥山骨聞金錞畫鼓之喧閲見蒲梢驚帆之出沒蹀躞方游龍森然如健鶻矢穿墜綮星弓張開滿月控弦而猨猱號林脱筈而貔貅奔窟沙平草軟之場弓燥手柔之戲穿雲貫石之能雨血風毛之異中必疊雙力眞寡二勝養由之矯矢邁王良之執轡戒失利之前禽聽來風於後騎爲賓客乾豆之充免紅邑比蒲之刺既而齒牙獲雋羽革成堆當熊可立射虎而同鞭敲金埒臂掛鉄胎羌移竿而標箭旋酌酒而傾醽團花承乎征髫弓衣拭乎塵埃銅山錢賞蜀國錦

開爰歸功於五花之馬亦誌異於七尺之駷萊勲城之參譔歌君王而邁哉俄而日暮平林鐘穿遠樹盼若木之將低知金波之可泝萬騎風動億姓景附聊同岐陽之蒐自得孫楊之顧用知迺文迺武之雄定有如玉如金之度

此應俞陶泉都轉課書院作於時藝試帖五七古詩後提筆爲此歷辰巳午未四个時共成七藝投卷而出同人稱許數十年後光景可憶自記

江淮勝概樓賦以登樓縱目江山一覽爲韻

浩浩乎江淮之折而東也一寫千里一碧萬層經乎瓜渚滙乎廣陵浪沖瀜而浩瀚波瀰漫而淵徵羌淼瀰而曲轉又澎濞而相仍方通溝之肇乎夫差亦築埭之始於陳登巍然負土高築層樓井幹百尺齋榜千秋其南則南徐北固其北則射陽秦郵其東則金焦鐵甕其西則白下眞州誇形勢於四望豁煙景於雙眸到此皆宦游之士而來登亦選勝之儔淮氣混茫江風陪從見飛鳥於梟鷺晦開田於菱葑眾恩有貪於估鏹梯栖亦分夫官俸路人乃長跽而告余曰此江淮勝概樓也客胡不於茲而爲情之怡目之聳乎客則唯唯來前悠悠相逐巖磴崚嶒軒窗隱伏歘然而雲霞翔蔚然而島嶼矗棟松柏而芬芳壁蘭茝而馥郁浮雲歌西北之樓陵樹辨東南之陸豈不鬱鬱蒼蒼淵淵穆穆駭紅紫之萬狀瞻青黃之在目哉夫茲勝概也覽胎簪之源發見岷山之勢江緬汝泗之派剗思尾閭之氣降探究委支祁之怪異駭瀰泫沕潏之奔瀧仕宦懷邵伯之古埭英雄思韓侯之釣矼宕蕩兮想挂颿於瓜步之月煜爚兮源鑄鏡於揚子之江晴不歎風光之第一而評形勢於無雙他若其山則峑歛前岁其水則慭渼淪瀠其竹木則微茫穿篠其人民則譻㦝進還又若佳禽異卉麗質房顏萬竈與乎鹽利千鑪樂夫銅山閭闔則開夫億姓帆檣則通夫百蠻以江淮之交滙無不紛來其間而何不環以運雲之古堞以帶水之雄關游與未闌憑欄乍畢空際出雲方見日登樓懷王粲之思作賦有鮑昭之

筆與文選樓而頡頏與甲仗樓而相匹非明月之可倚覽迎僊之較失憑寸管之獨操寫煙花于萬一也矧其麥隴如油平疇似毯見樵叟之行吟晒漁家之網罟有異乎景物之觀無去國懷鄉之感樂盛事於帝都盡豪情於放膽明日更登乎大觀之樓以誌乎海山之博覽

卧龍賦以諸葛大名垂宇宙爲韻

諸葛君南陽毓秀，西郭卜居，耕桑有業，誅茅爲廬。把臂時借崔馬，知心祇有龎徐。展驥何心於經濟，冥鴻自安其居。諸卧覺于于，吉夢應維魚矣。行藏蟜蟜，先生其猶龍歟。方其卧隆中也，其節慨則磊砢嶔崟，其器量亦恢宏潤達。方以佃而以漁，亦采蕭而采葛。不比長孺之晝眠，吏治神奇；似斷袁安之晨炊，襟懷瀟脫。黑甜鄉好，定誇蟠處安舒；碧海波騰，誰見飛時超拔。如鳳之隱，實龍之大。其靈則昭昭，其人則藹藹。宜其占大人於天田，霈甘霖於中外。則見驛前籌策，三分之疆圉聿開；且看池上風雲，一德之君臣交泰。考鱗蟲三百六十，惟此稱尊；統貔貅百萬有奇，以他爲最。以故雲從有自，風御而行，來東吳而結好，與北魏

而爭衡。既而荆襄坐鎮，褒斜縱橫。流馬木牛，運到川中之米；蠶叢鳥道，屯來劍外之兵。從知南國葉公，徒有此好；爲問江東子布，孰如公名。又如渡瀘水，出隴坻，堂堂之陣，正正之師。蠻方霧集，渭上雲垂。吐氣如虹，孟獲則屢爲之虜；畏蜀如虎，仲達亦甘爲其雌。可堪七縱七擒，南人不復反矣；但覺一鱗一爪，世人安得測之。夫豈無關張之將爲之腹心，黄馬之徒奮其鱗羽。供茲指揮，不少羽扇綸巾，助其嘯吟，亦有金鐙銅鼓。先生則身効馳驅，心懷鄉上，倘使龍歸大壑，成都有八百之桑；亦或龍躍天衢，閶闔上九重之宇。故至今高山則日後思深，老柏則廟前枝茂，指揮已失，夫蕭曹功業，自留乎宇宙。絕異龍頭，可鄙人嗤破壁之華歆；誰使龍德未彰，史記寇魏之陳壽。

方諸取水賦以沐日浴月百寶生爲韻

挹明水於天衢兮，獲來源於水族。注涓滴於銅盤兮，得脂膏於瑤蠡。對氷鏡而偷光兮，忌陽燧之炳爆。持大蛤於虛明兮，邀靈祇於齋宿。訝陰氣之感召兮，睇精光而澂復。瞰几筵而祈禱兮，秉虔誠於薰沐。爰有方諸，呈其瑰質。儷昌娥而内豐，比蜜丁而液密。結翠蚌而爲儔，與紫蚢而相匹。或潛水母之宫，或孕江珧之室。時掛席而來，求亦揚颿而采出。引細流之涓涓，索霧原之汨汨。殊舊製於削氷，配王宫之祭日。爾其肪似凝脂，殼如琢玉。璀燦晶熒，豐潤肥沃。無黨魚張帆之翅，異石砝揚葩之足。豈蠡蠡而蠢動，實團團而歛束。羌拂拭於中宵，更摩挲於僚屬。旋熱氣之中含，且芳津之外觸。菈閤蕢而宵陳，候常儀之夜浴。其水

之方取也，濯影蟾宫，騰精蜃窟。瞰玉鑑之微茫，寄氷壺之秒忽。其水之既取也，雲翳全消，月華迸發。時沆瀣之相遺，亦瀰瀰而不竭。初瞪眙而裴褢，亦眩轉而恍惚。覺胕蠁而蚡蝹，極希奇而突兀。桀元箸之超超，快奇情之咄咄。將致禮於幽明，維婦功於古月。維是惝兮惚兮，何夜氣之紛積也；斷兮續兮，何流酥之繁劇也。慘兮慄兮，何琳宫之紺碧也；煥兮瑟兮，何璃波之瑩白也。疑天地之交泰兮，想恩膏之脉脉也；豈山澤之通氣兮，值沆泉之適適也。比海若之効靈兮，信朝潮而夕汐也；擬仙掌之承露兮，殊盈千而累百也。以故想自非非，詁不艸艸，鴻烈之辭能參鯷窒之賞，永保咸俯拾於滄溟，復仰觀於清昊。捐道上之蹄涔，陋溝中之滛潦。如酎醴之斢盈，似名泉之應禱。較琥珀拾芥而

九苻比翡翠屑金而更好問太史之臚祥實瑢淵之藴寶今
皇上明禋載肅品物咸亨瓊𥐻霑渥寶甃充盈慶
嘉庥之疊降仰
大禮之告成方雲糺而星爛亦海晏而河清其時則斗煇南極
軌順西傾又奚獨雲液之是取而知月竁之潛生也哉
此余四十年前應試作槀久散軼今閱坊間有珊瑚鉤賦選
本檢閱之如逢故我錄之以免遺忘自記

灞陵醉尉呵止李廣賦以今將軍尚不得夜行爲韻

昔李廣之家居於藍田也氣骯髒志嵚欽解璣組脫華纓勢界
同於屈蠖敵遺恨於成禽是本健兒一空前古目無餘子何有
近今于是閒來射虎困等看羊臂如猿健馬若龍驤蝟毛俱磔
虬鬚皆張叱咤發而千人廢鋒鏑鳴而萬獸僵何灞陵之醉尉
竟譙涙以相將也當其夜漏靜鼉鼓閒管鑰下酒杯醺狂言激
怒顧盼空羣不識雁門之守豈知塞上之勳茗艼莫解捍禦維
勤由是大聲而呼曰彼何人斯當道者尚不得過而况故將軍
嗟乎時至則豎子謀成運去則英雄氣喪勢隆則神鬼亦驚焰
滅則螻蟻皆抗昔嫂氏唾蘇秦之貧漁父誚屈原之放灌夫見
困於田蚡子巨亦逐夫呂望朱家奴僕髡鉗埶任俠之徒淮陰
少年袴下辱登壇之將苟遭逢之不偶自聲氣之不壯是以出
必有八騶之鳴居必有雲臺之仗既不愧丈夫之爲庶可免宵
小之謗惟赫奕于一時初不必託言于高尚不然如李將軍者
殺賊當年英姿豈不方古名將亦堪髣髴志在千里豈云稍屈
何亭前之止宿竟言詞之若詘豈身足以過代郡雲中之諸地
而不足以過灞陵力足以敵匈奴之千百萬人而不足以敵區
區之一尉乎既而出守北平功名復得如鷹脫韝如虎傅翼鳴
金鼓而對朔方橫琱戈而出紫塞召醉尉於宣前面死灰而無
色看世事之炎涼可撫髀而太息回首當年豈不爲惡迫至宿
怨既消縣頭帳下胡度量之淺狹竟小嫌之不赦報仇洒昔日
之羞與殺降憶當年之詐此所以數奇而不侯誠不能無愧于

情夜也士君子徘徊歧路鍊達人情苟風雲之未際惟退讓而弗爭此木雞之貴乎養到欹器之戒其驕盈誠此心之錮於古胡其氣之不能平如不然遇事而奮攘臂而遊吾恐同室之中一言不能出州里之內一步不能行

此余少壯時作氣不能平故語多伉直 自記

說士甘於肉賦 以李充說士甘於肉爲韻

彼權貴兮沾沾自喜列几筵兮盛陳甘旨方寵幸於椒房適交游於戚里室每行夫苞苴門何樹乎桃李而亦嘗折節於攀轅而亦嘗降心於倒屣將欲以官爵爲嫏媒將欲以珍饈奉包匭不知肉食者鄙未能宏此遠謀請看國士無雙自可徵其素履說士忼慨卓哉李充澄心似水高論生風如炙牛心而見餉如啖雞跖而靡窮時則座客皆寂者德獨崇言津津兮遍稱隱逸曰某某者不愧豪雄數東箭南金之品重析圭擔爵之躬不妨吐棄楞材使餘子居於廡下何難蒐羅草莽喜英雄入我彀中方斯時也嘉言未終粱肉已設忽爲牛膾之陳忽作豚肩之折忽看麋鹿之珍忽見羊魚之切忽列鼎之羹且進黿忽入餼之餚方腼鼈調和膳宰不乏腥臊敬奉先生庶幾齒決果適口而充腸休搖唇而鼓舌似今夕只談風月休執前言亦當時且食蛤蜊無須多說李充乃慨然作色而起曰豫章之木是曰桐梓藍田之玉堪爲璣珥江海之大必孕珍珠渥洼之深亦產騄駬曷不爲前席之珍曷不游五都之市而乃舍此不貴嗜茲爲美何異舍施嫱而進驪嫫何異去麟鳳而親犬豕公與游者實爲飲食之徒我所思兮乃在英賢之士方其詞鋒矗起餘味包含嘗食三歎飲酒半酣雖貴室之腥羶是饜而華門之藜藿何慙獨有人兮無驕無諂其行已也不佞不貪借箸而籌何如朝披一而暮拔一造廬而請亦將宅有三而俊有三滅竈更炊我豈因人而熱登車徑去奚叨食肉之甘則見主人悵悵衆客於於

何一杯之分我笑一臠之貽余艮士番番那問牲牢具未君等祿祿竟爲餔啜來歟豈多士集庠門禮徒烹狗豈嘉賓處上舍食每思魚從知口腹累人高士則引身而去但以盤飧施惠宵小之用意奚如夫士也可效鵰飛可爲雉伏可食鼎而鳴鐘可斷虀而晝粥欲爲鼎鼐之調羹說芻豢之畜方矢志於春冰詎興嗟於夏屋得志則登諸筵待價則韞於櫝禮賢士虛以左席得享壺飧摽使者出諸大門何來鼎肉吾將援士氣之激昂而一掃士風之庸祿也

東坡仇池石賦以一點空明夢時艮是爲韻

彼夫鞏昌之郡倉洛之間有仇池焉巨浸連天危峰障日萬派瀠瀠百盤嶺崒標樓櫓以從龍闢洞天之秘窟蝕苔蘚而痕斑側芙蓉而秀出望之如太白峩峩杳矣似金堂瑤室步周廻兮九千有奇梯縱橫兮三十有一此此王仲至之蹤跡頻來而杜少陵之詩篇足述也有蘇長公者宦迹奔馳客囊清儉鬢髮蕭騷光陰荏苒未經粤嶺之遥曾歷仙潭之險遊赤壁而舟艤會黃樓而墨染羌刋上之蹤停旋嶠南之物檢有石一拳積烟幾點排成月榭星廊削就東峰西崦宛鳥道之中空肖蝸廬而上刻方勝蹟而無慚比遥山而不忝因憶潁州出守舊夢時通是何官府疑到衡嵩具絕地通天之勢異埋盆汲井之功喜池波之浸漠驚石梁之駕虹恍入二華之室如臨三茅之宫幸一身之有托想萬慮之皆空小住爲佳但覺翛然物外茲遊甚樂安能常在此中爰撫片石錫以嘉名配文登之石碎賦高麗之盆輕彈子渦圓他日方其的皪蓬萊閣遠當年愛爾空明匪風林屏之貽舊雨非雪浪石之咏友生軒窗寓目几案怡情一人獨護衆客皆爭宜其排難解紛饒舌獨來穎叔何事巧偷豪奪生心時有晉卿是宜設於瓊筵佐以銀甕鎮日摩挲閒情撫弄尋一線之開天指兩旁之鑿空樂詩酒以徜徉息塵氛於倥傯獨何爲麼蝎時深頭銜屢送石每載乎輕裝詩亦傳夫微諷爲問壺中九華誰售湖口之人從知天外三峯亦落田間之夢以故平山月落古埭雲遲隱囊紗帽禪榻鬢絲朗誦先生之句長吟穆

父之詞千仞峯頭最補之停雲何處萬人海裏程德孺覩面何時從此一朵雲根遷流不見誰說三秦勝境約畧遇之然而滄桑世隔風流澤長丰儀已渺遺物難忘解組懸車曾訪毗陵之宅求田問舍猶思陽羨之鄉况此石綠如鴨色白切鵝肪倘或寶焉自有傳家之邁迨永爲好也豈無結契之泰張此所以傳之藝苑載之詩囊雖片石之無幾實萬世而稱良也時有名宦車停大蘇情似怪石作供清池自喜緬前哲之匪遥羨休風而不已爲說夢中道士從知過眼已虚請看花下丈人或恐當前卽是而得不學居士之盤桓與賓朋而徙倚也哉

首一段探原星宿以下原原本本駢言以古藻行是爲難得

白小山先生原評

海陵岳墩賦以隔江諸山來此堂下爲韻

岌嶪乎高哉墩之在海陵也古木雲黄長天血碧欄設四周梯懸百尺祟祠之高閣千霄遺像則臨風岸幘岳家軍往事重提宋高宗偏安可惜重闉畫堞千秋不盡蒼涼雪窖冰天二聖猶傷阻隔厥墩東望大海弅瀧厥墩西眺邗水錚摐惟北有長淮分派惟南則羣山當窗岳侯在上氣象駿龐方時任札柴墟自許維藩大國何必矜誇天塹自然鎖住長江其時則奉詔便至偕羣公大堪逐鹿幸故人尚未騎驢賞薄功高寸心何曾計着主憂臣辱此身曷敢去諸維時氣吞兀术眼空完顔不憂事感不慮時艱汗馬功勞千百戰羽書告捷從龍事業三十歲毛髮已斑暫廬墓而告歸臣心似水方陳兵而誓衆軍令如山他如洞庭水濶鄂渚烟開能殲大蘖能殲渠魁驍子騰驤早樹雲雷之績雕兒心險能容阜貴之才尅期惟八日成功魏公之舟能挽任破敵且重湖放棹楊太之識應飛來兵欲搗乎黄龍軍亦同乎蒼兕賞功之鐵券未來班師之金牌頓止五國城之囑望終虛一德閣之奸謀竟起壞檀道濟之長城置周亞夫於獄裏壯志難伸忠忱未已憶昔日長槍大戟率衆無前何今時暮鼓晨鐘棲神於此今登是墩者只見金焦隱隱罔蔣蒼蒼東來海氣亍至江光望長安之地不見眺西湖之地難忘落落貞魂進著鄧瓶女子淒淒家難猶傳金陀古蹟須知風馬雲車不煩他往定與羣山萬壑來赴斯堂時則寒日在天酸風振野酒客登

海陵岳墩賦以隔江諸山來此堂下爲韻

岳忠武因此間無險足守，移駐柴墟，並未在此屯兵。後賢築城培土作墩，思忠武之德，奉祀於此，故名岳墩。承命作賦，畧呈管闚。

海氣蒼涼，高墩險窄。古木雲黄，精忠血碧。問遺蹟於亭門，盼英風於古昔。歎天水之已睎，悵臨安之遥隔。嘗憶當日金人來犯，兵氣紛嚨。誰爲砥柱，誰荷千鏦。惟岳忠武王整其行伍，造我家邦。任柴墟之捍蔽，建江岸之旌幢。臣子則雲騶列陣，君王惟泥馬渡江。海陵區區，無險弗居。城中竟去，江上依於。覘敵人猶如蛇豕，笑烏珠有似夔魖。礪廉鍔何憂拐馬，喜英雄尚未騎驢。冀同心兮共濟，庶壯志兮不虚。果黄龍之酒飲也，豈千鏌之器藏諸。而不意鐵騎欲出，金牌詔還。將士氣沮，父老涕潸。謝背嵬之壯勇，辭古汴之追攀。三字獄功勳逝水，一德閣鐵案如山。後人穗仰，墩築堂開。畫圖俊偉，箋詞悲哀。金陀功之訟冤，可作銀瓶女之節烈，宜陪雲雷。子孝卑貴，將才瞻望。有同天日，形容何似雲臺。倘忠魂之降鑒，恍靈旗而往來。墩自巖巖，水光瀰瀰。羣奉椒馨，厥修禋祀。攷伊何人，惟通泰使。昔作屏藩，今留福祉。有功德者則祀之，具靈爽焉應在此。登此墩者，感今淒切。弔古激昂。瞻北望古，洲東望雲。羣疊嶂江，六茫茫。瞻西徐之墻影，盼閩湯陰將之山光。罔不奇氣勃鬱，中心悲傷。知小朝廷之遺恨，話岳家軍而難忘。恍兮惚兮，如見雲車風馬，無不來會於此堂。雲起高墩，天低四野。客至題詩，人來莫斝。城闉擁見帆檣，䑩艫近瞻古臨。詞人傾寫墩傍，亦有湖波。墩上同覘，殿彪矗帆檣於西城。薦香醪於古祉。宜大小眼將軍之像特設堂中，何廣長舌妒婦之身不留庭下歟。

此二篇生童應試作，囑余擬作，走筆綴成，忘其老醜矣。自記

厄賦落日於西郊薦雞豚於秋社不見將軍徒悲來者如傚古墓於湖干應鑄鐵人於堂下也

伯山文鈔卷

正誼明道賦以正誼明道不尚功利爲韻

將欲息蝸角之爭齗鴻毛之競援白水而心盟欲紅塵而身淨則必無逐逐之私衷有存存之成性陋伯王之雄心仰聖人之覩行何以爲元善之長惟體仁乃能安仁何以成立達之功知人正端由己正昔董仲舒之在漢也學貫天人功深載記廣川之儒天廟之器江都作相昔曾仰其訏謨膠西論仁茲又聞其風議杜驕王紛更之見何必重乎利功存君子尚德之心乃獨陳乎道誼惟其有誼是在能行施之準則察以璣衡行而宜之制心亦須制事方其外也能種然後能耕宛如正其衣冠豈挈領提綱之參錯亦若正其疆界自西阡東陌之分明大道於茲小心探討知君臣父子之有常亦視聽貌言之永好惟時中之爲聖原非惠而非夷何清靜之是謀亦不莊而不老明其體於升降隆污之始固曰爲德之基明其用於蕩平正直之中何弗遵王之道以是治協三無功深四勿豈爲利回詎因勢屈誼正則無乎不正能符月旦之公評道明則無所不明行見風聲之遠迄但覺去私念切邪已知無何嘗欲速見存達而日不而此外或名利是趨或事功相抗或以法術致公卿或以兵刑爲將相非不馳騁其聲華優游乎聞望究之立身何有於慈祥爲國奚知乎禮讓彼齊桓晉文之事業固聖門童子所羞稱而荀卿楊子之危言亦縉紳先生之弗尚也以故三年懋勉三策宏通言之有物恢之靡窮昔作春秋自稱繁露今瞻祠宇尚有清風譏何憂乎毛父偃嫉何有於公孫宏從知聖域啓乎賢關論說

伯山文鈔卷

為進修之準亦復董醇同於賈茂文章成輔相之功我
皇上治釐宵旰之圖文煥星雲之次
神功正大時出震而乘乾
聖學明通且殺天而法地放之皆準四方喜
玉燭之調昭若發蒙八寶頌
金甌之瑞宜其敦詩說禮儒臣步亦步而趨亦趨且看衣食耕
桑小民樂其樂而利其利

飲中八仙賦 以以酒為名仙人有八為韻

唐李太白為謫仙人也星降長庚詩追正始日月壺中乾坤杯裏呼不上船眠方在市清平調賦就三章嚇蠻書搆成一紙敕賜者侍臣調羹者妃子掛眼全無一物日飲幾何同心能得數人稱仙有以此外為誰與君作友汝陽過麴而垂涎張旭因書而濡首避賢樂聖宜傾左相三杯雄辨高談誰似焦公五斗之數公者同為紫府之儔若有人兮迭迭黃封之酒又有蘇晉沈湎繡佛之金幢宛在宗之瀟灑向天之白眼類瓊而賀知章名稱隱逸跡更清奇方舉瓊猶如鯨吸何乘船竟當馬騎時鏡湖而乞得擬蓬島之游嬉壺公隱於壺說成仙而自可酒客逃於酒笑不飲而何為飲名共得仙風忽生如餐霞髓如吸露英如凌閬苑如游上清有結交之巢父非不與之公榮時一中之甕裏自堪浮蟻道無留者天邊大可騎鯨誰謂及時之酒而不留後世之名也維時與太白通欵曲話因緣襟推抱送裳椅襼連天濶御風吾與爾而偕往江清捉月君與我兮周旋脫錦袍之燦爛著羽衣而翩翩居然洗却塵心影非三而杯邀明月定許換將凡骨數維八而人盡飛仙仙心解脫仙骨嶙峋仙都浩渺仙境遙迢昔日山中宜乎曾訪今朝世上彭偓相覩海上驚飛世人那知其故酒中自遣天子不得而臣較之落下者英祇多一个但覺竹溪隱逸倘少兩人杜少陵從而豔羨之曰宇宙之大惟仙可久古今之遠惟飲不朽是為釣詩鈎亦曰埽愁帚醪之醲兮腐腸味之美可指口如斯人者既不可以乜復不容有

九八厨八顧不數炎漢之前聞八愷八元惟讓陶唐而僅有我
聖朝醲化覃敷賢才廣抜珊網高張珠淵澄瞀飲賓歌承筐之將仙樂聽鳴球之變一時見熊虎備盟梅隨騶視筆札飫
天厨者無放逸底須沽酒之十千列
雲陛者盡英豪逍遥登瀛之十八

高談雄辨驚四筵杜老歌儀遂句卽可移贈通篇以李白爲主中叙七人錯落有致此又似龍門筆法律賦如此豈不奇甚 曹艮甫

此余在韓塘課徒擬作時痁作卧被中汗下浸淫適成腹稿起後錄之 自記

秋雨賦 以烟波江上使人愁爲韻

秋雲當戶秋聲在天千山作雨三徑含烟初看細密忽聽滂沱衆喣少寂一陣又過雨何秋而不釀秋何雨而不多靈鼉兮時動汎灑自帝兮慣逞風波其在人也田夫衛其圩岸川吏報乎奔瀧佳士賞於茆屋估客倚於蓬窗洗征夫之鐵甲灑發婦之銀釭枯僧趺坐於古廟老漁停泊乎釣艭凄凄切切錚錚摐摐浹旬未厭其氣難降倡婦愁縈於孤館遊子夢落於空江其及物也河沒舊椿山添新瀑葭菼喧嘩楸梧悲壯溪橋之舴艋多橫戍樓之旌旗不颭堂階之鼃黽時出木末之蜩蟬罷唱蟋蟀聞其宇下芙蓉泣然池上秋之爲氣悲哉雨每因時至矣維西方乃秦淸商維金精能生麗水前時亢旱甫畢此日積陰無已燥溼知造化之機消長悟乘除之理矚林木之蕭森睇郊原而渺瀰想天外之虹蜺弗見疑潭底之魚龍不起百川俱灌於河萬籟悉歸於耳若不解天道之盈虛則騷騷屑屑涓涓繩繩究不知伊誰之所使也爰爲歌曰秋風起兮雨兼旬布衾漏溼竈無薪杜陵詩句苦吟呻江湖愁殺鐙中人復爲之解曰慄兮瀏兮殘暑收兮瑟兮椆兮琴書幽兮蠟屐扶筇方出游兮時將授衣與婦籌兮室人不歎復何愁兮

風門賦有序

余病後畏風書室前作風門以障之旣禦寒颸復饒佳趣爰作賦以誌欣賞

書室三間無風亦鬬競素壁之雪色映紅日之赬顏方其紙厚蠅僵隙長駒緩幸塵壒之遠去豈芳香之中斷鏗烏了而有聲挹衆恩而作伴日落烟餘生白以虚莫認揚雄之室公然潘岳之居截洒排闥問字駐車况復珠斗横參蟾蜍瀉水光徹中邊紋揺側理時擱筆而輟吟每拂衣而徐起羌心跡之一清庶風流而自喜

時擱筆句下易爲誤長夜之已曙每披衣而欲起濕露氣於數棱欹霜華而半啓

燭花賦有序

秋夜獨坐燭花輝如有異常夕不知是何祥也作小賦以自遣

日金箭無聲祥輝忽啓傍銀臺而璀璨揺素壁而光晶若夫蠟泪全消香心四吐霞暈同圓風摧無主幸有畀於詩書初無心於歌舞似烟非烟乍晌杳然豈靈通乎樺葉詫粉褪於紅蓮耿長夜而遠企照匡牀兮不眠吾方白屋何處華筵